教育部人文社会科学重点研究基地

北京大学中国古文献研究中心集刊

第三十辑

北京大学中国古文献研究中心 ◎编

北京大学出版社
PEKING UNIVERSITY PRESS

图书在版编目(CIP)数据

北京大学中国古文献研究中心集刊.第三十辑/北京大学中国古文献研究中心编.--北京：北京大学出版社，2024.12.--ISBN 978-7-301-35935-8

Ⅰ.G256.1-55

中国国家版本馆CIP数据核字第2025XM1073号

书　　　名	北京大学中国古文献研究中心集刊　第三十辑 BEIJING DAXUE ZHONGGUO GUWENXIAN YANJIU ZHONGXIN JIKAN DI-SANSHI JI
著作责任者	北京大学中国古文献研究中心　编
责任编辑	王　应
标准书号	ISBN 978-7-301-35935-8
出版发行	北京大学出版社
地　　　址	北京市海淀区成府路205号　100871
网　　　址	http://www.pup.cn　　新浪微博：@北京大学出版社
电子邮箱	编辑部 dj@pup.cn　　总编室 zpup@pup.cn
电　　　话	邮购部 010-62752015　发行部 010-62750672　编辑部 010-62756449
印刷者	北京虎彩文化传播有限公司
经销者	新华书店
	787毫米×1092毫米　16开本　25.25印张　插页3　446千字 2024年12月第1版　2024年12月第1次印刷
定　　　价	108.00元

未经许可，不得以任何方式复制或抄袭本书之部分或全部内容。

版权所有，侵权必究

举报电话：010-62752024　电子邮箱：fd@pup.cn

图书如有印装质量问题，请与出版部联系，电话：010-62756370

北京大学中国古文献研究中心集刊

第三十辑

北京大学中国古文献研究中心 编

编委会（以姓氏笔画为序）

王　岚　　刘玉才　　安平秋

李宗焜　　杨　忠　　杨海峥

吴国武　　漆永祥　　廖可斌

北京大学出版社
PEKING UNIVERSITY PRESS

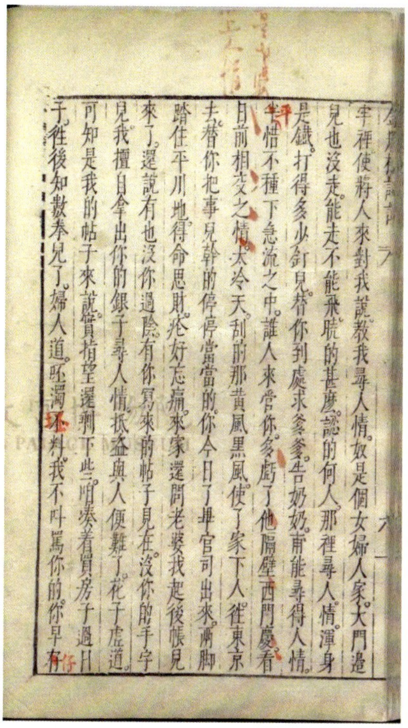

图 1　第十四回第六页

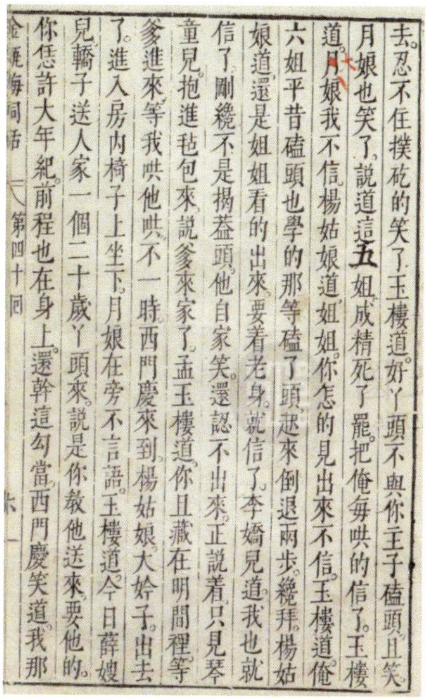

图 2　第四十回第六页

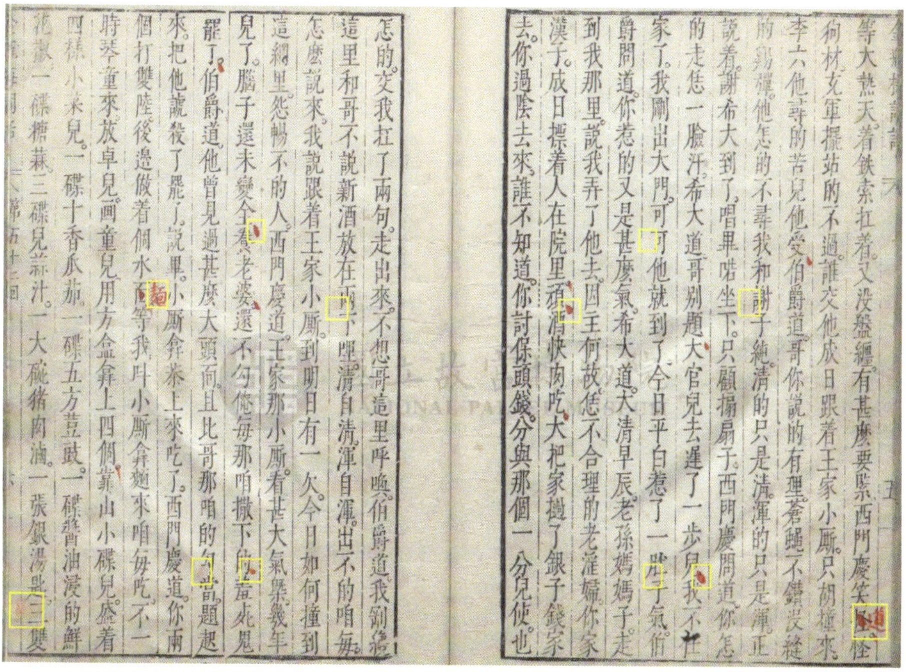

图 3　第五十二回第五、六页

注:《〈金瓶梅词话〉版本新探》彩色插图,图 1—图 13。

饌兩大盤燒猪肉。兩盤燒鴨子。兩盤新煎鮮鰣魚。四碟玫瑰點心。兩碟白燒笋鷄。兩碟燉爛鴿子雛兒。然後又是四碟臓子血皮猪肚釀腸之類。衆人吃了一回。桂姐在傍。拏鍾兒遞酒。伯爵道。你爹聽着說。不是我索落你。事情兒已是停當了。你爹又替你縣中說了。不尋你了。虧了誰。還虧了我。再三央及你爹。他纔肯了。平白他肯替你說人情去了。隨你心處的甚麼曲兒。你唱個兒我聽下酒。也是拏勤勞准折。桂姐笑罵道。怪碎花子。你虼蚤兒。好大面皮兒。爹他肯信你說話。伯爵道。你這賊小淫婦兒。你經還沒唸。就先打和尚起來。要吃飯。休要惡了火頭。你敢笑和尚沒丈母。我就單丁。擺佈不起你。這小淫婦兒。你休笑謊。我半邊俏。還動的。被桂姐拏手中扇把子。儘力向他身上。打了兩

金瓶梅詞話　第五十二回

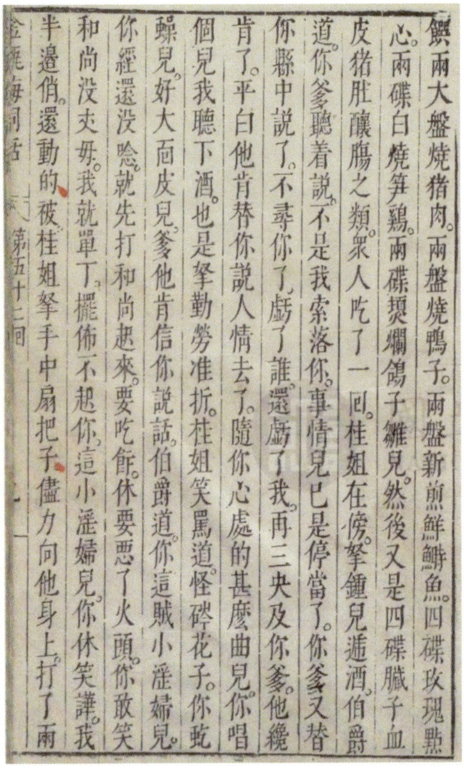

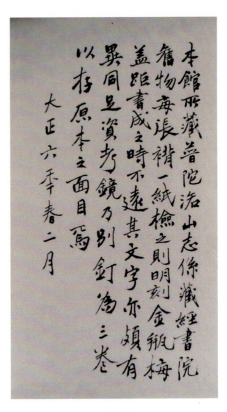

图 4　第五十二回第九页

本館所藏普陀洛山志係藏經書院舊物每張襯一紙檢之則明刻金瓶梅蓋距書成之時不遠其文字亦頗有異同足資考鏡乃別釘爲三卷以存原本之面目焉

大正六年春二月

图 5

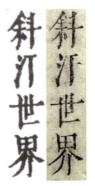

图 6

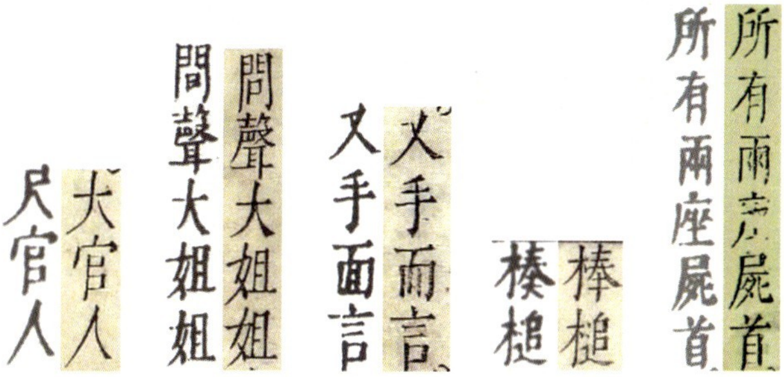

所有兩座屍首
所有兩座屍首

棒槌
榛槌

义手而言
又手面言

問聲大姐姐
問聲大姐姐

大官人
尺官人

图 7

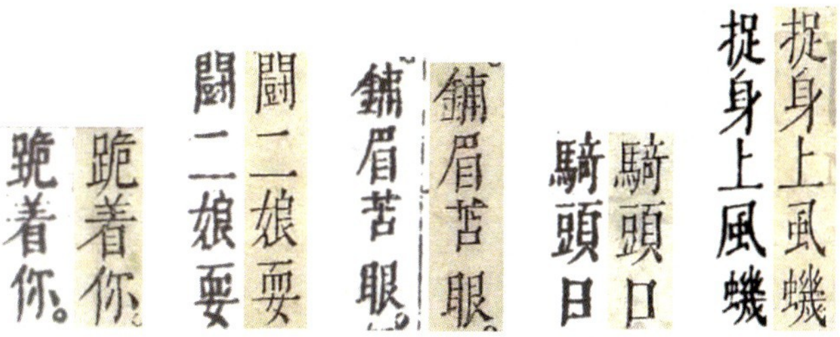

捉身上虱蟣
捉身上風蟣

騎頭日
騎頭日

鋪眉苫眼
鋪眉苫眼

闘二娘要
闘二娘要

跪着你
豌着你。

图 8

更天時分
更天時分
松橋
松橋
細網金圈
細網金圈
細網巾圈
細網金圈

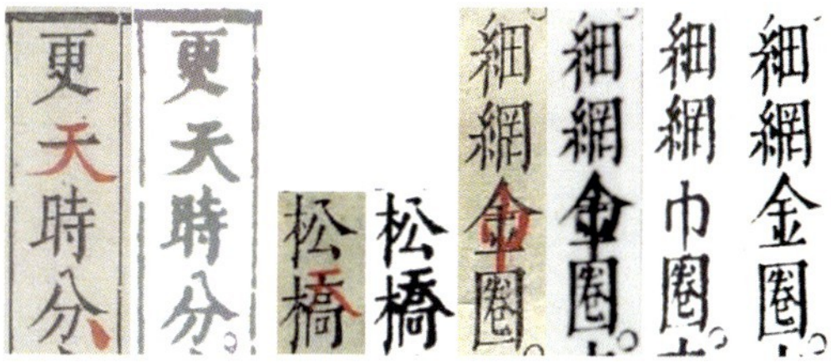

1　2　3　4　5　6　7　8

图 9

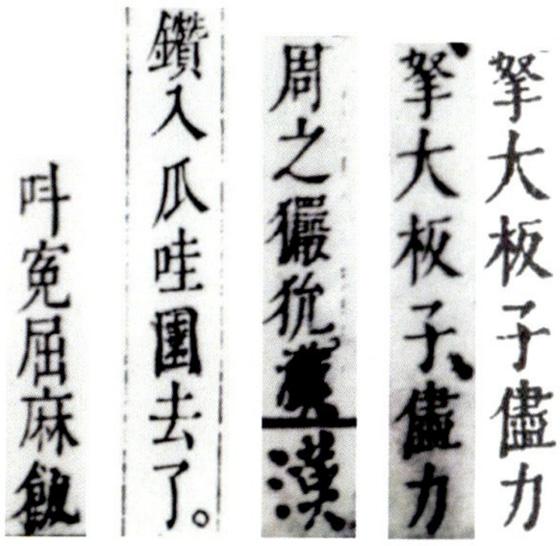

擎大板子儘力
擎大板子儘力
周之獯狁蠢漢
鑽入瓜哇國去了。
叫冤屈麻飯

1　2　3　4　5

图 10

萬曆丁巳季冬東吳弄珠客漫書於
金閶道中

新刻金瓶梅詞話

詞曰

閬苑瀛洲，金谷陵樓，笙不如茅舍清幽。野花綉地，莫也風流。也宜春，也宜夏，也宜秋。

酒熟堪斟，客至須留，更無榮無辱無憂。退閒一步，著甚來由。但倦時眠，渴時飲，醉時謳。

短短橫牆，矮矮疎窗，忔憎兒小小池塘。高

跋

金瓶梅傳為
世廟時一鉅公寓言，蓋有所刺也。然曲盡人間醜態，其譏
先師不刪鄭衛之旨乎？中間處

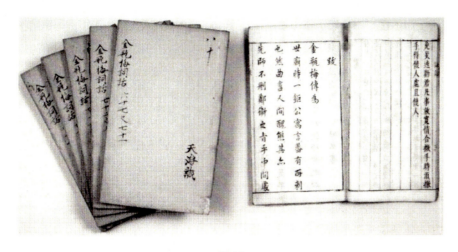

图 12

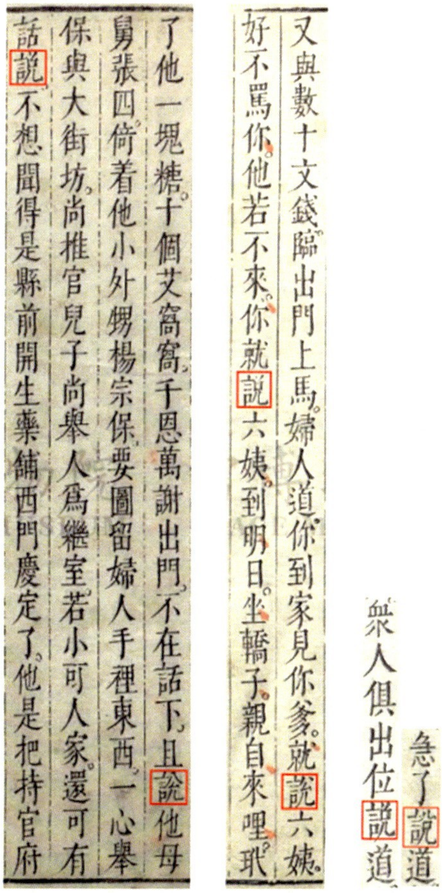

第七回　　第八回　　第三十一回

图 13

目 录

经学文献与经学史

嘉祐石经不甚关乎正定经书文本说
　　——以《周易》校勘为中心 …………………………………… 顾永新（3）
卢文弨《尚书注疏》校勘方法及其特点 …………………………… 赵成杰（9）
曹元弼《尚书》学渊源考论 ………………………………………… 李　科（31）
《宋书·礼志》文本构成与渊源解析 ………………………………… 范云飞（62）
沈钦韩《春秋左氏传补注》成书、流传及其版本系统 ……………… 马德鑫（89）
安大简《仲尼曰》中的颜子道统
　　——以朱子学与阳明学论颜子道统为比较视域 …… 魏子钦　郭振香（108）
《尔雅》"騋牝骊牡"新证 …………………………………………… 瞿林江（124）

诸子文本与校释

《庄子·盗跖》"冯气"解
　　——兼释"侅溺于冯气"与"满若堵耳" ……………………… 吕淑娴（137）
《庄子·人间世》"是以人恶有其美也"章校释 …………………… 张子帆（147）
俞樾《庄子平议》考辨三十二则 …………………………………… 李志明（154）
今本《列子》之《黄帝》《说符》二篇伪书考
　　——以今本《列子》之《黄帝》《说符》二篇与《淮南子》重见
　　　文献为中心 …………………………………………………… 李建华（172）
清代墨学复兴中的桐城派声音
　　——吴汝纶点勘《墨子》成就述略 …………………………… 胡　健（184）

集部文献与文学史

《方壶存稿》版本考
　　——兼论其与休宁西门汪氏族谱编修的关系 ………………… 任子珂（203）
《邗上题襟集》系列唱和集新考 …………………………………… 尚　鹏（217）

东亚汉籍与文化

日韩所藏《直注道德经》略述 ……………………………………… 刘　昊（231）

明代朝鲜半岛所贡火者、处女与婢从考
　　——兼论朝鲜籍太监出使对母国的侵扰与危害 ············· 漆永祥(249)

文史新探

于省吾旧藏甲骨拓本四种探研 ····················· 马　尚(271)
羑里考原 ······································· 周　博(285)
宋本《玉篇》引《诗》考论 ························· 黄冬萍(293)
徐广《史记音义》所见《史记》异文新证举例 ········· 华　营(312)
粹言不粹:《二程粹言》编纂考 ····················· 祁博贤(327)
《金瓶梅词话》版本新探 ··························· 杨　琳(345)
刘荣嗣理治泇河及相关文献记载考辨 ················· 李南南(363)
再议《郭氏传家易说》提要卷数差异 ················· 黄　汉(377)
四卷本《爱日精庐藏书志》的文献学价值 ······· 赵　嘉　梁健康(381)

征稿启事 ·· (398)

经学文献与经学史

嘉祐石经不甚关乎正定经书文本说
——以《周易》校勘为中心

顾永新

【内容提要】 历代石经的雕镌多以正定经书文本为旨归。嘉祐石经为篆、楷二体,通过对《周易》篆书和楷书的校勘,可知首倡者宋祁所提出的"检正(经)伪(史)驳"和"正群经之文"的初衷并未实现,或者说,并没有作为具体操作过程中的重心,而实际上是以篆书为主,以楷书为辅,楷书所起到的作用不过是篆书的释文。这可以确切地说明嘉祐石经的雕镌不甚关乎以楷书正定经书文本,并非措意于以标准化的文本通行天下,核心旨趣在于订正、推广篆书。

【关键词】 嘉祐石经 《周易》 篆楷二体 正定经书文本

一

继五代国子监校刊监本九经,儒家经典进入刻本时代,石经的雕镌依然不绝于缕,后蜀广政中刻石经,兼有经、注文;北宋仁宗庆历元年(1041)到嘉祐六年(1061)又刻有篆、楷二体石经,只有白文。后者适逢仁宗朝金石学兴起,"金石之出土愈多,于是士大夫如刘敞、欧阳修之辈,筚路蓝缕,倡为斯学"[①]。至于学术背景和渊源,诚如王国维先生所云:"金石之学创自宋代……缘宋自仁宗以后,海内无事,士大夫政事之暇,得以肆力学问。其时哲学、科学、史学、美术,各有相当之进步;士大夫亦各有相当之素养,赏鉴之趣味与研究之趣味,思古之情与求新之念,互相错综。此种精神于当时之代表人物苏(轼)、沈(括)、黄(庭坚)、黄(伯思)诸人著述中,在在可以遇之。"[②]此外,金石学的兴起也与北宋疑古惑经的学术思潮不无关系,因为收藏、摹拓金石除了关注其书法价值,

---

【作者简介】顾永新,北京大学中国古文献研究中心研究员。
① 朱剑心《金石学》,《民国丛书》影印本,上海:商务印书馆,1940年,第20页。
② 《宋代之金石学》,方麟选编《王国维文存》,南京:江苏人民出版社,2014年,第752页。

还有重要的学术目的,那就是考经证史。而金石学在仁宗朝兴起也不为无因,仁宗是宋代在位时间最长的君主,广修德政,恢复礼教,"通过下令造作新乐与校定古乐器、刊刻篆书《石经》、御篆功臣神道碑额与颁赐内府古器物铭文拓本四项举措,促进了古文字学与篆书书法在宋代的复兴和普及,为金石学的兴起打下了良好的学术基础,并带动、激励金石收藏、研究风气的兴起。这一切,都对宋代金石学的兴起起到了推波助澜的作用"①。

为什么嘉祐石经使用两种字体,除了当时通行的字体楷书外还有篆书呢?宋代金石学兴起之后,对篆隶书法产生了直接的影响,形成了师法金石文字的篆隶书法风气②。究其原因,"一方面是由于篆书和隶书的整洁、典雅,北宋书家尤为喜爱;另一方面是在禅宗思想的影响下,北宋封禅刻碑之风盛行。再者,皇帝赞美提倡,所以篆书、隶书在唐代中兴之后再次回归学者的研究视野"③。

自唐李阳冰后,篆法中绝。五代后期,徐铉继承并发展了李阳冰、李斯二人的小篆,保留了"二李篆法",校正《说文》④。仁宗时期的嘉祐石经采用篆书,与徐铉校正《说文》一样,同样具有校正和发扬篆书的作用,这正如宋朱长文在《墨池编》中所说的,"太宗尝敕徐铉校许慎书,仁庙申命篆石经于太学,欲矫伪而正"⑤,二者是一脉相承的。

汉魏石经的刊立,旨在正定经书文本,所以《隋志》经部小学类序称其功用"相承以为七经正字"⑥。至于唐代开成石经,更是形成了稳定的、标准化的经书文本,为五代以降刻本之不祧之祖,使得经书得以平稳地从写本时代过渡到刻本时代,奠定了后世经书文本的基础。史正浩先生指出,"历代《石经》刊刻的目的主要是校正经文与弘扬儒学,亦间有订正古文字的作用。宋仁宗朝的篆书《石经》,除了具有正经的作用之外,也具有订正和推广篆书的作用"。嘉祐石经"篆书、楷书对照的形式,对篆书的普及也起到了很大的帮助"⑦。那么,嘉祐石经雕镌的主要目的之一确如史氏所云也是正定经书文本吗?答案是否定的。

---

① 史正浩《宋仁宗对宋代金石学兴起的贡献》,《南京艺术学院学报(美术与设计版)》,2013年第1期,第52页。
② 史正浩《金石学影响下的宋代篆隶书法》,《中国书法》,2013年第3期,第201页。
③ 韩华《从金石学视域下看宋代篆隶书法》,《美与时代》,2019年第7期,第98页。
④ 〔宋〕轶名著,顾逸点校《宣和书谱》卷二《二十六体篆》曰:"识者谓自冰之后,续篆法者惟铉而已。"(上海:上海书画出版社,1984年,第15页)
⑤ 〔宋〕朱长文《墨池编》卷一"唐僧梦英十八体书"朱氏按语,明隆庆二年永和堂刻本。
⑥ 《隋书》卷三二《经籍志一》,北京:中华书局,1973年,第947页。
⑦ 史正浩《宋仁宗对宋代金石学兴起的贡献》,《南京艺术学院学报(美术与设计版)》,2013年第1期,第51页。

二

我们以国图藏南宋抚州公使库刻递修本《周易》(《四部丛刊》影印本)为底本,校以上海图书馆藏元装剪裱拓本嘉祐石经,通过校勘,可以修正史正浩先生的结论;也就是说,由于刻本所起到的统一化、标准化的作用使得石经正定经书文本的功用已经相对淡化了,订正和推广篆书的作用反之更为突出。

从石经卷五尾题"周易卷弟五"和卷六题名"周易下经丰传弟六"来看,知其源出经注本,与之卷次分合及其题名皆同,唯第作弟为异。石经亦避讳,《归妹》上六"女承筐无实"、小象"承虚筐也",石经筐字并缺笔。石经每卦自为起讫,卦形、下、上体名提行,下接卦名、卦辞等,首一行篆书,次一行楷书,其下依次相间排列。由行款即可看出,石经以篆书为主,以楷书为辅,楷书相当于篆书的释文。

相同篆书对应的楷书不同,如《升》六四爻辞、小象"王用亨于岐山",石经楷书作于同;《困》初六爻辞"臀困于株木,入于幽谷",石经楷书并作于。《旅》九四爻辞"旅于处",石经楷书于作亏。三处篆书皆作亏,亏是亏的严格隶定字形。

《困》彖"其唯君子乎",石经楷书作乎同。《井》彖传"巽乎水而上水",石经楷书作乎同。《丰》彖"而况于人乎""况于鬼神乎",石经楷书并作亏。四处篆书皆作亏,亏是亏的严格隶定字形。

《困》彖"以刚中也",石经楷书作以同。《革》大象"君子以治历明时",石经楷书作以同。《丰》彖"明以动",石经楷书以作吕,其他或同或作以。《丰》大象"君子以折狱致刑",石经楷书以作吕。《旅》九三小象"亦以伤矣",石经楷书以作吕。以上数处篆书皆作吕,吕是吕的隶定字形。

《困》初六小象"幽不明也",石经楷书作明同。《革》大象"君子以治历明时",石经楷书作明同。《丰》彖"明以动",石经楷书作朙,其他或同或作明。以上数处篆书皆作朙,朙是篆书朙的严格隶定字形。据唐张参《五经文字》,明、朙、眀三字分别是"上古文,中《说文》,下石经"①,由是知(嘉祐)石经隶定字形所从出之篆书是《说文》的。

《革》彖"其悔乃亡",石经楷书作亡同。《旅》六五爻辞"射雉一矢亡",石经

---

① 《中华再造善本》影印国图藏清初席氏酿华草堂影宋抄本《五经文字》卷上。此处"石经"系指汉熹平一体石经。

楷书亡作【图】。《兑》象"民忘其劳",石经楷书忘作【图】。【图】是篆书【图】的严格隶定字形。

《井》卦辞"无丧无得",石经楷书作丧同。《旅》九三爻辞"丧其童仆",石经楷书丧作【图】。《旅》九三小象"其义丧矣",石经楷书丧作【图】。【图】是篆书【图】的严格隶定字形。

以上诸例石经篆书并无不同,而楷书或有不同,或作通行字形,或据篆书字形严格隶定而成,这可以证实上文所揭示的结论,即嘉祐石经系以篆书为主,以楷书为辅,后者乃前者的释文。

石经同一字的篆书容有不同,相应的楷书亦不同,如《革》上六小象"顺以從君也",石经楷书作從同。《小过》九三爻辞"从或戕之",石经楷书從作从。二者对应的篆书字形分别是【图】和【图】。石经间有明确误字,如《升》六五爻辞和小象"升階",石经楷书并作偕,篆书【图】亦从人字。石经异文如《未济》大象"君子以慎辨物居方",石经楷书辨作辩,篆书【图】亦从言字。此三例也可说明嘉祐石经以篆书为主,楷书都是与篆书相对应的。当然,也存在着个别反例,如《革》大象"君子以治历明时",石经篆书【图】从两禾字,但楷书作歷。

石经篆书相同而对应的楷书不同,如《革》六二"巳日乃革"、小象"巳日革之",石经篆书作巳【图】,楷书作己。《小过》六五小象"已上也",石经楷书作已同,篆书作【图】。《鼎》卦辞"元吉亨",石经楷书亨作享,亨、享对应的篆书皆作【图】同。《井》卦辞"改邑不改井",石经楷书上改字作改,下作改,象作改,而篆书【图】都是相同的。上述诸例楷书与篆书不统一,石经篆书字形并无不同,而相对应的楷书容有不同,这也说明石经以篆书为主。

相较于刻本,石经异体字颇为常见,如《丰》初九小象"过旬灾也",石经灾作災(《旅》初六爻辞"斯其所取災"作災同)。上六爻辞"闻其无人",石经作闃。《旅》上九爻辞"鸟焚其巢",石经巢作巢。《兑》初九爻辞"和兑吉",石经和作咊。《既济》九三爻辞"三年克之",石经年作【图】;小象"惫也",石经惫作【图】。《中孚》六三爻辞"或鼓或罢",石经鼓作鼓。《升》上六爻辞和小象"冥升",石经冥并作冥;小象"消不富也",石经富作冨。《兑》卦石经兑并作兑;九四爻辞"商兑未宁",石经宁作【图】。《涣》初六爻辞"用拯马壮吉",石经拯作【图】;六四爻辞"涣其群",石经群作羣。值得注意的是,这些异体字的楷书字形基本上都是与其篆书字形相对应的(如災【图】、咊【图】等),亦可说明石经系以篆书为主。当然,石经多数字形还是与刻本相同者，如《涣卦》作涣，卦辞"利涉大川"作涉，象"乘木有功也"作乘，上九小象"逺害也"作逺；《丰》象"月盈则食"作月，不作月，《兑》象"君子以朋友讲习"作朋，不作朋，以上石经楷书字形皆与刻本相同。

三

关于嘉祐石经，首倡者之一宋祁论曰：

> 自唐室学废，诸儒搦管者虽题部点画，不复能别，逮今百年，经伪史驳。仆比不自揆，与叶道卿建言于朝，欲以九经刊石，用篆隶二体，检正伪驳，其不与文合者，以救流荡之失。幸上开许，俾之卒业。……使石经之成，流布宇内数十年后，蹙额者皆张颐泽吻，嗜为佳味，何艺之鄙乎？愿勿为疑，审能正群经之文，以垂珉琬。①

这是一条重要的史料，可以得出以下信息：1. 嘉祐石经之雕镌，实出于宋祁和叶清臣（道卿）首倡。2. 经目为九经，并且已经告竣，字体为篆书和真书（楷书），宋人所称篆隶二体并非指篆书和隶书②。3. 学术背景是唐代学废所造成的"经伪史驳"，刊石的目的是"检正伪驳"。4. 与历代石经的刊立初衷都是一样的，"正群经之文"。

通过对嘉祐石经《周易》篆书和楷书的校勘，我们知道首倡者宋祁所提出的"检正（经）伪（史）驳"和"正群经之文"的初衷并未实现，或者说，并没有作为具体操作过程中的重心，而实际上是以篆书为主，以楷书为辅，楷书所起到的作用不过是篆书的释文，这可以确切地说明嘉祐石经的雕镌不甚关乎以楷书正定经书文本，并非措意于以标准化的文本通行天下，其核心旨趣在于订正、推广篆书。这与篆书在北宋的复兴乃至宋仁宗个人的好尚都是密切相关的，同时也与经书进入刻本时代之后官方定本以刻本、不再借重于石经的传播方式有关。写本具有个性化和不稳定性的特点，而刻本则在很大程度上克服了这两个特点，所以写本时代对于统一的标准文本的需求是十分迫切的，而刻本时代则不然，尤其是在刻本并不繁多且歧出的刻本时代初期。截至仁宗朝，不

---

① 〔宋〕宋祁《景文集》卷五一《致工篆人书》，台北：台湾商务印书馆景印文渊阁《四库全书》本，第1088册，第480页。
② 如宋王应麟称"仁宗命国子监取《易》《诗》《书》《周礼》《礼记》《春秋》《孝经》为篆隶二体，刻石两楹"（《玉海》卷四三《艺文·嘉祐石经》，江苏古籍出版社、上海书店影印光绪中浙江书局刊本，1987年，第2册，第816页）。又引《书目》著录"石经七十五卷，杨南仲书，《周易》十、《书》十三、《诗》二十、《春秋》十二、《礼记》二十，皆具真篆二体"（同上书卷四三《艺文·宋朝石经》，第811页）；"又有杨南仲书二体《孝经》一卷，真篆二体"（同上书卷四一《艺文·咸平三体书孝经》，第779页）。

仅有五代国子监刊行的监本九经经注本,还有北宋真宗朝国子监重新翻刻的群经经注本,作为朝廷统一的标准文本已经不成问题,所以石经校定经书文本的功能也就不再起主导作用了。而且,通过嘉祐石经《周易》与宋刻本的校勘来看,特异性的异文十分少见,足以说明嘉祐石经也属于刻本系统,所从出之文本当即五代监本或北宋监本。

　　清全祖望提出"宋仁宗勒石经用篆,有志于复古矣。其时杨南仲之徒,皆名人也。然予得见汴本石经数纸,其篆亦无甚佳处,何也?"[①]他虽然着眼于篆书书法的优劣,但肯定其复古之功,颇有见地,这也正好说明嘉祐石经不甚关乎正定经书文本。

---

① 〔清〕全祖望撰,朱铸禹汇校《全祖望集汇校集注·鲒埼亭集外编》卷三五《跋宋嘉祐石经》,上海:上海古籍出版社,2000年,第1474页。

卢文弨《尚书注疏》校勘方法及其特点

赵成杰

【内容提要】 卢文弨作为清中叶著名的校勘学家,在经书校勘方面,具有丰富的校勘经验。卢氏熟练运用各种校勘方法,展现出精辟的校勘思想与理念。本文有鉴于目前学界对卢氏经书校勘研究之不足,以《群书拾补》中《尚书注疏校正》为例,对卢文弨校勘《尚书注疏》的方法和特点予以梳理和总结,并对比清人阮元及今人《尚书注疏汇校》等著作,反观卢氏校勘《尚书》的局限与不足,藉此客观评价卢氏校勘《尚书》之得失。

【关键词】 卢文弨 《尚书注疏》 校勘学

清乾嘉时期,考据之学渐起;校订经书趋成风尚,惠栋、浦镗、卢文弨诸儒可谓开风气之先,钱大昕、段玉裁、王念孙接踵其后。卢文弨(1717—1795)作为其中代表人物之一,尽毕生之力潜心校勘之学,勤事丹铅,朱墨并作,钞校不辍。据陈修亮《卢文弨钞校题跋本目录》统计,卢氏所校之书多达352种,遍及四部,其中经部82种,史部70种,子部106种,集部94种[①]。好友钱大昕盛赞:"学士卢抱经先生精研经训,博极群书,自通籍以至归田,铅椠未尝一日去手。奉廪修脯之余,悉以购书。遇有秘钞精校之本,辄宛转借录。家藏图籍数万卷,皆手自校勘,精审无误。凡所校定,必参稽善本,证以它书,即友朋后进之片言,亦择善而从之。"[②]可见,卢文弨不仅有着丰富的校勘经验,其校勘方法、体例、思想及学术理念亦在清代校勘学史上有着极为重要的地位。卢文弨所校著作多收入于《群书拾补》,书前《小引》载:

【作者简介】赵成杰,同济大学中文系副教授,同济大学经学研究院研究员。
【基金项目】国家社科基金一般项目"清人文集所见《尚书》类文献整理与研究"(23BTQ030)阶段性成果。

① 陈修亮《卢文弨钞校题跋本目录》,陈东辉主编《卢文弨全集》第15册,杭州:浙江大学出版社,2017年,第373—476页。
② 〔清〕钱大昕《潜研堂文集》卷二十五《卢氏〈群书拾补〉序》,陈文和主编《嘉定钱大昕全集》第9册,南京:凤凰出版社,2016年,第388页。

年家子梁曜北语余曰："所校之书,势不能皆流通于世,其藏之久,不免朽蠹之患,则一生之精神虚掷既可惜,而谬本流传,后来亦无从取正,虽自有余,奚裨焉？意莫若先举缺文断简、讹缪尤甚者,摘录以传诸人,则以传一书之力,分而传数书,费省而功倍,宜若可为也。"余感其言,就余力所能,友朋所助,次第出之,名曰《群书拾补》。……乾隆五十二年八月丁巳,杭东里人卢文弨书于钟山书院,时年七十有一。①

由上可见,卢氏虽遍校群书,限于财力不能一一刊刻,只能作为藏书收藏,而谬本依旧流传,不能造福于世,殊为可惜。梁玉绳遂向卢氏提议,"莫若先举缺文断简、讹缪尤甚者,摘录以传诸人,则以传一书之力,分而传数书,费省而功倍,宜若可为也",即将卢氏所校之书中订正讹谬的部分摘录刊刻,这样既省钱又达到流传于世的目的。卢氏遂接受梁玉绳的建议,从数百种所校之书中拣择整理,删繁就简,取其精粹而成《群书拾补》,共计39种,分别是《五经正义表补逸》一卷、《易经注疏校正》一卷、《周易略例校正》一卷、《尚书注疏校正》一卷、《春秋左传注疏校正》一卷、《礼记注疏校正补阙》一卷、《仪礼注疏校正》一卷、《吕氏读诗记补阙》一卷、《史记惠景间侯者年表校补》一卷、《续汉书志注补校正》一卷、《晋书校正》一卷、《魏书(礼志)校补》一卷、《宋史孝宗纪补脱》一卷、《金史补脱》一卷、《资治通鉴序补逸》一卷、《文献通考经籍校补》一卷、《史通校正》一卷、《新唐书纠谬校补》一卷、《山海经图赞补逸》一卷、《水经序补逸》一卷、《宋史艺文志补》一卷、《补辽金元艺文志》一卷、《盐铁论校补》一卷、《新序校补》一卷、《说苑校补》一卷、《申鉴校正》一卷、《列子张湛注校正》一卷、《韩非子校正》一卷、《风俗通义校正补逸》一卷、《晏子春秋校正》一卷、《刘书新论校正》一卷、《潜虚校正》一卷、《春渚纪闻补阙》一卷、《啸堂集古录校补》一卷、《鲍照集校补》一卷、《韦苏州集校正并补》一卷、《元微之集校补》一卷、《白氏长庆集校正》一卷、《林和靖集校正》一卷。其校勘涵盖四部,所择取皆为历代重要著作。卢氏仿《经典释文》之体例,先从各书摘出要校勘的原文,次书校语,并注明校勘底本、参校本及采用版本之理由。《群书拾补》汇集了多种校本的精华校语,征引繁富,考校精核,是卢氏校著方面的代表作,自成书以来,受到众多学者推崇,对后世产生了很大影响。

一 卢文弨校勘《尚书注疏》的基本情况

卢文弨校勘《尚书注疏》的内容主要包括校勘所使用的版本、所参考的前人著作两个方面,以下进行逐一考述。

---

① 〔清〕卢文弨《群书拾补小引》,陈东辉主编《卢文弨全集》第1册《群书拾补初编》,第1—2页。

(一)卢文弨校勘《尚书注疏》所据版本

古人校书必广求异本,尤其是广求古本。卢文弨校勘《尚书注疏》,主要使用了以下几个版本:

1. 毛氏汲古阁本《尚书注疏》

明崇祯五年(1632)常熟毛晋汲古阁刻本《尚书注疏》二十卷。此本所据为明万历北京国子监本①,北监本又据明嘉靖福建巡按李元阳所刊闽本翻刻,闽本又可上溯元刻明修十行本。十行本为福建建阳坊刻,合经、注、疏、释文为一书,将疏文打散随经注,并对原书起讫语重新加工。其疏文较之宋刊八行本《十三经注疏》更为分散,基本丧失了《尚书注疏》的原貌。由此,毛本是经过多次翻刻之本而来,错谬尤多,不过这也不能苛罪于毛本,其祖本十行本便是如此。十行本为坊刻,其校勘必不能精细。至明正德、嘉靖年间,递有修版,又增不少讹误,还有诸多字迹漫漶不清和缺字作墨丁者。至李元阳刻闽本,改半叶十行为九行,仍延十行本之误,墨丁亦无他本可据补。至明北监本、毛氏汲古阁本,则讹误更多。毛本既出,遂成当时通行本,直至阮刻本诞生。在此期间,几乎所有学者都指出过毛本存在的缺点,进而着手进行校勘工作,相继出现山井鼎《七经孟子考文》《补遗》、浦镗《十三经注疏正字》、卢氏《群书拾补》等校勘专书,这些著作无一不是以毛本为工作底本。

卢文弨在《尚书注疏校正》书前小序云:

> 宋本分二十卷。未有《正义》以前,古本分十三卷,《释文》卷数虽同,而亦不尽合。余谓《孔氏传》当依古本单行,至此经《释文》,已非陆氏之旧。然亦不可与《正义》相合,当别为一书。今所校者,一据宋本《正义》为主,而古本、《释文》本分卷之式,并详著焉。书内文字,是者大书。凡毛本讹字及小有异同,注其下以备考。②

据上,卢氏《尚书注疏校正》的目的有二:一是依据宋本、古本记录旧本款式(详见后文);二是罗列文本不同,校勘文字讹误,尤其是订正毛本讹字。其中后者之例如:

> 襄生忠,忠生武,武生延年及安国,安国(二字毛脱。)为武帝博士。
> 先华阳而(毛本"河计"二字本在次行之末,误在此下,以后末二字皆误

---

① 据杜泽逊先生考察,毛本"有校勘,每与宋本合"。杜泽逊主编《尚书注疏汇校》,北京:中华书局,2018年,第22页。

② 〔清〕卢文弨《尚书注疏校正》,陈东辉主编《卢文弨全集》第1册《群书拾补初编》,杭州:浙江大学出版社,2017年。以下所引《尚书注疏校正》皆据此书,不再一一赘述。

在前,至"为东"二字,下接"西也"止,皆当移正。)后黑水。

用受端直(毛本误倒。)之命于上天。

我周家(宋、元本作"王",毛本作"公",浦改作"家",从之。)承夏殷之后。

由此可见,卢氏虽没有对《校正》的凡例进行明确说明,但在字里行间,可以窥见卢氏之本意。卢氏所谓"校正",就是针对毛本而言,凡所出大都为毛本需要改正者,订正毛本讹误,增补毛本缺漏。

2. 武英殿本《尚书注疏》

清乾隆四年(1739)武英殿校勘《尚书注疏》十九卷,以孔安国《尚书序》为卷首,《尧典》为卷一,与二十卷本微异。此据万历北监刻崇祯修版印本重刊,释文、疏文皆有合并移易。释文依《经典释文》校补者颇多,疏文则删去单疏以来起讫语"某某至某某正义曰"字样,又或添补"某某某某者"以代之,颇失原貌。唯文字校勘颇精,通加句读,各卷附考证,实开近世古籍整理先河,其功过不能相掩。

卢氏《尚书注疏校正》对殿本利用方式有四:

一是单纯罗列殿本异文者。如:

又须别言"九州所宜"。(官改"有"。)

故言以(之,官改。)亲也。

以明受天之布(官改"报"。)施于(官删)天。(官属下句。)

相去不盈二百里。(官有。)

乃使汝所行尽(而,毛本"尽"。)顺。

惟有皋陶谟(谋,官本改。)九德。

匹马卓(阜,官本"卓"。)上,九马随之。

二是追溯殿本改动依据者。如:

其后三苗复九黎之恶。(《吕刑》疏亦同,官从《国语》作"德"。)

三是据殿本订正毛本讹误者。如:

非(脱,官增。)更有书以述之。

实紫。(官改"柴"。《五经文字》云:"'柴',本作'紫'。"经典取燔柴之义,多从"木"。)

失于不谨细行。(者,衍,官删。)

此言(脱,官本补。)其必克之故也。

四是指出殿本讹误衍脱者。如:

此言"惟民",(人,官改"民",然作衍文亦可。)谓纣也。

由上,或仅列异文、或肯定、或否定、或考察异文来源、或指出改动依据,表现出卢氏一方面颇重视殿本，多据以订毛本讹误，补毛本脱漏，肯定殿本保存宋本分卷与疏文分合旧式等优点；另一方面不盲从，不迷信，并非一味信从，又比较客观地指出殿本存在的诸多讹误之处，多次进行订正，显示出"实事求是"的严谨校勘态度，据此足见卢氏从多方面对殿本进行了比较全面细致的考察，这丰富了我们对卢氏校勘过程的认识。

3. 元刻明修十行本《尚书注疏》

元刻明修十行本《附释音尚书注疏》二十卷，元福建刊，明正德修补重印，经文、孔传、疏文合刻，半叶十行，世称十行本。阮元据此本重刊，称宋本，卢文弨《尚书注疏校正》称元本。明修版版心刻"正德十二年重刊""正德十二年""闽何校"等字样，讹误较元刻原版增多，亦偶有改正者。元刻十行本从宋魏县尉宅本出，而讹夺较魏县尉宅本多。永乐年间曾经据元刻十行本重刻，是为永乐本。明嘉靖中李元阳据此元刻明修本重刊，万历北监本从李元阳本出，毛本、乾隆殿本又从北监本出，《四库全书》本又据殿本校写，其后阮元再据元刻明修十行本重刊，并附有校勘记，可见此元刻明修本有着承上启下之关键地位。

卢氏《尚书注疏校正》对元刻明修本利用有五种方式：

一是单纯罗列元刻明修本异文。如：

> 当如郑注（註。元本作"注"，后并同。）云。
> 上古结绳以（而。宋、元本作"以"。此类不必定据本书。）治。
> 经营求之于外野。（元、监、闽、葛本俱无"营"字、"外"字。）
> 皇仆生羌（差。宋、元本作"羌"。）弗为穆，羌弗生毁榆为昭，毁榆生公非（元本"飞"。）为穆。
> 伏羲（古本"犠"，元本及后疏亦同。）氏王天下。

二是据元刻明修本订正毛本讹误。如：

> 循飞（蜚。此等虽各有据，然宋、元及正德本并作"飞"。《史记·三皇本纪》作"脩飞"。）七也。
> 是五典（二字脱。宋、元有。）
> "饯送"至"成物也"。（脱，元本有，与传合。）
> 《诗》毛（作"毛诗"非，今从宋、元本。）传云："汭，水涯也。"
> 鸟鼠共为雄雌。（倒。元本疏亦作"雄雌"。）

三是追溯元刻明修本改动依据。

> 奉辞罚罪。（旧"罚"作"伐"。古本作"奉词伐辠"。宋、元本此与《嗣征》传并作"罚罪"。薛季宣古文本作"奉辝罚辠"。）
> 或事涉疑似，旁无证见；或虽有证见，事非（涉。宋、元本皆作"非"。）疑

似。(案:下"涉"字似可通,但《唐律疏义》亦云:"或事涉疑似,傍无证见;或傍有闻证,事非疑似。"疏云:"或傍有闻见之人,其事全非疑似。"然则宋、元本作"非"自不误。)

四是指出元刻明修本讹误衍脱。如:

> 高者壤,下者垆,垆,疏也。(三字脱,古本有,《史集解》引同,宋、元本亦但脱"也"字。)

> 举"石"而言之,则上(所。宋、元俱作"止",乃"上"误。)称之物皆通之也。

> 亦我所为不乖剌(宋、元本误作"倒"。)也。

五是指出从宋本到元刻明修本再到毛本的版本错讹承袭流变。如:

> 以王涅过戏怠。(古、宋本并同,元本讹"迫",后遂误作"逸"。)

> 动皆(元本讹"昔",后遂误改"悉"。)违法。

卢氏校勘有二:其一,卢氏采用多种方法、从多个方面(或仅罗列、或肯定、或否定、或考察异文来源、或指出改动依据)使用元刻明修本,表现出既重视此本,肯定其价值,据以订毛本讹误,补毛本脱漏,然又非一味信从,多次怀疑此本有讹误,并给予订正,显示出"实事求是"的严谨校勘态度。其二,卢氏发现元刻明修本多与《七经孟子考文补遗》(以下简称《考文》)古本、宋本文字一致,同时指出从宋本到元刻明修本再到毛本的版本错讹承袭流变,可见卢氏并非孤立地看待各本异文,而是揭示了版本流传的内在原因,其版本学理论思考相当深刻。

综上,卢氏校勘所使用的三个版本,毛本为当时通行本,历经多次翻刻,延续了闽本、监本的大量错讹,不可谓善本,故是卢氏校勘底本。元刻明修本虽有大量明代补版,错误之处亦较多,但毕竟是来自元刻十行本,还可上溯到宋刻十行本,因此有很高的校勘价值。武英殿本为当时新出之官本,虽然所依据的是万历北监本,但作了十分细致的校勘工作,对诸多讹误进行了考辨补正。卢氏所据版本不可谓多,然据元刻明修本既可窥见《尚书注疏》之旧式,又可勘正毛本,可谓颇有过于时人之处。然真正令卢氏校勘成果产生质的飞跃,并对后来阮元校勘《十三经注疏》产生巨大影响的,乃是卢氏对山井鼎《七经孟子考文补遗》及浦镗《十三经注疏正字》校勘成果的吸收。

(二)卢文弨校勘《尚书注疏》所引前人校勘著述

卢文弨校勘《尚书注疏》还参引了若干种前人著述,其中最主要的是日本学者山井鼎《七经孟子考文补遗》和浦镗《十三经注疏正字》。学界此前虽已有相关考察,但仍有探讨的空间,今以卢氏《尚书注疏校正》为中心,就若干问题做进一步补充。

1. 山井鼎《七经孟子考文补遗》

乾隆四十四年(1779),卢文弨从友人鲍廷博处借得日本学者山井鼎、物观所作《考文》。"叹彼海外小邦,犹有能读书者,颇得吾中国旧本及宋代梓本,前明公私所梓复三四本,合以参校,其议论亦有可采。"①此书《尚书》部分,以毛本为底本,参日本足利学校所藏古钞本、活字本、宋刻八行本、元刊明正德修十行本、明嘉靖李元阳本、明万历北监本,大体形成从南宋八行本到明刻诸本的纵向链条,颇为可观。②"然犹憾其于古本、宋本之讹误者,不能尽加别择,因始发愤为之删订,先自《周易》始,亦既有成编矣。"可见卢氏赞叹《考文》之优点,也指出其不足,进而萌生删订想法,与自己的校勘成果合并为一书,故卢氏《尚书注疏校正》中大量出现《考文》古本、宋本的异文。卢氏引用山井鼎《考文》版本异文的方式具体可分以下三类:

(1)罗列《考文》古本、宋本异文。

山井鼎《考文》主要使用死校法,因而保存了诸多古本、宋本的异文,这为卢氏校勘提供了便利。《尚书注疏校正》大量罗列《考文》异文,条目数量尤多,如:

> 尚书序(古本上有"古文"二字。)
> 以贻后代。(古本"世"。)
> 充溢四外。(古本"表"。)
> 厘,治。(古本"理"。下"信治"同。)
> 有能治者将使之。(古本"将使治也"。)
> 信充(允。古本"充",疏亦同。)塞(古本有"四表至于"四字。)上下。(古本有"也"字。)

(2)在《考文》异文的基础上,增加判定语。

卢氏《尚书注疏校正》征引《考文》时部分有判定语,又可细分四种类型:

A. 或据《考文》古本、宋本校正毛本之误。如:

> 则惟民其尽弃恶修善矣。(脱,古、宋皆有。)
> 亦有无穷之名,("以"字衍。古、宋皆无。)传于后世。
> 用能受殷之王(王之,倒。从古、宋本乙。)命。
> 三年之后乃更齿録。(爵禄,讹,从宋本正。)
> 古之人(从宋本乙。)虽君明臣良。

---

① 〔清〕卢文弨《周易注疏辑正题辞》,《抱经堂文集》卷七,北京:中华书局,1990年,第85页。
② [日]山井鼎撰,[日]物观补遗《七经孟子考文补遗》,北京:国家图书馆出版社,2016年。

B. 或据他书文献引文判定《考文》古本、宋本正误,如:

　　迊(古、宋、《释文》及疏内皆不作"匝",《五经算术》引作"帀",是。)四时曰"期"。

　　声依永。(古本"咏",《汉书》与上"永言"并作"咏"。)

C. 或据上下文意断定《考文》古本、宋本是非。如:

　　民皆变化化上。(古、宋、各家本并作"化上",《正义》亦同。)

　　地泉温。(湿,非。古本"温",又有"也"字。文弨案:古本是。盖涂泥不必训为"湮",作"湿"更讹。惟扬州地泉温,故冻固不密,而常见其涂泥耳。)

　　我岂(各本作"不"。《考文》云古本有"岂"字,则"不"字当去。)敢动用非罚加汝,非德赏汝,各从汝善恶而报之。

D. 或对《考文》作进一步阐释。如:

　　惟影(古文作"景",葛洪加"彡"。此天宝三载卫包改古文从今文时所易也。)响。

　　汝无(古本并作"亡",又多一"老"字。案:传与《正义》皆以"老"与"弱"对文,窃疑正文"侮"字因传误入,但考汉石经作"汝毋翕侮成人",又不同。)侮老成人,无弱孤有幼。

(3) 参引《考文》中的葛本异文。

此外,卢氏《尚书注疏校正》中还出现两处"葛本",如:

　　行之难。(元本、葛本并同古。)以勉高宗也。

　　经营求之于外野。(元、监、闽、葛本俱无"营"字、"外"字。)

卢氏并未使用"葛本"进行校勘,这些异文实转抄自《考文》。此外,此两处葛本异文与元刻明修本皆同,反映出二书存在密切关系。一方面,卢氏吸收了《考文》大部分古本、宋本珍贵的版本异文;另一方面,卢氏并非一味信从《考文》,而是有一个甄别的过程,其对古本、宋本讹误之处亦加以纠正,较之《考文》更推进了一步。卢氏可谓是利用《考文》对《尚书注疏》进行通校的第一人,这种整理校勘经书的方法直接被阮元《十三经注疏校勘记》所借鉴吸收,对清代经学的发展带来不可估量的影响。

2. 浦镗《十三经注疏正字》

卢氏得见《考文》之后,乾隆四十五年(1780)又从翁方纲处得见浦镗《十三经注疏正字》(以下简称《正字》")。据浦镗《正字例言》云:

　　《十三经》所见者有四本:一监;一监本修板,修板视原本误多十之三;一陆氏闽本;一毛氏汲古阁本。闽本及旧监本世藏较少,故据监本修板及毛氏本正焉。《释文》则从徐氏通志堂本校。①

浦镗校勘使用的版本只有四个：明嘉靖李元阳本（闽本）、明万历北监本（监本）、重修监本、毛氏汲古阁本（毛本），皆是明朝翻刻的《十三经注疏》本。万历北监本据李元阳本翻刻，毛本又据北监本翻刻，一脉相承，属于同一个版本系统。浦镗未见稀有珍本，无任何版本优势。然此书亦有其价值，杜泽逊先生云：

> （浦镗）可以说在版本方面没有优势。他的优势在于广求旁证，凡一经之内上文、下文之间，经文、注文、疏文之间，各经注疏之间，经书与小学书籍、史书、子书之间，可以互证者，浦镗大量网罗，写入校勘记，取得了丰硕成果。浦氏所校经书遍及《十三经注疏》，而不限于"七经"，对绝大部分条目都进行了是非辨别。总的来看，浦镗在方法上，对校法、他校法、本校法、理校法俱全，而以他校、本校、理校为特色，从死校、活校来说，浦镗属于活校法，判别是非，并改订文字。②

杜先生的评价十分准确，《正字》的独特之处在于其本校、他校与理校方面，且多与宋本暗合，着实令人钦佩。

鉴于《考文》与《正字》互有优劣，卢氏"兼取所长，略其所短"，重为整顿，并参以己见，故卢氏《尚书注疏校正》征引浦镗《正字》的条目相当多，数量达上百条，每卷均有涉及，具体可分以下两种类型。

（1）罗列《正字》校勘意见。

浦镗《正字》基本每一条都有判定语，卢氏《尚书注疏校正》罗列《正字》校勘意见的条目数量尤多。如：

> 《释器》云："卣，中罇也。"（浦云："《尔雅》'罇'作'尊'。"）
>
> 王之子孙当（浦疑"常"。）行不怠。
>
> 中宗高宗之属（身，衍。俱浦校。）是也。
>
> 郑注云："曲刃刀也。"（浦云："《考工记》注作'今之书刀'。"）
>
> "夷，常"，《释诂》文。（浦云："《尔雅》'夷'作'彝'。"）
>
> 凡诸行礼，皆贱者先置，（浦疑"至"。）此必卿、下（浦疑倒，或"下"字衍。）士、邦君即位既定，然后王始升阶。

（2）在罗列《正字》校勘观点的基础上，增加判定语。

卢氏《尚书注疏校正》征引《正字》的校记亦部分有判定语，又可细分两种

---

① 〔清〕浦镗《十三经注疏正字》，《景印文渊阁四库全书》第192册，台北：台湾商务印书馆，1983年，第3页。
② 杜泽逊《影印〈七经孟子考文补遗〉序》，《七经孟子考文补遗》卷首，北京：国家图书馆出版社，2015年，第3页。

类型：

A. 或肯定《正字》的校勘意见，并作进一步补充。如：

> 我周家（宋、元本作"王"，毛本作"公"，浦改作"家"，从之。）承夏殷之后。
>
> 匹马卓上，九马随之。（浦云："《觐礼》'匹马卓上'，注云'卓犹的也，以素的一马以为上'。此脱'匹'字。"当补。）

B. 或对《正字》提出否定意见。如：

> 周公归政，成王既受言诰之，王（浦云："'言'字、'之'字皆衍，《续通解》无。"文弨案："'既受言诰之王'六字，似当作'王既受周公之诰'。"）即东行赴洛。
>
> 少子慎其朋党，戒其自今已往。（浦云："二'少'字，《释文》无音，疑'小'字之误。"然疏内亦作"少"，未敢定也。）

综上，我们大致可以得出卢氏对浦镗《正字》的态度与使用情况：一方面，《尚书注疏校正》引据《正字》条目数量少于《考文》，表明卢氏对浦镗无版本依据的校改持较为谨慎的态度，不如《考文》古本、宋本更具可信性。卢氏更偏重建立在广求异本基础之上的对校法，罗列各本异文，不轻易改原文，求是严谨。另一方面，卢氏亦赞赏《正字》多样的"活校法"，不仅因为《正字》的判定语多与《考文》相合，而且浦镗广泛征引他书文献，这些皆被卢氏吸收使用。总之，卢氏融合了《考文》诸多的版本异文与《正字》灵活多样的校勘方式，使二书优势互补，再参以己见，开创了重要且可行的校勘《十三经注疏》的方法与路径，此举对阮元等人编纂《十三经注疏校勘记》深有启发，被广泛借鉴，推动了清代经学史的发展。

二　卢文弨校勘《尚书注疏》的方法及特色

卢文弨多年积累校勘实践，不仅在校书数量上胜出众人，在质量上亦堪称一流。卢氏熟练运用各种校勘方法，有精辟丰富的校勘思想与心得。本节对卢氏校勘《尚书注疏》的方法及特色予以梳理和总结。

（一）校勘方法

关于校勘方法，清末叶德辉《藏书十约》曾提出校勘分死校和活校两种，其主要目的是为清代校勘学家分派，论述并不十分完整。[①] 梁启超《中国近三

---

① 〔清〕叶德辉《藏书十约》第七《校勘》，《澹生堂藏书约（外八种）》，上海：上海古籍出版社，2005年，第113页。

年学术史》第一次系统提出了四步校勘法,其划分标准是校勘的步骤和程序,但也有失之混杂的不足。① 真正将校勘方法上升到理论高度的是陈垣的《校勘学释例》②,该书将校勘方法归纳为四种,即对校法、本校法、他校法和理校法,具有普适性和很强的容纳力,受到学界一致认可。今以校勘四法来检视卢氏校勘《尚书注疏》的具体情况。

1. 以对校为基础

简言之,对校法是指一书不同版本之间的比勘,是最基本的校勘方法。卢氏在四法中最重视此法,所用最多,表现在两个方面:

一是汇集异本与善本,以对校为基础。卢氏为校勘《尚书注疏》,不仅汇集了明嘉靖李元阳刻闽本、万历北监本、毛本,还利用了山井鼎《考文》所录的日本所藏古本、宋刻八行本以及元刻明修十行本,既有当时通行本,又过录他人对稀世善本、宋本的校勘,不可谓不广。卢氏还在卷首注明所据版本信息,详述版本源流,使后人得以知晓:

> 尚书注疏(宋本分二十卷。未有《正义》以前,古本分十三卷,《释文》卷数虽同,而亦不尽合。余谓《孔氏传》当依古本单行,至此经《释文》,已非陆氏之旧。然亦不可与《正义》相合,当别为一书。今所校者,一据宋本《正义》为主,而古本、《释文》本分卷之式,并详著焉。书内文字,是者大书。凡毛本讹字及小有异同,注其下以备考。)③

卢氏以毛本为底本,以《考文》古本、宋本等为主要参校本,进行版本对勘,将不同之处进行罗列,不仅直录异文,还录文本款式、分卷之差异。如:

> 右宋本篇题。文弨案:《释文》本无"古文尚书"四字。明本虽从刊去,而于疏首犹标"古文尚书尧典第一"八字,则仍不没其旧。后来凡标题一切去之,更令后人无可根寻矣。顾明本虽依《释文》,而于《释文》元有之卷之一、卷之二,又悉不著,以其与《正义》卷数不合也。然《大禹谟第三》下,既去卷之二矣,而犹留其说曰"徐云本《虞书》总为一卷,凡十二卷。今依《七志》《七录》,为十三卷"云云,令阅者茫然不知所指。余是以知《释文》与《正义》断不可合而为一也。今取《释文》篇题之式,亦著之左方,以备考。④

此类校语占了全部校语数量的一半以上,成为卢氏校勘《尚书注疏》最主要的

---

① 〔清〕梁启超《中国近三百年学术史》,长沙:岳麓书社,2010年,第237页。
② 陈垣《校勘学释例》,北京:中华书局,2004年,第1页。
③ 〔清〕卢文弨《尚书注疏校正》,陈东辉主编《卢文弨全集》第1册《群书拾补初编》,第24页。
④ 同上书,第27页。

工作,阮元《十三经注疏校勘记》即仿此例。

二是比勘版本异同,力求择善而从。卢氏在版本对勘的基础上,对一部分异文作了判定,既有认为宋本、古本正确,毛本讹误的,又有认为宋本、古本错误的,可谓择善而从,不主一本,显示了实事求是的校勘态度。如:

起用行事而背违。(今倒,从古、宋本。)

先华阳而(毛本"河计"二字本在次行之末,误在此下,以后末二字皆误在前,至"为东"二字,下接"西也"止,皆当移正。)后黑水。

对校法是《尚书注疏校正》使用最多的校勘方法。卢氏终生致力于搜集各种版本,对照择定,可见在他的校勘实践中,版本的数量和优劣在一定程度上决定校勘的成功与否。

2. 广用本校法

本校法,又称为本证法或内证法,也就是根据书内的前后文、行文习惯、书写体例、上下文例等校书。卢氏《尚书注疏校正》中本校法主要的表现有经文、传文、注文、疏文互校,以行款格式校勘等。

A. 以传文校经文例,如:

(经)卢(古本"旅",下及传并同,疏亦同。)弓一,卢矢百。

(经)能顺考古道而行之者。(句上古本有"言"字。案:传正以"言"释"曰",似可从。)

B. 以疏文校经文例,如:

(经)若弗云(古本"员",下同,疏中亦同,传仍作"云"。)来。

C. 以疏文校传文例,如:

(传)今已(古本、宋本"以",古通用,疏中宋本亦作"以"。)为王矣。

(传)特加文武各一牛,告白(曰,讹。古本"白",与疏合。)尊周公。

D. 以疏文校注文例,如:

(注)心未压(厌。古、宋、元本皆作"压",与《释文》合,疏同。)服。

(注)伊(尹。古本"伊",与《燕世家集解》所引合,宋本疏同。)挚佐汤。

E. 以传文校疏文例,如:

(疏)各为(当从传文作"设"。)其官居其方。

(疏)西据(当依传作"距"。)黑水。

F. 以经文校疏文例,如:

(疏)又太师掌六律、六同。(吕。观下文自必依经作"同"。)

G. 以行款格式校勘例，如：

"虽则"至"不欲"。(自此起，至"自悔往前用壮勇之计失也"止，当在上"仡仡勇夫"传下，"勇壮"，依宋、元本乙。)

据此可见，卢氏对本校法也运用得相当娴熟，这也是他经常使用的校勘方法之一。

3. 兼用他校法

卢文弨还重视他校法，旁征博引，经史子集，无所不包，汇集多种材料如《左传》《尔雅》《毛诗》《史记》《汉书》《广雅》《经典释文》等来纠正错误，主要可分为以经书证、以史书证、以子书证、以文集证、同时运用多种材料等情况。

A. 以经书证例，如：

实柴。(官改"柴"。《五经文字》云："'柴'，本作'祡'。"经典取燔柴之义，多从"木"。)

颛顼氏有子曰黎。(《左传》作"犁"。)

B. 以史书证例，如：

安国传都尉朝子俊。(《汉书·儒林传》"朝"作"昭"，无"子俊"二字。下"俊"作"昭"。)

而以其弟为重黎。(案《史记·楚世家》有"后"字，但此疏自无。观下云"《史记》并以重黎为楚国之祖，吴回为重黎，以重黎为官号"云云，则本无"后"字。他处所引亦然。)

C. 以子书证例，如：

瑶、琨，皆美石。(玉，讹。据《左·昭七年传正义》及杨倞注《荀子·赋篇》皆引作"石"。)

巡者循也，狩者收(本作"牧"，是。而此与《王制》《礼器》内皆作收。)也。

D. 同时运用多种材料例，如：

背文曰义，翼文曰顺。(此与《诗·卷阿》正义同。考《山海经》本作："翼文曰义，背文曰礼。")

使各有寰(今《国语》作"宁"。浦云："《诗·颂·殷武》正义亦作'寰'，当是古本如此。"文弨案："寰"乃《说文》新附字。"宁"字本作"寍"，或因误改作"寰"也。)字。

4. 慎用理校法

理校法就是依据文章义理、行文体例、用词习惯、史实情况等诸多方面进行综合推理,得出结论。卢氏校勘《尚书注疏》亦涉及一些理校法,但数量不多,如:

> 昏,(《说文》"昏莫"之"昏",从"氐"省,而此书古皆从"民",盖即《说文》之"敯"。)夙夜之强也。

> 大保以戊申至,七日庚戌云云。(文弨案:"七日",乃月之七日也。下"十二日乙卯"亦同。有疑"七日"当作"三日"者,非。)

综上所述,卢氏校勘《尚书注疏》的方法是以对校、本校为基础,兼用他校,慎用理校。可见卢氏校勘经验之丰富,方法之娴熟。

(二)校勘特色

除了多种校勘方法使用之外,卢氏《尚书注疏校正》还体现出卢氏诸多校勘特色,分析如下。

1. 校书之旨,在于恢复古书原貌

校勘的目的不是替古人改文章,而是正本清源,恢复古籍的原貌。虽然此目的并不是卢文弨的发明,但他与前人不一样,他是有意而为之。如卢氏《抱经堂文集》卷十《书校本贾谊新书后》云:"宋以前所增窜者,疑亦不少,此则不敢去,恐其舐穅及米也。舍宋本而从别本者,著之;意有疑者,亦著之。若专辄而改旧所传,则吾岂敢。"①据此可见卢氏在恢复、保存古书原貌方面作出的不懈努力。也正是在这种思想的指导下,卢氏集三十八种古籍校勘成果而刊刻《群书拾补》。清人黄廷鉴曾高度评价卢文弨校书存旧的做法,其《第六弦溪文钞·校书说二》云:"国朝文教蔚兴,名儒辈出,皆知讲求实学,宋、元古籍,宝护惟谨。近抱经、经训两家,校刊诸书,皆称善本,实一洗明代庸妄之习,然多据他书以考订一是,未合唐、宋以前先儒谨守之法。所善者在注存旧本,不没其真。犹循朱子《考异》之例,俾学者得以考其得失,则是寓改于校,而非专一于改也。"②

此主旨也体现在《尚书注疏校正》上,卢氏不厌其烦地直录《考文》古本、宋本、元刻明修本异文,就是为了存旧本之貌。如:

---

① 〔清〕卢文弨《抱经堂文集》,陈东辉主编《卢文弨全集》第8册,杭州:浙江大学出版社,2017年,第191页。
② 〔清〕黄廷鉴《第六弦溪文钞》卷一,王云五主编《丛书集成初编》第2461册,上海:商务印书馆,1936年,第23页。

尚书正义卷第二〇(《考文》记古本、宋本两式,今亦录于后。)

2. 分析致误缘由,提高校勘质量

卢氏分析古籍致误的缘由,可分为三种:一是古籍在传抄过程中由于某种原因产生讹误,如用字习惯不同、时代间隔等等,如:

于时禾苗秀实,农事未闲。(唐人每以"闲"代"閒"。)

大随(《正义》成于隋时,入唐犹不改,当时"随""隋"亦互用。)造律。

二是后人因无知而妄改,产生讹误。这种行为不但不能保持古籍原貌,甚直是毁灭与破坏,卢氏对此严加痛斥。《抱经堂文集》卷十一《游宦纪闻跋》云:"书中有'以启干阙'语,'干阙'犹求官也,商刻乃改'干阙'作'千册'。古书之流传者,往往为不学之人所窜改,其可笑多类此。"①《尚书注疏校正》亦有此类讹误,如:

杨。(当作"扬",然唐人多不分。)

儆。(朱子云:"儆,古文作敬。"亦唐所改。)

三是由于避讳等特殊原因而出现异文。如:

人。(《国语》本作"民",避唐讳。)

乃由(明本避作"繇",后类此。)舜之故。

3. 多闻阙疑,慎于改字,戒于臆改

多闻阙疑、不可妄改是注释古籍共同遵循的主要原则,卢氏引入校勘领域,并作进一步阐释,《抱经堂文集》卷五《新校说苑序》云:"今取他书互证之,其灼然断在不疑者,则就改本文,而注其先所讹者于下,使后来者有所考。若疑者、两通者,但注其下而已。"②又《东观余论跋》云:"书中多用古字。其《商山瓠圜瓠说》有云'与圭笞相为用'。'笞'古'筴'字,见《说文》,又见《穆天子传》。传写之误离'笞'为二,又以下'曰'字为'日'字,川本遂去此句。此本不然,但注其下云:'姑留以待知者。'此深得阙疑之义。凡传古人之遗文者,当以此为式,不可以己所不知,而遂谓世无知者。"③可见,卢氏对能深得"阙疑"之义者大加赞赏。多闻阙疑的校勘方式最主要的表现就是谨慎仔细,不放过任何讹误而又不妄下任何结论,卢氏《尚书注疏校正》亦有许多此类校语。如:

既(疑"即"。)言"以其上古之书"。

---

① 〔清〕卢文弨《抱经堂文集》,陈东辉主编《卢文弨全集》第8册,第213页。
② 同上书,第79页。
③ 同上书,第306页。

言所(疑脱"以"字。)勉之者。

4. 重视记录宋本款式,力求恢复旧刻格式

卢氏校勘古籍力求使人了解古书刊刻的格式,尤其是宋本旧式,故会不厌其烦地对宋本、古本款式一一记录。如《群书拾补·周易注疏校正》后附《周易》宋本旧式,并有案语云:"日本国所著《考文》,兼载《周易》旧式,今附于后,使复古者有所考焉。"在《礼记注疏校正》下云:"《礼记》旧本《正义》,释经之中间以释注,其释注即所以释经也,不比《周易正义》全释经文之后,方始释注。今本乃从《周易》之例,尽改旧式,以致释经之中有大段不接续处,失作书之本意,令读者亦不清爽,此纷更之失也。今之所补,一依宋本旧式,日本国《七经孟子考文》所载亦皆符合。"《尚书注疏校正》中亦有体现,如:

> 古文尚书舜典第二　虞书　孔氏传(〇此《考文》所著古本式也。凡卷内有数篇者,亦止标首篇。以宋本时有参差,故一一详著之)。①

5. 汇众家之说,不专主一家,无门户之见,择善而从

古籍校勘是一项复杂而艰苦的工作,靠个人精力往往力不从心,卢氏对此深有感触。当卢氏遇到难以决断之处时,往往会大量参考前人著述,如毛居正《五经文字》、浦镗《十三经注疏正字》、王应麟《困学纪闻》等等。而对于众人之说,卢氏不专主一家,无门户之见,择善而从,同时指出前人存在的讹误。如《抱经堂文集》卷二《丁小雅(杰)校本郑注周易序》云:"盖说经之道,贵于择善而从,不可以专家自囿。"卢氏校勘《尚书注疏》亦体现出此种态度,如:

> 流共工于幽洲。(本是"州"字。《礼记》注引《尧典》作"州"。《史记正义》云《尚书》及《大戴》作"幽州"。浦云:"孟子作'州'。张昭云唐天宝间以隶写六经,遂杂用俗改字,如'州'复加水之类。")

> 庸哉! 五服五章(古文"彰",薛本同,似非。)哉!

6. 长于运用小学知识考辨

卢氏擅长综合运用文字、音韵、训诂等小学知识进行校勘,具有乾嘉朴学风范,使校勘质量臻于完善。《尚书注疏校正》中如:

> 岛(从"鸟"省声,《释文》不省。疏云孔读"鸟"为"岛",是。正文亦本作"鸟"。)夷皮服。

> 驩兜(从"兇"从"兒"省。今左旁从"土",下从"几",讹。下同。)曰。

> "锡,与",《释诂》文。(《尔雅》:"锡,赐也。"又,"阳,予也"。《释文》

---

① 〔清〕卢文弨《尚书注疏校正》,陈东辉主编《卢文弨全集》第1册《群书拾补初编》,第32页。

云:"阳,本或作'赐'。"然则"赐"有"与"义,因即以为"与",亦省文之法。毛居正欲改《尔雅》之"阳"为从"卩"不从"阜",从"易"不从"昜",云与"锡"同,此谬说,不可从。)

7. 注意区分古今字与正俗字

卢氏已经认识到古今字与正俗字的区别,因而在校勘《尚书注疏》时会有意识地指出来,如:

> 庶绩其凝。(古文作"冰",今以"冰"为"仌",而改作此。)
> 否、不,古今字。(否古,今不字,讹。)

8. 阐述经传文意

卢氏在校勘古籍时还会对文本内容进行阐释,提出自己的看法。具体到《尚书注疏校正》中,此类虽数量不多,然据此可反映出卢氏对《尚书》文意的理解。如:

> 太史丞钱乐。(本名钱乐之,古人于似此者往往节去。)
> 《礼运》云,圣人顺民,(四字乃约义言之,非成文。)天不爱其道。
> 不废犹《商书》乎?(案语意当谓因篇亡,故并附《夏书》后,不害其本是《商书》耳。)

以上以卢文弨《尚书注疏校正》为中心,对卢氏校勘《尚书注疏》的相关问题作了详细分析考述。卢文弨校勘《尚书注疏》虽取得诸多成就,但也存在不足与局限。

三 卢文弨校勘《尚书注疏》的局限与评价

本节将卢氏校勘成果与阮元《尚书注疏校勘记》①及今人《尚书注疏汇校》进行比较,以观卢氏之局限与不足。阮元《十三经注疏校勘记》是清代大规模对经书文本全面校勘整理的成果,堪称历代经书校勘集大成之作。今人杜泽逊《尚书注疏汇校》更是一部基于当今最新研究成果而全面升级的校勘著作。仅就《尚书注疏》而言,阮《校》及杜泽逊《汇校》比卢氏具有以下优势:广搜善本、参引广泛、方法多样、理念先进。②

---

① 刘玉才主编《十三经注疏校勘记》,北京:北京大学出版社,2015年。
② 张剑、孔祥军撰有《阮刻〈尚书注疏〉圈字汇校考正》(载《古典文献研究辑刊》三八编,台北:花木兰出版社,2024年),对阮校相关文句进行梳理并加以按语,较之杜泽逊先生《汇校》,孔氏本多判断是非之处,且并非全部校勘。

(一)卢氏校勘参校版本少且校语不足

卢氏校勘仅使用了三种版本：毛本、元刻明修十行本及武英殿本，虽然具有一定代表性，但毕竟数量太少，导致所得异文数量有限。而阮元《尚书注疏校勘记》大大增加了版本数量，如唐石经、临安石经、武英殿翻刻相台岳氏本、永怀堂葛氏蕭刻本、宋刻八行注疏本、元刊明修本、明嘉靖李元阳本、明万历北监本等，《尚书注疏汇校》更是搜集了现存所有重要版本，达十九种之多。①除上述版本之外，还有宋刻单疏本，宋刻八行本，李盛铎旧藏宋刻本，宋王朋甫福建刻本，宋刻纂图互注本，宋魏县尉宅刻本，蒙古时期平水刻本，宋魏了翁《尚书要义》，清乾隆内府写《文渊阁四库全书》本，清乾隆内府写《摛藻堂四库全书荟要》本等。这些版本涵盖单经本、经注本、经注释文本、经注疏释文合刻本等类型，尤以经注疏释文合刻本为主，可以说，现存《尚书》的重要版本已基本网罗在内。随着参校版本的增多，《校勘记》《汇校》异文更多，条目数量也大大增加，能够呈现出不同文本的来源与发展流变。如《汤誓》"所以比日者"条：

> 闽本、明监本、毛本同，宋本比下有"桀"字。案：有者是也。（《尚书注疏校勘记》卷八）②

> 按："比"，十行本（元）、静嘉堂本（元）、刘本（元）、永乐本、闽本、明监本、毛本同；单疏本"比"下有"桀"字，八行本、八行乙本、足利本、九行本、蒙古本、关西本同。《考文·补遗》云：宋板"比"下有"桀"字。阮记云："比"下宋板有"桀"字，是也。案上疏文云"比桀于日曰"，故此处云"所以比桀于日者"。有"桀"字是。③

由于毛本的底本是明万历北监本，而万历北监本上承明嘉靖李元阳本而来，又可上溯到元刻明修十行本、元刻十行本、南宋十行本等，此一系统称之为十行本系统，与宋刻八行本在行款、分卷、疏文分合等方面存在诸多不同。此例元刻明修十行本、嘉靖李元阳本、万历北监本、毛本文字皆同，而宋刻八行本多"桀"字，可见脱"桀"字自十行本始，后世版本递接沿袭。

(二)卢氏校勘吸收前人成果单薄

限于时代原因，卢文弨校勘《尚书注疏》参引的前人著述主要有日本学者山井鼎《七经孟子考文补遗》和浦镗《十三经注疏正字》，数量有限，无法反映前人已有成果。而阮元《尚书注疏校勘记》则广泛参引前人著作，如王念孙、许宗

---

① 杜泽逊《尚书注疏校议自序》，杜泽逊《尚书注疏校议》，北京：中华书局，2018年，第1页。
② 杜泽逊主编《尚书注疏汇校》，第1158页。
③ 张剑、孔祥军《阮刻〈尚书注疏〉圈字汇校考正》，《古典文献研究辑刊》三八编，第105页。

彦、段玉裁、孙志祖、臧琳、岳本后附考证、阎若璩、胡渭、朱长孺、王鸣盛、钱大昕、齐召南、赵佑等，囊括了众多清代一流学者的研究成果，可谓集大成之作。《汇校》更是在《尚书注疏校勘记》基础上，又增加了诸如顾炎武《九经误字》，王太岳等《四库全书考证》，清《摛藻堂四库全书荟要》本所附案语，清汪文台《十三经注疏校勘记识语》，清孙诒让《十三经注疏校记》，刘承幹《尚书正义》附《校勘记》，张钧衡刻《尚书注疏》附《校勘记》，日本仓石武四郎、吉川幸次郎等《尚书正义定本》附《校勘记》，囊括了清代以来重要的校勘成果。

如《说命》第十二："阴，默也。"

> 卢氏《拾补》："亮，信也"三字脱，古有。《考文》云："晋书杜预奏议中引有此"。浦云："《礼记正义》有。"

> 阮元《校记甲》：此句上古本有"亮，信也"三字。山井鼎曰：《晋书》杜预奏议中引《尚书传》：亮，信也。阴，默也。臣初疑之久矣，今得古本，乃知注疏诸本脱三字也。按：传例，已释者不再见。亮之为信，已于《舜典》释之矣。此处不得有"亮，信也"三字。杜预在梅赜前，安得见孔传？其所引者，伏生大传也。山井鼎之说殊谬。(《尚书注疏校勘记》卷十)①

卢氏校勘引山井鼎《七经孟子考文补遗》和浦镗《十三经注疏正字》二文，阮元在此基础上，还引清人汪文台《十三经注疏校勘记识语》及《尚书正义定本》之《校勘记》，较之前人更为全面；且阮元又增加按语，对山井鼎所引提出质疑，认为《晋书》所引为伏生《尚书大传》，非孔安国《尚书传》。

(三) 卢氏校勘以对校为主，方法有局限

山井鼎《七经孟子考文补遗》多依赖对校，对于诸本皆误的情况缺少按断。浦镗《十三经注疏正字》则因所据版本无几，故校语多"误作""当作""疑作"之语，颇有疑所不当疑、以不误为误之处。卢氏虽将《考文》与《正字》择善而从，相互补充，一定程度上弥补了《考文》《正字》的缺陷，但校勘方法仍以对校为主，校勘方式上罗列异文、无分析语的条目居多。

如《皋陶谟》："亦言，其人有德"。

> 卢文弨《拾补》：亦言其人有德：今石经去"人"字。
> 阮元《校记甲》：唐石经无"人"字，与《史记·夏本纪》同。按：石经元刻本有"人"字。唐元度覆定乃删"人"字重刻。今注疏本则沿袭别本也。唐石经摩去重刻者，多同于今本，此独异于今本也。(《尚书注疏校勘记》卷四)②

---

① 杜泽逊主编《尚书注疏汇校》，第1441页。
② 同上书，第585页。

此例卢氏仅以唐石经参校,未有按语。阮元《校勘记》在卢氏基础上更进一步,检三家注本《史记》卷二《夏本纪二》云:皋陶曰"然于亦行有九德,亦言其有德。"又内野本出"亦言其人有德",其"人"字旁有小字批校"扌有",是谓宋刊本有"人"字,内野本抄写时据宋刊本补入"人"字,则可知内野本所据底本无"人"字。今以为当从唐石经、内野本,以及《史记》引文删"人"字。传世刊本经文"人"字或是据孔《传》"称其人有德"增入。① 阮元注重以注校经,以疏校经注,及注文前后互校,并旁取他书引据,广泛使用本校和他校之法,并且论述致误缘由。

(四)卢氏校勘理念较为传统

段玉裁在《与诸同志书论校书之难》中指出,校勘当"以贾还贾,以孔还孔,以陆还陆,以杜还杜,以郑还郑"②。卢文弨校勘以对校为主,强调"求是";阮《校》在此基础上贯彻了"不妄改文字,并辨析古今、正俗、通假字,以求还原隐藏版本,反对全据他书轻改本经"。③ 可见,卢文弨的校勘虽在学术价值上远不如后人精细,却是清代校勘学史上重要的一环,处于承上启下的位置。卢文弨以后的校勘学家校勘理念更为先进,不但关注文本本身,对卷题形式、提行缩格以及文字磨改、剜改、补刊等版刻信息亦加以关注。

当然,卢氏对《尚书》并非全部校勘,如《召诰》第十四"本说之"(卢氏无校勘)。

> 阮《校》:岳本作"故本而说之"。《沿革例》曰:"本说之,三字不可晓。依疏云,故本而说之意始明。"按:传文多简,疏中述传往往增加数字,以显其意,似未可据疏以改传。(《尚书注疏校勘记》卷十五)

此处卢氏无校勘,阮元引宋人岳珂《九经三传沿革例》以"故本而说之"释"本说之",九条本作"本说也",内野本作"本说之也"。二本皆与传世刊本大致相同。岳本据疏文增"故""而"二字。卢氏并未予以关注,阮元校勘以经疏校经注,使后人理解文意更加清晰。

又如《洪范》"明作晢"。卢氏校勘较为简略:"石经作'晳',下曰'晳'同。案从'折'字是。"卢氏并未展开,阮《校》引段玉裁《说文解字注》:"晢,昭晣明也。从日折声。《口部》:哲,知也。从口折声。《心部》:悊,敬也。从心折声"等指出"三字各有所属本义,而经传多相假借"。阮元从文字学角度出发,对与"折声"相关诸字进行分析,指出经传之中的假借关系,可见卢氏对阮《校》的积

---

① 张剑、孔祥军《阮刻〈尚书注疏〉圈字汇校考正》,载《古典文献研究辑刊》三八编,第 55 页。
② 〔清〕段玉裁撰,钟敬华点校《经韵楼集》卷十二《与诸同志书论校书之难》,上海:上海古籍出版社,2008 年,第 336 页。
③ 刘玉才《阮元〈十三经注疏校勘记〉平议》,《中国社会科学报》,2017-01-17。

极影响。

总之，相对于卢氏而言，阮元《十三经注疏校勘记》、杜泽逊先生《尚书注疏汇校》既能反映版本源流，又能反映《尚书注疏》在刊刻过程中文字变化的轨迹，同时也还可以总结前人校记的递承关系；既能使前人校勘成果与异文校勘记互相印证，又能体现各家校勘意见之间的异同或辨正。一编在手，就可掌握历代《尚书注疏》版本的异文情况，判定版本之间的关系及优劣，检验前人校勘成果的得失，为进一步研究打下坚实可靠的基础。

四 结论

第一，卢氏校勘《尚书注疏》主要使用了三个版本：毛本、殿本和元刻明修本。毛本为当时通行本，历经多次翻刻，延续了闽本、监本的大量错讹，不可谓善本，亦是卢氏校勘底本。元刻明修本虽有大量明代补版，错误之处亦多，但毕竟是来自元刻十行本，还可上溯到宋刻十行本，因此有很高的校勘价值。武英殿本为当时新出之官本，虽然所依据的是万历北监本，作了十分细致的校勘工作，对诸多讹误进行了考辨补正。卢氏所据版本不可谓多，然据元刻明修本既可窥见《尚书注疏》之旧式，又可勘正毛本，可谓颇有过于时人之处。

对于殿本和元刻明修本，卢氏秉承"实事求是"严谨的校勘态度，一方面既肯定其价值，据以订毛本讹误，补毛本脱漏，另一方面也不盲从，较为客观地指出二本存在的讹误之处，足见卢氏对二本进行了全面细致的考察，丰富了今人对卢氏校勘过程的认识。此外，卢氏还发现元刻明修本多与《考文》古本、宋本文字一致，并指出从宋本到元刻明修本再到毛本的版本错讹承袭流变，从而揭示了版本流传的内在原因，有着相当深刻的版本学理论思考。

第二，卢文弨校勘《尚书注疏》还参引了若干种前人著述，其中最主要者有日本学者山井鼎《考文》和浦镗《正字》。对于《考文》，卢氏重视书中记录的稀世珍本（古本、宋刻八行本）异文信息，大量加以吸收利用，而对《考文》古本、宋本讹误之处亦加以指出，并非一味信从，较之《考文》推进了一步。对于浦镗《正字》，一方面卢氏对浦镗无任何依据的理校持谨慎态度，认为不如《考文》古本、宋本更具可信性，另一方面，卢氏亦赞赏《正字》多样的活校法，其广泛征引他书文献，皆被卢氏所转引吸收。总之，卢氏将《考文》与《正字》相互融合，优势互补，再参以己见，开创了一个重要且可行的校勘《十三经注疏》的方法与路径，此举对阮元等人编纂《十三经注疏校勘记》深有启发，被广泛借鉴使用，对整个清代的经学史产生了重要影响。

第三，卢氏具有丰富的校书经验，校勘方法颇为娴熟，灵活使用四校法。其中对校法是使用最多的校勘方法，卢氏汇集毛本、殿本、元刻明修本、《考文》

的古本、宋刻八行本,既有当时通行本,又有稀世善本、宋本,比勘版本异同,择善而从,不主一本,显示了实事求是的校勘态度;本校法亦是卢氏使用较多的校勘方法,主要表现在经文、传文、注文、疏文互校和以行款格式校勘两个方面;卢氏还重视他校法,广征博引,经史子集,无所不包,主要可分为以经书证、以史书证、以子书证、以文集证、同时运用多种材料等情况;对于理校法,卢氏则十分谨慎,数量极少。总体而言,卢氏校勘《尚书注疏》是以对校、本校为基础,兼用他校,慎用理校,可见卢氏校勘经验之丰富,方法之娴熟。

第四,卢氏校勘《尚书注疏》还体现了诸多校勘特色,主要包括:校书之旨,在于恢复古书原貌;分析致误缘由,提高校勘质量;多闻阙疑,慎于改字,戒于臆改;重视记录宋本款式,力求恢复旧刻格式;汇众家之说,不专主一家,无门户之见,择善而从;长于运用小学知识考辨;注意区分古今字与正俗字;阐述经传文义。

第五,对比卢氏以后著作,诸如阮《校》、杜氏《汇校》等展现出不足与局限,表现在:参校版本少且校语不足、吸收前人成果单薄、对校为主的方法有局限和校勘理念较为传统等四个方面。卢文弨的《尚书》校勘在当时有一定的学术史价值,为后来学者的校勘研究奠定了文献基础。

附记:本文的写作得到华中师范大学樊宁博士、浙江大学赵朝阳博士的帮助,谨致谢忱。

曹元弼《尚书》学渊源考论

李 科

【内容提要】 曹元弼乃晚清民国时期重要的经学家,其晚年经学研究的重心在《尚书》,并以传统经疏形式撰有《古文尚书郑氏注笺释》《尚书今古文注疏校补》二书。要对其《尚书》学进行深入研究,并予以恰当的学术史定位,有必要将之置于清代以来《尚书》学史的发展脉络,以"辨章学术,考镜源流"的方法和视角,考察其学术渊源。通过分别考察清初胡渭、阎若璩《尚书》学的影响,乾嘉吴派与皖派《尚书》学的影响,孙星衍《尚书》学的影响,清代《尚书》今文学的影响,以及陈澧《尚书》学的潜在影响,可以发现曹元弼《尚书》学研究是在整个清代《尚书》研究基础上所进行的集成性、总结性的工作。

【关键词】 曹元弼 《尚书》《古文尚书郑氏注笺释》 学术渊源

引 言

曹元弼(1867—1953),字谷孙,又字师郑,一字懿斋,号叔彦,晚号复礼老人,又号新罗仙吏,江苏吴县人。近代著名的经学家。曹元弼早年幼承庭训,从其父毓俊、母倪氏受读《诗》《礼》及群经,又从其舅氏倪涛及陈奂再传管礼耕学,与叶昌炽、缪荃孙友善,并从吴地学人如俞樾、雷浚、陈倬、王颂蔚等问学。光绪七年(1881),受知于时任江苏学政的黄体芳,被勖以名臣事业、通经致用之方,并于十一年(1885)调入南菁书院肄业,问学于黄以周,与张锡恭、唐文治等为兄弟交。光绪二十一年(1895)进入张之洞幕府,先后为金陵书局总校、两湖书院经学分教、苏州存古学堂经学总教、湖北存古学堂经学总教,与黄绍箕、沈增植、王树枏及陈澧弟子梁鼎芬、马桢榆等友善。辛亥以后,与兄弟偕隐,闭门著书,笺释群经,间授生徒。弟子著者有金松岑、王欣夫、沈文倬、徐震,另唐文治选无锡国专生徒从其受经,较著者有"复堂七子"之称的王蘧常、毕寿颐、

【作者简介】李科,中国社会科学院文学研究所助理研究员。

唐兰、蒋庭曜、白虚、侯堮、吴其昌，以及蒋天枢、钱仲联等。其一生笺释群经，著述甚富，今存者有《礼经校释》、《周易学》、《礼经学》、《孝经学》、《毛诗学》残卷、《周礼学》残卷、《圣学挽狂录》(《论语学》)残卷、《周易郑氏注笺释》、《周易集解补释》、《大学通义》、《中庸通义》、《孝经郑氏注笺释》、《古文尚书郑氏注笺释》、《尚书今古文注疏校补》、《复礼堂述学诗》、《复礼堂文集》、《二集》、《三集》、《复礼堂诗集》、《复礼堂书牍》等。其中《尚书》一经，是其晚年经学研究的重心所在，而《古文尚书郑氏注笺释》又是其绝笔之作。

传统目录学强调"辨章学术，考镜源流"，对学术个案的研究也同样应该从"辨章学术，考镜源流"的角度，将研究个案置于整个学术发展史中，以考察其所承之渊源和产生的流变。从学术发展的视角明其继承与突破后，方能更为准确地评估其学术价值，并找到合适的学术地位。对曹元弼这样一位近代经学家而言，其生当新旧学术转型的剧变时期，同时又是传统经学思想和学术范式的坚定守护者，因此要想为其《尚书》研究进行恰当地学术定位，梳理清楚其学术渊源是一项重要的前提性和基础性工作。因此，本文即尝试对曹元弼《尚书》学研究的学术渊源予以考察论述。

清代《尚书》学大体上可以分为汉宋两派：宋学派的《尚书》研究主要是在蔡沉《书集传》的基础上展开，如官方所钦定之《日讲书经解义》《钦定书经传说汇纂》《钦定书经图说》皆以蔡传为主，而朱鹤龄、孙承泽、王夫之、汪绂、刘沅、方宗诚、丁晏、吴汝纶等皆宗蔡传，为之补订，至晚清汉宋兼采一派如黄式三、陈澧、姚永朴、简朝亮等则兼采蔡传。虽然清代研习《书集传》者众多，对蔡传也不无补订之功，但是在学术成就上并不足以代表清代《尚书》学的高度。汉学派的《尚书》研究，是在阎若璩、惠栋等辨定出《古文尚书》和孔传为伪的前提下，以伪书中所存二十八篇真《尚书》为本，重新辑考汉儒旧注并加以疏证，如江声、王鸣盛、段玉裁、孙星衍、刘逢禄、陈寿祺、陈乔枞、皮锡瑞等皆是。此一派的《尚书》学研究，不论是古文学还是今文学，均是建立在考据学的基础上，因此在辨伪、辑佚、文字、音韵、训诂、典制、史实等方面均有巨大的成就，代表着清代《尚书》学的成就。

作为身兼乾嘉吴派和皖派学术的曹元弼，在《尚书》一经的研究上，承阎若璩、惠栋等的辨伪成果，对吴皖二派的《书》学成果多有系统研读，并深受影响；同时，曹元弼生当晚清，此时今文学派已经兴起，不论在学术还是在思想政治领域，均已成为不可忽视的新兴力量，尽管其对今文学以批判为多[①]，但是对今

---

① 曹元弼在政治上对晚清今文学派基本持否定态度，但是在学术上则对今文学派的研究成果仍有兼采，大概取其精于考证、实事求是、少疵多善者为主。具体可参看拙文《近代经学转型的一次尝试——张之洞与曹元弼的〈十四经学〉》(《中国经学》第31辑，桂林：广西师范大学出版社，2023年)、《曹元弼与晚清今文学关系略论》("江南学高端论坛2018"学术研讨会，上海，2018年09月)的相关论述。

文学派的《尚书》学研究成果也多有兼采。其在《古文尚书郑氏注笺释序》中述清代《尚书》学的发展云：

> 《尚书》自胡渭以精治《禹贡》，蒙圣祖仁皇帝褒奖，阎若璩以疏证古文，受世宗宪皇帝赏识，风气益纯茂渊懿，实事求是。惠氏栋因阎氏书约而精之，成《古文尚书考》。江氏声本其学，遂将伏、孔、郑君所传二十九篇经文及序，博采汉师古训，以郑君为主，辅以诸家，覃精研思，竭毕生力，发挥旁通，考证详备，使魏、晋以来沉霾残佚之义，如杲日重光，阙月复盈，实本朝《书》学大师之冠。王氏鸣盛经学服膺郑君，义理笃守朱子，作《尚书后案》，辨传疏之积非，申高密之真是，序称就正有道江声，或更补其未逮。说《禹贡》地理水道，约朏明《锥指》而益致其精。段氏玉裁声音训诂之学，探赜穷源，分别古今文异字异说，平心核实，名论确当，足为后学准绳。孙氏星衍据《大传》《史记》、马、郑注，更网罗天下放失旧闻，今古文异义，各如其说以通之，微言大义，美哉备矣。古文马、郑之说，诸家搜采既备，陈氏寿祺、乔枞父子更考《两汉书》及诸古籍，详推今文源流，捃摭逸说，一一分析同异是非，为《尚书大传定本》及《今文尚书经说考》，平直精善，绝无争门户、执意见之弊。①

这段材料曹元弼叙述了清代《尚书》学的发展脉络，这既是其撰《古文尚书郑氏注笺释》所主要参考之前代成果，同时也正是其所认同的清代《尚书》学发展主流，也是其《尚书》学之渊源所自。结合此段文字与曹元弼《尚书》学的实际情况，其《尚书》学渊源大概可以归纳为六个方面：其一，对清初胡渭、阎若璩《书》学成就的肯定和吸收；其二，来自吴派《书》学的影响；其三，来自皖派《书》学的影响；其四，来自孙星衍《尚书今古文注疏》的影响；其五，对清代《尚书》今文学的兼采；其六，来自陈澧《书》学的潜在影响。下面即从这六个方面对曹元弼《尚书》学渊源加以论述。

一　胡渭与阎若璩《尚书》学的影响

关于清代《尚书》学的开山鼻祖，曹元弼认为是胡渭和阎若璩。曹元弼的这种看法在清代颇具有代表性，乾嘉时期江藩所撰《汉学师承记》即以阎若璩和胡渭开始。盖一方面，不论阎若璩之《尚书古文疏证》还是胡渭之《禹贡锥指》，皆以考证方法辨析疑伪、考辨经义，不为空疏之谈，树立了后来清代考据

---

① 曹元弼《古文尚书郑氏注笺释》卷首《古文尚书郑氏注笺释序》，复旦大学图书馆藏稿本，第13b—14b叶。

学的基本学术范式；另一方面，则是胡氏、阎氏皆辨后出《古文尚书》及孔传之伪，不仅在辨伪学方面有功，更重要的是为清代《尚书》学廓清了伪书迷雾，使得清代《尚书》学在伪书之外，开出了一番新的天地。

胡渭字朏明，号东樵，浙江德清人，《尚书》学著述有《禹贡锥指》《洪范正论》。其《禹贡锥指》一书，虽仅解《禹贡》一篇，但精于考证，实事求是，实为清初以考据治《尚书》的代表作，如《四库提要》所言"《禹贡》自宋元以来，注释者不下数十家，虽得失互见，要以胡渭之《禹贡锥指》为最善"①，对后来的《尚书》研究无论是方法还是具体经义方面，影响都至为深远。除因精于考据，胡氏书在清代备受推崇还在于有裨世用，如钱大昕所言"汉、唐以来，河道迁徙，虽非《禹贡》之旧，要为民生国计所系，故于《导河》一章，备考历代决溢改流之迹；且为图以表之。其留心经济，异于迂儒不通时务者远矣"②。

曹元弼叙述清代《尚书》学史，以胡渭《禹贡锥指》为发端，所谓胡渭"精治《禹贡》"正取胡氏精于考证和有裨世用的两方面，如其《复礼堂述学诗》卷二《述尚书》所言：

> 汉代儒者以经明《禹贡》行河，通经致用，此为最切。宋以来专释《禹贡》之书颇多，而精核典赡，莫如胡氏《禹贡锥指》。此书博引注疏以下各家之说，及班氏《地理志》、桑钦《水经》郦道元注，以及古今水地诸书，囊括网罗，考证详确，学者翕然宗之。③

除学术之精与有裨世用之外，曹元弼还从汉宋之争的角度肯定胡渭《禹贡锥指》的汉宋兼采，其中"《禹贡锥指》博引古今诸家"的做法"足化同门异户之见"④。正因为胡渭治《禹贡》精于考据、无门户之见且有裨世用，所以曹元弼在笺释《古文尚书郑氏注》时，于《禹贡》篇即大量引据胡渭之说，且多有肯定，如"覃怀厎绩，至于衡漳"经下《笺释》即三引胡渭之说以推治衡漳之过程，认为"胡氏说于事势甚合"⑤；又如"荆及衡阳惟荆州"下，曹元弼辨荆州之域及荆州与汉水关系也引胡渭之说，并肯定"胡说甚核"⑥。

阎若璩字百诗，号潜邱，山西太原人。其学术"长于考证"⑦，所著有《古文尚书疏证》《四书释地》《孟子生卒年月考》《潜邱札记》等。其于《尚书》一经，辨

---

① 〔清〕永瑢等《四库全书总目》卷一二，北京：中华书局，1965年，第103页中。
② 〔清〕钱大昕《潜研堂文集》卷三八《胡先生传》，陈文和主编《嘉定钱大昕全集》第9册，南京：凤凰出版社，2016年，第604页。
③ 曹元弼《复礼堂述学诗》卷二《述尚书》，民国二十五年(1936)刻本，第96a叶。
④ 《复礼堂述学诗》卷二《述尚书》，第87a叶。
⑤ 《古文尚书郑氏注笺释》卷五《禹贡上》，第14a叶。
⑥ 《古文尚书郑氏注笺释》卷六《禹贡中》，第22a叶。
⑦ 〔清〕江藩著，钟哲整理《国朝汉学师承记》卷一《阎若璩》，北京：中华书局，1983年，第10页。

后出《古文尚书》及孔传之伪而撰《尚书古文疏证》,对清代《尚书》学史而言有廓清伪书、重光《书》学之功,正如《四库总目》所谓"古文之辨,至阎若璩始明"①。在解决伪《书》疑案之后,清儒才能清理前代《尚书》学史,重新辑存汉魏旧注,重疏伪《书》所存的二十八篇经文与《书序》。对阎氏辨伪之功,曹元弼深有所取,认为阎氏"《尚书古文疏证》尤为巨制",对伪《书》"详加疏证,剖裂无遗"②,"辨误得真,昌明绝学,尤为卓尔不群"③。所以在对传世《古文尚书》及孔传真伪的问题上,曹元弼是认同阎若璩之说的,并且在《复礼堂述学诗》卷二《述尚书》中据阎若璩等各家辨伪之说,约为十验以证今传《古文尚书》及孔传之伪④,而所撰《古文尚书郑氏注笺释》正是在阎若璩辨伪的前提下,重辑重疏郑玄注《古文尚书》之作。

二 吴派《尚书》学的影响

在清代《尚书》学史中,吴派《尚书》学是对曹元弼影响最大的。作为吴派代表的惠栋,在清代《尚书》学史上具有承上启下的地位:一方面其因阎若璩之书而成《古文尚书考》,力辨梅书之伪,在《尚书》辨伪上有进一步的成绩,正如曹元弼所言"惠氏《古文尚书考》,文约指明,义尤精密,梅赜书之伪,如铸鼎象物,物无遁情矣"⑤;另一方面,则辑存《尚书》旧义,于辨伪后重开研治《尚书》端绪,对此曹元弼颇加以肯定,以为"自惠氏撰《古文尚书考》,而辨证伪书,无复遗义;作《九经古义》,内有《尚书》二卷,而阐发真书,始启端绪"⑥。惠栋既启端绪,其弟子后学沿其流而扬其波,江声"用其师惠定宇氏《周易述》家法"⑦,于《尚书》伪古文外之二十九篇经文及序,"综核经传之训诂,采摭诸子百家之说与夫汉儒之解"⑧而为之疏,成《尚书集注音疏》;同时有王鸣盛,撰《尚书后案》,"发挥郑氏康成一家之学"⑨。二家以伪《书》所存经二十八篇、序一篇为本,黜伪孔传,重辑汉儒旧注,于文字、制度、史事考据精详,大体奠定了清代《尚书》

---

① 《四库全书总目》卷一一,第89页上。
② 《复礼堂述学诗》卷二《述尚书》,第87b叶。
③ 《复礼堂述学诗》卷三《述诗》,第60a叶。
④ 《复礼堂述学诗》卷二《述尚书》,第71b—79b叶。
⑤ 同上书,第87b—88a叶。
⑥ 同上书,第89b叶。
⑦ 〔清〕李慈铭撰,由云龙辑《越缦堂读书记》,北京:中华书局,2006年,第109页。
⑧ 〔清〕江声撰,曲文、徐畅点校《尚书集注音疏》卷末《尚书集注音疏后述》,《儒藏(精华编)》第17册,北京:北京大学出版社,2017年,第731页下。
⑨ 〔清〕王鸣盛《尚书后案》卷首《序》,陈文和主编《嘉定王鸣盛全集》第1册,北京:中华书局,2010年,第1页。

学研究的基本范式。

作为吴县前辈的江声,曹元弼对其《尚书》学可谓推崇备至,认为"《书》之有江氏,犹《易》之有惠氏"①,誉之为"熙朝第一《尚书》师"②。曹元弼之所以将江声《尚书》学置于如此高的地位,主要在于江氏对清代《尚书》新疏的开创之功,如云:

> 江氏受学于惠,研精文字训诂,作《尚书集注音疏》,以郑注为主,而博采汉经师遗说,附以己意,疏通证明。凡经传、诸子、《史记》、《汉书》、《说文》及诸故书雅记涉《尚书》义者,采辑殆遍,网罗放失,同条共贯,寻坠绪之茫茫,独旁搜而远绍,实事求是,文约指明,实足与红豆《易述》接武并轨矣。③

江声撰《尚书集注音疏》,乃法其师惠栋《周易述》"融会汉儒之说以为注,而复为之疏"④之法而作。其所为之注,以马融、郑玄注为主,"综核经传之训故,采摭诸子百家之说与夫汉儒之解"⑤;其所为之疏,则"以己见搜讨经谊,精犟诂训"⑥,对音声文字多所注意,并且态度审慎,"言必当理,不敢衒奇,谊必有征,不敢欺世,务求惬心"⑦。尽管江氏《音疏》在后来学者看来还存在诸多问题,如不辨文献性质而以他书所引改今本《尚书》经字等,但是作为清代《尚书》辨伪后第一次系统辑存汉儒旧注并为之疏证的开创之作,其价值是无可取代的。

曹元弼晚年撰《古文尚书郑氏注笺释》,江声《尚书集注音疏》正是其所依据的主要前人成果,《笺释》中引用江声之说极多。具体而言:或据江说以为断,此类最夥,例如《尧典》"平秩南讹,敬致"下,江声本郑注《冯相氏》说以释"致"云:"致,致日也,谓立八尺之表,视其晷景。夏至之景尺有五寸,为短之极,短极则气至无伏阴之患,是夏气和也。"曹元弼认为"江合《冯相氏》注推之,良是"⑧。又如《皋陶谟》"州十有二师,外薄四海,咸建五长"下,曹元弼引江氏释郑注"犹用要服之内为九州,为方七千里"云云者,以为"江说甚详确"⑨。或以江氏说未尽,而阶江氏说以进一步疏释,如《皋陶谟》"皋陶曰:'都!在知人,在安民。'"曹元弼引江氏说云:"言亲亲、任贤,使政可由近及远者,在乎知人,

---

① 《复礼堂述学诗》卷二《述尚书》,第91b叶。
② 同上书,第89b叶。
③ 同上书,第89b—90a叶。
④ 《尚书集注音疏》卷末《尚书集注音疏后述》,《儒藏(精华编)》第17册,第731页下。
⑤ 同上书,第731页下。
⑥ 《尚书集注音疏》卷末《尚书集注音疏述》,《儒藏(精华编)》第17册,第729页上。
⑦ 《尚书集注音疏》卷末《尚书集注音疏后述》,《儒藏(精华编)》第17册,第731页下。
⑧ 《古文尚书郑氏注笺释》卷一《尧典》,第49a叶。
⑨ 《古文尚书郑氏注笺释》卷四《皋陶谟下》,第72a—74b叶。

在乎安民。"并进一步阐释云："案：得贤在于知人，推恩在于安民，而知人为安民之本，故先言知人。取人以身，则修身又为知人之本。经两'在'字皆本上文而言，言其大用在是也。"①或存江氏异说，如《高宗肜日》"降年有永有不永，非天夭民，民中绝命"下引江氏之说，以为"江说足备一义，且其言深切，足警世心"②。亦有辨江氏说之误者，如《皋陶谟》"禹曰：'吁！咸若时，惟帝其难之。'"江氏以为此"帝"谓舜，而曹元弼据《盐铁论·论诽篇》辨之，以为"此'帝'字为尧也"③。又江声将《尚书》无篇名之佚文六十二条及附二十条作为《逸文》一卷，列于《百篇之叙》后，曹元弼《古文尚书郑氏注笺释》在处理新得无篇名之《尚书》逸文时，亦"依江氏总列序后"④。

曹元弼对江声《音疏》的推崇，还有另外一个重要的原因，即江声品谊甚佳，学行并著，孙星衍《江声传》尝述江氏行谊云：

> 声内行淳笃，言动合古人绳尺。伤父母先没，岁时祭奠，拭杯棬，亲涤濯，自晨至午屹立如有所见。然对家属如宾客，而色甚和悦。口不言钱，一介不以取。闭户著书者数十年，所撰著或有举其失者，即时更正。⑤

在以经世致用为归的汉宋兼采观之下，曹元弼对学者之行尤其看重：一方面出于正学术以正人心，另一方面则是对汉学末流"学不顾行"之弊的矫正，尤其是晚清社会危机加剧之时，对历代绩学敦行之儒多有表彰。因此，曹元弼除肯定江声创通《尚书》大义之功，对其行谊亦颇为赞赏，云：

> 先生品谊，直足追古齐、鲁质行之儒。其《书》义据通深，雅言明达，纯乎古学。篆写全书，亦足动治经者考求六书、兴艺乐学之志。生平研精耽道，不求闻达，年过七十，始有知者。王西庄《尚书后案自序》曰："就正于有道江声。"信乎其为有道也。自是《书》家蔚起，经义大明，实先生倡之。⑥

在曹元弼看来，江声行谊与学术可谓相辅相成，颇有功于清代《尚书》学的发展。

与江声同时的吴派代表王鸣盛，在《尚书》研究上亦对曹元弼影响甚大。曹元弼尝言"专门师法守西庄，应与江孙相颉颃"⑦，即言王氏《尚书后案》专尊

---

① 《古文尚书郑氏注笺释》卷三《皋陶谟上》，第8b—9a叶。
② 《古文尚书郑氏注笺释》卷一三《高宗肜日》，第6a—6b叶。
③ 《古文尚书郑氏注笺释》卷三《皋陶谟上》，第10a—10b叶。
④ 《古文尚书郑氏注笺释》卷首《条例》，第24b叶。
⑤ 〔清〕孙星衍《江声传》，钱仪吉纂，靳斯校点《碑传集》卷一三四，北京：中华书局，1993年，第4030页。
⑥ 《复礼堂述学诗》卷二《述书》，第90b—91a叶。
⑦ 同上书，第92b叶。

郑氏家法,以郑注决定各家依违,成就当与江声、孙星衍相颉颃。在对比江声与王鸣盛二家之书后,曹元弼云:"江氏《集注》以郑注为主,而于注义隐奥难明者,或改从他说。王氏则一一引据古书,疏通其旨。"①又在《古文尚书郑氏注笺释序》言及"王氏鸣盛经学服膺郑君,义理笃守朱子"而作《尚书后案》,"辨传疏之积非,申高密之真是",于江声之书"或更补其未逮"②。可见王鸣盛之书最为曹元弼所欣赏者在于经学专守郑玄一家而辨众说之是非。这一宗郑的宗旨也为后来曹元弼《古文尚书郑氏注笺释》所继承。同时,关于具体经义,曹元弼也多引据王鸣盛申郑之说,如《皋陶谟》"帝庸作歌曰'敕天之命,惟时惟几'",郑注云:"戒臣。"曹元弼释郑注即引王鸣盛申郑之说,而补足其义,云:"王氏鸣盛谓下文帝歌先言股肱,故知意在戒臣。案:《史记·乐书》之文正与郑义同,盖望臣邻与己共保长治久安也。"③又如《康王之诰》"王若曰'庶邦侯、甸、男、卫'",郑注云:

> 独举侯、甸、男、卫四服者,周公居摄六年,制礼班度量,至此积三十年,再巡狩余六年,侯、甸、男、要服正朝。要服国远,既事遣之。卫服前冬来,以王有疾留之。

郑玄按周巡狩朝会制度推测而言,其说可通,王鸣盛《后案》正申郑义。针对"要服既事遣之,则卫服前冬来者,何反不遣而犹留耶?若卫服来时,以王疾不得行礼,则要服后来何反得既事而遣耶"之疑,王鸣盛以为:

> 盖要服远,优恤之,故遣;卫服差近,故留耳。且周都丰镐,四方道里不均,东方侯、甸亦远,西方卫、要反近。《周礼》朝贡之岁不过言其大略,未必拘拘定制。郑特以不见"要服"而推论之,不必泥也。《酒诰》亦云"侯、甸、男、卫",亦约举之词耳。④

曹元弼于《笺释》即引王鸣盛申郑之说,且云"九服皆据土中王城四面分之,王说甚是"⑤。

王鸣盛精于考据,其《尚书后案》对《禹贡》考证尤为精核,正如前引《古文尚书郑氏注笺释序》言王鸣盛"说《禹贡》地理水道,约胐明《锥指》而益致其精"。所以,曹元弼在笺释《禹贡》部分引及王氏之说尤多,且多以王氏说为断,如"既修太原,至于岳阳"下,曹元弼引王鸣盛《尚书后案》之说,言其"约朱氏鹤

---

① 《复礼堂述学诗》卷二《述书》,第93a叶。
② 《古文尚书郑氏注笺释》卷首《序》,第14a叶。
③ 《古文尚书郑氏注笺释》卷四《皋陶谟下》,第96b—97a叶。
④ 《尚书后案》卷二五《康王之诰》,《嘉定王鸣盛全集》第2册,第1021页。
⑤ 《古文尚书郑氏注笺释》卷三三《康王之诰》,第1a—3a叶。

龄及胡氏义甚简明"①。又如"海、岱惟青州"下,三引王鸣盛之说以为释②。又如"浮于汶,达于济"下,关于汶水与淄水之源与流,曹元弼即据王鸣盛之说,以为"汶与淄俱出原山,王氏鸣盛谓同出一山而分流,是也"③。

除对王鸣盛《尚书》经义考证的引据之外,曹元弼对王鸣盛有关伪书的论说也有继承,例如孔疏虽崇伪孔,但对伪书与郑玄注《尚书》篇目之歧,不得不加以弥缝,且于"虞书"题下详列二者篇目之异,反而成为后来了解真古文增多二十四篇目录的依据。对此,王鸣盛认为:

> 至颖达作疏之时,势固断不能废五十八篇之伪孔氏,而用三十四篇之郑氏矣。然郑学犹未绝也,至宋则绝矣。假令颖达作疏于彼,增多篇目竟置不论,子辈生千余年后,又何从而考之?犹幸此篇目即从颖达口中吐露耳。其一举而归之张霸,实辞之遁而穷者。④

王鸣盛此说为曹元弼所接受,不仅认为"冲远举逸篇而归之张霸,王氏以为辞之遁而穷,极是",而且加以发挥,认为"郑注篇目转赖以存,后人得以郑目合《汉志》,而确知其为孔氏真本,即确知梅赜所上为伪本,则疏固不可不读也。疏中多引郑注而驳之,其所驳之说,不足以难郑,而所引之文,转可以存郑,或者冲远亦别有微意欤"⑤。这种对孔疏与郑注关系的认识,对曹元弼在《古文尚书郑氏注笺释》中复原郑本、辑补郑注、疏释郑说产生了实际影响。凡此之类甚多,皆可见曹元弼对王鸣盛《尚书》说的认同与吸收。

综合而言,吴派《尚书》学对曹元弼影响最大,曹氏所撰《古文尚书郑氏注笺释》中触处可见江声与王鸣盛的痕迹。不论是文字训诂,还是内容考证,抑或经义解释,曹元弼引据清代学者以此二家之说最多。虽然遵从与驳正互见,但仍以申说为多。之所以出现这种情况,笔者在《乾嘉吴皖二派对曹元弼经学研究之影响》一文曾有分析:其一,吴派长于辑佚。《尚书》自东晋梅赜所上伪古文《尚书》及伪孔传流行,尤其是唐孔颖达受诏撰《五经正义》,《尚书正义》采用伪古文及伪孔传,定为一尊后,汉、魏各家《书》注逐渐亡佚。至清代辨明《尚书》伪古文及伪孔传后,学术上排斥宋学的乾嘉考据学者欲重新研治《尚书》,则只有回到汉、魏各家《尚书》旧注。然汉、魏各家《尚书》注已亡佚,因此只有重辑汉、魏遗说。以惠栋为代表的吴派因宗汉的学术风尚,故而辑考汉经师遗说用功尤勤,如惠栋《九经古义》、余萧客《古经解钩沉》等,皆以辑考汉师遗说

---

① 《古文尚书郑氏注笺释》卷五《禹贡上》,第12a叶。
② 同上书,第39a—41a叶。
③ 同上书,第47a叶。
④ 《尚书后辨》,《嘉定王鸣盛全集》第3册,第1219页。
⑤ 《复礼堂述学诗》卷二《述尚书》,第82a—82b叶。

完备精审见称。因此,基于辑佚的《尚书》研究,自然为吴派之专长,如惠栋《古文尚书考》、江声《尚书集注音疏》、王鸣盛《尚书后案》以及与吴派学者关系密切之孙星衍《尚书今古文注疏》等皆建立在成功的辑佚之上。其二,宗尚郑说。江声《尚书集注音疏》虽然兼采马、郑之说,但是仍以郑玄为主,而王鸣盛《尚书后案》则直接标榜"发挥郑氏康成一家之学",较之江声更守郑氏家法。而吴派《尚书》研究的宗郑倾向,恰好与曹元弼长期以来形成的宗郑思想相契合①。

三 皖派《尚书》学的影响

皖派学者在文字、音韵、训诂领域成就巨大,对礼学研究也堪称清代最高水平,但是就《尚书》学而言却鲜有专门名家者,《尚书》学著述也不多。但正因为此派精于小学,所以虽无《尚书》疏证之作,但是有关《尚书》文字、训诂的考证之作却成就甚高,相关论说也颇有启发性,如段玉裁《古文尚书撰异》与王引之《经义述闻》中《尚书》部分,往往是后来研治《尚书》者所无法绕过的。今考曹元弼《尚书》学著述也同样发现,段玉裁和王引之对其《尚书》学均有影响,其中段玉裁《古文尚书撰异》对曹元弼影响尤大。

段玉裁撰《古文尚书撰异》一书,其目的在"正晋、唐之妄改,存周、汉之驳文"②,而这么做的原因乃在于《尚书》所经历的厄运和当时治《尚书》者之弊病。关于《尚书》的流传,段玉裁认为经历了七厄,从而导致"古文几亡",此七厄即:

> 秦之火,一也;汉博士之抑古文,二也;马、郑不注古文逸篇,三也;魏、晋之有伪古文,四也;唐《正义》不用马、郑,用伪孔,五也;天宝之改字,六也;宋开宝之改《释文》,七也。七者备,而古文几亡矣。③

虽然自宋吴棫、朱子以至清阎若璩、惠栋、王鸣盛等考辨,梅赜所上古文及孔传之伪几已成为定论,但是继起研治《尚书》者的很多做法,在段玉裁看来也存在巨大问题。首先,经过历代学者辨伪,基本可以确定存于今本《尚书》中的经二十八篇和序一篇是可靠的,于是后儒多据以重辑汉儒旧说,重新加以疏证,这基本上是江声、王鸣盛以后治《尚书》学者的一贯做法。但这在段玉裁看来是存在问题的。

首先,段氏认为:"顾作伪者既服其罪矣,而古文三十一篇字因天宝、开宝

---

① 参见拙文《乾嘉吴皖二派对曹元弼经学研究之影响》,《中国典籍与文化论丛》第18辑,南京:凤凰出版社,2016年,第285—303页。
② 〔清〕段玉裁《古文尚书撰异》卷首《古文尚书撰异序》,乾隆道光间段氏刻《经韵楼丛书》本,第3a叶。
③ 《古文尚书撰异》卷首《古文尚书撰异序》,第1a叶。

之旧,是以唐之今文《尚书》乱之也,其不可一也。"①所谓"三十一篇"是指伪古文将伏生二十八篇经文析为三十一篇。所谓经字"因天宝、开宝之旧",盖梅赜奏上伪书为隶古定本,而唐玄宗"诏集贤学士卫包改古文从今文"②,于是隶古定《尚书》遂亡;至宋太祖开宝五年,"以德明所释乃《古文尚书》,与唐明皇所定今文驳异,令鄂删定其文"③,于是仅存于《释文》的《尚书》文字亦非旧貌④。换而言之,今传《尚书》二十八篇经文和《尚书释文》是经过卫包、陈鄂所改,不能直接据以为《古文尚书》。

其次,段玉裁认为:"好尚新奇之辈,自唐至今,有集古篆缮写之《尚书》,号壁中本,二十五篇皆在焉,是作伪于伪古文既出之后也,其不可二也。"⑤按,段氏此说乃根据《经典释文叙录》所言南北朝时期于伪孔之外好奇立异之徒以古篆写《尚书》而号为壁中本。此类在当时即知其伪。

再次,针对乾嘉时期以前代经传子史及旧注所引《今文尚书》文字以改今本,段玉裁认为:"欧阳、夏侯《尚书》佚,见于《尚书大传》、汉石经、《史记》、两《汉书》、《三国志注》、《三都赋注》、《尚书纬》、《尚书正义》者,或尽举以改窜经文,是以汉之《今文尚书》乱之也,其不可三也。"⑥此弊,惠栋、江声已有所犯。

最后,针对当时据《说文》所称古文以及经传所称引《尚书》以改今本《尚书》文字,段玉裁尤为反对,认为:"《说文解字》所称《尚书》,多不与经同,由孔安国以今字读易其字,而许君存其旧。如《周礼经》杜子春、二郑读易其字,传写者既从所读,而注中存其故书之旧。《周礼》不得尽改从故书,则《尚书》不得尽改从《说文》也。必改从《说文》,则非汉人之旧。且或取经传诸子所称《尚书》以改《尚书》,是《尚书》身无完肤矣,其不可四也。"⑦这方面盖直接针对江声、惠栋而发。事实上,此条和上条实属一类,皆为据他书称引之《尚书》文字以改今本。此类情况在江声《尚书集注音疏》尤多,可以说是江声书的一大败笔,如《尧典》"曰若稽古"之"曰",江声据薛季宣《书古文训》改作"粤";又"允恭克让"之"恭",江声据王俅《啸堂集古录》、薛尚功《历代钟鼎彝器款识法帖》等所录周代铭文改作"龏";又"平章百姓"之"平",即据《说文》所言古文改作

---

① 《古文尚书撰异》卷首《古文尚书撰异序》,第1b叶。
② 〔宋〕欧阳修、宋祁《新唐书》卷五七《艺文一》,北京:中华书局,1975年,第1428页。
③ 〔元〕马端临《文献通考》卷一七七《经籍考四》,北京:中华书局,2011年,第5280页。
④ 卢文弨经过校勘认为:"今《尚书释文》非复陆氏之旧,所标经注两字多删去一字,有必不可省者而亦省之。"吴承仕根据今本《尚书释文》所引《切韵》十一事其切语用字并与现行《广韵》同,以及敦煌写本《尚书》残卷与今本《尚书释文》的差异,也认同卢文弨之说。参见吴承仕《经籍旧音序录》,北京:中华书局,2008年,第212页。
⑤ 《古文尚书撰异》卷首《古文尚书撰异序》,第1b叶。
⑥ 同上书,第1b—2a叶。
⑦ 同上书,第2a叶。

"采"。凡此之类,全书所见甚夥,但这种做法实际上并未认识到《古文尚书》与伪书的关系,以及他书所引《尚书》文字的性质。段玉裁撰《古文尚书撰异》,正是鉴于当时吴派治《尚书》者之弊而发,以推校《尚书》异文之故,分别古今。同时,因其精于小学,故所辨多有精湛之处,所以书出之后,对后来《古文尚书》的研究影响甚大,如李慈铭即谓此书"旁及音诂,义据精深,多有功于经学"①。

段玉裁相较于江声、王鸣盛《尚书》学而言,在分别今古文,讨论马、郑本《古文尚书》与伪孔关系的问题上更为深入、通达,所以尽管没有为《尚书》重做新疏,但是对曹元弼《尚书》学产生了巨大的影响。曹元弼认同段玉裁对《说文》及他书称引《尚书》文字的判断,如其在《复礼堂述学诗》卷二《述尚书》云:

> 盖马、郑本,乃孔安国以今文读壁书写定之本。其间字句有与今文异者,如《礼经》古文与今文异之比;亦有以今字易古字使人易晓者,如《周礼》故书作某而杜子春、二郑读为某之比。递传至杜、卫、贾、马、郑,皆即此本。王肃、伪孔亦据此本特稍有改易,《释文》《正义》已具言之,而《释文》尤详。近儒或据他经传引书改本经,然经传或摘引大义,或传写异文,取证则可,据改则不可。又或以《史记》《汉书》等引《书》及《说文》称书古文改今本。然汉人引《书》,多据《欧阳》《夏侯》本,《说文》所引,亦安国未经读正之本,皆不可与马、郑本合一。《尚书》异文最多,若一一据以改相传之本,则体无完肤矣。江氏《书》学至精,惜未免此失。②

从这段文字可见,曹元弼基本上完全接受了上引段玉裁所列之四"不可",尤其是后两条。而其中所言"王肃、伪孔亦据此本特稍有改易,《释文》《正义》已具言之,而《释文》尤详"云云,涉及东汉马、郑等所传《古文尚书》与伪孔本的关系问题,而这方面也是受到段玉裁的影响。段玉裁云:

> 当作伪时,杜林之桼书《古文尚书》、卫宏之《古文尚书训旨》、贾逵之《古文尚书训》、马融之《古文尚书传》、郑君之《古文尚书注解》皆存,天下皆晓然知此等为孔安国递传之本,作伪者安肯点窜涂改三十一篇字句,变其面目,令与卫、贾、马、郑不类,以启天下之疑,而动天下之兵也?是以虽析一为二,而"慎微"之上终未著一字。后有愚者,乃为之。学者得此,说而求之,思过半矣。盖伪孔传本与马、郑本之不同,梗概已见于《释文》《正义》,不当于《释文》《正义》外断其妄窜。③

根据段玉裁的说法,伪孔虽伪,但二十八篇经文所析之三十一篇,就是依据孔

---

① 《越缦堂读书记》,第107页。
② 《复礼堂述学诗》卷二《述尚书》,第83a—83b叶。
③ 《古文尚书撰异》卷首《古文尚书撰异序》,第2a—2b叶。

安国以来递传之本，文字上并没有大规模窜涂改，而陆德明《经典释文》和孔颖达《尚书正义》所载马、郑与孔的异文及篇章分合，正是其异同之大概。因此，考马、郑《古文尚书》文字，分别今古之异，不当舍《正义》与《释文》而远求他书。段玉裁此说甚通明，其后焦循、陈澧接受此说影响①，曹元弼在《古文尚书郑氏注笺释》中复原郑本《尚书》的篇章和文字正是对此说的具体践行。

在认同段玉裁相关论说的情况下，曹元弼颇推崇《古文尚书撰异》详于今古文文字异同之故，对江声《尚书集注音疏》"承东吴惠氏之学，好以古字改经"之病的补苴之功，如《复礼堂述学诗》卷二《述尚书》云：

> 江氏多据经传、《史》、《汉》、《说文》引《书》之文改易今本。段氏则各推其异同之故，使今古文各本画然分明，皆足补叔沄创始之阙。②

除对段氏《古文尚书撰异》的推崇外，曹元弼对段氏小学尤为推崇，《尚书》异文在诸经中最多，要推校辨明其异同之故，不明文字、音韵、训诂是不可能的，而段氏《说文解字注》实为这方面的门径。因此，对段氏《说文解字注》亦倍加推崇，如云：

> 段氏音学至精，究洞转注、假借之源，所著《古文尚书撰异》《毛诗故训传小笺》《周礼汉读考》等书，皆与《说文注》相表里。学者由此得治经门径。三代古文，后人所谓佶屈聱牙者，读之可一一文从字顺。故国朝为《说文》学者三大家，桂氏富于义，博采百家群书之诂；王氏精于形，善读鼎彝铭勒之文。而由识字以通经，发疑正读，旁推交通，典章经制，探端知绪，则莫径于若膺先生书。学者治《说文》，当以段氏为主，辅以王、桂，兼及严、纽。③

因此，曹元弼研治《尚书》，于段氏《古文尚书撰异》《说文解字注》皆有所取。今考曹元弼于《尚书今古文注疏校补》《古文尚书郑氏注笺释》二书中，于文字异同之处，亦多引据段玉裁之说以为断。

大体而言，其引《说文》及段注以释字，涉及《说文》校勘者多从段注，如《尧典》"钦若昊天"之笺，曹元弼引《说文》："昦，秋天也。从日夰声。《虞书》说：'仁覆昦下，则称昦天。'"其中"仁覆"，段玉裁注云："各本作'闵覆'，误。今依

---

① 陈澧引焦循《禹贡郑注释》云："《释文》不出郑异字者，即伪孔本与郑本同者也，郑本略存于伪孔本中矣。"（按：此文不见今本《禹贡郑注释》，或陈澧所引出处有误）陈澧《东塾读书记》卷五正承上引段氏之说及此所言焦循之说，认为："此二说可以箴砭江艮庭改易经字之病。江氏好改经字，乃惠定宇之派，虽云好古，而适足以为病也。"〔清〕陈澧著，钟旭元、魏达纯校点《东塾读书记》，上海：上海古籍出版社，2017年，第85页。

② 《复礼堂述学诗》卷二《述尚书》，第93a叶。

③ 《复礼堂述学诗》卷一四《述小学》，第18a叶。

《玉篇》《广韵》皆作'仁覆愍下谓之旻天'订。"①曹元弼于此据段氏所订,并注云"从段氏订"②。又如《禹贡》"济河惟兖州",曹元弼引《说文·水部》:"沇水,出河东东垣王屋山,东为泲。从水,允声。沿,古文沇如此。"段注:"各本篆作沿,误,今正。"③曹氏所引"从段氏订"④。于校勘考订今古文及传世异文,则多引段玉裁《古文尚书撰异》之说,如《尧典》"钦明文思安安"下,郑氏曰:"道德纯备谓之塞,宽容覆载谓之晏。"曹元弼夹注云:"《后汉书·冯衍传》《第五伦传》《陈宠传》注皆引《书纬考灵耀》称'文塞晏晏'。惟《冯衍传》'塞'误'思',《陈宠传》连引'钦明','钦'误'聪',段氏皆正之。"⑤此为据段氏《古文尚书撰异》考《后汉书》所引今文误字。又如《禹贡》"松于江、海,达于淮、泗"下,曹元弼引段氏说云:"今文《尚书》作'均',马依今文,郑本作'松',松者,沿之字误,故云'当为沿'。此盖壁中文转写以木、水淆溷,公仐不分,而郑正之。裴骃引郑均读曰'沿',与陆所引异。裴依《史记》正文耳。"段氏辨经文"松"为"沿"字之误,曹元弼以为"甚核"⑥。此外尚有少量辨析经义者,如《皋陶谟》"舜曰:'咨,四岳,有能奋庸熙帝之载,使宅百揆,亮采惠畴'"下,曹元弼引段说云:"首言'舜曰',已下乃言'帝曰'者,以别于前文之'帝曰'。且下言'熙帝之载',故不敢言'帝曰',以著舜见尧于羹墙之心也。《尧典》之书尧、舜,如天地然,天地并尊,而地必色于天;如日月然,日月并照,而月必兆于日也。"⑦又如《皋陶谟》曹元弼引段氏《古文尚书撰异》说疏解"舜生三十,征庸三十,在位五十载,陟方乃死"之文,以为"段氏疏解甚精确"⑧。

除了段玉裁之外,同样作为皖派后学的王念孙、王引之父子,虽然未专治《尚书》,但以其精湛的小学、校勘成就,即便只言片语也多有发前人所未发之处,实不可忽视。王念孙《读书杂志》虽无《尚书》之文,但其中涉及《史记》《汉书》的校勘考证,亦多有与《尚书》相关篇章密切相关者,而《经义述闻》中有关《尚书》的校勘、训诂之说,尤为重要。对此曹元弼亦颇为肯定,以为"王氏念孙父子,尤精训诂"⑨。因此,在《古文尚书郑氏注笺释》和《孙疏校补》中对其说也颇有采纳,如《牧誓》"昏弃厥肆祀弗答",曹元弼云:"王氏引之云:'昏,蔑也,读曰泯。《左氏》昭廿九年传云"若泯弃之",泯弃犹蔑弃也。《周语》曰:"不共神

---

① 《说文解字注》七上《日部》,第302页上。
② 《古文尚书郑氏注笺释》卷一《尧典上》,第26b叶。
③ 《说文解字注》十一上《水部》,第528页上。
④ 《古文尚书郑氏注笺释》卷五《禹贡上》,第27a叶。
⑤ 《古文尚书郑氏注笺释》卷一《尧典上》,第8a叶。
⑥ 《古文尚书郑氏注笺释》卷六《禹贡中》,第19b—20a叶。
⑦ 《古文尚书郑氏注笺释》卷二《尧典下》,第115b叶。
⑧ 同上书,第171a叶。
⑨ 《复礼堂述学诗》卷二《述尚书》,第91b—92a叶。

祗而蔑弃五则。""泯""蔑"声之转。'案：王说是也。"①又《康诰》"乃由裕民"，曹元弼即引王引之说，云："王氏引之据《方言》'裕，猷道也'，谓'由'同'猷'。'裕猷'即'由裕'，谓以道导民也。"②凡此类王氏说甚精者，曹元弼皆直接引以笺释。除此之外，《禹贡》一篇涉及《汉书·地理志》者，曹元弼也时引王念孙《读书杂志》的校勘考证成果。

皖派宗古求是而不迷信汉儒，虽然重视汉儒旧注，但不像吴派那样专意从事汉儒经说之辑佚，故于汉儒经说皆亡的《尚书》一经，不及吴派专精，但是如段玉裁、王念孙、王引之等对《尚书》文字、音韵、训诂方面的考证，却足补吴派之疏失。曹元弼对皖派《尚书》学的吸收主要集中在文字训诂考证方面，这也符合皖派精于小学的学术特点。段玉裁《古文尚书撰异》在剖别古今，推求今古文异同之故，考据成就至精。段玉裁之所以能够取得此成就：一方面是建立在对《尚书》各本关系的正确认识上，另一方面则建立在扎实的传统小学基础上。曹元弼对段玉裁《古文尚书撰异》的吸收，在很大程度上也正是曹元弼《古文尚书郑氏注笺释》能够避免江声、王鸣盛之失并在《尚书》异文分析考证上取得成就的重要保证。

四 孙星衍《尚书今古文注疏》的影响

孙星衍作为清代乾嘉时期《尚书》研究的集大成者，不仅在有关《尚书》流传诸问题的论说方面为曹元弼多所继承，所辑《古文尚书马郑注》与所撰《尚书今古文注疏》二书，更对曹元弼《古文尚书郑氏注笺释》的成书有直接影响。

在有关《尚书》诸论说方面，孙星衍多启曹元弼之先，直接指引了曹元弼《尚书》研究。如，关于伏生《尚书》是否为口传之说。汉代最早传《尚书》者为伏生，《史记·儒林列传》云"言《尚书》自济南伏生"③，又云：

> 伏生者，济南人也。故为秦博士。孝文帝时，欲求能治《尚书》者，天下无有，乃闻伏生能治，欲召之。是时伏生年九十余，老，不能行，于是乃诏太常使掌故晁错往受之。秦时焚书，伏生壁藏之。其后兵大起，流亡，汉定，伏生求其书，亡数十篇，独得二十九篇，即以教于齐鲁之间。学者由是颇能言《尚书》，诸山东大师无不涉《尚书》以教矣。④

这里提及伏生于汉定后求秦焚书时所壁藏之《尚书》与晁错受诏从伏生受《尚

---

① 《古文尚书郑氏注笺释》卷一七《牧誓》，第9a叶。
② 《古文尚书郑氏注笺释》卷二二《康诰》，第33b叶。
③ 〔汉〕司马迁《史记》卷一二一《儒林列传》，北京：中华书局，1982年，第3118页。
④ 《史记》卷一二一《儒林列传》，第3124—3125页。

书》之事。关于晁错从伏生受《尚书》,《史记正义》引卫宏《诏定古文尚书序》言伏生"年九十余,不能正言,言不可晓,使其女传言教错。齐人语多与颍川异,错所不知者凡十二三,略以其意属读而已"①,其后伪孔《尚书序》遂有"失其本经,口以传授,裁二十余篇"②之说。但此说后人多有疑义,如蔡沉《书集传》即指出此说与史传记载伏生"初亦壁藏,而后亡数十篇"说的矛盾③,至清代学者更多辨此说之非,如阎若璩《尚书古文疏证》、王鸣盛《尚书后辨·辨孔安国序》④等。而孙星衍撰《伏生不肯口授尚书论》⑤,对伏生今文经口传之说进行了集中的辩驳,其《古文尚书马郑注序》⑥《尚书今古文注疏序》亦持此说,认为:"伏生出自壁藏,授之晁错,教于齐、鲁,立于学官。大、小夏侯、欧阳为之句解,传述有本。后人疑为口授经文说,为略以其意属读者,误也。"⑦曹元弼正承孙星衍之说,认为:

> 秦时伏生壁藏全书,汉定后求得二十九篇,即以教于齐、鲁之间。所教之本,即所藏周时旧本。汉初定天下,伏生年未甚老,欧阳生、张生亲受句读训义,师弟相传,终汉之世,其学极盛,非若晁错以意属读,聊以应诏塞责而已。教于齐、鲁,一事也;授之晁错,又一事也。⑧

这里曹元弼承孙氏之说而提出"所教之本,即所藏周时旧本",事实上根据《史记》《汉书》所记,在晁错从伏生受《尚书》之前,伏生即以壁藏所得二十九篇教于齐鲁之间,其后立于学官之大小夏侯、欧阳《尚书》经文即出自这二十九篇。至少根据目前所能见到的文献记载,孙氏、曹氏之说可信。

又如,关于今古文《尚书》的异同,曹元弼也承孙星衍之说。孙星衍认为:

> 文有今古之分者,孔壁书科斗文字,安国以今文读之。盖秦已来改篆为隶,或以今文写书,安国据以读古文,其字则异,其辞不异也。司马氏用安国故,夏侯、欧阳用伏生说,马、郑用卫、贾说,其说与文字虽异,而经文不异也。⑨

因此,在孙星衍看来《尚书》今古文之异主要是书写字体与立说之异,经文内容本身不异。其后陈寿祺亦持此说,如《尚书大传定本序》亦云"二十九篇今文具

---

① 《史记》,第2746页。
② 《尚书正义》卷一《尚书序》,〔清〕阮元校刻《十三经注疏》,北京:中华书局,2009年,第239页下。
③ 〔宋〕蔡沉《书集传》卷首《书序》,上海:华东师范大学出版社,2010年,第3页。
④ 《尚书后案》卷末《尚书后辨附》,《王鸣盛全集》第3册,第1203—1205页。
⑤ 〔清〕孙星衍《平津馆文稿》卷上《伏生不肯口授尚书论》,清嘉庆刻本。
⑥ 〔清〕孙星衍《古文尚书马郑注》卷首《序》,《岱南阁丛书》民国十二年(1923)重印本,第1b—2a叶。
⑦ 〔清〕孙星衍撰,陈抗、盛冬铃点校《尚书今古文注疏》卷首《序》,北京:中华书局,2004年,第1页。
⑧ 《复礼堂述学诗》卷二《述尚书》,第49b—50a叶。
⑨ 《尚书今古文注疏》卷首《序》,第2页。

存,文字异者不过数百,其余与古文大旨略均,足相推校"①。曹元弼也本孙氏、陈氏说,认为"伏生壁藏本盖周末古文,教齐、鲁间,乃易为隶书,以通俗故称今文",而作为郑本所出的孔壁本,"系孔子所书古文,安国以今文读之",后出之《泰誓》"出屋壁,亦古文,博士易为今文",因此"各经皆有古今学之殊,而《尚书》古今文实本一家"②。又云:

> 盖孔安国以今文与壁中书逐字比勘,知古文某字即今文某字,因以知今文某字脱、某字误、某字倒衍,或字本不误而读误,各就壁书本文正其字、改其读,或并考定其事迹,而为之说以传学者,虽别为古文家,实伏书之补注。但当时其学未甚显,欧阳、夏侯作章句时,未加参考。厥后末师玩其所习,蔽所希闻,明知古文可据以发疑正读,而以不诵绝之。至贾景伯始撰集古今文同异,至郑君始鉴别众说而观其会通。《书赞》云"欧阳氏失其本义"者,盖谓数传后作章句时,或失伏生所传本义。③

在此,曹元弼承孙氏之说具体解释了今古文流传中异文产生的缘由,不仅响应了《尚书正义》以郑玄所注《尚书》"篇与夏侯等同,而经字多异"④之疑,而且为后来复原郑本文字更提供了理论上的可行性。又如关于马、郑《书》说的归属问题,曹元弼亦承孙氏之说,认为"杜、卫、贾之说,渊源安国,初无二派","孙氏云'马、郑注则本卫宏、贾逵、孔壁古文说',此定论也"⑤。

除相关论说之外,孙星衍《古文尚书马郑注》与《尚书今古文注疏》二书对曹元弼研治《尚书》影响尤大。《古文尚书马郑注》一书,是孙星衍在王鸣盛增补王应麟所辑《尚书郑注》基础上,增辑而成⑥,全书十卷,附《逸文》二卷,卷首有《尚书篇目表》,详列百篇目录、大小夏侯、欧阳、孔壁古文、马郑注本、伪孔本的篇目异同,颇便学者⑦。王应麟所辑《尚书郑注》"不采马注,郑亦不备,又误以《盘庚》'优贤扬历'为《大誓》文,以《柴誓》次《文侯之命》",王鸣盛增补则"博

---

① 〔清〕陈寿祺辑《尚书大传》卷首《尚书大传定本序》,《四部丛刊》初编本,第 2a 叶。
② 《复礼堂述学诗》卷二《述尚书》,第 67a 叶。
③ 同上书,第 67a—67b 叶。
④ 《尚书正义》卷二《尧典》,《十三经注疏》,第 248 页上。
⑤ 《复礼堂述学诗》卷二《述尚书》,第 91b 叶。
⑥ 按:王应麟辑本最早出自惠栋,因此后儒多有以惠氏父子伪造之说,但王鸣盛、孙星衍、曹元弼等皆认为王应麟所辑,非惠栋所伪作,如曹元弼《古文尚书郑氏注笺释序》言:"或以为出自定宇,托诸伯厚者,必不然也。"又,顾廷龙《尚书传录校宋本跋》尝言"赵君万里获见宋本《尚书郑注》,各家书目未经著录者也"(顾廷龙《顾廷龙全集·文集卷》,上海:上海辞书出版社,2015 年,第 22 页),未知是否即是王应麟所辑。
⑦ 刘起釪《尚书学史》中"《书序》百篇今、古、伪古各本篇目比较表"即据孙氏此表加以调整(《尚书学史》,北京:中华书局,1989 年,第 149—155 页)。

搜群籍,连缀成文,或颇省改"①。针对二家辑补的情况,孙星衍则以"郑氏受学于马,二家本同",而兼录马融注,并详注所采之书,较二家更为精审完备。除此之外,孙星衍于篇题题作"古文尚书",篇第从马融、郑玄本分为经三十四篇、序一篇,"俱载经文,用马氏注《周礼》省学者两读之例",于篇次文字"从马、郑本,皆见《释文》《正义》诸书"②。从这里可以看出,孙氏所辑马融、郑玄注不仅补王应麟、王鸣盛之阙,还着意复原马融、郑玄本《尚书》,包括书题、篇章、文字。孙氏此书对曹元弼《古文尚书郑氏注笺释》的影响主要有两方面:其一,是曹元弼辑补郑注所依据的两个辑本之一,如云:"郑注各家辑本,详略不同。以孙氏《古文尚书马郑注》、袁氏《郑氏佚书》为最备。今据以为本,损益别裁之意,当文注明。"③今传曹元弼《古文尚书郑氏注笺释》所采郑注正是在孙星衍和袁钧基础上增订而成。其二,对郑玄本《尚书》的复原,曹元弼篇题标"古文尚书",篇章析为三十四篇正从孙氏之旧,而于《尚书》经文参考《释文》《正义》等书所载以恢复郑玄原貌,亦是孙氏文字从马、郑本之意,所不同者曹元弼更分别马、郑之异,仅复原郑玄一家。

孙星衍《尚书今古文注疏》一书,依《尚书正义》之例,"遍采古人传记之涉《书》义者,自汉魏迄于隋唐",及惠栋、王鸣盛、江声、段玉裁等清人之作而"合其所长"④,堪称乾嘉时期清代《尚书》新疏的集大成之作,乾嘉各家《书》说之精华多已萃于此编。曹元弼对孙星衍此书评价甚高,以为"博综古今,汉学坠绪,于是备举"⑤。曹元弼尤其对孙星衍学行合一、体用兼备称道,如云:

> 孙先生以进士及第,官编修,和珅招之,正辞固拒,风节之峻,凛然不可犯。而官刑部时,研精律例,哀矜折狱。及任兖沂曹济道,勤恤爱民,郡县吏谳狱失入者,平反甚多。仰体朝廷恤刑之仁,深得《甫刑》观诫之旨。《书疏》中微言要义甚多,而说《尧典》"象刑",及《康诰》《吕刑》等篇,尤蔼然仁人之言。且通达治体,足为从政师资。⑥

孙星衍《尚书今古文注疏》对曹元弼《尚书》学的影响,主要可以从三个方面来看:

其一,多引《孙疏》之义。曹元弼《古文尚书郑氏注笺释》不论辨析异文、考辨史实,还是串释经义,均大量引用孙说,或以孙说为断,或存孙疏异说。如

---

① 《古文尚书马郑注》卷首《序》,第6a叶。
② 以上见《古文尚书马郑注》卷首《序》,第1a叶。
③ 《古文尚书郑氏注笺释》卷首《条例》,第22a叶。
④ 《尚书今古文注疏》卷首《尚书今古文注疏序》,第2—3页。
⑤ 《复礼堂述学诗》卷二《述尚书》,第92a叶。
⑥ 同上书,第92b叶。

《尧典》"黎民于变时雍"之"变",今文作"蕃",《汉孔宙碑》引作"卞","变"为帮母元部,"卞""蕃"为并母元部,曹元弼以"'蕃''卞'皆与'变'声近",所言甚是;同时曹元弼又存孙氏异说,云:"卞,孙氏谓即'弁'之俗字,弁有盘音,大也,乐也,言民皆和亲安平康乐也,音转义变,亦通。"①又如《皋陶谟》"帝不时敷,同日奏,罔功"句,曹氏笺释据孙说云:"言帝若不如是,遍同善恶而混之,虽曰进人,犹无功。孙读'时敷'句,'同日奏'句,云:'时敷,是分也。《禹贡》马注云:"敷,分也。"奏,进也。罔,无也。言帝不以是分别善恶,谗说之人与黎献同日进用,则无功绩。'案:孙说甚明通,今从之。"②又如《禹贡》"厥土惟壤,下土坟垆",马融注:"豫州地有三等,下者坟垆也。豫州地青。"孙疏云:"郑注《礼器》'或素或青'云:'变白黑言素青者,秦二世时,赵高作乱,或以青为黑,黑为黄,民言从之,至今语犹存也。'则言土青者,犹言垆也。"③所释甚晰,故曹元弼于笺释云"马云'青',当时方俗语或以黑为青,孙说详矣"④,即以孙说为断。凡此之类,书中甚多,兹举数例以见其大略。

其二,《笺释》所用材料多来自《孙疏》。笔者在核对曹元弼《古文尚书郑氏注笺释》引文时,发现大量引文实取自孙疏,这从曹元弼引文沿袭《孙疏》引文的特点中可以推出,兹举《尧典》一篇笺释所引材料与《孙疏》异文数例以说明:如"钦若昊天",笺引古文说云"尊而君之则称皇天"⑤,《周礼·大宗伯》疏、《五经异义疏证》、《驳五经异义疏证》等引此句"称"字皆作"曰",而《孙疏》引作"称"⑥,曹元弼引同《孙疏》;又如"放齐曰'胤子朱启明'",释引《淮南·太族训》"虽有天下而练勿能统也"⑦,今本《淮南子》"天下"作"法度",而《孙疏》引作"天下"⑧;又如"汤汤洪水方割,荡荡怀山襄陵,浩浩滔天",释引《吕氏春秋·审为篇》"昔上古龙门未辟,吕梁未发"云云⑨,今本《吕氏春秋》"辟"作"开",《孙疏》引作"辟"⑩;又如"直哉惟清",笺引异文云"史迁'清'作'静潔'"⑪,实际上《史记》作"静絜",《孙疏》引作"静潔"⑫。

其三,批校并撰《尚书今古文注疏校补》,以与《古文尚书郑氏注笺释》并

---

① 《古文尚书郑氏注笺释》卷一《尧典上》,第20b叶。
② 《古文尚书郑氏注笺释》卷四《皋陶谟下》,第56a—56b叶。
③ 《尚书今古文注疏》卷三《禹贡》,第171页。
④ 《古文尚书郑氏注笺释》卷六《禹贡中》,第47a—47b叶。
⑤ 《古文尚书郑氏注笺释》卷一《尧典上》,第26a叶。
⑥ 《尚书今古文注疏》卷一《尧典》,第11页。
⑦ 《古文尚书郑氏注笺释》卷一《尧典上》,第80a叶。
⑧ 《尚书今古文注疏》卷一《尧典》,第24页。
⑨ 《古文尚书郑氏注笺释》卷一《尧典上》,第90a叶。
⑩ 《尚书今古文注疏》卷一《尧典》,第27页。
⑪ 《古文尚书郑氏注笺释》卷一《尧典上》,第144b叶。
⑫ 《尚书今古文注疏》卷一《尧典》,第68页。

行。今存复旦大学图书馆有王欣夫旧藏曹元弼批校冶城山馆刻本《尚书今古文注疏》,全书详为句读,墨笔批校,于《孙疏》讹、脱、衍、倒等问题均有所校正,且偶及经义,其后又撰《尚书今古文注疏校补》一书。曹元弼弟子王欣夫叙录《尚书今古文注疏》批校本言"惟原刻本虽有洪颐煊、毕以田、管同、臧镛堂等搜讨校雠,乃文字讹夺殊多,几至不可卒读。则因渊如既有厥逆之疾,不能夕食,恐寿命不长,急于编纂成书,故多疏漏谬误",曹元弼在撰《笺释》过程中,"此书不离左右,有得即书于眉,正误补脱,为之焕然改观,岂仅为孙氏诤友而已"①。盖曹元弼批校并作补正,正因看重《孙疏》的价值,而欲与《笺释》并行。关于《校补》一书,笔者已有专论,兹不赘述。

五 清代今文《尚书》学的影响

曹元弼生于同治末年,其所成长与早年治学的阶段,正是晚清今文学兴盛的时代,并且受张之洞嘱托而编撰的《十四经学》正有回应今文学和维新派之目的。但是这并不等于曹元弼对今文学完全持排斥态度,而是以是否符合经文之义、是否有利于世道人心作为判断标准②。其对待晚清的《尚书》今文学,也同样是如此。事实上,曹元弼对西汉《尚书》今文学多持肯定态度,尤其是对伏生传经之功颇为肯定,如云:

> 伏生教于齐、鲁,递传至孝宣世,其源流之详如此。三家之学,两汉极盛,名儒辈出,孔壁古文赖以得通,古圣帝明王之道,万世不坠,伏生之教泽远矣。③

因此,曹元弼将伏生今文与孔安国古文并列为"得孔氏之传者也"(案:此处所谓孔氏指孔子),而伏生以下欧阳、大小夏侯之学,亦与卫、贾、马、郑之学"皆孔氏之传也"④。但是对晚清兴起的今文学,因其伴随着疑古思潮和议政变法,在保守派的曹元弼看来多为猖狂怪诞、借今文坏法乱纪之流,因此多有激烈批判,如云:

> 汉代今文家之弊,是末师而非往古,信口说而背传记,其失不过拘守家法,蔽冒不悛而已。近世言今文者,乃借逸文碎义,奋其私智,多方穿

---

① 王欣夫撰,鲍正鹄、徐鹏标点整理《蛾术轩箧存善本书录》,上海:上海古籍出版社,2002年,第707页。
② 关于曹元弼对晚清今文学研究的判断标准,其详可参见拙文《曹元弼与晚清今文学关系略论》(上海社会科学院主办"江南学高端论坛2018"学术研讨会,2018年9月)。
③ 《复礼堂述学诗》卷二《述尚书》,第51a叶。
④ 《复礼堂文集》卷一《述学》,《中华文史丛书》之四十六,台北:华文书局,1968年,第35页。

凿,大言不惭,变乱成训,陵跞先儒。其初,一二不祥少年,妄作聪明;浮薄文人,横使才气。继乃学非而博、言伪而辩之徒,乘间作慝,邪说沸腾,非圣无法,其毒甚于暴秦焚书,其祸极于生民涂炭。此岂独圣经之罪人,亦汉代谨守师法者之罪人矣。①

同样,他对晚清今文《尚书》亦多持否定态度,所以其叙述清代《尚书》学发展史,如刘逢禄、宋翔凤、魏源、王闿运等扶翼今文而排弃马郑诸说,认为古文为刘歆伪造的诸家,则严黜不道。故其《复礼堂述学诗》卷二《述尚书》、《古文尚书郑氏注笺释序》中绝不述及各家,即如刘逢禄《尚书今古文集解》于今古异字异义考证亦颇为精善者,且曹元弼于《笺释》中偶有引及,但亦并未将其纳入所叙述的《尚书》发展脉络中。尽管曹元弼对常州学派一脉今文《尚书》学多排斥,但是对以严密考据方法、实事求是的今文《尚书》研究各家也有所肯定和吸收,其中最具有代表的就是陈寿祺、陈乔枞父子以及皮锡瑞。

陈寿祺字恭甫,号左海,福建闽县人。会试出朱珪、阮元之门,又与钱大昕、段玉裁、王念孙、程瑶田等交,尝为阮元延课诂经精舍,其于汉学尤精。因此,尽管陈寿祺研治今文各经,但是所用的方法纯为乾嘉考据学派以训诂考据通经的方法。其研治今文学,大多还是出于存亡继绝的目的,并非出于门户和现实政治的需要。陈寿祺"治经重家法,辨古今文",更多在于分别经说,各存其是,而非是此非彼的狭隘门户之见。且陈氏于今古文各家的看法,多从学术发展的角度切入,所谓"两汉经师,莫先于伏生,莫备于许氏、郑氏"②,故其论《尚书》今古文之学多平允中肯。如关于伏生今文与孔壁古文关系,陈氏之说正承段玉裁之说,认为"二十九篇今文具存,文字异者不过数百,其余与古文大旨略均足相推校"③。此说与段说皆为曹元弼论二者关系时所取,前已述及。又如关于孔壁《逸书》十六篇师说的问题,陈寿祺认为:

逸十六篇既无今文可考,遂莫能尽通其义。凡古文《易》《书》《诗》《礼》《论语》《孝经》所以传,悉由今文为之先驱。今文所无辄废。古《春秋左氏传》赖张苍先修其业,故传。《礼古经》五十六卷,传《士礼》十七篇,与后、戴同,而三十九篇《逸礼》竟废。《书》亦犹是也。向微伏生,则唐、虞、三代典谟诰命之经烟销灰灭,万古长夜。夫天为斯文笃生名德期颐之寿,以昌大道,岂偶然哉?④

陈氏此说甚为有见,不仅响应了《尚书正义》对"《逸》十六篇"的怀疑,而且已预

---

① 《复礼堂述学诗》卷二《述尚书》,第99b—100a叶。
② 〔清〕林昌彝《林昌彝诗文集》卷一四《陈恭甫先生传》,上海:上海古籍出版社,2012年,第362页。
③ 〔清〕陈寿祺辑《尚书大传》卷首《尚书大传定本序》,《四部丛刊》初编本,第2a叶。
④ 《尚书大传》卷首《尚书大传定本序》,第2a—2b叶。

先解答了后世疑古派以杜林、卫宏、贾逵、马融、郑玄所传《尚书》无逸篇而以为是杜林据漆书古文字体回改之《今文尚书》①。又如论《尚书》今古文说之长,云:

> 《尚书》今学精或不逮古文,然亦各守师法。贾逵以为俗儒,康成以为嫉此蔽冒不悛,乃谓当时博士末师破碎章句之过。而伏生《大传》条撰大义,因经属旨,其文辞尔雅深厚,最近大、小《戴记》七十子之徒所说,非汉诸儒传训之所能及也。康成百世儒宗,独注《大传》,其释《三礼》每援引之,及注《古文尚书·洪范》五事,《康诰》"孟侯"、文王伐崇戬耆之岁,周公克殷践奄之年,咸据《大传》以明事,岂非闳识博通信旧闻者哉?且夫伏生之学,尤善于礼,其言巡狩、朝觐、郊尸、迎日、庙祭、族燕、门塾、学校、养老、择射、贡士、考绩、郊遂、采地、房堂、路寝之制,后夫人入御、太子迎问诸侯之法,三正之统,五服之色,七始之素,八伯之乐,皆唐、虞、三代遗文,往往六经所不备,诸子百家所不详。②

陈氏先从学术发展的角度,认同今文或不如后出古文学之精,但是对伏生《大传》的学术价值确有比较恰当的评价和认识。正因为陈寿祺持论平允,且深于训诂考据之学,以正确的观念和笃实的学术方法,使得其辑考今文诸作成就巨大却无今文末流炫奇好异、轻启门户之病,所以其所辑《尚书大传》尤精。其子陈乔枞承其学与志,撰《今文尚书经说考》,于今文欧阳、大小夏侯三家之说,"实事以求是,必溯师承,沿流以讨源,务随家法,而参详考校则亦有取于马、郑之传注,为之旁证而引伸之"③,实可补孙星衍、段玉裁二家之不足。

陈氏父子虽然研治今文经,但纯是乾嘉考据之风。也正因如此,曹元弼在今文《尚书》各家中对陈氏父子评价最高,将之视为清代《尚书》学史上的重要代表,同时对二家成果也吸收最多。曹元弼在多处言及陈氏父子今文之中正无弊,如云:"国朝《书》学由阎、惠、江、王、段、孙而明,陈氏寿祺父子搜采今文遗说,亦信多善,至刘氏逢禄以后,而经义复乱,世变遂滋,吁可叹也!"④又云:

> 左海陈氏,本湛深郑学,博极群书。其《答臧拜经论皋陶谟书》,至为

---

① 刘起釪《尚书学史》根据《尚书正义》"虞书"题下疏引马融《书叙》云"逸十六篇,绝无师说",进而认为马融、郑玄所传的本子"确无十六篇,显见杜林本不是西汉以来所称的孔氏《古文尚书》,而是杜自己所独传的《古文尚书》"(第129页),又认为杜林所传古文《尚书》"显然是杜林按照这一卷漆书古文的字体作样本,把当时共同传习的廿九篇今文全都照样改写成古文,这就成了杜林漆书古文本二十九篇。其实这只是用古文改写的今文"(第130页)。此说,后来有一定的影响,如王承略即采此说(王承略《郑玄与今古文经学》,济南:山东艺文出版社,2004年,第76页)。
② 《尚书大传》卷首《尚书大传定本序》,第2b叶。
③ 〔清〕陈乔枞《今文尚书经说考》卷首《序》,《左海续集》本,第4a叶。
④ 《古文尚书郑氏注笺释》卷三九《书序上》,第13a叶。

精核,深足启发学者神智,而为妄疑经文者大为之防。作《尚书大传定本笺》及《五经异义疏证》等,皆极详慎渊贯。又深考今文《尚书》欧阳、夏侯说及三家《诗》说,探赜索隐,统同辨异。其采掇也备,其钩考也审,与古文家说相证互明,并行不悖。未及成书,以授其子朴园卒业。《书》学功臣,江、王、段、孙外,断推陈氏。然天下之生,一治一乱……《尚书》一经,乾嘉间大师巨制若此之盛,而谲觚异说,即稍稍萌芽其间。厥后言今文者,于《书》则诋諆马、郑,于《诗》则排弃毛、郑。及考其所以申欧夏、申三家之说,其近是者皆不出段、孙、陈氏范围,余率凭臆穿凿,肆口谤讪,于经无一益而有百害。①

从这段材料可以看出曹元弼于清代《尚书》今文学诸家中独推陈寿祺、陈乔枞父子,将二人《尚书》学视作江声、王鸣盛、段玉裁、孙星衍之外最重要者,而所谓乾嘉时期"谲觚异说,即稍稍萌芽其间"和后来排弃马、郑者,实指常州学派及后来魏源、王闿运一脉之今文《尚书》学。相较于这一脉今文《尚书》"凭臆穿凿,肆口谤讪",曹元弼直接将陈氏父子《书》学作为治今文《尚书》之典范,如云"治今文《尚书》、治三家《诗》者,必以陈左海父子为法"②。

正因陈氏父子今文《尚书》之考证精审且中正无弊,故曹元弼《尚书》研究对陈氏父子之说吸收尤多,如上言陈寿祺对《尚书》今古文的论说,皆为曹元弼所采纳,如其《复礼堂述学诗》"千秋《大传》播胶庠,欧夏相传到郑乡;西汉三家皆立学,古文口说未成章"下即备载陈寿祺《尚书大传定本序》,以此评议《尚书》今古文之关系及各自价值。曹元弼撰《古文尚书郑氏注笺释》所辑伏生说即多来自《尚书大传定本》,且多遵陈氏之考订意见,如《皋陶谟》"天命有德,五服五章哉",伏生《大传》所言五服五章,上不及日月星辰,下不及粉米黼黻,《礼书》引郑玄之言云"玄或疑焉",对此曹元弼引陈寿祺说,云:

陈氏寿祺谓欧、夏说以章物言,《书传》以采色言,故《隋志》虞世基奏既云"近代故实,依《大传》山龙纯青,华虫纯黄"云云,又言"后周故事,升日月于旌旗,但有山龙、华虫、作绘、宗彝、藻火、粉米、黼黻",是一言其物,一言其色。案:陈说甚通,且确有据依。③

按,尽管陈氏考证可以释郑玄对伏生说之疑,曹元弼对陈说亦颇肯定,但这只是就疏通伏生说而言;就全经而言,曹元弼仍旧尊郑说,而于伏、郑之间有调和。除对陈氏《尚书大传》的引据参考外,对陈寿祺《左海经辨》中相关论述亦有所

---

① 《复礼堂述学诗》卷二《述尚书》,第93b—94b叶。
② 《复礼堂述学诗》卷二《述尚书》,第95a叶。
③ 《古文尚书郑氏注笺释》卷三《皋陶谟》,第38a叶。按,此为撮述陈氏考证之说,其详参见《尚书大传》卷二。

吸收，如《书序》"自契至于成汤八迁"句下，关于殷商迁都问题，曹元弼即据陈寿祺《左海经辨》中的"八迁五迁辨"为说①，文繁不录。至于《今文尚书经说考》集陈氏父子两代心血，曹元弼在《古文尚书郑氏注笺释》中亦有引据，如《尧典》"寅饯纳日，平秩西成"，《史记·五帝本纪》于"敬道日出"作"敬道"，于此"寅饯"亦作"敬道"，曹元弼释即引陈乔枞《今文尚书经说考》之说：

> 史公"寅饯"亦作"敬道"者，"道"即"导"字。陈氏乔枞云："导兼有迎、送二谊。《周语》'候人为导'，此迎来而导之也。《孟子》'导之出疆'，此送往而导之也。寅宾者，迎日出，故曰'敬道日出'。寅饯者，送日入，故曰'敬道日入'。"案：《帝命验》云："春迎其来，秋送其去，无不顺。"故寅宾、寅饯皆训敬道。《大戴礼·帝糵》"历日月而迎送之"，即此义。②

陈氏据《国语·周语》《孟子》之言以为"导"兼有迎、送二义，所言甚是，正可解释何以司马迁两处皆作"敬道"。曹元弼所补之例亦可以足成陈氏父子之义。又如《禹贡》"太行、恒山，至于碣石，入于海"，曹元弼释此"碣石"即据陈乔枞之说，云："谓骊成之大碣石山，其絫县海旁别有小碣石，郦氏谓禹凿之以纳河流入海，岁久为海水所侵，渐致沦没者。陈氏乔枞以为此特碣石支麓之尽处，是也。"③此类尚有不少，不再赘举。

晚清今文学因与疑古思潮和变法改革相纠缠，曹元弼多不取，但对皮锡瑞之今文学则亦有所取。皮氏与曹元弼同时而稍早，光绪末年江苏巡抚陈启泰尝为曹元弼推荐过皮锡瑞之说，据曹元弼在《复礼堂述学诗》卷二《述尚书》"鹿门朴学言犹慎，鱼目玭珠待辨章"下云：

> 湖南善化皮鹿门锡瑞，撰《今文尚书考证》《尚书大传疏证》，虽意有偏重，而辞无不逊，采掇既详，剖析颇密。非素是丹，未免守文之固；去瑕取玖，犹为来学之资。前江苏巡抚长沙陈伯平先生启泰，体国爱民，清正率属，宏奖善类，遏障横流，尝谓余曰："鹿门孜兀穷年，实系朴学，绝非猖狂诞妄者流可比。"余尝见其《孝经郑注疏》，立言矜慎无弊。前年撰《孝经郑氏注笺释》《孝经校释》，颇采其说。今撰《书》义，于两书亦当择善而从。④

皮锡瑞与曹元弼同为晚清少有的遍治群经的经学大家，二者治学领域多有交叉，但是因为二者学术宗尚、所属学术群体的不同，却并没有直接的交往。

综合而言，皮锡瑞在晚清今文家中算是经学成就最高的学者之一，其《今

---

① 〔清〕陈寿祺《左海经辨》卷上《八迁五迁辨》，嘉庆道光间刻陈绍墉补刻《左海全集》十种本，第41a—45b叶。
② 《古文尚书郑氏注笺释》卷一《尧典上》，第58a叶。
③ 《古文尚书郑氏注笺释》卷七《禹贡下》，第8b叶。
④ 《复礼堂述学诗》卷二《述尚书》，第100a—100b叶。

文尚书考证》《尚书大传疏证》二书成就尤高。尽管皮锡瑞对今古文持论较魏源、王闿运、廖平、康有为等还算公允,但是今古文门户之见还是很明显,尤其是在《尚书》领域,对马、郑说与今文说相悖之处,几乎皆以今文说为断。因此,曹元弼对皮氏《尚书》学的参考采择是有所辨别的。如《禹贡》"九山刊旅","刊"字今文一作"甄",对此曹元弼即取皮氏之说,云:"今文'刊'或作'甄'者,皮氏谓《书纬》郑注'甄,表也',与刊木为表识义近。"①又如《洪范》"次五曰建用皇极",《大传》"皇"作"王",宋均《考灵耀》训"皇"为"大",对此曹元弼据皮氏之说并加以补充,云:

> 皮氏谓郑《大传注》极精,传称"王之不极",若训王为大,则不辞甚矣。愚谓皮说良是,盖王极非别有一事可指体而名,即视、听、言、貌、思各得其中,以顺五行之性,为厚八政、协五纪之本。建用皇极,谓建立政本用王者六中至极之道。皇建其有极,谓王者建立大中至极之道。王之不极,谓王者失其大中。《释诂》"皇、王,君也",皇训君,又训大,故汉儒或说皇极为大中。班训皇,郑训王,皆云君,是其正训。其训大者,乃余义耳。②

按,皮说是,而曹元弼依据旧训的同时,还通过详绎经义,于训诂、义理皆通,所补皮氏之说亦是。凡此之类,《笺释》中尚有不少,而这类依据皮氏之说者大多为与郑说不异者,至于皮氏违异郑说者,其可通者曹元弼则作为异说兼存,不可通者则多加驳斥,此盖曹氏所谓"鱼目玼珠待辨章"。

六 陈澧《书》学的影响

在晚清学者中陈澧对曹元弼的影响甚大,具体到《尚书》,虽然陈澧并无专门的《尚书》学著述,但《东塾读书记》卷五所言及的《尚书》相关问题以及《汉书地理志水道图说》附《考正德清胡氏禹贡图》《水经注西南诸水考》《说山》《黑水说》《禹贡水道次第说》等少数文章涉及《尚书·禹贡》,仍对曹元弼产生了较大的影响。具体而言,主要包括关于《尚书》学史的相关论述、《书》疏构想、具体经义三方面。

其一,《尚书》学史的相关论述。陈澧《东塾读书记》卷五对《尚书》学史的论述,在承前人之说基础上多有精义。例如,关于伪孔传价值的认识,焦循尝言"《正义》不引郑注者,即孔义与郑义同者,郑义略存于伪孔传中矣"③,又言"置其为假托之孔安国,而论其为魏晋间人之传,则未尝不与何晏、杜预、郭璞、

---

① 《古文尚书郑氏注笺释》卷七《禹贡下》,第76b叶。
② 《古文尚书郑氏注笺释》卷一八《洪范上》,第12a—13b叶。
③ 陈澧引此言云出自《禹贡郑注释》,但今本未见。

范宁等先后同时;晏、预、璞、宁之传注可存而论,则此传亦何不可存而论"①,陈澧本焦氏此说认为:

> 焦氏谓"《正义》不引郑注者,即孔义与郑义同者",此未必尽然。谓置孔传之假托,而但以为魏、晋间人之传,则通人之论也。即以为王肃作,亦何不可存乎?②

曹元弼对陈氏之说甚为赞同,认为"王肃伪孔,亦杂采贾、马,窃取郑氏,但当抉择其是非而已"③。又如关于《尚书正义》与郑玄《尚书注》关系,陈澧认为:

> 孔传之伪,孔疏亦似知之。《洪范》"农用八政",伪孔云:"农,厚也。"孔疏云:"郑玄云:'农,读为醲。'故为厚也。"《金縢》"植璧秉珪",伪孔云:"植,置也。"孔疏云:"郑云:'植,古置字。'故为置也。"此二条似知伪孔在郑之后而取郑说矣。《洪范》"三人占",伪孔云:"夏、殷、周卜筮各异。"孔疏云:"《周礼》:掌三兆之法,一曰玉兆,二曰瓦兆,三曰原兆。掌三《易》之法:一曰《连山》,二曰《归藏》,三曰《周易》。"杜子春以为"玉兆,帝颛顼之兆;瓦兆,帝尧之兆"。又云"连山,虙牺;归藏,黄帝。三兆、三易皆非夏、殷"。子春之言,孔所不取。《洪范》"龟从筮逆",伪孔云:"龟筮,相违。"孔疏云:"崔灵恩以为若三占之俱主凶,则止不卜,即郑注《周礼》筮凶则止是也。筮凶则止而不卜,乃是郑玄之意,非是《周礼》经文,未必孔之所取。"此二条似知伪孔传在杜子春、郑康成之后而不取其说矣。《多士序》"成周既成,迁殷顽民",伪孔云:"殷大夫、士。"孔疏云:"《汉书·地理志》及贾逵注《左传》,皆以为迁邶、墉之民于成周,分卫民为三国。计三国俱是从叛,何以独迁邶、墉?邶、墉在殷畿三分有二,其民众矣,非一邑能容,民谓之为士,其名不类,故孔意不然。"此条又似知伪孔在班、贾之后也。(原注:"农用八政"疏又言传不取张晏、王肃。)④

陈澧根据《正义》中有关孔传与汉魏旧注关系的叙述,捕捉到了一些孔疏表述上的矛盾,进而认为孔疏似知孔传为后出之伪书。考虑到《尚书正义》内容来源的复杂性,陈说虽暂不可为定论,但是也颇具启发。曹元弼对陈澧此说也颇为认同,并加以发挥云:

> 《书正义》用伪孔传而郑注亡,冲远不得辞其咎,然亦当时风会所趋,

---

① 〔清〕焦循《尚书补疏》卷首《叙》,陈居渊主编《雕菰楼经学九种》,南京:凤凰出版社,2015年,第147页。
② 〔清〕陈澧撰,钟旭元、魏达纯点校《东塾读书记》卷五《尚书》,第85页。
③ 《复礼堂述学诗》卷二《述尚书》,第84a叶。
④ 《东塾读书记》卷五《尚书》,第87—88页。

陆元朗《释文》、颜师古《定本》已然。盖皆承刘焯、刘炫之谬。焯、炫虽博学多识，实好自作聪明，炫又喜以伪乱真，其于各经，功罪参半。孔氏本治郑学，《书疏》用梅，未必出其本意。东塾表微，西庄节取，最得事理之平。①

所谓"东塾表微"即前引陈澧之说，曹元弼将之全载于己说之后。这里曹元弼本陈澧之说，进而将作疏用伪传之过归之二刘。盖二刘为孔传作疏，使得孔传大行，而风会所趋，陆德明《经典释文》、颜师古《五经定本》皆用伪孔，由此而言则孔颖达受诏撰《五经正义》，于《尚书》用伪孔盖非其本意。若陈澧之言能够得到确证，则曹元弼引申之说亦是，此非本文重点，当另文讨论。

又陈澧对乾嘉诸儒治《尚书》存在门户之见的批评，也对曹元弼治《尚书》产生了实际影响。乾嘉诸儒承明末清初对理学末流空疏之弊的批判，标举汉学，在学术研究上对宋学多持排斥态度，如惠栋、江声、王鸣盛、孙星衍、段玉裁等，在具体经解著作中几乎不道及宋儒之说，在《尚书》研究中则表现为对蔡沉《书集传》的轻视。对这种汉宋门户之见，陈澧在《东塾读书记》中提出了质疑，云：

> 近儒说《尚书》，考索古籍，罕有道及蔡仲默《集传》者矣。然伪孔传不通处，蔡传易之，甚有精当者。江艮庭《集注》多与之同。……此皆蔡传精当，而江氏与之同者，如为暗合，则于蔡传竟不寓目，轻蔑太甚矣。如览其书，取其说而没其名，则尤不可也。（原注：孙渊如疏此数条，皆与江氏略同，惟"战要囚"无说。王西庄《后案》、段懋堂《撰异》皆无说。段惟以"昧昧我思之，如有一介臣"二句相连写之，皆轻蔑蔡传，不屑称引之也。蔡传虽浅薄，亦何必轻蔑太过，不屑引之乎？近儒惟孔巽轩《公羊通义》引宋人之说甚多，最无门户之见也。）②

陈澧此说正中乾嘉时期汉学门户之见的弊病。尽管曹元弼对乾嘉诸儒有所回护，认为"诸家意在考古表微，绍千载不传之绪，以九峰书现立学官，世所通习，故不及之"，但也意识到"汉宋界限，未免划分"，所以他认为陈澧之言"足化同门异户之见"。曹元弼也接受了陈澧对蔡沉《集传》的看法，认为"蔡氏沉《书经集传》，因梅传、孔疏而加精，多善说义理，通达政治之言"③。因此，曹元弼在撰《古文尚书郑氏注笺释》中，并不排斥蔡沉等宋儒之说，如《盘庚上》"盘庚敩于民，由乃在位，以常旧服正法度，曰'毋或敢伏小人之攸箴'"，郑注云"奢侈之俗，小民咸苦之，欲言于王"，又《书序》郑注云"民居耿久，奢淫成俗，故不乐

---

① 《复礼堂述学诗》卷二《述尚书》，第80a叶。
② 《东塾读书记》卷五《尚书》，第88—89页。
③ 以上见《复礼堂述学诗》卷二《述尚书》，第86b叶。

徙",一言小民咸苦,一言民不乐徙,曹元弼释即引蔡氏《集传》说以会通郑玄两注之义①;又如《牧誓》"今予发惟恭行天之罚。今日之事,不愆于六步七步,乃止齐焉。夫子勖哉",其中"夫子勖哉"伪孔传属下句,曹元弼此处则从蔡氏属上,且言"蔡氏分节,胜于伪传"②。此外,《笺释》中还引及苏轼、朱子等宋人之说。可见曹元弼对陈澧化解同门异户之见的看法是有具体贯彻的。

其二,陈澧关于重撰《书》疏的构想。曹元弼虽然没有直接言及陈澧编纂《尚书义疏》的构想,但是通过对比陈澧的构想与曹元弼《古文尚书郑氏注笺释》撰写的实际情况,从中可以发现有陈澧影响的痕迹。《东塾读书记》卷五云:

> 江、王、段、孙四家之书善矣,既有四家之书,则可删合为一书,取《尚书大传》及马、郑、王注、伪孔传,与《史记》之采《尚书》者,《尔雅》《说文》《释名》《广雅》之释《尚书》文字、名物者,汉人书之引《尚书》而说其义者,采择会聚而为"集解"。(原注:如何氏《论语集解》之体。其两说可兼存者,如《尧典》"钦明",马云"威仪表备谓之钦",郑云"敬事节用谓之钦",虽兼存之,疏中伸明郑说为长。若不可兼存者,如《金縢》"罪人斯得",郑以罪人为周公官属,则不采之,疏中仍引而驳之。)孔疏、蔡传以下,至江、王、段、孙及诸家说《尚书》之语,采择融贯而为"义疏"。其为疏之体,先训释经意于前,而详说文字、名物、礼制于后,如是则尽善矣。吾老矣,不能为也,书此以待后人。③

从这段材料可知,陈澧对《尚书》新疏的设想包括两大部分:

第一部分,即取《大传》、马融、郑玄、王肃、伪孔传和先秦两汉经史传注引《尚书》义者为"集解"。事实上,此部分对应曹元弼《古文尚书郑氏注笺释》中笺的部分,如《条例》云:

> 笺中采辑古义,约分十一类。一,传记引《书》,孔门微言大义也。一,诸子引《书》,虽不尽纯,亦信多善,今斟酌取之。一,《尔雅》诂训,所谓"古文读应《尔雅》,故解古今语而可知也"。一,《说文》所称孔壁古文,秦下生或以今文易古文,许君存其本字也。一,《书大传》,今文之祖,欧阳、夏侯所撰定伏生说也。一,《史记》,太史公从子国问故,所受古文说,亦多当时学官今文义。一,《禹贡》采《汉书·地理志》,《洪范》采《五行志》,今古文旧训备载其中。一,汉代诏令奏议,引《书》推说,义理深美,文章尔雅,足

---

① 《古文尚书郑氏注笺释》卷一〇《盘庚上》,第9b—10a叶。
② 《古文尚书郑氏注笺释》卷一七《牧誓》,第12a叶。
③ 《东塾读书记》卷五《尚书》,第89页。

裨补经义。一,马氏注,与郑义相辅。一,《五经异义》、《书纬》、《郑志》、各经注涉《书》义者。一,汉石经残文,各书及汉板所见异文,博观约取著于篇。①

对比曹元弼《笺释》与陈澧的构想,其所采古义大体相同,所不同者有四:其一,曹元弼《笺释》独尊郑注,因此以郑注配经,独立于笺之外;其二,曹元弼《笺释》虽然偶亦采王肃、伪孔传,但整体而言以驳斥为多;其三,曹元弼《笺释》较陈澧构想还注重汉石经和各书及汉板所见异文;其四,对两说可存者如陈澧所言兼存,对不可存者则伸郑而驳斥异说,如陈澧所言《金縢》"罪人斯得"从焦循说以伪孔传为优,而曹元弼则存郑说而驳伪孔说,与陈澧正好相反。

陈澧的第二部分,则是于"孔疏、蔡传以下,至江、王、段、孙及诸家说《尚书》"之语,采择融贯而为'义疏'"。曹元弼《笺释》一书中释的部分与之类似。曹元弼释的部分主要兼采江声、王鸣盛、段玉裁、孙星衍四家说,另兼采蔡传、焦循、皮锡瑞、王先谦、陈澧等各家说。所不同的是,曹元弼对孔疏则鲜有采择。又陈澧于"义疏"部分言"先训释经意于前,而详说文字、名物、礼制于后",今曹元弼《笺释》一书释的部分正与此同。尽管这一结构是清代江声、王鸣盛以下大多《尚书》新疏所采用的体例,很难说就是直接来自陈澧的影响,但是从曹元弼与陈澧思想学术的关系而言②,笔者仍倾向于陈澧这个构想对曹元弼有直接的影响。

其三,陈澧具体经说的影响。虽然陈澧无《尚书》学专书,但《东塾读书记》及相关文章中对《尚书》经义、典制、地理等的考证却颇为精审,尤其是如《汉书地理志水道图说》《黑水说》等,曹元弼谓其"考《汉志》地理致确"③。因此,在曹元弼《笺释》中,对陈澧具体经说亦加以吸收,并以其说为断。如《尧典》自"乃命羲、和"至"允厘百工,庶绩咸熙"一章,曹元弼即引陈澧说以释章旨④;又自"帝曰:咨!四岳"至"厘降二女于妫汭,嫔于虞"一章,曹元弼亦引陈澧说以释,云:

> 此以上为一章,叙举舜之事。陈氏澧曰:"明明扬侧陋,而虞舜以孝闻,此选举之典最古者也。后世之举孝廉,肇于此矣。《尧典》之扬侧陋以孝,《周礼》之弊群吏尚廉,汉之举孝廉,合于古帝王之道,此汉制之独高于

---

① 《古文尚书郑氏注笺释》卷首《条例》,第22b叶。
② 参见拙文《陈澧对曹元弼经学研究之影响考论》,《传统中国研究集刊》第十七辑,上海:上海社会科学院出版社,2017年。
③ 《古文尚书郑氏注笺释》卷首《序》,第16a叶。
④ 《古文尚书郑氏注笺释》卷一《尧典上》,第76a—b叶。

千古者也。"①

又如《禹贡》"华阳黑水惟梁州",关于黑水历代聚讼纷纭,陈澧"综诸说而考之,则以为今潞江者是也"②。曹元弼即认同此说,于"华阳黑水惟梁州"句笺释即详引陈澧《黑水说》③。又"三危既宅,三苗丕叙",关于三危山所在,曹元弼亦据陈澧《黑水说》所定潞江为黑水进而定三危山之所在,如云:

> 雒水所从之三危,远近亦不能定,惟陈氏澧综核众说,定黑水为潞江,自西藏东来,至雍、梁间折而南行,三危当在其地,故经曰"导黑水至于三危,入于南海"。而雍、梁皆以黑水为西界,其说最确。其子宗谊《考正胡氏禹贡图》,定三危在雍州西南界,正当鸟鼠之西,积石之西南,如此则南与梁西北境岷山相当,黑水过此折而南流,与郑注引《地说》义无可疑。④

按,此说与郑注、经文三者相合,其说可通。陈澧不专治《尚书》,有关《尚书》之说不多,所以曹元弼于《笺释》所引据陈澧说不如江声、王鸣盛、段玉裁、孙星衍多,但是曹元弼引据江、王、段、孙四家之说皆伸订互见,而于陈澧说则几无直接驳斥。这也可见曹元弼对陈澧的师法之意和对其成就的肯定。

小 结

通过上文对曹元弼《尚书》学的渊源考察可以发现,曹元弼于清初《尚书》学研究主要吸收阎若璩和胡渭两家,盖不论阎若璩之《尚书古文疏证》还是胡渭之《禹贡锥指》,都建立在严密考证方法基础之上,为后来清代的考据学树立了基本学术范式;同时,胡渭和阎若璩皆辨后出《古文尚书》及孔传之伪,不仅为清代《尚书》学廓清了伪书迷雾,使得清代《尚书》学在伪书之外,开出了一番新的天地,更重要的是在曹元弼看来还具有正经以正学术的意义。此外,胡渭《禹贡锥指》中表现出的通经致用、汉宋兼采特色也为曹元弼所称赞。

乾嘉学派的《尚书》研究各家中,吴派的江声、王鸣盛对曹元弼影响较大。从学术上来说:一方面,吴派长于辑佚。清代考据学派的《尚书》研究是建立在辑佚基础上的,以惠栋为代表的吴派因宗汉的学术风尚,对汉经师遗说的辑考用功尤勤,因此基于辑佚的《尚书》研究,自然为吴派之专长,如惠栋《古文尚书考》、江声《尚书集注音疏》、王鸣盛《尚书后案》以及与吴派学者关系密切之孙

---

① 《古文尚书郑氏注笺释》卷一《尧典上》,第110b—111a叶。
② 〔清〕陈澧撰,黄国声点校《东塾集》卷一《黑水说》,黄国声主编《陈澧集》第1册,上海:上海古籍出版社,2008年,第17页。
③ 《古文尚书郑氏注笺释》卷六《禹贡中》,第49a叶。
④ 同上书,第83b叶。

星衍《尚书今古文注疏》等皆建立在成功的辑佚之上。另一方面,则是宗尚郑玄之说,如江声《尚书集注音疏》虽然兼采马、郑之说,但是仍以郑玄为主,而王鸣盛《尚书后案》则直接标榜"发挥郑氏康成一家之学",较之江声更守郑氏家法,这与曹元弼长期以来形成的宗郑思想相契合。

皖派《尚书》学对曹元弼的影响,则以段玉裁为主。皖派学术讲求宗古求是,尤其长于文字、音韵、训诂和礼制考证。段玉裁《古文尚书撰异》一书"正晋、唐之妄改,存周、汉之驳文"①,对江声、王鸣盛《尚书》因泥古而导致的错误尤多驳正,其中关于《尚书》流传中各本之关系的论述,成为后来曹元弼复原郑玄本《尚书》重要的理论依据。此外,段玉裁剖别今古、推求今古文异同之故的具体考证,也成为后来曹元弼笺释《尚书》所主要依据的前人成果。

孙星衍作为清代乾嘉时期《尚书》研究的集大成者,也是曹元弼《尚书》研究的主要影响者。具体表现在:一方面孙星衍关于《尚书》的论说多启曹元弼之先,如关于伏生《尚书》是否为口传、关于今古文《尚书》的异同等;另一方面,孙星衍《古文尚书马郑注》一书在王应麟、王鸣盛基础上增辑而成,成为曹元弼辑考郑玄注主要依据的辑本之一,而《尚书今古文注疏》则是曹元弼笺释《尚书》最主要参考的前人成果,不论是经义、材料均多取资孙疏。

关于今文《尚书》的研究,虽然曹元弼对常州学派以来的今文研究多持否定态度,但本身并不排斥今文经传,其笺释《尚书》仍兼采汉代今文说入笺,不过对清代今文学则仅采其认为中正无弊者,其中以陈寿祺、陈乔枞父子为代表。陈氏父子研治今文经出于存亡继绝的目的而非门户之见,所采用的方法纯为考据学的方法,因此陈寿祺《尚书大传定本》、陈乔枞《今文尚书经说考》均取得较高成就,而且对今古文关系的看法亦多精善,故多为曹元弼所吸收。而晚清今文学派如皮锡瑞的今文《尚书》研究,曹元弼虽然亦有所取,但对皮氏今文门户之见则多有驳斥。

陈澧虽然并不专治《尚书》,甚至并无《尚书》注疏之作,但其《东塾读书记》中关于《尚书》今古文各本关系的论说、对清代《尚书》学各家的评述、对《禹贡》部分内容的考证等则多为曹元弼所吸收,而且陈澧对《尚书》新疏的构想也同样对曹元弼《古文尚书郑氏注笺释》有直接的影响。由是言之,曹元弼的《尚书》研究实际上是在充分吸收清代《尚书》最具代表性的各家成果的基础上展开的,这也是其《古文尚书郑氏注笺释》能够表现出集大成性的重要原因。

---

① 《古文尚书撰异》卷首《古文尚书撰异序》,第3a叶。

《宋书·礼志》文本构成与渊源解析

范云飞

【内容提要】 沈约《宋书·礼志》在何承天、徐爰旧志的基础上编成。根据沈约"史臣案"之例,可离析何、徐旧志;对比《宋书》之《礼志》与《五行志》,亦可离析何承天旧志。《礼志》包括仪注、礼议、沿革、礼论四种类型的文本,其中大明末年以后的材料为沈约在何、徐旧志基础上增补。沈约或按照旧志原有条例,将新增内容置于相应位置,或不顾原有经脉,集中堆放,导致其《礼志》多有重复、失序,呈现驳杂、朴茂的文本风貌。《礼志》与何承天《礼论》在收录材料之时段、内容等方面相同,两者在相当程度上共享史源。何承天旧志与其《礼论》渊源颇深,这也导致《礼志》大量收录魏晋以来之礼议,呈现强烈的知识性、论辩性、学术性。

【关键词】 《宋书·礼志》 何承天 徐爰 沈约

《宋书·礼志》载录汉末至刘宋数代礼制,对于考察中古礼制因革损益、政务运作及制度源流,具有重要的史料价值。但该史志体例舛驳,文本复杂,并不易读。若能离析其文本层次与来源,探究其编撰过程,对于更充分地把握其史料性质,发掘其史料价值,具有重要意义。

关于《宋书·礼志》的文本构成与编撰过程,古今学者已有不少探讨。沈约自述《宋书》的成书过程,先是元嘉年间何承天始撰《宋书》,其后山谦之、苏宝生相继修撰;大明中,徐爰续修,起自义熙,迄于大明之末,已颇为完备。沈约又增补永光以后十余年之事,并删削旧史,成为今本《宋书》。[①]沈约修史,一年便成,学者感叹"何速如此"[②],"古来修史之速未有若此者"[③]。推其原因,乃

【作者简介】范云飞,武汉大学中国传统文化研究中心副教授。
【基金项目】国家社科基金重大项目"中国礼仪文化通史研究"(18ZDA021)阶段性成果。
① 《宋书》卷一〇〇《自序》,北京:中华书局,1974年,第2467页;又见卷九四《恩倖·徐爰传》,第2308页。
② 〔清〕王鸣盛著,陈文和主编《十七史商榷》卷五三"沈约《宋书》"条,北京:中华书局,2010年,第611页。
③ 〔清〕赵翼著,王树民校证《廿二史札记》卷九"《宋书》多徐爰旧本"条,北京:中华书局,2013年,第179页。

在何、徐旧书已颇具规模,沈约略事增删而已。沈约为了掩盖前人成绩,甚至还将徐爰列入《恩倖传》,抹杀其在史学、礼学上的贡献。①

现代学者对《宋书·礼志》的体例与史源作出更为细致的探讨。闫宁认为司马彪《续汉书》之《礼仪志》与《祭祀志》不仅在内容上有威仪、祭祀之别,在文本性质上也有仪注、礼论之别。沈约《宋书·礼志》延续《续汉书志》,前二卷以威仪、仪注为主,后二卷以祭祀、礼论为主,前后部分区别明显,体例精严。②但实际上,《宋书·礼志》前后四卷都是仪注、礼议、沿革夹杂,且多编次不伦之处,具有明显的堆叠重复、多次编撰的特点,可能并未最终完成。过于强调其体例之精严,难免过当。黄桢梳理了中古诸史礼仪类志书的分合,指出了"舆服志"出现、"郊祀志"消失的现象。推究《宋书·礼志》的取材范围,有仪注类文献,晋、宋起居注,魏晋旧史以及各种礼制专书。植根于南朝的博通学风,沈约取材广博,屡发议论,使得其所撰志书呈现强烈的研究性。③不过《宋书·礼志》很大程度上继承何承天、徐爰旧志,黄桢或许高估了沈约所发挥的作用。

通观《宋书·礼志》的文本结构,其中颇有重复失序之处,遗留了多次编纂的痕迹,呈现出朴茂的文本风貌,可能仍处于未完成的状态。本文将尝试抉发沈约《宋书·礼志》与何承天、徐爰旧志的关系,全面梳理其文本结构,从中推寻其编撰痕迹,并尝试推测其与何承天《礼论》在体裁与内容上的渊源关系。④

---

① 关于沈约《宋书》沿袭旧史,参见〔清〕王鸣盛著,陈文和主编《十七史商榷》卷五三"沈约《宋书》"条,第611页;卷五七"《宋志》据大明昇明"条,第686页;卷六四"都督刺史"条,第849页;〔清〕赵翼著,王树民校证《廿二史札记》卷九"《宋书》多徐爰旧本"条,第179—180页;〔清〕钱大昕著,陈文和主编《廿二史考异》卷二三"州郡志一"条,南京:凤凰出版社,2016年,第462—463页。关于沈约抹杀徐爰成绩之事,参见〔清〕王鸣盛著,陈文和主编《十七史商榷》卷六四"徐爰不当入《恩倖传》"条,第831页;〔清〕钱大昕著,陈文和主编《廿二史考异》卷三七"恩倖传"条,第718页。
② 闫宁《〈宋书·礼志〉编纂体例初探》,收入氏著《古代礼学礼制文献研究丛稿》,北京:商务印书馆,2018年,第153—176页。
③ 黄桢《〈宋书〉"百官志"、"礼志"的编纂及特质——从中古正史相关志书的演变说起》,《首都师范大学学报(社会科学版)》2018年第6期。
④ 需要说明的是,有一种观点认为何承天《宋书》只有《天文》《律历》二志。此说所据乃《宋书》卷一〇〇《自序》沈约所言:"宋故著作郎何承天始撰《宋书》,草立纪传,止于武帝功臣,篇牍未广。其所撰志,唯《天文》《律历》,自此外,悉委奉朝请山谦之。"第2467页。清代赵翼、钱大昕皆沿其说,而未加辨择。参见〔清〕赵翼著,王树民校证《廿二史札记》卷九"《宋书》多徐爰旧本",第179页;〔清〕钱大昕著,陈文和主编《廿二史考异》卷二三"州郡志一"条,第462页。按此说不可信,《宋书·律历志》志序明言"东海何承天受诏纂《宋书》,其志十五篇",《宋书》之《礼志》《乐志》《州郡志》亦多次明引何承天旧志之文(具详见下文),其前后矛盾如此。可见何承天所撰非止《天文》《律历》,沈约《自序》自炫其功,故意贬损前人成就,与其将徐爰入《恩倖传》同一心理。

一　离析旧志：以按语为中心

沈约《宋书》诸志承袭何承天、徐爰旧志。其志序曰："《天文》《五行》，自马彪以后，无复记录。何《书》自黄初之始，徐《志》肇义熙之元。今以魏接汉，式遵何氏。"①可知何承天《宋书》诸志有意接续司马彪《续汉书志》，其内容起于三国曹魏时代，《天文》《五行》二志始于黄初年间，止于晋末义熙年间；徐爰《宋书》诸志接续何承天；沈约诸志又接续何、徐旧志。今所见《宋书·天文志》自序称其体例曰："今惟记魏文帝黄初以来星变为《天文志》，以续司马彪云。"②《五行志》序亦曰："今自司马彪以后，皆撰次论序，斯亦班固远采《春秋》，举远明近之例也。"③与上文所述"何《书》"《天文》《五行》二志体例相同，此即何承天旧志之原文，断无可疑。

当然，何承天旧志并非皆以义熙为断。比如沈约《宋书·州郡志》曰：

> 何《志》讫元嘉二十年，巴陵郡以十六年立，应在何志而阙。④
>
> 《永初郡国》有平兴、永城县，何、徐《志》有永城，无平兴。此二县当是晋末立。平兴当是元嘉二十年以前省，永城当是大明八年以后省。何《志》又有熙宁县，云"新立"，当是〔宋〕文帝所立。徐《志》无，当是元嘉二十年后省也。⑤

推此可知，何承天《州郡志》以元嘉二十年（443）为断，徐爰《州郡志》以大明八年（464）为断，与何承天《天文》《五行》二志断以义熙不同。至于《礼志》，何、徐旧志各以何年为限断，颇不易判断。推测来说，何承天旧志以义熙或元嘉为断，徐爰旧志以大明为断，应不致出入过远。

沈约《宋书》诸志屡有先引何承天、徐爰之论，又以"史臣案"的方式加以评驳之例。可以想见，其所引何承天、徐爰之论，即二人旧志；而"史臣案"则为沈约自发之议论。这一体例可从《隋书·天文志》得到确认。按沈约《宋书·天文志》论浑仪之制，先引"御史中丞何承天论浑象体曰"：

> 详寻前说，因观浑仪，研求其意，有以悟天形正圆，而水周其下。言四方者，东曰旸谷，日之所出，西至蒙汜，日之所入。《庄子》又云："北溟之鱼，化而为鸟，将徙于南溟。"斯亦古之遗记，四方皆水证也。四方皆水，谓

---

① 《宋书》卷一一《律历志·志序》，第204—205页。
② 《宋书》卷二三《天文志一》，第680页。
③ 《宋书》卷三〇《五行志一》，第879—880页。
④ 《宋书》卷三七《州郡志三》，第1126页。
⑤ 《宋书》卷三八《州郡志四》，第1194页。

之四海。凡五行相生，水生于金，是故百川发源，皆自山出，由高趣下，归注于海。日为阳精，光耀炎炽，一夜入水，所经燋竭，百川归注，足于补复，故旱不为减，浸不为益。径天之数，蕃说近之。①（着重号为本文作者所加，下同。）

又引"太中大夫徐爰曰"云云，最后是"史臣案"云云。② 而何承天之论亦为《隋书·天文志》所引：

> 宋何承天论浑天象体曰："详寻前说，因观浑仪，研求其意，有悟天形正圆，而水居其半，地中高外卑，水周其下。言四方者，东曰旸谷，日之所出，西曰蒙汜，日之所入。《庄子》又云：'北溟有鱼，化而为鸟，将徙于南溟。'斯亦古之遗记，四方皆水证也。四方皆水，谓之四海。凡五行相生，水生于金。是故百川发源，皆自山出，由高趣下，归注于海。日为阳精，光曜炎炽，一夜入水，所经焦竭。百川归注，足以相补，故旱不为减，浸不为益。"又云："周天三百六十五度、三百四分之七十五。天常西转，一日一夜，过周一度。南北二极，相去一百一十六度、三百四分度之六十五强，即天经也。黄道邪带赤道，春分交于奎七度，秋分交于轸十五度，冬至斗十四度半强，夏至井十六度半。从北极扶天而南五十五度强，则居天四维之中，最高处也，即天顶也。其下则地中也。"自外与王蕃大同。王蕃《浑天说》，具于《晋史》。③

两处加着重号的文字为其相同部分。可见《隋书·天文志》所引内容与《宋书·天文志》何承天说相同，而又更为详实。且《隋书·天文志》明言：

> 而宋御史中丞何承天及太中大夫徐爰，各著《宋史》，咸以为（浑仪）即张衡所造。其仪略举天状，而不缀经星七曜。魏、晋丧乱，沉没西戎。义熙十四年，宋高祖定咸阳得之。梁尚书沈约著《宋史》，亦云然，皆失之远矣。④

何、徐"各著《宋史》"，两人的《天文志》也为修撰《隋书·天文志》者得见，并加以引证。可知《隋书·天文志》所引何承天之言，即何承天《天文志》之原文。对比《宋书·天文志》，沈约所引何氏之言更为节略。由此可以确认，沈约《天文志》乃是在删略何、徐旧志的基础上又加以自己的按断而成。亦由此可知，凡是沈约诸志先列何、徐之说又加以"史臣案"者，其所引何、徐之说应该皆为

---

① 《宋书》卷二三《天文志一》，第 677 页。
② 同上书，第 677—678 页。
③ 《隋书》卷一九《天文志上》，北京：中华书局，1973 年，第 511—512 页。
④ 同上书，第 518 页。

两人旧志的内容。

　　执此例以观沈约《礼志》，则颇能抉发其中何、徐旧志的内容。比如元会礼，引何承天云"魏元会仪无存者"。① 又如魏文帝祠武帝于建始殿，引何承天曰："案礼，将营宫室，宗庙为先。庶人无庙，故祭于寝。帝者行之，非礼甚矣。"② 又如蜀汉于沔阳立诸葛亮庙，亦引何承天以为非礼。③ 又如汉制大驾、法驾、小驾之制，"史臣案"先后引何承天、徐爰之论，本身则无所发明。④ 又于巾、帽之制引徐爰之说，加以"史臣案"。⑤《乐志》又引何承天论孙吴无雅乐，又以"史臣案"驳之。⑥ 对于籥，先引"旧志云，一曰管"，又以"史臣案"驳之。⑦

　　除此之外，《乐志》仍有一例值得注意：

> 角，书记所不载。或云出羌胡，以惊中国马。或云出吴越。旧志云："古乐有籥、缶。今并无。"史臣按："《尔雅》，籥自是箫之一名耳。《诗》云：'坎其击缶。'《毛传》曰：'盎谓之缶。'"⑧

此亦引"旧志"而又以"史臣案"驳之之例。此"旧志"之文恰巧又为《太平御览》所引：

> 《宋乐志》曰：西蕤祠吹金者，铜角长可二尺，形如牛角。书记所不载。或云出羌胡，以惊中国马。⑨

《御览》所引《宋乐志》，内容比沈约《宋书·乐志》更详，可知其断非沈约《乐志》，而是沈约所说的"旧志"，亦即何承天或徐爰之旧志。两相对比，可知沈约《乐志》对旧志有所删略，而又加以评驳。

　　以上所举沈约《礼》《乐》诸志以"史臣案"评驳旧志之例，可由此反推何、徐旧志的内容。除此之外，亦有其他方法离析沈约《礼志》中的旧志。比如《礼志》第一卷已有内容涉及孙吴、魏、晋、宋南北郊仪注及沿革，第三卷又有更为丰富的内容罗列汉、魏、晋、宋郊庙沿革及相关礼议。皆为郊庙，两处重出，内容有别，可窥见《宋书·礼志》多次编撰、未及删润的痕迹。巧合的是，《五行志》第四"水不润下"条所载三国两晋郊庙失礼之事，与《礼志》第三卷所载礼制沿革恰好可以一一对应，如下表所示（表1）：

---

① 《宋书》卷一四《礼志一》，第 342 页。
② 《宋书》卷一六《礼志三》，第 445 页。
③ 《宋书》卷一七《礼志四》，第 487 页。
④ 《宋书》卷一八《礼志五》，第 500 页。
⑤ 同上书，第 520 页。
⑥ 《宋书》卷一九《乐志一》，第 541 页。
⑦ 同上书，第 557—558 页。
⑧ 同上书，第 551 页。
⑨ 《太平御览》卷五八四《乐部二十二·角》，北京：中华书局，1960 年，第 2633 页下栏。

表1 《宋书·礼志》《五行志》郊庙得失对照表

《宋书·礼志三》	《宋书·五行志四》
魏文帝黄初二年六月,以洛京宗庙未成,乃祠武帝于建始殿,亲执馈奠如家人礼。何承天曰:"案礼,将营宫室,宗庙为先。庶人无庙,故祭于寝。帝者行之,非礼甚矣。"	初,帝即位,自邺迁洛,营造宫室,而不起宗庙,太祖神主犹在邺。尝于建始殿飨祭如家人之礼,终黄初不复还邺,而圆丘、方泽、南北郊、社、稷等神位,未有定所。此简宗庙,废祭祀之罚也。
孙权不立七庙,以父坚尝为长沙太守,长沙临湘县立坚庙而已。权既不亲祠,直是依后汉奉南顿故事,使太守祠也。坚庙又见尊曰始祖庙,而不在京师。又以民人所发吴芮冢材为屋,未之前闻也。于建邺立兄长沙桓王策庙于朱爵桥南。权疾,太子所祷,即策庙也。	案权称帝三十年,竟不于建业创七庙,但有父坚一庙,远在长沙,而郊禋礼阙。
中年,群臣奏议,宜修郊祀。权曰:"郊祀当于中土,今非其所。"重奏曰:"普天之下,莫非王土。王者以天下为家。昔周文、武郊于酆、镐,非必中土。"权曰:"武王伐纣,即祚于镐京,而郊其所也。文王未为天子,立郊于酆,见何经典?"复奏曰:"伏见《汉书·郊祀志》,匡衡奏徙甘泉河东郊于长安,言文王郊于酆。"权曰:"文王德性谦让,处诸侯之位,明未郊也。经传无明文,由匡衡俗儒意说,非典籍正义,不可用也。"虞喜《志林》曰:"吴主纠驳郊祀,追贬匡衡,凡在见者,莫不慨然称善也。"	嘉禾初,群臣奏宜郊祀,又弗许。
何承天曰:"案权建号继天,而郊享有阙,固非也。末年虽一南郊,而遂无北郊之礼。……"	末年虽一南郊,而北郊遂无闻焉。
权卒,子亮代立。明年正月,于宫东立权庙曰太祖庙,既不在宫南,又无昭穆之序。及孙皓初立,追尊父和曰文皇帝。皓先封乌程侯,即改葬和于乌程西山,号曰明陵,置园邑二百家。于乌程立陵寝,使县令丞四时奉祠。宝鼎元年,遂于乌程分置吴兴郡,使太守执事。有司寻又言宜立庙京邑。宝鼎二年,遂更营建,号曰清庙。遣守丞相孟仁、太常姚信等备官僚中军步骑,以灵舆法驾迎神主	亮即位四年,乃立权庙,又终吴世,不上祖宗之号,不修严父之礼,昭穆之数有阙。亮及休、皓又并废二郊,不秩群神。此简宗庙,不祭祀之罚也。

续表

《宋书·礼志三》	《宋书·五行志四》
于明陵,亲引仁拜送于庭。比仁还,中吏手诏日夜相继,奉问神灵起居动止。巫觋言见和被服颜色如平日,皓悲喜,悉召公卿尚书诣阁下受赐。灵舆当至,使丞相陆凯奉三牲祭于近郊。皓于金城外露宿。明日,望拜于东门之外,又拜庙荐飨。比七日,三祭,倡伎昼夜娱乐。有司奏:"'祭不欲数,数则黩',宜以礼断情。"然后止。	
何承天曰:"……权卒后,三嗣主终吴世不郊祀,则权不享配帝之礼矣。"	亮及休、皓又并废二郊,不秩群神。
泰始二年正月,诏曰:"有司前奏郊祀权用魏礼。朕不虑改作之难,便便为永制。众议纷互,遂不时定,不得以时供飨神祇,配以祖考,日夕叹企,贬食忘安。其便郊祀。"时群臣又议:"五帝,即天也,五气时异,故殊其号。虽名有五,其实一神。明堂南郊,宜除五帝之坐。五郊改五精之号,皆同称昊天上帝,各设一坐而已。北郊又除先后配祀。"帝悉从之。二月丁丑,郊祀宣皇帝以配天,宗祀文皇帝于明堂,以配上帝。是年十一月,有司又议奏:"古者丘郊不异,宜并圆丘方泽于南北郊,更修治坛兆。其二至之祀,合于二郊。"帝又从之。一如宣帝所用王肃议也。是月庚寅冬至,帝亲祠圆丘于南郊。自是后,圆丘方泽不别立至今矣。	帝即尊位,不加三后祖宗之号,泰始二年,又除明堂南郊五帝坐,同称昊天上帝,一位而已。又省先后配地之礼。此简宗庙,废祭祀之罚,与汉成帝同事。
(《乐志一》:咸宁元年,诏定祖宗之号,而庙乐同用正德、大豫之舞。)	咸宁初,始上祖宗号,
太康十年十月,乃更诏曰:"《孝经》'郊祀后稷以配天,宗祀文王于明堂,以配上帝'。而《周官》云:'祀天旅上帝。'又曰:'祀地旅四望。'四望非地,则明上帝不得为天也。往者众议除明堂五帝位,考之礼文正经不通。且《诗序》曰:'文、武之功,起于后稷。'故推以配天焉。宣帝以神武创业,既已配天,复以先帝配天,于义亦不安。其复明堂及南郊五帝位。"	太熙初,还复五帝位。

两相比较,可见《五行志》与《礼志》第三卷紧密对应,若合符契。两志郊庙部分之叙事顺序、观点完全相同。表中左右两侧文字加着重号者,为其文字相同或相似之处,从中可知两志明显有共同的来源。其中《五行志》"太熙初,还复五帝位",与《礼志》"太康十年十月,乃更诏曰……其复明堂及南郊五帝位",看似年代不合,其实并不矛盾。太康十年之后就是太熙元年,太康十年诏使议复五帝位,紧接着太熙元年真正还复五帝位,两处记载恰好互补。相比之下,《五行志》与《礼志》第一卷郊祀部分就并无对应关系。

更进一步,《五行志》对诸郊庙失礼之事的判定,与《礼志》的评论、尤其是何承天的评论,都无不相合。比如孙权不立南郊,此事又见于《太平御览》所引《江表传》及虞喜《志林》,两处皆未对孙权提出非议,虞喜甚至还对此举大加赞赏。① 相比之下,何承天则提出批评。另外,魏文帝迁洛,洛京宗庙未立,权于建始殿祭祀魏武帝,《礼志》亦引何承天批评之论。这两处皆明确为何承天之论。又孙权南郊之事,《五行志》曰"末年虽一南郊,而北郊遂无闻焉",《礼志》曰"末年虽一南郊,而遂无北郊之礼",两处文辞几乎一致,显然有相同出处。很可能《五行志》《礼志》两处皆为何承天旧志的内容。

简言之,本部分以沈约诸志"史臣案"为核心,离析《礼志》之何、徐旧志。综合中古时代诸种文献,可知沈约"史臣案"提到何、徐之处,即为何、徐旧志的内容。作为补充,我们又对比了《礼志》与《五行志》,发现两文之郊庙部分在叙事结构与观点上的高度相似性,研判两者皆出自何承天旧志。这是我们对沈约《礼志》文本渊源的初步离析。

二 编撰痕迹:以文本结构为中心

以上从沈约《礼志》中离析旧志,仅有个别几处文本能得确证。若欲从整体上把握《礼志》沿袭旧志、多次编撰的痕迹,仍需全面观察其文本结构。

---

① 《太平御览》卷五二七《礼仪部六·郊丘》,第2394页上栏。

表 2 《宋书·礼志》文本结构表

卷次	段次	五礼归属	具体礼目	内容提要	备注
第一卷	1			礼志序	
	2—14		正朔、牲色、年号	魏正朔议 魏明帝正朔议 魏明帝青龙五年改正朔诏 魏明帝天地郊祀牲色议 魏明帝忌月不朝会议 晋武帝泰始二年九月正朔议,孙盛评 魏明帝初改年号议	礼议
	15—17	嘉礼	冠礼	汉魏晋冠礼经说及沿革,孙毓驳 晋冠礼议 晋诸王冠礼议、宋诸王冠礼议、家人冠礼	仪注＋礼议
	18—29		昏礼	晋武帝纳后 晋武帝太康八年天子纳后议 晋成帝咸康二年纳后之论 晋康帝纳后仪及议 晋穆帝纳后仪及议 晋孝武帝纳后仪 昏、冠醮文 宋文帝皇太子纳妃仪 宋明帝皇太子纳妃议 晋武帝泰始十年聘三夫人九嫔议 汉魏公主成婚沿革	仪注＋礼议＋沿革
	30		拜礼	天子临轩拜仪	仪注
	30	吉礼	磔禳	汉魏晋宋磔禳沿革	沿革
	32—37	嘉礼	元会	汉魏元会沿革 晋元会仪注（咸宁注） 晋江左元会仪注 魏晋藩王朝聘沿革 元会"杜举"仪式沿革 汉魏晋宋元会时日沿革、宋庆冬遣使沿革	沿革＋仪注

续表

卷次	段次	五礼归属	具体礼目	内容提要	备注
	38—40	吉礼	郊祀	吴晋南郊兆位沿革、宋南郊兆位议 晋宋北郊兆位沿革 南郊仪注及魏晋宋沿革	沿革+礼议
	41		朝日夕月	魏晋朝日夕月沿革	沿革与第三卷重复
	42—43		殷祠	殷祠仪 魏晋殷祠沿革	沿革+仪注
	44		社稷	祠社稷仪及沿革	沿革+仪注
	45		六宗	六宗祠沿革及仪	沿革+仪注
	46—52		合朔	合朔仪注 汉建安中不以日蚀废正会议 魏高贵乡公正元二年三月朔合朔议 晋武帝咸宁中正旦合朔却元会 晋元帝太兴元年四月合朔日蚀伐鼓议 晋康帝建元元年合朔废朝会议 晋永和中合朔废朝会议	仪注+礼议
	53—55		耕籍	汉魏晋耕籍沿革 宋耕籍仪注 魏晋宋诸侯耕籍沿革	沿革+仪注
	56		亲蚕	汉魏晋宋亲蚕沿革、晋亲蚕仪注	沿革+仪注
	57—88	嘉礼	学礼	汉魏晋太学沿革 孙吴学制沿革 晋王导、戴邈、荀崧、袁瑰、冯怀、谢石、殷茂、李辽等人上疏请立学校 晋元帝广置博士议 东晋国学兴废 庾亮在武昌开置学官、行大射之礼 晋孝武帝学制不立 宋学校兴废	沿革+礼议

续表

卷次	段次	五礼归属	具体礼目	内容提要	备注
	89	嘉礼	养老	魏养老礼	仪注
	90		乡饮酒	晋乡饮酒礼	仪注
	91	吉礼	释奠	魏晋宋释奠礼沿革	沿革
	92—99	军礼	治兵	搜狩之义 汉撰刘仪、汉魏讲武沿革 魏延康元年治兵仪 魏明帝太和元年十月治兵 西晋治兵沿革 东晋治兵沿革 宋治兵讲武仪注 宋亲射禽仪	沿革＋仪注
第二卷	100—137	军礼	巡狩	汉魏巡狩沿革 晋武帝泰始四年遣使巡行诏 挚虞《新礼议》巡狩议 宋武帝永初元年遣使巡行四方 宋文帝元嘉中巡行 宋皇太子监国仪注	沿革＋礼议＋仪注
	138—140	嘉礼	读时令	晋读五时令仪注 晋成帝咸和读时令议 宋读时令议、宋读时令沿革	仪注＋礼议＋沿革
	141—142	吉礼	禊祠	禊祠之议及汉魏沿革 魏晋禊祠沿革	礼议＋沿革
	143—183	凶礼	丧服	汉三年丧沿革 东汉诸帝不豫祷祠山川 三国丧制 晋武帝行三年丧议 晋武帝泰始二年八月周年忌日谒陵服制议 晋武帝泰始四年为皇太后服三年丧议 晋文帝开陵之礼 晋泰始元年臣民三年丧制 晋大臣三年丧因革	沿革＋礼议＋仪注（按具体丧服细目，又可以分为若干小节）

《宋书·礼志》文本构成与渊源解析　73

续表

卷次	段次	五礼归属	具体礼目	内容提要	备注
				晋羊祜、傅玄三年丧议	
				晋泰始十年皇太子为皇后服议	
				晋孝武帝大丧禁乐议、因革	
				宋武帝永初元年三年丧期议	
				晋惠帝永康元年为太子服议	
				晋孝武帝太元二十一年太后为帝服	
				宋武帝永初三年太后为帝服	
				以上为三年丧	
				晋惠帝太安元年三月皇太孙殇服议	
				以上为殇服	
				晋康帝建元元年周年改服议	
				以上为周年改服	
				晋孝武帝太原九年帝为嫂期服议	
				以上为嫂叔服	
				晋安帝隆安四年太皇太后服议	
				以上为太皇太后服	
				宋文帝元嘉十七年七月元皇后丧仪	
				宋元嘉十七年皇太子为元皇后心丧无禫议	
				宋孝武帝孝建三年三月为皇后父心丧议	
				宋大明二年正月王皇后为父心丧无禫议	
				以上为心丧	
				宋文帝元嘉十五年皇太子妃为祖父服	
				晋孝武帝太元十五年皇太子不服所生母议	
				宋孝武帝大明五年闰月皇太子妃葬礼之制	
				宋大明五年闰月皇太子妃服议	
				宋大明五年闰月皇太子妃期服内不作乐及鼓吹议	
				宋明帝泰始中国妃终三年议	
				以上为皇太子妃、国妃服	
				宋文帝元嘉四年神主入行庙	
				以上为行庙	
				御史中丞何承天弹奏海盐公主生母服议	
				宋元嘉二十九年皇子申母服议	
				以上为生母服	

续表

卷次	段次	五礼归属	具体礼目	内容提要	备注
				宋孝武帝孝建元年六月己巳皇弟殇服议 　　以上为殇服 宋孝建元年六月丧遇闰议 　　以上为丧遇闰 宋大明五年七月封爵殇服议 　　以上为殇服 宋后废帝元徽二年七月皇弟养母服议 　　以上为养母服 晋旧君服议 　　以上为旧君服	
	184—185		因丧废乐	魏晋丧废乐沿革 晋宋丧废乐沿革	沿革
	186—194		终制	魏武帝终制 魏文帝明帝终制 晋宣帝终制 晋景帝终制 晋泰始四年文明王皇后合葬 晋终制沿革 晋成帝咸康七年杜后葬礼 晋孝武帝太元四年九月王皇后葬礼 宋文帝元嘉十七年元皇后葬礼	沿革＋仪注
	195—197		上陵	汉魏上陵沿革 晋谒陵沿革 宋拜陵沿革	沿革
	198—199		碑铭	汉魏碑铭沿革 晋碑铭禁断沿革	沿革
	200	宾礼	禅让	宋齐临轩禅位,悬而不乐(479)	仪注 编次失序
	201		致敬	宋明帝泰始二年(466)九月内外致敬皇太子生母议	礼议

续表

卷次	段次	五礼归属	具体礼目	内容提要	备注
	202	凶礼	丧服	宋泰豫元年(472)皇太妃为国亲服丧举哀议	礼议编次失序
	203		上尊号	宋孝武帝孝建三年八月戊子国子所生母除太夫人议	礼议
	204		立世子	宋大明二年六月诸侯无嗣立次息为世子议	礼议
	205	嘉礼	上尊号	宋大明(十二)[三]年十一月开国子母除太夫人议	
	206		立世子	宋大明四年九月国王长子出继还本宗立为世子议	
	207	宾礼	分道	宋文帝元嘉十三年七月众官分道议	礼议
	208	吉礼	藏冰	宋孝武帝大明六年(462)五月凌室藏冰仪	仪注编次失序
	209	宾礼	黄阁	三公黄阁之义	礼论
	210		致敬	致敬之义	
第三卷	211		祭祀序		
	212—242	吉礼	郊祀	汉魏祖配沿革 魏文帝南郊沿革 魏明帝郊祀明堂祖配 汉魏祠坛沿革 魏郊丘之制 孙吴郊祀 刘备即位郊祀 诸葛亮于成都营南北郊 晋武帝即位郊祀 晋泰始二年郊丘议 晋太康十年十月复南郊明堂五帝位 晋武帝太康三年正月郊祀 晋愍帝未郊庙 晋元帝郊祀明堂 晋明帝太宁三年七月北郊之立 晋康帝建元元年正月北郊月日议	沿革+礼议

续表

卷次	段次	五礼归属	具体礼目	内容提要	备注
				晋安帝元兴三年三月天子蒙尘待皇舆反正亲奉郊祀议 宋武帝即位郊天 宋永初元年南北郊 宋永初二年郊祀 宋元嘉三年南北郊 宋孝武帝孝建元年六月癸巳平贼归告二郊庙社议 宋孝建二年正月庚寅郊庙仪节议 宋大明二年正月丙午朔遇雨迁郊用后辛不重告议 宋明帝泰始二年十一月辛酉郊祀议 宋泰始六年正月乙亥三年一郊、二年一明堂议 宋后废帝元徽二年十月丁巳间年一修郊祀明堂 　　以上为沿革 汉魏晋南北二郊配飨沿革 宋武帝永初三年九月南北郊配飨议 　　以上为配享 晋武帝太康二年冬亲奉春祠 晋成帝南郊遇雨 　　以上为皇帝亲祭问题	与第一卷重复编次不伦
	243		迎气	汉魏晋五郊迎气沿革	沿革
	244—246		明堂	宋孝武帝大明五年四月庚子明堂议 宋孝武帝大明五年九月甲子明堂用牛议 宋明帝泰始七年十月庚子明堂告太庙议	礼议
	247—257		封禅	魏明帝世蒋济请封禅奏 晋武帝太康元年九月庚寅卫瓘等请封禅之奏 晋武帝太康元年冬请封禅奏 宋太祖欲封禅 宋世祖大明元年十一月戊申请封禅奏 宋世祖大明四年四月辛亥有司奏请封禅	礼议

续表

卷次	段次	五礼归属	具体礼目	内容提要	备注
	258—278		宗庙	魏庙制 魏先妣寝庙之制 魏祠武帝于建始殿 魏陵寝沿革 孙吴庙制 蜀庙制 晋庙之立 晋太康元年公主附太庙 晋庙神主迁毁因革 晋元兴三年寻阳行庙神主还都 宋庙制迁毁因革 　以上为沿革 晋元帝太兴三年正月乙卯怀、愍不迁议 晋穆帝永和二年七月四府君神主迁毁议 晋安帝义熙九年四月四府君神主迁毁议 　以上为迁毁议 晋孝武帝太元十二年五月壬戌郊庙明堂议 晋义熙二年六月、元兴三年四月殷祠时月议 宋孝武帝孝建元年十二月戊子殷祠在禫内后推议 宋大明七年二月辛亥四月不得殷祭用孟秋议 　以上为殷祠议 晋吉禘因丧去乐因革 史臣曰 宋因丧废乐 　以上为因丧去乐	沿革+礼议+礼论
第四卷	179—307			宋元嘉三年五月庚午告庙 宋元嘉三年十二月告庙 宋元嘉六年七月庙祭送神议 宋元嘉六年九月殷祠时祭不共月议 宋元嘉七年四月乙丑宫中有故祈祀有司行事议 宋元嘉十年十二月癸酉宗庙社稷祠祀鸡用雌雄议	礼议+沿革

续表

卷次	段次	五礼归属	具体礼目	内容提要	备注
				宋孝武帝孝建三年五月丁巳皇子出后告庙议 宋大明元年六月己卯朔出继告庙临轩议 宋大明三年六月乙丑皇太子监国亲祠宗庙、宫中有丧停祭议 宋大明三年十一月乙丑朔四时庙祠遇雨迁日议 宋大明五年十月甲寅以皇太子妃服废烝祠议 宋大明七年二月丙辰四时讲武献牺牲议 宋明帝泰豫元年七月庚申至尊谅闇不亲奉尝祠议 宋后废帝元徽二年十月丙寅庙祭亲执爵于孝武神主议 　　以上为宗庙杂议 宋孝武帝孝建元年十月戊辰章皇太后庙毁置议 宋大明二年二月庚寅章太后庙殷祭议 宋明帝泰始二年正月孝武昭太后祔庙议 宋泰始二年六月丁丑明帝不荐告孝武、昭后二室议 宋后废帝元徽二年十月丙寅昭太后庙毁置议 　　以上为女性庙议 魏支子入继大宗禁止追尊 晋禁追尊沿革 　　以上为追尊 魏平原公主追封谥立庙京师 宋孝武帝孝建元年七月辛酉东平冲王国是追赠又无其臣神主祔庙议 宋大明四年丁巳江夏宣王所生夫人祔庙议 宋大明六年十月丙寅晋陵孝王神主祔庙国臣朔望还临议 宋大明七年正月庚子宣贵妃别立庙议 宋大明七年三月戊戌宣贵妃无祔庙禫后入新庙议	

《宋书·礼志》文本构成与渊源解析　79

续表

卷次	段次	五礼归属	具体礼目	内容提要	备注
				宋大明七年十一月癸未晋陵国不以小功废祭议 宋大明八年正月壬辰齐国无嗣立庙作主祔庙三卿主祭议 　以上为别立庙、王国庙议	
	308—309		社稷	社稷之义及沿革 晋宋社稷沿革	沿革
	310—311		籍田	魏晋籍田沿革 宋籍田之制	沿革
	312		亲桑	汉晋皇后亲桑沿革	沿革
	313—317		山川	魏文帝山川祭祀 魏明帝山川祭祀 魏元帝山川祭祀 晋穆帝升平中何琦以天柱山为南岳议 宋孝武大明七年六月丙辰奠祭霍山议	沿革+礼议
	318—319		雩祭	晋武帝雩祭 晋宋雩祭沿革	沿革
	320—322		孔子祀	魏文帝黄初二年正月祀孔子诏 晋武帝泰始三年十一月祀孔子之制 晋宋孔子祀沿革	沿革
	323—326		释奠	魏释奠 晋释奠 东晋权以中堂为太学 宋释奠	沿革
	327—334		遣使致祭	汉魏会丧、遣使吊祭 魏武帝遣使祠乔玄 魏文帝遣使祠乔玄 魏文帝遣使祠汉世祖 宋文帝遣使致祭刘穆之 宋孝武帝遣使致祭袁湛 宋孝武帝遣使致祭殷景仁 宋孝武帝遣使致祭桓温、毛璩	沿革 此处吉凶夹杂，编次不伦

续表

卷次	段次	五礼归属	具体礼目	内容提要	备注
	335—338		诸杂祠	沔阳诸葛亮庙 城阳王祠、魏禁淫祀 晋禁淫祀 宋诸杂祠	沿革
	339	嘉礼	养老	汉养老礼	沿革
第五卷	340		舆服序		
	341—364		舆服	舆	上古三代之车 秦汉之车 汉魏晋宋天子驾六、驾四沿革 宋五路沿革 戎车 猎车 指南车·指南舟 记里车 辇车 犊车·追锋车·云母车·四望车 周礼、汉制王后之车 晋后宫之车 汉制贵人、公主、王妃、封君之车 汉魏晋太子、皇子、皇孙之车 高车·安车 安车·轺车 汉制大驾·法驾·小驾 轻车 出警入跸 武刚车 辒辌车 骡车·科车 羊车 充庭之制	沿革＋礼议
	365—378			服	三代汉魏晋宋衣冠沿革 进贤冠 武冠	

续表

卷次	段次	五礼归属	具体礼目	内容提要	备注
				法冠	
				谒者高山冠	
				樊哙冠	
				帻	
				常服	
				朝服	
				戎服	
				汉制太后入庙祭神服	
				自皇后至命妇之服	
				佩绶之制沿革	
				佩刀剑之制沿革	
	379		玺	乘舆六玺・传国玺	
	380—421		百官舆服印绶	诸内外文武官爵印绶舆服之制 宋后废帝永徽四年公府长史朝服议	
	472—482		杂舆服	玺 朝服之制 朝服之制 朝服之制 天子漆床朱屋之义 殿屋之制 笏 几杖幅巾 巾 帽 单衣	
	483—486		王公赐	晋诸王赐服 桓玄加琅邪王衮冕服 宋王公贵臣服貂珰 宋孝武帝孝建元年十月己未贬损诸王舆服礼秩议	
	487		车前五百	车前五百	

续表

卷次	段次	五礼归属	具体礼目	内容提要	备注
	488—498		舆服杂议	宋孝武帝孝建二年十一月乙巳临轩乘舆法服议 宋孝建三年五月壬戌帝王之车十二乘议 大明元年九月丁未朔皇太后出行副车数议 宋大明四年正月戊辰籍田舆服议 宋大明四年正月己卯南郊舆服议 宋大明六年八月壬戌祠庙用法驾议 宋大明七年二月甲寅巡行舆服 宋明帝泰始四年五月甲戌东宫车服降天子二等议 宋泰始四年八月甲寅定五路六服诏 宋泰始六年八月甲寅皇太子正冬朝贺服衮冕议 宋后废帝所生母舆服	

根据上表,可知《宋书·礼志》文本存在如下特点:

第一,文本大概可以分为四种类型,分别是仪注、礼议、沿革、礼论。其中仪注、礼议是较为原初的史料,其原型为日常政务运作过程中产生的仪注、礼议文书,《礼志》的编纂者可能直接取材于原始文书,也有可能从起居注等史书中摘取。所谓沿革,指的是针对某一项礼仪之历朝沿革进行概括;所谓礼论,指的是针对某一项礼仪之内在精神进行阐发。这两类内容具有高度的总结性与概括性,应该是《礼志》编纂者在前两类材料的基础上有意加以进一步撰述。

第二,《宋书·礼志》不按五礼体系编纂史料,以五礼视之,其次序错杂混乱,但前二卷大体有吉凶分野,先是吉礼、嘉礼相错,后为凶礼。

第三,《礼志》共五卷,其中前二卷、中二卷、后一卷内容大体有别。前二卷收录仪注,但也夹杂不少沿革、礼议、礼论;中二卷则以礼议、沿革为主,尤其集中于郊祀、宗庙两大板块;第五卷则为舆服,亦间或收录礼议、沿革。

第四,前四卷内容多有重出之处。比如前二卷有郊祀、社稷、耕籍、亲蚕、学礼、释奠等事项,中二卷又有郊祀、社稷、籍田、亲桑、孔子祀、释奠等事项,但内容有所不同。学者以为其前二卷相当于《续汉书》之《祭祀志》,第三、第四卷相当于《续汉书》之《礼仪志》,可谓约略似之。但须明确,沈约《礼志》前后重复,经历了多次编撰,或许并无划然明确的体例,很可能处于尚未完成的状态。

第五,《礼志》颇有次序失当之处。比如第二卷以凶礼为主,先后纂类丧服、因丧废乐、终制、上陵、碑铭等问题,尚有条理。但上表所列第 200 段突然为顺帝升明三年(479)四月宋齐禅让、临轩遣使奉玺绶、悬而不乐之事。① 按宋齐之际之礼事,只有可能是沈约自己增补,然而将其置于此处,却显得莫名其妙。盖第 184—185 段为因丧废乐之事,此事亦废乐,故系联于此,然又相隔十余段,实为不伦;此段后又录宋明帝泰始二年(466)九月内外致敬皇太子生母之议,属于宾礼之致敬;又录宋明帝太豫元年(472)皇太妃为国亲服丧举哀之议,属凶礼之丧服。此两议以年代而论,皆为沈约所增补,但于原本的凶礼之后附录禅让之礼,又接以致敬、丧服,前后皆非同类,盖临时拼凑,未及整理。其后第 203—206 段,上尊号、立世子之礼交错记录,亦为不伦,又录宾礼分道之议(第 207 段)、三公黄阁之义(第 209)段,中间却又夹杂凌室藏冰之仪(第 208 段),随意拼凑,无复体例。由此推之,《礼志》第二卷自第 200 段以后,大概是沈约在旧志基础上堆叠若干新材料,而又未加整理,仓促编成。又如第四卷第 328 段所录汉魏遣使吊丧之礼,前后皆为祭祀吉礼,此忽出之以吊丧,吉凶夹杂,亦为不伦。凡此种种,难以备举。这些都说明《宋书·礼志》经过多次编撰,留下不少删润未尽的痕迹。沈约因循旧志,增补刘宋大明以后之材料,有些遵循旧志之条例,有些则未及归类,随意堆叠。即便是何、徐旧志,彼此之间恐怕也不尽统一,所以才会有前后重复、材料重出的现象。若如前文所论,第三卷郊祀部分为何承天旧志,则第一卷郊祀部分或许是徐爰所录,沈约未及合并,遂两存之。

第六,即便是沈约《礼志》,应该也经历了多次编撰的过程。比如《太平御览》引:

> 沈约《宋书·礼志》曰:永初三年,高祖将北扫戎狄,浑一天宇,会计洛阳,秩礼名岳。群臣窃相谓曰:须王振旅饮至,陇朔无尘,当议奏封禅,修升中之礼。缙绅闻者,咸曰宜然。自汉光武登封之后,斯绝矣。②

按今本《礼志》第三卷第 247—257 段确实集中收录魏、晋、宋各朝封禅之奏,但《御览》所引"沈约《宋书·礼志》"的这段材料,却不见于今本《礼志》。另外,今本《礼志》于魏、晋、宋诸帝例称谥号,不称庙号;唯《礼志》封禅部分及《宋书》第四十六卷称帝王庙号,而非谥号。《御览》所引这段材料称"高祖"庙号,与《礼志》封禅部分相合,与《宋书》全书体例相违。由此可见,沈约《宋书》(包括《礼志》)也多次编撰,体例不纯,且有脱佚。《礼志》封禅部分与其他部分体例不合,又有阙漏,明显是未及改定的异质文本。

---

① 《宋书》卷一五《礼志二》,第 407 页。
② 《太平御览》卷五三六《礼仪部十五·封禅》,第 2432 页上栏。

总之,根据以上对《宋书·礼志》文本结构的分析,再结合《宋书》其他诸志与何、徐旧志的关系,我们大致判断,仅有刘宋大明末年以后的材料为沈约新增,此前则为何、徐旧志原有内容。沈约新增的内容或遵循旧志的条理,放置于相应位置;或不顾原有经脉,集中堆放。对于何、徐旧志之间的不同体例与编排方式,沈约也大多未及整理,所以前二卷与中二卷多有重复。沈约对旧志内容有异议,会罗列何、徐之说,再以"史臣案"评驳之。但此类内容仅有数条,除此之外的其他内容,应该以沿袭旧志为主。这样看来,沈约《礼志》文本驳杂,风格朴茂,若欲求其体例之精严、研究之深入,恐怕未易;但若欲从中探求其所因袭旧志、乃至魏晋南朝礼书的痕迹,则颇有迹可循。

三 与《礼论》关系之推测:以礼议为中心

最后,本文将以《宋书·礼志》之礼议为中心,继续探究其文本渊源。沈约《礼志》多因袭旧志,其刘宋以前的内容,可能多抄自何承天旧志,而何承天又是刘宋著名礼家,著述颇丰,将魏晋相承之八百卷本《礼论》删略为三百卷。《礼论》是通代礼议合集,该书以收录汉末魏晋礼议为主体内容,尤其是东晋以来"临事议之"所产生的礼议。① 上文又指出,何承天所修《礼志》有意接续司马彪《续汉书志》,所收材料的时段亦为汉末魏晋,与《礼论》相同。在内容上,《礼论》以收录礼议为主,而今所见《宋书·礼志》亦大量收录礼议。既然何承天《礼论》与《礼志》在时段、内容两方面都如此相似,且为同一人所修撰,那么何承天是否有可能删略《礼论》、并将其部分收入《礼志》之中呢?这完全是有可能的。

《宋书·礼志》确实在内容上有承袭《礼论》的证据。《礼论》今已不存,幸有若干佚文,显露蛛丝马迹。晋成帝咸康七年(341)皇后大丧不设凶门议,该年杜皇后丧,有司奏立凶门(在门外扎成的假门,用以表丧),诏书以为繁费,遂停之。此议见载于《宋志》《晋志》《通典》,文本递相抄录,一脉相承。有趣的是,此议中间插入了东晋礼家蔡谟、范坚针对凶门的议论:

> 案蔡谟说:"以二瓦器盛死者之祭,系于木表,裹以苇席,置于庭中近南,名为重。今之凶门,是其遗象也。《礼》,既虞而作主。今未葬,未有主,故以重当之。《礼》称为主道,此其义也。"范坚又曰:"凶门非古。古有

---

① 参见范云飞《中古礼议书籍考述》,《魏晋南北朝隋唐史资料》(第四十九辑),上海:上海古籍出版社,2024年,第439—475页。

悬重,形似凶门。后人出之门外以表丧,俗遂行之。薄帐,即古吊幕之类也。"①

根据上下文,此二人之议并非当时朝堂之上正式议礼过程中的发言,却被史官采录并羼入其中,颇为可怪。所幸《太平御览》引录相关内容,为解决这一疑难打开了突破口:

> 韦弘与蔡谟笺问凶门曰:"父在母丧,应立凶门不?"又问:"与父别,止立凶门,愚意犹所疑,厌于父故也。今于父大门之内,别立凶门,便为父一家有二门,以名义言之,门者,父之有也,今子复立门,岂合圣人之典训?苟不出于礼,其所不曰。故以咨白。"蔡答曰:"《礼》,以二瓦器盛始死之祭,(击)[系]木,(里)[裹]之苇席,置于庭中近南,名为重。今之凶门,是其象也。《礼》,既虞而作主,今未有主,故以重当主。本为丧设,非以表其门。恐不应以尊卑厌降也。《礼》,命士以上,父子异宫。今卑私之丧,皆别开门,亦不知今人如此者,皆有凶门不。"
>
> 范坚答凶门,问曰:"薄帐似不出礼文,何由行此?"答曰:"凶门非礼。《礼》有县重于庭,以席覆之,其形似凶门。后出之于门外表丧,由此俗遂行之耳。"
>
> 《礼论》曰:问:"改葬立凶门否?"蔡谟答云:"改葬若停丧,谓应有凶门。"②

第一段为韦弘与蔡谟书笺问答,韦弘问若父亲健在,母亲死亡,是否应立凶门,蔡谟认为今之凶门,相当于古之悬重,自有其义。第二段为范坚答某人之问,认为凶门非礼。第三段为蔡谟答某人之问,认为改葬也应立凶门,且明确标举出自《礼论》。已知何承天将八百卷本《礼论》"删减合并,以类相从",编次为三百卷。③ 按此三段皆为蔡谟、范坚关于凶门的私相问答,内容高度相关,且前两段未说明出处,第三段说明出自《礼论》,则此三段应该都是《御览》所引《礼论》之文。由此推测《礼论》经何承天"以类相从"之后,将与凶门有关的议论、问答编在一起,为《御览》所引。

根据《礼论》遗文,可知《宋志》《晋志》《通典》皇后大丧不设凶门议中羼入的蔡谟、范坚之议,分别取自蔡谟答韦弘笺、范坚答某人问。(引文中加着重号之处,为《礼论》《宋志》文字相同的部分。)由此可以勾勒出蔡谟、范坚的私相问

---

① 《宋书》卷一五《礼志二》,第 405 页,又见《晋书》卷二〇《礼志中》,第 633 页;〔唐〕杜佑撰,王文锦等整理《通典》卷七十九《礼三十九 凶礼一》,北京:中华书局,2016 年,第 2127 页。
② 《太平御览》卷五四八《礼仪部二十七·凶门》,第 2480 页下栏—2481 页上栏。
③ 《宋书》卷六四《何承天传》,第 1711 页。关于《礼论》及其经学史意义,详见吴丽娱《〈礼论〉的兴起与经学变异——关于中古前期经学发展的思考》,《文史》2021 年第 1 辑。

答、书笺往复(应该也曾单独成书,《通典》曾引范坚《答问》之书①),汇入《礼论》之中,经何承天的整理编次,分类编纂为三百卷本《礼论》。何承天在编修宋史时,又将这段材料采入《礼志》。沈约修《宋书·礼志》,亦因循何承天旧志。这段材料随后又被《晋志》《通典》递相抄录,如此一条文本流转、堆叠的线索,逐渐变得明晰起来。

顺带一提,《通典》之《凶礼》"悬重"条录有刘宋崔凯论悬重之义,也引了蔡谟、范坚凶门之论,与上述四种文本内容相同:

> 宋崔凯云:"凿木为重,形如札,有簨,设于中庭近南以悬之。士重高三尺,差而上之,天子当九尺矣。禹以苇席南向横覆之,辟屈两端于南面以蒇之。今丧家帐门,其遗象也。古者丧家无幕,盖是倚庐栋耳。今人倚庐于丧侧,因是为帐焉。按蔡谟说:……范坚又曰:……"

此录自崔凯的某种著作。按《隋书·经籍志》有崔凯《丧服难问》六卷,《通典》或引作《丧制驳》《丧服驳》《服节》,或为同书之异名。② 崔凯引录蔡谟、范坚之论,可见对于南朝礼家、史官来说,大型礼书《礼论》是一种公共资源,可根据需要从中检出相关内容,抄录进自己书中。也可由此看出,《通典》礼议的文本来源除了史志,还有各类礼书,所以蔡谟、范坚之论既从《宋志》《晋志》中抄录,又从崔凯著作中抄录,以至于两处重出。

遗憾的是,《礼论》今存佚文太少,其中可与《宋书·礼志》参证者,据笔者检视,仅此一条而已,但也足够藉此说明,何承天所删略之《礼论》,与其所编修之《礼志》,两者文本之间存在一定的渊源关系。另外,《宋书·礼志》第五卷舆服部分论秦汉舆驾之制,引《礼论·舆驾议》:"周则玉辂最尊,汉之金根,亦周之玉辂也。"③此或非何承天自引,到底是徐爰还是沈约所引,未易判断。

总之,《宋书·礼志》兼收礼议与仪注的文本结构,与其编撰过程不可分割。沈约《礼志》承袭何、徐旧志,何承天《礼论》与《礼志》收录材料之时段与内容皆大致相同,两者在相当程度上共享史源。《礼论》主要由汉末魏晋的礼议构成,《礼志》魏晋部分之礼议,有可能是对《礼论》的进一步删略。这样说来,《宋书·礼志》之所以收录大量礼议,归根结底还是根源于魏晋南朝的礼书学术传统。延续《宋书·礼志》的编撰方式,《南齐书》《魏书》《隋书》《旧唐书》《新唐书》等中古诸史的礼仪类史志也都是兼收礼议与仪注。

---

① 〔唐〕杜佑撰,王文锦等整理《通典》卷九四《礼五十四 凶礼十六》,第2531页。
② 《隋书》卷三二《经籍志一》,第920页;〔唐〕杜佑撰,王文锦等整理《通典》卷六九《礼二十九 嘉礼十四》,第1897页;卷八三《礼四十三 凶礼五》,第2242页;卷九六《礼五十六 凶礼十八》,第2577页。
③ 《宋书》卷一八《礼志五》,第494页。

结 论

综上所述,沈约《宋书·礼志》体例驳杂,文本性质多样,由仪注、礼议、沿革、礼论等多种类型的文本构成。其主体内容,即魏晋时代的礼制沿革与礼议、仪注,大体为何承天旧志的内容;徐爰增补刘宋时代截止至大明末年的部分;沈约增补大明末年以后至宋齐禅代的部分,并在个别问题上与何、徐旧志立异,以"史臣案"的方式表达出来。除此之外的其他绝大部分内容,都取自何、徐旧志。《宋书·礼志》先后经过多次编撰,文本中仍留下许多删润未尽的痕迹。沈约在旧志基础上所增补的材料,或沿循原本的文理脉络,在相应位置增补,或不顾文本结构,集中堆凑,且未能调和何、徐旧志文本结构的错位,导致前后重出、编次失序等问题。对《宋书·礼志》的体例安排与沈约所发挥的作用,不宜作过高评价。

何承天、徐爰皆为刘宋礼学专家,各有礼学著作,对刘宋一朝之制礼、议礼影响颇钜。何承天曾删要纂类三百卷本《礼论》。其所撰《礼志》的起讫时段与内容都与《礼论》相似,且有证据表明《礼志》与《礼论》有共同的文本来源。我们合理推测,何承天旧志可能是在其《礼论》基础上进一步整理删要而成。因《礼论》主要收录汉末魏晋的礼议,所以导致今本《宋书·礼志》收录大量礼议。相比于前代史志,这是《宋书·礼志》文本结构的突出特点,并影响了其后的中古正史礼仪类史志。

最后,本文对中古时代礼制与礼议文献的文本性质与源流再略陈浅见。我们曾抉发晋朝八百卷本《礼论》、何承天三百卷本《礼论》、庾蔚之二十卷本《礼论钞》、杜佑《通典·礼典》这一文本渊源关系,认为杜佑编次《通典》礼议,颇为倚重何、庾旧本,又吸纳史志礼议,是六朝累代相续、编次礼书之学术传统在唐代的延续。① 至于《宋书·礼志》在这一文本脉络中居于什么位置?经过本文的研究,可初步推知何承天旧志与《礼论》之间存在某种渊源关系。何承天《礼论》、庾蔚之《礼论钞》今虽已不存,通过《宋书·礼志》《通典·礼典》,仍可约略推寻其文本性质与内容之概貌。

进言之,《宋书·礼志》《通典·礼典》皆兼收礼议与仪注,尤其大量收录魏晋以来之礼议,很大程度上得益于何、庾旧本。魏晋南朝数百年来礼学之发达、士族阶层对礼学之传习与精研、国家对礼仪与正统性之重视,导致礼议频仍,学者及官僚有意搜集整比历朝礼议,加以分门别类、诵习传承,不仅将其当做理据之渊薮,不断用在议礼实践中,在修撰国家礼典、编纂史志时,也

---

① 参见拙稿《论〈通典〉礼议的文本来源与性质》,《文史》(待刊)。

将礼议文本纳入其中,使得礼典与史志都呈现出强烈的知识性、论辩性、学术性。日常政务运作与学术传统的结合,共同造就了中古时代礼典与史志的文本样貌。

沈钦韩《春秋左氏传补注》成书、流传及其版本系统

马德鑫

【内容提要】 沈钦韩《春秋左氏传补注》初稿写就于道光元年左右,以稿本、抄本的形式流传于吴皖地区,且经多次修改,故时人所见内容有不同。浙大藏抄本与丁晏、陈立所引据稿本时间较早,次为刘文淇所引据稿本,末为国图藏稿本。潘锡爵抄本、刘履芬抄本、王颂蔚抄本、三种刻本皆属于国图藏稿本系统。王颂蔚抄本首册抄自潘锡爵抄本,后两册则抄自刘履芬抄本。《功顺堂丛书》本底本不明,但必为潘锡爵传抄本。《清经解续编》本刊刻参考了《功顺堂丛书》本。《心矩斋丛书》本刊刻以顾缉庭抄本为底本。经多次翻抄刊刻,潘锡爵抄本、刘履芬抄本、王颂蔚抄本及三种刻本与原稿差别尤多,若校点整理则需忠实于稿本。此外潘锡爵抄本、刘履芬抄本、王颂蔚抄本相比国图藏稿本出现的阙文与增删,或是因为存世有另一稿本,此稿本时间晚于国图藏稿本,是三种抄本的直接来源。《功顺堂丛书》本与《心矩斋丛书》本所用底本不同,但对标题的补充、删改均一致,或与刻本整理者叶昌炽有关。我们充分利用他书引文对稿本的修订进行了考察,证明了这种方法在特定情况下的有效性。同时也对沈钦韩学术观点的形成以及在吴皖地区的传播影响有了更深刻的认识。

【关键词】 沈钦韩 《春秋左氏传补注》 稿抄本 刊刻

清代学者沈钦韩(1775—1831),字文起,号小宛,自号织帘居士,江苏吴县人。嘉庆丁卯(1807)举人,后选授安徽宁国县训导。道光十年(1830),钦韩丁母忧归乡,次年卒于家中。其学上承吴派汉学,长于经史考证,撰有《两汉书疏证》《三国志补注》等,《清儒学案》赞曰:"吴中学派,定宇前茅,南园后劲,先生其中权矣。"[①] 其《春秋左氏传补注》(下文简称《补注》)一书继踵惠栋《左传补注》,批驳杜注、孔疏异常激烈,且颇精于发明《左传》礼学。沈玉成评价云:"清

【作者简介】马德鑫,山东大学文学院中国古典文献学专业博士研究生。
① 徐世昌《清儒学案(三)》卷一百三十五,北京:中国书店,2013年,第2403页。

中期继承(词义考辨)这个传统的研究著作很多,而且多用学术考证笔记的形式,只有沈钦韩《春秋左氏传补注》成为这一方面的专著。沈氏这部书正文十二卷,考异十卷。以贾、服古训为主,博采魏晋到清诸家之说为之笺疏,具有较高的训诂水平,对名物典章制度也能援引古代礼制给以清晰的分析考证。后刘文淇撰作《春秋左氏传旧注疏证》时,就曾大量采用沈书的见解。"①刘文淇之后更有竹添光鸿、杨伯峻吸收其考证成果,足见其影响。

以往学者的相关研究多集中于该书的内容分析②,至于从文献学角度揭橥其成书、传抄、刊刻之脉络则较少触及。笔者查得《春秋左氏传补注》现存稿本、抄本、刻本共九种,分别为国家图书馆藏稿本、潘锡爵抄本、刘履芬抄本、王颂蔚抄本、浙江大学图书馆藏清抄本、《心矩斋丛书》本、《功顺堂丛书》本、《清经解续编》本、天津图书馆藏刻本。考其成书及流传情况不甚清晰,《补注》尚未刊刻,却早以抄本形式在周边地区流传,且沈钦韩一书著成,辄三四易稿,不同时期的修改稿若都有传播,则稿本系统必将复杂。故似乎并非只从国图藏稿本延伸出其他抄本、刻本表面上这么简单。笔者深入考源,从文本校勘出发撰此文,期以厘清其版本脉络。

一 《补注》的成书与初步流传

《补注》成书大致在嘉庆二十二年(1817)至道光元年(1821)之间。沈钦韩《汉书疏证序》曰:"窃不自量,十数年来,疏记条贯。甲戌之岁,不赴计偕,屏迹穷巷,发箧濡毫,虽盛寒暑不辍,先成《后汉书疏证》三十四卷,继成《汉书疏证》三十六卷,卷率四十叶。岁在丁丑,复当大比,亲故责以禄养,乃暂辍业,故地理志犹缺焉。"③可知自嘉庆甲戌(十九年,1814)至丁丑(二十二年,1817),沈氏致力于《两汉书疏证》的写作。又《与黄修存书》载:"钦韩北乡不遂,南行中辍,谅悉其由。家居辄复著书,不揣暗昧,撰《左传补注》一书……有十余卷,竟夏可写定。"④"北乡不遂,南行中辍"指大挑之后沈钦韩等待职位派遣。可知《两汉书疏证》著毕,其于居家候职时始将《春秋左氏传补注》形诸文字。又《复董琴南书》"今年病稍愈,因复从事书册。春初作《查注苏诗正误》二卷,入夏撰

---

① 沈玉成、刘宁《春秋左传学史稿》,南京:江苏古籍出版社,1992年,第315页。
② 沈玉成、刘宁《春秋左传学史稿》,张素卿《清代汉学与左传学》,刘宗棠、刘迎秋、周伟玲《清代〈左传〉学成就研究》,金永健《清代〈左传〉考证研究》等都以章节形式对沈书进行了介绍。潘汉芳《沈钦韩〈春秋左氏传补注〉斠正》、黄英杰《沈钦韩学记》、吴略《沈钦韩〈春秋左氏传补注〉"以礼解经"研究》则以专篇学位论文的方式做了研究。
③ 〔清〕沈钦韩《幼学堂文稿》卷六《汉书疏证序》,《续修四库全书》第1499册影印北京大学图书馆、上海图书馆藏清嘉庆十八年刻道光八年增修本,上海:上海古籍出版社,2002年,第250页。
④ 〔清〕沈钦韩《幼学堂文稿》卷七《与黄修存书》,第270页。

《水经注疏证》，秋方卒业……仆今年四十七……"①，据年龄推算此年为嘉庆二十五年（1820），《补注》初稿既成，故沈钦韩又作他书。《补注》序落款为"道光元年（1821）辛巳季夏"，则是写就于初稿已成后。

沈钦韩《补注》定稿后，友人竞相传抄。刘文淇《与沈小宛先生书》云"前岁得尊著《左传补注》，已录副本"②，胡承珙《与沈小宛书》云"大箸《左传》已录副珍藏"③，丁晏《左传杜解集正》序云"近儒沈氏钦韩《补注》备言杜氏私衷，为司马昭饰说，发奸摘伏，驳斥无遗。其全书未及梓行，余从友人处假得原稿，亟甄录之，尤足箴杜癖之膏肓也"④。沈钦韩为江苏吴县人，又曾任安徽宁国县训导一职，所传丁晏、刘文淇、陈立、胡承珙等皆为吴皖人士，故《补注》早期传播以吴皖地区为主。

王鎏《宁国县训导沈君墓志铭》称述沈钦韩著书习惯有谓："凡君所注，先写于书，上下左右，几无间隙，乃录为初稿。久之增删，复录为再稿，每一书成，辄三四易稿。"⑤三四易稿，则友人所见稿本也有时间先后之分。《补注》现存稿抄本共有五种。

其一，国家图书馆藏稿本十二卷，善本书号 A01994，《续修四库全书》据此影印。版式为半叶 10 行，行 26 至 30 字，蓝格白口单鱼尾，左右双边，版心下有"织帘选著"字样，有序无跋。缪荃孙云："沈小宛自号织帘居士，本之南史沈麟士。"⑥稿纸样式与沈氏其他著作稿本相同。序为正楷字体，正文部分较为潦草。稿本正文天头地脚、字行间有大量增补，文中也有涂改，故至少是再稿。同时稿本内容的"地名补注"部分在之后的一些版本中分离开来，单独成书，"春秋左氏传补注"部分标题前有"△"以示区别，可知沈钦韩亦欲分纂。

其二，浙江大学图书馆藏抄本，书函标签云"春秋左传补注十卷，清沈钦韩撰，清传钞本，有玉海楼藏书印，存四册，存六卷，一至六卷"。玉海楼为孙诒让父孙衣言筑藏书楼。正文卷一、卷二卷首有"中容过眼"印，为孙诒让印，文中有五处孙诒让校语。扉页题"沈文起左传补注五册"，半叶 9 行，行 27 字，无序无跋。正文内容包括"地名补注"部分，分卷与其他版本皆不同（见下表），依此

---

① 〔清〕沈钦韩《幼学堂文稿》卷七《复董琴南书》，第 284 页。
② 〔清〕刘文淇《青溪书屋文集》卷三《与沈小宛先生书》，《续修四库全书》第 1517 册影印湖北省图书馆藏清光绪九年刻本，上海：上海古籍出版社，2002 年，第 18 页。
③ 〔清〕胡承珙《求是堂文集》卷三《与沈小宛书》，《续修四库全书》第 1500 册影印道光十七年刻本，上海：上海古籍出版社，2002 年，第 262 页。
④ 〔清〕丁晏《左传杜解集正》自序，《续修四库全书》第 128 册影印民国张氏刻适园丛书本，上海：上海古籍出版社，2002 年，第 179 页。
⑤ 〔清〕王鎏《宁国县训导沈君墓志铭》，缪荃孙纂录《续碑传集（五）》卷七十六，周骏富辑《清代传记丛刊·综录类④》第 119 册，台北：明文书局，1985 年，第 399 页。
⑥ 〔清〕缪荃孙著，翟金明点校《云自在龛随笔》卷六，北京：人民出版社，2013 年，第 158 页。

分卷规律,则八卷似乎即可录完,不必十卷。

表 1

版本分卷差异表		
分卷	稿本、潘刘王抄本、刻本	浙江大学图书馆藏抄本
卷一	隐公元年—桓公十八年	隐公元年—庄公三十二年
卷二	庄公元年—闵公二年	闵公元年—僖公二十四年
卷三	僖公元年—二十四年	僖公二十五年—宣公八年
卷四	僖公二十五年—文公十年	宣公九年—成公十八年
卷五	文公十一年—宣公十七年	襄公元年—二十八年
卷六	成公元年—襄公五年	襄公二十九年—昭公十二年
卷七	襄公六年—二十三年	遗失
卷八	襄公二十四年—三十一年	遗失
卷九	昭公元年—十一年	
卷十	昭公十二年—二十七	
卷十一	昭公二十八年—哀公二年	
卷十二	哀公三年—二十六年	

其三,浙江图书馆藏清咸丰九年(1859)潘锡爵抄本,存首册六卷,善本书号000671。文前有沈钦韩序,正文钤"潘锡爵印""邕侯校读"印,半叶11行24字,小字双行24字,无板框。潘锡爵字邕侯,号梅孙,一作梅生,江苏吴县人。文中眉批墨笔粲然,但俱为"朱鹤龄按",对比知是抄录朱鹤龄《读左日钞》,非潘氏语。

其四,国家图书馆藏清同治十二年(1873)刘履芬抄本四册十二卷,善本书号14716。刘履芬(1827—1879),字彦清,一字㧑生,号沤梦,祖籍浙江江山,后客居苏州。版式半叶9行,行22字,细黑口单鱼尾,左右双边,无沈钦韩序。文中眉批有潘锡爵按语。国图还藏一刘履芬抄本二册本,内容为单独的"地名补注"。

其五,浙江图书馆藏清光绪王颂蔚抄本三册,《左传补注》《左传地名补注》各十二卷,善本书号000670。首页钤"蒿隐过眼""槛亭""燕绪""咈钦翰墨"印,半叶11行24字,小字双行24字。王颂蔚(1848—1895),字芾卿,号蒿隐,江苏长洲(今苏州)人。燕绪即查燕绪(1843—1917),清末藏书家,字翼甫,号槛亭。正文前有沈钦韩自序,天头有潘锡爵按语与王颂蔚按语(如昭公三十年"公在乾侯"条上)。叶昌炽《缘督庐日记抄》云:"十一日致芾卿书,得复借归沈钦韩《左传补注》一册……此《左传补注》本潘梅丈(潘锡爵)物,后归翼甫,苕卿从之传录,余亦拟别录一副。"①浙江图书馆描述此版本称有"叶昌炽校",或以文中改字为叶昌炽所为。

刘履芬抄本、王颂蔚抄本文末均有潘锡爵跋,曰:"同邑沈小宛钦韩著作等身,爵未之见,此《左传补注》十二卷、《左传地名补注》十二卷假之顾孝廉瑞清,属胡君家董、余弟锡诰分任影钞,其讹缺者略加校补,藏诸家塾。……咸丰己未(1859)秋月后学潘锡爵跋于安石榴院。"刘履芬抄本另有跋曰:"同治癸酉(1873)闰六月录始,七月二十四日工竣。是书稿本存吴冯中允桂芬家。江山刘履芬记于江苏书局。"王颂蔚抄本有跋曰:"光绪戊寅(1878)从查君翼甫处假得潘邕侯(潘锡爵)先生手抄本三册,先将第一册与侄婿陆康伯传录……幸刘太守卯生(刘履芬)、高刺史碧湄(高心夔)处俱有其书,因从太守假得补录一部,以偿查君,抄竣识其缘起。"潘锡爵、刘履芬、王颂蔚、叶昌炽皆出自苏州正谊书院,彼此皆有交集,而冯桂芬亦曾任书院讲席。从三处跋语可见其递抄时间与顺序,首先潘锡爵抄自顾瑞清,后流衍出刘履芬、王颂蔚抄本,王颂蔚抄本后两册抄自刘履芬抄本,三者同属顾瑞清抄本系统。无论刘文淇《春秋左氏传旧注疏证》,抑或丁晏《左传杜解集正》均未提及有《左传地名补注》一书,郁泰峰所编《宜稼堂书目》亦不载《地名补注》。潘锡爵所抄为顾瑞清抄本,或当时已将《补注》与《左传地名补注》分离。

需要说明的是,潘锡爵抄本天头抄录的朱鹤龄《读左日钞》不见于刘、王抄本。王颂蔚抄本首册直接抄自潘锡爵抄本,然庄公十四年"绳息妫"条天头所录潘锡爵按语,却不见于今存之潘锡爵抄本。刘履芬抄本亦有此按语,由此或可推测王颂蔚在借抄刘履芬抄本时,将按语一并补录,但刘履芬抄本前"故名曰寤生"条上亦有潘锡爵按语,此条王颂蔚抄本却无。其中差异,让人匪夷所思。

从文本校勘上比对五者,发现潘锡爵、刘履芬、王颂蔚抄本与国图藏稿本差异在个别字句,当属同一系统,浙大藏抄本则差异较大,有整条的缺失。又同时期清人著作中引用沈书较多者有刘文淇《春秋左氏传旧注疏证》、丁晏《左传杜解集正》,将二者与国图藏稿本、浙大藏抄本的前三卷内容相比勘,结果如下表:

---

① 〔清〕叶昌炽《缘督庐日记抄》卷二,《续修四库全书》第576册影印民国二十二年上海蟬隐庐石印本,上海:上海古籍出版社,2002年,第348页。

表 2

		版本异同表			
		现存稿本	刘文淇引文	丁晏引文	浙大藏抄本
1	隐公元年传"吊生不及哀"	传文所谓"及哀"者,即是此时,以卒哭祭为限也。	同。	"以卒哭为限"作"在卒哭祭前"。	1
2	桓公五年传"且问左右"	今郑之待天王若夷狄然,临陈交锋,志在必杀,此岂可以示天下后世哉?	"若夷狄然"作"若临敌然"。	同。	2
3	庄公二十四年经"大夫、宗妇觌用币"	经言大夫、宗妇觌,则外内宗之嫁大夫者及同姓大夫之妻觌夫人,非谓大夫与宗妇双双而至也……杜预卤莽,疏强欲扶其说,又无证据。	"外内宗"作"内外宗"。	同。	3
			"杜预卤莽,疏强欲扶其说"作"杜既愦愦疏陋,欲强扶其说"。	作"杜预愦愦,疏强欲扶其说"。	4
4	庄公二十八年传"使俱曰"	说士之常调如此。杜预谓献公未决……	同。	"常调"作"常技"。	5
			同。	"杜预谓"作"杜乃谓"。	6
5	闵公二年传"乃缢"	然则庆父之罪至夷宗,岂得推恩使从容自谋乎?	同。	"岂得推恩"前有"季友"二字。	7
6	僖公四年传"五侯九伯"	彼贪常嗜琐者,寻杜预注甚易关记,宜其以郑为烦碎,不近俗情也。	同。	"彼贪常嗜琐者"作"贪常嗜琐之徒"。	8
			同。	"烦"作"繁"。	9
			同。	"俗情"作"俗人之情"。	10

续表

		版本异同表			
		现存稿本	刘文淇引文	丁晏引文	浙大藏抄本
7	僖公十一年传"赐晋侯命"	《小雅》笺云："……时有征伐之事,使代卿士将六军而出。"	同。	无"使代卿士""代"字。	11
		《正义》云："若已爵命,则当服诸侯之赤绂……"《白虎通》："世子受爵命,衣士服何?谦不敢自专也。"盖成周之隆天子统御,诸侯畏威……又知赐命以车服为正事,其受玉者,乃将命之饰耳。杜预谓所赐命圭,舛矣。	同。	"赤绂""绂"字作"韨"。	12
			同。	"世子受爵命""子"后有"之"字。	13
			同。	"成周之隆"作"周之初"。	14
			无"又知赐命以车服为正事,其受玉者,乃将命之饰耳"句。		15
			"杜预谓"作"杜云"。		16
8	僖公十二年传"而惰于受瑞"	……其惰而不共甚矣。……故珍圭至琬圭,郑通解为瑞节,不独命圭称瑞也。……《周语》襄王赐晋惠公命,韦云："命,瑞命也。……下赐晋文公命,则复解云:'命,命服也。'"同是赐命,而所解异辞,缘外传叙惠公但言受玉,叙文公但云受冕服。其实致玉时即致冕服,致冕服前亦送玉。但所指各异,举一见二,自可意会。而韦氏犹滞于彼,何怪乎杜预之浅学也。	同。	"不共甚矣"作"不共而甚也"。	17
			同。	"至琬圭"前有"以"字。	18
			同。	无"受瑞之语"之"之"字。	19
			同。	"韦云:命,瑞命也","韦"后有"昭"字。	20
			同。	"则复解云"作"又云"。	21
			同。	无"缘外传叙惠公"之"外传"字。	22
			同。	"意会"作"会意"。	23
			"所指各异"之"指"作"举"。	同。	24
			"其实致玉时"之"其实"作"要诸"。		25
			"致冕服前"之"前"作"时"。		26

续表

		版本异同表			
		现存稿本	刘文淇引文	丁晏引文	浙大藏抄本
9	僖公十五年传"曰上天降灾至裁之"	孔、陆之本，偶尔褫夺耳。	同。	"偶尔"作"偶有"。	27
10	僖公二十一年经"执宋公以伐宋"	宋襄虽寡德，中夏之上公也。……圣人扶阳抑阴，不与楚子之执宋，故不言楚，此《公羊》之义所可从也。杜预于大义全然愦愦。	同。	"寡德"作"无德"。	28
			同。	"执宋"后有"公"字。	29
			同。	"可从也"作"宜择而从"。	30
			同。	无"预"字。	31
11	僖公二十二年传"大司马固谏"	子鱼为左师，不为大司马。《晋语》："公子过宋，与司马公孙固相善。"是此大司马固矣，顾失之。	两条合为一条：子鱼为左师，不为大司马。下"司马曰"杜解子鱼非也，即公孙固。《晋语》："公子过宋，与司马公孙固相善。"知大司马、司马一也。杜与顾俱失之。	"司马一也"后有"非子鱼可知"句，余皆与刘文淇引文同。	32
	司马曰	即大司马固，省文耳。杜预谓"子鱼"，又非也。			
12	僖公二十三年传"策名委质"	《春秋》交质之字，并同置音。……委之于庭，不敢送于君前也。	同。	"置"前有"致"字。	33
			"委之"作"委质"。	同。	34

续表

		版本异同表			
		现存稿本	刘文淇引文	丁晏引文	浙大藏抄本
13	僖公二十三年传"出于五鹿"	讹为五鹿。……司马彪《志》云:"五鹿墟,故沙鹿。"……顾栋高反主在元城者,非也。	"讹为五鹿"后有"耳"字。	同。	35
			"彪"后无"志"字。	同。	36
			无"非也"字。	同。	37
14	僖公二十三年传"浴薄而观之"	垂帘薄以微窥,与闯然迫观者,较近人情。	"帘"作"帷"。	同。	38
			"迫"作"薄"。		39
15	僖公二十四年经"天王出居于郑"	见万乘之主失据非常,自诒殃咎,非谓蔽于匹夫之孝也。先后如何之语,乃其饰词。	同。	"诒"作"贻"。	40
			同。	"饰词"后有"耳"字。	41
			"殃咎"作"伊戚"。		42
16	僖公二十五年经"公会卫子莒庆"	预以传言修卫文公之好,故借云"述父之志"。夫述父之志,美事也,何以反称子?则云"降名书子以善之",以降名为善,则杞、滕之降爵为子,宁是有善可称?		无"借"字。	43
			同。	"反"作"返"。	44
			"则云'降名书子以善之',以降名为善,则杞、滕之降爵为子,宁是有善可称"作"是美中反有贬爵之文。《春秋》杞、滕之降爵为子,皆有善可称也"。	"以降名为善,则"作"是美之中反有贬爵之文。春秋"。	45

续表

		版本异同表			
		现存稿本	刘文淇引文	丁晏引文	浙大藏抄本
17	僖公二十八年传"且曰献状"	《晋语》："文公诛观状以伐郑。"注："唐尚书云：'诛曹观状之罪，还而伐郑。'"观状，即观骈胁之状。责其罪，犹今之供罪也。惠云："先责其用人之过，然后诛其观状，以示非报恶也。"	作："观状，即观骈胁之状。责其罪，犹今之供罪也。惠云：'先责其用人之过，然后诛其观状，以示非报恶也。'"作"按谓曹观公骈胁之状也。献状者，责其故。犹今言供罪也。杜连上言，非也。"	作："先责其用人之过，然后诛其观状之罪，还而伐郑。"按谓曹观公骈胁之状也。献状者，责其故，犹言供罪也。杜连上意，非也。	在丁晏引文基础上，"之罪"后有"以示非报恶也。按《晋语》'文公诛观状以伐郑'，注唐尚书云'诛曹观状之罪'句。①	46
18	僖公三十年传"有昌歜"	是歜为菖蒲菹，亦非正文鸣蹴之字，乃是歜耳。	"蹴"作"歜"。	同。		47
			"是歜为菖蒲菹"之"是"作"则"。			48
19	僖公三十三年经"晋人及姜戎败秦师于殽"	杜预欲异于《公》《穀》两家之妄坐晋罪，而不得其理也。陆淳《春秋微旨》云……"		作：当从贬称人之例。但《公》《穀》之说未善耳。高氏曰："秦兴兵加中国，直书败秦，所以恶秦。然晋背殡兴师，结怨召寇，故贬称人。"		49

前三卷中四个版本均有的条目共 19 条，出现 49 处异同，可得出以下信息：

一、丁晏引稿本与浙大藏抄本同源。丁晏引文、浙大藏抄本二者相同有 48 处，相似度极高。仅有一处（见表格第 46 处）不同，大概率是误看所致，故丁晏引稿本与浙大藏抄本当同源。又有陈立《公羊义疏》引《补注》释地及释义理处，引用不多，与浙大藏抄本、丁晏引文仅个别字不同，可以认定与二者所见为同一稿本。

二、刘文淇引稿本与丁晏引稿本不同。曹天晓考察丁晏《左传杜解集正》

---

① 笔者按，缺漏处或丁晏所据稿本原有，因有两"之罪"字，误看而导致缺文。

成书,认为丁晏在自序中称"从友人处假得原稿,亟甄录之"的"友人"为刘文淇①,从校勘结果看,刘文淇引文与丁晏引文不同有 40 处,差异很大,故"友人"当不是刘文淇。

三、丁晏引稿本、刘文淇引稿本与国图藏稿本均不同,差异凡 40 处、22 处之多。但刘文淇本更接近国图稿本,丁本则距离较远。

四、时间上,丁晏引稿本最早,国图藏稿本最晚。对勘国图藏稿本、浙大藏抄本,发现抄本部分条目有差异,如第一卷正文缺失"盟于翼""夫人子氏薨"等条,国图藏稿本天头增补的"有蜚""君子曰"等条亦无,由此可断定此抄本时间较早,丁晏所见稿本当同。而从相似度来看,时间间隔越小的稿本之间差异越小,刘文淇所见与国图藏稿本的不同要少于丁晏所见,故刘文淇引稿本晚于丁晏引稿本。国图藏稿本时间最后,天头、字里行间仍可见许多修改痕迹,是否为终稿则不知。

五、诸稿本的前后差异显示出沈钦韩学术观点的前后变化。如僖公三十三年经书"晋人及姜戎败秦师于殽",早期稿本引作:

> 按当从贬称人之例,但《公》《穀》之说未善耳。高氏曰:秦兴兵加中国,直书败秦,所以恶秦,然晋背殡兴师,结怨召寇,故贬称人。

刘文淇指出沈钦韩所引高闶说亦是本自《公》《穀》,非《左氏》古义②。然现存稿本作:

> 杜预云,晋侯讳背丧用兵,故通以贱者告。惠云:君帅师而以贱者告,无是理也。按:杜预欲异于《公》《穀》两家之妄坐晋罪,而不得其理也。陆淳《春秋微旨》云:"淳问于师曰:晋文公未葬,晋襄用师,不书曰子而曰人,何也?曰:诸侯之孝在乎保其社稷,而和其民人者也。晋为盟主,诸侯服之久矣。秦不哀其丧,而袭其同姓,若不能救,则先父之业坠矣。故圣人为之讳,许其以权变,礼异乎匹夫之孝也。"③

沈钦韩改口不再批评《公》《穀》未善,仅责杜预异说不妥。又改高氏说为陆淳、啖助说,不再认为晋侯"背殡用兵"贬称人,而褒扬晋为华夏盟主能救伐,使先君之业不坠于地,圣人得其情,故微而讳之。此说舍弃《公》《穀》,可见沈钦韩亦觉前说未善而改之。

---

① 曹天晓《丁晏〈左传杜解集正〉成书及刊刻考》,《中国典籍与文化》2022 年第 2 期,第 83 页。
② 〔清〕刘文淇《春秋左氏传旧注疏证》,北京:科学出版社,1959 年,第 453 页。
③ 〔清〕沈钦韩《春秋左氏传补注》卷四,《续修四库全书》第 125 册影印国图藏稿本,上海:上海古籍出版社,2002 年,第 45 页。

二　国图藏稿本的流衍

王鏊称沈钦韩过世后不克葬十余年，后由郁泰峰资助安葬，其手稿尽归郁氏①。郁泰峰，名松年，字万枝，为著名藏书家，刊刻有《宜稼堂丛书》，《宜稼堂书目》即载"《左传补注》两本"。缪荃孙《云自在龛随笔》云："吴县沈文起学博撰《两汉书疏证》，自序云先撰《后汉书疏证》，成三十四卷，继撰《汉书疏证》，成三十六卷，而《地理志》尚缺，文起未能刻。身后手稿入郁泰峰宜稼堂，后为莫偲老借去，归于冯景亭中允所。"②徐世昌《晚晴簃诗汇》亦述此事③。莫偲老即著名藏书家莫友芝（1811—1871），字子偲，号郘亭。稿本有"莫友芝图书印""莫彝孙印""莫俊农字德保""莫绳孙""莫经农字筱农""独山莫绳孙字仲武省筦麞藏"印，是为莫友芝家族递藏。《中国藏书家通典》云："莫绳孙曾致函给缪荃孙，有心将藏书出售给京师图书馆，后来藏书在去世后散出，先后被端方、潘景郑等人收藏数部，其余被书商柳蓉邨（一作柳蓉春）购去。"④正文首页有"柳蓉邨经眼印"印，末页有"博古斋收藏善本书籍"印，柳蓉邨《旧书经眼录》载"《春秋左氏传补注》十二卷，吴县沈钦韩写本"⑤，可证实柳氏曾收此本。至于缪荃孙所说"归于冯景亭中允所"，景亭乃冯桂芬号。刘履芬抄本后记亦曰："是书稿本存吴冯中允桂芬家。"⑥则冯桂芬亦收藏此书。首页有"国立北平图书馆收藏"印，当是《补注》辗转最终入藏国立北平图书馆。

稿本于莫友芝处有抄本流出，如上文所考，仅顾瑞清抄本流衍而来的就有潘锡爵、刘履芬、王颂蔚三抄本。今从刻本溯源，又得其他抄本。经比勘，所见刻本三种均属于国图藏稿本系统，分别为：

其一，《心矩斋丛书》本⑦，四册十二卷，半叶11行，行21字，细黑口双鱼尾，左右双边，版心中题卷数，下右题"心矩斋校本"，左题刻工姓名、卷数，有序无跋。《心矩斋丛书》为蒋凤藻所编刻。蒋氏字香生，江苏吴县人，与沈钦韩是同乡。又《心矩斋丛书》有十一种、八种之分，《补注》在十一种本中⑧，刊刻时间

---

① 〔清〕王鏊《宁国县训导沈君墓志铭》，缪荃孙纂录《续碑传集（五）》卷七十六，第400页。
② 〔清〕缪荃孙《艺风堂文续集》卷六，清宣统二年刻民国二年印本。
③ 徐世昌《晚晴簃诗汇》卷一百十九，民国退耕堂刻本。
④ 李玉安、黄正雨《中国藏书家通典》，香港：中国国际文化出版社，2005年，第680页。
⑤ 封树芬《博古斋主柳蓉邨及其〈旧书经眼录〉写本价值考略》，《图书馆杂志》2021年第九期，第137—144页。
⑥ 〔清〕沈钦韩《春秋左氏传补注》，国家图书馆藏刘履芬抄本。
⑦ 所见《心矩斋丛书》本为网络流传扫描版，未见实物。扫描版扫描粗疏，部分页面左右边行未扫全，且缺卷六至卷八。
⑧ 《中国古籍总目·丛书部》，北京：中华书局、上海：上海古籍出版社，2009年，第564页。

在光绪八年(1882)至十四年(1888)。有"蜡庄""桃源只在苕溪上""吴兴严氏""迪庄眼福""严启丰印"印。严氏即严启丰,字迪庄,浙江吴兴人,可知严氏曾藏此本。"桃源只在苕溪上"见于庞龙诗①,收于《吴兴艺文补》,或亦与严启丰有关?"蜡庄"不识。莫友芝《藏园订补郘亭知见传本书目》:"(《补注》)稿本,原郁氏宜稼堂藏,二册。余收得郁氏原目,内第七号载此书。"蒋凤藻侧批云:"此沈钦韩手稿,前年顾缉庭观察在直隶友人处见之,借抄行世。余已刻之矣。"②"顾缉庭观察"即顾肇熙,字缉庭,江苏吴县人。是此底本为顾缉庭抄本。

其二,清光绪吴县潘氏《功顺堂丛书》本,四册十二卷,半叶9行,行22字,黑口单鱼尾,左右双边,版心上有"左补某",下有页数,有序、跋。潘祖荫(1830—1890),字伯寅,谥号文勤,江苏吴县人。咸丰壬子进士,官至工部尚书。据《潘文勤公年谱》"(光绪)十年甲申五十五岁……复刻《功顺堂丛书》:《周人经说》四卷、《王氏经说》六卷、《左传补注》十二卷、《左传地理补注》十二卷、《论语孔注辨伪》一卷。"③则刊刻时间在光绪甲申(1884)。

此本书名页有"昌炽""颂鲁"印,为版刻时所加,非藏印。"昌炽"即叶昌炽(1849—1917),字鞠裳,又字颂鲁,晚号缘督,江苏长洲(今苏州)人。潘景郑述刻书过程云:"先生斯稿,身后未付剞劂。先文勤公得潘锡爵氏传钞本递录,乞叶缘督先生勘正授梓,列入《功顺堂丛书》中,由是得传诵海内。其《地名补注》,蒋氏《心矩斋》别有刊本,不如吾家所刊之胜。此书传刻底本,未知流落何所,今且不知为叶先生所校者。予于丙子岁,忽觏斯帙于坊肆,全书虽是钞胥所录,而叶先生手加朱墨,眉端行间,校字殆遍。"④顾廷龙《章氏四当斋藏书目》云:"函签题乡先正沈文起《春秋左氏传补注》十二卷,江山刘训生手录,后刊入《功顺堂丛书》。"⑤则刘履芬抄本正是潘景郑所说潘锡爵氏传抄本,然刘履芬抄本天头潘锡爵按语不见于《功顺堂丛书》本。《功顺堂丛书》本正文有五处按语称"潘锡爵案",却不见于潘锡爵抄本,亦不见于刘履芬抄本。分别位于卷五"蓝缕"条,卷六"使邓廖帅组甲三百被练三千"条,卷八"闾邱婴以帷缚其妻而载之"条、"颔之而已"条,卷十一"憗使吾君"条。《清经解续编》本同有。《心矩斋丛书》本亦有此五条按语,但题为"蒋凤藻按"。且王欣夫称"考潘祖荫《功顺堂丛书》刻小宛《左传补注》为徐养浩抄

---

① 原诗题《新筑荻冈溪隐堂次黄伯成韵》,全文作:"小筑茅堂带碧流,荻花菱叶乱清秋。当年沧海愁赪尾,此日烟波傲白头。地僻只宜营燕垒,名逃何用觅羊裘。桃源只在苕溪上,不羡东陵号故侯。"
② 〔清〕莫友芝撰,傅增湘订补,傅熹年整理《藏园订补郘亭知见传本书目》,北京:中华书局,2004年,第124页。
③ 〔清〕潘祖年《潘文勤公年谱》,清光绪间刻本。
④ 潘景郑《著砚楼书跋》,上海:上海古籍出版社,2006年,第8页。
⑤ 顾廷龙《章氏四当斋藏书目》,《顾廷龙全集·著作卷》,上海:上海辞书出版社,2016年,第355页。

本"云云,①则认为底本是徐养浩抄本。如此《功顺堂丛书》本所据底本尚存疑,但必是潘锡爵传抄本。

其三,光绪十四年(1888)南菁书院刻《清经解续编》本,两册十二卷,半叶11行,行24字,花口单鱼尾,版心有"春秋左氏传补注某(册数)"字样,无序、跋。王先谦,字益吾,湖南长沙人。同治四年(1865)进士,散馆授编修,官国子监祭酒。光绪十一年(1885)八月,奉旨为江苏学政,于南菁书院西开设南菁书局,刻《清经解续编》。是本每卷之末有"仁和叶维干、长沙王先慎校"字样。

《清经解续编》本所据底本暂未见文献记载,与其他版本比勘,知与《功顺堂丛书》本关系密切。如卷一桓公二年传"藻、率"条:"《诗疏》:'绋训为绰。'绰是大组,《说文》作'綷',云'率属'。""率属"之"率",《功顺堂丛书》本、《清经解续编》本作"率",稿本、潘刘王抄本(浙大藏抄本无此条)、《心矩斋丛书》本作"素",考《说文》作"素"。卷三僖公八年经"用致夫人"条:"宗人衅夏曰:'周公、武公娶于薛,孝惠娶于齐,自桓以下娶于齐。'""孝惠娶于齐"之"齐",《功顺堂丛书》本、《清经解续编》本作"齐",稿本、四抄本、《心矩斋丛书》本作"商",考《左传》原作"商"。诸多误处一致。又《功顺堂丛书》本中的五条潘锡爵按语同样出现在《清经解续编》本,则后者参考前者无疑。

至此国图藏稿本版本系统业已清晰:沈钦韩死后稿本为郁泰峰收藏,莫友芝借去后有抄本流出,其中可考的有顾瑞清抄本与顾缉庭抄本。顾瑞清抄本又延伸出潘锡爵抄本并始有跋文,刘履芬抄本、王颂蔚抄本、徐养浩抄本据潘锡爵抄本抄。从文本校勘上看,《功顺堂丛书》本的底本或是刘履芬抄本,或是徐养浩抄本,但必是潘锡爵传抄本。《清经解续编》本刊刻参考了《功顺堂丛书》本。《心矩斋丛书》本据顾缉庭抄本刻。以图示之(笔画加粗者为现存版本):

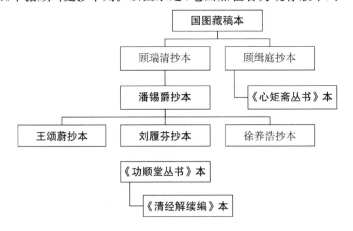

---

① 王欣夫撰,鲍正鹄、徐鹏标点整理《蛾术轩箧存善本书录上》,上海:上海古籍出版社,2002年,第897页。

三　国图藏稿本系统的抄刻细节

(一) 从稿抄本到刻本的优化

稿本是图书的原始形态，著者在写稿时更注重简洁、流畅，刊刻为了便于读者阅读，作了部分优化调整。

一、标题节引补完。在标题引用原文时往往只针对所释字词，而并非引用整句。抄本（此节凡"抄本"均指属于国图藏稿本系统的潘锡爵、刘履芬、王颂蔚抄本）与稿本保持了一致，刻本考虑到阅读性对其进行了补完。如稿本桓公二年"大夫孔父"，刻本作"及其大夫孔父"；庄公六年"来归卫俘"，刻本作"齐人来归卫俘"。

二、条目次序调整。稿本条目次序有时未遵照《左传》文本的先后顺序，刻本对此进行了纠正。如稿本桓公二年目次先"盘厉"后"藻率"，《左传》原文作"藻、率、鞞、鞛、鞶、厉、游、缨，昭其数也"，刻本据此调换顺序。

三、《补注》《地名补注》分离。沈钦韩撰写时并未将"春秋左氏传补注"与"左传地名补注"分开，在易稿时觉察其体量之大，故做了分离标识，在非"地名补注"条目标题上作"△"符号，后世抄本、刻本按标识析为二书。

四、补充条目收入正文。稿本或在天头地脚，或在行间、文后有小字增补，后抄本刻本均收入正文。如稿本在桓公十七年"冬，十月朔，日有食之"条与十八年"于深"条行间增补"蔡人召蔡季于陈"条，抄本径直补充在上一条后。

(二) 抄写与刊刻的讹误

通常情况下从稿本到抄本再到刻本经过层层校对，后出内容应该疏漏更少，但事实并非如此，有时稿本引用正确的内容，抄本、刻本却出现错误。我们校勘前三卷内容，得此结果：

表 3

版本	衍	脱	讹	倒	阙文	总计
潘锡爵抄本	7	25	44	5	2	83
刘履芬抄本	8	19	43	3	2	75
王颂蔚抄本	6	25	51	5	2	89
《心矩斋丛书》本	10	20	30	5	5	70
《功顺堂丛书》本	10	18	30	5	4	67
《清经解续编》本	9	17	31	5	2	64

校勘以稿本为标准,未将标题差异,以及刻本为增强阅读性而进行的补完计算在内。三种抄本标题以及绝大部分正文内容都与稿本保持了一致,但讹脱衍倒非常严重,出现的讹误多达数十处,脱文也高达十几处。刻本的错误也是不计其数。如稿本隐公"继室以声子"条引用《礼记·杂记》"摄女君也","女"字三种刻本均误作"如"。稿本本来完整地引用,刻本却有衍脱,如隐公元年"天王使宰咺来归惠公、仲子之赗"条引用《礼记·杂记》:"上介赗,执圭将命曰:'寡君使某赗。'相者入告,反命曰:'孤某须矣。'陈乘黄、大路于中庭。""须"前"某"字稿本不阙,考《礼记·杂记》原文有,诸刻本却遗漏。隐公三年"二月己巳,日有食之"条,刻本载顾栋高《大事表》引用《穀梁》云:"言日不言朔,日食晦日也。"稿本无"日食"之"日"字,考《穀梁传》作"食晦日也",亦无,刻本却凭空增字。当然刻本对稿本引用失误处也会进行改正,如隐公三年"二月己巳,日有食之"条引用《元史·历志》:"……今《授时历》推之,是岁三月己巳朔,加时在昼,去交分二十六日六千六百三十一入食限。""二"字稿本、三种抄本误作"三",考《元史·历志》作"二",诸刻本均改正。但从校勘结果看,改错处要比改正处多得多。

总的来说抄本、刻本与稿本差异巨大,失校处极多,稿本作为最权威之版本,价值仍属最高。

(三)抄写与刊刻的整句增删

不论抄本还是刻本,相比国图藏稿本都存在整句的差异,仅前三卷就有九处与稿本不同,制表于下:

表4

卷次	条目	国图藏稿本	潘锡爵、王颂蔚抄本	刘履芬抄本	刻本	
卷一	隐公元年传"不义不暱"	杜子春作"昵",《周礼》疏引《左传》亦作"昵"。	无"周礼"二字	同稿本	"《考工记》:'凡暱之类不能方。'故书暱或作樲。杜子春读为'不义不昵'之昵,或为勅。案:《尚书》:'典祀无丰于昵。'"	1
	隐公二年经"夫人子氏薨"	桓母强谓之桓母耳。			说《左氏》者以"子氏未薨"句,谓之桓母耳。	2

续表

卷次	条目	国图藏稿本	潘锡爵、王颂蔚抄本	刘履芬抄本	刻本	
卷二	庄公六年经"齐人来归卫俘"	"疏云宝古文作保,为傈与俘相似,故误"。			《公羊》《穀梁》经、传皆作"卫宝",《左传》同,惟经言俘。疏云:"《说文》:保,从人,采省声。古文傈不省。宝或作傈,字与俘相似,故误。"	3
	庄公二十八年传"使俱曰"	杜瘘于训故名物,俱是钝置。			无此句	4
	僖公八年传"则弗致也"	杜之狂喙何所置乎!	杜何所置喙乎!			5
卷三	僖公十一年"受玉惰"	故《虞书》云辑五瑞,又云瑞于群后。马融云:"五瑞,公侯伯子男所执以为瑞信也。尧将禅舜使群牧敛之使舜亲往班之。觐礼之侯氏坐取圭升致命,王受之玉。"	无此句			6
		马融云:"卒乃复五玉,礼终则还之。"然知嗣君即位朝天子,正须执命圭以合瑞,不得易一君易一瑞也。	无此句			7
		疏云:"若遣臣聘,不得执君之圭璧,无桓信躬与蒲璧之文,直璆之而已。'《聘礼》云'使者受圭',又云'君使卿皮弁还玉于馆',是行聘之玉事毕亦还之"。	无此句			8
		此轻财重礼之意也。	无此句			9

从校勘情况可见三种抄本、三种刻本相比现存稿本有大量的差异，笔者猜测或是在国图藏稿本外有另一稿本，该稿本应为最终稿，内容与三种抄本、三种刻本的删改一致，是其直接来源。又《心矩斋丛书》本与《功顺堂丛书》本所据底本不同，但整句删改情况出奇地一致，且标题的补完亦一致，仿佛所据是同一底本。而浙大藏抄本在删改处与稿本一致，故刻本校勘并未参考该抄本。我们猜测可能与《心矩斋丛书》本、《功顺堂丛书》本校勘整理者叶昌炽有关。潘树广《出版家蒋凤藻致叶昌炽手札的发现》云："蒋氏嗜书成癖，又喜校刊图书，所刊《铁华馆丛书》和《心矩斋丛书》驰誉士林。这两套丛书刊于光绪八年至十四年（1882—1888）。其时蒋氏在福建具体校刻工作委托苏州版本目录学家叶昌炽办理。为刻好丛书，蒋氏频繁致函叶昌炽，'一字异同，邮筒商榷，至于再三'（叶昌炽《藏书纪事诗》卷六），真实记录了他们的出版活动和出版思想。"①曹元弼《叶侍讲（即叶昌炽）墓志铭》也称："公校勘学冠当代，初与管明经同鉴定瞿氏《铁琴铜剑楼宋元本书目》，嗣为蒋芗孙太守校《铁华馆丛书》，精埒涧苹，为潘文勤校《功顺堂丛书》……"②蒋氏即蒋凤藻，潘文勤即潘祖荫。据此则叶昌炽同时负责了《心矩斋丛书》与《功顺堂丛书》的校勘，故有机会在底本不一致的情况下对《补注》标题的补完以及内容的删改做一致处理。同时由于两刻本底本不同，个别文字的差异亦保留了下来。如卷二《唐书·宰相世系表》：'宋戴公裔孙大心，平南宫长万有功，封于萧，以为附庸。今徐州府萧县是也。'"裔"字稿本、抄本、《心矩斋丛书》本俱作"系"，《功顺堂丛书》本作"裔"。后《清经解续编》本又参照了《功顺堂丛书》本刊刻，所以承袭了这些改动。

现并无足够证据证明这两个猜测，若某天潘景郑《著砚楼书跋》提及之叶昌炽批校本重现于世，方能作进一步分析。

结　语

本文利用《补注》自序，沈钦韩与友人往来书信等推测了《补注》的成书时间，以及稿本、抄本在周边地区的流传情况。又进一步从校勘出发，厘清了不同稿本的时间先后，同一稿本系统内的流衍。通过以上考察，对于沈钦韩《春秋左氏传补注》的版本我们可以得到以下结论：

其一，《补注》于道光元年左右写就初稿，后多次修改，故丁晏《左传杜解集正》、陈立《公羊义疏》、刘文淇《春秋左氏传旧注疏证》引用内容有差异。丁晏、

---

①　潘树广《出版家蒋凤藻致叶昌炽手札的发现》，《文教资料》2000年第5期，第115～121页。
②　曹元弼《叶侍讲墓志铭》，闵尔昌纂录《碑传集补》卷九，周骏富辑《清代传记丛刊》第120册，台北：明文书局，1985年，第585页。

陈立所引与浙大藏抄本属于同一稿本系统，刘文淇引稿本、国家图书馆藏稿本又各成一系统。浙大藏抄本相比国图藏稿本，缺失了部分正文条目与天头的补充条目，又知与之同一系统的丁晏引稿本与国图藏稿本的相似度不及刘文淇引稿本之高，故知二者所引稿本时间最早，其次为刘文淇引稿本。即便是刘文淇所引，与现存稿本亦有差异，部分观点的修改可见沈钦韩思想的稍许变化。

其二，国图藏稿本经郁泰峰、莫友芝、冯桂芬等辗转流传，衍生出顾瑞清、顾缉庭等抄本，潘锡爵抄本衍生出刘履芬、王颂蔚、徐养浩抄本。刘履芬、王颂蔚抄本天头有数条潘锡爵按语，但这些按语却不见于潘锡爵抄本，其因不明。《功顺堂丛书》本的底本尚不明确，但必是潘锡爵传抄本。《清经解续编》本刊刻参考了《功顺堂丛书》本。《心矩斋丛书》本刊刻底本为顾缉庭抄本。

其三，刻本刊刻时相对稿本作了部分优化，同时又衍生出大量讹误与疏漏，严重背离了稿本，进一步整理需要尽量忠实于原稿。三种抄本呈现出来的阙文、删改现象，以及《功顺堂丛书》本与《心矩斋丛书》本所用底本不同，但对标题的补充、删改均一致，或由于存世有另一稿本，或与整理者叶昌炽有关，亟待新材料的出现来证明。

此外，我们在厘清不同稿本的时间先后时，尤其利用到了他书的引文，即校勘四法中的"他校"。利用他校法确实有一定的风险，古人引书大多化用、节用，但本文所见却是例外。清人考证讲求无征不信，著述也大多指明引用出处并原文照录，相对前人已经有相当的学术规范，故在整理清代文献时可以酌情使用。除本文外，笔者还以此法校勘了沈钦韩的其他著作，也颇有收获，可作为其功用的些许证明吧。

安大简《仲尼曰》中的颜子道统
——以朱子学与阳明学论颜子道统为比较视域

魏子钦　郭振香

【内容提要】　安大简《仲尼曰》中的颜子文献，未见于或有别于传世文献《论语》，在朱子学与阳明学的视域下，这涉及孔子之后孔门弟子的道统身份继承问题。从对颜子的评价看，安大简指出"回幸也"，认为颜子因其能"自改"故无"骄吝"。从孔颜之乐看，安大简指出颜子"不胜其乐"，认为颜子之乐并无"私意"之弊。从孔颜并举看，安大简指出"吾（孔子）不如回也"，认为颜子已达圣人地位。尽管朱熹以颜子"蚤亡"推崇曾子道统，但在二重证据法下，基于阳明学"屡空""乐是心之本体""颜子没而圣学绝"的颜子道统，分析安大简《仲尼曰》中的颜子，既能判定儒家道统倾向于颜子继承，也能启发儒家道统现代化的理论探索。

【关键词】　安大简　道统　朱子学　阳明学

孔门弟子之中，颜子、曾子作为孔子的两大高足，分别被后世誉为复圣与宗圣。面对终传孔子之道，到底是颜子还是曾子的问题，自宋明理学起便争论不断。作为"新儒学创用道统一词之第一人"[①]，朱熹认为颜子未达圣人地位，曾子尽得孔子真传，以曾子道统"构成宋明儒学道统论的主轴"[②]。但王守仁对此深加批判，以"颜子没而圣学绝"反对朱熹的曾子道统。关于儒家道统的继承问题，学界聚焦于朱子学与阳明学的学理争锋，一则以阳明学批评朱子学的曾子道统缺少"连续、开放、实践、独立"[③]意义，一则以朱子学指责阳明学的颜

【作者简介】魏子钦，安徽大学哲学学院哲学博士研究生。郭振香，安徽大学哲学学院教授，中国哲学与安徽思想家研究中心成员。

① 陈荣捷《朱学论集》，上海：华东师范大学出版社，2007年，第13页。
② 周磊《宋明儒学道统论的三种谱系及派系特征》，《深圳大学学报（人文社会科学版）》2021年第06期。
③ 吴震《心学道统论——以"颜子没而圣学亡"为中心》，《浙江大学学报（人文社会科学版）》2017年第3期。

子道统断裂"道统序列和学说内容"①。然而,随着出土文献的涌现,《安徽大学藏战国竹简(二)》的《仲尼曰》作为战国写本,是目前学界研究孔子及其门人弟子思想的新材料。其中,安大简《仲尼曰》记载关于颜子的简文,未见于或有别于传世文献,故而安大简《仲尼曰》能够启发当下学界思考儒家道统的继承问题。有鉴于此,从对颜子的评价、孔颜之乐、孔颜并举为切入口,借助《安大简》"仲尼曰"的新材料,基于朱子学与阳明学论儒家道统继承,分析孔门弟子的道统继承,能全方位讨论儒家道统的继承问题,也能多角度思考儒家道统的现代化问题。

一　颜子骄吝与颜子屡空

"道统"在儒学传承中发挥着"承担着真理传续"②的作用,这意味着谁能接续道统,谁就是儒家正统接班人。面对颜子的道统判定,尽管朱熹对颜子有着极高赞誉,认为"夫子之道如天,惟颜子尽得之"③,但从气质之性看,朱熹也批评颜子气禀存在"骄吝"之弊。

(一)朱子学:颜子骄吝

朱熹以气禀为依据判定颜子存在的问题,据《朱子语类》记载:

> 颜渊子路只是要克去"骄吝"二字。④

朱熹认为"骄吝,是挟其所有,以夸其所无。挟其所有,是吝;夸其所无,是骄"⑤。其中,"骄"指用自己拥有之物来炫耀自己,"吝"是指不肯与他人分享自己拥有之物。以吝财举例,朱熹认为"人之所以要吝者,只缘我散与人,使他人富与我一般,则无可矜夸于人,所以吝"⑥。富人自恃财富而骄慢他人。颜子与子路则如吝财者,以其才而傲于物,故而出现骄吝问题。

面对"骄吝"的关系,朱子认为"骄是傲于外,吝是靳惜于中。骄者,吝之所发;吝者,骄之所藏"⑦。一方面,骄傲是吝啬的结果,当一个人过于自负,他们

---

① 彭丹《"谈圣学者莫不曰"——"颜子没而圣学亡"的思想效应》,《孔子研究》2019年第4期。
② 葛兆光《道统、系谱与历史——关于中国思想史脉络的来源与确立》,《文史哲》2006年第3期,第48页。
③ 〔宋〕黎靖德编,王星贤点校《朱子语类》卷九十四《周子之书》,北京:中华书局,2020年,第2587页。
④ 〔宋〕黎靖德编,王星贤点校《朱子语类》卷二十九《论语十一》,第809页。
⑤ 《朱子语类》,第1009页。
⑥ 《朱子语类》,第1009页。
⑦ 《朱子语类》,第1009—1010页。

会因为拥有某种事物感到骄傲。而骄傲又促使他们对自己的财富和资源更加地保护和吝啬,不愿意与他人分享和帮助他人。另一方面,吝啬是骄傲的原因,人对自己的财富和资源感到自豪和骄傲,正是因为他们过度保护和吝啬珍爱之物。

虽然朱熹以"克己复礼"指出颜子对治其弊的化解之道,但就颜子气禀,朱熹对颜子"骄吝"有所批评。从道统地位看,从东汉到魏晋南北朝时期,儒家道统一直以"以颜渊配"①为发展主线,曾子地位始终不被统治者所重视。尽管从唐代开始曾子政治地位有过短暂提升,但还是居于颜子后,甚至低于孔门四科十哲。所以,朱熹要想提高曾子的道统地位,就必须削弱颜子的道统地位。那么面对"参也鲁"的负面评价,朱熹如何做出正面的积极回应呢?

孔安国、皇侃、王弼认为"鲁,迟钝也"②。朱熹对于"鲁"的理解,与先儒有着同样的看法:即曾子资质"鲁钝"。但朱熹与先儒对此理解不同的是,朱熹认为颜子的骄吝气禀是个坏病,曾子的朴鲁气禀却是个好病,因颜子以"克己复礼"去除骄吝,而曾子得益于朴鲁,故他在逐一用功捱去之下能够传承儒家道统。

(二)安大简:颜子自改

《安徽大学藏战国竹简(二)》,其中《仲尼曰》记载"回,汝幸"章的图版、隶定,如下所示:

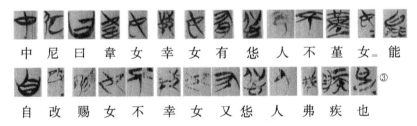

③

"回,汝幸"章图版的释文为:

中(仲)尼曰:"韦(回),女(汝)幸,女(如)有悠(过),人不堇(谨)女=(汝,汝)能自改。赐,女(汝)不幸,女(如)又(有)悠(过),人弗疾也。"④

在传世文献里,此条简文尚未找到相关文字。就该章较多争议"堇"字释读而言,整理者指出,"堇",读为"谨"⑤。诸多学者反对整理者的解读,认为

---

① 郭畑《宋代曾子道统地位的确立》,《孔子研究》2022 年第 2 期。
② 〔魏〕何晏注,〔宋〕邢昺疏《论语注疏》,北京:北京大学出版社,1999 年,第 149 页。
③ 黄德宽、徐在国《安徽大学藏战国竹简(二)》,上海:中西书局,2022 年,第 7 页。
④ 《安徽大学藏战国竹简(二)》,第 82 页。
⑤ 孙永波《安徽大学战国竹简(二)集释》,新北:花木兰文化事业有限公司,2023 年,第 26 页。

"菫"应读为"憾","'憾'是怨望的意思,正与'疾'相应"①。但也有学者支持整理者,认为"菫"读作"憾"文辞不通,"另外读作'懂',训作'烦恼'义,或是训作'戒慎'义,放在简文皆释读不通。最后读作'恨'、'靳'、'欣/诉/忻'、'矜'等皆无书证"②。对此,就文义疏通言,该章强调颜子的自察自改,所以"菫"字应为"谨",谨敕、劝诫义,即颜子幸运,如果你有过错,人们不劝诫你,你可以自己改正;子贡不幸,如果你有过错,人们也不会去追究那个过错。安大简的意思是,之所以颜子无需要他人劝诫,便能改正,在于颜子高度的自我警觉力。

《仲尼曰》"回幸也"章指出颜子能自改,是他不需他人劝诫的原因,而朱熹却批评颜子存在"骄吝"之私。这是说,正是因为颜子能够自我反省和改正,那么他便不会陷入骄傲和吝啬的问题。也正是因为颜子不用他人劝诫,能看到自己的问题不足,也愿意接受他人批评并改进自己。颜子这种态度和行为,表明他具有谦逊和开放心态。相反,骄傲和吝啬的人往往自以为是,所以,即便孔子给出"克己复礼"的指导,骄吝之人也无法改正自己的错误。故而,颜子不存在朱熹批评的骄吝。

(三)阳明学:颜子日减

安大简《仲尼曰》"回幸也"章指出,孔子通过"幸"与"不幸"评价颜子与子贡,其原因结合今本《论语》,从两人身份看,这是因为子贡"亿则屡中",而颜子"屡空",子贡因财富变得被人吹捧,故而不幸,颜子因屡空,但其也不需他人告诫,而能自改故而幸也。除此之外,比较颜子与子贡,子贡自己也有"赐也何敢望回"的言论。可见,孔子、子贡均赞赏颜子德行。

就颜子德行而言,王守仁也指出"颜子是个克己向里、德上用心的人"③,而颜子能够实现"德上用心"的原因,在于颜子践行的"日减工夫"。"吾辈用功,只求日减,不求日增。减得一分人欲,便是复得一分天理,何等轻快脱洒!何等简易!"④人会因为迷茫而不知道自己想要什么、应该追求什么,所以这些人通过获得更多的外在事物,让自己有安全感。然而,无论是知识上的"日增工夫",还是物质上的"日增工夫",都会让人迷失人生的真正方向。当然,这不是说王守仁将一切事事物物道理全然抛弃,而是他认为"日减工夫"乃是见证圣道大全的要诀。

王畿顺着先师王守仁的颜子道统,认为颜子以"屡空"为德性之知,子贡以

---

① 孙永波《安徽大学战国竹简(二)集释》,第26页。
② 刘嘉文《〈安大简(二)·仲尼曰〉简5"菫"字释读》,武汉大学简帛网"简帛文库",2022年10月12日,http://www.bsm.org.cn/? chujian/8808.html。
③ 〔明〕王守仁《王阳明集·上》卷一《语录一》,北京:中华书局,2016年,第36页。
④ 〔明〕王守仁《王阳明集·上》卷一《语录一》,第26页。

"多学而亿中"为识闻之知,将此判定为"古今学术毫厘之辨也,知此则知先师致良知之旨,惟在复其心体之本然,一洗后儒支离之习,虽愚昧得之,可以立跻圣地,千圣之秘藏也"①。王畿认为颜子在孔门弟子中的地位高于其他弟子,同时朱子肯定的曾子日增工夫,在王畿眼中并非曾子的为学工夫,而是子贡的闻见之知。因此,朱子因注重"日增工夫",假曾子之名转手于子贡之学,使得儒学的后续发展难以开拓新境界,儒学从而陷入僵化困境之中。先师王守仁以"日减工夫"达到"屡空"的复还心体本然,正是突破程朱理学末流繁杂支离的关键。

王畿大赞颜子"屡空",认为"柴愚、参鲁、师辟、由喭,皆滞于有,不能空也"②。愚、鲁、辟、喭,皆滞于气质,故未能空。颜子气质消融、渣滓浑化,心中不留一物,故能屡空。王畿顺着王守仁的"日减工夫"讲"屡空"之旨。

> 此(屡空)是减担法。……先师云:"吾人只求日减,不求日增,减得尽便是圣人。"……一切知解,不离世情,皆是增担子,担子愈重,愈超脱不出矣。③

王畿认为人的内心本来空无一物,但心体落实于形体后,人们意念被欲望、情绪和思绪所填塞、杂染。外在牵引使杂染的意念无法保持空灵。他认为子贡、子张是增加负担之法,若能做颜子减担法,减得尽,便是圣人,这就如同眼中没有一种特定颜色,便能包容万物色彩,耳中没有一种特定声音,便能包容万物声音。想要学习颜子,必须彻底抛弃纷扰和技巧,以"体即用"开辟颜子"屡空"。

> 吾人欲复此空空之体,更无巧法,只在一念知处用力。④

欲复空空之体,并不需要日增工夫,关键只在一念用力。彭国翔指出,王畿的"一念用力"不仅使先天正心工夫和后天诚意工夫两相统合,"更使王阳明以诚意为中心的致良知工夫论得到了进一步的深化"⑤。这是因为王畿以顿入工夫畅谈"四无","体用显微,只是一机。心意知物,只是一事"⑥。若悟得心是无善无恶,则意知物俱是无善无恶。天命之性,神感神应,非人为可强加干预,善恶原本无有,故心意知物俱是无善无恶。然而,意之所以会执于有,是因为由心而发动的意,受到喜怒七情影响会执着于物,或蔽识于物中,未能自守本

---

① 〔明〕王畿著,吴震编校整理《王畿集》卷八《意识解》,南京:凤凰出版社,2007年,第192页。
② 〔明〕王畿著,吴震编校整理《王畿集》卷八《艮止精一之旨》,第185页。
③ 〔明〕王畿著,吴震编校整理《王畿集》卷三《九龙纪诲》,第57页。
④ 同上。
⑤ 彭国翔《明儒王龙溪的一念工夫论》,《孔子研究》2002年第4期。
⑥ 〔明〕王畿著,吴震编校整理《王畿集》卷一《天泉证道纪》,第1页。

性而歧出。若欲使意回到无善无恶的状态,龙溪以为只需一念用力,念念归于良知,由此认清世间欲望俱为虚幻之相,归复心体朗阔,即简易直截,一体而化。

> 所幸良知在人,千古一日,譬之古鉴瞖于尘沙,明本未尝亡,一念自反,即得本心,存乎其人也。①

良知存在于每个人之内心,就像被尘沙所遮蔽的古镜,虽被遮染,但明镜光泽并未消亡,良知心体也从未消失,这是因其纯粹性、超越性所决定。王畿指出良知不受时间和空间的限制,无论是过去、现在还是未来,也不受学识的限制、思考的束缚。良知作为一种超越知识的智慧,只要学者以一念自反,抛弃支离之习,落实日减工夫便能复明心之本体。

就对颜子的评价而言,朱熹以气禀理论指出颜子"骄吝"问题,以曾子一事一揥能闻孔子之道,回应"参也鲁"的负面点评,以曾子取代原本属于颜子的道统地位。然而安大简《仲尼曰》"回幸也"章指出,颜子因能"自改"故不"骄吝"。且颜子之所以能"幸"、子贡之所以"不幸",在于颜子的"屡空"与子贡的"亿则屡中"。从"屡空"看,阳明学者以颜子"屡空"接续儒家道统。王守仁认为颜子因能做"日减工夫"故能实现复得天理,王畿发挥王守仁的"日减工夫",以"体即用"开发"屡空"之旨,一洗程朱理学末流的繁琐支离,重新树立颜子在儒家道统中的合法继承地位。

二 颜子未免有意与颜子独当圣心

作为宋代理学的道学宗主,周敦颐得圣贤不传之学。二程子在周敦颐门下受学时,周敦颐时常以"学颜子之所学"②来启发他们寻找"孔颜之乐"。作为宋明理学的重要话题,"孔颜之乐"意味着学者对成为圣贤的期许,其讨论实质"是对如何成为圣贤的思考"③。但朱熹解读"孔颜之乐"并未高举其中的颜子,而是通过比较孔颜之乐,认为颜子之乐相比孔子之乐显得更有"私意"。

(一)朱子学:颜子不改其乐

"孔颜之乐"将"情感、审美与道德融为一体,这是中国哲学德性论的典型特征"④,一般认为它不会受外部环境和人生际遇的影响而减弱或消失,是区别

---

① 〔明〕王畿著,吴震编校整理《王畿集》卷八《意识解》,第192页。
② 〔宋〕周敦颐著,陈克明点校《周敦颐集》卷二《志学第十》,北京:中华书局,2009年,第23页。
③ 李昌舒《论北宋理学的"孔颜之乐"及其美学意蕴》,《学术界》2019年第9期。
④ 刘云超《论孔颜之乐与儒家美善相乐的道德哲学》,《孔子研究》2020年第6期。

于物质之乐的精神之乐。尽管孔子和颜子都体验到"乐",但在朱熹眼中,他们乐的境界和层次存在高下之分,即如果说孔子"乐在其中"是"飞龙在天",那么颜子"不改其乐"则是"见龙在田"。

> 行夫问"不改其乐"。(朱子)曰:"颜子先自有此乐,到贫处亦不足以改之。"(行夫)曰:"夫子自言疏食饮水,乐在其中,其乐只一般否?"(朱子)曰:"虽同此乐,然颜子未免有意,到圣人则自然。"①

在与蔡悫录(行夫)的问答之间,朱熹针对颜子之乐的纯粹性作出解读。蔡悫录问:夫子(孔子)自言疏食饮水,乐在其中,那么孔子之乐与颜子之乐相同吗?朱熹回答说:乐虽然是同样,但颜子是"不改其乐",圣人则是"乐在其中",两者表达方式存在不同。以"得与不失"为例,"得"表示得到,而"不失"只能表示不失,并不能表示得到。朱熹从字义上探讨孔颜之乐的细微差别,认为颜子"不改其乐"不能等于孔子"乐在其中",故而颜子之乐并不纯粹。

朱熹比较孔颜之乐,以"有意"与"自然"区分颜子之乐与孔子之乐,认为颜子之乐不如孔子之乐。从原因看,颜子之乐是指只能保持内心的乐趣不改变,而造成这种结果的原因,朱熹认为这源于他自身存在的私意。其实,也有学者引用伊川"制乎外以安其内"的观点,反对朱熹的观点,认为颜子能够心斋坐忘,便是说颜子不需刻意控制外在环境,所以颜子内心全无私意。但朱熹质疑道,"颜子若便恁地,圣人又何必向他说'克己复礼'!便是他也更有些私意"②。朱子指出颜子存在私意,这是因为如果颜子真能够非常完美,那么圣人便不必对他说"克己复礼"。

(二)安大简:颜子不胜其乐

《安徽大学藏战国竹简(二)》,其中《仲尼曰》记载"一箪食"章的图版、隶定,如下所示:

中 尼 曰 一 箪 飤 一 勺 湔 人 不 勝 亓 悫

只 不 勝 其 乐 虞 不 女 韦 也③

---

① 〔宋〕黎靖德编,王星贤点校《朱子语类》卷三十一《论语十三》,第857页。
② 〔宋〕黎靖德编,王星贤点校《朱子语类》卷四十一《论语二十三》,第1139页。
③ 黄德宽、徐在国编《安徽大学藏战国竹简(二)》,第9页。

"一箪食"章图版的释文为：

中（仲）尼曰："一簹（箪）飤（食），一勺湎（浆），人不䏍（胜）亓（其）惥（忧），己（己）不䏍（胜）其乐，虖（吾）不女（如）韦（回）也。"①

在传世文献里，此条简文有别于《论语·雍也》的记载。就该章同一内容存在明显差异的原因，徐在国认为："《仲尼》源出的《论语》文本与今本《论语》有异，说明今本《论语》的篇章经后人增补删定。"②比较两版释义"乐"的主体，今本言颜子"不改其乐"，意思是颜子虽然生活清苦，却依旧不改其乐道志趣，比喻安贫乐道。简文言颜子则认为"己不胜其乐"，"己不胜其乐"是针对其上文"人不胜其忧"而言。故简文与今本颜子"不改其乐"意思不同，即今本中的"乐"，分别指人之乐、颜子之乐，简文中的"乐"，均是指人之乐。

针对简文的说法，也有学者提出反对观点，认为"'不胜'即'不堪'，意为不能承受。'己不胜其乐'的字面意思指颜回自己不能承受快乐，但这在全句中难以说通"③。其实，以"不胜其乐"解释该简文能够说通，即该简本的叙述逻辑是：他人对"箪食瓢饮"不胜其忧（忧虑得无以复加），颜回对"箪食瓢饮"不胜其乐（快乐得无以复加）。

安大简《仲尼曰》"一箪食"章指出颜子"不胜其乐"故其不忧困苦，朱熹则按照"不改"判断颜子未免有意。其实，一个对"箪食瓢饮"产生"不胜其乐"的人没有私意，因为他不会迷恋财富和地位，而是会以道义与良知为出发点和目标，专注于道德和精神的满足。一方面，颜子注重个人修养和内在提升，注重自我反思和自我修正，追求内心宁静和平和人生。另一方面，他满足于简朴的生活方式，不贪图虚荣和享受，也不会因外界的物质条件而改变自己的生活态度。所以，颜子是一个不被物质束缚和欲望驱使的人，故颜子并不存在私意问题。

（三）阳明学：乐是心之本体

今本与简文对于颜子"箪食瓢饮"的解释，虽因文字差异造成文义、义理的诸多差异，但就颜子之"乐"而言，无论是今本的颜子"乐道"，还是简文的颜子对"箪食瓢饮"的"不胜其乐"，均是对儒家之"乐"的宣扬。就"乐"而言，王守仁将儒家之"乐"进行绝对化的形上学阐释，在《传习录·答陆原静书》中，陆原静对"周茂叔每令伯淳寻仲尼、颜子乐处"提出困惑，他请求王守仁进一步讲解什么是"乐"，同时也提出孔颜之乐与七情之乐的异同问题。对此，王守仁认为陆

---

① 黄德宽、徐在国编《安徽大学藏战国竹简（二）》，第86页。
② 徐在国、顾王乐《安徽大学藏战国竹简〈仲尼〉篇初探》，《文物》2022年第3期。
③ 陈民镇《论安大简〈仲尼曰〉的性质与编纂》，《中国文化研究》2022年第4期。

原静对孔颜之乐与七情之乐及其关系的解读存在误区,从而提出"乐是心之本体"的心学命题。

> 乐是心之本体,虽不同于七情之乐,而亦不外于七情之乐。虽则圣贤别有真乐,而亦常人之所同有。但常人有之而不自知,反自求许多忧苦,自加迷弃。虽在忧苦迷弃之中,而此乐又未尝不存。但一念开明,反身而诚,则即此而在矣。①

王守仁以"乐"界定"心之本体",认为乐是心本然状态的应有之义。一方面,孔颜之乐有别七情之乐又不外七情之乐,因为良知天理不离人伦日用却有别人伦日用。换言之,孔颜之乐是怡然自足,无待外求之乐,它不同于以满足欲求为条件的七情之乐。前者表现为无所求、无所滞,后者表现为贪求、占有、欲望。另一方面,王守仁指出孔颜之乐并非仅是圣人体验之乐,常人也同样具有孔颜之乐。只不过,常人虽有此乐(孔颜之乐),往往不知其自有,反而陷溺七情之中。然而,沉溺七情之乐的人们,若能反身而诚,即悟本体而践工夫,即践工夫而畅本体,念念可致良知,便能复归心之本体的朗阔清明,彻悟真乐真见之孔颜境界。

顺着先师王守仁的良知之学,王畿以"体即用"阐释"乐是心之本体",揭示"颜之箪瓢"的"有当圣心"。

> 乐是心之本体,本是活泼,本是脱洒,本无挂碍系缚。②

乐是心之本体,是活泼泼的心灵状态。王畿认为要想体验到尧、舜、文王、武王之"乐",需要学习他们的戒慎恐惧。同时他指出圣人们戒慎恐惧,其目的并不是为了追求"乐",而是为了不失"心之本体"。这是因为"尧舜文周之兢兢业业、翼翼乾乾,只是保任得此体不失"③,戒慎恐惧作为圣贤的保任之法,是祖述宪章的心法,所以如孔子之疏食,颜子之箪瓢,有当圣心者,皆能同此乐。除了王畿,开创泰州学派的王艮对先师王守仁"乐是心之本体"也有发挥,以《乐学歌》言"学"与"乐"。

王艮强调学与乐具有深层的一体关联性,认为"乐是学,学是乐"④。从"用即体"看,乐本身就是学,而学本身也就是乐,即真正的本体是通过工夫来展现,落实工夫是为了达到本体的境界,故学外无乐,乐外无学。王艮认为圣人的学习能够带来无边的快乐,而且圣人的学习是不费力的,"若费些子气力,便

---

① 〔明〕王守仁《王阳明集·上》卷二《语录二》,第64页。
② 〔明〕王畿著,吴震编校整理《王畿集》卷三《答南明汪子问》,第67页。
③ 同上。
④ 〔明〕王艮撰,陈祝生等校点《心斋先生学谱·学述》,《王心斋全集》,南京:江苏教育出版社,2001年,第91页。

不是圣人之学,便不乐"①。这是因为圣人之学的无边快乐,在于他们不以追求功名利禄、物质私利为第一要务。如果学者费尽力气去学习,仅是为了追求俗世见解,那么这种出于私欲和功利心驱动的学习,无法带给学者真正的快乐和满足。

然而,"学即乐"并非只在圣人身上受用。王艮在《乐学歌》的最后,通过反问的语气指出:"天下之乐,何如此学？天下之学,何如此乐？"②他认为乐和学不分地域和阶层,无论何时何地,都是每个人应该追求的目标,即圣人之学(孔颜之乐)普通老百姓也能够体会得到。王艮的儿子王襞接着说:"孔颜之乐,愚夫愚妇之所同然也。"③王艮的弟子王一庵也说道:"周子教二程寻仲尼、颜子乐处,是教于自己心上寻求得来。盖孔颜之乐,原是人心所共有者。"所以,"孔颜之乐"是身心升腾的浴沂舞雩咏而归,浑然一体,观其发用,往往以"不知手之舞之,足之蹈之"描绘这种"乐"之畅然,穿透并贯通于百姓日用即是道。

朱熹以《论语》"不改"判定颜子未免有意。但安大简《仲尼曰》"一箪食"章与今本不同,其中记载的颜子"不胜其乐",可推断颜子因不被物质束缚、欲望驱使,所以他能毫无私意而安然于"箪食瓢饮"。就儒家之"乐"看,王守仁以"乐是心之本体"阐发"孔颜之乐",以心之本体求证真乐真见。王畿与王艮分别以"体即用"与"用即体"对王守仁的"孔颜之乐"做出深度阐发,不仅使颜子之乐与孔子之乐相提并重,也向世人宣告人人皆可感受"孔颜之乐"的可能,使得阳明先生之学,因有龙溪、泰州而风行天下。

三　颜子未达圣人地位与颜子没而圣学绝

周敦颐提出的寻孔颜乐处,不仅使程颢、程颐由此进学,也开启宋明理学家们对此命题的诠释与改造。就寻孔颜乐处而言,学者更多是以颜子为视角,或是探索朱熹对"'孔颜之乐'的重释"④,或是基于颜子内部来讨论"颜子'好学'"的本质"⑤。然而,除了以颜子为视角之外,还可以孔颜并举为视角,再寻孔颜之乐的思想意蕴,重看颜子在儒家道统上的继承地位。

---

① 〔明〕王艮撰,陈祝生等校点《心斋先生学谱·学述》,《王心斋全集》,南京:江苏教育出版社,2001年,第91页。
② 〔明〕王艮撰,陈祝生等校点《心斋先生学谱·学述》,第91页。
③ 〔明〕王艮撰,陈祝生等校点《心斋先生学谱·东厓学述》,第134页。
④ 吴冬梅《"心与理一"的圣人之乐——朱子对"孔颜之乐"与"曾点气象"的重释》,《广西社会科学》2017年第10期。
⑤ 何益鑫《表象与真实——颜子"好学"新论》,《中国哲学史》2022年第3期。

(一)朱子学:颜子只争一厘

颜子与孔子的差距,朱熹认为这是贤者(学而知)与圣人(生而知)的差别。在朱熹与其弟子陈文蔚的问答中,陈文蔚认为孔子以博约之训提点颜子,使颜子对于世间的事物和道理都有深刻的理解和洞察。因此,颜子能够与圣人的言论相契合。但朱熹反问他,孔子未以博文约礼来启发颜子时,颜子是何状态?陈文蔚回答道,此时颜子已具圣人体段。朱熹又问道:"何处是他具圣人体段?"陈文蔚无答。朱熹又言:

> 颜子乃生知之次,比之圣人已是九分九厘,所争处只争一厘。①

朱熹基于圣贤之别,区分颜子之知与孔子之知,认为颜子只是具体圣人体段,与圣人稍有距离,并不是如陈文蔚理解的颜子已达圣人地位。不仅如此,朱熹指出颜子"三月不违仁"的原因。他认为颜子三月不违仁与圣人始终不违仁的区别,在于"一个自然,一个勉强尔。惟自然,故久而不变,惟勉强,故有时而放失"②。这是说,颜子通过"勉强"用力,只能做到"三月不违仁",却不能做到如圣人般"自然"的"不违仁"。在"生而知之"与"学而知之"、"自然"与"勉强"之间,可见朱熹认为颜子低于孔子。不仅如此,朱子也通过曾子与颜子的比较,认为颜子也不如曾子,以曾子道统取代颜子道统。

> 蜚卿问颜曾之学。(朱子)曰:"颜子大段聪明,于圣人地位未达一间,只争些子耳。……曾子迟钝,直是辛苦而后得之,故闻一贯之说,忽然猛省,谓这个物事,元来只是恁地。"③

童伯羽(字蜚卿)问朱熹关于颜曾之学的不同。朱熹从天资指出,认为颜子属于聪明类型,曾子属于迟钝类型。一方面,颜子虽然已有九分聪明,但他还是与圣人相差一间,故而颜子之学"只是平铺地便见,没恁地差异"④。另一方面,曾子虽在领悟事物上迟钝,但他辛苦努力,最终却能够有所领悟,则是"一旦忽然撞着,遂至惊骇。"⑤从"格物穷理"看,朱熹强调曾子的渐积工夫,也强调曾子猛醒一贯的启发性。类似地,后世学者虽然得不到孔子点拨的机会,但《大学》记载曾子的为学之道,它告诫学者通过"格物"以深入理解已知的事物,不断扩展自己的"致知"边界。朱熹认为学者经过真积力久,定能如曾子般猛醒一贯。到那时,能够理解众多事物的表里精粗,此时的内心能够朗然呈现

---

① 〔宋〕黎靖德编,王星贤点校《朱子语类》卷二十四《论语六》,第 612—613 页。
② 〔宋〕黎靖德编,王星贤点校《朱子语类》卷二十一《论语三》,第 524 页。
③ 〔宋〕黎靖德编,王星贤点校《朱子语类》卷二十七《论语九》,第 731 页。
④ 同上。
⑤ 同上。

(二)安大简:吾不如颜回也

安大简《仲尼曰》自公开以来,其中的"一箪食"章备受学界关注,这一章的关注点,学界主要集中在"吾不如回也"一句。从古文字的字义角度看,简文侧重于"孔子将自己与颜回进行比较,并认为自己逊色于颜回;传世本'贤哉回也'的重点则落在了孔子对颜回的高度评价上"①。从训诂学的歧解角度看,虽今本与简文均是孔子赞许颜子之贤,但在今本中,"孔子通过比较,明确说自己在安贫乐道上不如颜回,这是后来各种版本的《论语》所没有的"②。

如果说安大简《仲尼曰》"一箪食"章中的"吾不如回也"孤立存在,其合法性难以确定,那么结合今本《论语·公冶长》的"吾与女弗如也",则可以确定孔子对颜子的评价。东汉学者包咸说:"既然子贡不如,复云吾与女俱不如者,盖欲以慰子贡也。"包咸相信孔子赞誉过颜子胜过自己的观点,但是朱熹的解释则有别于此,他认为"吾与女弗如也"中的"与"是"许"③的含义。翻译过来就是,我(孔子)赞许你(子贡)认为的你(子贡)不如颜回的说法。朱熹这样翻译的原因,不是想要比较子贡与颜子,说明颜回之贤,而是想要通过说明"子贡自屈于颜子,可谓高明"④的问题,赞许子贡之明。

"吾与女弗如也"的解读主要存在两种,一种是以汉儒包咸为代表,即孔子不如颜子的解释,一种是以宋儒朱熹为代表,即孔子赞许子贡的解释。面对两种解释,在朱子理学盛行的时代,也有学者反对朱熹对"吾与女弗如也"的解读。作为晚明经学家,郝敬反对朱熹以格物致知附会圣人妙语,同时他也指责"包氏解其辞不达其旨"。他认为孔子讲自己不如颜子的原因是,孔子"犹恐子贡未信(不如颜子),又申之曰:非独汝不如回,吾与汝皆不如回也"⑤。另外,清儒也多以考据学立场立足包咸观点反对朱熹对此文段的解释,例如毛奇龄在《四书改错》中指出:"宋人增'许'字一诂于毛晃韵中,字学已乱。况许汝弗如,语亦不安。"⑥故而,经过对上述文献的分析,结合安大简《仲尼曰》"吾不如回也",可知对"吾与女弗如也"的解读,倾向于孔子认为自己不如颜子的解释。

---

① 程燕《安大简二〈仲尼〉校读一则》,《战国文字研究》第5辑,第24—29页。
② 乐爱国《〈论语〉"吾与女弗如也"歧解辨——兼及安大简〈仲尼曰〉》,《江淮论坛》2022年第5期。
③ 〔宋〕朱熹撰《四书章句集注》,第76页。
④ 〔宋〕黎靖德编,王星贤点校《朱子语类》卷二十八《论语十》,第777页。
⑤ 〔明〕郝敬《论语详解》,《续修四库全书》第153册,上海:上海古籍出版社,2002年,第141页。
⑥ 〔清〕毛奇龄著,胡春丽点校《四书改错·下》,上海:华东师范大学出版社,2015年,第364—365页。

(三)阳明学:颜子始有真见

朱熹以"许"释"由"的诠释方案,对《论语》"我与汝弗如也"的解读,王守仁也提出反对意见。黄诚甫问"汝与回也孰愈"章,他说道:"子贡多学而识,在闻见上用功,颜子在心地上用功,故圣人问以启之。而子贡所对又只在知见上,故圣人叹惜之,非许之也。"①王守仁通过子贡与颜子的比较,强调颜子在孔门弟子中的关键地位,认为颜子心地用功有别于、且优于子贡闻见用功。不仅如此,面对朱熹"弟子颜回最贤,蚤死,后惟曾参得传孔子之道"②的观点,王守仁则提出"见圣道之全者惟颜子"的观点,与朱熹主张的曾子道统相抗衡。

> 问:"'颜子没而圣学亡',此语不能无疑。"
> 先生曰:"见圣道之全者惟颜子。观喟然一叹可见,其谓'夫子循循然善诱人,博我以文,约我以礼',是见破后如此说。"③

如果颜子未能见圣道大全,那么他便不会发出"喟然一叹"的言论。正是因为颜子说过"博文约礼"的喟然言论,所以这便证明颜子能见圣道大全。其实,颜子在刚开始学习孔子之道时,他也不了解圣人之道只可意会不可言传的道理,也曾错误地认为圣人的道有一个具体的形象和界限。但颜子及闻夫子博约之训,以"自修自悟"竭其才以求自致良知,一方面,他通过"博约之训"以学习礼仪约束自己的行为,使自己具备良好的品德和道德修养。另一方面,他通过"格物之学"以观察事物本质及其规律,知殊途同归,百虑一致之理。故而王守仁断定"盖颜子至是而始有真实之见矣"④。

王畿高举先师王守仁"颜子没而圣学绝"的心学旗帜,继续论证"颜子喟然一叹""千圣绝学""颜子没而学遂亡矣"等心学命题。

> "颜子没而圣学亡,此是千古大公案。曾子、孟子传得其宗,固皆圣人之学,而独归重于颜子者,何也?……仰钻瞻忽,犹有从之之心,既悟之后,无虚无实,无阶级可循,无途辙可守,惟在默识,故曰:'虽欲从之,末由也已。'此真见也。"⑤

相较于王守仁,王畿更为详细地阐释"颜子没而圣学绝"的观点,认为颜子"仰钻瞻忽,犹有从之之心",表达颜子对孔子之道的向往。而且,当颜子见证圣人境界、悟得真谛之后,他也突破了虚实、阶级和途径的限制。这是因为真

---

① 〔明〕王守仁《王阳明集·上》卷一《语录一》,第30页。
② 〔宋〕朱熹《四书章句集注》,第45页。
③ 〔明〕王守仁《王阳明集·上》卷一《语录一》,第22页。
④ 〔明〕王守仁《王阳明集·上》卷二《语录二》,第237页。
⑤ 〔明〕王畿著,吴震编校整理《王畿集》卷十六《别言赠梅纯甫》,第452页。

正的智慧和认知不受外在的限制,而是来自于自修自悟,在于内心默识。王畿指出默识是指内心直觉和深层认知,它不依赖于外在的形式和规则,而是通过个体的直觉和领悟来实现。所以,相较于颜子的"默识",曾子、孟子虽得儒家正宗的地位,但他们的这种学问则是"可循可守之学",故圣人精蕴惟颜子能发之,颜子之见乃是真见、王守仁"颜子没而圣学绝"的论断不是言过其实。

朱熹认为孔子"生而知之"、颜子"学而知之",认为颜子未达圣人地位。同时,他也比较曾子与颜子,认为曾子高于颜子,认为曾子居于儒家道统的核心地位。但安大简认为"吾不如回也"(未现于传世文献),颜子已达圣人地位。且在今本《论语》"吾与汝弗如也"与简文"吾不如回也"的相互参证下,可见朱熹以"许"释"与"的诠释方案与先秦经典文义存在出入。尽管朱熹的种种诠释努力,是为了提升曾子道统地位,但就儒家道统而言,结合安大简《仲尼曰》"我不如回也",可见王守仁支持的颜子道统更符合先秦儒家的观点。而且,王畿也进一步发挥先师王守仁的观点,以颜子"默识"批判曾子、孟子之学是"可循可守",在心学理论上认定颜子之后,儒家圣学之正派乃绝矣。

四 结语

对于儒家道统的身份继承,学界存在诸多判定。在学者们对儒家道统继承判定的探索过程中,逐渐形成心学与理学、历史与逻辑、文献与思想的论辩张力。一方面,朱子学认为颜子存在骄吝气禀,颜子未免有意,未达圣人地位。故而,朱熹以"蚤亡"反对颜子的道统之传。另一方面,阳明学赞许颜子以"日减工夫"达至"屡空"之境,以"乐是心之本体"还复天理朗然,以"喟然一叹"判定见圣道之全者惟颜子。从立说意图看,朱子学与阳明学在颜子传道问题上形成争锋,在于以心学与理学分别继承伊川"尊孟"与濂溪、明道"学颜"。其中,朱子以"蚤亡"判定颜子的道统地位低于曾子,用以回应、批判当时"疑孟"思潮,使儒家道统的正统地位由孔子、曾子、子思到孟子的发展变得合理。阳明则是继续发扬周敦颐、程颢的"学颜"思想,用以树立、凸显颜子道统,挑战朱子的曾子道统。

面对孔门弟子终传孔子之道的问题,虽自宋明理学起便争论不断。随着出土文献的涌现,借助安大简《仲尼曰》,能够重新审视儒家道统的继承问题。首先,安大简《仲尼曰》"回幸也"章未见于传世文献,它指出,颜子因能"自改"故不"骄吝",且颜子之所以能"幸"、子贡之所以"不幸",在于颜子"屡空"与子贡"亿则屡中"。其次,安大简《仲尼曰》"一箪食"章与今本《论语》不同,它指出颜子"不胜其乐",认为颜子因不被物质束缚,所以能安然于"箪食瓢饮"。最后,将传世文献《论语》"吾与女弗如也"与安大简《仲尼曰》相互参照,经过汉儒包咸与宋儒朱子解说之比较，可知解读《论语》"吾不如回也"，当倾向于孔子认为自己不如颜子的解释。故而，从安大简《仲尼曰》我们可以推知，儒家道统的身份继承，颜子相较于曾子更具优先性。

朱子对颜子的评论与安大简《仲尼曰》对颜子的记述有所不同，阳明的理解更近于安大简《仲尼曰》对颜子的记述。从诠释目的看，朱子学与阳明学讨论的道统继承，并不是为了单纯重新领会先秦儒家的原始意见，或是为了曲解、重构儒家道统的继承问题，而是通过经典诠释对"颜子"进行重新阐发，构建其理论思想体系，如朱子判定颜子的道统继承，目的是确立曾子道统以树立理学的正统地位，阳明盛赞颜子的道统继承，目的是清扫理学对曾子道统的支持以确立心学的理论合法。因此，通过分析安大简《仲尼曰》来论证颜子继承儒家道统的问题虽具备合理性，却不能通过此完全抹杀朱子对儒家道统的贡献，也不能不加分析地认为阳明学就把握了儒家道统的正脉真意。

应当注意到，在经典—作者—文本—记录者—阅读者的复杂互动中，经典诠释的对话活动是在被书写过程中以及被阅读之后，无限向作者与读者敞开其诠释意义。也就意味着，经典诠释的属性既是"私人的"也是"公共的"，它体现着作者所处时代的公共性的语言规范，又必然蕴含了作者本人的意图以及选择。换言之，朱子学与阳明学对颜子道统的身份判定讨论，不是为了客观还原颜子在儒家道统中的继承问题，而是为了在朱子理学、阳明心学的视域下，揭示出颜子在各自理论思想中的道统序列地位。

安大简《仲尼曰》提供了一种新的先秦孔子语录辑本，可为认识孔子思想的内涵、孔子言论的流传以及《论语》《礼记》《孔丛子》诸书的形成提供重要线索。因此，借助安大简《仲尼曰》对颜子的文献记载，也可以分析儒家道统由颜子、曾子何者继承的判定问题。因为安大简《仲尼曰》所记载的文字，其经后世学者的篡改程度要轻于传世文本。它更接近历史人物的言说内容，也相对比较能够还原历史情境的客观面貌。具体而言，安大简《仲尼之耑语》也曾讨论过孔、曾、思、孟的儒家道统序列。

"《仲尼之耑语》篇和曾子、子思、孟子的关系来看，孔子之言和曾、思、孟确实有关系，不过曾、思、孟之间的关系还看不出来，……与其说孔、曾、思、孟的道统，不如说曾、思、孟都是以孔子为出发点，而有不同的继承发扬方式。"[①]因此，安大简《仲尼曰》虽不否认曾子、子思、孟子的道统地位，却更为提倡颜子在孔门弟子中的优先地位，这可以认为安大简《仲尼曰》对儒家道统继承的考虑，更强调一种元气淋漓的先秦儒学精神。总之，分析安大简《仲尼曰》中的颜子文献，是以经典诠释构建儒家道统的尝试，彰显了中国哲学的主体性，是对中

---

① 李锐《安大简〈仲尼之耑语〉的思想史价值》，《中国史研究动态》2023年第3期。

国哲学主体性叙述的回归。这样以出土文献作为新诠释材料的尝试,以开放包容的研究心态对待儒家道统现代化的探索问题,也有利于客观平视的研究眼光看待中国传统文化,更好地传承千年来中国古代的哲思慧命。

《尔雅》"騋牝骊牡"新证

瞿林江

【内容提要】《尔雅·释畜》"騋牝骊牡"的句读，东汉以来主要有郑玄、孙炎、郭璞三种，清乾嘉以来学者多从郑玄连下"玄"字断为"騋：牝骊，牝玄"，而弃用郭璞的"騋牝，骊牡"断句。然"骊"仅从毛色上判断，至于是否高七尺以上，是牝，还是牡，并不是关键因素。"玄"要么释为"小"义，要么为马一岁"騵"之假借字，而魏晋以前，"玄驹"二字连用也非常普遍。郑玄借用《尔雅》"骊""玄"二字之引申义，只在颜色上着眼，从而脱离了《尔雅》"骊""玄"二字之本义，故以段玉裁、臧庸为代表的乾嘉诸人的判断并不可信，仍当以郭璞"騋牝，骊牡，玄驹，褭骖"文字和句读为准，其意当为宋人罗愿《尔雅翼》所云"以騋为牝，以骊为牡，而生玄驹，则谓之褭骖也"。

【关键词】 尔雅 郭璞 郑玄 臧琳

马是先民生活的重要组成部分，中国古书中有关马的记载多不胜数，《尔雅·释畜》中的"马属"就是最具代表性的一种。但篇中关于"騋牝骊牡玄驹褭骖"的读法问题，东汉以来聚讼纷纷。时至今日，我们仍然看到众多整理本文句不一的现象，如北大本《尔雅注疏》断为"騋牝骊牡。玄驹，褭骖"，而上古本、《儒藏》本《尔雅注疏》则断为"騋牝，骊牡。玄驹，褭骖"；吴荣爵、吴畏《尔雅全译》断为"騋牝，骊牝。玄驹，褭骖"，而徐朝华《尔雅今注》和胡奇光、方环海《尔雅译注》均断为"騋：牝，骊，牡，玄；驹，褭骖"，管锡华译注《尔雅》、陈建初等《新译尔雅读本》则断为"騋：牝骊，牡玄。驹，褭骖"，从中可见"騋牝骊牡"四字是关键，值得我们关注。本文即在前人，特别是乾嘉以来众多学者讨论的基础之上，利用新材料进一步讨论此问题，求正于方家。

【作者简介】瞿林江，南京师范大学文学院副教授。
【基金项目】2022年国家社科基金项目"《尔雅》北宋前音注汇辑汇校汇考"（22BZW120）阶段性成果。

一　古书中"駥牝骊牡"的三种读法

东晋郭璞于"駥牝骊牡"下注云"《诗》云:'駥牝三千。'马七尺已上为駥,见《周礼》",而于"玄驹裹骖"下注云"玄驹,小马,别名裹骖耳。或曰,此即䯎裹,古之良马名"①,可见其断句为"駥牝,骊牡",而将"玄"字属下,读为"玄驹,裹骖"。郭璞《尔雅注》现存宋代以来主要版本中除元代的雪窗书院本"牡"作"牝"外,文字上均没有出入,只是郭璞如此断句的依据以及具体文意,邢昺《尔雅疏》、邵晋涵《尔雅正义》、郝懿行《尔雅义疏》等并没有详述,我们只能求助于其他文献。

唐陆德明《经典释文·尔雅音义》云:"駥,力才反,《周礼》云马七尺也。牝,频忍反,下同。骊牡,孙注改上'駥牝'为'牡',读与郭异。上,时丈反。玄驹,《字林》作'䮭',音同。裹,奴了反,又而绍反,《字林》云'䯎裹,良马'。骖,七南反。䯎,乌了反,郭注《上林赋》云'䯎裹,神马,日行万里'。"②由此可见,陆氏断句与郭本同,只是所见三国时期孙炎《尔雅注》改底本作"駥牡骊牝",且句读与郭本不同。

除郭、孙二家外,尚有东汉郑玄本,虽已佚,但传世文献中有两处征引,然句读明显与郭本不同:一是《周礼·夏官·廋人》"马八尺以上为龙,七尺以上为駥,六尺以上为马"郑注引《尔雅》云"駥:牡骊,牝③玄",《释文》云"牡骊,茂后反,下力知反,绝句。牝玄,频忍反,绝句"④,可见郑玄注《周礼》时所据《尔雅》读作"駥:牡骊,牝玄",但存在版本异文;另一处是《礼记·檀弓》"夏后氏尚黑,大事敛用昏,戎事乘骊,牲用玄"郑注云"马黑色曰骊,《尔雅》曰'駥:牝骊,牡玄'"⑤,可见郑玄注《礼记》时所据《尔雅》作"駥:牝骊,牡玄",但现存主要版本均无异文。两处"牡""牝"互异,孰更接近郑玄所据之本?据加藤虎之亮校勘《周礼》所得,明嘉靖徐氏覆北宋经注本、士礼居重雕嘉靖经注本、明嘉靖仿南宋岳珂经注音义本、清李盛铎文禄堂影南宋建刻经注音义本、南宋浙东茶盐司八行经注疏音义本,以及《文献通考》引此注均与毛本同⑥,盖《周礼》早期单注本皆先"牝"后"牡",唐孔颖达、贾公彦作疏时所见之本亦先"牝"后"牡",后人

---

① 〔清〕阮元校刻《十三经注疏》,北京:中华书局,2009年,第5770页上。
② 〔唐〕陆德明撰,黄焯汇校《经典释文汇校》,北京:中华书局,2006年,第950页上。
③ "牝",阮本原作"牡"。阮校云:"余本、闽、监本作'駥:牡骊,牝玄',与《释文》'牡骊,茂后反。牝玄,频忍反'正合,是也。此本作'牡玄',嘉靖本、毛本作'牝骊',皆误。余本载《音义》亦误作'牝骊'。"(《十三经注疏》,第1870页上)据改。
④ 〔唐〕陆德明撰,黄焯汇校《经典释文汇校》,第287页上。
⑤ 〔清〕阮元校刻《十三经注疏》,第2763页上。
⑥ ［日］加藤虎之亮《周礼经注疏音义校勘记》,上海:中西书局,2016年,第191页

附入《释文》后,进而改成先"牡"后"牝"。所以,纯粹从版本上考察,我们当从《礼记注》,将郑玄据本定作"駜:牝骊,牡玄"。至于其含义,贾疏云"駜中所有,牝则骊色,牡则玄色,兼有驹、褭骖"①,孔疏云"七尺曰駜,牝者色骊,牡者色玄"②,则大体一致。

郑玄、孙炎、郭璞三家句读谁更接近《尔雅》本意?清初学者臧琳有过详细的论述,今节录如下:

> 郑注《夏官·廋人》引"《尔雅》曰'駜:牡骊,牝玄'",则郑本《尔雅》亦上"駜牝"为"牡"。孙与郑合,非私改也。《周礼释文》云:"牡骊,绝句。牝玄,绝句。郭璞义异郑。"盖郭氏《尔雅》作"駜牝,骊牡",不与郑、孙本"駜:牡骊,牝玄"同,故云"义异郑"。
>
> 又《释兽》"麋:牡麔,牝麎""鹿:牡麚,牝麀""麕:牡麌,牝麜""狼:牡獾,牝狼",皆"牡"在"牝"上,阴阳先后之义也。《檀弓》注引"《尔雅》曰'駜:牡骊,牝玄'",此注必近人依郭氏《尔雅》窜改,当以《廋人》注为正。
>
> ……今玩郭注、陆氏《释文》及《礼记正义》,知郭本《尔雅》作"駜牝,骊牡"。"駜",古读若"骊",《尔雅》以"骊牝"释《诗》"駜牝",故郭注……解"駜牝",不更释"骊牝"矣。若如今本,则以"駜马"为"牝","骊马"为"牡",郭注安得详"駜"而不及"骊"乎?……陆所云"下同",即指下"骊牝"之"牝"。若是注中"牝"字,陆当言"注同"矣。又《释文》大书"骊牝",云:"孙注改上'駜牝'为'牡',读与郭异。"亦因本作"骊牝",故陆言"上'駜牝'"别之。若下是"牡"字,则直云"改'牝'为'牡'矣"。且孙本作"駜:牡骊,牝玄",故陆云"孙改上'駜牝'为'牡'",明下"骊牝"为孙、郭同也。③

可见臧琳认为郑玄、孙炎师徒二人所据之本当作"駜:牡骊,牝玄",郭璞本当作"駜牝,骊牝"。这与我们的分析存在巨大差距的同时,还给人郭本荒谬不可据、郑孙本方为《尔雅》本义之感。由于郑玄的崇高地位,乾嘉学者关于此问题,褒郑抑郭一直是主流观点,如臧琳玄孙臧庸《尔雅注疏校勘记》(后收入阮元《十三经注疏校勘记》)、卢文弨《经典释文考证》、郝懿行《尔雅义疏》、段玉裁《说文解字注》、马瑞辰《毛诗传笺通释》等皆从之,影响甚大,清末俞樾也说:

---

① 阮校云:"毛本同,闽、监本'牝''牡'字互改。按上文引《诗》'駜牝三千',盖贾疏本郭注作'駜:牡骊,牝玄',与《释文》不同。惠士奇云贾公彦读《尔雅》,不与郭景纯同,然亦有理。"(《十三经注疏》,第1870页上。)加藤虎之亮云:"浙、人、韩、毛、孙同,十、元本'牡'误'牝',闽、监、殿本'牝''牡'字互易。"(《周礼经注疏音义校勘记》,第192页)

② 〔清〕阮元校刻《十三经注疏》,第2764页上。

③ 〔清〕臧琳撰、梅军校补《经义杂记校补》,北京:中华书局,2020年,第77、111、112页。臧氏因拘泥于《周礼音义》而谓《礼记》郑注引《尔雅》"近人依郭氏《尔雅》窜改",非也。详见〔清〕吕飞鹏《周礼补注》,《续修四库全书》本,第81册,第519页。

"此文句读总以郑为得,駥为七尺以上之马,与常种异,故牝者多骊色,牡者多玄色,记其异也。"①至今,众多学者如王利等也认同这样的说法②,几成定论。但我们认为此结论可疑,而其症结正在于"骊""玄"两字上。

二 "骊""玄"字义辨正

首先,"骊",甲骨文作"𤉡"(周甲探299),罗振玉云与"駎"字通③,卜辞云"惟駎暨大骅,亡灾"(佚970)、"惟駎既狄子,亡灾"(《合集》37514),均为马之名称。《说文》云"骊,马深黑色",《礼记》郑注亦云"马黑色曰骊",足见"骊"乃是从毛色上判断马之种类。但《尔雅》"骊马白跨,驈"郭注又云"骊,黑色",是"骊"又可借为黑色,《公孙龙子·迹府》"而有骊色之马"④,《逸周书·作雒》"西白土,北骊土"⑤,《史记·夏本纪》"其土青骊"⑥等皆当作黑色解。但问题之关键在于,骊马是牝是牡?从传世文献来看,如《诗·秦风·小戎》"四牡孔阜,六辔在手。骐駠是中,騧骊是骖",《小雅·六月》"四牡骙骙,载是常服""比物四骊,闲之维则",《鲁颂》"駉駉牡马,在坰之野。薄言駉者,有骐有皇,有骊有黄",是古人驾车以四牡为贵重,骊在其中,自然是牡马。然在查阅传世或出土文献过程中,我们又发现了"骊"是牝马的记载,比如:

1.《穆天子传》郭璞注引《竹书纪年》云:"北唐之君来见,以一騮马,是生骒耳。"《史记·秦本纪》集解引"騮"作"骊"⑦。

2.《列子·说符第八》:"穆公见之,使行求马。三月而反报曰:'已得之矣,在沙丘。'穆公曰:'何马也?'对曰:'牡而黄。'使人往取之,牝而骊。穆公不说。"《淮南子·道应训》引述此文作"牡而黄""牝而骊"。⑧

3.《列女传·赵津女娟》:"昔者汤伐夏,左骖牝骊,右骖牝靡,而遂放桀;武王伐殷,左骖牝騏,右骖牝騄,而遂克纣。"⑨

---

① 〔清〕俞樾《茶香室经说》卷一六,见《春在堂全书》,南京:凤凰出版社,2010年,第214页。
② 王利《郑玄称引〈尔雅〉考——兼论〈尔雅〉成书于郑玄之后》说,《中国经学》第21辑,第180页。
③ 于省吾《甲骨文字诂林》,北京:中华书局,1996年,第2册,第1596页。
④ 谭戒甫《公孙龙子形名发微》,北京:中华书局,1963年,第8页。
⑤ 〔清〕郝懿行撰,李念孔点校《汲冢周书辑要》,见安作璋主编《郝懿行集》,济南:齐鲁书社,2010年,第7册,第3979页。
⑥ 〔汉〕司马迁撰,〔南朝宋〕裴骃集解,〔唐〕司马贞索隐,〔唐〕张守节正义《史记》(点校本二十四史修订本),北京:中华书局,1982年,第79页。
⑦ 《史记》,第226页。
⑧ 何宁《淮南子集释》,北京:中华书局,1998年,第860—861页。
⑨ 〔汉〕刘向《古列女传》卷六《辩通传》,《四部丛刊》景明本,第13页b。

4.《居延汉简 154·15》:"马一匹,骊牝,齿十二岁,高□"①
5.《敦煌悬泉汉简ⅡT0216①:13》:"传马一匹,骊牝,齿十一岁,高六尺,名曰温骊。"②

由此看来,一匹马是否可称得上为"骊",仅从毛色上判断即可,至于其是否高七尺以上,是牝,还是牡,并不是关键因素。郑玄将"牝"属之"骊",从颜色上讲"牝则骊色",差强人意,尚可通,毕竟马的颜色丰富多样,我们不能说駣马之牝者无骊色;但若据臧琳之意,合之于《尔雅》"麋:牡麔,牝麎""鹿:牡麚,牝麀"诸例,说駣马之牝或牡者名骊,就难以说通了。郑玄在注《檀弓》时,想必也没有参考《尔雅》诸例,否则怎会以之来说明马或牺牲的颜色呢?

其次,我们再说"玄"字。其古字形列表如下:

1 商.粹 816《甲》	2 商.父癸爵《金》	3 周中.吴方彝《金》	4 春.吉日千午剑《金》
5 战.楚.玄镠戈《金》	6 战.楚.曾 79《楚》	7 战.楚.天策《楚》	8 战.楚.包 66《楚》
9 秦.云梦日书.甲 778《篆》	10 西汉.马.老子甲 94《篆》	11 西汉.马.老子甲 39《篆》	

可见上部有盖形"亠"的"玄"字直到战国晚期和秦汉时期才出现,大概当时"玄""幺"两字已分化,而早期"玄"字形,像一根短线悬挂着物件,与"幺"字形没有任何区别③。《说文》云"幺,小也",后"幼"字即从之得义,"玄"字义亦当与之同。东汉刘熙《释名·释亲属》"玄孙,玄,悬也,上悬于高祖最在下也",《尔雅·释亲》"曾孙之子曰玄孙"郭璞注"玄者,言亲属微昧也"。可见"玄"字本身含有"微小""微弱"之义。西晋崔豹《古今注》云"虾蟆子曰蝌蚪,一曰玄针,一曰玄鱼",当用此义。《说文》云:"玄,幽远也。黑而有赤色者为玄,象幽而入覆之也。"当为"玄"之引申义。

陆德明《尔雅音义》又云:"玄驹,《字林》作'駭',音同。"《玉篇》"駭,胡涓切,马一岁",盖即本诸西晋吕忱之《字林》,《广韵》因之。《集韵》云"駭,马一岁,一曰马黑色",盖又本诸《礼记》郑注。《正字通》云:"駭,俗字,旧注'胡涓

---

① 李天虹《居延汉简簿籍分类研究》,北京:科学出版社,2003 年,第 152 页。
② 张俊民《敦煌悬泉置出土文书研究》,兰州:甘肃教育出版社,2015 年,第 325 页。
③ 季旭昇《说文新证》,福州:福建人民出版社,2010 年,第 327、328 页;董莲池《部首新证》,见胡安顺主编《说文部首段注疏义》,北京:中华书局,2018 年,第 175 页。

切,音玄,马一岁',非。"①《说文》未收"弦"字,而于"馬"字下云"马一岁也,绊其足,读若弦,一曰若环",则"馬"与"玄"为双声叠韵字,段注云:"《广韵》'弦,胡涓切,马一岁'语,必本诸《字林》,盖《字林》始变'馬'为'弦'也。"②

如此看来,《尔雅》原文作"玄"无疑,西晋时吕忱《字林》始读"玄"为"馬",且改成"弦"字。因此,我们认为《尔雅》此"玄"要么释为"小"义,要么为马一岁"馬"之假借字。若此,许慎《说文》于"馬"后又列"驹"字云"马二岁曰驹",则已将"馬""驹"视为小马之称了。而"玄驹"二字连用,在古书中也并非《尔雅》一处,如:

1.《竹书纪年·帝尧陶唐氏》:"五十年,帝游于首山,乘素车玄驹。"③
2.《尸子》:"骐骥青龙,而尧素车玄驹。"④
3.《大戴礼记·夏小正》:"玄驹贲。玄驹也者,蚁也。"⑤
4.《法言·先知》:"吾见玄驹之步。"李轨注云:"玄驹,蚍蜉子也。"⑥
5.《方言》第十一:"蚍蜉,西南梁益之间谓之玄蚼。"《玉烛宝典》卷十二"蚼"引作"驹"⑦,同。
6.《古今注·鱼虫》:"兖州谓赤鲤为赤鳝,谓青鲤为青马,谓黑鲤为玄驹。"又《问答释义》:"河内人并河而见人马数千万,皆如黍米,游动往来,从旦至暮,家人与火烧之,人皆是蚊蚋,马皆是大蚁,故今人呼蚊蚋为黍民,名蚁曰玄驹也。"⑧
7.《拾遗记·颛顼》:"贡玄驹千匹,帝以驾铁轮,骋劳殊乡绝域。"⑨

足见在先秦、两汉、魏晋时"玄驹"二字连用就已很常见,其本义为小马,借指为蚂蚁、鲤鱼等小动物。郭注云"玄驹,小马",只是陈述总结前人之理解,并非自己任意揣度而来。反观《礼记》郑注,其将"玄"字属上作"牡玄",其目的当在于读"玄"之引申义,理解为牺牲之"黑类也",以与经文相配,这在注释古书时未尝不可,只是回到《尔雅》文本情境中,如若理解为駥马之牡或牝者名玄,那是没有依据的。再者,我们查遍传世或出土文献,也找不到此义之"玄"与活

---

① 〔明〕张自烈编,〔清〕廖文英补《正字通》,北京:中国工人出版社,1996年,第1313页上。
② 〔清〕段玉裁撰,许惟贤整理《说文解字注》,南京:凤凰出版社,2015年,第804页。
③ 〔清〕郝懿行撰,李念孔点校《竹书纪年校证》,见安作璋主编《郝懿行集》第7册,第3823页。
④ 〔战国〕尸佼:《尸子》卷下,清《平津馆丛书》本,第7页a。
⑤ 方向东《大戴礼记汇校集解》,北京:中华书局,2008年,第299页。
⑥ 汪荣宝撰,陈仲夫点校《法言义疏》,北京:中华书局,1987年,第299页。
⑦ 周祖谟《方言校笺》,北京:中华书局,1993年,第68页。
⑧ 〔西晋〕崔豹《古今注》,《四部丛刊三编》影宋本,上海:商务印书馆,1936年,卷中第9页b、卷下第10页a。
⑨ 〔前秦〕王嘉《拾遗记》卷一,见《汉魏丛书》,长春:吉林大学出版社,1992年,第7页a。

马诸如"牡玄"①或"牝玄"等的任何用例。

三 郭璞《尔雅注》的文意

郑玄改造、借用《尔雅》"骊""玄"二字之引申义来注《礼记》,即"引之者,证'骊'是'玄'之类也"②,只在颜色上着眼,从而脱离了《尔雅》"骊""玄"二字之本义。这种做法与春秋、战国时人读《诗》、用《诗》常断章取义,从而脱离《诗》之本义,是极其类似的。杨天宇先生说:"郑玄常以己义解经,因此《注》中颇多臆说。"③所以,郑玄以自己所理解的《尔雅》来注《礼记》未尝不可,但我们视郑注本为《尔雅》之本义则未必准确了。

反观郭本,臧琳据《释文》"牝,频忍反,下同"及"骊牡,孙注改上'駹牝'为'牡'"两处认为当作"駹牝,骊牝",臧庸又举雪窗本作证,进一步坐实,故后来者多无从辩驳。近来,笔者又发现两条例证,一是《太平御览》卷八九三于《廋人》"七尺以上为駹"下郑注引《尔雅》作"駹牝骊牝玄"④;另一是日本"足利学所藏书写本"古《礼记注》引《尔雅》亦作"駹牝骊牝玄"⑤。但即便如此,笔者于此还是坚持郭本,即《尔雅》原本就作"駹牝,骊牡",臧琳、臧庸等人的说法不可取,试析原因如下:

第一,臧琳所论有漏洞。清顾广圻说:"陆云'下同'者,指'牝曰騇'而言之也,未可竟改。"⑥《释文》中此类跨词条而言"下同"的情况非常多,因此顾氏所言可信。至于说"孙注改上'駹牝'为'牡'",既然是"改",那么孙炎所据之《尔雅》底本也作"駹牝,骊牡",且此本要早于郭本。

第二,臧庸及笔者所举的两条例证可信度低。雪窗本号称"校正新刊",但"文字改动、错乱处不胜枚举,有时错误得十分离谱,匪夷所思"⑦,"牡""牝"形近,势难不误。《太平御览》征引此文有两处,篇首《尔雅》正文大字明作"骊牡",而《册府元龟》《礼书》《礼记集说》《通志》《文献通考》等两宋大型典籍也无一不作"骊牡",《太平御览》于此处引作"骊牝"当为笔误。《七经孟子考文补

---

① 《尚书·汤诰》"敢用玄牡,敢昭告于上天神后"、《论语·尧曰》"敢用玄牡,敢昭告于皇皇后帝"等文献中的"玄牡"都表示用黑色的牡牛犊所制成的牺牲,并非活的牛犊。
② 〔清〕阮元校刻《十三经注疏·礼记正义》,第 2764 页上。
③ 杨天宇《郑玄三礼注研究》,天津:天津人民出版社,2007 年,第 208 页。
④ 〔宋〕李昉《太平御览》卷八九三《兽部五》,《四部丛刊》影日本静嘉堂文库藏宋本,第 5 页 a。
⑤ [日]山井鼎撰、[日]物观补遗《七经孟子考文补遗》,北京:国家图书馆出版社,2016 年,第 452 页下。
⑥ 《经典释文汇校》,第 951 页下。
⑦ 拙作《元雪窗书院本〈尔雅注〉考》(未刊稿)。

遗》所引古《礼记注》讹字甚多,亦不可尽据①。相对而言,现存《尔雅》版本中,唐石经、南宋国子监刊本(翻刻自五代监本)、南宋十行本、元巾箱本、明吴元恭本等均号称善本,皆作"骊牝",其可信度更高。

第三,"騋牝,骊牡"更符合《尔雅》本义。臧琳、段玉裁等均认为郭本《尔雅》"骊牝"是解释《诗·定之方中》"騋牝三千"中的"騋牝"二字的,只是"騋""骊"双声,"骊"可以释"騋",而"牡"不可释"牝",故改"牡"为"牝",以圆其说②。但其实"《诗》则以'騋牝'为义,不与《尔雅》相蒙"③,《尔雅》此条"騋牝,骊牡,玄驹,褭骖"当视为完整的一条,合观方得文义。宋人罗愿云:

> 騋宜于牝,故《释畜》称"騋牝,骊牡,玄驹,褭骖",盖言以騋为牝,以骊为牡,而生玄驹,则谓之褭骖也。褭骖,古之良马名。褭骖取名于此,则其良可知。卫文公乘狄之败,始建城市而营宫室,得其时制,百姓说之,国家殷富,其末章称"騋牝三千",亦以騋者牝之良,利以生驹云尔。④

即认为《尔雅》义为"以騋为牝,以骊为牡,而生玄驹,则谓之褭骖也",宋陆佃《尔雅新义》亦有类似的说法。明李承勋《名马记》、清陈大章《诗传名物集览》、邵晋涵《尔雅正义》等皆承袭或认可罗愿的说法,我们认为可从。这因为:

首先,符合《尔雅》文例。如《释兽》云"麋:牡麔,牝麎,其子麇""鹿:牡麚,牝麀,其子麛""麕:牡麌,牝麜,其子麆""狼:牡獾,牝狼,其子獥",《释畜》云"犘牛,犦牛,犩牛⋯⋯其子犊""羊:牡羒,牝䍧⋯⋯未成羊羜""犬:生三猣,二师,一玂,未成毫狗""鸡:大者蜀,蜀子雓,未成鸡僆"等,字句虽长短不一,但《尔雅》先述成年的兽、畜名称,后述未成年的兽、畜名称的文例是前后一贯的。诚如董瑞椿所说:"上文既释騋之牝、牡,此条正承上文,释騋之子。"⑤"騋牝,骊牡"与"玄驹,褭骖"之间当有前后顺承关系,"玄驹"正是"騋"或"骊"之子。

其次,符合释义惯例。"騋"与"牝"、"骊"与"牡"之间都是一体的两个侧面,而不是分开的两个独立个体。西汉焦延寿《易林》中屡次言及"騋牝",如:

> 1.《小畜之剥》云"王母送我,騋牝字驹",尚秉和曰"字,乳也"。《无妄》云"騋牝龙身,日驭三千",吴棫《韵补》"騋牝"作"牝马"。⑥

---

① 王坤《〈十三经注疏校勘记〉与〈七经孟子考文〉之〈礼记〉校勘考释》,浙江大学硕士学位论文,2012年。
② 〔清〕段玉裁撰,许惟贤整理《说文解字注》,第809、810页。
③ 〔清〕王先谦撰,吴格点校《诗三家义集疏》,北京:中华书局,1987年,第244页。
④ 〔宋〕罗愿撰,石云孙校点《尔雅翼》,合肥:黄山书社,2013年,第270页。
⑤ 〔清〕董瑞椿《读尔雅日记》,见朱祖延主编《尔雅诂林》,武汉:湖北教育出版社,2014年,第6册,第4585页下。
⑥ 〔旧题汉〕焦延寿撰,徐传武、胡真校点集注《易林汇校集注》,上海:上海古籍出版社,2012年,第364—366页。

2.《观之比》云"麟趾龙身,日驭三千",翟校本"麟趾"作"騋牝",《四部》注引《诗》传云"子孙宗族皆化于善"。《井》云"獹牝龙身,进所无前",《士礼》本"獹"作"驴",《象解》云"獹,良犬也"。①

3.《恒之鼎》云:"騋牝龙身,日驭三千。"②

既能生马驹,又与"龙身""牝马""麟趾""獹牝"等对称,则《易林》中的"騋牝"只能理解为騋之牝者,即母良马。如果我们将范围进一步扩大,搜罗秦汉时期的出土文献中哺乳动物名与"牝"或"牡"相组合的词汇,也有大量相关的例证,如:

1.《睡虎地秦墓楚简·秦律杂抄》:"牛大牝十,其六毋(无)子,……羊牝十,其四毋(无)子。"《封诊氏·盗马》:"马一匹,骓牝,右剽。"等。③

2.《居延汉简 EPC:1》:"驿马一匹,骍牡,左剽,齿八岁。"《225·44》:"马一匹,骢牡,齿柒岁。"《N120A〕*》:"马一匹,骠牡,齿六岁。"《154·15》:"马一匹,骊牡,齿十三岁。"等。④

3.《敦煌悬泉汉简·传马名籍·简 84》:"传马一匹,骍牡,齿八岁。"《简 85》:"传马一匹,骝牡,齿八岁。"《简 90》:"传马一匹,骍牡,左剽,齿八岁。"《简 94》:"传马一匹,聊牡,左剽,齿八岁。"等。⑤

因此"騋牝"为母良马,"骊牡"是公黑马,确凿无疑。《毛诗·定之方中》毛传云"騋马与牝马也",将"騋牝"一分为二,是不符合秦汉以前类似组词的释义惯例的。南宋范处义《诗补传》、朱熹《诗集传》、清李慈铭《越缦堂读书记》等早已予以否定。

最后,符合生物学常识。《史记·匈奴列传》索隐引崔豹《古今注》云"驴牡马牝,生骡",《说文》云:"骡,驴父马母。",句法与此相似,而今本《古今注》作"驴为牡,马为牝,即生骡;马为牡,驴为牝,即生駃"⑥,"骡"即马骡,个大却脾气倔;"駃"即驴骡,个小却善奔跑。贾思勰解释说:"骡:驴覆马生骡,则准常。常以马覆驴,所生骡者,形容壮大,弥复胜马。然必选七八岁草驴,骨目正大者。母长则受驹,父大则子壮。"⑦足见像马、驴这样的哺乳动物,其外形高大与否取决于其母,而能力秉性则多半取决于其父。因为母骨骼小则不堪受孕,故现实

---

① 徐传武、胡真《易林汇校集注》,第 763、785 页。
② 同上书,第 1219 页。
③ 陈伟主编《秦简牍合集》(1 上),武汉:武汉大学出版社,2015 年,第 183、294 页。
④ 李天虹《居延汉简簿籍分类研究》,第 151、152 页。
⑤ 张俊民《敦煌悬泉置出土文书研究》,第 315、316 页。
⑥ 〔西晋〕崔豹《古今注》卷中,第 6 页 b、第 7 页 b。
⑦ 〔北魏〕贾思勰撰,石声汉校释《齐民要术校释》,北京:中华书局,2009 年,第 516、517 页。

中马父驴母所产之骡极为少见。"褭骖"为古之良马,当即"騕褭",故其母必然高大。《汉书·武帝纪》注引应劭云:"古有骏马名要褭,赤喙黑身,一日行万五千里也。"因此"騋牝"与"骊牡"结合方能生产出"褭骖"这样成年后为骏马的小马驹,今蜚声国际的著名生物学家郭郛所著《尔雅注证》即认可了这样的说法。若如臧琳等据《尔雅》成例定作"騋牡,骊牝",产出的就不一定是良驹了。

四 结语

相对于郑玄、孙炎师徒二人而言,郭璞"騋牝,骊牡",而将"玄"字属下的断句显然更符合《尔雅》文本原意。郭璞之前,注《尔雅》者众多,除郑玄、孙炎外,著名者尚有犍为文学、刘歆、樊光、李巡等,今皆无异文、异读流传下来,想必皆与郭璞同。更可证者,早于郑玄之前的许慎,于《说文》"騋"下引《尔雅》亦作"騋牝骊牡"(段注始误改作"騋牝骊牝")。郭璞注《尔雅》号称"错综樊、孙,博关群言",一定亲睹过许慎、郑玄、孙炎等各种文本,于各自优劣也必了然于胸,最终未加采用,想必自有他的一番思虑。至于今所见《经义杂记》,嘉庆间如周中孚、方东树、阮元、江藩等学者就颇疑其非臧琳原书,而是经其玄孙臧庸增益,殊难尽信①,故笔者于此合理怀疑上文所举臧琳之说就是臧庸在见到雪窗本作"騋牝骊牡"后而增补的,其中又参杂了段玉裁、卢文弨等人之见解,前后观点并非一致,他日当详考之。

附记:此文曾经南京师范大学文学院苏芃教授审阅并提出宝贵意见,谨此致谢!

---

① 陈鸿森《汉学师承记笺释序》,见漆永祥《汉学师承记笺释》,上海:上海古籍出版社,2013年,第7、8页。

诸子文本与校释

《庄子·盗跖》"冯气"解
——兼释"侅溺于冯气"与"满若堵耳"

吕淑娴

【内容提要】《盗跖》篇"平为福"一章中,"侅溺于冯气""满若堵耳"等句之训解历来众说纷纭。"冯"字在此章中三见,是解读此章的关键。陆德明、成玄英曾训"冯"为"愤懑",但宋以后学者多不取此说。今结合《楚辞》王逸注及相关文献,可知"冯"应训为"愤懑",系先秦两汉楚地方言常见用法。"冯"既训"懑",则"侅溺于冯气""体泽则冯""冯而不舍""满若堵耳"诸句亦可迎刃而解。

【关键词】 庄子 盗跖 冯气 成玄英 训诂学

《庄子·盗跖》云:

> 平为福,有余为害者,物莫不然,而财其甚者也。今富人,耳营于钟鼓管籥之声,口嗛于刍豢醪醴之味,以感其意,遗忘其业,可谓乱矣;侅溺于冯气,若负重行而上也,可谓苦矣;贪财而取慰,贪权而取竭,静居则溺,体泽则冯,可谓疾矣;为欲富就利,故满若堵耳而不知避,且冯而不舍,可谓辱矣;财积而无用,服膺而不舍,满心戚醮,求益而不止,可谓忧矣;内则疑劫请之贼,外则畏寇盗之害,内周楼疏,外不敢独行,可谓畏矣。此六者,天下之至害也。①

此章是对富人贪婪多欲而致忧懑伤身之苦状的描述。其中"侅溺于冯气""体泽则冯""冯而不舍""服膺而不舍"诸句之训释历来众说纷纭。这四句话中,"冯"字三见,"服膺"二字,旧注亦认为系"冯"字之合音,如唐初成玄英疏解

【作者简介】吕淑娴,安庆师范大学人文学院讲师。
① 〔清〕郭庆藩撰,王孝鱼点校《庄子集释》卷九下《盗跖》,北京:中华书局,2012年,第1012页。其中"若负重行而上也",中国国家图书馆藏南宋高宗时期湖北刻本《南华真经注》同(索书号:08350,第九册第30叶b),而《庄子集释》据成玄英疏文和北宋陈碧虚《庄子阙误》改为"若负重行而上阪",本文从国图宋刻本。

"服膺而不舍"句曰"冯而不舍"。① 王念孙曰:"《庄子·盗跖》篇曰'冯而不舍',又曰'服膺而不舍',服膺即冯也"。② 又《仪礼·士丧礼》"冯亦如之",郑玄注曰"冯,服膺之"。③《礼记·丧大记》"冯尸",郑玄注亦曰"冯,谓扶持服膺",④凡此皆是先秦两汉文献中"服膺"同"冯"之例,《盗跖》之"服膺"亦当从成玄英、王念孙训为"冯"。⑤

包括"服膺"在内,"冯"字在本章中共四见,是理解本章文义的关键所在。

一 前人对"冯"与"服膺"的训释

三"冯"字,唐初成玄英疏文和陆德明《经典释文》均训为"愤懑"。成玄英"佼溺于冯气"句疏曰:"冯气,犹愤懑也。""体泽则冯"句疏曰:"体气悦泽则愤懑斯生。""冯而不舍"句疏曰:"心中愤懑,贪婪不舍。"⑥《释文》曰:"冯音愤,愤,满也,下同,言愤畜不通之气也。"⑦此处"满"当读为"懑",《说文·心部》曰"愤,懑也"⑧,与此相合。

宋代以来注《庄子》者多对《释文》、成疏训"冯"为"愤懑"有所质疑,而据"冯"字的常见义项另立新解。"冯"字的常见义项如下:(1)借为"淜",《说文》曰:"淜,无舟渡河也。"⑨仅见于"暴虎冯河"一词中。(2)借为"凭",《说文》曰"凭,依几也。从几,从任。"⑩常见于"冯几(或作凭几)"一词,有凭借、凭靠之义,引申有凭恃、冯陵之义。⑪ 以上训释是自先秦以来"冯"字的常见义项,也是宋代以来诸家注释三"冯"字的主要依据。

宋代以来注者对三"冯"字注解意见纷纭,且往往一章之中,其训释不尽相同,颇为混乱。先看"冯而不舍"和"服膺而不舍"句,此"冯"字诸家多训为"凭

---

① 〔清〕郭庆藩撰,王孝鱼点校《庄子集释》卷九下《盗跖》,第1014页。
② 〔清〕王念孙《读书杂志》下册《余编》下卷《文选》"有冯应而尚缺"条,中华书局影印同治九年金陵书局刻本,1991年,第1070页。
③ 《仪礼注疏》卷三六,影印阮元校刻《十三经注疏》本,北京:中华书局,2009年,第2461页上栏。
④ 《礼记正义》卷四五《丧服大记》,影印阮元校刻《十三经注疏》本,第3429页下栏。
⑤ "冯"为并母蒸部开口三等平声字,"服"为并母,"膺"为影母蒸部开口三等平声字,"服膺"相切正是"冯"字读音。正如"诸"为"之于"之合音一样,"冯"字应是"服膺"之合音。
⑥ 〔清〕郭庆藩撰,王孝鱼点校《庄子集释》卷九下《盗跖》,第1013—1014页。
⑦ 〔清〕郭庆藩撰,王孝鱼点校《庄子集释》卷九下《盗跖》,第1013页。
⑧ 〔汉〕许慎《说文解字》卷一〇下《心部》,影印陈昌治刻本,北京:中华书局,1963年,第221页下栏。
⑨ 〔汉〕许慎《说文解字》卷一一上《水部》,第223页上栏。
⑩ 〔汉〕许慎《说文解字》卷一四上《几部》,第299页下栏。
⑪ "冯陵"有欺凌、压迫之义,出自《左传·襄公八年》"冯陵我城郭",杜预注曰"冯,迫也"。见《春秋左传正义》卷三〇《襄公八年》,影印阮元校刻《十三经注疏》本,第4210页。

恃""冯陵",如明陆树芝曰:"且愈凭恃气焰,求之而不舍。"①"服膺"则多训为"念念不忘",如南宋林希逸曰"服膺,念念不忘也",今人多从此解。②

再看"体泽则冯"句,"体泽"即身体肥胖,各家无异议,但"冯"字训释不一:(1)有训为"凭恃""冯陵"者,如北宋林疑独曰:"体泽则冯陵有为。"③(2)或训为"暴虎冯河"之"冯"者,如明杨慎《"冯"字新解》反驳《释文》,并提出"冯"字新诂,曰:"体泽则冯,经营外物,如冯河徒涉,身陷九渊,故曰冯,似不必改作'愤'音也。"④(3)或训为"凭依""凭借"者,如清胡文英曰:"体既肥泽,则须冯靠也。"⑤(4)还有训为"满胀"者,此解始见于清宣颖《南华经解》,今人亦有从此说者,如陆永品《庄子通释》曰:"冯,满胀,即血气滞塞。"⑥

"侅溺于冯气"句是三"冯"字句中最为难解的一句,此句训解分歧也最多,对后世影响较大的训释主要有以下几种:(1)训"凭恃",如北宋吕惠卿曰:"冯与凭同,侅溺于冯气,若负重行而上者,谓冯恃其资其气,骄满如此也。"⑦(2)训为"暴虎冯河"之"冯",如杨慎曰:"冯当音如冯河之冯,言富人积资如负重,然既已难矣,又行而上,尤其难也,故曰'可谓苦矣'。"(3)训"凭借",如清林云铭曰:"冯,用力之意,犹借也。"⑧(4)也有串讲文义训"冯气"为"不正之气"者,此解始见于林疑独"冯气,不正之气",⑨明陆西星与之相似,训为"气失其平"。⑩

可以看出,宋代以来三"冯"字训释分歧虽大,但是基本不出其常见义项"凭借""凭恃""冯河""冯陵"之范围。清王念孙结合先秦文献,就"侅溺于冯气"之"冯"字提出了不同于以上诸家的训释观点,对后世注《庄子》者影响很大,清代以来主要注《庄》著作如清郭庆藩《庄子集释》、王先谦《庄子集解》、近人王叔岷《庄子校诠》、今人陈鼓应《庄子今注今译》等均从此解。王氏训释全文如下:

> 《释文》曰:"冯气,冯音愤,愤,满也。言愤畜不通之气也。"案"冯气",盛气也。昭五年《左传》"今君奋焉,震电冯怒",杜注曰:"冯,盛也。"《楚

---

① 〔明〕陆树芝撰,张京华点校《庄子雪·杂篇·盗跖第七》,上海:华东师范大学出版社,2011年,第364页。
② 〔宋〕林希逸撰,周启成校注《庄子鬳斋口义校注》卷九,北京:中华书局,1997年,第464页。
③ 〔宋〕褚伯秀撰,方勇点校《南华真经义海纂微》卷九六,北京:中华书局,2018年,第1273页。
④ 〔明〕杨慎《升庵外集》卷四六《子说部》,日本内阁文库藏明万历刊本,编号:子073—0010,第24叶a,下引杨慎注同。
⑤ 〔清〕胡文英撰,李花蕾点校《庄子独见》,上海:华东师范大学出版社,2011年,第245页。
⑥ 陆永品《庄子通释·杂篇·盗跖》,北京:经济管理出版社,2003年,第502页。
⑦ 〔宋〕吕惠卿撰,汤君集校《庄子义集校》卷九,北京:中华书局,2009年,第549页。
⑧ 〔清〕林云铭撰,张京华点校《庄子因》卷六,上海:华东师范大学出版社,2011年,第332页。
⑨ 〔宋〕褚伯秀撰,方勇点校《南华真经义海纂微》卷九六,第1273页。
⑩ 〔明〕陆西星撰,蒋门马点校《南华真经副墨》卷七,北京:中华书局,2010年,第451页。

辞·离骚》"冯不厌乎求索",王注曰:"冯,满也,楚人名满曰冯。"是冯为盛、满之义,无烦改读为愤也。①

王念孙注意到陆德明"冯音愤,愤,满也"之训,并结合《左传》杜预注和《楚辞》王逸注,认为"冯"确当如《释文》训"满",且"冯"本有"满"义,无须改读为"愤",并将"冯气"训为"盛气"。

王念孙此解虽然已经十分接近,但仍未得之。其实,《释文》之"愤,满也"和《楚辞》王逸注文"冯,满也,楚人名满曰冯"中二"满"字并非读如字,而应读为"愤懑"之"懑",有烦闷、心闷之义(详见下文)。马叙伦曰"冯借为懑,同唇音也",②其训"冯"为"懑",实已得其确诂,但将"冯"假借为"懑"则不妥。通过梳理《楚辞》《淮南子》等楚地文献可知,先秦两汉时期楚地方言中"冯"正训为"愤懑",无须假借为"懑"。

二 先秦两汉楚地方言"冯"训"愤懑"

先秦两汉时期"冯"字还有一个常用义项,即唐初陆德明、成玄英所训之"愤懑"义。《说文》"愤,懑也""懑,烦也",③"愤懑"有心闷、心烦之义,段玉裁注"懑"字云:"烦者,热头痛也。引申之,凡心闷皆为烦。"④

"冯"训"愤懑"应是先秦两汉时期楚地方言。据统计,《楚辞》中"冯"(字或作"憑")共出现12次,其中以下6处均训为愤懑,其正文、王逸注文如下:⑤

1. 众皆竞进以贪婪兮,憑不厌乎求索。(《离骚》)王逸注:"憑不厌乎求索。憑,满也。楚人名满曰憑。"

2. 依前圣以节中兮,喟憑心而历兹。(《离骚》)王逸注:"言己所言,皆依前世圣人之法,节其中和,喟然舒愤懑之心,历数前世成败之道,而为此词也。"

3. 独历年而离愍兮,羌冯心犹未化。(《思美人》)王逸注:"愤懑守节,不易性也。"

4. 窃快在中心兮,扬厥憑而不竢。(《思美人》)王逸注:"思舒愤懑,无所待也。"

---

① 〔清〕王念孙《读书杂志》下册《余编上·庄子》"冯气"条,第1022页下栏—第1023页上栏。
② 马叙伦《庄子义证·杂篇盗跖第二十九》,上海:商务印书馆,1930年,第15叶a。
③ 〔汉〕许慎《说文解字》卷一〇下《心部》,第221页下栏。
④ 〔清〕段玉裁《说文解字注》卷一〇下《心部》"懑"字注文,影印经韵楼刻本,上海:上海古籍出版社,1981年,第512页上栏。
⑤ 《楚辞》引文、王逸注文、《考异》均见〔南宋〕洪兴祖撰,白化文等点校《楚辞补注》,北京:中华书局,1983年。

5. 独悲愁其伤人兮,冯郁郁其何极!(《九辩》)王逸注:"愤懑盈胸,终年岁也。"

6. 愿舒志而抽冯兮,庸讵知其吉凶?(《哀时命》)王逸注:"言已思舒志意,援引愤懑,尽极忠信,当何缘知其逢吉将被凶也?"《考异》曰:"冯,一作凭,一作懑,一作愁。"

第一条引文即上文王念孙训"冯气"时所引;第二条引文"喟凭心",王逸注曰"喟然舒愤懑之心",可知"凭"训"愤懑";第三条引文,《思美人》"羌冯心犹未化"句,王逸注曰"愤懑守节,不易性也",训"冯"为"愤懑";第4条引文"窃快在中心兮,扬厥凭而不俟"句,"凭"和"快"相对,"快"有心情畅快之义,相应地,"凭"当是不快、烦闷之义,王逸注"扬厥凭"为"思舒愤懑",亦是"凭"训"愤懑"之例;第五条引文"冯郁郁",王逸训为"愤懑盈胸";第六条引文"愿舒志而抽冯兮"之"冯"有异文作"凭""懑""愁",乃同义相代之异文,亦是"冯"训"愤懑"之证。

由以上书证可知,第一条引文,也即王念孙训"冯气"所引之王逸注文"凭,满也,楚人名满曰凭",其中二"满"字并非读如字,而应通"懑",训作"愤懑",可知将"冯(凭)"训为"愤懑"是先秦两汉楚地方言常见用法。

而除了《楚辞》,其他楚地文献中也有"冯(凭)"训为"愤懑"之例,如《淮南子·修务训》曰"发愤而成仁,帽懑而为义",①王念孙训"帽懑"曰"帽当为惛,字之误也",认为"帽"为"惛"字之讹,并读"帽懑"为"惛悗"(训"忼慨")。② 其实不用改字为训,此句以"发""帽"对文,"帽""冒"同源通用,《释名》"帽,冒也",③贾谊《新书·耳痹》曰"子胥发郁冒忿,辅阖闾而行",④亦以"发"和"冒"对文可证。同理,"愤""懑"也是对文,义定相通,高诱注"帽懑"曰"帽懑,盈满积思之貌",可知"懑"字训为"愤懑、烦闷",和《楚辞》"冯(凭)"字训"愤懑"相同。

庄子本为战国宋蒙人,宋楚相近,《至乐》云"庄子之楚",《秋水》记载了楚威王闻庄子之名,厚币以迎,许以为相的故事,均从侧面反映了庄子和楚地的密切关系。亦有学者认为庄子就是楚人,如王国维《国朝汉学派戴阮二家之哲学说》中于"惟老庄之徒,生于南方"句后自注曰:"庄子楚人,虽生于宋而钓于濮水。陆德明《经典释文》曰'陈地水也',此时陈已灭,则亦楚地也,故楚王欲

---

① 〔汉〕刘安编,刘文典撰,冯逸、乔华点校《淮南鸿烈集解》卷一九,北京:中华书局,2013年,第638页。
② 〔清〕王念孙《读书杂志》下册卷九之一九《淮南内篇》"帽懑"条,第942页上栏。
③ 〔汉〕刘熙撰,〔清〕毕沅疏证,〔清〕王先谦补,祝敏彻、孙玉文点校《释名疏证补》卷四《释首饰第十五》,北京:中华书局,2008年,第158页。
④ 〔汉〕贾谊撰,阎振益、钟夏校注《新书校注》卷七《耳痹》,北京:中华书局,2000年,第269页。

以为相。"①先秦书面文献虽多以中原雅言为基础,但也必然受到地域方言的影响,历代治《庄子》者亦多强调此书在语言、思想和文风上受到了楚地文化极大的影响,②而"冯"字据楚地方言训为"愤㥴"也正反映出这一点。

"冯"字的含义一旦确定,则"侅溺于冯气""体泽则冯""冯而不舍""满若堵耳"诸句训释皆可迎刃而解。

"冯气"即"愤㥴之气",也即陆德明所曰"愤畜不通之气"。西汉扬雄《方言》曰"愤,盈也",③郑玄曰"愤,怒气充实也",④段玉裁曰:"忿与愤义不同,愤以气盈为义,忿以狷急为义。"⑤可知,愤㥴之气即满盈之怒气,怒气盈满而不出,故陆德明曰"冯气"为"愤畜不通之气"。气满不出致身体沉重,故下句曰"若负重行而上也"。

"体泽则冯"即身体肥胖则心生愤㥴,文从字顺。至于"冯而不舍"和"服膺而不舍"两句,正可以和《离骚》"众皆竞进以贪婪兮,憑不厌乎求索"相互参照。《离骚》"众皆竞进以贪婪兮,憑不厌乎求索"句,王逸注文"楚人名满曰憑"还有下文,其文曰"言在位之人,无有清洁之志,皆并进取,贪婪于财利,中心虽满,犹复求索,不知厌饱也",⑥此句注文可谓《庄子》此章的绝佳注脚。所谓"贪婪于财利,中心虽满,犹复求索",即贵富之人即使因为贪求财富而心生愤㥴,但仍不愿放弃贪利之欲,这正对应了《庄子》"满若堵耳而不知避,且冯而不舍""财积而无用,服膺而不舍"二句,是"冯""服膺"训为"愤㥴"的有力佐证。

而"侅溺于冯气"句仍不能读通,这是因为"侅"字释义尚未明了,下文结合《释文》、成疏解释"侅"字之义。

三 "侅"读为"阂",训"闭塞不通"

《说文》训"侅"字为"非常",曰:"奇侅,非常也。从人,亥声。"⑦先秦两汉文献中,"侅"字极罕见,仅见于《庄子》《白虎通义》等少量文献中。此处训"非常"

---

① 〔清〕王国维《静庵文集》,辽宁:辽宁教育出版社,1997年,第100页。关于庄子是宋人还是楚人,以及庄子故里"蒙"究竟指何地,学界聚讼纷纭,不再赘述。
② 如冯友兰《庄子与楚人精神》曰:"此段(《天运》篇)形式内容,皆与《天问》一致,此虽不必为庄子所作,要之可见庄学与楚人之关系也。……庄子一方面受楚人思想之影响,一方面受辩者思想之影响,故能以辩者之辩论,述超旷恍惚之思,而自成一系统焉。"见冯友兰《中国哲学史·上》第十章《庄子及道家中之庄学》,北京:中华书局,2014年,第233—234页。
③ 〔汉〕扬雄撰,周祖谟校笺《方言校笺》卷一二,北京:中华书局,1993年,第78页。
④ 《礼记正义》卷三八《乐记》,影印阮元校刻《十三经注疏》本,第3327页。
⑤ 〔清〕段玉裁《说文解字注》卷一〇下《心部》"忿"字注文,第511页上栏。
⑥ 〔宋〕洪兴祖撰,白化文等点校《楚辞补注》卷一《离骚经章句第一》,第11页。
⑦ 〔汉〕许慎《说文解字》卷八上《人部》,第162页下栏。

不辞,颇为难解,故前人训释分歧很大。

陆德明《释文》记载了此字在唐初存在的三种解释:(1)东晋徐邈音"硋",五代反;(2)又户该反,饮食至咽为㕧;(3)一云"遍也"。成玄英疏文云:"贪欲既多,劳役困弊,心中㕧塞,沉溺愤懑",将"㕧"训为"㕧塞","溺"训为"沉溺"。①宋明以来学者训释不一,或在陆氏、成氏范围内诠释,或另立新解,其训释可分为三种。

第一种,将"㕧"训为"非常",将"㕧溺"训为"陷溺之甚"。此解始见于明陆树芝:"㕧,非常也。㕧溺,当是陷溺之甚,特异寻常也。"②清郭嵩焘从此解,并反驳"饮食至咽为㕧"解曰:"《释文》'饮食至咽为㕧',未免强以意通之。《说文》:'奇㕧,非常也。'扬子《方言》:'非常曰㕧事。'㕧溺,犹言沉溺之深也。"③由于郭嵩焘之解收录在郭庆藩《庄子集释》中,而《庄子集释》是清末至今通行的《庄子》注本,因此此后很多注本均沿袭此解。

第二种,依陆德明训为"饮食至咽为㕧",从此解者最多,且往往将"溺"训为"尿"。如明陆西星训"㕧溺于冯气"曰"气失其平,或咽于上而为㕧,或泄于下而为溺",④清林云铭训为"吞咽曰㕧。溺,遗尿也。冯,用力之意,犹借也"。⑤

以上是宋代以来通行的两种训释,或训为"非常",但"非常陷溺"不辞,不可取。或训为"饮食至咽",并将"溺"训为"尿"、"冯"训为"凭借"。而第三种训释,即徐邈音"硋"、成玄英训"㕧塞",却少有人问津。马叙伦从此解,并认为此义乃"阂"字之假借,曰:"㕧借为阂,《说文》曰'阂,外闭也'。"⑥此说甚是。

"㕧"字当读为"阂",训闭塞不通、窒塞。"闭塞不通"义乃从其"外闭"之义引申而来,《说文·门部》"阂,外闭也,从门,亥声",⑦北大汉简《苍颉篇》简73曰"阂關闠扃",四字为同义连文,均与关门有关,亦是"外闭"之义。⑧ 实际上,先秦两汉文献中"㕧"字已有假借为"阂"(训"闭塞")之例,如《白虎通义·论阴

---

① 释文和成疏见〔清〕郭庆藩撰,王孝鱼点校《庄子集释》卷九下《盗跖》,第1013页。
② 〔明〕陆树芝撰,张京华点校《庄子雪·杂篇·盗跖第七》,第364页。
③ 〔清〕郭庆藩撰,王孝鱼点校《庄子集释》卷九下《盗跖》,第1013页。
④ 〔明〕陆西星撰,蒋门马点校《南华真经副墨》卷七,第451页。
⑤ 〔清〕林云铭撰,张京华点校《庄子因》卷六,第332页。
⑥ 马叙伦《庄子义证·杂篇盗跖第二十九》,第15叶a。
⑦ 〔汉〕许慎《说文解字》卷一二上《门部》,第249页上栏。
⑧ 北京大学出土文献研究所编《北京大学藏西汉竹书·壹》,上海:上海古籍出版社,2015年,第37页。此字整理小组释读为"阙",今从网友jileijilei改释为"阂",见"北大汉简《苍颉篇》释文商榷"主题帖,复旦大学出土文献与古文字研究中心论坛,2015年11月14日00:42,http://www.fdgwz.org.cn/forum/forum.php?mod=viewthread&tid=7733,检索时间:2024年06月05日。

盛阳衰》"亥者,侅也,律中应钟",①《淮南子·天文训》正作"阂",曰:"亥者,阂也,律受应钟。"②《白虎通义》之"侅"即读为"阂"。

古人把古乐十二律、十二地支和十二月相配,农历十月为亥月,对应十二律之应钟,此时正值孟冬,阴盛阳衰,万物闭藏,故上引《天文训》曰"亥者,阂也,律受应钟"。《礼记·月令》亦云:"孟冬之月……天气上腾,地气下降,天地不通,闭塞而成冬。"③《汉书·律历志》曰"应钟,言阴气应亡射,该臧万物而杂阳阂种也",孟康注曰"阂,臧塞也,阴杂阳气,臧塞为万物作种也",晋灼注曰"外闭曰阂"。④ 以上均说明"阂"引申有"闭塞不通"之义,又《庄子·达生》"灵台一而不桎",《释文》引西晋司马彪注曰"桎,阂也","阂"亦有窒塞之义。⑤

"侅溺于冯气"之"侅"读为"阂",既可与成玄英训"侅塞"、徐逸音"碍"相合,亦与《释文》解"冯气"为"愤畜不通之气"相合,均有闭塞不通之义。上文已论证"冯气"即满盈之怒气,所谓"侅溺于冯气",即窒塞陷溺于愤懑之气。上句曰"口嗛于刍豢醪醴之味",言富人贪婪口腹之欲,乃至"侅溺于冯气",即心中窒塞陷溺于愤懑之气。懑气闭而不出,令人身重,故下句曰"若负重行而上也,可谓苦矣",文从字顺。

《吕氏春秋·孟春纪·重己》曰:"味众珍则胃充,胃充则中大鞔,中大鞔而气不达,以此长生可得乎?"此句可与本章"富人……口嗛于刍豢醪醴之味……侅溺于冯气,若负重行而上也"互参。高诱注曰:"鞔读曰懑,不胜食气为懑病也。肥肉厚酒,烂肠之食,此之谓也。不达,壅闭也。"⑥"不胜食气为懑病也",与"口嗛于刍豢醪醴之味……侅溺于冯气"类似,所谓"气不达"即食气窒塞于内之意,高诱训为"壅闭",与"阂"训"闭塞"同义,亦是"冯"训"懑"、"侅"训"闭塞不通"之证。

四 "满若堵耳"新解

"为欲富就利,故满若堵耳而不知避,且冯而不舍,可谓辱矣"句中之"满若堵耳"难解,前人训释也有很大分歧。成玄英训"满"为"充满",训"堵"为"墙",

---

① 〔汉〕班固撰集,〔清〕陈立疏证,吴则虞点校《白虎通疏证》卷四,北京:中华书局,1994年,第179页。
② 〔汉〕刘安编,刘文典集解,冯逸、乔华点校《淮南鸿烈集解》卷三《天文训》,第112页。
③ 《礼记正义》卷一七《月令》,影印阮元校刻《十三经注疏》本,第2991页。
④ 《汉书》(点校本二十四史)卷二一《律历志第一上》,北京:中华书局,1962年,第960—961页。
⑤ 〔清〕郭庆藩撰,王孝鱼点校《庄子集释》卷七上《达生》,第662页。
⑥ 正文和高诱注文均出自许维遹集释,梁运华整理《吕氏春秋集释》卷一,第22—23页。

云:"堵,墙也。夫欲就利,情同壑壁,譬彼堵墙,版筑满盈,心中愤懑,贪婪不舍,不知避害,岂非耻辱邪。"①前人有从此说者,如明陆西星曰:"积聚多财,满于阿堵,暴于耳目而不知避。"②

但用"满"来形容"墙",实属牵强,故前人往往寻求别解,主要有两种解释:(1)一种是将"满"训为"高"或"厚"。训"高"者,如南宋林希逸训曰:"积财而高于堵,所谓阿堵物是也。"③今人陈鼓应亦曰:"意指积财高于墙而不知足。"④训"厚"者,如阮毓崧曰:"言蓄藏堆积,厚若墙垣。"⑤此解文义可通,故后人从者较多。但古书中"满"并无"高"或"厚"义,此解违背了语言的社会性原则,有望文生训之嫌。(2)还有一种解释是训"堵"为"塞","耳"训"耳朵",此解始见于明陆树芝"溺于富利,故满盈自是,虽或言提其耳,亦若塞耳无闻,不知避忌",⑥即心中傲慢满盈,塞耳不闻忠言劝诫之意,后人从此解者亦多。

"满若堵耳而不知避"之"满若堵耳"无论是训为"积财像墙一样满",还是"塞耳不闻",均不免牵强。若联系上句"体泽则冯,可谓疾矣"和下句"且冯而不舍,可谓辱矣",并结合"冯"训"愤懑"这条线索,则"满若堵耳"之训释可迎刃而解。

"满若堵耳"上下句之"冯"既训为"愤懑",而古书中"满"字又常通为"懑",训为"愤懑",⑦正和"冯"义相合,故此"满若堵耳"之"满"也当训愤懑。"满"训愤懑,则"堵"字必不训"墙",当以声求之,读为"痦","痦"和"堵"同从"者"得声,可相通。"堵"读为"痦",正与《诗经·小雅·小宛》"哀我填寡"之"填"读为"瘨"(训"病")相类。⑧"痦"和"疾"同,也是疾病之通称,《说文》:"痦,病也,从疒,者声。"⑨《尔雅·释诂下》亦云"痡痦虺颓玄黄,病也",郭璞注曰:"虺颓玄黄,皆人病之通名,而说者便谓之马疾,失其义也。"⑩

---

① 〔清〕郭庆藩撰,王孝鱼点校《庄子集释》卷九下《盗跖》,第1013—1014页。
② 〔明〕陆西星撰,蒋门马点校《南华真经副墨》卷七,第451页。
③ 〔宋〕林希逸撰,周启成校注《庄子鬳斋口义校注》卷九,第464页。
④ 陈鼓应《庄子今注今译·杂篇·盗跖三》,北京:中华书局,2009年,第851—852页。
⑤ 阮毓崧《庄子集注·杂篇·盗跖第七》,台北:广文书局,1972年,第484页。
⑥ 〔明〕陆树芝撰,张京华点校《庄子雪·杂篇·盗跖第七》,第364页。
⑦ "懑"从"满"得声,二字同源,古书中"懑"义字常作"满",略举例如右:《汉书·石显传》"忧满不食",颜师古注曰"满,读曰懑,音闷",见《汉书》卷九三《佞幸传第六十三》,第3730页。北京大学藏西汉竹书《荆决》简25"有隐者,云古满满","满满"亦通"懑懑",有愁懑之义,类似《诗经·郑风·风雨》"云胡不夷""云胡不喜",见北京大学出土文献研究所编《北京大学藏西汉竹书·伍》,上海:上海古籍出版社,2015年,图版见第162页,释文见第176页。
⑧ 朱熹注曰"填,与瘨同,病也",见〔宋〕朱熹撰,赵长征点校《诗集传》,北京:中华书局,2017年,第216页。
⑨ 〔汉〕许慎《说文解字》卷七下《疒部》,第154页上栏。
⑩ 《尔雅注疏》卷二《释诂下》,影印阮元校刻《十三经注疏》本,第5599页。

综上,"满若堵耳"当读为"懑若瘖耳",有愤懑如疾之义,既承接上句"体泽则冯,可谓疾矣"之"疾"字,同时下文"而不知避"所"避"者即此"懑若瘖耳"之苦状,上下文逻辑关系十分严密,文从字顺。

余　论

本章"冯"字三见,又是"服膺"之合音,是训释的关键。《释文》和成疏训为"愤懑",但后世鲜有从者。梳理《楚辞》《淮南子》等文献可知,楚地方言"冯"正训为"愤懑",与本章相合。"侅"字当读为"阂",徐邈音"硋",成疏训"侅塞",均有闭塞不通之义。据"冯"字释义并结合上下文,可知"满若堵耳"当读为"懑若瘖耳",有愤懑如疾之义。下面将本章大意串讲如下:

平为福,多余为害,凡物皆然,财富更是如此。今之富人,沉溺于声色与山珍海味之中,情迷心窍,欲令智昏,遗忘其本业,可谓迷乱;窒塞陷溺于愤懑之气,气满而不出,身体沉重,若负重上行,可谓劳苦;贪财而取怨,贪权而耗费精思,静居则沉溺嗜欲,身体肥胖,心生愤懑,可以说是疾病了;为了追求财富权力,因此即使愤懑得像是生病了也不知避害,如此愤懑仍不愿舍弃贪欲,可以说是自取其辱了;财富积累而无所用之,愤懑但不愿舍弃,满心烦恼,求益不止,可以说是忧虑了;在家里则担心小偷,在外则畏惧盗寇,因此家中楼房严闭,在外不敢独行,可以说是畏惧了。以上六种是天下的大害。[①]

古训、旧注是古人留下的丰富训诂遗产,单就《庄子》而言,陆德明《释文》、成玄英疏文中保存了大量汉代以来的旧注,十分宝贵。但宋代以来注《庄子》者对这些旧注往往不够重视,遇到旧注"扞格不通"之处,便有可能出现如本章这般以今律古、望文生训之解。而近代以来注《庄子》者又多推崇宋明以来旧注,因此往往沿袭其误而不知,这是我们今天训释《庄子》所应当留意之处。

[①] 其中"贪财而取慰,贪权而取竭"和"内周楼疏"二句训释有争议,本文依从陈鼓应之译文,见陈鼓应《庄子今注今译·杂篇·盗跖三》,第854页。

《庄子·人间世》"是以人恶有其美也"章校释

张子帆

【内容提要】《庄子·人间世》:"而强以仁义绳墨之言术暴人之前者,是以人恶有其美也。""术"讹,当作"衒"。"有"讹,当作"育"。"是以人恶有其美也"中"有(育)其"误倒,当作"是以人恶其育美也"。

【关键词】《庄子》 校勘 "是以人恶有其美也"

《庄子·人间世》:

> 且德厚信矼,未达人气。名闻不争,未达人心。而强以仁义绳墨之言术暴人之前者,是以人恶有其美也。命之曰菑人。①

此章存在两个讹字和一处误倒。讹字"术"的出现不晚于北宋,讹字"有"的出现不晚于西晋,"是以人恶有其美也"中的误倒或早在魏晋以前。今传世刻本三处皆误,而误倒早在抄本时代可定。

北宋陈景元谓江南古藏本"术"作"衒",仅录异文,无论证。陆德明《庄子音义》载崔譔《庄子注》本"有"作"育",亦仅载异文,无论断。历代校者,从唐代陆德明到近人王叔岷,均未指认出"是以人恶有其美也"有误倒。因不明经文有误倒,不知"有"为"育"之讹,不晓"育"训"卖",不能发明"衒""育"的对应关系,前代学者未能于此三处错乱相互关照,而诸家校释阐说皆未中肯綮。

此章的三处错误因产生年代较早,刻本《庄子》皆因袭之。核检数种宋刻本,皆有误,如中国国家图书馆藏南宋刻本《南华真经》、台北傅斯年图书馆藏南宋安仁赵谏议宅刊本《南华真经》、日本静嘉堂文库藏南宋刻本《南华真经注疏》、法国国家图书馆藏宋刻本《南华真经》、中国国家图书馆藏宋刻本《分章标

【作者简介】张子帆,华中师范大学历史文化学院讲师。
【基金项目】教育部人文社会科学研究青年基金项目"清代《尔雅》校勘学研究与疑难文本考校"(22YJC870021)、中国博士后科学基金第74批面上资助项目(2023M741320)、国家资助博士后研究人员计划(C档)(GZC20230930)、中央高校基本科研业务费一般种子培育项目(CCNU24XJ007)阶段性成果。

① 文本据中国国家图书馆藏南宋刻本《南华真经》卷二《人间世》,第4—5叶。

题南华真经》、中国国家图书馆藏宋刻本《庄子鬳斋口义》。此外,北京大学图书馆藏元刻明修本《纂图互注南华真经》、日本宫内厅书陵部藏室町时期抄本《南华真经注疏解经》、《四部丛刊》影印明世德堂本《南华真经》等版本皆承此误,至今不能改正。此章因有较严重的文本错误,导致历代注家之阐释皆未达庄生本意,笔者纂采前贤之思,试为校补,并申释文义。

《人间世》此章所载孔颜答问乃庄子假托之言,奥义虽深,终悖孔门大义,只可看作庄子为表达自家思想所作的一篇戏剧。此中孔颜对话包含多个层次,与本文校释相关的只有第一层对话,因校勘之需,于其背景略作展开,余不多论。

颜回听闻卫君轻用民死,不见其过,故欲往说卫君,救其民人。孔子却说"若殆往而刑耳",恐其自身难保,这是本章的背景。引文是孔子回答颜回之语。孔子之意,颜回固然"德厚信矼",身自深信笃行,却不识卫君之性情习气。虽"名闻不争",但未能降伏君王的乘人之心。既与卫君无深交,又未达其心,卫君恐不能理解其德行与志业,若汲汲于此时强进仁义之言,无异于暴人之过而成己之善,人故恨之。如此,发心虽善,实则害己而有损于卫国,故曰"菑人"。

西晋郭象注云:

> 今回之德信与其不争之名,彼所未达也,而强以仁义准绳于彼,彼将谓回欲毁人以自成也。①

郭注未释"术"字,无功亦无过,谓颜回"欲毁人以自成",此说大体不错,然亦未得真义。

唐成玄英疏云:

> 回之德性,卫君未达,而强用仁义之术行于暴人之前,所述先王美言,必遭卫君憎恶,故不可也。②

成玄英以"仁义之术"释之,则"术"为"道术"义。依此读经文,则语不成文。此不知阙疑而曲说迎合,而不知所迎合者为讹字。此所谓解而愈惑,盖有不能通而妄言之失,后人据成疏而误者不在少数。

宋吕惠卿云:

> 今回未足以及此,而强以仁义绳墨之言,开导于暴人之前者,则是有其美而人恶之也。③

吕惠卿以"开导"释"术",无依据,无举证,难以信从。又不知"有"为"育"之讹

---

① 〔晋〕郭象注,〔唐〕成玄英疏,曹础基、黄兰发点校《南华真经注疏》,北京:中华书局,1998年,第77页。
② 〔晋〕郭象注,〔唐〕成玄英疏,曹础基、黄兰发点校《南华真经注疏》,第77页。
③ 〔宋〕吕惠卿撰,汤君集校《庄子义集校》,北京:中华书局,2009年,第64页。

而曲解文义。

宋林希逸云：

> 我虽有德有信，而未达彼人之性气，我虽曰令名令闻，而未达晓彼人之心谓我如何，而强以仁义法度之言陈述①于暴恶人之前，人必恶汝，谓汝矜夸，自有其美也。绳墨，法度也；术与述同。②

林希逸说此章胜过成玄英、吕惠卿，但认为"术"与"述"同，为"陈述"义，此亦误导后人。

前贤训解繁多，不能尽录，综括之，"术"的训释可分三类：(1)"术"为"道术"义，成玄英持此说。(2)"术"与"述"同，"陈述"义，林希逸持此说。钟泰亦以"术"同"述"，为"称述"义。③ (3)"术"为讹字，陈景元《南华真经阙误》载录异文"衒"。释德清④、刘文典⑤、刘武⑥等有论说。亦有两存而不辨者。焦竑《庄子翼》："术与述同。江南古藏本作衒。"⑦钱澄之《庄屈合诂》："术，与述同，一作衒。"⑧钱穆《庄子纂笺》⑨、王叔岷《庄子校诠》⑩同。

按"术"，形近而讹，当作"衒"。先说作"衒"的理由。"衒"讹作"术"，此或传抄校刻者疏误所致，抑或抄手不识僻字"衒"而因"术"字形相似以己意改之亦未可知。宋刻本已误，但宋人所见江南古藏本作"衒"。陈景元《南华真经阙误》："衒暴人之前者，见江南古藏本，旧作术。"⑪陈景元《南华真经章句音义》记载同⑫，国图藏南宋刻本《南华真经》天头处有批注亦云"江南作衒"⑬，知江南古藏本作"衒"，与今传本异。

---

① 标校本脚注："述，道藏本作术。"笔者按中国国家图书馆藏宋刻本《庄子鬳斋口义》作"述"，道藏本作"术"盖援经文而改。
② 〔宋〕林希逸撰，周启成校注《庄子鬳斋口义校注》，北京：中华书局，1997年，第58页。
③ 钟泰《庄子发微》，上海：上海古籍出版社，2002年，第80页。
④ "当是衒字。"见〔明〕憨山（释德清）撰，梅愚点校《庄子内篇注》，武汉：崇文书局，2015年，第67页。
⑤ 刘文典撰，赵锋、诸伟奇点校《庄子补正》，北京：中华书局，2015年，第111页。
⑥ 刘武《庄子集解内篇补正》，北京：中华书局，2012年，第468页。
⑦ 〔明〕焦竑《庄子翼》，方勇编《子藏·道家部·庄子卷》第44册影印明万历十六年(1588)王元贞校刊《老庄翼》本，北京：国家图书馆出版社，2011年，第415页。笔者按：刻本原文作"衒与遹"，皆明代讹俗字。
⑧ 〔明〕钱澄之撰，殷呈祥校点《庄屈合诂》，合肥：黄山书社，1998年，第60页。
⑨ 钱穆《庄子纂笺》（新校本），北京：九州出版社，2011年，第30页。
⑩ 王叔岷《庄子校诠》，北京：中华书局，2007年，第122页。
⑪ 〔宋〕陈景元《南华真经阙误》，《子藏·道家部·庄子卷》第16册，北京：国家图书馆出版社，2011年，第420页。
⑫ 〔宋〕陈景元《南华真经章句音义》，《子藏·道家部·庄子卷》第16册，第100页。
⑬ 中国国家图书馆藏南宋刻本《南华真经》卷二《人间世》，第4叶B面。

"衒"为"叫卖"义。《说文解字·行部》:"衒,行且卖也。从行从言。"又作"衙",云:"衙,或从玄。"①笔者按"行且卖",且叫且卖,若走街小贩。徐锴《说文解字系传》:"臣锴按:崔骃曰'叫呼衒鬻。'"

该词多含贬义,观《汉语大字典》所收5个义项可知:①沿街叫卖。②古谓女子不经媒妁而与男子交往。③炫耀。④迷惑;惑乱。⑤同"袨"。华丽之服;盛装。②庄文以此暗讽颜回适卫,炫卖己德而徒取惑乱,将受其害而无益卫国,终将难保其身。

"术"为讹字,马叙伦《庄子义证》③、刘文典《庄子补正》④、闻一多《庄子章句》⑤《庄子校补》⑥、刘武《庄子集解内篇补正》⑦皆有述论,当无疑异。只其中文字微妙处及"衒"与下文"育"的对应关系未能辨明。"衒""育"皆含"卖"义而微有别,此当显明庄文之妙,深可玩味。

亦有学者认为"术"非讹字,而读"术"为"述"。李贽《南华经解》云:"乃以仁义绳墨之言强述于暴人之前,则尔以为美而彼反恶之,亦其势然耳。"⑧此将"术"作"陈述"义讲。下文回应林希逸、李贽、孙诒让等学者的训解,辨正读"术"为"述",作"陈述"义不可信的原因。

孙诒让《札迻》卷五《庄子郭象注》云:

> 案:"术"与"述"古通,《礼记·祭义》:"结诸心,形诸色,而术省之。"郑注云:"'术'当为'述',声之误也。"⑨

孙诒让试图借助通假找到《人间世》"术"训"陈述"的理由,如此则能与林希逸结论相通,然孙氏曲解郑玄,妄谈通假,而后来学者不能明辨,以非为是。其说

---

① 〔南唐〕徐锴《说文解字系传》,北京:中华书局,1987年,第37页下栏。
② 汉语大字典编辑委员会编撰《汉语大字典:九卷本》(第二版),武汉:崇文书局、成都:四川辞书出版社,2010年,第893页。
③ 马叙伦撰,李林点校《庄子义证、庄子天下篇述义》,杭州:浙江古籍出版社,2019年,第110页。
④ "典案:术暴人之前者,义不可通。'术',碧虚子校引江南古藏本作'衒',义较长。今本'术'字疑是形近而误。"见刘文典撰,赵锋、诸伟奇点校《庄子补正》,第111页。
⑤ "衒本作术,据江南古藏本改。"见闻一多《庄子章句》,《闻一多全集》第9册,武汉:湖北人民出版社,1994年,第99页。
⑥ 闻一多《庄子校补》,《闻一多全集》第9册,武汉:湖北人民出版社,1994年,第335页。
⑦ "术,焦竑云:'江南古藏本作衒。'武按:《孔子集语》所引亦然。当作'衒'。《前汉·东方朔传》:'四方士多上书得失,自衒鬻。'师古注:'衒,行卖也。'又《韵会》:'自矜也。'恶,俞樾云:'《释文》'恶,音乌路反',非也。美恶相对为文,当读如本字。'俞说是也。言仁义,美德也,今强以此言衒鬻于暴人之前,是以人恶而无此美德,已则有之也。'其'字,指仁义绳墨言。有其美,即自衒也。"见刘武《庄子集解内篇补正》,第88页。刘武云:"是以人恶而无此美德,已则有之也。"笔者按"有"为"育"之讹,此说误。
⑧ 〔明〕李贽《南华经解》,《子藏·道家部·庄子卷》第41册,北京:国家图书馆出版社影印明刊本,第68页。
⑨ 〔清〕孙诒让撰,梁运华点校《札迻》,北京:中华书局,1989年,第148页。

多有征引，影响尤大，故不得不辨。王先谦《庄子集解》[①]引郭嵩焘说与孙说同，章太炎《庄子解故》[②]亦以之为是，下文破除此误说。

《礼记·祭义》郑玄注云："'術'当为'述'，声之误也。"这明显是校勘，是声之误，孙氏以此为《人间世》"術""述"通假的证据本就不当。"術""述"可通用[③]，但具体到《人间世》则非通假问题，况其于文义不通。下面我们考察"術省"之"術"的涵义，则知《祭义》郑玄注"術"当作"述"，二者不是通假关系，而是校勘问题。

《礼记·祭义》"術省之"，陆德明《礼记音义》云"術，义作述"，表示此字当以"述"字读之，其义则通。孔颖达《礼记正义》云："而術省之者。術，述。省，视也。言思念其亲，但遍循述而省视之，反复不忘也，此乃孝子思念亲之志也。"[④]知"術（当作述）省"之义是"遍循述而省视"。"術（述）省"为一词，不必分开独释，若单说"術（述）省"之"術"（述），可作"遍循"义讲。言孝子恭敬诚恳，反复循查省视其心与行，唯恐不敬。孔氏"術"（实为述）训"遍循述"，这是随文释义。《说文·辵部》"述"亦训"循"，故知《祭义》"術省"之"術"（当作述）绝非"陈述"义。孙诒让、郭嵩焘、王先谦、章太炎皆将《人间世》"而强以仁义绳墨之言術暴人之前者"之"術"理解为"陈述"义，与《祭义》"遍循述"义大相径庭。因知孙诒让等将郑玄《祭义》"術"的校勘视作《人间世》"術"作"陈述"义的证据有张冠李戴之嫌，且不省两处文义有别。又"術（当作述）省"二字合为一词，而《人间世》"術暴人之前者"之"術"（当作衒）独用，此亦不同。"衒"含"卖"义，与下文"育"（即鬻，亦卖义）相应，与"陈述"无关，故知"術"误，当作"衒"。

校正了"術"之误，再谈"是以人恶有其美也"中的讹误和倒文。"有"当作"育"，"育"即"鬻"，此处训"卖"。"人恶有其美也"当作"人恶其育美也"。"而强以仁义绳墨之言術暴人之前者，是以人恶有其美也"，当校正作"而强以仁义绳墨之言衒暴人之前者，是以人恶其育美也"。以往注家的训解之所以未达庄子本意，是因为没有将三处错误联系在一起考察，虽然发现了部分错讹但未见全貌，则于文义不能贯通。笔者运用乾嘉"理必校法"还原三处错误之原文，复使其相互发明，则虽倒文之误无异文佐证，亦可推知原文必当如此。

《人间世》"有"当作"育"，形近而讹。陆德明《庄子音义》："崔本'有'作

---

① 《庄子集解》引郭嵩焘云："《祭义》'而術省之'，郑注'術，当为述。'"见〔清〕王先谦撰，沈啸寰点校《庄子集解》，北京：中华书局，2012年，第47页。
② 章太炎撰，朱季海校点《庄子解故》，《章太炎全集》第6册，上海：上海人民出版社，2014年，第153页。
③ 如《诗·邶风·日月》："胡能有定，报我不述。陆德明《释文》："述，本亦作術。"再如《仪礼·士丧礼》："筮人许诺，不述命。"郑注："古文述皆作術。"
④ 〔清〕阮元校刻《礼记注疏》，北京：中华书局影印清嘉庆刊本，第3474页。

'育',云'卖也'。"①据此知崔譔《庄子注》本作"育",训"卖"。颜师古《汉书注》:"莽曰有成。"②王先谦:"官本'有成'作'育成'。"③此亦古籍中"有""育"相乱之例。

俞樾《诸子平议》卷十七《庄子》:

> 樾谨按:《释文》:"恶,音乌路反。"非也。"美""恶"相对为文,当读如本字。"有"者,"育"字之误。《释文》云:"崔本作'育',云卖也。"《说文·贝部》:"賣,衒也。读若育。"此"育"字即"賣"之假字,经传每以"鬻"为之。"鬻"亦音"育"也。"以人恶育其美"谓以人之恶,鬻己之美也。④

俞樾反对陆德明"恶,乌路反"的音读,谓"当读如本字",为"美恶"之"恶"。钟泰《庄子发微》⑤、刘武《庄子集解内篇补正》⑥同意俞说。此说误,"是以人恶其育美",因此卫君厌恶颜回自卖其美,乃"厌恶"义,非"美恶",陆德明音读正确。

俞樾指出"育"为"賣"的假借字。《说文·贝部》:"賣,衒也。……读若育。"按"賣"字经传少见。《玉篇·贝部》:"賣,余六切,衒也。或作粥、鬻。"⑦"賣""鬻"通,经传多用"鬻"字,如《左传》昭公三年:"于是景公繁于刑,有鬻踊者。"⑧《孟子·万章上》:"百里奚自鬻于秦养牲者五羊之皮。"⑨"賣"之废,因隶变字形易与《说文·出部》"賣"字相混。《人间世》以"育"字写之,取其音而已。"育"读为"賣"则与上句"衒"字相应,皆含"卖"义而微有别。王逸《九思·疾世》:"欲衒鬻兮莫取。"⑩"衒鬻"义近连用。俞樾的功绩,在本陆德明《庄子音义》所载异文,发明"育"训"卖"之理,但未能指认出文本的误倒,故亦未得经文之真义。

俞樾云"'以人恶育其美'谓以人之恶,鬻己之美也",大意不错,但牵强不通。此因不明文本有误倒,而割裂原文强为之说。原文作"是以人恶有(育)其

---

① 据日本奈良天理大学图书馆藏宋刻本《庄子音义》,见〔唐〕陆德明撰,〔韩国〕黄华珍编校《日藏宋本庄子音义》,上海:上海古籍出版社,1996年,第38页。
② 〔汉〕班固撰,〔唐〕颜师古注,〔清〕王先谦补注,上海师范大学古籍整理研究所整理《汉书补注》,上海:上海古籍出版社,2008年,第2378页。
③ 〔汉〕班固撰,〔唐〕颜师古注,〔清〕王先谦补注,上海师范大学古籍整理研究所整理《汉书补注》,第2384页。此例为山东大学文学院王辉教授所授。拙文得王教授审读,特表谢忱,文责自负。
④ 〔清〕俞樾撰,张道勤点校《诸子平议》(上),《俞樾全集》第3册,杭州:浙江古籍出版社,2017年,第359页。
⑤ 钟泰《庄子发微》,第80页。
⑥ 刘武《庄子集解内篇补正》,第88页。
⑦ 〔南朝·梁〕顾野王编撰,陈彭年等重修《大广益会玉篇》,北京:中华书局,1987年,第474页。
⑧ 〔清〕阮元校刻《春秋左传注疏》,北京:中华书局影印清嘉庆刊本,第4411页。
⑨ 〔清〕阮元校刻《孟子注疏》,北京:中华书局影印清嘉庆刊本,第5958页。
⑩ 〔宋〕洪兴祖撰,白化文、许德楠、李如鸾等点校《楚辞补注》,北京:中华书局,1983年,第318页。

美也",依俞樾断句,则"是"字置于何处?此处"是以"连用,不可割裂,当改为"是以人恶其育美也"。

《人间世》倒文之误不止一处,《南华真经阙误》载张君房本有异文作"若往而殆刑耳"[1],亦有误倒,当作"若殆往而刑耳",此因不明"若殆"之义而颠倒其文,此处不详论。

先秦两汉古籍,因不识假借之字而误倒者不止于《庄子》。王念孙总结古书错讹之由六十二条中"有不识假借之字而颠倒其文者",与《人间世》此处误倒相似。

> 有不识假借之字而颠倒其文者。《人间篇》:"国危不而安,患结不而解,何谓贵智。""而"读曰"能",言危不能安,患不能解,则无为贵智也。后人不知而与能同,遂改为"国危而不安,患结而不解"矣。[2]

此不知"而"读曰"能",而颠倒其文,与不知《人间世》"育"读为"賣"而误倒其文者,其误相仿佛。

总结以上考校,《庄子·人间世》此章文本当校正作"而强以仁义绳墨之言衒暴人之前者,是以人恶其育美也"。

---

[1] 〔宋〕陈景元《南华真经阙误》,第420页。
[2] 〔清〕王念孙撰,徐炜君、樊波成、虞思征、张靖伟等点校《读书杂志》,上海:上海古籍出版社,2015年,第2480页。

俞樾《庄子平议》考辨三十二则

李志明

【内容提要】《庄子》为道家学派的代表作,对中国古代哲学、文艺等产生了深远影响。此书向来以晦涩著称,自魏晋以来,为之作注者不下百家。清代朴学大盛,在校勘、训释方面推动了庄子学的研究,其中俞樾的《庄子平议》贡献犹大。然笔者结合古代经史文献对《庄子平议》中的 196 条校释条目逐一考辨,发现其中有 32 条在训释方面似有不周之处,现试作论析。

【关键词】 俞樾 《庄子平议》 庄子 道家 朴学

一 引言

《庄子》为道家学派代表作,其书内容深奥精微,语言瑰丽诡谲,对中国古代学术思想、文化艺术产生了深远影响。清代以降,朴学蔚然成风,庄学研究亦迈向新的阶段,其中俞樾的《庄子平议》在继承王念孙《庄子杂志》的基础上,综合运用多种训诂方法,解释文辞章句,辨析前人得失,将《庄子》研究推向了新的境界,此后郭庆藩《庄子集释》、王先谦《庄子集解》、孙诒让《庄子札迻》、章太炎《庄子解故》等莫不参考俞说。今人方勇在《庄子学史》中对之称赞道:"俞樾的《庄子平议》是继王念孙《庄子杂志》之后又一部十分重要的《庄子》校订著作,对《庄子》中大量文句、文义作了精心考订,取得了很大的学术成就。"[①] 足见《庄子平议》在庄学史上的重要地位。

不过俞氏该书失误之处亦不少。最近由凤凰出版社出版、王华宝整理的《诸子平议》[②] 在校勘和标点方面用力颇多,对俞氏观点正误的辨析则相对较少;另外如王其和《俞樾训诂研究》[③]、李香平《俞樾〈诸子平议〉研究》[④] 虽对俞氏

【作者简介】 李志明,南开大学文学院博士研究生。

① 方勇《庄子学史》,北京:人民出版社,2017 年,第 336 页。
② 〔清〕俞樾撰,王华宝整理《诸子平议》,南京:凤凰出版社,2022 年。
③ 王其和《俞樾训诂研究》,济南:齐鲁书社,2011 年。
④ 李香平《俞樾〈诸子平议〉研究》,暨南大学博士学位论文,2010 年。

训诂、校勘失误之处进行了分类讨论,但对《庄子平议》则涉及较少。目前专门探讨《庄子平议》失误的论文仅见郭鹏飞、蔡挺《俞樾〈诸子平议·庄子〉辨析》[①]一篇,论文辑出俞氏解读《庄子》失误的文献有 6 条。然据笔者对《庄子平议》中俞樾 196 条校释条目的逐一考辨,发现其失误之处当有 32 条,现对此进行说明。

二 俞樾《庄子平议》辨正

1. 楚之南有冥灵者,以五百岁为春,五百岁为秋;上古有大椿者,以八千岁为春,八千岁为秋。而彭祖乃今以久特闻。[②]（《逍遥游》）

> 樾谨按:彭祖,人名也,然则冥灵、大椿亦人名也,犹上文"朝菌不知晦朔,蟪蛄不知春秋",蟪蛄,虫名也,而高诱注《淮南·道应篇》曰"朝菌,朝生暮死之虫",则亦虫名也。盖论大年、小年当以有血气之属言之。故论小者,则以虫言,朝菌也,蟪蛄也,虫之中尤为小年者也;论大者则以人言:冥灵也,大椿也,彭祖也,人之中尤为大年者也。若杂以草木,则不伦矣。大椿,疑本作大春,以八千岁为春,故以"大春"名之。汉有井大春,或即取之。此后人误解为木名,遂加木旁作"椿"耳。据《释文》"冥灵之冥,亦或作榠",即其例也。冥字不必从木,则春字亦何必从木乎?潘尼以木槿说朝菌,司马彪又以木槿说大椿,几乎无大小之辨,足知其不然矣。

按,俞樾以"冥灵""大椿"为人名,此说少文献依据。后世注《庄子》者多将"冥灵""大椿"解为木名。宋陈景元《庄子阙误》引成玄英疏本"八千岁为秋"下有"此大年也"[③]四字,正与前文"此小年也"相对。则"朝菌""蟪蛄"为虫,为"小年";"冥灵""大椿"为木,为大年。木寿长于虫,此亦合乎常识。其后庄子又特举出"彭祖",则大年、小年皆不足道矣。如此语义流畅完备,亦不必如俞氏强从一律,使五者均为"血气之属",且庄子文笔鼓荡,草木虽非"血气之属"但未必不能有知。《人间世》篇有栎社与匠石谈论"无用乃大用"之案例,则草木亦有其知,不必非为"血气之属"方能言"大年""小年"。

---

① 郭鹏飞、蔡挺《俞樾〈诸子平议·庄子〉辨析》,《西南交通大学学报(社会科学版)》2019 年第 5 期。
② 〔清〕俞樾撰,王华宝整理《诸子平议》,第 410—411 页。
③ 〔宋〕陈景元撰《庄子阙误》,文渊阁四库全书本,第 1058 册,台北:台湾商务印书馆,1986 年,第 278 页。

2. 吾将为宾乎?① (《逍遥游》)

樾谨按：此本作"吾将为实乎"，与上"吾将为名乎"相对成文。"吾将为名乎"，名者，实之宾也，其意已足。"吾将为实乎"，当连下文读之，其文曰"吾将为实乎？鹪鹩巢于深林，不过一枝，偃鼠饮河，不过满腹。归休乎君，予无所用天下为"，盖无所用天下，则以实而言，又不足为矣，故云"吾将为实乎"？……实与宾形似，又涉上句"实之宾也"而误，不可以不正。若如今本，则为宾即是为名，两文复矣。

按，俞说非是。此处《庄子》原文为尧让天下于许由，许由推辞曰："子治天下，天下既已治也，而我犹代子，吾将为名乎？名者，实之宾也，吾将为宾乎？"②这里"吾将为名乎"与"吾将为宾乎"两者语义并不重复，俞氏弄错了"实""宾""名"三者之间的关系。"实"为主，"宾"为客，两者为一组对立的概念范畴；"名"为"宾"的具体表现(此处指"君位")，"宾"为"名"的一般抽象，因此"宾"与"名"并不是同一层次的概念，这里庄子先云"吾将为名乎"，再言"吾将为宾乎"，正是由具体到抽象、层层深入。且"实"这一概念在《庄子》中多有积极义，如《德充符》云"今吾闻至人之言，恐吾无其实"、《应帝王》云"吾与汝既其文，未既其实"。若如俞氏改为"吾将为实乎"(即吾不为"实")，则"实"变为消极义，亦违背《庄子》的用字惯例。

3. 宋人有善为不龟手之药者。③ (《逍遥游》)

樾谨按：《释文》引司马云"文拆如龟文也"，又云"如龟挛缩也"，义皆未安。向云"拘，坼也"，郭注亦云"能令手不拘坼"，然则龟字宜即读如拘。盖龟有丘音，《后汉·西域传》"龟兹"，读曰"丘慈"是也。古丘音与区同，故亦得读如拘矣。"拘"之言拘挛也。不龟者，不拘挛也。"龟文"之说虽非，"挛缩"之说则是，但不必以"如龟"为说耳。

按，俞氏以龟为拘，此说较牵强。按陆德明《经典释文》，丘与区同为"去求反"，而区有"古侯反""丘于反""乌侯反""去丘反"四音，拘有"句于反""古侯反""九于反"三音，丘、区、拘三字中，丘与区有同音项，区与拘有同音项，拘若为"拘挛"义，当读"句于反"，而丘未有此音，则龟亦未有此音，俞氏称"古丘音与区同，故亦得读如拘矣"未审何据。又《经典释文》云"龟，愧悲反，徐举伦反，

---

① 〔清〕俞樾撰，王华宝整理《诸子平议》，第411页。
② 〔清〕郭庆藩撰，王孝鱼点校《庄子集释》，北京：中华书局，1985年，第24页。
③ 〔清〕俞樾撰，王华宝整理《诸子平议》，第412页。

李居危反"①,郭庆藩《庄子集释》引李桢云"龟手,释文云徐举伦反,盖以龟为皲之假借"②,吴承士《经籍旧音序录》亦云:"龟本之部字,而韵书相承入脂,脂、谆对转,故假龟为皲,徐邈审知旧读,故音'举伦反'。"③则《庄子》此处当以"龟"为"皲",为皮肤坼裂之意,俞氏或因其为南人,未经雪霜寒冻,无有手皲裂之经历,故将"龟"错解为"拘挛"义。

4. 夫大块噫气,其名为风。④(《齐物论》)

樾谨按:大块者,地也。"块"乃由之或体。《说文·土部》"由,墣也",盖即《中庸》所谓"一撮土之多"者,积而至于广大,则成地矣,故以地为大块也。司马云"大朴之貌",郭注曰"大块者,无物也",并失其义。此本说"地籁",然则"大块"非地而何?

按,俞氏以"大块"为"大地",其说非是。《庄子·大宗师》有"夫大块载我以形,劳我以生,佚我以老,息我以死"之句,若以大块为大地,此句亦难疏通。《淮南子·俶真训》中亦有"大块载我以形"之句,高诱注云:"大块,天地之间也。"⑤此说良是。《周易》有"天地盈虚"⑥之句,萧统《陶渊明集序》云:"宜乎与大块而盈虚,随中和而任放。"⑦则是以"大块"为"天地";另白居易《闲适二·闻庾七左降因咏所怀》有"人生大块间,如鸿毛在风"⑧,亦以"大块"为"天地"。

5. 小知闲闲。⑨(《齐物论》)

樾谨按:《广雅·释诂》"闲,覗也"。"小知闲闲"当从此义,谓好覗察人也。《释文》曰"有所闲别",非是。

按,俞说非是。《庄子》原文:"大知闲闲,小知间间;大言炎炎,小言詹詹。""大知"与"小知"相对,则"闲闲"与"间间"亦当含义相对。后文"大言炎炎",《经典释文》云:"于廉、于凡二反,又音谈,李作淡。"⑩则"炎""淡"可互借,《老

---

① 〔唐〕陆德明撰,黄焯汇校《经典释文汇校》,北京:中华书局,2006年,第737页。
② 〔清〕郭庆藩撰,王孝鱼点校:《庄子集释》,第38页。
③ 吴承仕著,龚弛之点校《经籍旧音辨证》,北京:中华书局,1986年,第153页。
④ 〔清〕俞樾撰,王华宝整理《诸子平议》,第413页。
⑤ 〔汉〕刘安编,刘文典撰,冯逸、乔华点校《淮南鸿烈集解》,北京:中华书局,2013年,第46页。
⑥ 〔清〕阮元校刻《十三经注疏·周易正义》,北京:中华书局,2009年,第139页。
⑦ 〔清〕严可均编《全上古三代秦汉三国六朝文》,北京:中华书局,1958年,第3067页。
⑧ 〔唐〕白居易撰,谢思炜校注《白居易诗集校注》,北京:中华书局,2006年,第535页。
⑨ 〔清〕俞樾撰,王华宝整理《诸子平议》,第413页。
⑩ 〔唐〕陆德明撰,黄焯汇校《经典释文汇校》,第739页。

子》云"道之出口,淡乎其无味"①,即"大言疏淡"之意;"小言詹詹",《说文解字》云"詹,多言也"②,即小辩之人喋喋不休,则"大言炎炎""小言詹詹"含义正相对。此处"闲闲""间间"应同样如此,故仍当遵从成玄英疏:"闲闲,宽裕也;间间,分别也。夫智惠宽大之人,率性虚淡,无是无非;小知狭劣之人,性灵褊促,有取有舍。有取有舍,故间隔而分别,无是无非,故闲暇而宽裕也。"③

6. 故解之以牛之白颡者,与豚之亢鼻者,与人有痔病者,不可以适河。④(《人间世》)

樾谨按:郭注曰"巫祝解除,弃此三者,必妙选骍具,然后敢用",此说于"故解之"三字,殊不可通。上云"宋有荆氏者,宜楸柏桑",司马云"荆氏,地名也",疑此文"解"字亦是地名,盖名举其地所有之事为说也。僖十五年《左传》"赂秦伯以河外列城五,东尽虢略,南及华山,内及解梁城",杜预注"解梁城"曰"河东解县",此所云"解",即其地矣。解地近河,故相传以牛之白颡者、豚之亢鼻者、人有痔病者,为不可以适河也。

按,俞氏以"解"为地名,此说非是。《淮南子·修务训》云"禹之为水,以身解于阳盱之河",高诱注曰:"为治水解祷,以身为质。解,读解除之解。"⑤又《汉书·郊祀志》云"古天子常以春解祠",颜师古注曰:"解祠者,谓祠祭以解罪求福。"⑥则"解"意为在古代祭祀、巫祝活动中,通过献祭禳除灾凶,解罪求福,《庄子》此处既言巫祝活动,则仍当取郭象注"巫祝解除"为是。

7. 彼且蕲以諔诡幻怪之名闻。⑦(《德充符》)

樾谨按:淑与诡,语意不伦。淑诡当读为吊诡,《齐物论篇》"其名为吊诡",正与此同。吊作淑者,古字通用,哀十六年《左传》"昊天不吊",《周官·大祝》职先郑注引作"闵天不淑",是其证矣。

按,《经典释文》曰"李云,諔诡,奇异也"⑧,《集韵》云:"諔,诡也。"⑨则諔、诡为同义连词,笔者查阅各种版本均作"諔诡",未详俞氏"淑诡"所据底本为何。

---

① 陈鼓应《老子注译及评介》,北京:中华书局,2009年,第196页。
② 〔汉〕许慎撰,陶生魁点校《说文解字》,中华书局,2020年,第36页。
③ 〔清〕郭庆藩撰,王孝鱼点校《庄子集释》,第51页。
④ 〔清〕俞樾撰,王华宝整理《诸子平议》,第421页。
⑤ 〔汉〕刘安编,刘文典撰,冯逸、乔华点校《淮南鸿烈集解》,第632页。
⑥ 〔汉〕班固撰,〔唐〕颜师古注,中华书局编辑部点校《汉书》,北京:中华书局,1962年,第1218页。
⑦ 〔清〕俞樾撰,王华宝整理《诸子平议》,第423页。
⑧ 〔唐〕陆德明撰,黄焯汇校《经典释文汇校》,第751页。
⑨ 〔宋〕丁度《集韵》,北京:中国书店,1983年,第1329页。

且《庄子·天下篇》中又有"其辞虽参差,而諔诡可观"之句,则仍当以"諔诡"为是。

8. 与乎其觚而不坚也。① (《大宗师》)

樾谨按:郭注曰"常游于独,而非固守",是读觚为孤,然与不坚之义殊不相应。《释文》引崔云"觚,棱也",亦与"不坚"之义不应,殆皆非也。《养生主篇》"技经肯綮之未尝,而况大軱乎",《释文》引崔云"盘结骨",疑此觚字即彼字。骨之盘结,是至坚者也,軱而不坚,是谓真人。崔不知"觚""軱"之同字,故前后异训耳。

按,俞氏以"觚"为"軱",此说缺少文献依据。《尔雅》云:"觚竹,北户,西王母,日下,谓之四荒。"②司马贞《史记索隐》引顾胤云:"《尔雅》孤竹、北户、西王母、日下谓之四荒也。"③则"觚"与"孤"互通,陆德明《经典释文·尔雅音义》亦云:"觚,本又作孤。"④郭象《庄子注》、成玄英疏均释"觚"为"独"⑤,则亦以"觚"为"孤",俞氏认为"读觚为孤,然与不坚之义殊不相应",然亦非不相应。"坚"有坚持、固执之义,如《荀子·宥坐》云:"一曰心达而险,二曰行辟而坚。"⑥故此句意为古之真人虽特立不群,然并不固执。郭象注曰:"常游于独而非固守。"⑦当以其说为是。

9. 厉乎其似世乎?⑧ (《大宗师》)

樾谨按:郭注曰"至人无厉,与世同行,故若厉也",此注殊不可通。且如注意,当云"世乎其似厉",不当反言"其似世"也。今按世乃泰之假字。《荀子·荣辱篇》"桥泄者,人之殃也",刘氏台拱补注曰:"桥泄,即骄泰之异文。《荀子》他篇或作汏,或作忕,或作泰,皆同。漏泄之泄,古多与外、大、害、败为韵,亦读如泰也。"又引《贾子》"简泄不可以得士"为证。然则以世为泰,犹以泄为泰也。猛厉与骄泰,其义相应。《释文》曰"厉,崔本作广",广大亦与泰义相应,泰亦大也。若以本字读之,而曰"似世",则皆不

---

① 〔清〕俞樾撰,王华宝整理《诸子平议》,第425页。
② 〔清〕王闿运《尔雅集解》,长沙:岳麓书社,2019年,第201页。
③ 〔汉〕司马迁撰,〔南朝宋〕裴骃集解,〔唐〕司马贞索隐,〔唐〕张守节正义,中华书局编辑部点校《史记》,北京:中华书局,1982年,第431页。
④ 〔唐〕陆德明撰,黄焯汇校《经典释文汇校》,第886页。
⑤ 〔清〕郭庆藩撰,王孝鱼点校《庄子集释》,第235页。
⑥ 〔清〕王先谦撰,沈啸寰、王星贤点校《荀子集解》,北京:中华书局,1988年,第520页。
⑦ 〔清〕郭庆藩撰,王孝鱼点校《庄子集释》,第235页。
⑧ 〔清〕俞樾撰,王华宝整理《诸子平议》,第425—426页。

可通矣。

按，俞氏以"厉"为"广"，以"世"为"泰"，其说可通，然郭注亦可通。《周易·乾》云："君子终日乾乾，夕惕若厉，无咎。"①郭注或即发挥"夕惕若厉"之意，即古之真人看起来像是谨慎小心，总处于危险中的样子，而世人则真是外劳其形，内损其性，总处于危险之中；又因真人一于祸福，顺从自然，其外在表现与世人无二，故"厉乎其似世"，此又合于庄子"至人无己，神人无功，圣人无名"之意。

10. 夫藏舟于壑，藏山于泽，谓之固矣，然而夜半有力者负之而走，昧者不知也。②（《大宗师》）

樾谨按：山非可藏于泽，且亦非有力者所能负之而走，其义难通。山，疑当读为汕。《尔雅·释器》"罺谓之汕"，《诗·南有嘉鱼篇》毛传曰"汕汕，樔也"，《笺》云"今之撩罟也"。"藏舟""藏汕"，疑皆以渔者言，恐为人所窃，故藏之，乃世俗常有之事，故《庄子》以为喻耳。

按，俞氏认为"山非可藏于泽"，并以"山"为"汕"，即鱼网之谓，其说非是。山隐于大泽，谓有大泽之拦而不可攀也，亦即隐藏之义，若以"山"为"汕"，则后文不必刻意强调"有力者负之而走"，且下文又云"藏小大有宜，犹有所遁"，则"小""大"与"舟""汕"不相对应。若以藏小者为舟，藏大者为山，则正相合。《庄子·应帝王》云："其于治天下也，犹涉海凿河而使蚊负山也。"亦有"负山"之语，与此正对应。

11. 有人于此，向疾强梁物彻，疏明学道不倦。③（《应帝王》）

樾谨按：《释文》引崔云"所在疾强梁之人也"，则字当为向疾，又引李云"敏疾如向也"，简文云"如向应声之疾"，则字当为响疾。疑《庄子》原文本作乡，故各以意读之耳。《文选·羽猎赋》"蠁曶如神"，善注曰"蠁曶，疾也，蠁与响同，曶与忽同"，然则响自有疾义，"响疾"连文，响亦疾也，自以作响为长矣。惟自来读者皆以"响疾强梁"为句，"物彻疏明"为句，殊不可通。此当于彻字、倦字绝句，物读为勿，古字通用。《尚书·立政篇》"时则勿有间之"，《论衡·谴告篇》作"时则物有间之"，是也。《天道篇》"中心物恺"，《释文》曰"物，本亦作勿"，此物、勿通用，见于本书者。彻，去也。"响疾强梁物彻"者，言响疾强梁而勿去也，与"疏明学道不倦"，相对为文，皆

---

① 〔清〕阮元校刻《十三经注疏》，第22页。
② 〔清〕俞樾撰，王华宝整理《诸子平议》，第426页。
③ 〔清〕俞樾撰，王华宝整理《诸子平议》，第430页。

以六字为一句。因学者不知物为勿之假字,故失其读矣。

按,俞氏疑"向"《庄子》原本作"乡",与"响"互通,其说非是。《庄子》中"向"与"响"本就互通,不必作"乡",如《在宥》云:"大人之教,若形之于影,声之于向。"《养生主》云:"砉然向然,奏刀騞然,莫不中音。"皆是以"向"为"响"。俞氏认为此句当于彻字、倦字绝句,将"物"读为"勿",其说甚为牵强。陆德明《经典释文》云:"向疾强梁,李云'敏疾如向也',简文云'如向应声之疾'。物彻疏明,司马云'物,事也;彻,通也,事能通而开明也',崔云'无物不达,无物不明'。"①成玄英疏云:"假且有人,素性聪达,神智捷疾,犹如响应,涉事理务,强干果决,鉴物洞彻,疏通明敏,学道精勤,曾无懈倦。"②皆是以"向疾强梁,物彻疏明,学道不倦"为句,笔者查阅众多《庄子》注解本,均如此断句,语义完备,不知俞氏因何说"殊不可通"。俞氏以"物"为"勿",并于"彻""倦"下断句,或为追求"物彻"与"不倦"之对仗工整,然意甚曲折,似亦不合文法。

12. 萌乎不震不正。③（《应帝王》）

> 樾谨按:《列子·黄帝篇》作"罪乎不諕不止"当从之。罪,读为崔,《说文·山部》作"崒",云"山貌",是也。諕即震之异文,"不諕不止"者,不动不止也。故以"崒乎"形容之,言与山同也。今罪误作萌,正误作止,正失其义矣。据《释文》,则崔本作"不諕不止",与《列子》同,可据以订正。

按,《经典释文》云:"不震不正,崔本作不諕不止,云如动不动也。"④《列子·黄帝篇》云:"罪乎不諕不止。"⑤崔本与《列子》皆作"不諕不止","震"为"諕"之异文,俞氏认为"正"乃"止"之误文,其说是也。然俞氏认为"萌"当从《列子》作"罪",并以"罪"为"崒",为山貌,其说颇为牵强。俞氏未审《列子》原文或本当为"萌",但误为"罪",如张湛《列子注》云"罪或作萌"⑥,向秀亦云"萌然不动,亦不自止"⑦,皆是以"罪"为"萌",按当以"萌"为是。《汉书·楚元王传》云:"民萌何以劝勉?"颜师古注曰:"萌与甿同,无知之貌。"⑧按《庄子》上下文义,壶子向季咸展示"地文"之貌,季咸以为见湿灰,下文又言"杜德机",则"地文"即死灰槁木之貌,"萌"即形容死灰槁木无知之态。

---

① 〔唐〕陆德明撰,黄焯汇校《经典释文汇校》,第759页。
② 〔清〕郭庆藩撰,王孝鱼点校《庄子集释》,第295页。
③ 〔清〕俞樾撰,王华宝整理《诸子平议》,第431页。
④ 〔唐〕陆德明撰,黄焯汇校《经典释文汇校》,第759页。
⑤ 杨伯峻《列子集释》,北京:中华书局,1979年,第72页。
⑥ 杨伯峻《列子集释》,第72页。
⑦ 同上书,第72页。
⑧ 《汉书》,第1928页。

13. 鲵桓之审为渊，止水之审为渊，流水之审为渊，渊有九名，此处三焉。[①]**（《应帝王》）**

樾谨按：审，司马云"当为蟠。蟠，聚也"，崔本作"潘"，云"回流所钟之域也"。今以字义求之，则实当为瀋。《说文·水部》"瀋，大波也，从水旛声"，作潘者，字之省。司马彪读为蟠，误也。郭本作审，则失其字矣。又按《列子·黄帝篇》云："鲵旋之潘为渊，止水之潘为渊，流水之潘为渊，滥水之潘为渊，沃水之潘为渊，氿水之潘为渊，雍水之潘为渊，汧水之潘为渊，肥水之潘为渊，是为九渊焉"，九渊全列，然于上下文殊不相属，疑为它处之错简。庄子所见已然，虽不敢径去，而实非本篇文义所系，故聊举其三耳。

按，俞氏以"审"为"瀋"，为大波之义，然原文谓"止水之审为渊"，止水乃不流动的水，不当有大波，俞说为非。司马彪作"蟠"，为聚义，可备一说。朱骏声《说文通训定声》云："审，假借为瀋。"[②]《礼记·檀弓下》有"为榆沈故设拨"之句，《经典释文》曰："沈本又作瀋。"[③]则"审""瀋""沈"可互通。沈有深义，《庄子·外物》有"慰愍沈屯"之句，《经典释文》云："沈，深也。"[④]则"审为渊"即"深为渊"，语义完备。奚侗《庄子补注》亦持此说，可参看。

14. 然则乡之所谓知者，不乃为大盗积者也？[⑤]**（《胠箧》）**

樾谨按："不"字衍文，此即上文而断之，不当作疑词。下文曰"故尝试论之，世俗所谓知者，有不为大盗积者乎？所谓圣者，有不为大盗守者乎"，则因此文而推论之，用"者乎"作问词，宜有"不"字矣。此文"不"字，即涉下文而衍。

按，俞氏认为"不"作疑词当与"者乎"相配，此处"不"为衍文。此说缺少文献依据。《后汉书》中有"炎正中微，大盗移国"之句，李贤注引《庄子》此句："向所谓智者，不反为大盗积者乎？"[⑥]则正有"不"字。又《论语·阳货》中有"赐也亦有恶乎"之句，皇侃义疏作"赐也亦有恶也"[⑦]，则"也""乎"可互通，"者也"可作"者乎"，正与前文"不"形成俞樾所谓"不……者乎"的句式。且"不"亦可与

① 〔清〕俞樾撰，王华宝整理《诸子平议》，第432页。

② 〔清〕朱骏声《说文通训定声》，武汉：武汉古籍书店，1983年，第84页。

③ 〔唐〕陆德明撰，黄焯汇校《经典释文汇校》，第371页。

④ 同上书，第811页。

⑤ 〔清〕俞樾撰，王华宝整理《诸子平议》，第437页。

⑥ 〔南朝宋〕范晔撰，〔唐〕李贤等注，中华书局编辑部点校《后汉书》，北京：中华书局，1965年，第47页。

⑦ 〔南朝宋〕皇侃撰《论语义疏》，桂林：广西师范大学出版社，2018年，第682页。

"无"通,如《尚书·洪范》中有"无偏无党,王道荡荡"之句,司马迁《史记·张释之冯唐列传》引作"书曰,不偏不党,王道荡荡"①,则"不乃"即为"无乃",亦为古文中习见句式。

15. 故田成子有乎盗贼之名,而身处尧舜之安,小国不敢非,大国不敢诛,十二世有齐国。②(《胠箧》)

樾谨按:《释文》曰"自敬仲至庄子九世,知齐政,自太公和至威王三世,为齐侯,故云十二世",此说非也。本文是说田成子,不当追从敬仲数起,疑《庄子》原文本作"世世有齐国",言自田成子之后,世有齐国也。古书遇重字,止于字下作"二"字以识之,应作"世二有齐国",传写者误倒之,则为"二世有齐国",于是其文不可通,而从田成子追数至敬仲,适得十二世,遂臆加"十"字于其上耳。

按,俞氏以"十二世"为"世世",其说甚曲折。按《史记·田完世家》从田成子至齐王建尽十世,然据《竹书纪年》,则《史记》落下田悼子、田侯剡两世。《田完世家》云:"庄子卒,子太公和立。"③司马贞《史记索隐》云:"纪年:'齐宣公十五年,田庄子卒。明年,立田悼子。悼子卒,乃次立田和。'是庄子后有悼子。盖立年无几,所以作《系本》及记史者不得录也。而庄周及鬼谷子亦云'田成子杀齐君,十二代而有齐国'。今据《系本》、系家,自成子至王建之灭,唯只十代;若如《纪年》,则悼子及侯剡即有十二代,乃与庄子、鬼谷说同,明《纪年》亦非妄。"④则从田成子至齐王建正十二世,俞说为非。

16. 吾未知圣知之不为桁杨椄槢也,仁义之不为桎梏凿枘也,焉知曾、史之不为盗、跖嚆矢也!⑤《在宥》

樾谨按:"嚆矢",未详何物。向云"矢之鸣者也"也,则因其字从口而为之说。崔本作"蒿",云"萧蒿可以为箭",此更曲说,未闻矢以蒿为之也。《释文》称"或作矫。矫,揉也",疑古本如此。《说文·矢部》"矫,揉箭箝也",《汉书·严安传》有"矫箭控弦"之语,正可以说此文。盖槢也、枘也、矢也,皆物也。接之、凿之、矫之,则皆人也。椄字见《说文·木部》云"续木也",是凡接续字,本当作椄。槢者,桁杨之楔也;枘者,桎梏之孔也。言圣知为桁杨接其

---

① 《史记》,第2751页。
② 〔清〕俞樾撰,王华宝整理《诸子平议》,第438页。
③ 《史记》,第1879页。
④ 同上。
⑤ 〔清〕俞樾撰,王华宝整理《诸子平议》,第440页。

榍,仁义为桎梏凿其枘,曾、史为桀、跖矫其矢也。《淮南子》有"大者为柱梁,小者为榱榍"之说,郑康成注《考工记》有"调其凿枘"之说,则误以"榱榍""凿枘"为皆二字连文,自汉世已然。《释文》所引诸说,宜其皆误矣。

按,俞氏据《经典释文》,以"嚆矢"为"矫矢",其说非是。《经典释文》同时载向秀注曰"嚆矢,矢之鸣者"①,王念孙《广雅疏证》亦云:"嚆者,李善注《长笛赋》引《埤仓》云:'嚆,大呼也。'音'呼交切',……《庄子》:'焉知曾、史之不为桀、跖嚆矢也。'向秀注曰:'嚆矢,矢之鸣者也。'义亦与嚆同。"②按"嚆矢"即"响箭",指发射时声先于箭而到,比喻事物的开端、先声。林希逸、陆西星、宣颖、刘凤苞等人的《庄子》注本皆作此说。笔者于四库全书数据库中检索"嚆矢"词条,则在除《庄子》类以外的典籍中,凡有"嚆矢"者未有如俞氏所说可作"矫箭"者,则俞说非是,亦未知《经典释文》此说何据。

17. 吐尔聪明。③《在宥》

樾谨按:吐,当作杜。言杜塞其聪明也。

按,俞氏以"吐"为"杜",于理可通,然少文献依据。王引之云:"吐当为咄,咄与黜同。韦昭注《周语》曰,黜,废也。黜与堕义相近。《大宗师》篇'堕肢体''黜聪明',即其证也。隶书出字或省作士(若敷省作敩,賣省作卖,款省作款之类),故咄字或作吐,形与吐相似,因讹为吐矣。"④当以王说为是,"吐"即"咄"之隶变,又因形近而讹,咄则与黜相通,《在宥篇》"堕尔形体,吐尔聪明"与《大宗师篇》"堕肢体,黜聪明"正相一致。另《淮南子·冥览训》作"𣎵肢体,绌聪明"⑤,司马谈《论六家要旨》作"去健羡,绌聪明"⑥,《汉书·司马迁传》则作"去健羡,黜聪明"⑦,则"绌""黜""咄"三字可通用,俞说为非。

18. 挈汝适复之挠挠以游无端。⑧《在宥》

樾谨按:郭于"挠挠"下出注曰"挠挠,自动也。提挈万物使复归自动之性,即无为之至也",此未得其解。《尔雅·释诂》"适,往也",然则"适

---

① 〔唐〕陆德明撰,黄焯汇校《经典释文汇校》,第769页。
② 同上书,第45页。
③ 〔清〕俞樾撰,王华宝整理《诸子平议》,第441页。
④ 〔清〕王念孙《读书杂志·余编》,北京:中国书店,1985年,第20页。
⑤ 〔汉〕刘安编,刘文典撰,冯逸、乔华点校《淮南鸿烈集解》,第191页。
⑥ 《史记》,第3285页。
⑦ 《汉书》,第2707页。
⑧ 〔清〕俞樾撰,王华宝整理《诸子平议》,第442页。

复"称往复也。挠挠,乱也,《广雅·释诂》"挠,乱也",重言之,则为挠挠矣。"适复之挠挠",此世俗之人所以不能独往独来也,惟大人则提挈其适复之挠挠者而与之共游于无端,故曰"挈汝适复之挠挠以游无端"。二句本止一句,郭失其解,并失其读矣。

按,俞氏以"挠挠"为"乱",其说非是。《大宗师篇》"孰能登天游雾,挠挑无极"句意与此相类。《说文解字》云:"挑,挠也。"① 以"挠"训"挑",则"挠挑"与"挠挠"同。《经典释文》云:"李云挠挑犹宛转也,宛转玄旷之中。"② 成玄英疏云:"挠挑,宛转也,……故能变化而无穷,将造物而宛转者也。"③ 故此处"挠挠"当为宛转之义。

19. 君子明于此十者,则韬乎其事心之大也。④（《天地》）

樾谨按:郭注曰"心大,故事无不容也",此未得事字之义。事心,犹立心也,言其立心之大也。《礼记·郊特牲篇》郑注曰"事,犹立也",《释名·释言语》曰"事,倳也","倳,立也",并其证也。如郭注,则是心足以容事,而非事心矣。《吕氏春秋·论人篇》"事心乎自然之涂",亦以事心连文,义与此同,足证郭注之误。

按,俞氏以"事心"为"立心",其说非是。《吕氏春秋·论人》云:"事心乎自然之涂。"高诱注曰:"事,治也。"⑤《庄子》中"心"多为须警惕的对象,因人有心便不可合于自然,故庄子主张"心如死灰"（《齐无论》）、"外于心知"（《人间世》）、"无心"（《知北游》）。此句上文亦有"君子不可以不刳心焉"句,"刳心"则犹见庄子之旨,故此处当以"治心"为宜,"立心"不合《庄子》语境。

20. 而今也以天下惑,予虽有祈向,不可得也。⑥（《天地》）

樾谨按:祈字无义。司马云"祈,求也",则但云"予虽祈向"足矣。郭注云"虽我有求向至道之情",则又增出情字,殆皆非也。祈,疑所字之误。言天下皆惑,予虽有所向往,不可得也。祈、所字形相似,故误耳。下同。

按,俞氏以"祈"为"所"之形误,此说少文献依据,章太炎《庄子解故》云:

---

① 〔汉〕许慎撰,〔清〕段玉裁注《说文解字注》,杭州:浙江古籍出版社,2013年,第601页。
② 〔唐〕陆德明撰,黄焯汇校《经典释文汇校》,第756页。
③ 〔清〕郭庆藩撰,王孝鱼点校《庄子集释》,第256页。
④ 〔清〕俞樾撰,王华宝整理《诸子平议》,第443页。
⑤ 〔秦〕吕不韦编,许维遹集释,梁运华整理《吕氏春秋集释》,北京:中华书局,2009年,第74页。
⑥ 〔清〕俞樾撰,王华宝整理《诸子平议》,第444页。

"《诗·大雅传》:祈,报也。《释诂》:祈,告也。《释言》:祈,叫也。向,即今乡导字。凡乡导主呼路径以报告人,故谓之祈乡。《左氏·昭十二年传》:有祈招。祈招者,告诏也,是因穆王欲周行天下,故讽谏者先举乡导为言。祈招与祈乡,一也。"①祈向即为向导、引导之义,当以章氏说为是。

21. 以二缶钟惑,而所适不得矣。②(《天地》)

樾谨按:"二缶钟"之文,未知何义。《释文》云"缶应作垂,钟应作踵,言垂脚空中,必不得有之适也",此于《庄子》之意不合。"所适",谓所之也。郭注曰"各自信据,故不知所之",是也。如陆氏说,则以适为适意之适,当云"不得其适",不当云"所适不得"也。今按钟当作踵,而"二"则"一"字之误,缶则企字之误,企下从止,缶字俗作,其下亦从止,两形相似,因致误耳。《文选·叹逝赋》注引《字林》曰"企,举踵也",《一切经音义》十五引《通俗文》曰"举踵曰企",然则企踵,犹举踵也。人一企踵,不过步武之间耳。然以一企踵惑,则已不得其所适矣。故下云"而今也以天下惑,予虽有所向,其庸可得邪"? 以天下惑,极言其地之大;以一企踵惑,极言其地之小也。上文"二人惑,则劳而不至,惑者胜也,而今也以天下惑,予虽有所向,不可得也",以天下对二人言,则以人之多寡言;此以天下对一企踵言,则以地之广狭言。"一企踵"误为"二缶钟",则不得其义矣。

按,俞氏以"二缶钟"为"一企踵",说甚曲折。《庄子》原文为:"以二缶钟惑,而所适不得矣。而今也以天下惑,予虽有祈向,其庸可得邪!"上文既言"二人惑"与"天下惑",此处又言"二缶钟惑"与"天下惑",正相对应,则"二"不当为"一"。按缶、钟均为古代容量单位,《小尔雅·广量第十二》云:"缶二谓之钟。"③宋咸注曰:"八斛也。"④则"二缶钟惑"意即分辨不出缶、钟容量的大小,二人一者持缶,一者持钟,各是其所是,无法达成统一,此与郭象注所谓"各自信据,故不知所之"⑤相合,亦与前文"二人惑"相对应。

22. 人卒九州岛谷食之所生,舟车之所通,人处一焉。⑥(《秋水》)

樾谨按:"人卒"二字,未详何义。司马训卒为众,崔训卒为尽,皆不可

---

① 章太炎著《章太炎全集第六册·庄子解故》,上海:上海人民出版社,1986年,第144页。
② 〔清〕俞樾撰,王华宝整理《诸子平议》,第445页。
③ 迟铎集释《小尔雅集释》,北京:中华书局,2008年,第368页。
④ 同上。
⑤ 〔清〕郭庆藩撰,王孝鱼点校《庄子集释》,第451页。
⑥ 〔清〕俞樾撰,王华宝整理《诸子平议》,第451页。

通,且下云"人处一焉",则此不当以人言。"人卒",疑"大率"二字之误。《人间世篇》"率然拊之",《释文》曰"率,或作卒",是率、卒形似易误之证。率误为卒,因改大为人以合之。据《至乐篇》"人卒闻之",《盗跖篇》"人卒未有不兴名就利者",是人卒之文本书所有,然施之于此不可通矣。大率者,总计之辞,上云"计四海之在天地之间也",又云"计中国之在海内",计与"大率"其义正同。

按,俞氏以"人卒"为"大率",其说非是。"卒"为春秋时居民编制单位,《周礼·小司徒》云:"乃会万民之卒伍而用之,五人为伍,五伍为两,四两为卒。"①故"人卒"可引申为"民众"之义。"人卒"本为《庄子》中习见语,如《天地篇》"人卒虽众,其主君也",《盗跖篇》"人卒未有不兴名就利者",《至乐篇》"人卒闻之,相与还而观之",皆为"民众"之义。成玄英云:"中国九州岛,人众聚集。"②当以其说为是。

23. 吾敬鬼尊贤,亲而行之,无须臾离居,然不免于患。③(《山木》)

樾谨按:崔譔本无离字,而以居字连上句读,当从之。《吕氏春秋·慎人篇》"胕胝不居",高诱训居为止。"无须臾居"者,无须臾止也,正与上句"行"字相对成义。学者不达居字之旨,而习于《中庸》"不可须臾离"之文,遂妄加离字,而居字属下读,失之矣。下文"居得行而不名处",亦以居与行对言。郭注曰"居然自得此行",非是。

按,俞氏以"无须臾居"为句,其说是也,但又言"下文'居得行而不名处',亦以居与行对言",则非是。"居"当属上读,应断句为:"道流而不明居,得行而不名处。""居"与"处"相对,如《说文解字注》云:"凥(居),处也。"④"得"与"德"通,如《孟子·告子上》云:"所识穷乏者得我与?"⑤则"道流而不明居"与"得行而不名处"正对仗工整,意为道流行于天下而不显然居之,德流行于天下而不愿处其名。吕惠卿《庄子义》云:"道流而不明居,则人莫见其功矣;得行而不名处,则人莫闻其名矣。"⑥成玄英、郭嵩焘亦均持此说,当以之为是。

---

① 〔清〕阮元校刻《十三经注疏》,第1531—1532页。
② 〔清〕郭庆藩撰,王孝鱼点校《庄子集释》,第576页。
③ 〔清〕俞樾撰,王华宝整理《诸子平议》,第457页。
④ 〔汉〕许慎撰,〔清〕段玉裁注:《说文解字注》,第399页。
⑤ 〔清〕阮元校刻《十三经注疏·孟子注疏》,第5986页。
⑥ 〔宋〕吕惠卿撰,汤君集校《庄子义集校》,第369页。

24. 文王观于国，则列士坏植散群。①（《田子方》）

樾谨按：司马云"植，行列也。散群，言不养徒众也。一云，植者疆界头造屋以待谏者也"，此两说并未得植字之义。宣二年《左传》"华元为植"，杜注曰"植，将主也"。列士必先有主，而后得有徒众，故欲散其群，必先坏其植也。植之训主，说详《群经平议》。

按，"列士"为朋党，俞氏以"植"为"主"，则此句为"朋党坏其主"，似难说通。按"坏植散群"皆当为形容"列士"。《广雅释诂》云："植，多也。"②《尔雅释诂》云："多，众也。"③故"坏植"与"散群"义同。章太炎《庄子解故》云："植借为哉，殖或为膱，《考工记》注'樴读为殖'，是其例也。《易》言'朋盍哉'，虞氏曰'哉，丛合也'，'坏植''散群'同义，皆谓解散朋党也。"④其说为是。

25. 不可内于灵台。⑤（《庚桑楚》）

樾谨按："不可"上当有"万恶"二字，上文云"若是而万恶至者，皆天也，而非人也，不足以滑成"，其文已足。"万恶不可内于灵"，则又起下意。下文云"灵台者，有持而不知其所持，而不可持者也"，皆承此言之。读者不详文义，误谓"不可内于灵台"与"不足以滑成"两句相属，故删"万恶"二字耳。《文选·广绝交论》李善注引此文正作"万恶不可内于灵台"。

按，此段文字实发挥《庄子·德充符》"死生存亡……是事之变、命之行也。……故不足以滑和，不可入于灵府。使之和豫，通而不失于兑"之意，其中"不足以滑和"与"不可入于灵府"正对应出现，且其前均省略了主语。《文选注》引"不可"上有"万恶"二字，乃约举上文之词，古籍中此例常见，不足以作为校正原文的依据，俞说当误。

26. 察士无凌谇之事则不乐。⑥（《徐无鬼》）

樾谨按：《礼记·乡饮酒篇》"愁以时察"，郑注"察，犹察察，严杀之貌"。《老子》"俗人察察"，河上公注曰"察察，急且疾也"。然则察有严急

---

① 〔清〕俞樾撰，王华宝整理《诸子平议》，第459页。
② 〔清〕王念孙撰，张靖伟、樊波成、马涛等校点《广雅疏证》，上海：上海古籍出版社，2017年，第488页。
③ 〔清〕郝懿行撰，王其和、吴庆峰、张金霞点校《尔雅义疏》，北京：中华书局，2017年，第114页。
④ 章太炎《章太炎全集第六册·庄子解故》，第153页。
⑤ 〔清〕俞樾撰，王华宝整理《诸子平议》，第465页。
⑥ 〔清〕俞樾撰，王华宝整理《诸子平议》，第467页。

之意,故以凌谇为乐。李云"察,识也",则与上文"知士"复矣。

按,俞氏以"察"为严急之意,然严急之人未必"以凌谇为乐",俞说当误。《说文解字》云:"察,复审也。"① 《周礼·秋官司寇第五》云:"士师,下大夫四人。"郑玄注曰:"士,察也,主察狱讼之事者。"② 察士审理狱讼之事,好锱铢必较、明察秋毫,"凌谇"意为凌辱、责骂人,此与察士身份相符,即"以凌谇为乐",故"察"不当作"严急"解。

27. 枯槁之士宿名。③ (《徐无鬼》)

樾谨按:宿,读为缩。《国语·楚语》"缩于财用则匮",《战国·秦策》"缩剑将自诛",韦昭、高诱注并曰"缩,取也"。"枯槁之士缩名",犹言取名也。《释文》曰"宿,积久也",于义未安,又引王云"其所寝宿,唯名而已",更为迂曲,由不知宿为缩之假字耳。

按,俞氏以"宿"为"缩",其说少文献依据。《说文解字》云:"宿,止也,凡止曰宿。"④ 则宿有停留、留止之义。《庄子·天运》云:"仁义,先王之蘧庐也,止可以一宿而不可久处。""一宿"与"久处"相对,亦以"宿"为停留之义,且此句正与"枯槁之士宿名"含义相同,故此处当训"宿"为"停留"。

28. 农夫无草莱之事则不比,商贾无市井之事则不比。⑤ (《徐无鬼》)

樾谨按:比,通作庀。《周官·遂师》疏云"《周礼》之内云比者先郑皆为庀",是也。《国语·鲁语》"子将庀季氏之政焉",又曰"夜庀其家事",韦注并曰"庀,治也"。农夫惟治草莱之事,故无草莱之事则不庀;商贾惟治市井之事,故无市井之事则不庀也。郭注曰"能同则事同,所以比",是以本字读之,非是。

按,俞氏以"比"为"庀",为治义,其说非是。《广雅》云:"比,乐也。"⑥ 成玄英疏亦云:"比,和乐。"⑦ 且上文提到"知士无思虑之变则不乐;辩士无谈说之序则不乐;察士无凌谇之事则不乐"⑧,故此处当训"比"为"乐"。

---

① 〔汉〕许慎撰,〔清〕段玉裁注《说文解字注》,第339页。
② 〔清〕阮元校刻《十三经注疏》,第1873页。
③ 〔清〕俞樾撰,王华宝整理《诸子平议》,第468页。
④ 〔汉〕许慎撰,〔清〕段玉裁注《说文解字注》,第340页。
⑤ 〔清〕俞樾撰,王华宝整理《诸子平议》,第468页。
⑥ 〔清〕王念孙撰,张靖伟、樊波成、马涛等校点《广雅疏证》,第9页。
⑦ 〔清〕郭庆藩撰,王孝鱼点校《庄子集释》,第836页。
⑧ 同上。

29. 木与木相摩则然。①（《外物》）

樾谨按：《淮南子·原道篇》亦云"两木相摩而然"，然两木相摩，未见其然。下句云"金与火相守则流"，疑此句亦当作"木与火"。下文云"水中有火，乃焚大槐"，又云"利害相摩，生火甚多，众人焚和，月固不胜火"，是此章多言火，益知此文之当为"木与火"矣。盖木、金二物皆畏火，故举以为言，见火之为害大也。

按，"然"与"燃"同，《孟子·公孙丑上》云："若火之始然，泉之始达。"②两木相摩而燃，即钻木取火，此本易知。《淮南子·原道训》亦云"两木相摩而然"③，木与火岂能谓"相摩"？俞说非是，原文不误。

30. 天之穿之，日夜无降。④（《外物》）

樾谨按：降，当作癃，即癃之籀文。《素问·宣明五气篇》"膀胱不利为癃"，又《五常政大论篇》"其病癃閟，日夜无癃"，谓不癃閟也。

按，俞氏以"降"为"癃"，其说少文献依据。《广雅·释诂》云："㸃，减也。"王念孙《广雅疏证》云："㸃，通作降。"⑤故"降"有减退义，《国语·鲁语上》云："古者大寒降，土蛰发。"⑥亦作减退义解。按《庄子》此句即大道流行，日夜无减之意，成玄英疏："降，止也，自然之理，穿通万物，自昼及夜，未尝止息。"⑦与此说相类，亦可备一说。

31. 槁项黄馘者。⑧（《列御寇》）

樾谨按：馘者，俘馘也，非所施于此。馘疑瘨之假字，《说文·疒部》"瘨，头痛也"。"黄瘨"，犹头痛而色黄。

按，《庄子》原文为："夫处穷闾厄巷，困窘织屦，槁项黄馘者，商之所短也。""槁项黄馘"即形容人处于"穷闾厄巷"中的困顿之态。《经典释文》云："黄馘，

---

① 〔清〕俞樾撰，王华宝整理《诸子平议》，第474页。
② 〔清〕阮元校刻《十三经注疏·孟子注疏》，第5852页。
③ 〔汉〕刘安编，刘文典撰，冯逸、乔华点校《淮南鸿烈集解》，第1页。
④ 〔清〕俞樾撰，王华宝整理《诸子平议》，第474页。
⑤ 〔清〕王念孙撰，张靖伟、樊波成、马涛等校点《广雅疏证》，第61页。
⑥ 〔春秋〕左丘明撰，徐元诰集解，王树民、沈长云点校《国语集解》，北京：中华书局，2002年，第167—168页。
⑦ 〔清〕郭庆藩撰，王孝鱼点校《庄子集释》，第940页。
⑧ 〔清〕俞樾撰，王华宝整理《诸子平议》，第482页。

司马云面黄瘦也。"①指人形容憔悴、面黄肌瘦,当以其说为是。后世文人亦多从这个意义上加以引用,如苏轼《论养士》云:"不知其能槁项黄馘以老死于布褐乎?"②若训为"头痛而色黄",则文义不可通。

32. 为之大过,已之大顺。③（《天下》）

樾谨按:已读为以,顺读为驯,古字并通。以,用也。"以之大驯",谓用之太习熟也。

按,俞氏之说于上下文义颇难疏通。"已"即"达成、完毕"之意,《周易·损》云:"已事遄往。"孔颖达疏曰:"已,竟也。"④"顺"与"慎"通,《列御寇篇》云:"顺憛而达。"《经典释文》注云:"顺,王作慎。"⑤故"已之太顺"意为要达成墨家所说的主张则过于谨慎戒惧,即下文所谓:"今墨子独生不歌,死不服,桐棺三寸而无椁,以为法式。……使人忧,使人悲,其行难为也。"⑥指墨家学说之不可行。

三 结语

俞樾《庄子平议》为中国庄学史上的重要著作,后人多所征引。然此书亦有强立新说、失之严谨处,经笔者检讨共有 32 处,现提出以与学界商榷。最近两年,由汪少华、王华宝两位教授担任主编,由凤凰出版社出版的《俞樾全集》面世,其中由王华宝教授所整理的《诸子平议》亦与广大读者见面,该书于校勘方面用力颇多,对俞说正确与否亦做了辨析,但并不充分,笔者对俞樾《庄子平议》的检讨,主要是以此书为底本,因此读者在阅读此书时,可与本文共同参看。

附记:论文在修改过程中不仅得到了评审老师的宝贵建议,还得到评审老师为拙文补充的论据,在此特向评审老师致以感谢!

---

① 〔唐〕陆德明撰,黄焯汇校《经典释文汇校》,第 823 页。
② 〔宋〕苏轼著,李之亮笺注《苏轼文集编年笺注》,成都:巴蜀书社,2011 年,第 333 页。
③ 〔清〕俞樾撰,王华宝整理《诸子平议》,第 485 页。
④ 〔清〕阮元校刻《十三经注疏·周易正义》,第 107 页。
⑤ 〔唐〕陆德明撰,黄焯汇校《经典释文汇校》,第 824 页。
⑥ 〔清〕郭庆藩撰,王孝鱼点校《庄子集释》,第 1074 页。

今本《列子》之《黄帝》《说符》二篇伪书考
——以今本《列子》之《黄帝》《说符》二篇与《淮南子》重见文献为中心

李建华

【内容提要】 今本《列子·黄帝》直接引用《老子》"刚柔强弱之论"与传世及出土文献次序相异,而与《淮南子》的间接引用内容相同;《淮南子》"白公胜倒杖策"章节史源为《韩非子》,而《淮南子》《列子·说符》所载该故事为复制关系,此可谓今本《列子》之《黄帝》《说符》二篇袭用《淮南子》之内证。《淮南子》袭用《韩非子》"象楮"说而非今本《列子·说符》"玉楮"说亦提供了今本《列子》晚出的凭证。列子之说落选《淮南子·道应训》道家经典范畴与今本《列子》之《黄帝》《说符》二篇故事六次复制式重见的矛盾,今本《列子》二篇与先秦西汉典籍重见故事三十三则且大多为雷同关系,二者均提供了今本《列子》晚出的外围证据。上述证据表明,今本《列子》之《黄帝》《说符》二篇,几乎全部抄诸先秦西汉典籍而成,故对二篇与今本《列子》其余六篇的真伪需区别看待。

【关键词】 今本《列子》之《黄帝》《说符》二篇　《淮南子》　袭用旧籍　伪书

为今本《列子》作注肇于东晋张湛,唐柳宗元最早对其先秦旧籍的身份表示疑惑,南宋高似孙则明确提出该书"出于后人荟萃而成"[1],之后,质疑之声屡有出现,至清姚际恒著《古今伪书考》,非但《列子》本书,连同刘向所作《叙录》也一块否定[2],及古史辨派兴起,马叙伦《〈列子〉伪书考》条列伪证二十事,[3]

【作者简介】李建华,鲁东大学人文学院副教授。
[1] 〔宋〕高似孙《子略》,朴社,1933 年,第 58 页。
[2] 〔清〕姚际恒《古今伪书考》,朴社,1933 年,第 54—56 页。
[3] 马叙伦《〈列子〉伪书考》,罗根泽主编《古史辨》(四),上海:上海古籍出版社,1982 年,第 520—529 页。

《列子》伪书之说几为定谳[①]。自1983年严灵峰出版《列子辩诬及其中心思想》为今本《列子》"洗冤"之后,真伪之争重新鹊起。肖登福、许抗生、陈鼓应、陈广忠、马达、权光镐、管宗昌、胡家聪、王利锁、周书灿、刘群栋等学者力主今本《列子》乃先秦旧籍,张永言、马振亚、谭家健、程水金等研究者则力证其乃伪书[②],此外,赵益先生又提出《列子》的真伪不能一概而论,《杨朱篇》当为先秦旧文[③],争论可谓胶着。近人《列子》真伪之争皆围绕"文献比勘、文化背景考查、《列子书录》证误"[④]展开,《淮南子》虽牵涉其中,但仅以重见文献典籍之旁观者身份出现,其重要性一直未引起研究者重视。兹以今本《列子》之《黄帝》《说符》二篇与《淮南子》重见故事为中心,对今本《列子》二篇的真伪进行考辨。

一 《列子·黄帝》袭用《淮南子》内证
——《列子》直接引用《老子》"刚柔强弱之论"与传世及出土文献次序相异,而与《淮南子》的间接引用内容相同

楚简本《老子》的出土使该书的成书时间前移至战国中期,帛书《老子》、北京大学藏西汉竹书《老子》则呈现了战国后期至西汉中叶《老子》不同时期版本的原始面貌,他们和传世的河上公注本、王弼注本、傅奕本共同构成了《老子》

---

① 高似孙以下迄1950年代质疑《列子》伪书者集中见于杨伯峻《列子集释》附录三《辨伪文字辑略》,凡二十二家(北京:中华书局,1979年,第303—366页)。岑仲勉《列子非晋人伪作》(《东方杂志》1948年第1期)则力主其为真,但这种声音非常微弱。自杨伯峻《列子集释》(收录于中华书局《新编诸子集成》)采马氏之说定其为伪书,此后相当长时间内之著作言及《列子》必举马氏以为定论,详见马达《〈列子〉真伪考辨》(北京:北京出版社,2000年,第3—4页)。

② 相关研究著作分别见肖登福《列子发微》(台北文史哲出版社,1990年),许抗生《〈列子〉考辨》(《道家文化研究》第一辑,1992年),陈鼓应《论〈老子〉晚出说在考证方法上常见的谬误——兼论〈列子〉非伪书》(《道家文化研究》第四辑,1994年),陈广忠《〈列子〉非伪书考系列》之《为张湛辨诬》、《〈列子〉三辨》、《从古词语看〈列子〉非伪》(《道家文化研究》第十辑,1996年),胡家聪《〈列子〉是早期的道家黄老学著作》(《管子学刊》1999年第4期),马达《〈列子〉真伪考辨》(北京出版社,2000年),权光镐《从语言文字方面看〈列子〉真伪问题——对〈列子〉是魏晋人伪作观点的质疑》(《山西大学学报(哲学社会科学版)》2002年第4期),管宗昌《〈列子〉伪书说述评》(《古籍整理研究学刊》2006年第5期),王利锁《〈庄子〉、〈列子〉重出寓言故事辩议——以〈庄子〉、〈列子〉之先后为核心进行考察》(《河南社会科学》2007年第1期),周书灿《再论中国古典学重建问题——以列子时代考订与〈列子〉八篇真伪之辨为例》(《浙江社会科学》2017年第8期),刘群栋《从〈文选〉李善注看〈列子〉并非伪书》(《中州学刊》2018年第10期),张永言《从词汇史看〈列子〉的撰写时代》(《语文学论集》,语文出版社,1995年,其修订稿后发表于《汉语史学报》第6辑,2006年),马振亚《从词的运用上揭示〈列子〉伪书的真面目》(《吉林大学社会科学学报》1995年第6期),谭家健《〈列子〉故事渊源考略》(《社会科学战线》2000年第3期),程水金、冯一鸣《〈列子〉考辨述评与〈列子〉伪书新证》(《中国哲学史》2007年第2期)。

③ 赵益《〈列子·杨朱篇〉的时代及杨朱思想》,巩本栋等主编《中国学术与中国思想史》,南京:江苏教育出版社,2002年,第239—268页。

④ 程水金、冯一鸣《〈列子〉考辨述评与〈列子〉伪书新证》,《中国哲学史》2007年第2期。

在战国秦汉时期版本发展的谱系,也为考证《老子》之文的年代学提供了依据。

关于柔弱制刚强之论,《列子·黄帝》《淮南子》同时引用粥子(鬻子)和老子之言作为佐证:

《列子·黄帝》曰:"天下有常胜之道,有不常胜之道。常胜之道曰柔,常不胜之道曰强。二者亦知,而人未之知。故上古之言:强,先不己若者;柔,先出于己者。先不己若者,至于若己,则殆矣。先出于己者,亡所殆矣。以此胜一身若徒,以此任天下若徒,谓不胜而自胜,不任而自任也。粥子曰:'欲刚,必以柔守之;欲强,必以弱保之。积于柔必刚,积于弱必强。观其所积,以知祸福之乡。强胜不若己,至于若己者刚;柔胜出于己者,其力不可量。'老聃曰:'兵强则灭,木强则折。柔弱者生之徒,坚强者死之徒。'"①

《淮南子·原道训》曰:"托小以包大,在中以制外,行柔而刚,用弱而强,转化推移,得一之道,而以少正多。所谓其事强者,遭变应卒,排患扞难,力无不胜,敌无不凌,应化揆时,莫能害之。是故欲刚者,必以柔守之;欲强者,必以弱保之。积于柔则刚,积于弱则强,观其所积,以知祸福之乡。强胜不若己者,至于若己者而同;柔胜出于己者,其力不可量。故兵强则灭,木强则折,革固则裂,齿坚于舌而先之弊。是故柔弱者,生之干也;而坚强者,死之徒也。"②

故、是故,均为因此之意,"故事/说理+故/是故+结论"的结构是先秦西汉文献极为常见的说理模式,这一模式在《淮南子》出现频次可谓极致,仅包含"是故"的说理段落便多达二百四十八处。"故/是故"后所引结论或为旧籍文献、或为作者概括,偶尔为谚语。《淮南子》本段采用"说理+故+结论+是故+总论"的递进说理模式,依据《列子》,《淮南子》之"结论"和"总论"均为《老子》之文,只不过结论处增补了"革固则裂,齿坚于舌而先之弊"二句。二者所引《老子》之文不见于郭店楚简,而在马王堆帛书《老子》甲乙本、北大藏西汉竹书和传本均有相仿的文字著录:

《马王堆帛书老子甲》曰:"故曰:'坚强者死之徒也,柔弱微细,生之徒也。'兵强则不胜,木强则恒。强大居下,柔弱微细居上。"③

《马王堆帛书老子乙》曰:"故曰:'坚强死之徒也,柔弱生之徒也。'□以兵强则不朕,木强则兢。故强大居下,柔弱居上。"④

---

① 杨伯峻《列子集释》,北京:中华书局,2013年,第85—87页。
② 张双棣《淮南子校释》,北京:北京大学出版社,2013年,第79页。
③ 尹振环《帛书老子与老子术》,贵阳:贵州人民出版社,2000年,第334页。
④ 尹振环《帛书老子与老子术》,第334页。

北京大学藏西汉竹书《老子·上经》曰："故曰：'坚强者死之徒也，柔弱者生之徒也。'是以兵强则不胜，木强则梐。故强大居下，柔弱居上。"①

《老子河上公章句》曰："故坚强者死之徒，柔弱者生之徒。是以兵强则不胜，木强则共。强大处下，柔弱处上。"②

《老子》王弼注本曰："故坚强者死之徒，柔弱者生之徒。是以兵强则不胜，木强则兵。强大处下，柔弱处上。"③

傅奕本《老子》曰："故坚强者死之徒也，柔弱者生之徒也。是以兵强者则不胜，木强则共。故坚强处下，柔弱处上。"④

该章之文，马王堆帛书甲乙本、北大藏西汉竹书、河上公注本、王弼注本、傅奕本六者基本相同，仅在个别词语上有细微差别，而这种差别多数有迹可循，⑤上述证据显示至少从战国末开始，《老子》该章已基本定型。《列子·黄帝》《淮南子》所引《老子》"柔弱者生之徒，坚强者死之徒"则与出土及传本《老子》之文次序相反，这一情形出现有两种可能，一是当时还存在一种《老子》版本，该版本亡佚且不在已发现的诸家出土文献之列；二是最早的引用文献不严谨，后世踵袭致误。如果真有这样一种《老子》版本曾经存在，其显然并非主流。韩巍通过比对北京大学藏西汉竹书《老子》、帛书《老子》和传世本《老子》，认为"《老子》的'经典化'及其文本的相对固定，很可能在战国晚期已经完成，西汉时期的变化很有限"⑥。《列子·黄帝》《淮南子》论述柔弱胜于刚强，均连续引用《鹖子》《老子》相同论断以佐己论，用英雄所见略同尚能诠释，但二者所引《老子》一书均为罕见版本，实在匪夷所思。相比之下，二书因引用不严谨，踵袭致误的可能性更令人信服。比较《列子·黄帝》和《淮南子》关于《老子》的该章引文，二者虽均为引用，但《淮南子》并未标明文献出处，所涉引文以"故＋结论＋是故＋总论"的形式呈现，比对《老子》原文，其不仅"是故柔弱者生之干也，而坚强者死之徒也"颠倒，"兵强木强"论之后尚多"革固则裂，齿坚于舌而先之弊"二句。显然，《淮南子》并非准确引用，而是取用其意，和原文相比产生的次序颠倒、增改词句等并不影响撰者观点的阐述，这与道家得鱼忘筌的观念

---

① 北京大学出土文献研究所编：《北京大学藏西汉竹书贰》（《老子》卷）上经，上海：上海古籍出版社，2012年。
② 〔汉〕河上公注《老子》第76章，清道光二十五年王氏竹山堂刻本。
③ 〔三国〕王弼注《老子》第76章，清乾隆四十四年武英殿聚珍本。
④ 原书未见，转引自尹振环《帛书老子与老子术》，第334页。
⑤ 梐通亘，而亘为恒的本字。梐、梐为异体字，《说文·木部》曰："梐，竟也。""竟"繁体为"競"，与"兢"不仅形近，而且读音相似，"竟""兢"通假。"朕"与"胜"（繁体为勝）形近通假。"共"与"兵"存在形近致误可能。"恒""兢""共""兵"用字的差异，是钞本时代文献传播的常见现象。
⑥ 韩巍《西汉竹书〈老子〉的文本特征和学术价值》，《道家文化研究》第二十七辑，北京：生活·读书·新知三联书店，2013年，第34页。

相契合,今本《列子·黄帝》袭用《淮南子》而不觉,径直改"是故"为"老聃曰"。

二 《列子·说符》袭用《淮南子》内证
——《淮南子》"白公胜倒杖策"章节源出《韩非子》,而《淮南子》《列子·说符》所载该故事为复制关系

白公之乱发生于春秋末的楚国,《左传》详载其事,"白公胜倒杖策"一事从细节描述了叛乱前白公的心态,《韩非子》《列子·说符》《淮南子》三家文献均载其事:

> 《韩非子·喻老》:"白公胜虑乱,罢朝,倒杖而策锐贯颐,血流至于地而不知。郑人闻之曰:'颐之忘,将何为忘哉!'故曰:'其出弥远者,其智弥少。'此言智周乎远,则所遗在近也,是以圣人无常行也。能并智,故曰:'不行而知。'"①

> 《淮南子·道应训》:"白公胜虑乱,罢朝而立,到杖策,錣上贯颐,血流至地而弗知也。郑人闻之曰:'颐之忘,将何不忘哉!'此言精神之越于外,智虑之荡于内,则不能漏理其形也。是故神之所用者远,则所遗者近也。故老子曰:'不出户以知天下,不窥牖以见天道,其出弥远,其知弥少。'此之谓也。"②

> 今本《列子·说符》:"白公胜虑乱,罢朝而立,倒杖策,錣上贯颐,血流至地而弗知也。郑人闻之曰:'颐之忘,将何不忘哉?'意之所属著,其行足蹷株坎,头抵植木,而不自知也。"③

《韩非子》《淮南子》所阐释《老子》之论出自今本第四十七章:"不出户,知天下;不窥牖,见天道。其出弥远,其知弥少。是以圣人不行而知,不见而名,不为而成。"④二者阐释时均采用了"故事+说理+《老子》之言印证"的模式,不同的是,《韩非子》将"其出弥远,其知弥少"与"不行而知"截开,由浅及深以递进方式对老氏之言进行释读,《淮南子》裁去了"圣人"以下三句,使阐释内容具有普遍性而非仅圣人才能企及。《淮南子·道应训》是阐释道家学说的专论,《韩非子·喻老》则是已知最早的《老子》阐释学著作,二者产生时间有战国末和西汉初之别,可谓前后相继,一脉相承,二篇著述存在天然的联系。《韩非子》和《淮南子》不仅同时采用"白公胜倒杖策"故事阐释《老子》"其出弥远,其

---

① 〔清〕王先慎撰,钟哲点校《韩非子集解》,北京:中华书局,2013年,第167页。
② 张双棣《淮南子校释》,第1336页。
③ 杨伯峻《列子集释》,第287页。
④ 朱谦之《老子校释》,北京:中华书局,1984年,第189—191页。

知弥少"之论,《韩非子》的说理部分也为《淮南子》所采纳,毫无疑问,《韩非子》是《淮南子》"白公胜倒杖策"章节的渊源所在。

"白公胜倒杖策"故事同样见于《列子·说符》,且与《淮南子》之文为复制关系。不仅如此,《列子·说符》对该故事的阐释亦见于《淮南子·原道训》:"凡人之志各有所在而神有所系者,其行也,足蹪越坎,头抵植木而不自知也,招之而不能见也,呼之而不能闻也。"①那么,是否存在这样一种可能,《淮南子》"白公胜倒杖策"章节是连缀《列子·说符》《韩非子》二书而成,即故事袭用《列子·说符》,说理采纳《韩非子》。这种可能性应该不存在,一则完全没有必要——《列子·说符》《韩非子》关于"白公胜倒杖策"故事的记载并无高下之别;二则与《淮南子》引用旧籍的方式相左。据笔者研究,《淮南子》引用旧籍时存在明显地有意淡化旧籍影响的倾向,其采用增减字词、字词替换、颠倒次序、改变叙述方式等手法避免与原始文献重复,当然,直接标明出处的引用不包括在内。故"白公胜倒杖策"章节当源自《韩非子》,《淮南子》采录其事,今本《列子·说符》又以复制方式袭用《淮南子》。

三 今本《列子·说符》晚出的内证
——《淮南子》袭用《韩非子》"象楮"说而非《列子·说符》"玉楮"说

历史事件的复杂性和先秦知识口耳相传的不稳定性使历史叙事呈现多义性。西汉学者在袭用旧材料时会面临多种选择,思想倾向和书籍的流行程度均对作者的选材有重要影响。《淮南子》成于众手,思想驳杂,但道家思想居于主流,据惯例,面对前代同类文献,其对道家学派的记载当更有偏爱,是书对"莫辨楮叶"故事的选择提供了今本《列子·说符》晚出的证据。"莫辨楮叶"见于《韩非子》、今本《列子·说符》和《淮南子》,三书之记载如下:

> 《韩非子·喻老》:"宋人有为其君以象为楮叶者,三年而成。丰杀茎柯,毫芒繁泽,乱之楮叶之中而不可别也。此人遂以功食禄于宋邦。列子闻之曰:'使天地三年而成一叶,则物之有叶者寡矣。'"②

> 今本《列子·说符》:"宋人有为其君以玉为楮叶者,三年而成。锋杀茎柯,毫芒繁泽,乱之楮叶中而不可别也。此人遂以巧食宋国。子列子闻之,曰:'使天地之生物,三年而成一叶,则物之有叶者寡矣。'"③

> 《淮南子·泰族训》:"宋人有以象为其君为楮叶者,三年而成,茎柯豪

---

① 张双棣《淮南子校释》,第140页。
② 〔清〕王先慎撰,钟哲点校《韩非子集解》,第165—166页。
③ 杨伯峻《列子集释》,第257页。

芒,锋杀颜泽,乱之楮叶之中而不可知也。列子曰:'使天地三年而成一叶,则万物之有叶者寡矣。'"①

上述三则史料相似度很高,仔细比较,《韩非子》与今本《列子·说符》差别有二:制作楮叶之材料有象与玉之别,今本《列子·说符》所载列子之论多"之生物"三字。与今本《列子·说符》相比,《淮南子》与《韩非子》相似度更高,二者显系袭用与被袭用关系。

《韩非子》与今本《列子·说符》关键性差异即"以象为楮叶"和"以玉为楮叶","象楮"与"玉楮"并无优劣之别,不考虑学派因素,选择任何一种皆属自然。《韩非子》乃法家代表作,今本《列子》则为典型道家著述,若今本《列子·说符》不伪,"莫辨楮叶"故事录《韩》弃《列》,此与《淮南子》采纳故事以道家典籍至上的特征相违背。虽然先秦已有虚构寓言和假借名人之言以助己论的撰述方式存在,但故事"莫辨楮叶"不仅地点清楚,且有列子评论,而列子作为道家学者其名气远逊于老、庄、管、申,更无晏婴、叔向、孔丘、墨翟一样崇高的声誉,后学之辈并不需要虚构其事以明己论,由此可知此事当非虚构。"莫辨楮叶"为真实故事,"象楮"与"玉楮"必有一讹。抛开故事真假不论,仔细考索"象楮"产生的历史条件,在故事传播过程中,"象楮"演化作"玉楮"顺理成章,"玉楮"转变为"象楮"则可能近乎为零。

玉之颜色众多,白、绿乃最常见色彩,驰名古今之和田玉更以绿色为上品。楮叶绿色,施绿玉以天工为楮叶之状,产生真假莫辨之效自在情理之中。象牙颜色一般为白色、浅黄色或淡玫瑰色,年代久远则渐变为黄褐色。无论白色、浅黄色还是淡玫瑰色,以此制作楮叶,与自然界绿色之楮叶反差甚大,"莫辨"之说自然无从谈起。非洲象象牙有绿色者,乃象牙之上品。上古时期中非之间并无交流的记载,那么先秦时期中国所产之象牙是否有绿色的呢?出土文物为我们提供了答案。依据出土文物和传世文献,1970年代末,文焕然、何业恒等先生提出夏商时期西至西安,北至阳原盆地及黄河中下游地区乃象群分布的最北区,之后这一分布线逐渐南迁,至清代后期萎缩至云南南部边陲一带。② 之后的新发现遗址和出土文物证明史前及夏商时期象群的分布北线远至河北东北部至兰州一线。③ 河姆渡遗址、妇好墓一系列精致的象牙制品,三星堆和金沙遗址象牙堆的发现验证了商代之前象牙工艺的久远和发达。在众

---

① 张双棣《淮南子校释》,第2081页。
② 文焕然,何业恒、江应樑等《历史时期中国野象的初步研究》,《思想战线》1979年第6期。之后,文焕然又刊发《再探历史时期的中国野象分布》(《思想战线》1990年第5期)和《再探历史时期中国野象的变迁》(《西南师范大学学报[自然科学版]》1990年第2期,与文榕生合撰),仍坚主此说。
③ 有学者甚至认为史前大象活动北线区域远至黑龙江省,见彭林《文物精品与文化中国十五讲》第七讲《妇好墓象牙杯与先秦时期的生态环境》(北京:北京大学出版社,2007年,第228页)。

多出土象牙制品中，1977年河姆渡遗址出土的太阳纹象牙蝶形器颜色正为浅绿，兹证明绿象牙在上古中国是真实的存在而并非非洲象所专有，只是较为罕见。① 伴随全球气候的变冷和古代中国文明脚步的前进，象群存在的北线在秦末已南移至秦岭淮河一线，汉末则进一步南压至长江流域。因为野生大象在政治、经济、文化和人口的核心区域——黄河中下游地区的消匿，大象在汉末于大多数国人已成为罕见之物，此为妇孺皆知之"曹冲称象"背景所在，本就稀有之绿色象牙只能成为一种传说式的存在。以情理推之，晚周之际，若"玉楮"之说在前，以绿象牙为罕见知识背景的"象楮"之说没有产生的理由。相反，若"象楮"在前，自然和社会环境的变化使得后世学者发现这一说法严重违反实际，即世人所见之象牙颜色限制了制作楮叶，无论如何也不能做到莫辨的程度，于是将其改作"玉楮"，问题便迎刃而解。以此推之，《淮南子》成书时不可能见到今本《列子·说符》的相关记录，此可谓今本《列子·说符》晚出的铁证。

四 今本《列子》之《黄帝》《说符》二篇晚出的外围证据其一——列子之说落选《淮南子·道应训》道家经典范畴与今本《列子》之《黄帝》《说符》二篇故事六次复制式重见的矛盾性

《淮南子·道应训》所释道家言论乃道家经典，其与《韩非子·喻老》《韩诗外传》相同，皆以故事释经，和后二书不同的是，该文不仅是道家经典言论的专章阐释，也是道家经典著作名录的展现。通过《道应训》可以窥知，《老子》在道家话语中处于绝对主流位置（计五十二则），《庄子》、《慎子》、《管子》（各一则）、《吕氏春秋》（二则）皆为其羽翼。并非纯粹道家著述的《管》《吕》二书位居其列，汉初道家的开放性可以窥知，贵为道家正统撰述的《列子》未能入选，亦足证其书未曾入围道家经典的范畴。当然，《汉书·艺文志》所录成书于《淮南子》之前的道家著作二十八家绝大多数落选，《列子》只不过是其中之一罢了，由此观之，并无匪夷之处。

《道应训》采用故事释经，作为道家经典之浓缩本，其所选录之故事必然有一定的典型性。核之今本《列子》，有白公问微言于孔子（《说符篇》）、赵襄子胜翟而忧（《说符篇》）、惠盎见宋康王（《黄帝篇》）、詹何论治国（《说符篇》）、白公倒杖策（《说符篇》）、孙叔敖与狐丘丈人（《说符篇》）六事重见。除去詹何论治

---

① 历史地理学者普遍认为，我国古代北方有无野生亚洲象尚属可疑，当时存在的野生长鼻种群，可能属于已经灭绝的某种古菱齿象类（参见李冀、侯甫坚《先秦时期中国北方野象种类探讨》，《地球环境学报》2010年第2期）。李、侯之文并未提及"象楮"之事，但为上古中国绿象牙的出现提供了另一种合理的解释：绿色象牙在今日之亚洲象中虽然不存在，但菱齿象类有此种群，但亦属罕见。

国未有第三方文献重见外,馀五事又分别见于《吕氏春秋·精谕》、《吕氏春秋·慎大》、《吕氏春秋·顺说》、《韩非子·喻老》和《韩诗外传》卷七。令人费解的是,上述六则故事在今本《列子》之《黄帝》《说符》二篇与《淮南子》以复制式方式出现,而与《吕氏》《韩子》和《韩诗》等第三方重见之五则故事皆有一定程度的差异。若今本《列子》之《黄帝》《说符》二篇乃先秦古书,则《吕氏》《韩子》《韩诗》三书上述相关史料皆当本源于此,如此,三书袭用故事旧文皆有所变更,《淮南》则采用复制之方式。那么,复制式袭用故事的方式在《淮南子》是否为常态,或者占据一定比例?答案是否定的。遍检《淮南》全书,其袭用故事甚夥,皆采取削改或熔铸典故之方式,惟《道应训》与今本《列子》重见之八则故事存在复制模式。(案:另外两则复制式重见故事见《人间训》,第五部分有统计)《淮南子》版本脉络清晰,不存在补阙和伪书的争议,其与今本《列子》之《黄帝》《说符》二篇六则故事复制式重见的形成无外乎两个原因,其一,《淮南子》之撰写者对今本《列子》之《黄帝》《说符》二篇顶礼膜拜式的推崇;其二,今本《列子》之《黄帝》《说符》二篇抄袭《淮南子》。《淮南子·道应训》借故事阐释道家经典言论,于今本《列子》之《黄帝》《说符》二篇袭其故事而弃其评论,岂是《列子》之《黄帝》《说符》二篇敏于叙事拙于议论哉?如此,《淮南子》何得惟独对其顶礼膜拜,且上述故事几皆有第三家记录。此种乖谬的出现,只有一种解释能行得通,即今本《列子》之《黄帝》《说符》二篇非先秦旧籍,复制式重见故事乃直接剿袭《淮南子》而成。

五　今本《列子》之《黄帝》《说符》二篇晚出的外围证据其二
——今本《列子》之《黄帝》《说符》二篇与先秦西汉典籍重见故事三十三则,且几全为雷同关系,这一现象于传世文献甚为罕见

　　《列子》与传世典籍重见文献,清人卢文弨、俞樾,今人王叔岷、王重民、杨伯峻等学者多有指陈,据前人考证和笔者检寻,得今本《列子》之《黄帝》《说符》二篇与先秦西汉典籍重见故事计三十三则,依据今本《列子》次序,重见故事如下:

表1

故事名称	《列子》所载篇目	重见文献来源	二者相似程度
列子问关尹至人修行境界	《列子·黄帝》	《庄子·外篇·达生》	雷同
列子为伯昏瞀人射	《列子·黄帝》	《庄子·外篇·田子方》	雷同
操舟若神	《列子·黄帝》	《庄子·外篇·达生》	略删减

续表

故事名称	《列子》所载篇目	重见文献来源	二者相似程度
吕梁丈夫蹈水	《列子·黄帝》	《庄子·外篇·达生》	雷同
痀偻者承蜩	《列子·黄帝》	《庄子·外篇·达生》	雷同
海上好鸥鸟者	《列子·黄帝》	《吕氏春秋·审应览·精谕》	《吕》"鸥鸟"作"蜻"
壶子与季咸斗法	《列子·黄帝》	《庄子·内篇·应帝王》	雷同
十浆五馈	《列子·黄帝》	《庄子·杂篇·列御寇》	雷同
杨朱见老聃	《列子·黄帝》	《庄子·杂篇·寓言》	雷同
杨子过宋	《列子·黄帝》	《韩非子·说林上》	雷同
刚柔强弱之论	《列子·黄帝》	《淮南子·原道训》	雷同
纪渻子养斗鸡	《列子·黄帝》	《庄子·外篇·达生》	雷同
惠盎见宋康王	《列子·黄帝》	《吕氏春秋·慎大览·顺说》《淮南子·道应训》	基本相同
列子学射	《列子·说符》	《吕氏春秋·季秋纪·审己》	雷同
宋人为楮叶	《列子·说符》	《韩非子·喻老》《淮南子·泰族训》	基本相同
列子不受粟	《列子·说符》	《庄子·杂篇·让王》《吕氏春秋·先识览·观世》《新序·节士》	《列》《庄》雷同，《吕》《新序》略有差
晋文公欲伐卫	《列子·说符》	《说苑·正谏》	略有差
孔子观于吕梁	《列子·说符》	《孔子家语·致思》《说苑·杂言》	《列子》与《家语》雷同，与《说苑》略有差
白公与孔子论微言	《列子·说符》	《吕氏春秋·审应览·精谕》《淮南子·道应训》	《列》《淮》雷同，与《吕》略有差
赵襄子攻翟	《列子·说符》	《吕氏春秋·慎大览·慎大》《淮南子·道应训》	《吕》《淮》基本相同，《列》增指挥者新稚穆子
黑牛生白犊	《列子·说符》	《淮南子·人间训》	雷同

续表

故事名称	《列子》所载篇目	重见文献来源	二者相似程度
九方皋相马	《列子·说符》	《淮南子·道应训》	雷同
楚庄王问詹何	《列子·说符》	《淮南子·道应训》	雷同
狐丘丈人问孙叔敖	《列子·说符》	《淮南子·道应训》《韩诗外传》卷七	《列》《淮》雷同,《韩诗》略有差
孙叔敖临终诫子	《列子·说符》	《吕氏春秋·孟冬纪·异宝》《淮南子·人间训》	《列》《吕》雷同,与《淮》略有差
鸢堕腐鼠	《列子·说符》	《淮南子·人间训》	雷同
爰旌目不食盗食	《列子·说符》	《吕氏春秋·季冬纪·介立》《新序·节士》	《列》《吕》雷同,与《新序》略有差
柱厉叔事莒敖公	《列子·说符》	《吕氏春秋·侍君览·侍君》《说苑·立节》	《列》《吕》雷同,与《说苑》差别大
杨布打狗	《列子·说符》	《韩非子·说林下》	雷同
枯梧不祥	《列子·说符》	《吕氏春秋·先识览·去宥》	雷同
失斧疑邻	《列子·说符》	《吕氏春秋·有始览·去尤》	雷同
白公胜倒杖策	《列子·说符》	《韩非子·喻老》《淮南子·道应训》	《列》《淮》雷同,与《韩非子》略有差
齐人攫金	《列子·说符》	《吕氏春秋·先识览·去宥》《淮南子·氾论训》	《列》《吕》雷同,与《淮》略有差

通过比对重见文献,上述三十三则故事,今本《列子》异于旧籍者仅海上好鸥鸟者和赵襄子攻翟二则,但所补新知均清晰可查。海上好鸥鸟者之鸥鸟,《吕氏春秋》作蜻,东晋孙盛已有"机心内萌,而鸥鸟不下"的表述,孙盛与张湛生活时代相近,当不至于见过今本《列子》,杨伯峻先生对此已有考辨①;赵襄子

---

① 杨伯峻《列子集释》,第71页。

攻翟所增攻城实际指挥者为新稚穆子,事见于《国语·晋语九》。今本《列子》之《黄帝》《说符》二篇与先秦西汉典籍以复制方式出现者高达二十五则,与之相对,重见文献超过两种者有十则故事,今本《列子》之外的两种文献没有一则故事雷同者。在复制方式呈现的二十五则故事中,第三方文献出处依出现频率分别为《庄子》(九则)、《淮南子》(八则)、《吕氏春秋》(七则)、《韩非子》(二则)、《孔子家语》(一则)。先秦西汉时期文献不以袭用为嫌,但口耳相传在战国西汉作为知识传播方式普遍存在,它使袭用文献经过记忆过滤而具有形态相似的多样性。大量复制式故事的出现则表明今本《列子》之《黄帝》《说符》二篇与《庄》《吕》《淮》诸书必然存在抄袭和被抄袭的问题,鉴于《庄》《吕》《淮》《韩非》《家语》诸书复制式故事的缺失或罕见,《吕氏春秋》成书后又悬挂于市门重赏以指瑕,今本《列子》之《黄帝》《说符》二篇群抄诸书显然更符合事实。

结　语

战国西汉时期《老子》简帛文献的高频次出土为探讨其成书演变过程提供了鲜活的年代凭证,引用《老子》之文的差异则为考察该时期典籍的成书时间提供了全新的证据。先秦西汉时期书籍编纂不以袭用为嫌给判断文献始源和成书时间带来无限的复杂性,但这一时期知识传播口耳相传的主流方式则使故事的传播在书于竹帛后呈现为主体相似而细节颇有差异的形式,复制式故事在今传先秦汉初文献的出现为我们探索该书作伪提供了线索和依据。古本《列子》八篇,刘向《列子书录》、《汉书·艺文志》均有著录,西晋皇甫谧《高士传》录列子辞粟事,且云其著《列子》八篇。今本《列子》之《黄帝》《说符》二篇几乎全部见诸于其他先秦西汉传世典籍,且多以雷同方式呈现,这一情况在《周穆王》《仲尼》《汤问》《杨朱》四篇不存在,在《天瑞》《力命》偶有发生[①],《黄帝》《说符》二篇存在明显的为拼凑八篇数目而为之的行为,称二篇抄诸群书而成当是完全毫无夸张的表达。作为一部混有伪作的先秦古籍,厘清各篇之真伪,一分为二看待今本《列子》的不同篇章,推进该书的研究,这应该是我们对今本《列子》这一身份特殊的先秦古籍的正确态度。

---

①　依据前人旧注和笔者检索,《天瑞篇》"孔子见荣启期"与《孔子家语·六本》雷同,"舜问道于丞"与《庄子·知北游》雷同;《力命篇》"管仲荐隰朋"与《庄子·徐无鬼》雷同,"东门吴"与《战国策·秦策三·应侯失韩之汝南》雷同。

清代墨学复兴中的桐城派声音
——吴汝纶点勘《墨子》成就述略

胡 健

【内容提要】 吴汝纶是桐城古文大家,对《墨子》等先秦诸子亦颇有研究。他对《墨子》的态度由早期怀疑发展到晚年肯定,甚至颇嗜《墨》学。其转变关键在于和王树柟讨论《墨子》。吴汝纶点勘《墨子》主要成就在考据学,其特点是校勘不轻易改动原文、训释注意上古用语习惯。《桐城吴先生点勘墨子读本》作为一种以评点见长的别具特色的全校本,不仅在毕沅、王念孙、俞樾、王树柟研究基础上推进一步,而且一定程度上能与孙诒让名著《墨子间诂》相媲美,在清代墨学研究史中占据一席之地。

【关键词】 吴汝纶 《墨子》 校勘 训释 评点

沉寂两千年之久的《墨子》在清代中期以后逐渐得到学者重视。研究者中,毕沅、王念孙、苏学时、俞樾、孙诒让等足称佼佼。桐城派学者吴汝纶(1840—1903)有评点著作《桐城吴先生点勘墨子读本》[①]十五卷,与孙诒让名著《墨子间诂》差不多同时成书,却能自成一家,但是前人关注不够。[②]本文主要揭示吴汝纶治墨概况及其文献学成就,希望丰富我们对于晚清墨学的认识。

【作者简介】胡健,安徽师范大学中国诗学研究中心助理研究员。
【基金项目】2023年全国高校古委会古籍整理研究项目"吴汝纶吴闿生评点杜诗辑存"(批准编号2305)阶段性成果。

① 今存宣统二年(1910)衍星社排印本。周小艳、刘金柱编次《吴汝纶全集》(北京:国家图书馆出版社,2020年)第16—17册据此影印。施培毅、徐寿凯编《吴汝纶全集》四册(合肥:黄山书社,2014年)则没有收录吴汝纶的点勘著作。

② 郑杰文《20世纪墨学研究史》指出,吴汝纶点勘《墨子》"除采用毕沅、王念孙、俞樾、王树柟诸家成果外,并加案语以明己意。间有眉批阐明篇意、辩说真伪等。……该书是晚清时期流传较广的普及读本。该书之尤可注意者,在眉批之文"(郑杰文《20世纪墨学研究史》,北京:清华大学出版社,2002年)。简要揭示吴汝纶墨子研究的特点,限于体例并未深入。此后,王继训编著《墨子研究》(济南:山东人民出版社,2006年)、解启扬《显学重光:墨学的近代转化》(北京:中国政法大学出版社,2017年)、《中国学术名著提要》(上海:复旦大学出版社,2019年)和沈传河《清代墨学研究》(扬州大学2020年博士学位论文)等,均强调吴校墨子是晚清墨学研究中的重要一种,但具体论述仍不多见。

一 由怀疑到肯定:吴汝纶对《墨子》态度的转变

桐城派学者对诸子学研究相对较少。吴汝纶博览群书,秉持桐城文章义法传统,认为"晚周以来,诸子各自名家,其文多可喜"①,是颇重子学的桐城派学者之一。其《群书点勘》共评点四部书籍 92 种,包括《老子》《庄子》《管子》《淮南子》《说苑》《太玄》《抱朴子》等先秦汉魏十八种子书,范围颇广。其中,吴汝纶对于《墨子》的研究别具一格,值得重视。

吴汝纶《题王晋卿注墨子》一文展现了其早期对《墨子》的态度:

> 今《墨子》出《道藏》,而王晋卿好其书。余读之,苦其缺脱错互,其可读者,其文多剽轻猥近,又颇杂后汉人语。……吾意是书真出于墨子者少,《墨子》亡久矣。……有宋逮明,其存者十三篇耳,而有经有论,与今书绝不类。……书之正伪难辨矣。②

从此文可知,吴汝纶对于《道藏》传下来的《墨子》文本,并不信任。他认为,今存《墨子》从文章角度看,不像先秦书籍,且夹杂东汉时代的词语。同时,传世书籍记载《墨子》有经有论,与今《道藏》本不同。然而,吴汝纶子吴闿生于此文下有注:"先公晚年颇嗜《墨子》,手写诸篇,又详为之解释,此文盖犹初时之说。"③此文创作时间一时难以考证,大致应该在光绪七年(1881)王树枏(字晋卿,1851—1936)《墨子校注补正》成书前后。④ 可以证明吴汝纶对《墨子》的认识有一个从怀疑到肯定的转变过程。

这个过程应该与王树枏有一定关系。王树枏《补正》自序曰:

> 岁癸未,都讲冀州书院,吴君挚甫为予勘正数十条,今逐载句下,以存异义,其考定《经下》一篇,亦附经说之后,盖毕氏所未备也。⑤

此序交代了吴汝纶参与王树枏校勘《墨子》的时间是癸未,即光绪九年(1883)。王树枏主要补毕沅、王念孙、俞樾三家校勘未备处,而吴汝纶又为其勘正数十条,《补正》一书中还保存了数十条"挚甫曰"。同时,吴汝纶还针对历代十分难

---

① 〔清〕吴汝纶撰,施培毅、徐寿凯编《吴汝纶全集(一)》文集第三《天演论序》,合肥:黄山书社,2014 年,第 148 页。
② 〔清〕吴汝纶撰,施培毅、徐寿凯编《吴汝纶全集(一)》文集补遗《题王晋卿注墨子》,第 366—367 页。
③ 同上。
④ 〔清〕王树枏《陶庐老人随年录》光绪七年(1881)载:"是岁成《墨子三家校注补正》三卷。三家者,毕秋帆沅、王怀祖念孙、俞荫甫樾也。"北京:中华书局,2007 年,第 24—25 页。
⑤ 〔清〕王树枏《墨子校注补正》卷首,光绪十三年(1887)文莫室刊本。

解的"墨经"中《经下》篇进行考订,被王书全部附入。

可能是由于对王树枬《墨子》研究的关注,吴汝纶开始转变对《墨子》存文的疑问而进行系统点勘,撰成《桐城先生点勘墨子读本》十五卷,校记和评点遍及《墨子》53 篇之中。

从校记看,《桐城先生点勘墨子读本》并非简单点校,而是较有系统的校勘和训释,仅校勘记就超过 1000 条,规模庞大。吴汝纶引用十数家观点,或肯定,或驳斥,或补充。其中,引用毕沅 250 多条,王念孙近 200 余条,王引之近 100 条,王树枬 120 余条,俞樾 60 余条。吴汝纶自己的观点则大多以"某案"揭示,有近 500 条。另外,吴闿生有近 50 条案语,以"男闿生谨案"标出,应是整理刊刻时增入。前人成果是支撑本书的重要材料,案语则是最有价值的部分。

评点是本书区别于其他晚清人墨学著作的一个特点。评点是桐城派诗文阅读研究和指导后学的重要方法。作为集晚清桐城派大成的吴汝纶尤其擅长评点,其一大特色是将评点全面推广到子部著作中。吴汝纶在《墨子》中的评点分为圈点和评语。

吴氏圈点超过百处,被圈点文字上长短不一,数量上点多于圈。圈点并非截然分开,时有混杂情况。比如,《尚同下》中,从"家君"到"天下必治矣"三百多字被点,而中间"然计若国之所以治者何也,唯能以尚同一义为政故也"一句却是圈。可以肯定的是,凡被圈点的文字,应该是吴汝纶认为重要的段句。一般而言,吴汝纶点的文字在篇目中较为精彩,而圈的文字多是判断句或中心句,且其体现的情感也更加强烈。但是,从吴汝纶所有诗文评点来看,同一首作品在不同选本中的圈点会有不同,可能圈点只能体现当时阅读一瞬间的心境。由此,圈与点有何实质性区别,其实较难判断。

吴氏评语主要是眉批,体现其对《墨子》具体篇目的看法。这主要分两个方面:一是对篇目文词表达的评价。如评《亲士》篇"意不能主其辞",评《法仪》篇"结束不振"[1],评《耕柱》篇"文意最鄙陋"[2]等。《墨子》文辞多质朴,吴汝纶多以批评居多,独对《小取》篇青睐有加,以为"此篇文可读"[3]。实际上,所谓"墨辩"六篇中,《小取》一篇,自成结构,内容最为完整。方勇指出,"本文主旨突出,层次分明,是《墨子》书中较为简明易懂的篇章之一,可以称得上是墨家逻辑的简明读本和纲领。"[4]吴汝纶作为桐城派古文大家,以文法衡量诸子,自

---

[1] 〔清〕吴汝纶撰《桐城吴先生点勘墨子读本》卷一、卷一,周小艳、刘金柱编次《吴汝纶全集》第 16 册,第 453、461 页。

[2] 〔清〕吴汝纶撰《桐城吴先生点勘墨子读本》卷十一,周小艳、刘金柱编次《吴汝纶全集》第 17 册,第 50 页。

[3] 同上书,第 45 页。

[4] 方勇注解《墨子》,《诸子现代版丛书》,北京:商务印书馆,2018 年,第 427 页。

有其独到眼光。然而,由于评论文法的文字相对较少且不够具体,很难作细致分析。但不可否认,吴汝纶评点《墨子》重视文章解读是一大特征,甚至能为校勘和训释提供有力支持。这一点后面再详论。

二是对篇目文意主旨的见解,特别注意儒墨异同。如:评《贵义》"世俗之君子,视义士不若负粟者,今有人于此,负粟息于路侧,欲起而不能,君子见之,无长少贵贱,必起之,何故也?曰义也"。此表现墨子对"义士"在社会上地位不高的愤懑。墨子这种希望社会重视"义士"的言语显然与儒家君子观不合。《论语》曰:"人不知而不愠,不亦君子乎?"朱熹解释道:"学在己,知不知在人,何愠之有?"①吴汝纶正是注意到儒墨不同之处,故其眉评曰:"此望援求引之旨,皆非君子之言。"②又如,《修身》篇曰:"君子察迩而迩修者也。见不修行,见毁,而反之身者也,此以怨省而行修矣。"墨子强调修身是君子根本,如果遇到问题,一定要自我反省德行。这与《论语》"吾日三省吾身"、《左传》"姑务修德,以待时乎"说法是一致的。吴汝纶评曰"此篇反身之学与儒同旨"③,强调儒墨相同之处。晚清士人研治墨学,大都着眼于墨子的科学因素。王树枬曰:

> 孟子拒杨、墨,其教不得行于中国。迤而远之以至于海西诸邦,其教遂大昌,其为我也近乎杨,其尚同也近乎墨,其造器械、尚机巧出于墨子,特变通之以尽其利而已。④

王树枬"西学出于《墨子》"的看法是晚清民国研究《墨子》学者的共同动机。吴汝纶虽未明言,然其崇尚西学远胜于同辈诸人,应该也是出于同样的心理,其在儒墨对比中,加深了对墨学的理解。

尽管吴汝纶转变态度而晚年"颇嗜《墨子》",但其眉评对《墨子》某些篇目仍有较多怀疑。虽然有一些说法是前人观点,但吴汝纶显然对此非常认同。这包括两个方面:一是文化制度。如《号令》一篇中涉及的官职、律法、地名等,吴汝纶评曰:

> 战国之关内侯,唯秦有之。墨子未至秦,不应为此言,其为后汉人文,决也。五大夫、公乘,皆秦爵而汉袭者,赐民爵亦秦制。
>
> 谒者、中涓皆汉官,秦表谒者为秦官,执盾中涓。高帝始起有之,盖非秦制。

---

① 〔宋〕朱熹《四书章句集注》卷一,《新编诸子集成》,北京:中华书局,2012年,第47页。
② 〔清〕吴汝纶撰《桐城吴先生点勘墨子读本》卷十一,周小艳、刘金柱编次《吴汝纶全集》第17册,第61页。
③ 〔清〕吴汝纶撰《桐城吴先生点勘墨子读本》卷一,周小艳、刘金柱编次《吴汝纶全集》第16册,第455页。
④ 〔清〕王树枬《墨子校注补正》跋。

都司空，《汉官》《汉表》不言秦官，则汉所置。

城旦，汉制。

守、令、丞、尉皆汉官沿秦制。

"强奸人妇女"，后世律文非古书明甚。

三老亦汉制，古有三老五更，非此三老。《汉表》云乡有三老，秦制也。

太守，景帝后始有此，汉人文字耳。毕氏乃妄证之。

司马门，亦汉制因秦故者。①

由此，《号令》一篇充斥秦汉文化制度，基本上可以断定其非墨子言论。二是文法字句，涉及诸多篇目中的字句，如：

"院"字非周秦人所称。（评《大取》）

此文意最鄙陋。（评《耕柱》）

自称"后生"，非周秦语。（评《耕柱》）

"二生"，周人书中少见。（评《公孟》）

此袭《平准书》为文。（评《号令》）②

《墨子》成书较早，其准确具体篇目，已经不可完全确定。但吴汝纶怀疑较多的《耕柱》《号令》篇目，现在基本上被认为是墨子后学所为。但在当时只有苏时学、孙诒让、吴汝纶等表现出卓识。后来，胡适、朱希祖、浅野裕一、罗根泽等人才有更深入的辨析。因此，吴汝纶的怀疑并不是其早期观念的重复，而是更深层次研究后的心得体会。

评点虽然独具特色，但这似乎只是吴汝纶阅读习惯的外现，因其数量不多且深入不够。同时，吴氏评点固然涉及《墨子》的文章义法、文化制度和学说理念，但并不以义理研究见长，其主要成就还是在校勘和训释方面。下面分而论之。

二 校勘：不轻易改动原文

吴汝纶点勘《墨子》的第一个方面的成就是校勘。其最大特点是：不轻易改动原文。下面分误字、倒文、衍文等方面举例说明。

---

① 〔清〕吴汝纶撰《桐城吴先生点勘墨子读本》卷十五，周小艳、刘金柱编次《吴汝纶全集》第17册，第121—128页。

② 〔清〕吴汝纶撰《桐城吴先生点勘墨子读本》卷十一、十一、十一、十二、十五，周小艳、刘金柱编次《吴汝纶全集》第17册，第44、50、50、64、128页。

(一)误字

吴汝纶对于看起来读不通的字,有不少新见。以下分两类情况介绍。

第一类,原字无误,驳斥前人。比如,《非儒下》篇"孔某鲁司寇,舍公家而于季孙"句中的"于"字,毕沅认为是误字,改为"奉"字。吴汝纶认为"于"字有意义:"于,依也,毕改奉,非是。"①"于"字作实词解,即不用改字。王焕德《墨子校注》吸收此观点,进一步论证道:"'于'字有厚、依、亲诸义。孔融《与韦甫休书》'举杯相于',曹植乐府《当来日大难》'心相于',杜甫《赠李八秘书别三十韵》'良友昔相于',皆有相厚、相亲、相依之意。不必改作'奉'字。"②通过揭示词语的稀见含义达到不用改字的目的。又如,《非儒下》"儒者迎妻妻之奉祭祀"一句,注家皆在第一个"妻"字处点断,认为第二个"妻"字解释不通,判断为讹字。如孙诒让吸收前人观点后曰:"吴抄本'妻'字不重,疑当作'迎妻与之奉祭祀'。《说文》'与'与'妻'篆文形似,又涉上而误。"③与孙诒让等改字不同,吴汝纶主张改变句读,认为"迎妻妻之"是"四字为句"④。据此,此句理解为儒者迎接妻子,以妻子之礼待之,奉宗庙祭祀。这样解释,意思通贯且语义更为丰富。如果说孙诒让的解读不失为一家之言的话,吴汝纶的解法则更加灵动而令人信服。因其仅稍稍改变句读,就轻松解决了所谓"误字"问题。吴氏对句读的敏感体现了古文家对于文章的强烈语感,不是一般的汉学家能够具备的素养。正因如此,吴汝纶在点勘前人研究薄弱且文本有难度的《墨子》时具有了优势。

第二类,原字有误,提供新字。如《鲁问》中"我钩强,我钩之以爱,揣之以恭"句下:

> 某案:揣当为抟。抟,持也。《史记·鹏鸟赋》:"何足控抟。"《汉书》作"团","注曰:持也。""揣"与"钩"对文。《西山经》:"番冢之山多桃枝钩端。"钩端即钩揣,盖格拒之义。⑤

孙诒让与吴汝纶皆认为"揣"字不可解。孙诒让认为:"揣亦当拒,钩拒皆冢上

---

① 〔清〕吴汝纶撰《桐城吴先生点勘墨子读本》卷九,周小艳、刘金柱编次《吴汝纶全集》第16册,第613页。
② 王焕德《〈墨子〉校释商兑》,北京:中国社会科学出版社1986年,第248页。
③ 〔清〕孙诒让《墨子间诂》卷九,北京:中华书局,2021年,第250页。
④ 〔清〕吴汝纶撰《桐城吴先生点勘墨子读本》卷九,周小艳、刘金柱编次《吴汝纶全集》第16册,第608页。
⑤ 〔清〕吴汝纶撰《桐城吴先生点勘墨子读本》卷十三,周小艳、刘金柱编次《吴汝纶全集》第17册,第82页。

文言之。"①孙诒让所谓"亦当",是指上文"作为钩强之备,推者钩之,进者强之"中"强"也被解为"拒"。《墨子间诂》曰:

> 毕云:《太平御览》引作"谓之钩拒,退则钩之,进则拒之也"。诒让案:退者以物钩之,则不得退;进者以物拒之,则不得进。此作"钩强"无义,凡"强"字并当从《御览》作"拒",《事物纪原》引亦同。《备穴》篇有铁钩钜,《备高临》篇说弩亦有钩距,钜、距、拒义并同。②

孙诒让在前人观念上作了集解。他先根据《太平御览》《事物纪原》推断"钩强"为"钩拒",是一种兵器,又以《墨子》其他篇目中的"钩钜""钩距"为旁证,然后以"钩之以爱,揣之以恭"中"钩""揣"对文得出"钩之以爱,拒之以恭"的结论。吴汝纶否定"钩强"为"钩拒"③,认为"强"字能解释得通:

> 毕云"钩强",《御览》作"钩拒"。某案:强字是。《尔雅》:"强,当也。"犹难当、敢当之当。④

吴汝纶校勘一般不改动原文,总是努力遵守原字。从此处看,即便"强"字不通,孙诒让将"强""揣"两个差别极大的字都改为"拒"的做法也很危险。吴汝纶提出的"揣当为抟"的说法可成一家之言。一是只改动一字。二是"抟"字有一定道理。"揣"与繁体"抟"字形似而误,"抟"意为"持",与"钩"皆为动词,可以对文。通过此典型例子,可以看出吴汝纶的校勘功底和审慎态度。

(二) 倒字

毕沅不仅改动文字,还会根据己意颠倒文字。如《公孟》篇中"未得之闻也"句,毕以为不通,改"得之"为"之得",认为"'之''得'二字旧倒,以意移。"⑤吴汝纶指出,"'未得之闻',犹'未得是闻也','之'犹'是'也,毕改非"⑥此处吴汝纶根据语感,将"之"字解释为"是",是将其看作代词,意思瞬间通顺。从现

---

① 〔清〕孙诒让《墨子间诂》卷十三,第 416 页。
② 同上。
③ 按,孙诒让以《太平御览》为版本依据,实际并不十分可靠。吴毓江曰:"《太平御览》三百三十四引作'钩拒'者,盖以'钩强'字不经见,而以意改之。《水经注》'钩牵之戏',《荆楚岁时记》作'施钩',注云:'公输子游楚,为舟战,其退则钩之,进则强之,名曰钩强,遂以败越。'字亦作'强'。……诸本作'强',陈本作'彊'。作'强'者,'彊'之借字。……《尔雅·释诂》曰:'彊,当也。'当者,抵拒之义,此作动词用之'彊'也。作为钩强之备,即用'彊'名词之义;进者之,即用'彊'动词之义也。"(吴毓江《墨子校注》卷十三,北京:中华书局,2006 年,第 744 页。)此说是对吴汝纶说法的完善,不仅提供了版本依据,还对"强"字作出了更深入的分析。
④ 〔清〕吴汝纶撰《桐城吴先生点勘墨子读本》卷十三,周小艳、刘金柱编次《吴汝纶全集》第 17 册,第 82 页。
⑤ 〔清〕毕沅《墨子注》卷十二,道光十五年(1835)经训堂本,第 12 叶。
⑥ 吴毓江《墨子校注》卷十三,第 711 页。

代语法分析,这应该是宾语在副词和动词之间的特殊现象,在先秦典籍中并不少见。① 吴毓江《墨子校注》赞同吴汝纶的观点:"《节葬下》篇曰'未尝之有也',句法与此同。"②就恰当地指出了这种语法现象。由此,吴汝纶基本倾向于不改动原貌,尽力对原字做出合理解释。

又如,《贵义》曰"是以身为刑僇,国为戾虚者"句,王念孙认为"戾虚"二字误倒,《墨子》其他例句为证,而"戾"即"厉",故"虚戾"即"虚厉"。王念孙显然认为"戾虚"不成词,而改为"虚戾"则可得解释。吴汝纶不同意倒转和改字:

> 王引诸书证"戾虚"作"虚戾",非也。戾虚犹虚戾耳。《庄子》李注"居宅无人曰虚,死而无后曰厉",则平列之字,不必互乙矣。③

东晋李轨、李颐注《庄子》,"虚""厉"二字是分开解释的。郭庆藩注《庄子》肯定此说。吴汝纶正是看到这点,认为二字构词是并列关系且用法尚未固定,颠倒顺序后并不会影响词语含义,所以没有必要颠倒解读。这就通过词语解释,排除了倒字,比王念孙更精准。

(三)衍文

吴汝纶不轻易改动原文的校勘原则在对待衍文上特别突出。他不仅根据文势标指衍文能自成一说,而且驳斥前人衍文说尤其精彩。

第一,标指衍文。比如,指出《非攻》中"丧师尽不可胜数"④七字为衍文,因为前面有"丧师多不可胜数",意思相同。此独吴汝纶认为有衍文,可能仅凭文势,但并非没有道理。又如,《天志下》中"以攻罚无罪之国,入其沟境,刈其禾稼,斩其树木,残其城郭,以御其沟池"。其中,"沟境"一词,诸家皆以为不可理解。王念孙曰:"'沟境'二字不词,当依《非攻篇》作'边境'。此涉下文'沟池'而误也。"⑤提出的方法是改字,得到孙诒让的支持。吴汝纶认为并非涉下文而

---

① 参见何乐士著《〈左传〉语法研究》第十五章中第一节第二部分"否定句中代词宾语前置与后置的几项统计和比较"(郑州:河南大学出版社,2012 年,第 537 页)。又,吴毓江《墨子校注》曰:"《天志上》篇曰'未得之明知也',《公孟》篇曰'未得之闻也',《孟子·滕文公》篇曰'未能或之先也',《管子·枢言》篇曰'自古及今未尝之有也',《吕氏春秋·不苟》篇曰'莫肯之为',又《分职》篇曰'天下莫敢之危',语法并与此相类。"(吴毓江《墨子校注》卷六,第 266 页)皆是其证。
② 吴毓江《墨子校注》十二,第 711 页。
③ 〔清〕吴汝纶撰《桐城吴先生点勘墨子读本》卷十二,周小艳、刘金柱编次《吴汝纶全集》第 17 册,第 67 页。
④ 〔清〕吴汝纶撰《桐城吴先生点勘墨子读本》卷五,周小艳、刘金柱编次《吴汝纶全集》第 16 册,第 523 页。
⑤ 〔清〕王念孙撰,窦秀艳、周明亮点校《读书杂志》,南京:凤凰出版社,2021 年,第 1291 页。

误,而是"涉下文而衍"①,亦可通。其实,吴汝纶判断衍文的启发来自王念孙"涉下文"的说法,但由于王念孙是改字,所以吴汝纶并不像孙诒让那样直接认同,而是提出新的衍文说。这个观点放在诸多《墨子》校勘成果中,仍然能够自成一说。②

第二,驳斥前人衍文说。这可分为两种情况:

一是通过解读文字排除衍文。如《天志中》:"子墨子之有天之意也。……观其行,顺天之意,谓之善意行,反天之意,谓之不善意非。"王念孙认为有衍文:

> "天之意"本作"天之","天之"即天志,本篇之名也。"子墨子之有天之"已见上文。古"志"字通作"之"。后人不达,又见上下文皆云"顺天之意""反天之意",故于"天下"下加"意"字耳。……"谓之善"下衍"意"字,"谓之不善"下脱"行"字,又衍"意非"二字,今据下文改正。③

王念孙指出,前句中"之"作"志","意"字是衍文且是后人所加,由此后句中"意""意非"也是衍文。此种说法虽然文意通顺,但对于文本改动过多,有三处衍文,一处脱文。吴汝纶不赞同此说,其校记曰:

> 篇中有言"天之"者,以"之"为"志",有言"天之意"者,以"意"为"志",所云"顺天之意""反天之意",皆如篇名之"天志"也。以为后人所加者,非是。……盖"之"字,或借为"志",或为语词也。"善意行""不善意非","非"即"行"字之误。"意行"者,"志行"也。④

由此,吴汝纶只认为"非"是"行"之误字,衍文则均不认可。他指出"之"可以作"志",也可以作为助词,而"意"也可以理解为"志"。这样解释比王念孙的多处衍文说更好。吴毓江《墨子校注》赞同并全引吴汝纶校记,又针对"行"误作"非"提供版本依据曰:"'不善意行'之'行',诸本误'非',宝庆本作'行',今据正。"⑤吴汝纶校勘之精良,可见一斑。

二是通过疏通文意排除衍文。比如,《非命中》篇有长句:"慎言知行,此上有以规谏其君长,下有以教顺其百姓,故此上有以规谏其君长,下有以教顺其

---

① 〔清〕吴汝纶撰《桐城吴先生点勘墨子读本》卷七,周小艳、刘金柱编次《吴汝纶全集》第17册,第568页。
② 王焕德《墨子校释商兑》收录王念孙、尹桐阳、吴毓江、王焕德四家代表性观点,有改字说、不误说和倒文说,但缺少吴汝纶的衍文说。参见王焕德《墨子校释商兑》,第167页。
③ 〔清〕王念孙撰,窦秀艳、周明亮点校《读书杂志》,第1288—1289页。
④ 〔清〕吴汝纶撰《桐城吴先生点勘墨子读本》卷七,周小艳、刘金柱编次《吴汝纶全集》第16册,第563页。
⑤ 吴毓江《墨子校注》卷七,第311页。

百姓,故上得其居长之赏,下得其百姓之誉。"其中,卢文弨、孙诒让等皆以为"故此上有以规谏其君长,下有以教顺其百姓"句是衍文。《墨子》诸多版本皆有此句,唯明人吴宽抄本无,但吴宽抄书有一定校读改动,不能完全作为证据。日本宝历本《墨子》则谨慎得多,只将此十七字加一括弧,表示可能衍文之意,却并不删除。吴汝纶不认同衍文说,他指出:"'故'字上属。'为'句下十六字,乃复述上文。"①仅将"故"字上属,重新断句,立马使得后面十六字不仅不重复,而且读起来变得有更有文章气势。这种校勘方式,必须精通古文创作,敏感把握文势才能做到,大多数汉学家恐难以企及。

当然,吴汝纶不轻易改变原文的原则不是绝对的。《墨子》文本情况复杂,讹、倒、衍的情况下,还可以不改变文字进行解释,脱文则需要恰当地增加文字来补充文意。但总体上尽量不改字是吴汝纶校勘《墨子》一直贯穿的原则之一,即使通过校勘来进行字句训释也是如此。

三 训释:关注用语的时代特点

吴汝纶点勘《墨子》第二个方面的成就是训释。陈柱《墨子研究》曰:"吴书虽注重文章,然训释亦颇有足以正毕、王之说者……颇为精审。"②吴汝纶有不少地方较毕沅、王念孙的训诂更通达,故多有补正。其补正的特点在于特别关注《墨子》用语的时代特点,或以墨证墨,或以先秦文献作证,有不少前人未注意到的发明。下面从四方面进行简要举例说明。

(一)提示通解

这主要指出一些词语在全书中有固定的意义。除了对常见的"何""可"、"政""正"等常见同字现象随文揭示外,吴汝纶针对《墨子》独有的一些表达习惯会更留意。如"惟"同"虽"、"如"同"而"、"之"犹"其"、"当若"犹"如此"等虚词,在校勘记中多处标指。也有的不会一一标指,而是在某一两处作凡例性质的提示。如"此以怨省而行修矣"句下曰:"凡墨子书言'此以'犹他书之言'是以'。"又,"当为公室,不可不节"句下:

> 某案:"当"犹"如"也。墨子书多以"当"为"如"。《宋策》:夫宋之不是如梁也。高注:"如,当也。"哀公问:"求得当欲","当欲者,如欲也"。男阎生谨案:《韩非·人主篇》:"当使虎豹失其爪牙,则人必制之矣。"以"当"为

---

① 〔清〕吴汝纶撰《桐城吴先生点勘墨子读本》卷九,周小艳、刘金柱编次《吴汝纶全集》第16册,第600页。
② 陈柱《墨子研究》,《墨子大全》本第37册,第216页。

"如"义,尤明。①

此处先指出《墨子》书中例子较多,又举《战国策》作为旁证。吴闿生又进一步举《韩非子》为证。从先秦文献举出例证,更能说明《墨子》用语的时代性。

吴汝纶也解释实词。如根据《左传》"众散为弱"解释"尽恶其弱也"中的"弱"为"余人"②,根据《荀子·性恶篇》注"故,犹皆也"③解释"且故兴天下之利"句中的"故"等,皆是通过其他典籍作解,较为可靠。又如,《尚贤下》篇"中实将欲为仁义,求为士"句下曰:

> 某案:"实"当为"情",后人妄改。王念孙云:"情"与"诚"同,又作"请"。《节葬下》篇谓:"请将欲为仁义,求为上士。""情""请"并与"诚"同。后凡"情"作"请"者放此。此"实"字亦与同也。男闿生谨案:《兼爱中》篇亦作"中实欲",或"情""实"二字互用。④

"情""请""诚"三字同字,王念孙已经发明。孙诒让也同意此观点,认为"《墨子》书多以'请'为'情',又以'情'为'诚'"⑤。吴汝纶进一步揭示,"实"字亦与上述三字同,其于"必有众之耳目之实"句下也说:"'实'当为'请',下屡见。"⑥这个用法与后世颇不相同,因而吴闿生又进一步举例作了论证。这种贯通性的揭示古今差异的解释必然有助于《墨子》文意的疏通。

(二)揭示习语

作为先秦文献,《墨子》有其时代用语习惯,需要结合相关文献解读。如《非乐》"意舍此"句,王念孙认为三字为句,意思不完整,怀疑下有脱文,但未能给出证据。吴汝纶认为"'意舍此'犹孟子言'姑舍是'"⑦,从先秦古人的用语习惯来否定有脱文。又如,《迎敌祠》"坛高八尺,堂密八"句:俞樾认为:

> "密"字无义,疑当作"突"。《说文·穴部》:"突,深也。"谓堂深八尺

---

① 〔清〕吴汝纶撰《桐城吴先生点勘墨子读本》卷一,周小艳、刘金柱编次《吴汝纶全集》第16册,第465页。
② 〔清〕吴汝纶撰《桐城吴先生点勘墨子读本》卷十一,周小艳、刘金柱编次《吴汝纶全集》第17册,第42页。
③ 〔清〕吴汝纶撰《桐城吴先生点勘墨子读本》卷六,周小艳、刘金柱编次《吴汝纶全集》第16册,第541页。
④ 〔清〕吴汝纶撰《桐城吴先生点勘墨子读本》卷三,周小艳、刘金柱编次《吴汝纶全集》第16册,第486页。
⑤ 〔清〕孙诒让《墨子间诂》卷八,第193页。
⑥ 〔清〕吴汝纶撰《桐城吴先生点勘墨子读本》卷八,周小艳、刘金柱编次《吴汝纶全集》第16册,第574页。
⑦ 同上书,第587页。

也。不言尺者,蒙上而省。"突""密"相似,因误为"密"矣。下"密"字并同。它书"深"字无作"突",亦古字也。①

俞樾指出"堂密"不成词,主张因形似而字讹,改"密"为"深",而"深八尺"省"尺"字。吴汝纶反对此说:

> 俞樾改"密"为"突",此妄说也。"堂密"之文,自古有之。《说文》"密,山如堂者",《尔雅》注引《尸子》云:"松柏之鼠,不知堂密之有美枞。"然"密"之义未闻,疑即陛也。"堂密八"者,堂陛八级也。②

吴汝纶不主张改字,认为《尸子》之文证明"堂密"有意义,其能够成文是"自古有之"。以先秦古籍习用之语,证明此句可以直接疏通,而不必通过改字等曲折训释。

(三)发明新义

《墨子》主要是先秦文献,一些词语的涵义在后世已经发生了改变,一些注家对此时常失察。吴汝纶能够根据理解,发明失落的含义。例如,《备梯》"必遂而立"句批注曰:"'必遂而立'谓并立也。'遂'有'并'义,说在《备蛾传篇》。"③指出"遂"字有"并"意。孙诒让认为"疑当作'必当队而立'"④。所谓"当队而立"就是"并立",孙氏显然理解了句意,虽然未能正确指出"遂"字涵义,却从侧面支持了"遂有并义"的解读。吴汝纶在《备蛾传篇》中"敢问敌人强弱,遂以傅城"句下案语曰:

> 《诗·长发》笺:遂,犹遍也。《祭义》注:遂,遂相随行之貌。遂有并义,而字书失其诂。《史记·乐书》:自仲尼不能与齐优遂容于鲁。遂容者,并容也。此文言强弱并傅城也。男闿生谨案,先大夫创为此训后,闿生读韩非"是以贤良遂进,而奸邪并退",其语尤明。⑤

吴汝纶于此进一步指出,《诗经》《礼记》中对于"遂"字的笺注能够引申出"并"义,但字书并未收录这个义项。吴闿生又举出《韩非子》语例,对于吴汝纶"创

---

① 〔清〕俞樾撰《诸子平议》卷十一,赵一生主编《俞樾全集》第3册,杭州:浙江古籍出版社,2017年,第237页。
② 〔清〕吴汝纶撰《桐城吴先生点勘墨子读本》卷十五,周小艳、刘金柱编次《吴汝纶全集》第17册,第113页。
③ 〔清〕吴汝纶撰《桐城吴先生点勘墨子读本》卷十四,周小艳、刘金柱编次《吴汝纶全集》第17册,第110页。
④ 〔清〕孙诒让《墨子间诂》卷十四,第469页。
⑤ 〔清〕吴汝纶撰《桐城吴先生点勘墨子读本》卷十四,周小艳、刘金柱编次《吴汝纶全集》第17册,第103页。

为此训"的发明,不无自豪之感。

(四)解释语法

比如,《明鬼下》"今若使天下之人,借若信鬼神之能赏贤而罚暴也"句,诸家对"借若"一词皆认为不通顺。王念孙曰:

> 上言"若使",则下不得又言"借若",余谓"若"字涉上文而衍,"借"乃"偕"字之误。偕与皆通。原注:《汤誓》"予及女皆亡",《孟子·梁惠王篇》"皆"作"偕"。《周颂·丰年篇》"降福孔皆",《晋书·乐志》"皆"作"偕"。言使天下之人皆信鬼神之能赏贤而罚暴,则天下必不乱也。"①

"若使""借若"皆表示假设关系的连词,王念孙认为二者不应出现在同一句子中。孙诒让全引此说,在正文中删去"若"字,"借"改"偕"字。此改动太多,又无任何版本依据。吴汝纶认为二者皆是"复语",是较为特殊的语法现象:"古人自有复语耳,上文'并作由此始',亦复语也。"②吴毓江非常赞同吴氏观点,又补充了一个证据:"《史记·张释之传》'有如万分之一,假令愚民取长陵一抔土',亦'有如'与'假令'复用。"③可见,所谓"复语"应是先秦文献中已有的语法并沿用到汉代,只是后世不再使用。吴汝纶的揭示具有语言学史意义。

又如,《非乐上》"野于饮食"句,毕沅认为"野于"二句是倒文。吴汝纶指出:"'野于'不误,此与'室于怒,市于色'句法正同,毕改非是。"④正确地指出了上古语法。"室于怒,市于色"出自《左传》,是较为特殊的倒装句,后世不常见。与此相同的还有《诗经》中"谢于诚归",唐代韩愈为追求句式古奥,曾在《与陈给事书》一文中模仿此句法创作"衣食于奔走"的特殊句子。吴汝纶作为古文大家,自然对此熟悉,因而比毕沅的理解更为到位。

吴汝纶精通古文,以先秦两汉为法,自然特别注意古今用语的异同,能够通过用语习惯训释《墨子》,纠正了前人不少错误,取得了一定的成绩。当然,吴汝纶的训释还有其他方法。比如,利用语感来训释。《公孟》篇:"子曰孔子博于诗书,察于礼乐,详于万物,而曰可以为天子,是数人之齿而以为富。"毕沅认为"齿"乃"年"意。俞樾驳斥曰:

> 数人之年,安得以为富?毕说非也。齿者,契之齿也。古者刻竹木以

---

① 〔清〕王念孙撰,窦秀艳、周明亮点校《读书杂志》,第1294页。
② 〔清〕吴汝纶撰《桐城吴先生点勘墨子读本》卷八,周小艳、刘金柱编次《吴汝纶全集》第16册,573页。
③ 吴毓江《墨子校注》卷八,第339页。
④ 〔清〕吴汝纶撰《桐城吴先生点勘墨子读本》卷八,周小艳、刘金柱编次《吴汝纶全集》第16册,第590页。

记数,其刻处如齿,故谓之齿。《易林》所谓"符左契右,相与合齿"是也。《列子·说符》篇:"宋人有游于道,得人遗契者,归而藏之,密数其齿,曰:吾富可待矣。"此正数人之齿以为富者。盖古有此喻。①

俞樾认为"齿"是符契的刻齿,代指富者。吴汝纶认为:

此喻言必无此理。有德便为天子,犹有年便为富人也。《列子·说符》篇云:得人遗契密数其齿曰"吾富可待矣",亦谓默计其年,以待富也。俞樾以为契之齿,非是。契之齿,岂得舍契而专言齿哉?②

这里指出,以"齿"虽可喻"富",却并非此句寓意。此句在于说有德就为天子,就像岁数到了年纪就可以成为富人一样,是"无此理",并不需要牵涉到"契齿"与"富者"之喻。吴毓江认为,"毕、吴说较长"③。

针对前人标明"不详"的地方,吴汝纶则尝试提供新解。例如,对于《明鬼下》篇中"祥上帝伐元山帝行"句,毕沅以为此句不详,孙诒让只引用毕说,未能提供更多解释,而吴汝纶尝试给出了一种解释:

"祥"疑当作"诬",上又脱"矫"字,"伐元"当为"伐之",据《非命》篇,此当为"矫诬上帝伐之恶"八字,而文特脱误耳。④

此句犹如乱码,极难解释。吴汝纶根据《非命上》篇中有句"我闻于夏人矫天命,布命于下,帝伐之恶"⑤而得解。表面上看,多处误字和脱字的校勘结果与其不轻易改字的原则不太符合。实际上,从《墨子》它处寻找相似句子来以《墨》证《墨》,提供一种可行的解释,对《墨子》校读是有推进作用的。

四 结语

刘师培在《周末学术史序》一文中说:19世纪的诸子学,"乃诸子之考据学,而非诸子之义理学"⑥。墨学研究在晚清形成高潮,正是以文献校勘与字句训诂为典型特征,而孙诒让《墨子间诂》乃集大成。作为同时成书的吴书,校注精

---

① 〔清〕俞樾撰《诸子平议》卷十一,第227页。
② 〔清〕吴汝纶撰《桐城吴先生点勘墨子读本》卷十二,周小艳、刘金柱编次《吴汝纶全集》第17册,第66页。
③ 吴毓江《墨子校注》卷十二,第701页。
④ 〔清〕吴汝纶撰《桐城吴先生点勘墨子读本》卷八,周小艳、刘金柱编次《吴汝纶全集》第16册,第582页。
⑤ 〔清〕吴汝纶撰《桐城吴先生点勘墨子读本》卷九,周小艳、刘金柱编次《吴汝纶全集》第16册,第597页。
⑥ 刘师培《刘申叔先生遗书》,《周末学术史》总序,民国二十三年(1934)北京修绠堂刊本,第3页。

良且新见迭出，是晚清墨学考据学中不可或缺的一种。

应该指出的是，吴汝纶校注多利用前人研究成果而各有倚重。这可分为两个方面：一是版本依据，主要依据毕沅、王树枏等校本以及少量的卢文弨校语和古籍元典。吴汝纶的《墨子》校勘，并不以版本见长。能弥补这方面缺陷的是充分利用毕沅、王树枏的校勘成果。不同的是，毕沅常常臆改原文，故多所驳斥，王树枏则仅校异同，故较多采纳。二是研究基础，主要利用王念孙、俞樾的研究成果。吴汝纶提出新解例子甚多，多数是在王、俞二人研究基础上申述，亦有不少超出同时代治《墨》名家孙诒让的地方。作为一个以文学出名的桐城派学者，其在诸多汉学名家之中，能够做到校勘训释方面毫不逊色，非常难得。

还需强调的是，吴汝纶对《墨子》的全面整理也是一大特点。清代诸多治《墨》学者皆以条辨补正的形式针对有问题的地方进行阐发，王念孙《墨子杂志》、俞樾《墨子平议》、王树枏《墨子校注补正》是其中卓有成就的代表。至于全面整理的著作则并不多见。其中，毕沅较早全面整理《墨子》为后来学者打下了坚实基础，孙诒让《墨子间诂》则为集大成之作，其他还有王闿运《墨子注》（1903）、曹耀湘《墨子笺》（1906）、尹桐阳《墨子新释》（1920）等。

吴汝纶点勘《墨子》作为少数几种全面整理本，特色很明显。它不仅有丰富评点，而且所有篇目都得到校注，尤其是对历来难解的"墨经"进行专门考订，撰《考订墨子经下篇》。此篇最初附于王树枏《墨子校注补正》相关篇目中，后收入《桐城先生点勘墨子读本》而部分文字略有改动。吴汝纶指出，《经下》篇与《经上》篇一样也是"旁行"①。在此之前，毕沅考订《经上》，张惠言考订《经下》，孙诒让则在毕、张基础上进一步考证。吴、孙二人的考订虽各有得失，但都是独立完成，共同促进了《墨子》一书的通畅阅读。"墨经"作为《墨子》篇目中的难读部分，引起了学者们极大兴趣。仅民国间，就有张煊《墨子经说新解》（1919）、叶瀚《墨经诂义》（1920）、张之锐《新考正墨经注》（1922）、梁启超《墨经校释》（1922）、胡蕴玉《墨子经说浅释》（1923）、支伟成《墨子综释》（1925）、邓高镜《墨经新释》（1931）、张其锽《墨经通解》（1931）、鲁大东《墨辩新注》（1936）、顾实《墨子辩经讲疏》（1936）、杨宽《墨经哲学》（1942）、范耕研《墨辩疏证》（1943）等十数家专门研究著作，而吴汝纶的研究无疑是具导夫先路的作用。

当然，吴汝纶的文献考据也有一些缺点。较为突出的是注释举例常以《史记》为先。如"富有天下，业万世子孙"中的"业"字。吴汝纶曰："业，如《史记》

---

① 〔清〕王树枏《墨子校注补正》卷下，第12页。

'项王业之'之业。"①《墨子校注》则曰:"业,谓子孙纂业。《左》昭元年传:台骀能业其官,杜注为'纂业'。"②对比而言,二者都解释了意思,但使用《左传》这样的先秦典籍显然比《史记》更好。然而,吴汝纶点勘《墨子》主要还是阅读为主,并非专力研究,所以有一些解释难免粗糙,但仍然瑕不掩瑜。

总之,作为桐城派治诸子学的代表,吴汝纶点勘《墨子》是一本以评点见长的别具特色的全校本。其校勘不轻易改动原文,训释多考虑上古用语习惯,对"墨经"研究足以启发学林,在清代《墨》学研究中占据举足轻重的地位,值得更多研究。

---

① 〔清〕吴汝纶撰《桐城吴先生点勘墨子读本》卷七,周小艳、刘金柱编次《吴汝纶全集》第16册,第554页。
② 吴毓江《墨子校注》卷七,第295页。

集部文献与文学史

《方壶存稿》版本考
——兼论其与休宁西门汪氏族谱编修的关系

任子珂

【内容提要】《方壶存稿》是南宋理学家汪莘的文集,明清时由休宁西门汪氏后人多次刊刻、重修,主要分为九卷本和四卷本两种形态。九卷本首刊于明嘉靖初年,经明万历、清康熙间两次补校重刊,于雍正年间重编为四卷。《方壶存稿》为西门汪氏家刻,其历次刊印又与西门汪氏族谱编修呈相关性,二者的编刻史共同反映出西门汪氏明清间由聚至散的过程。

【关键词】《方壶存稿》 汪莘 版本考 休宁西门汪氏 家刻

《方壶存稿》为南宋理学家汪莘文集,版本状况前人已有考述。据祝尚书言,汪莘或自编诗集,其侄汪掌书又搜集遗稿,编成文集,二者现皆不传。现存诸版中,以明代九卷"汪璨刊本为古",后来的万历重刊本、数部清抄九卷本或雍正九年(1731)汪栋四卷本,均"或翻刻或改编重刻此本"①。现今研究汪莘及其文集者多采此说。

此《方壶存稿》版本论述有一定疏漏。如祝氏据陆心源目录推测日本静嘉堂文库所藏八卷本《方壶存稿》是万历重刊本②,今获睹静嘉堂本微缩胶片,知此本非万历本,亦非八卷,《方壶存稿》并无八卷本形态。又如祝氏参考国家图书馆(简称国图)藏傅增湘校汪栋刊本,认为汪栋"将明刻九卷本合并重编为四卷"③,却忽略了汪栋《重刻方壶遗集序》所言康熙"旧本"④。现访书得浙江图书馆(简称浙图)藏敬贻堂重梓九卷本一部,该本刻于康熙时,上承两部明刊,又是汪栋四卷本的参考本,实于《方壶存稿》版本梳理有重要意义。

前人也未注意《方壶存稿》刊印与休宁西门汪氏(简称西门汪氏)族谱编修

【作者简介】任子珂,美国弗吉尼亚大学历史系博士生。
① 祝尚书《宋人别集叙录》,北京:中华书局,2020年,第1193页。
② 祝尚书《宋人别集叙录》,第1194页。
③ 同上。
④ 〔宋〕汪莘《方壶先生集》卷首汪栋《重刻方壶遗集序》,清雍正汪栋刻本,藏国家图书馆。

呈现出时间和编者的重叠,因此在诸版断限及源流梳理时出现差讹,或不能判断汪璨本的刊刻年代而误系于弘治、正德间①,或忽视承上启下的康熙"旧本"。今考,《方壶存稿》自首刊即与西宁汪氏族谱有千丝万缕的关系:嘉靖间汪璨与族中长者为巩固宗族,同刻《方壶存稿》与《休宁西门汪氏族谱》。万历间汪氏修《统宗西门支谱》,《方壶存稿》也于此时重修。顺治、康熙时汪昂再修《西门汪氏宗谱》与《方壶存稿》。雍正间汪栋改《方壶存稿》九卷本为四卷,又于乾隆时出资刊刻《休宁西门大公房挥金公支谱》②。汪栋后西门汪氏无力编修宗谱,《方壶存稿》也不再有重刊重编,此后抄本多据诸本纂合而成,丛书本也多为诸本的删削。

如上所述,本文旨在考察《方壶存稿》几个主要版本的目录、序跋和异文状况,厘清版本源流,纠正前人谬误。同时论述西门汪氏族谱编刻与《方壶存稿》的关系,还原《方壶存稿》诸版编刻背景,略及家刻与家族史之间关联。

一 汪莘文集在南宋的编刊

《方壶存稿》作者汪莘,字叔耕,休宁(今属安徽)人。《全宋诗》小传称其"不事科举,退安丘园读《易》,后屏居黄山。宁宗嘉定间应诏上书,不报。徐谊帅江东,以遗逸荐,亦不果。遂筑居柳塘上,围以方渠,自号方壶居士,学者称柳塘先生"③。

汪莘或曾自编诗集、词集。刘次皋《跋》曰,"柳塘汪叔耕自新安来应诏上封事,一日,因同舍生陈斯敬访余于学省,出示诗稿三编"④,但不知诗稿是否刊行。汪莘确自刊其词,《方壶存稿》收词集自序《诗余序》,曰"则念与吴中诸友共之,欲各寄一本,而穷乡无人佣书,乃刊木而模之,盖以寄吾友尔,匪敢播诸众口也"⑤,可见《诗余》仅在友人中流传,刊刻数量较少。

由于刊刻传播数量有限,汪莘的文章诗词在身后迅速散佚。孙嵘叟《序》云:"掌书兄世克其家,荟萃遗编,以传不朽。惜三疏尚未之见,愿披访以辑大全,他日太史氏必有传逸民者。"⑥"掌书兄"为汪莘之侄,史唐卿《跋》云,"其侄掌书访予于松雪,书示诗词二篇"⑦。孙氏所云"三疏"乃汪莘上宁宗三疏,三疏

---

① 祝尚书《宋人别集叙录》,第1194页。
② 关于汪氏族谱编刻始末,参看魏梅《社会变迁与宗族扩展——明清时期休宁西门汪氏宗族研究》,安徽大学博士学位论文,2009年,第15—20页。
③ 《全宋诗》册五五,北京:北京大学出版社,1998年,第34685页。
④ 祝尚书《宋集序跋汇编》,北京:中华书局,2010年,第1788—1789页。
⑤ 〔宋〕汪莘《方壶存稿》卷一,明嘉靖刻本,藏国家图书馆。
⑥ 祝尚书《宋集序跋汇编》,第1789页。
⑦ 同上。

在汪莘侄"掌书"所编文集业已不存,说明散佚之速。汪掌书盖汪一龙。宇文十朋《跋》曰:"紫阳汪讲(掌)书以《柳塘集》见示,阅卷端,西山真公之赏音也。"①据《休宁西门汪氏族谱》,汪莘为汪氏六十八世,汪一龙为六十九世②,恰为其侄。紫阳书院曾为朱熹讲学地,"新安以书院奉朱子,祠如鲁人事孔子"③,而"李铨降元,薪紫阳书院以辱多士",汪一龙"竭力复之,以崇朱氏"④,后又受命紫阳书院山长,故汪一龙当为紫阳汪讲书。汪莘号"柳塘",故该集名曰《柳塘集》。西山真公即真德秀,今明汪璨刊本卷端《真直院西山书》即真德秀与汪莘书信。

此《柳塘集》流传不广,不见于宋元目录。

二 嘉靖本《方壶存稿》

当前目录可见的汪莘文集名曰《方壶存稿》。《铁琴铜剑楼藏书目录》载:

> 《方壶存稿》九卷,明刊本。题"休宁柳塘汪莘叔耕著,休宁仁峰汪循进之订",前有端平乙未洺水程珌、咸淳重光叶洽山阴孙嵘叟、重光协洽岁浚仪王应麟三序,又嘉定戊辰阆风刘次皋《跋》,附刻晦庵朱夫子、徐安抚、真直院西山三书。序跋与书皆以手迹摹刻,后有汪循《跋》,谓"先生著述多不存,所存者此耳,故谓之《存稿》。裔孙璨、尚和、显应辑而期传之"。一本"显应"作"学海",或作"孝海"⑤。

此本今藏国图,有"汪士钟藏"与"铁琴铜剑楼"印,为汪士钟藏书,流入瞿氏收藏。嘉靖《休宁西门汪氏族谱》"(汪)显应"条云,"嘉靖乙酉,……清明墓祭,会刊行《方壶存稿》"⑥,知此本刊行于嘉靖四年(1525)清明,并非祝尚书所断的弘治、正德间⑦。

国图所藏嘉靖汪璨刻本《方壶存稿》(简称嘉靖本)即现存最早汪莘文集,赖汪璨等人纂辑汪莘存世诗文而成。共九卷,卷一录书、辨、序、说、颂,卷二为赋及歌行,卷三、卷四为古诗五言⑧,卷五为律诗五言、七言,卷六、卷七为绝句

---

① 祝尚书《宋集序跋汇编》,第1790页。
② 〔明〕汪璨、汪尚和、汪显应《休宁西门汪氏族谱》卷四,明嘉靖刊本。
③ 〔明〕程敏政《新安文献志》卷九五上,明弘治十年祁司员刻本。
④ 〔明〕汪璨、汪尚和、汪显应《休宁西门汪氏族谱》卷四。
⑤ 〔清〕瞿镛《铁琴铜剑楼藏书目录》卷二一,清光绪常熟瞿氏家塾刻本。
⑥ 汪璨、汪尚和、汪显应《休宁西门汪氏族谱》卷五。
⑦ 祝尚书因卷末汪循《跋》未署年代,而未能判定版刻时间,仅据汪循生平推知在弘治、正德间。见祝尚书《宋人别集叙录》,第1194页。
⑧ 卷四所收实为古诗七言,嘉靖本误刊。

七言,卷八、卷九为诗余。有宋本特征,如卷二《月赋》"房玄龄"多作"房元龄",为避宋讳。卷首序跋数量及刊刻字体一如瞿氏所言,仅次序稍有不同,依次为程泌、孙嵘叟、王应麟三序,《晦庵朱夫子再书》、《真直院西山书》、刘次皋《跋》及《徐安抚书》。

嘉靖本有版本缺陷。卷四应为古诗七言,但嘉靖本作"古诗五言"。卷六残缺不全,页八末尾《感白发》一诗只有三句,阙末句。此句诸本补作"时向窗前把镜看",国图所藏嘉靖本补写于《感白发》诗题下端;还于卷六页八后补写页九和页十,收录《湖上早秋偶兴》等诗,并于卷六末尾书"此从旧钞本补录,惜前页《感白发》首末句未补入,因用朱笔补写之"。

八千卷楼旧藏味书室抄本(简称味书室本)亦可证嘉靖本残缺。南京图书馆(简称南图)有八千卷楼旧藏,即丁丙《善本书室藏书志》著录《方壶存稿》九卷。味书堂钞本,马笏斋藏书"①。《书志》曰:

> 集为万历时裔孙灿等辑梓,前有张应元《序》,后有汪循《跋》,并列宋时程泌、孙嵘、王应麟、史唐卿、宇文十朋、刘次皋旧序六首,文公、西山、徐谊书简四首。此钞本序跋皆不录,镌"味书堂"三字,有"马玉堂印""笏斋"二印②。

《八千卷楼书目》又曰:"《方壶存稿》八卷,宋汪莘撰,抄九卷本,刊四卷本。"③其中的"抄九卷本"即味书室本。

味书室本半页十行行二十二字,行款与嘉靖本相异,部分特征却与嘉靖本相同。味书室本重文号与嘉靖本一致。嘉靖本常有异体字,文字又或多加一点或少加一横;嘉靖本及味书室本卷二《月赋》"周流于三百六句"一句,其余诸本"句"皆作"旬"。味书室本卷一未录《行状》,《行状》万历本始收,无《行状》是嘉靖本的特征之一。卷二《中原行怀古》"诸公但□安身计"一句,嘉靖本"但"字后的阙字作墨围,味书室本空一字,其余诸本皆补作"能"。因此,味书室本所抄底本即嘉靖本。味书室本卷六《感白发》及以下诗歌不存,至《夏日西湖闲居十首》即"方壶存稿卷之六终",表明卷六残缺业已存在。

三 万历本《方壶存稿》

《皕宋楼藏书志》录有一部"八卷本"《方壶存稿》④,据陆氏记载,书前序跋

---

① 〔清〕丁丙《善本书室藏书志》卷三一,清光绪二十七年钱塘丁氏刻本。
② 丁丙《善本书室藏书志》卷三一。丁氏误以"璨"为"灿","嘉靖"为"万历"。
③ 丁仁《八千卷楼书目》卷一五,民国十二年排印本。
④ 〔清〕陆心源《皕宋楼藏书志》卷九〇,清同治光绪间刻潜园总集本。

较嘉靖本多出史唐卿《跋》，又列万历二年（1574）张应元《重刊序》①，故学者误认为藏于静嘉堂的明刊《方壶存稿》（简称静嘉堂本）即万历重刊本（简称万历本）。

陆氏《书志》所记与实物有别，今笔者借得日本国会图书馆藏静嘉堂本微缩胶卷图像，发现该本应是一部稍有残缺的嘉靖本而非万历本。静嘉堂本卷端印"归安陆树声藏书之印"及"静嘉堂珍藏"，是陆氏藏书无疑。实为九卷，河田罴在翻检书库时也已发现此误②。卷前序跋数量与嘉靖本无别，并无史唐卿《跋》，亦无万历二年张应元《重刊序》。卷末有残缺的汪循《跋》，上方"归安陆树声藏书之印"证陆氏经手时已阙。正文亦有残缺：卷四第一页及第六页嘉靖本不残，静嘉堂本原阙，被手抄补全。嘉靖本卷六阙《感白发》一诗末句及其后诸诗，静嘉堂本亦阙，手抄补全，亦证嘉靖本卷六残缺盖非装订所致，而是初刊即阙。静嘉堂本还于卷一末尾补抄《行状》，应是校勘者参别本所补，并非本来所有。

笔者未发现万历本刊本传世，万历本关键特征张应元《重刊序》，现录于国图所藏两个抄本卷首，因此现据国图抄本推测万历本应有面貌。第一个抄本行款半页八行行二十字，有"闻湖盛氏图书""盛枫之印""丹山""曾经刘燕庭读"等印，丹山为盛枫之号。此抄（简称盛枫本）"玄"字缺笔，考盛枫为顺治、康熙时人，故当抄于康熙年间。盛枫本卷前有张应元《续刻方壶先生存稿引》，书于"万历二年甲戌仲秋既望"，即陆氏所称张应元《重刊序》。中称"孝廉学海汝至甫以永其传续校"③，推知万历本校订人为汪学海。顺治《西门汪氏宗谱》"学海"条称其"著有《方壶先生稿跋》"④，此跋不见国图任一抄本，目前仅存浙图所藏一康熙间刻本，题作《跋方壶居士存集》，称"万历乙酉秋后裔学海顿首谨跋"，后刻"汪之汝至"印，与张应元《引》"学海汝至"相合。万历乙酉秋为万历十三年（1585），晚于万历二年张应元《引》，且抄本有张应元《引》而无汪学海《跋》，则万历本的校勘及刊刻时间可能介于万历二年及十三年之间。张应元《引》既称"续刻"，汪学海《跋》又云"续衮剞劂"⑤，表明万历本续嘉靖本而成。

盛枫本正文九卷，较嘉靖本添加卷首目录，增入序跋，并将《方壶存稿》所附繁多的序跋及名人书信放入卷末附录。其样貌如下：程珌、孙嵘叟、王应麟三序仍放卷首，三序之后有目录，目录含附录《名贤遗翰》，下列李以申《居士莘传》、朱熹《与叔耕书》、朱熹《再书》、徐安抚《又书》、真德秀《又书》、刘次皋《引

---

① 陆氏仅列张应元《重刊序》标题和年代，未录正文。
② ［日］河田罴《静嘉堂秘籍志》，上海：上海古籍出版社，2017年，第1518页。
③ ［宋］汪莘《方壶存稿》，清抄本，盛枫藏书，藏国家图书馆。
④ ［清］汪澍《西门汪氏宗谱》卷九，顺治十年刊本。
⑤ ［宋］汪莘《方壶存稿》卷末汪学海《跋方壶居士存集》，清康熙刻本，藏浙江图书馆。

诗》,但实际还收录未列的宇文十朋、史唐卿及汪循跋文。其中朱熹《与叔耕书》、徐安抚《又书》、真德秀《又书》、刘次皋《引诗》为嘉靖本原有,因前三者并非序文,刘次皋《引诗》又实为跋文,故而被挪入附录而不置卷首。李以申《居士莘传》、朱熹《再书》及宇文十朋及史唐卿跋文为嘉靖本所无。此本汪循《跋》中"显应"作"学海",应是挖改嘉靖本所致。卷一末有《行状》,卷六不残,盖续补嘉靖本之漏。

另一存有张应元《引》的抄本半页十行行二十字,印"汪鱼亭藏阅印""振绮堂兵燹后收藏书""吴兴沈氏万卷楼珍藏"。汪鱼亭即汪宪,是属徽州汪氏迁浙的一支,但不属西门汪氏;振绮堂为汪宪的藏书楼,传至五代,历太平天国,此抄(简称汪宪本)幸免于难。汪宪本"玄""由"皆不避讳,疑是顺治时抄本。其卷数、序跋、目录、附录《名贤遗翰》及其中序跋的收录状况与盛枫本皆同,"显应"同作"学海"①。卷一末有《行状》,卷六不残。

国图另藏两种无张应元《引》的抄本,与盛枫本、汪宪本特征类似。其中一本半页十一行行二十一字,偶有行二十二字,正文九卷,卷末附《名贤遗翰》。此抄印"老屋三间赐书万卷""歙西长塘鲍氏知不足斋藏书印"②,是鲍氏藏本(简称鲍氏本)。"玄"字不避讳,卷首阙一页,序跋后有目录。《名贤遗翰》目录列李以申《传》、朱熹《书》、《再书》、徐安抚《书》、真德秀《书》,宇文十朋、史唐卿、刘次皋和汪循跋文,但后四者不存于《名贤遗翰》正文,与盛枫本及汪宪本状况恰好相反,疑是丢失或漏抄。卷一末有《行状》,卷六不残。

另一抄本半页十一行行二十一字,有"谦牧堂藏书记""涵芬楼""海盐张元济经收""涵芬楼藏"等印,其中"玄"字缺末笔③。谦牧堂为纳兰揆叙藏书室,则此抄(简称纳兰揆叙本)抄于康熙年间。纳兰揆叙本卷数、序跋著录与鲍氏本同,只是鲍氏本实阙四篇跋文,而纳兰揆叙本序跋完整。其汪循《跋》"显应"也作"学海"。卷一末有《行状》,卷六不残。

此四抄样貌略异,文字也偶有差别,但可借之推断万历本如下四条特征。第一,万历本卷前应刻万历二年张应元《续刻方壶先生存稿引》,程珌、孙嵘叟、王应麟三序及目录。第二,万历本卷一末补刻《行状》,并补全嘉靖本所残卷六。第三,万历本正文九卷,卷末另附《名贤遗翰》,收录原在嘉靖本卷首的朱熹《再书》、徐谊《又书》、真德秀《又书》及刘次皋《跋》,又新增李以申《居士莘传》、朱熹《与叔耕书》、宇文十朋《跋》及史唐卿《跋》。第四,汪循《跋》一并收入《名贤遗翰》,且"显应"挖改作"学海"。

---

① 〔宋〕汪莘《方壶存稿》,清抄本,汪宪藏书,藏国家图书馆。
② 〔宋〕汪莘《方壶存稿》,清抄本,鲍廷博藏书,藏国家图书馆。
③ 〔宋〕汪莘《方壶存稿》,清抄本,纳兰揆叙藏书,藏国家图书馆。

万历本经明末战火,暂未发现刻本实物存世,但其添加的目录、补足的正文,以及卷末附录的形式对康熙本造成影响,也间接被四卷本部分继承。

四 康熙本《方壶存稿》

康熙本《方壶存稿》因与嘉靖本卷数、行款相同,加之刊刻后"板亦旋废"[1],刊刻流传较少,故而一直未被学者发现。此本现藏浙图,题作《汪方壶先生存稿》,"玄"字缺笔而"弘"字未缺,有"展砚斋图书印""休宁汪季青家藏书籍"二印,为汪文柏旧藏,因此当刻于康熙间(简称康熙本)。雍正间汪栋刊四卷本《方壶先生集》,作《序》曰"旧本刻于康熙初年"[2],当指此本。汪栋又称四卷本乃订正旧本而来,康熙本实为《方壶存稿》九卷本与四卷本两种形态之间的重要版本。

康熙本正文九卷,附《名贤遗翰》,序跋状况较诸本独特。前有程珌、孙嵘叟、王应麟三序,字体皆似嘉靖本手迹摹刻,但行数起止与嘉靖本略异。附录有《晦庵朱夫子书》《再书》《徐安抚帖书》《真直院西山书》、刘次皋《跋》,字体亦如嘉靖本。康熙本有李以申《传》,但不入附录,而放于书前三序之后。《传》后刻柳塘先生遗像和《像赞》,为嘉靖本及万历本所无。康熙本删去汪循跋文,但书末另刻汪学海《跋方壶居士存集》及汪昂《跋》。汪学海《跋》目前仅见浙图康熙本,作于万历十三年,书称"谋诸裔学,续衰剞劂,以俟后觉"[3]。

康熙本版心下刻"敬贻堂重梓",每卷均题"族后裔宗弘子任重辑,全男志道学先,侄孙昂崔立较"。敬贻堂,待考。汪宗弘父子生平,《两浙辅轩录》卷二云:"汪志道,字觉先,号冷松,钱塘人。……朱彭曰:冷松所著《潦园集》,陆梯霞序云:'汪子系出新安,俗多逐末,而冷松独以文学世其家,父子任先生湛深理学。'"[4]汪昂《跋》云:"自宋元迄今,梨枣数易,渐又漫灭。叔翁子任氏惧久而或湮,手自雠较,重加剞劂,以传不朽……叔翁学古敦行,以伦纪为己任,其敬先重道之意于此可略见一班矣。"[5]则见汪宗弘乃康熙本主要校雠者,其子汪志道为辅。汪昂,因与汪氏先人重名故在族谱中署名汪文昂,字鹤立,号讱庵。寓居杭州,于明末清初编刊图籍,致力坊刻及家刻[6]。《(光绪)重修安徽通志》

---

[1] 〔宋〕汪莘《方壶先生集》卷首汪栋《重刻方壶遗集序》,清雍正汪栋刻本。
[2] 同上。
[3] 〔宋〕汪莘《方壶存稿》卷末汪学海《跋方壶居士存集》,清康熙刻本。
[4] 〔清〕阮元《两浙辅轩录》卷二,清光绪十六至十七年浙江书局刻本。"觉"字当为"学"字形误。
[5] 〔宋〕汪莘《方壶存稿》卷末汪昂《跋》,清康熙刻本。
[6] 徐学林《徽州刻书》,合肥:安徽人民出版社,2005年,第170页。

称其"辑《本草备要》《医方集解》二书,相资为用,理法全宗古人,体裁实为创制"①,知其熟知刊刻和出版,并对图书体例与排版有独到见解,故极可能还负责了康熙本的排版、刊刻与出版。

康熙本文字与嘉靖本差异较小,而与四抄本有别,底本当为嘉靖本。现举证如下:卷二《月赋》嘉靖本有六处"玄龄"皆作"元龄",康熙本则前三处改作"玄龄",后三处仍作"元龄"。卷九《卜算子·立春日赋》,汪宪本抄作"春在水无痕,春在山无,李白桃红未吐时",嘉靖本"无""李"之间有两点,康熙本作"无二李",应是形误。卷四《梧竹亭》嘉靖本、味书室本和康熙本有句曰"君家有园种花竹","花竹"汪宪本作"梧竹"。卷四《潘别驾寄牡丹歌次韵》嘉靖本和康熙本有一句作"两脚不住寻奇菜",其中"菜"字鲍氏本作"来",汪宪本作"忙"。

康熙本与万历本仍有一定关联。它沿用卷末附录,收录《行状》,补全卷六,卷末汪学海《跋》也表明校刻者知悉万历本的情况。但不同于四抄本,康熙本未录宇文十朋及史唐卿跋文,李以申《像赞》也放于书前而不入附录。据此推断,康熙本与嘉靖本的关系应比万历本密切,它应以嘉靖本为底本,同时参考万历本的结构,并补足阙文。

五 雍正本《方壶先生集》

雍正年间,西门汪氏迁浙后人汪栋重编《方壶存稿》,打乱九卷本的内容编排,将汪莘的文章、诗、词等重新编为四卷,并命名《方壶先生集》。国图藏两部四卷本,一本为另一本的重修。

第一部四卷本有傅增湘校语及"傅增湘读书""云轮阁""荃孙"三印,半页十行行二十字,卷首署"族后学栋重订"②。另一部四卷本无名家校语,行款同前,署"族后学栋峻堂重订"③。《(乾隆)震泽县志》云:"汪栋,字峻堂,海盐县学生,以子琥贵,赠同知……惜盛年遽殁,未竟所学。"④《果堂集》有《汪峻堂哀词》:"汪君峻堂,年二十九,以贡生应浙江试,殁于旅舍。"⑤《在亭丛稿》有《祭汪峻堂文》:"乾隆改元……今年大比,乃试浙水,载书下榻西湖之涘,抱病暑风,旅中谁倚,误尔聪明,乱投药饵。"⑥则汪栋早逝乾隆初年,主要活动于雍正年间。无傅校的四卷本卷首有雍正辛亥(雍正九年,1731)《重刻方壶遗集

---

① 〔清〕吴坤修、沈葆桢《(光绪)重修安徽通志》卷二六二,清光绪四年刻本。
② 〔宋〕汪莘《方壶先生集》,傅增湘校读清雍正汪栋刻本,藏国家图书馆。
③ 〔宋〕汪莘《方壶先生集》,清雍正汪栋刻本。
④ 〔清〕陈和志《(乾隆)震泽县志》卷一九,清乾隆十一年修光绪十九年重刻本。
⑤ 〔清〕沈彤《果堂集》卷一一《汪峻堂哀词》,清乾隆沈氏家刻本。
⑥ 〔清〕李果《在亭丛稿》卷一一《祭汪峻堂文》,清乾隆刻本。

序》,称:

> 旧本刻于康熙初年,编次无法,兼多错误,使读者全无头绪,既非所以垂远,而板亦旋废,于是重为订正而付之梓。雍正辛亥初夏吴下寓人族后学栋谨书①。

知四卷本刻于雍正间,为"订正"康熙本而做。

四卷本结构及文字更近康熙本。其正文前有程珌、孙嵘叟、王应麟三序,刘次皋《跋》,李以申《传》,目录,《像》和程珌《像赞》,编排承自康熙本。文字亦如是:嘉靖本卷二《后月赋》"提白昼于既瞑","瞑"字康熙本和四卷本皆作"溟"。嘉靖本《访孟守》"欲灭此贼使天回","回"字康熙本和四卷本皆作"同"。嘉靖本《访汤倅》"似被天公嗔","似"字康熙本和四卷本皆作"以"。

四卷本与诸九卷本也有差别。其目次异于九卷本,卷一为长句古诗、五言古诗,卷二为五七言律诗、七言绝句,卷三为赋颂、杂文,卷四为诗余。其中,卷三杂文较嘉靖本多出《行状》一篇。卷一长句古诗中有一首《对月与六弟谈化作》,九卷本放于卷三古诗五言。但四卷本卷一目录作"长句古诗二十一首",实际却刻有二十二首诗,应是《对月与六弟谈化作》刊刻时错入长句古诗。其书末未采纳万历本及康熙本的附录形式,但序跋数量少于万历本,名人书信(朱熹、真德秀书)数量亦少于康熙本。文字上也有所改动:九卷本卷一《说诸家诗》,四卷本标题作《诗说》。《梧竹亭》一诗九卷本卷四"碧梧翠竹相因依"一句,"梧"四卷本卷一作"桐"。《方壶自咏十首》九卷本卷五"白昼常陪俗清宵"一句,"常"四卷本卷二作"长"。

两个四卷本版刻字体相同,为同板刊印,但无傅校的四卷本(简称为雍正重修本)较有傅校的四卷本(简称为雍正本)偶有增补挖改,并补刻卷首汪栋《序》。《日月莲花歌》"唐侯指□两花定节"一句的阙字,嘉靖本、康熙本和雍正本或作墨围,或空出一字,仅雍正重修本作"点"字。《赠祁门不老山高法师》一诗,雍正重修本题下有小字"七言排律附",诸本皆无。《访建康留守》一诗,嘉靖本、康熙本和雍正本作"羽扇轮巾",雍正重修本"轮"字作"纶"。

六 《方壶存稿》的其他版本

《方壶存稿》的版本大致皆可纳入嘉靖本、万历本、康熙本,或雍正本及雍正重修本《方壶先生集》的范畴,但仍有例外,现列举几例说明。

其一,复旦大学藏四卷抄本,附《名贤遗翰》。该本半页十行行二十二字,

---

① 〔宋〕汪莘《方壶先生集》卷首汪栋《重刻方壶遗集序》,清雍正汪栋刻本。

字迹潦草,抄写不精。正文的卷数分合同于四卷本《方壶先生集》,序跋数量及附录结构却采九卷本,应该是抄录时同时参考二者。

其二,《四库全书》本。文渊阁与文津阁皆录《方壶存稿》四卷,但不取自四卷本《方壶先生集》,应是九卷本的合并删削。该本卷一为书、辨、说、歌行,卷二为古诗五言、古诗七言、律诗五言、摘句,卷三为绝句七言、摘句,卷四为诗余、摘句。其中卷一对应九卷本卷一、卷二,卷二对应九卷本卷三、卷四、卷五,卷三对应九卷本卷六、卷七,卷四对应九卷本卷八、卷九。文字与诸本差异较大,许多异文殊无根据,诗文顺序杂乱,数量也远少于诸本,从异文无法辨别底本。而《四库全书总目》著录的汪如藻家藏本却是八卷本:

> 是编第一卷为书、辨、序、说、颂,第二为赋、歌行、第三卷至第七卷为古今体诗,第八卷为诗余。附录李以申所撰传及交游往来书,前有程珌、孙嵘叟、王应麟三序,后有宇文十朋、史唐卿、刘次皋、汪循四跋。考所附徐谊书……汪循跋乃称"先生著述多不存,存者此耳,故谓之《存稿》,裔孙灿、尚和、孝海辑而传之"①。

虽录为八卷,但目次与九卷本相类,疑是九卷本中第八、九两卷都是诗余,所以漏书第九卷。且据提要知汪如藻家藏本有附录,并有宇文十朋及史唐卿跋文,两篇跋是万历本独有的特征。汪循跋文之"显应"也已改作"孝海","孝"是"学"字形误,故该本疑与万历本有关。《四库全书》抄录时不知为何将万历本抽换成质量较差的四卷删节本②。

其三,曹廷栋编《宋百家诗存》收《方壶存稿》一卷。曹氏二六书堂《宋百家诗存》本《方壶存稿》,半页十一行行二十一字,前书"嘉善曹廷栋六圃选",并附据李以申《传》而成的小传。正文从《水天月歌》始,囊括嘉靖本卷二至卷七部分诗歌,诗次同嘉靖本,但仅为选本。有不同于诸本的异文,如《题汪侍郎仲宗北山道院》诸本作"雪三尺",此本作"雪一竿"。亦有脱字句、脱小注的情况。文字间或修改,如《题汪侍郎仲宗北山道院》诸本作"西戎方强","西戎"此本作"敌势"。据异文无法分辨来源。

其四,《两宋名贤小集》卷一九一至一九三收《方壶存稿》三卷。同《宋百家诗存》,正文从《水天月歌》始,只收诗歌。此本诗歌顺序散乱,序次与嘉靖本及《宋百家诗存》皆异。王媛《陈世隆著作辨伪》一文曾指出《两宋名贤小集》部分

---

① 〔清〕永瑢《四库全书总目》卷一六三,中华书局,1965年,第1397页。
② 《方壶存稿》四库本底本状况,参见闫现霞《四库南宋别集提要考校》。闫认为八卷本应该是汪如藻家藏本,而文渊、文溯、文津三阁书前提要所书的四卷本,很可能是两淮商人马裕家的呈送书目。闫现霞《四库南宋别集提要考校》,南京师范大学博士学位论文,2015年,第152页。

参考《宋百家诗存》①,而两者所收的《方壶存稿》也是类似关系。如《两宋名贤小集》的汪莘小传是《宋百家诗存》的删节。《日月莲花歌》"唐侯指□两花定节候"一句的阙字,嘉靖本、康熙本、雍正本或作墨围,或空出一字,雍正重修本作"点"字,两个丛书本皆作"出"。《瑞粟歌》诸本作"贫儒都不知","都"两个丛书本作"多"。然而《两宋名贤小集》收诗多于《宋百家诗存》,比嘉靖本仅少《放歌行》《九月十六日出郡登舟如钱塘十七日舟中杂兴》《乙酉夏偶兴》三诗;《宋百家诗存》或有诗句缺漏,《两宋名贤小集》亦皆完整。二本文字也偶有不同,如:《水天月歌》嘉靖本和《两宋名贤小集》作"先自水天莫分别","先"字《宋百家诗存》作"是"。故《两宋名贤小集》除参考《宋百家诗存》外还应参考了别本。

七 《方壶存稿》与西门汪氏族谱的编修关系

西门汪氏注重宗族,祭祀先祖与编修族谱是其凝聚宗族的两个重要举措。在祭祀先祖上,西门汪氏因与新安理学关系密切,宋明间出现了汪莘、汪一龙、汪士逊、汪洗等理学大师,更有无数子弟以儒学为业,故而尤重祭祀族中理学家。弘治十年(1497)汪绍、汪分轩首倡创立西门东山汪氏宗祠,供奉始祖汪接并同汪莘和汪一龙,"以岁正月二日为聚族报祭之期,举宗咸在,不下万指,自西门迁之他所者,亦莫不与,可谓盛矣"②,足见理学名人于西门汪氏的意义与影响力。在西门汪氏所有理学家中,汪莘师承朱熹,又与真德秀相识,地位举足轻重,因此祭祀汪莘与刊刻《方壶存稿》更对西门汪氏意义非凡。元明间西门汪氏也数次编修族谱,自明中叶始有四次主要的修谱活动,分别成嘉靖《休宁西门汪氏族谱》、万历《统宗西门宗谱》、顺治《西门汪氏宗谱》及乾隆《休宁西门大公房挥金公支谱》。正是在这样的背景下,汪莘《方壶存稿》这一家集编刻与西门汪氏族谱刊修展现出了极强的相关性。

《方壶存稿》与汪氏族谱同刻于嘉靖。据刊于嘉靖六年(1527)的《休宁西门汪氏族谱》载,嘉靖间汪璨、汪尚和及汪显应为聚合宗族,设立书院,刊行《方壶存稿》,完善清明墓祭,刊定族谱。此三人正是《方壶存稿》汪循《跋》所言的"裔孙璨、尚和、显应"。嘉靖《谱》载,西门汪氏共九房③,汪璨为六房七十八世孙,"字辉之……从祖柳塘先生,大父市隐先生,著述失传,建柳溪精舍,祠二先

---

① 王媛《陈世隆著作辨伪》,《文学遗产》2016年第2期,第104页。
② 〔清〕汪澍《西门汪氏宗谱》卷五汪尚和《西门汪氏祠规序》。
③ 西门汪氏共有九房,但九房始祖中的三子、四子早亡,所以实为七大房,只是习惯上还称为九房。九房中以大公房、六房及九房最为兴盛。

生于中,汇集存稿,修辑本宗谱牒"①。今国图藏嘉靖本卷首诸序跋版心漫漶,但"柳溪书院真迹"六字依稀可辨,可与族谱互证。嘉靖《谱》卷首《朱文公答汪叔耕书真迹》及《真文忠公启汪叔耕真迹》刊刻字体与嘉靖本卷首《晦庵朱夫子再书》和《真直院西山书》字体相同,二者同源,也可证嘉靖本由来。汪尚和为九房七十八世孙,是祀有汪莘、汪一龙的东山宗祠《祠规》撰写人,更是理学家汪洗(柳溪)六世孙。《(弘治)徽州府志》记曰,"其六世孙汪尚和筑书室中,奉先世遗墨,讲学于此,名曰柳溪书院"②,嘉靖《谱》卷首有汪璨与汪尚和二《序》及"柳溪精舍"与"柳溪书院"二印,表明二人协作关系。汪显应为大公房七十九世孙,低汪璨及汪尚和一辈,故署名二人后。嘉靖《谱》"显应"条曰"嘉靖乙酉,……清明墓祭,会刊行《方壶存稿》"③,证《方壶存稿》刊行与嘉靖四年清明墓祭同时进行,足见刊刻《方壶存稿》的聚合宗族之用。

自嘉靖后,历次《方壶存稿》与西门汪氏族谱编修均有关联。万历本《方壶存稿》与万历《统宗西门宗谱》编修时间重叠。《统宗西门宗谱》成于万历六年(1578),而据张应元《序》及汪学海《跋》,万历本《方壶存稿》刊前的重编、校勘及刊刻当发生在万历二年至十三年之间。二者又皆正讹补缺。嘉靖《谱》后,西门汪氏先修成隆庆《汪氏统宗正脉》,但此谱不仅被西门汪氏族人诟病,还引起对嘉靖《谱》的诘难:"(《休宁西门汪氏族谱》)嘉靖间二三宗老起而续之,其中多舛谬,实为紊族滥觞,乃今《统》谱出,而益多紊矣。"④因此西门汪氏"宗之文学,稽往籍,询父老,相与考实订讹,而重辑之","藉吾族二三同志相与核实之,俾伪者削,讹者正,遗而未录者,亦从而收录"⑤,终将《汪氏统宗正脉》重修为《统宗西门宗谱》。而万历本《方壶存稿》补全嘉靖本残缺之卷六,并补刻《行状》、李以申《传》、宇文十朋《跋》和史唐卿《跋》等文,亦可谓"考实订讹",并录"遗而未录者"。《统宗西门宗谱》未有流存,一如万历本《方壶存稿》暂未发现有刻本存世。

刊刻康熙本《方壶存稿》的汪昂对编修顺治十年(1653)《西门汪氏宗谱》有筚路蓝缕之功。顺治《谱》的编修起于崇祯,西门汪氏族人本欲修新《谱》以承万历,但因战乱,加之汪氏人口不断增长外迁,以致编刻艰困。汪昂"恐事难卒集,乃先修支谱,以示同志"⑥,在其带动下,族人响应,新《谱》方于顺治间得以

---

① 〔明〕汪璨、汪尚和、汪显应《休宁西门汪氏族谱》卷七。
② 〔明〕彭泽弘治《徽州府志》卷五,明弘治十五年刻本。
③ 〔明〕汪璨、汪尚和、汪显应《休宁西门汪氏族谱》卷五。
④ 〔清〕汪澍《西门汪氏宗谱》卷首汪时跃《统宗西门支谱辨真记实》。
⑤ 同上。
⑥ 〔清〕汪澍《西门汪氏宗谱》卷末汪文昂《宗谱后序》。

完成。而汪昂为"敬先重道","以传不朽"①,又于康熙间资助重刻《方壶存稿》。汪昂已迁徙江浙,所刊康熙本却能取嘉靖本及万历本所长,并补刻汪学海佚失《跋》,或因其参与修谱,能得族内资料旧藏故。

雍正本《方壶先生集》的编修人汪栋则资助了西门汪氏族谱刊刻。此谱起于康熙四十五年(1706)大公房八十五世孙汪立正再续顺治《谱》。汪立正率先完成大公房支谱,但因缺少各房协助,总谱完成无望,支谱也无钱付梓,直至乾隆二年(1737),偶遇侄孙汪栋并诉说难事,汪栋出资,才刻成《休宁西门大公房挥金公支谱》②。而以此可知,汪栋与族谱的紧密程度已不如前代《方壶存稿》编修人:汪栋作为西门汪氏迁浙支派,远离故土,未实际参与族谱内容的编审,仅出资刊刻,所刊之《谱》也只是大公房支谱而非宗谱。同时,万历本和康熙本《方壶存稿》均是重修在后,编订族谱在先,四卷本《方壶先生集》却比族谱先行刊定,以致汪栋于编修四卷本时不明《方壶存稿》嘉靖、万历及康熙间的刊刻原委及承袭关系。这大概可解释为何万历本和康熙本只是在嘉靖本的基础上增补序跋,校勘文字,而汪栋却删削序跋,改换《方壶存稿》九卷的面貌,并声称"旧本刻于康熙初年,编次无法,兼多错误,使读者全无头绪"③。实际上,康熙本乃参校嘉靖本和万历本而来,编次有据,版面精美,质量也优于诸本。

从汪璨、汪学海、汪昂到汪栋,《方壶存稿》嘉靖本、万历本、康熙本到雍正本《方壶先生集》,嘉靖《休宁西门汪氏族谱》、万历《汪氏统宗谱》、顺治《西门汪氏宗谱》到乾隆《休宁西门大公房挥金公支谱》,这三条线索是考索《方壶存稿》版本的重要依据,也侧面揭示出西门汪氏的聚散兴衰。嘉靖间,汪璨等西门汪氏族人为统合宗族,同刊《方壶存稿》及宗谱。万历间,西门汪氏再次修《谱》,并重刊《方壶存稿》,以补旧《谱》及嘉靖本之不足。及于清初,西门汪氏人口增长,佼佼者大多迁至外地,休宁西门本宗反而疲于生计④,无论修《谱》还是重刊《方壶存稿》皆需仰仗迁浙的汪昂。但顺治、康熙时期,西门本宗尚能编成宗谱,雍正、乾隆时期却已人心涣散,宗谱难行,只能修葺支谱,且完全依赖迁浙的汪栋出资刊行。九卷本《方壶存稿》也在此时重编为四卷本《方壶先生集》,失去了原本面貌,与族谱编修之间的密切性也大不如前。自此以后,西门汪氏更无宗谱修成,《方壶存稿》也再无汪氏后人重修。

综上所述,《方壶存稿》主要分为九卷本和四卷本两种形态,源流清晰,现总结如下:

---

① 〔宋〕汪莘《方壶存稿》卷末汪昂《跋》,清康熙刻本。
② 〔清〕汪立正《休宁西门汪氏大公房挥金公支谱》卷首《凡例》,乾隆四年刊本。
③ 汪莘《方壶先生集》卷首汪栋《重刻方壶遗集序》,清雍正汪栋刻本。
④ 魏梅《社会变迁与宗族扩展——明清时期休宁西门汪氏宗族研究》,第81—82页。

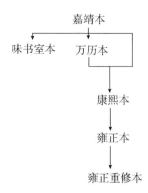

图1　《方壶存稿》版本源流图

　　若校勘,则当以嘉靖本为底本,康熙本为主要参校本,并参考清抄本;或以康熙本为底本,嘉靖本为主要参校本,并参考清抄本。四卷本之雍正本及雍正重修本,因与康熙本有明显承袭关系,故无需参考。四库本或丛书本也均无太大参考价值。万历本是《方壶存稿》版本中的重要一环,但该本经明末战乱,或已湮没不传。笔者未能发现刻本实物,仅靠抄本断其形貌,实属一大缺憾,仅望后来学者发掘更多信息补足。

《邗上题襟集》系列唱和集新考

尚　鹏

【内容提要】 乾隆五十八年到嘉庆六年间曾燠陆续刊刻《邗上题襟集》系列唱和集。新发现的《邗上题襟集》初刻本、续刻本以及《后续集》，有效地解答了《邗上题襟集》系列唱和集的版本问题。"陆续付雕"的刊刻方式，使《邗上题襟集》系列唱和集呈现出较为复杂的版本关系。从乾隆五十年刊刻《邗上题襟集》的"择尤"到嘉庆六年刊刻《邗上题襟集选》的"择雅"，曾燠的编选标准作出了鲜明的调整，试图回归官方的主流话语，重塑题襟馆文人"雅训"的创作风貌。《邗上题襟集》《续集》《后续集》即时性的刊刻，它保存唱和诗作的原貌，与流传的文人别集相对照，具有辑佚、校勘的重要价值。特别是自编别集的文人，通过对文本在细微层面的改变呈现出本人的诗学路径。

【关键词】　《邗上题襟集》　唱和　曾燠　选诗

曾燠在担任两淮盐运使期间，陆续编纂、刊刻了《邗上题襟集》《续集》《后续集》《邗上题襟集选》与《题襟馆消寒联句诗》，形成了他与幕僚宾朋唱和投赠的系列唱和诗集。《邗上题襟集》系列唱和诗集呈现曾燠幕府唱和的实景与清代中期诗坛的缩影，具有重要的文学价值，近年来颇为研究者关注[①]。《邗上题襟集》系列唱和集常见的是南京图书馆藏《邗上题襟集》《续集》七册合集本，《扬州文库》与《中国地方艺文荟萃·华东卷》均以此本影印。随着明清唱和集整理的全面推进，《邗上题襟集》初刻本、续刻本以及《后续集》在天津、安徽、江苏等地图书馆发现。这些新材料具有辑佚、校勘的重要文献价值，有助于解决

【作者简介】尚鹏，安徽师范大学文学院讲师。
【基金项目】安徽省高校科研项目"清代锁院唱和集研究"（23AH050123），国家社科基金重大项目"明清唱和诗词集整理与研究"（17ZDA258）阶段性成果。
①　李瑞豪《〈邗上题襟集〉的版本及价值》（《古籍研究》2009 上、下合卷）、《曾燠与清代中期诗坛》（《南昌大学学报（人文社会科学版）》第 46 卷第 2 期，2015 年），高政锐《从〈邗上题襟集〉到题襟馆——曾燠幕府的文事活动及其影响》（《学术交流》2021 年第 5 期）、《论〈邗上题襟集〉对清代中叶扬州文学的影响》（《大庆师范学院学报》第 34 卷第 1 期，2014 年）、《九峰园秋禊与十八世纪末叶扬州文学生态》（《文艺评论》2013 年第 6 期），洪伟《曾燠著述考略》（《兴义民族师范学院学报》2021 年第 3 期）等。

《邗上题襟集》系列唱和集的版本源流与刊刻流播这两项颇具争议的问题,呈现出曾燠从"择尤"到"择雅"编选标准的转变。

一 "陆续付雕"——多种版本产生的原因

《邗上题襟集》系列唱和集因曾燠"无卷数"的编纂设置与"陆续付雕"的刊刻方式,呈现出较为复杂的版本关系,这在清代唱和集中是十分少见的。据笔者所见,现存有《邗上题襟集》三种版本、《续集》三种版本,《后续集》一种版本,版本之间存在着明显的前后承续的关系;《邗上题襟集选》与《题襟馆消寒联句诗》仅有一个版本。目前关于《邗上题襟集》版本源流的问题集中在《邗上题襟集》《续集》与《后续集》。

《邗上题襟集》系列唱和集的编纂、刊刻与题襟馆唱和活动的开展同步,呈现出动态化过程。《邗上题襟集》三种版本,以刊刻时间为序,依次为乾隆五十八年初刻本、乾隆六十年刻本与乾隆六十年续刻本。乾隆五十八年初刻本,长宽为 29.2cm×17.7cm,每半页 11 行,行 21 字,黑口,双鱼尾,左右双边,今藏于天津图书馆,一册。是集起于曾燠《兰亭砚诗》,止于汪溥《呈宾谷先生》,卷首汪中序明确记载是集收录"凡作者十八诗七十二首"①。其中诗作有二十题;作者首次出现列有姓名、籍贯、字号,再次出现均仅列字号。乾隆六十年刻本,版式与初刻本相同,今藏于安徽图书馆、扬州图书馆,一册。是集起于曾燠《秋禊诗》,止于胡森《赵忠毅公铁如意歌》,收录三十九人二百八十四首诗作。它在初刻本的基础上删除诗作十九首,分别为:曾燠、吴锡麒、吴煊、詹肇堂、吴照、徐嵩、徐宝璐《兰亭砚诗》,洪锡豫《康山留客诗》,曾燠、詹肇堂、吴嵩梁《雁来红》,杨吴氏《题宾谷先生西溪渔隐图》,吴照《题兰雪新田十忆图》,詹肇堂《题退庵忆别图》,曾燠《题兰雪拜梅图》;增补原题诗作六首,依次为:袁枚、汪中、胡棠、乐宫谱《题宾谷先生西溪渔隐图》,汪溥《呈宾谷先生》(初刻本收一首,续刻本收两首);新增曾廷枚等二十五人、《述怀感知一首留别宾谷运使》等五十五题。此外改汪中序为"凡作者若干人诗若干首"②,作者在首次出现后均以姓名的形式出现。且"秋禊诗"下调整初刻本吴煊、吴锡麒诗的先后顺序。乾隆六十年续刻本,版式与初刻本相同,今藏于南京图书馆,三册。是集起于曾燠《秋禊诗》,止于李保泰《读题襟集赋呈》,共收录五十人三百七十一首诗作,仅在乾隆六十年刻本基础上增补了宋葆淳等十一人,《谢未堂侍郎八十寿诗》等二十三题。此外,国家图书馆藏六册本《邗上题襟集》,诗至"胡森得刺

---

① 〔清〕曾燠《邗上题襟集》,清乾隆五十八年初刻本,卷首。
② 〔清〕曾燠《邗上题襟集》,清乾隆六十年刻本,卷首。

字",且该诗残缺,疑为将一册本装订为六册本。

《邗上题襟续集》三种版本,依照刊刻时间为序,依次为嘉庆二年刻本、嘉庆二年续刻本与嘉庆二年再续刻本,它们的关系较为简单,仅是诗作数量的增补。嘉庆二年刻本,版式与《邗上题襟集》初刻本相同,今藏于天津图书馆,二册。是集起于曾燠《袁简斋前辈八十生日以诗为寿》,止于乐宫谱《秦夫人良玉锦袍歌》。卷前有曾燠自序,收录四十二人二百五十一首诗作,共六十二题。嘉庆二年续刻本,版式与《邗上题襟集》初刻本相同,今藏于苏州图书馆,三册。是集起于陈奉兹《西溪渔隐图为宾谷都转题》,止于胡森《白庵邓尉探梅图》,收录六十四人四百八十首,新增蒋立中等十八人、《自京口至金陵杂诗》等五十九题。开篇调整嘉庆二年刻本的诗作顺序,将陈奉兹、蒋知让《西溪渔隐图为宾谷都转题》置于曾燠《袁简斋前辈八十生日以诗为寿》之后。嘉庆二年再续刻本,《邗上题襟集》初刻本相同,今藏于复旦大学图书馆,比续刻本多录胡森《喜得兰雪书次尤山人韵寄讯》一诗,且卷末有章学诚后序、冯集梧后序。

《后续集》目前仅见一种版本,嘉庆五年刻本,长宽为27cm×16cm,每半页11行,行21字,黑口,单鱼尾,左右双边,今藏于扬州图书馆,一册。在象鼻的粗细与鱼尾的数量上,《后续集》与《邗上题襟集》《续集》诸集版式有明显不同。是集无序无跋,起于曾燠《吴兰雪归里吴山尊为仿高翥园赠别汪尧峰故事画离亭寒色图即用卷中王敬哉尚书韵送行四首》,止于曾燠《观绵津山人未定诗稿题后二绝句》,收录六十一人三百六十六首诗作,共九十三题。《邗上题襟集选》是对《邗上题襟集》《续集》《后续集》的选录。根据《邗上题襟集选》收录的诗作,《后续集》明显还存在一种版本,目前笔者尚未见到。《后续集》长期在公私书目上处于一种缺失的状态,如《八千卷楼书目》卷十九载"《邗上题襟集》一卷《题襟续集》一卷 国朝曾燠编刊本"①,《清史稿》志一百三十艺文"《邗上题襟集》一卷《续集》一卷 曾燠"②,未曾见到《后续集》的身影。《后续集》在当时的流传度不高,远不及《邗上题襟集》《续集》的阅读热度。目前所见后世文人中可能仅有方濬颐看过此集,其别集《研山为作题襟馆消夏图十一叠前韵》诗下小注有"《邗上题襟集》有题《甘霖应祈图》及《秋禊图》诗"③与诗题《邗上题襟集思雪用东坡祈雪雾猪泉韵》,曾燠《甘雨应祈图为抚军费公题》与《思雪用坡公祈雪雾猪泉韵》见于《后续集》。《邗上题襟集》《续集》《后续集》往往统称为《邗上题襟集》,这也许是它不见记载的一个重要原因。

---

① 丁立中编《八千卷楼书目》,〔清〕丁丙著,曹海花点校《善本书室藏书志(外一种)》,杭州:浙江古籍出版社,2016年,第2838页。
② 赵尔巽《清史稿》,北京:中华书局,1977年,第4411页。
③ 〔清〕方濬颐《二知轩诗续钞》卷十二,见《续修四库全书》第1556册,上海:上海古籍出版社,2002年,216页。

对《邗上题襟集》《续集》《后续集》版本的梳理,笔者推断曾燠刊刻《邗上题襟集》时最初遵循着"以题系诗"的思路,即使诗作创作的时间不同,若是同属一题,仍归纳在一起。在乾隆六十年刊刻《邗上题襟集》时,增补的原题诗作仍系于原题之下,如乐宫谱《题宾谷先生西溪渔隐图》在其别集《青芝山馆诗集》卷五中明确系于"乙卯"年,即创作于乾隆六十年,与乾隆五十八年刻本中收录王文治等人诗作创作时间相异,在乾隆六十年刊刻时仍将其纳入《题宾谷先生西溪渔隐图》下。因为随着投赠、唱和诗作数量的增加,重新刊刻的金钱、时间成本过高,唱和集无法像乾隆六十年那样改版重雕;所以《续集》诗作刊刻的顺序较为散乱,不再遵循"以题系诗"的编纂思路,如嘉庆二年续刻本《邗上题襟续集》中,杨伦《西溪渔隐图为宾谷都转题》与陈奉滋、蒋知让等同题诗作不再归置一处。

值得注意的是"以题系诗"的编纂思路,隐去作者独具特色的诗题,甚至会形成一定的误导。最为明显的例子即"秋禊诗"一题,下列有曾燠、吴煊、吴锡麒、詹肇堂、徐嵩、胡森、吴嵩梁、吴照,恰好与曾燠《秋禊诗》小序"与斯会者,咸绘于图,凡八人"①相符。实际上并非如此,吴嵩梁、吴照实际上是秋禊会后补作,吴嵩梁《香苏山馆诗集》卷三载《曾宾谷转运使秋禊于九峰园图成属余补诗》,吴照《听雨斋诗集》卷九《宾谷运使出示秋禊图属题长句一首》。孙星衍辑《邗上题襟集选》时,可能注意到这一问题,恢复吴嵩梁这首诗的原题,即《题秋禊图为曾公作》。

《邗上题襟集》乾隆五十八年初刻本、《后续集》嘉庆五年刻本的发现验证了法式善《陶庐杂忆》记录的准确性,使得《邗上题襟集》《续集》《后续集》的刊刻过程得以完整呈现,让《邗上题襟集》系列唱和集渐成"完璧"。法式善《陶庐杂录》卷三称:"《邗上题襟集》《续集》《后续集》无卷数,南城曾燠辑。始于乾隆癸丑年,陆续付雕,皆其朋好唱酬赠答之作,颇称繁富。"②《邗上题襟集》乾隆五十八年初刻本的缺失,让读者对曾燠正式开始刊刻《邗上题襟集》的时间产生疑惑,进而怀疑法式善的记载,混淆了唱和时间与刊刻时间。"陆续刊刻"是清代唱和集的共同特征,主要体现在"征诗"类唱和集,如汪启淑《酒帘唱和诗》南京图书馆藏四卷本与杭州图书馆藏六卷本,它们以卷数来加以限定,像《邗上题襟集》系列唱和集"无卷数"这样的编纂设置较为少见。《邗上题襟集》系列唱和集"无卷数"的编纂设置也符合曾燠"陆续付雕"的刊刻需求,这也导致了《邗上题襟集》系列唱和集复杂的版本关系。

---

① 〔清〕曾燠《邗上题襟集》,清乾隆五十八年初刻本,第4页。
② 〔清〕法式善《陶庐杂录》卷三,北京:中华书局,1956年,第84页。

二 从"择尤"到"择雅"——编选标准的调整

乾隆五十八年曾燠在编选《邗上题襟集》时,秉持着"择其尤者"的选诗标准。而嘉庆六年孙星衍在曾燠的授意下,秉持着"择其最雅训者"的选诗标准对《邗上题襟集》《续集》《后续集》进行辑选,编为《邗上题襟集选》。从"择尤"到"择雅",曾燠的编选标准明显作出了调整,重塑题襟馆文人"雅训"的创作风貌。

"择其尤者"是编纂者以诗作质量出发,体现出曾燠对于诗作本身的重视。"择其尤者"见于王文治、郭麐两人别集中的诗题,分别为《宾谷来扬州一时名流倡和成帙择其尤者锓版以行题曰邗上题襟集兹复于衙斋西北隅筑题襟馆以实之为赋二首》《宾谷先生莅扬州以来一时名流倡和成帙先生择其尤者镂板以行题曰邗上题襟集兹复于衙斋西北隅筑题襟馆爰赋诗纪事》。虽然两者表述上基本相似,陈述了曾燠先辑选《邗上题襟集》,后修建题襟馆的事实;但是透露出更为重要的信息是曾燠编选的标准,"一时名流唱和成帙",曾燠并没有秉持以诗存人的标准悉数刊刻,而是以诗作质量为标准选刻其中的诗作。

乾隆六十年刻本的《邗上题襟集》删去了乾隆五十八年初刻本的部分诗作,这在一定程度上呈现了曾燠"择其尤者"的选诗标准。"一时名流唱和成帙",名流的具体姓名不详、诗人别集的亡佚、别集诗作的筛选等客观原因造成现在已经无法恢复曾燠辑选《邗上题襟集》时的"选源"。乾隆五十八年初刻本《邗上题襟集》秉持"择其尤者"的编选标准,辑选十八名诗人七十二首诗作,乾隆六十年刻本《邗上题襟集》删除了十九首诗作。其中既有曾燠自己的诗作,也有后续刻本未曾出现的诗人诗作,如徐宝璿、洪锡豫、杨吴氏。因为其他人同题诗作还有保存,所以洪锡豫、杨吴氏两人的诗作最具有参照性。洪锡豫诗系于"康山留别诗"题下。据吴锡麒《有正味斋集》诗集卷九《七月七日曾宾谷都转燠招同徐朗斋嵩詹石琴陈理堂燮胡香海森家退庵煊兰雪嵩梁集康山草堂饯余还京师用其赠别原韵》诗题,当时在场者有曾燠、徐嵩、詹肇堂、陈燮、胡森、吴煊、吴嵩梁七人。洪锡豫应为事后补作。全诗如下:

前日宴北林,采薪阙趋候。今晨拜师命,振屦进芳圃。兹山谢巉业,水树发孤秀。城池互萦带,云壑聚结构。仰窥烟虹飘,俯阚原隰绣。昔者贤达流,琵琶动悲奏。人生动信义,交道贵匡救。寥寥三百年,秋风入衣袖。吾师驻牙纛,宾从见辐辏。眼豫张几筵,登临眺岩岫。微云破新月,凉竹响清漏。逍遥赋既醉,留连怅难觏。擘筋追古欢,作颂表敦厚。余才逾弱冠,齿幼愧薄陋。如从郭公游,双星乞富寿。①

诗作平铺直叙,由前日的缺席到今日的拜谒,从山水之景到康山旧典,层层展开,最后直抒胸臆,点出自身的浅陋与美好的祝福。其中虽然不乏"微云破新月,凉竹入衣袖"这样的清丽之句,但是整体上过于平缓,缺乏内在的感染力,不能令读者融入其中。再看吴嵩梁的诗作:

> 画楼当日酣歌地,朵朵遥峰泼新翠。绝代风流真状元,肯与此山传姓字。曾公倜傥公后身,酷爱名山比名士。扬州无数好园林,跌宕此中须我辈。露珠凉透天孙裳,二十四桥秋月光。楼头星斗照华宴,楼下雾树连高檐。酒酣擪笛林鸦起,倒卷银河泻杯底。红烛千条艳夺花,绿云一片吹成水。吴生狂醉笑仰天,世无此乐三百年。眼中七子已尘土,骚坛拔帜公其先。广陵驿外多歧路,投辖为公三日住。六朝山色又迎人,画我抽帆白门去。②

这首诗以康海与康山的渊源开篇,突兀而起,诗句奔涌而出,从容挥洒,洋溢着激清豪迈的情绪,既描绘了宴会欢闹的景象,又点明离别的主题。"扬州无数好园林,跌宕此中须我辈",读者不禁为其不羁的风采所折服,自觉代入,成为"我辈"中的一员,徜徉于扬州的园林山水中。"酒酣擪笛林鸦起,倒卷银河泻杯底",宴会杯盏交集,笛声惊鸟,酒水倾泻,宾主尽欢。特别是尾句,宕开一笔,说"六朝山色又迎人",以欢迎代替伤别,饶有兴趣。两诗相比,高下立见,洪锡豫的诗对于吴嵩梁来说只能说是初学者的习作。

杨吴氏为杨曰鲲之母,其诗系于"题宾谷先生西溪渔隐图"题下,为七绝四首。乾隆六十年刻本《邗上题襟集》保存下来的同题同体诗作惟有胡森之作,各选一首于下:

> 木天学士爱清华,花影依依压帽纱。未许宅身幽邃净,只应题作画中家。(杨吴氏)③

> 脱却荷衫事早朝,晓霜清梦犯渔樵。他年裴相功成后,乞取西溪作午桥。(胡森)④

杨吴氏之作只为题画,而胡森之作却从题画转向寄语,并以唐人裴度的典故,点明曾燠"西溪渔隐"的美好愿景。

杨吴氏之作的删除,还可能与其女性作者的身份有关。《邗上题襟集》《续

---

① 〔清〕曾燠《邗上题襟集》,乾隆五十八年初刻本,第11页。
② 〔清〕曾燠《邗上题襟集》,乾隆五十八年初刻本,第10页。
③ 〔清〕曾燠《邗上题襟集》,乾隆五十八年初刻本,第20页。
④ 〔清〕曾燠《邗上题襟集》,乾隆五十八年初刻本,第19页。乾隆六十年刻本第17页。

集》《后续集》中均未收录女性作者的诗作。骆绮兰与曾燠等题襟馆文人相交甚熟，其间不乏唱和之作，如乾隆五十九年，王文治与骆绮兰同作《白莲诗》，《邗上题襟集》仅收录王文治之作，且将原题《白莲同佩香作》改为《白莲诗》，有意淡化骆绮兰的存在。同样乾隆六十年正月七日，曾燠等人游焦山，赋诗唱和，乾隆六十年刻本《邗上题襟集》收录曾燠等十三家诗作七十六首，王文治《焦山唱和诗跋》则言"作诗者十四家，诗七十八首，已刻《邗上题襟集》中"①，前后数字的差异就在于删除了骆绮兰两首诗作，这点可以在墨拓本《焦山唱和诗》中得到验证。骆绮兰《听秋轩诗集》中还保存有《题曾宾谷都转西溪渔隐图》《筱园看芍药和宾谷先生韵》《前诗和成宾谷都转复赋一律再次元韵》《宾谷先生见兰绣三朵花赋诗见谢次韵四首》《闻题襟馆种梅主人招诸名士为诗遥赋四绝》《三朵花词》。曾燠对骆绮兰并无偏见，曾先后为其《听秋轩诗集》作序，并题其《秋灯课女图》。此外，钱东继妻卢元素为曾燠刺绣《芍药图》，江南闺秀如江珠、孙云凤、王倩、鲍之蕙等纷纷投赠诗作，这些诗作均不见于《邗上题襟集》。笔者推测曾燠编纂《邗上题襟集》强调的是"主宾之谊"，这些女性作者明显不能纳入"客"的范畴，故未曾选录。

"择其雅训者"是对诗歌风格"温柔敦厚"的选择。"雅训"一词在曾燠《赏雨茅屋集》中仅出现过一次，见于《宫保铁夫人吟余习射图记》"夫《列女》有传，故事堪稽，非乏徽音，足为雅训"②。这里的雅训更多强调典范的教育意义。"雅训"在孙星衍《邗上题襟集选序》中颇有"温柔敦厚"之意。温柔敦厚是曾燠秉持的文学创作准则，曾燠赠詹肇堂诗中即言"诗不贵讥诃，亦无去噍杀。温柔与敦厚，至教莫能外。关雎哀不伤，小雅怨而爱"③。在他的影响下题襟馆文人群体都向"温柔敦厚"的创作方向努力，钱振伦《心安隐室诗集后序》称"(詹肇堂)集中有宾谷都转赠诗及先生奉酬之作，一则和平喻旨，一则敛退为心，惩不病之呻吟，戒山膏之善骂"④。这点在曾燠编纂《国朝骈休正宗》时亦有体现，缪德棻称"南城曾宾谷先生尝辑《骈体正宗》一书，颓波独振，峻轨遐企，芟薙浮艳，屏绝淫哇"⑤。

孙星衍在曾燠授意下以"雅训"为编选标准，在《邗上题襟集》《续集》《后续

---

① 〔清〕王文治《焦山唱和诗》，墨拓本，卷末。
② 〔清〕曾燠《赏雨茅屋外集》，见《清代诗文集汇编》第456册，上海：上海古籍出版社，2010年，第322页。
③ 〔清〕曾燠《邗上题襟后续集》，清嘉庆五年刻本，第51页。
④ 〔清〕詹肇堂《心安隐室诗集》，见《清代诗文集汇编》第379册，上海：上海古籍出版社，2010年，第574页。
⑤ 〔清〕张鸣珂《国朝骈体正宗续编》，清光绪十四年寒松阁刻本，卷首。

集》一千余首诗作①中选诗二百一十三首。去取的标准相当严格,如《镜中鱼鸟歌咏西洋玻璃器》《学博以江流天地外山色有无中分韵》《铁箫吟消寒席上赋》《题襟馆种梅各以其姓氏为韵消寒第一集》等题,一首都未入选。孙星衍评点部分诗作,或是针对结构的布局,如"一结夭矫变化";或是指出诗作的风格,如"清曲可味"。其中鲜有险峭生新之语。明末赵南星不畏强权,与魏忠贤阉党抗衡,其节义为后世称颂。他曾铸铁如意,上署"其钩无机,廉而不刿,以歌以舞,以弗若是,折维君子之器也"②,用以自警。曾燠与题襟馆文人同吟此物,曾燠之诗被孙星衍评为"平允之作",直叙史事,不怨不悱;而《邗上题襟集选》刊落的诗作多有"珊瑚击碎成底事,唾壶敲缺终何为""扬左忠魂不可招,崔魏头颅竟如故"③等激荡之语。

从"择尤"到"择雅",曾燠的选诗标准明显有所调整,重塑题襟馆文人唱和"雅训"的外貌。曾燠与文士交游唱和,刊刻唱和集,修建题襟馆,以"热官冷做"的疏离态度担任两淮盐运使,并不意味着曾燠的诗歌创作就此走向"江湖"。文人通常将台阁、江湖两种处境与温柔敦厚、哀怨悃怅两种风格对应,郭麐即言:"台阁之诗,其志恬以愉,其音和以雅。江湖之诗,其志幽以深,其音哀以怨。"④曾燠自始至终追求着温柔敦厚的创作风格。詹肇堂《赏雨茅屋图为宾谷先生题》诗即言:"先生论诗旨,妙撷表圣最,择语务典雅,雄浑其体大。读公所作诗,不越二者外,其余尽包举,匪万漏一挂。"⑤《邗上题襟集》《续集》《后续集》中部分诗作明显已经不符合这个目标。特别是咏铁箫、西洋玻璃器等题,它们明显带有炫奇的倾向。这一倾向甚至成为外界的共识,袁枚《寄转运曾宾谷先生》提及他从广州太守张道源处获得真伽南珠百八粒,"又可添《题襟集》中一佳题"⑥。选本作为诗歌传播的重要媒介,曾燠希望孙星衍的编选删除这部分诗作,通过《邗上题襟集选》来为他与幕僚友朋重新塑造一个"雅训"的外貌。"雅训"一直为官方提倡的主流诗风,乾隆在编纂《四库全书》时强调"诗以温柔敦厚为教",《美人八咏》诗体近香奁,"各种诗集内有似此者,亦着该总裁督同总校、分校等详细检查,一并撤出,以示厘正诗体、崇尚雅淳之至意"⑦。虽

---

① 目前以乾隆六十年续刻本《邗上题襟集》、嘉庆二年续刻本《续集》与嘉庆五年刻本《后续集》的收诗量统计,总共一千零九十八首,《邗上题襟集选》所采《后续集》底本诗作数量应更多,故"选源"诗作数量更加庞大。
② 吕章申主编《中国国家博物馆百年收藏集粹》,合肥:安徽美术出版社,2014年,第777页。
③ 〔清〕曾燠《邗上题襟集》,清乾隆六十年续刻本,第67页。
④ 〔清〕潘焕龙《卧园诗话》卷二,见《清诗话全编》道光期第五册,上海:上海古籍出版社,2023年,第2271页。
⑤ 〔清〕曾燠《邗上题襟后续集》,清嘉庆五年刻本,第58页。
⑥ 王英志编纂校点《袁枚全集新编》第十五册,杭州:浙江古籍出版社,2015年,第237页。
⑦ 〔清〕永瑢等《四库全书总目》,北京:中华书局,1965年,第7页。

然题襟馆文人的唱和一直持续到嘉庆十二年曾燠调任湖南按察使,方才有风流云散之势;但是在嘉庆六年《邗上题襟集选》刊刻后,《邗上题襟集》系列唱和集的编纂、刊刻戛然而止,这可能是《邗上题襟集选》已经达到曾燠的预期目标,重塑了他们集体唱和"雅训"的外貌。

三 《邗上题襟集》系列唱和集的文献价值

诗作的结集到诗集的刊刻明显需要一个周期,在这个过程中诗人的编选与诗作的修改往往会让一些诗作消失。清代唱和集刊刻具有鲜明的时效性,创作后不久即结集并交付梓人。《邗上题襟集》《续集》《后续集》即是如此。它们陆续刊刻的具体时间表明它们保存唱和诗作的原貌,与流传的文人别集相对照,呈现出重要的辑佚、校勘价值,特别是自编别集的文人,通过对文本在细微层面的改变呈现出本人的诗学路径。

文人编订别集通常会做出删改的修订,唱和交游之作多在修订的范围中,以曾燠为首的题襟馆文人群体多有别集传世,《邗上题襟集》系列唱和集为他们别集的校勘、辑佚提供重要的底本。曾燠《赏雨茅屋诗集》先后多次出版,现存有清嘉庆九年刊八卷本、嘉庆十五年重编十三卷本、嘉庆二十四年重编十六卷本、道光三年刊二十二卷本、1921年李之鼎补刊本。文人对别集的编选,秉持着审慎的态度,严格地刊落"少作"。曾燠的《赏雨茅屋诗集》在刊刻的过程中也呈现出这样的特征。《兰亭砚诗》《银槎诗》《雁来红》等四十题均不见于曾燠各版别集之中,特别是乾隆五十八年初刻本《邗上题襟集》中的《兰亭砚诗》乃直接开启曾燠"九峰园秋禊"以及《邗上题襟集》的重要标志。八卷本《赏雨茅屋诗集》刊刻于嘉庆九年,曾燠尚处于两淮盐运使任上;十五卷《赏雨茅屋诗集》刊刻于嘉庆十三年,曾燠已调任湖北按察使。从八卷本到十五卷本,重编后的别集,曾燠的题襟馆唱和诗作已大量刊落。道光三年刊刻的二十二卷本《赏雨茅屋诗集》,是经曾燠编选的"定本",在嘉庆二年再续刻本《续集》中的《仆戒作诗师退同年以诗诱谕通篇用强韵不获已取未用者成三百二十字报之》《再答师退仍用前韵》,嘉庆五年刻本《后续集》中的《向赠石琴一篇中有抑扬语而其诗实无愧风雅之义恐闻者不知而少之复赠以此》等呈现曾燠诗学观念的重要诗篇均已刊落。除此之外,曾燠于扬州任上著名的文化事件,为欧阳修、苏轼生日寿的相关诗作《十二月十九日致祭坡公作》《六月二十一日集平山堂下仿传花燕客故事为欧公作生日赋成二十三韵》也在二十二卷本中刊落。《邗上题襟集》系列唱和集为曾燠的别集整理提供了可信的"底本",有利于完整地呈现曾燠的创作生命。

虽然王文治、袁枚、吴锡麒、阮元四人诗集目前都有整理,网罗放佚;但《邗上题襟集》系列唱和集仍然能够为其提供新的发现。刘奕点校《王文治诗文集》"诗词联语辑佚"已收录嘉庆二年再续刻本《邘上题襟集》中的《寄怀宾谷都转用饮绿山堂宴集诗韵》《题襟馆种梅各以其姓为韵消寒第一集》《不灰木炉消寒第三集》三题三首,嘉庆六年刻本《邘上题襟集选》中的《黄叶》《寓鹤篇》两题二首。此外,嘉庆五年刻本《后续集》可以增补王文治集中佚诗七首,题为《再咏宋瓷洞箫》、《黄叶》(另一首)、《赏雨茅屋图》(三首)、《奉饯宾谷都转新正入觐》(两首)。刘欢萍《乾嘉诗人吴锡麒研究》附录"吴锡麒集外诗文词辑佚"收录了吴锡麒《康山留别诗》,此诗实际出自《邘上题襟集》中。《邘上题襟集》系列唱和集保存了吴锡麒集外佚诗九题十三首,分别为:乾隆五十八年刻本《邘上题襟集》中《兰亭砚诗》《康山留别诗》,嘉庆五年刻本《后续集》中《再咏宋瓷洞箫 消夏第三集》《仪征张孝女行》《陈古华太守以八座云石见赠并系以诗赋此志谢邀座中诸公》《赏雨茅屋图》《前赵》《宋绣东方曼倩捧桃像》《自扬州北上留别宾谷都转并诸同好四首》。王英志编纂校点《袁枚全集新编》第九册袁枚"随园集外诗""零散集外诗"均未收录乾隆六十年刻本《邘上题襟集》中的袁枚《题宾谷先生西溪渔隐图》。阮元《揅经室集》未收录嘉庆五年刻本《六月二十一日为欧阳文忠生日宾谷都转设祀于扬州官阁以诗奉简》。《邘上题襟集》系列唱和集有利于文人别集佚作的辑录,对文人交游的考证都有重要的帮助。

  古人对待文本的修改持严谨的态度。读者通过文本修改前后的对比,能够窥探到诗人的诗学路径。《邘上题襟集》系列唱和集保持了诗作的原貌,与经过编纂整理的别集中的诗作相比,"异文"呈现出一定的诗学路径。清代唱和集的结集、刊刻呈现出"即时性"的特征。清代乾隆初年扬州诗文之会兴盛,"诗成即发刻,三日内尚可改易重刻,出日遍送城中矣"①。目前所见869种清代唱和集,往往在当年或次年就会刊刻,很少有搁置数年以后方才刊刻的情况。《邘上题襟集》系列唱和集就是一个典型的案例。曾燠组织唱和,筛选诗作,再到刊刻出版,时间周期很短,乾隆五十八年初刻本《邘上题襟集》,曾燠乾隆五十八年七月三日组织唱和,十月即刊刻出版。乾隆六十年刻本《邘上题襟集》到乾隆六十年续刻本《邘上题襟集》时间相差应不过半年。

  快速刊刻的唱和集保存了诗作的原貌,与编纂整理后的别集诗作对比呈现了一些"异文"。《邘上题襟集》中最为明显的就是乐宫谱的长篇诗作。乐钧,原名宫谱,嘉庆七年四月更名。他的别集《青芝山馆全集》出版于嘉庆二十二年,对比《邘上题襟集》中诗作,明显能够发现其中同题诗作《题曾宾谷都转燠西溪渔隐图》《奉和宾谷先生筱园看花之作》《秦夫人良玉锦袍歌》在收入别集时做了修改。其中主要有两点,一为改换字词,如"七十二峰化秋水,至今云

---

① 〔清〕李斗撰,汪北平、涂雨公点校《扬州画舫录》卷八,北京:中华书局,1980年,第180页。

雾空凄迷"①改为"七十二峰化云水,梅花蔽空村路迷"②,以云水代替秋水,涵盖原诗的第二句,增添梅花与村路的景象,增添诗句的意蕴;二为增加尾句,如"大地山水本公物,惟有心人能私之",续上"他日鉴湖如乞得,有人把钓来相随",点明自身亦心向往之的意愿。乐钧对诗作苦心孤诣的修改,试图扩充诗作的内涵,提升诗作的主旨,呈现出自身诗学的路径,亦得到时人的认可。吴嵩梁即言:"别后,再见(乐钧)于题襟馆,则向之长篇多所删改,所作益精悍不可当。"③

《邗上题襟集》系列唱和集经曾燠的赠送,流播于世。当时更是掀起了读《邗上题襟集》的热潮,同人纷纷回赠"读后感",进一步扩大《邗上题襟集》的影响,并成为幕府唱和的典范,何仁镜《江村题襟集序》即言"吾闻嘉庆初南城曾公以硕学名儒司鹾邗上,虚怀延纳,一时才士麇赴其招,因辟题襟之馆相与刻烛,赋诗于其中,坛坫之盛,海内罕俪"④。《邗上题襟集》中的文士也借此得到诗坛主持的赏识,如阮元"余于《邗上题襟集》中读其(吴嵩梁)诗,钦为才士"⑤。

乾隆五十八年至嘉庆十二间曾燠以两淮盐运使主持扬州诗坛,发掘、培养了大量优秀的诗人,营造了以邗上题襟馆为中心的文学交往网络,影响的范围辐射东南乃至全国。乾隆五十八年到嘉庆六年间陆续刊刻的《邗上题襟集》系列唱和集,仅是曾燠邗上题襟馆文人群体唱和的一部分。未结集的唱和诗作散见于题襟馆文人的别集中,笔者拟仿《邗上题襟集》的体例,辑录这部分诗作,作为《后续集》之补,试图再现邗上题襟馆文人群体唱和的完整面貌,揭示题襟馆唱和与文人诗风之间的密切关系。

---

① 〔清〕曾燠《邗上题襟集》,清乾隆六十年续刻本,第16页。
② 〔清〕乐钧《青芝山馆诗集》卷五,见《清代诗文集汇编》第481册,上海:上海古籍出版社,2020年,第124页。
③ 〔清〕吴嵩梁《石溪舫诗话》卷二,见《清诗话全编》道光期第1册,上海:上海古籍出版社,2023年,第323页。
④ 〔清〕苏时学选《江村题襟集》,清同治四年刻本,卷首。
⑤ 〔清〕阮元《定香亭笔谈》卷一,扬州:广陵书社,2020年,第219页。

东亚汉籍与文化

日韩所藏《直注道德经》略述

刘 昊

【内容提要】 日本早稻田大学和韩国东国大学分别藏有《直注道德经》一书,该书为我国宋末元初著名禅僧蒙山德异所著,是现存少见的完本元代老学著作,但在国内已经失传。本文首先以佛教资料为主,结合方志以及韩国发现的新材料,详考德异生平与著作;其次分析比较日韩藏本版本特征,得知二本的相同部分为同一套板所刻;最后探寻德异的注经动机与特点。动机有二:一是普及世人对《道德经》的认识,二是提高世人对三教一体观念的认同。与之相适配的注经特点则是直截易懂和以儒释解老。

【关键词】《直注道德经》 蒙山德异 域外汉籍 老子

日本早稻田大学图书馆和韩国东国大学图书馆分别藏有一部中国宋元之际著名禅僧蒙山德异所著的《直注道德经》。严灵峰《周秦汉魏诸子知见书目》著录为"老子解",称"未见",[①]熊铁基等《中国老学史》也只著录为"老子解卷目不详(残)",[②]此外笔者检索了我国各大图书馆及各种古书目录,均未见此书,则其很可能在国内已经失传。

近年来有几位学者注意到此书,但只是聚焦于或韩国或日本所藏之一本[③],所掌握的材料也并不全面[④],因而不能充分了解德异生平,并且对此书的版本特

【作者简介】刘昊,山东大学儒学高等研究院硕士研究生。

① 严灵峰编著《周秦汉魏诸子知见书目》第1册,北京:中华书局,1993年,第135页。
② 其称"残",是根据严灵峰所编《老子宋注丛残》,见熊铁基、马良怀、刘韶军著《中国老学史》,福州:福建人民出版社,2005年,第317、322页。
③ 最早是韩国学者许兴植撰文介绍其人其书,他依据的是韩国藏本。近几年国内学者也开始关注此书。韩焕忠撰文考察了德异的生平,并对其注经特点及动机予以总结。问永宁、余绵纯对此书进行了校注工作,并对其注经动机提出了推测。这三位都是依据日本藏本。分别见[韩]许兴植《蒙山德异의 直注道德经과 그 思想》,《한국학(구 정신문화연구)》1995年12月,第117—129页;韩焕忠《蒙山德异对〈老子〉的佛学解读》,《宗教学研究》2017年第4期,第114—118页;古文今刊《直注道德经》,娄林主编《经典与解释·47·斯威夫特与启蒙》,北京:华夏出版社,2017年10月,第236页—295页。
④ 其中很关键的地方是没有利用地方志材料,杨宪萍主编的《宜春禅宗志》和张志哲主编的《中华佛教人物大辞典》中有关于德异生平的概述,两位都利用了地方志文献,笔者也是受此启发。见杨宪萍主编《宜春禅宗志》,北京:中国文史出版社,2007年,第142页;张志哲主编《中华佛教人物大辞典》,合肥:黄山社,2006年,第613页。

点和德异的注经动机也认识不足。本文便拟在既有研究的基础上,详细考察德异生平,勾稽其著作,并将日韩藏本进行对比分析,探索两本之间的版本关系,再研寻德异的注经动机与特点,顺便探讨以往研究中存在的问题。

一 德异生平及著述

要考察一本书,首先要了解它的作者。有关《直注道德经》作者蒙山德异的资料,在佛教藏经及相关地方志中可以找见不少[①],当代学者也对德异生平有所叙述,但两者均存在不少问题。旧有资料存在的问题是种种记载多有冲突:或说首先参拜孤蟾如莹禅师(《续灯存稿》),或说首先参拜皖山正凝(《继灯录》);或说德异受虚堂智愚禅师指点而前往鼓山(《重修上高县志》),或说是受虚舟普度指点(《禅关策进》《续灯存稿》),不一而足。当代学者存在的问题则有两点:一是所掌握的材料并不全面,或未能利用地方志资料,或未见韩国藏本及韩国发现的《蒙山行实记》等新材料[②],因而不能对蒙山一生进行完整准确地描述;二是在一些细节方面有所失考,如休休庵(德异晚年所住)相关问题、德异著述的命名问题等。因此,有必要在充分占有材料的基础上,对德异生平做一番重新考述,并对以往研究中存在的问题加以考正,还原这位大禅师的本来面目。

针对文献记载的冲突问题,笔者比较了诸多旧有材料,发现《禅关策进》所载之《蒙山异禅师示众》一文可信度最高。何以见得?据其行文口吻。开篇即说,"某年二十,知有此事",完全是第一人称的叙述方式,再如末尾,"诸仁者,参禅大须仔细。山僧若不得重庆一病,几乎虚度。要紧在遇正知见人,所以古

---

① 〔明〕袾宏辑《禅关策进·蒙山异禅师示众》,《大正新修大藏经》第48册,台北:佛陀教育基金会出版部,1990年,第1099页。

〔明〕文琇集《增集续传灯录》卷四《鼓山皖山凝禅师法嗣》,《大藏新纂卍续藏经》第83册,石家庄:河北省佛教协会虚云印经功德藏,2006年,第310、311页。

〔明〕通问编、施沛集《续灯存稿》卷五《皖山凝禅师法嗣》,《大藏新纂卍续藏经》第84册,第712页中、下。

〔明〕元贤辑《继灯录》卷三《鼓山凝禅师法嗣》,《大藏新纂卍续藏经》第86册,第526、527页。

〔清〕冯兰森修、陈卿云纂《重修上高县志》卷九《仙释》篇,清同治九年(1870)刻本,第40页、41页a。

〔清〕朱庆尊纂修《新昌县志》卷三二《方外》篇,清同治十一年(1872)活字本,第4页a。

此外,还有一些文献载有德异相关资料,但与以上资料内容重复,不再列及,仅举二例:〔明〕净柱辑《五灯会元续略》卷四《鼓山凝禅师法嗣》,《大藏新纂卍续藏经》第80册,第487页中、下;〔明〕通容集《五灯严统》卷二二《鼓山凝禅师法嗣》,《大藏新纂卍续藏经》第81册,第281页下。

② 据许兴植称,这批新材料有二十三种之多,是跟韩国藏本《直注道德经》一起被发现的,均属佛像腹藏物。[韩]许兴植《蒙山德异(1232—1298?)의 行迹과 年谱》,《韩国学报》第77辑,第220—226页。笔者仅搜集到了许兴植绍介到期刊上的两篇文献,分别为《蒙山行实记》和《蒙山行迹》。见[韩]许兴植《蒙山行实记·蒙山行迹》,《韩国学报》第77辑,第214—219页。

人朝参暮请,决择身心,孜孜切切,究明此事"①,语气也很亲切,应是蒙山自述,或其自述的记录稿。再考"示众"二字,正是训示众人的意思,此文应该就是德异对众人讲话的底稿或记录稿。所以说这篇文章所载史料的可信度较高。

此外,在日韩两本《直注道德经》中还有德异的两篇序文,分别为《直注道德经序》和《四说序》。身为作者自序,其可信度当也很高。因此,笔者便以《禅关策进》和日韩两本所载德异《序》为主,撰写德异生平。②

蒙山德异③,也称释德异,是今江西宜春上高县人,在上高县南方,有一座名山,为蒙山,德异常以为自号④。他生于1231年⑤(南宋绍定四年),俗家姓卢,是儒学世家,父亲名正达,母亲为邹氏。十六岁时前往荆襄一带游学,时人多赞赏其才,他却"殊无经世意,所至闻方外友,即浩然从之"⑥。

三十二岁(1262)时,德异前往福州鼓山,参拜皖山正凝禅师。两年后前往川渝地区,在重庆逗留时,遭遇了一件影响他终身的大事——身患痢疾。当时的情况可谓十分危急,"患痢昼夜百次,危剧濒死。……有口说不得,有身动不得,有死而已"。在此关头,他便立誓:"若大限当尽,愿承般若力,正念托生,早早出家;若得病愈,便弃俗为僧,早得悟明,广度后学。"结果当晚便"诸病尽退,身心轻安"。病好后,德异便往湖北江陵剃度出家。一年后(1265),先是到江西黄龙山落脚修行,后又前往江浙,至苏州承天寺孤蟾如莹和尚处参禅。并于

---

① 〔明〕袾宏辑《禅关策进·蒙山异禅师示众》,《大正新修大藏经》第48册,第1099页中、下。
② 其他文献与之不同时,全以此三篇为正;其他文献载有此三篇所缺乏之史料时,为丰富德异生平起见,酌情采入。
③ 德异,也写作得异、德易,见〔清〕冯兰森修、陈卿云纂《重修上高县志》卷九《仙释》篇,第40页b;〔清〕朱庆尊纂修《新昌县志》卷三二《方外》篇,第4页a。
④ 在韩国藏本所夹杂的《四说序》末尾,有这样一句话:"蒙山释德异书于吴中退居",在其左侧,还有一方名为"蒙山"的黑印。李承修《动安居士集》录有蒙山所赠一篇《法语》的原文,末尾言"大德元年丁酉岁四月十二日,书于中吴休休禅庵,蒙山德异"。可见德异确曾用蒙山作为自号。见[高丽]李承修撰《动安居士集·杂著》,首尔:景仁文化社,《影印标点韩国文集丛刊》第2册,1996年,第391页。
⑤ 许兴植在其论文《蒙山德异의 直注道德经과 그 思想》中认为德异生于1232年。按:这应是许氏据其掌握的《蒙山行实记》等资料推断而出。《蒙山行实记》中说到"年三十三,一疾濒死",即指《禅关策问·蒙山异禅师示众》中所言患痢疾一事。然《示众》言"至三十二……过了二载,景定五年六月,在四川重庆府,患痢昼夜百次,危剧濒死。"景定五年为1264年,此时他34岁。一说三十三患疾,一说三十四患疾,两种记载出现矛盾,因此需要考虑哪个文献更加可靠。《示众》的可信度正文中已有分析,而《蒙山行实记》,据许兴植所言,为腹藏书资料,可能为比丘尼所写,记载其一生行迹。再据其行文,如开头"禅师名德异,瑞阳高安卢氏,号蒙山,因地得名也",语气较为疏离。两者相较,《示众》所载当更可靠,应从之。此外,韩焕忠和袁宾、康健也认为德异生于1231年。见[韩]许兴植《蒙山德异의 直注道德经과 그 思想》,第117—129页;[韩]许兴植《蒙山行实记·蒙山行迹》,第214—219页;〔明〕袾宏辑《禅关策进·蒙山异禅师示众》,《大正新修大藏经》第48册,第1099页中;韩焕忠《蒙山德异对〈老子〉的佛学解读》,第114—118页;袁宾、康健主编《禅宗大词典》,武汉:崇文书局,2010年,第97页。
⑥ [韩]许兴植《蒙山行实记·蒙山行迹》,第214—219页。

此作成一首名颂,受到当时两位名臣吕文德和李曾伯的称誉。① 同年秋,于"临安见雪岩、退耕、石坑、虚舟诸大老。舟劝往皖山"②。雪岩、退耕、虚舟分别指雪岩祖钦、退耕德宁、虚舟普度三位禅师,惟"石坑"二字不知何指。③ 蒙山受虚舟指点,再次前往鼓山请教皖山正凝。受教六个月后,德异的参禅终于大成。

后来便离闽回江浙。"至元间丞相伯颜破吴,武暇询决禅要机契,确请出世于淀山"④,德异便受邀"住浙西嘉兴府淀山普光王禅寺"。这时又发生一大事。"元朝崇释教,设官总统,有亢讲主奉旨南来,钦闻风道,首造其室,相与诘难连日,因与背讲《华严》,亢益敬服,其道大显于吴中。"⑤据《元史·本纪第九·世祖六》,至元十四年(1277)二月丁亥,世祖下诏"以僧亢吉祥、怜真加加

---

① 颂为:没兴路头穷,踏翻波是水。超群老赵州,面目只如此。名臣称赞之事:《蒙山行实记》载"京湖制阃武忠吕公旌以颂,可斋李公交誉之。"《增集续传灯录》载"武忠吕公闻之寄颂旌美。"按:《蒙山行实记》《蒙山行迹》《增集续传灯录》《续灯存稿》均载此颂,唯《增集续传灯录》所载"面目只如此"之"只"为"乃"。

② 本段上引文同此注。〔明〕袾宏辑《禅关策进·蒙山异禅师示众》,《大正新修大藏经》第48册,第1099页中、下。

③ 许兴植曾列出指点过蒙山德异的禅师们,雪岩三人的全称即是由其文得知。其中还列有石林行鞏和石帆惟衍两位禅师,"石坑"可能就是这其中的一位,许兴植似乎认为是后者。见〔韩〕许兴植《蒙山德異의 直注道德经과 그 思想》,第117—129页。

④ 〔明〕文琇集《增集续传灯录》卷四《鼓山皖山凝禅师法嗣》,《大藏新纂卍续藏经》第83册,第310页下。按:出世一词,在佛教语境中意涵颇丰,据丁福保《佛学大辞典》及慈怡主编《佛光大辞典》,可知该词大体有三种意指:一是指诸佛出现于世间;二是指禅师出现于世间;三是指出离世间,超凡脱俗。关于第二点,《佛光大辞典》解释较为全面,谓"禅师于自身修持功成后,再度归返人间教化众生,亦称出世。或被任命住持之职、升进高位之僧官等,皆称为出世。"此处德异之出世,是受伯颜之请,自然应当理解为任住持或僧官抑或兼而有之,三者孰是则不可确知。谢重光和白文固在《中国僧官制度史》中说"蒙古人在攻灭西夏和金的过程中,广泛接触了中原地区的佛教和道教,并采取了崇尚释教,保护僧徒的政策,多次在新占领区遣官'招集儒、道、释之士',并给受招的一些名儒大德委以僧官教职"。《元史·本纪第九·世祖六》也记载世祖下诏临安之事,其中说"前代圣贤之后,高尚儒、医、僧、道、卜筮,通晓天文历数,并山林隐逸名士,仰所在官司,俱以名闻"。可见元人在南宋这一"新占领区"仍是采取了和以往相同的政策,因此德异大概也是担任了某种僧职。至于任职始终,据《元史·世祖五》《世祖六》及《伯颜传》,可知伯颜伐宋始于至元十一年(1274),终于十三年(1276)五月。以宋主入上都,掌控淀山所属的嘉兴一带则在十三年正月。二月忽必烈要求对南宋地区儒、医、僧、道等优秀人才作一番调查,德异或在此时被伯颜发现,请其出世,因此德异大概于1276年二至五月间出世淀山。又,正文所引《重修上高县志》记载有亢讲主于1277年春或夏南来诘难,则德异此时当尚在淀山。德异《直注道德经序》言"丁丑(1277年)秋,飓下淀山枘柄",《蒙山行实记》也说"至元混一,大丞相伯颜平吴,武暇询决禅要吻合(原文如此),确请出世于嘉兴之淀山。固辞,弗获。逾年,勇退。承天觉庵……",或许是论战优胜后,名声显赫,德异不堪其扰,便于1277年秋卸去了这一职务。见丁福保编《佛学大辞典》,上海:上海书店,1991年,第882、883页;慈怡主编《佛光大辞典》,高雄:佛光出版社,1988年,第1553页;谢重光、白文固著《中国僧官制度史》,西宁:青海人民出版社,1990年;〔明〕宋濂等撰,中华书局编辑部点校《元史》第1册,北京:中华书局,1976年,第153—187页,第3108页;〔韩〕许兴植《蒙山行实记·蒙山行迹》,第214—219页。

⑤ 〔清〕冯兰森修、陈卿云纂《重修上高县志》卷九《仙释》篇,第40页b。

瓦并为江南总摄,掌释教,除僧租赋,禁扰寺宇者"①。则所谓"亢讲主"应即诏书中之"亢吉祥"。二月下诏,待亢吉祥等人到达江南治所,应是春季或夏季。亢吉祥南来,听闻德异大名,便要与他论辩,结果德异名望更盛。

后来,苏州承天寺觉庵梦真禅师延请其为首座,德异便于此年秋离开了淀山。很快,至晚在1278年春,德异开始在休休庵②隐居著述。③ 到至元乙酉年(1285),德异应是完成了《道德经》的注释工作,便于"解制日"④(即阴历七月十五日)写了《直注道德经序》。至元丙戌年(1286),德异又为《佛祖三经注》作序。⑤ 过了两年,"至元戊子良月旦,京兆平直处士常公游闽,过休休

---

① 〔明〕宋濂等撰,中华书局编辑部点校《元史》第1册,第188页。
② 文琇《增集续传灯录》上说"素轩蔡公施莲湖桥庵,请居之,曰休休"。丁福保《六祖坛经笺注》注"休休禅庵"时征引此条文献,韩焕忠说"至元间,伯颜破吴,请德异住淀山,退居后受素轩蔡公之请,住休休庵"。《蒙山行实记》也说:"檀越素轩蔡公施庵以居之。"分别见〔明〕文琇集《增集续传灯录》卷四《鼓山皖山凝禅师法嗣》,《大藏新纂卍续藏经》第83册,第310页下;丁福保笺注,一苇整理《六祖坛经笺注》,济南:齐鲁书社,2012年,第40页;韩焕忠《高僧大德对老庄的佛学解读》,《宗教与历史》2019年第2期,第85—106页;〔韩〕许兴植《蒙山行实记·蒙山行迹》,第214—219页。按:"素轩蔡公",蔡氏族人所编《蔡氏九儒书》卷五载有相关文献,其称"蔡格,公字伯至,号素轩",则"素轩蔡公"似当为蔡格。然该卷所载范弘忠《素轩公墓志》言其"生于淳熙癸卯九月十一日寅时,殁于淳祐壬子十二月初三日巳时,享年七十",淳祐壬子年为1252年,而德异离开淀山是1277年,蔡公已不能请其住休休庵。又,《墓志》称"时有以佛老之教惑乱众听者,先生与学者讲明《孟子·尽心章》以力诋之,作《至书》以警之,又著《广仁说》以自励,其卫道一何严哉!"其又曾作《讲明儒释之分》一文,像是很排斥佛家。则后人托名也不太可能。疑另有一"素轩蔡公",或《灯录》与《行实记》记载有误。休休庵,明王鏊《姑苏志》称"一名圆觉寺,又名普光王禅院。元至元十一年蒙山和尚建",其说休休庵又名普光王禅院,颇易与前文德异应邀所住之普光王禅寺混淆,然并无其他材料相辨别,姑存之。说"元至元十一年(1274)蒙山和尚建",则与《灯录》《行实记》所载相矛盾。《灯录》等记载既可疑,不若先依王鏊说,休休庵为德异1274年所建。见〔明〕蔡有鹍辑、〔清〕蔡重增辑《蔡氏九儒书》卷五,济南:齐鲁书社,1997年影印清雍正十一年(1733)蔡重刻本,《四库全书存目丛书》集部第346册,第757、758、763页;〔明〕王鏊撰《姑苏志》卷二九,明正德刻本,第11页a。
③ 此据《续灯存稿》及德异《直注道德经序》。〔明〕通问编、施沛集《续灯存稿》卷五《皖山凝禅师法嗣》,《大藏新纂卍续藏经》第84册,第712页中。
④ 解制日,南朝梁宗懔所撰《荆楚岁时记》有解释:"四月十五日,乃法王禁足之辰,释子护生之日。天下僧尼以此日就禅刹挂搭,谓之结夏,又谓之结制。……至七月十五日,应禅寺挂搭,僧尼尽皆散去,谓之解夏,又谓之解制。"见〔南朝梁〕宗懔撰,〔隋〕杜公瞻注,姜彦稚辑校《荆楚岁时记》,北京:中华书局,2018年,第41页。
⑤ 〔宋〕守遂注《沩山警策注》,《大藏新纂卍续藏经》第63册,第231页。按:由于此序附在《沩山警策注》卷末,又无题名,有学者误以其为《沩山警序》,如韩焕忠论文《蒙山德异对〈老子〉的佛学解读》。实则其为《佛祖三经注序》,有三点可证:一,此序中说"丛林中以《四十二章经》《遗教经》《沩山警策》谓之《佛祖三经》,能一览而直前者,不历多生便可成佛作祖。宣和间又得遂禅师直注深义,初学易通,妙矣哉。自此有志于道者,省力其多。不怀香而见佛祖,不动步而登觉场。今静山慧集大师抽衣资镌梓于吴中休休庵,以广其传。"可见佛教界向来总称《四十二章经》《遗教经》《沩山警策》这三部经书为《佛祖三经》,守遂是对三经都作了注释,在休休庵刊刻的是《佛祖三经注》,德异自当是为《佛祖三经注》作序。二,在德异此序后还有两篇跋,分别为:"释志峰与志道觉温施主金氏曰:大难重刊《佛祖三经》,来请予跋其尾。予观其书,《四十二章》也,《遗教经》也,《沩山警策》也。立法创制,纤毫(转下页)

庵"①,即1288年十月初一,京兆一位士人前来拜访,说在大都见到了《蒙山易说》,甚为惊异,于是亲自前来求教,并请蒙山作一《无彼此说》。过了两天,作成之后,这位友人便提议将此文连同德异之前所作的三篇文章②结集付梓,于是便有了《蒙山四说》③的问世。又过两年,至元庚寅年(1290),德异为《六祖大师法宝坛经》作序。④

(接上页)未遗。成佛作祖,正路斯在。道上人法施何可量哉! 学者目此书如严师在上,捡身若不及,则可矣。如或不然,三经亦虚文矣。岂不惜哉! 青龙甲子十月 日,推忠保节同德赞化功臣三重大匡韩山府院君李 穑跋"(原文排版如此);"前二经,佛所说也。后《警策》,沩山所说也。三经实学者入道参学、成佛作祖之蹊径根本也。遂禅师《注》出,节下生枝也。静山不然,扫除枝叶,复绣梓以广其传。盖欲人人与佛祖骈肩接足,同一受用,其心亦可尚矣。学者倘能遵而行之,则佛祖即汝,汝即佛祖。忽若一个半个,才出母胎,便具超佛越祖作略,则此经皆为剩语。时丙戌春中前觉根比丘 益大拜书"。这两篇《跋》显然也是为《佛祖三经注》所作。三,清僧释达受在其所撰《宝素室金石书画编年录》中说偶得《佛祖三经注解》手稿,前有绝牧叟德异叙文。其原文为:"夏初回海昌,偶拾得随州大洪山郧郊兰若净岩禅师守遂《佛祖三经注解》手稿,诚希世之宝,系建炎间故物,即装治成册。适汪铁樵藏有元至元间刊本,举以相赠。与之互校,前有绝牧叟德异叙文,而《四十二章经》末缺遂禅师自跋一则,因合置一椟藏之。""绝牧叟德异"在日韩两本所载德异《自序》及首章开篇处中均有提及,称"古筠释绝牧叟 德异",韩国藏本所载《四说序》(同样为德异自序)末还有一方题为"绝牧叟"的黑印。可见释达受此处所说之"绝牧叟德异"无疑即蒙山德异。因此,德异此序实为《佛祖三经注》而作,不可命名为"沩山警策序"。许明《中国佛教经论序跋记集》,袁宾、康健《禅宗大词典》,杨秀礼《元代〈道德经〉文献作者辑考九题》,及许兴植论文所录均不误。见韩焕忠《蒙山德异对〈老子〉的佛学解读》,第114—118页;[清]释达受《宝素室金石书画编年录》,《北京图书馆藏珍本年谱丛刊》第144册,北京:北京图书馆出版社,1999年,第511页;许明编《中国佛教经论序跋记集 宋辽金元卷》,上海:上海辞书出版社,2002年,第1073页;袁宾、康健主编《禅宗大词典》,武汉:崇文书局,2010年,第97、98页;杨秀礼《元代〈道德经〉文献作者辑考九题——元代老学文献稽考系列论文之一》,《古籍整理研究学刊》2013年第4期,第10—13页;[韩]许兴植《蒙山德异(1232—1298?)의 行迹과 年谱》,第220—226页。

① 见韩国藏本所载《四说序》。
② 分别为《易说》《皇极说》《中庸说》。见韩国藏本所载《四说序》。
③ 《四说序》中说是"目之曰《蒙山西说》",然版心处题"四说序",且其言"宜通前三说为一集",即是指将此篇《无彼此说》和之前的三篇文章一起结集印刻,按理也应为"四说",应是形近而误为"西"字。(《蒙山四说》今已不存,惟韩国藏本《直注道德经》保留有《四说序》及部分《中庸说》。)许兴植也提及这一点,并改正为"四说",然其以"四说"分别为:"《太极说》《皇极说》《中庸说》《无极说》",不知何据。《东国僧尼录》载:"中吴蒙山异禅师,尝作《无极说》。"似是一脉相承。按:韩国藏本所载之《四说序》明言"余因诸胜士各持所问,问通都之径,乃成《易说》《皇极说》《中庸说》,流落四方。……如是欲得一《无彼此说》,洗除瞖障。余曰:'无彼此岂有说耶?'平直公曰:'道本无言,因言显道。'领命,二日乃成此说。平直公曰:'今无疑也,彼此在人而不在道,明矣。宜通前三说为一集,目之曰《蒙山西说》。'"可见此四说的名目是清楚的,不应另题。见[韩]许兴植《蒙山德异의 直注道德经과 그 思想》,第117—129页;佚名著《东国僧尼录》,《大藏新纂卐续藏经》第88册,第645页下。
④ 〔元〕宗宝编《六祖大师法宝坛经》,《大正新修大藏经》第48册,第345、346页。

次年,"至元辛卯,两诏①不起。王公贵人,多师事之,愿施财百万,卜地建庵,以广安众。辞,不获。得刘中书府第数百楹,改为佛屋,为今休休庵②。高丽国王闻其名,因僧写真,传至其国,缁素敬仰,忽放光出舍利,五色晶莹。遂请国师松崖老率众航海,远惠衣衫,请至其国。不从。其徒属数辈依座下,执弟子礼。历十余年,趺坐而化"③。"国师松崖老率众"一事,许兴植在其《蒙山德异(1232—1298?)의 行迹과 年谱》一文中有提及,称1296年冬,万树上人及"高丽国内愿堂大禅师混丘,靖宁院公主王氏妙智,明顺院公主王氏妙惠"等人再三致函邀请,但没有提供文献来源。④《蒙山行实记》中有相关文字,说"高丽遣使问道,及静宁、明顺两主大臣名士皆函"⑤。《行实记》也提到靖宁、明顺二主,则许氏此处当有根据。依许氏,则1296年高丽国师来请德异,此后过了十几年,德异坐化。这样,他应该亡殁于1306到1316年之间。⑥

  以上便是德异的生平情况。可以看到,德异是当时非常有名的大禅师。元末明初的史学家危素在《说学斋稿》中这样说,"余闻异禅师振其道于江左,当时学者多归向之。盖其所造诣甚深,非纷纷假托欺诳,以从事乎口耳者也"⑦。这样一个如此知名的人物,后世却鲜能看到其著述,不能不令人扼腕。笔者便根据现有材料,对德异的著述略作勾稽。

  高丽末期的禅僧懒翁慧勤曾编有《蒙山和尚法语略录》一书,该书只一册,

---

① 查《元典章》,圣政卷之一典章二"举贤才"条下有一诏书,曰:"至元二十八年(1291)三月,钦奉诏书内一款节该:廉干人员,不肯贿赂权臣,隐晦不仕,在近知名者,尚书省就便选用。在外居住者,所在官司以名荐举。"德异声名在外,又隐居于苏州休休庵,正符合诏书所言,或许这条诏书就是所谓"两诏"之一。见陈高华等点校《元典章》,天津:天津古籍出版社;北京:中华书局,2011年,第1册,第45页。
② 前已作小庵,名休休,这次只是扩大规模。
③ 〔清〕冯兰森修、陈卿云纂《重修上高县志》卷九《仙释》篇,第41页a。按:此则材料虽有玄异不实之处,但牵涉到德异的卒年判定,舍此之外再无材料,姑用之。
④ 〔韩〕许兴植《蒙山德异(1232—1298?)의 行迹과 年谱》,第220—226页。
⑤ 〔韩〕许兴植《蒙山行实记·蒙山行迹》,第214—219页。
⑥ 许兴植在《年谱》一文中还记载了一些德异晚年的交游事迹,现转记于此。1295年,"了庵元明长老,觉圆上人,觉性上人,妙孚上人"等八位道友从高丽来与蒙山一起隐居。1297年仲春,为法门(十松)景致写序文。1298年,为《十松说》写《序》及《后序》(这两条有关"十松"的记录都标明了文献出处,为《十松序》,但笔者没有找见)。同年4月12日,送《法语》给动安居士李承休。(《动安居士集》)按:此处记载有误,李承修《动安居士集》收录了蒙山所寄《法语》原文,文末言"大德元年丁酉岁四月十二日,书于中吴休休禅庵,蒙山德异"。大德元年为1297年,送《法语》一事应在1297年。又,此《法语》,《动安居士集》录名为"《和尚所寄法语》"。见〔韩〕许兴植《蒙山德异(1232—1298?)의 行迹과 年谱》,第220—226页;〔高丽〕李承修撰《动安居士集·杂著》,《影印标点韩国文集丛刊》第2册,第391页。
⑦ 〔明〕危素撰《说学斋稿》,《景印文渊阁四库全书》集部第165册,台北:台湾商务印书馆,1983年,第689页。

不分卷,韩国国立中央图书馆藏有明嘉靖十五年(1536)智异山神兴寺重刊本。① 其中所载之《蒙山和尚示众》《示古原上人》《示觉圆上人》《示惟正上人》《示聪上人》《无字十节目》《休休庵主坐禅文》,应明确为德异所著。

明嘉靖时期的《晁氏宝文堂书目》载"蒙山异禅师语录 近刻",隔一页又载"蒙山语录"。② 不知后者是否为德异所作。不过,该书目说明德异至少有一本语录集传至明代,而且到明中期还有人刻印。

此外,德异还撰有《蒙山四说》(包括《中庸说》《皇极说》《易说》《无彼此说》)、《佛祖三经注序》《六祖大师法宝坛经序》《蒙山和尚普说》③《蒙山和尚六道普说》④《坐禅要妙》《休休庵铭》⑤《和尚所寄法语(赠李承修)》。⑥

可见,德异不仅声名赫奕,著述也相当丰富。那这么一位大人物,他的《道德经》注本面貌如何?

二　日韩藏本版本特点与比较

前文说过,在日本和韩国各藏有一本《直注道德经》。那么两者之间是否存在某种联系?我们先分别了解一下它们的形制特点。

日藏本《直注道德经》存放于早稻田大学中央图书馆的服部文库中。⑦ 服部文库,据《早稻田大学图书馆所藏汉籍分类目录》,可知为服部南郭⑧家旧藏。⑨此书,《目录》著录为"韩大",可知是朝鲜刻本,而且形制较大。书高29—30厘米,线装五孔,一册不分卷,共五十四页。四周单边,每半页十一行,行二十二字,《老子》正文顶格写,注文换行低一格写。有界行,但不清晰,断断续

---

① 域外汉籍珍本文库编纂出版委员会编《域外汉籍珍本文库第3辑 子部》,北京:人民出版社,2012年,第14册,第347页。
② 〔明〕晁瑮、晁东吴撰《晁氏宝文堂分类书目》,明抄本,第3册,第43页a、45页a。
③ 元僧释吾靖等所辑,国家图书馆藏有明抄本一部四卷。其中所录德异文章有:《常州无锡县王主簿请普说》《休休庵结长期普说》《无锡县倪主簿请为先朝奉对灵普说》《休休庵解长期普说》《蔡提领宅命僧道看〈法华经〉请普说》《瑞州大隐庵僧俗请开室就座普说》《至元己丑冬节表忏看诵〈华严经〉普说》《元贞二年丙申四月旦日高丽国全罗道修禅寺了庵明长老请祝赞驸马高丽国王丙申中上甲普说》《至元戊子仲夏平江府休休庵创建菩提会劝发菩提心普说》,共九篇。
④ 域外汉籍珍本文库编纂出版委员会编《域外汉籍珍本文库第3辑 子部》,第14册,第331页。
⑤ 〔清〕朱庆尊纂修《新昌县志》卷三二《方外》篇,第4页a。
⑥ 存疑一条。许明在《中国佛教经论序跋记集》中说《真心直说序》也是德异所作,不知何据。见许明编《中国佛教经论序跋汇集2 宋辽金元卷》,第1075页。
⑦ 下文称"早稻田本"。
⑧ 服部南郭(1683—1759),名元乔,字子迁,南郭是其号。见陈阳《服部南郭汉诗研究》附录三《源赖顺撰服部南郭墓志铭》,上海师范大学人文学院硕士学位论文,2020年,第149页。
⑨ 早稻田大学图书馆编《早稻田大学图书馆所藏汉籍分类目录》,东京:日本综合印刷株式会社,1991年12月,凡例部分。

续。版心分别题"道德经序""道德经""道德""道"及页数。鱼尾数及书口处有些特殊。第一页、三至十四页、三十一至三十四页、四十二页、五十二页为单黑鱼尾,其余均为双黑鱼尾。第一至十四页、四十二页、五十二页为白口,其余为黑口,但粗细程度不均,且偶有单上黑口或单下黑口,具体是第三十一页至第三十四页为单上黑口,第三十七、三十八页为单下黑口,如图1、图2所示。

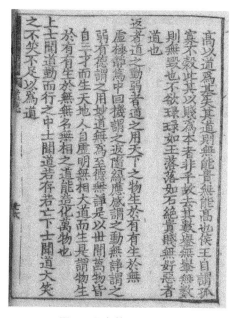

图1　原书第三十一页a　　　　图2　原书第三十七页之a

书衣题"道德经 全",卷首有《直注道德经序》及《道德经序》,分别为德异和当时的广东道宣慰副使游立①所作。卷尾有《跋》,题曰:

> 蒙山和尚别号绝牧叟《直注道德经》一卷,伏承常州路无锡县居判簿友梅王居士坦施财锓梓,干吴中休休庵结殊胜缘者。至元丁亥岁菖节日吾靖题。

至元丁亥岁,即1287年,也就是说此书于德异生前便开始在休休庵刊刻,这应是《直注道德经》的最初版本。至于早稻田本,根据书口和鱼尾情况来看,应是有补板情况,因此不是初刻本。首页右下角有两方朱文印章,分别为"延昌庚家"、"朴思恭敬先章",游立《序》后有三方黑印,应是刻工仿刻,如图三所示,分别为"艮庵""无体""介水"②,卷尾《跋》处有一朱印,为"竹轩"。书衣背面

---

① 见游立《道德经序》。
② 刻工刻印并不规范,也可能是"永水",甚至其他,此处用单承彬师之猜测。"延昌庚家""艮庵""无体"三方印,是笔者向山东大学刘心明老师请教得知,特表感谢。

内侧还附有一首词,兹录如下:

渔村落照

远树留残照,澄波映断霞。桯篱茅屋是渔家。一径傍林斜。
绿岸双双鹭,青山点鸥。时闻笑语隔芦花。白酒。①

图 3　三方黑印

　　下面来看韩国藏本。该本藏于东国大学中央图书馆。书高 29.6 厘米,宽 18 厘米,同样是线装五孔,一册不分卷,但有五十九页。四周单边,每半页十一行,行二十二字,《老子》正文顶格写,注文换行低一格写。有界行,但不清晰,断断续续。版心分别题"道德经序""道德经""道德""道"及页数。鱼尾数及书口处有些特殊。除末三页外②,第一至六页、八至十六页、三十三至三十六页、四十四页、五十四页为单黑鱼尾,其余全为双黑鱼尾。第一至十六页、四十四页、五十四页为白口,其余为黑口,但粗细程度不均,且偶有单上黑口或单下黑口,具体是第三十三页至三十六页为单上黑口,第三十九、四十页为单下黑口,如图 4、图 5 所示。

---

①　此词与高丽著名文学家李齐贤所作词《巫山一段云·潇湘八景·渔村落照》十分相似。李词为"远岫留残照,微波映断霞,竹篱茅舍是渔家。一径傍林斜。绿岸双双鹭,青山点点鸦。时闻笑语隔芦花。白酒换鱼虾"。除了几处字句的异同外,两者几乎一模一样,此词或可为李齐贤《渔村落照》的一个异本。不过该词有几处明显的错误,即:"青山点点鸦",少了一个"点"字或重文符号,"鸦"误作"鸥"(从押韵来看,应是作"鸦");"白酒"后面少了三个字。见李齐贤撰《益斋集　附拾遗墓志》卷十,上海:商务印书馆,1936 年,第 147 页。

②　末三页分别为碧松堂野老《跋》和疑似是德异所作的《中庸说》,第一页无版心,后两页有落张和缺损现象,看不到版心。

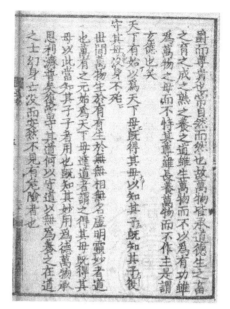

图4　原书第三十三页a　　　　图5　原书第三十九页之a

　　书衣正面下半部分缺损，上半部分左侧题"老君道德经"，右侧题"元□□"①。书衣背面自右至左分别题"老君□□□"②"老人道德经""老人□□□"③。卷首有游立《序》、《四说序》、德异《序》，卷尾有吾靖《跋》，又有碧松堂野老（即碧松智严④）《跋》，碧松《跋》后附有《中庸说》⑤。碧松《跋》中说"嘉靖丁亥日板留智异山断俗寺"，嘉靖丁亥，即1527年，该本应于是时刊刻。断俗寺，是朝鲜之寺庙，位于庆尚南道晋州郡智异山东麓。由此可知其为朝鲜中宗时期（时当明嘉靖年间）刻本（下文简称为"断俗寺本"）。此外，游立《序》及全书的《老子》经文部分有借字口诀，如图6所示。所谓借字口诀，"是指借用汉字或简

---

① 此处二字漫漶不清。
② 老君二字下面字迹几乎完全脱去，不知原有几字，姑以三字待之。
③ 同字迹不清，处理方法同上。
④ "智异山碧松智严禅师，号野老，所居堂曰碧松。"见［朝鲜］李能和撰《朝鲜佛教通史》中编，出版者不详，1918年，第331页。
⑤ 这篇文章共有两页，第一页a和第二页b都有落张，余下两半页还有残损和纸张黏联情况，是以并不确定是否为《中庸说》，但据其部分内容与德异的已知著述来看，很有可能是。在此韩国藏本的《四说序》中，德异说自己曾作"《易说》《皇极说》《中庸说》，流落四方。"而这两页文字中恰有相关内容，如"三十而立，四十而不惑，□□而知天命，悟达中庸也。是故有云：朝闻道，夕死可矣。至言也。孔子悟达之后，保养二十年，始得自在。故云：六十而耳顺，七十而从心所欲不逾矩。是以孔子晚年系《周易》、作《春秋》，有根本已。一箪食，一瓢饮，在陋巷，人不堪其忧，回也不改其乐。颜子所乐何者？中庸也"。又如"中庸之大者，至尊至贵，无始无终，统众德而无为，烁群昏而无我，绝妙无穷，言之不尽。惟灵利男儿返观而自契，则廓达此道矣"。许兴植在《蒙山德异의 直注道德经과 그 思想》一文中也认为这两页疑似为《中庸说》。

略汉字在汉籍原文句读间加注朝鲜语的吐,通过记入吐的左右位置和逆读点的指示改变汉籍原文的语序,并将汉语直译成朝鲜语的汉籍解读方式"①。据相关学者俞晓红称,目前所发现的借字口诀资料,全部为佛经资料,若此说法属实,则此书对于借字口诀研究可谓一大助力。此外,全书还大量存在着墨色浓淡不一甚至洇染的现象,字迹比之早稻田本也较模糊。该本的装订方式也很独特,虽是线装,每页却沿版心中缝向内折叠,是蝴蝶装的装订方法,如图7所示。

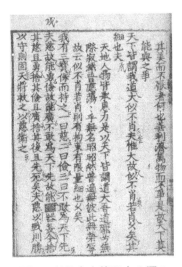

图 6　断俗寺本第四十八页 b

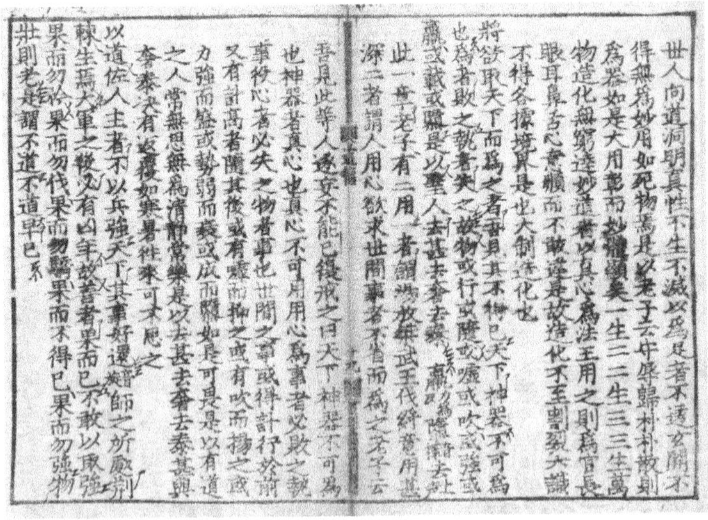

图 7　断俗寺本第二十六页

---

① 俞晓红《汉文典籍朝鲜语读法口诀的类型》,《民族语文》2020年第1期,第55—68页。

那么两本之间有什么关系呢？从版式来看，两书已是十分相似，再考虑到二本版心的鱼尾和书口比较特殊：

早稻田本是第一页、三至十四页、三十一至三十四页、四十二页、五十二页为单黑鱼尾，其余均为双黑鱼尾。第一至十四页、四十二页、五十二页为白口，其余为黑口，且第三十一页至第三十四页为单上黑口，第三十七、三十八页为单下黑口。

断俗寺本是第一至六页、八至十六页、三十三至三十六页、四十四页、五十四页为单黑鱼尾，其余全为双黑鱼尾。第一至十六页、四十四页、五十四页为白口，其余为黑口，且第三十三页至三十六页为单上黑口，第三十九、四十页为单下黑口。

两者看似对不上号，实则两书书前序文的数量和排列顺序都不同。早稻田本有两篇序，分别是德异《自序》、游立《序》；断俗寺本有三篇序，分别是游立《序》、《四说序》、德异《自序》。假如把断俗寺本多出来的《四说序》所占的两页暂时抽去，再把两本的序文按照相同的次序排列，我们就会发现，两书的版心鱼尾数量和书口的白黑口位置完全一致！再比较两书的字体，更是十分相似，如图8、图9。由此，可以作出推断，二本的相同部分为同一套板所刻。

图8　早稻田本第十页 a

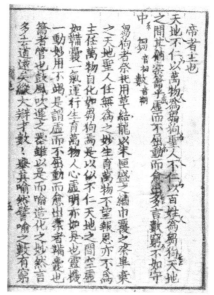

图9　断俗寺本第十二页 a

当然，两图之间有一点明显不同，即断俗寺本的经文部分存在借字口诀。但这并不影响我们做出的推断，因为它是手写的，是后加的。证据有三：一，观其字迹，有下笔的轻重痕迹；二，借字口诀交于界行、板框（图10）；三，俞晓红在论文中指出,"口诀因为是在原汉语典籍上手写添加'吐',而汉字笔画比较复杂,所以为了方便记写,通常会使用简略汉字,……但在非手写、印刷进正文内时,使用其本字,不使用简略字。"①因此此处的借字口诀当为手写后加无疑,与我们的结论并不冲突。

图10 断俗寺本第十一页a之经文部分

综上,可知断俗寺本与早稻田本的相同部分②为同一套板所刻。至于两本刷印孰先孰后,尚不能确定。断俗寺本,已经知道是明嘉靖丁亥、朝鲜中宗二十二年(1527)刻本。至于早稻田本,从字体来看,笔画细,有一定的书法感,可

---

① 俞晓红《韩国借字表记的原理与表记方式》,《韩国语教学与研究》2018年第2期,第39—46页。
② 两本相比,断俗寺本多《四说序》、碧松野老《跋》、《中庸说》,早稻田本多一首词,但在书衣反面,不占页数。假如将这些篇目去掉的话,两书页数相同,内容也完全一致。

以初步判定为朝鲜刻本。① 早稻田大学的《汉籍目录》也著录为"韩大"②，因而此本应是朝鲜刻本无疑。对于其刊刻时间，由于相关文献不足，目前只能根据早稻田本是线装这一线索，大致确定一个上限。线装书，版本学界一般认为是在明中叶盛行开来。③ 明中期，一般认为是指弘治、正德、嘉靖、隆庆四朝，即1487到1572年。线装书在中国兴起以后，再传至朝鲜，因此早稻田本最早可能刊刻于这一时间段。至于具体刊刻时间，还有待考证。

三 德异注经动机与特点

知晓了其人其书，我们便不免有所思考，德异作为一名禅僧，为何注释道家典籍？前人研究也多关注于此，许兴植、韩焕忠和问永宁等三家均有所推测。许兴植据游立《序》和德异《自序》推断德异注此经是为了应对儒者对道佛的攻击④，此说颇为有据。而韩焕忠、问永宁两家的推论则经不起推敲。

韩焕忠教授总结虽全，从《老子》本身的特质、宋代理学兴起的背景、禅宗内部的发展趋势及元初道教的发展情况四个角度分析了德异的注经动机，⑤但是缺乏材料支撑，导致此说信服力不足。特别是其第四条，说"德异注释《老子》，可以与当时炙手可热的全真道士们联络感情，为佛教特别是禅宗争取到较大的生存空间"，与当时实际情况不符。元初，儒家地位并不高，释道两家反而斗争频发。在1255到1257这三年间先后爆发了三次佛道廷辩，到1281年又爆发了一次大论战，论战的结果是皇帝下诏，焚烧除《道德经》外一切道教典籍。⑥ 而德异大概从1278年开始注经，到1285年才完成对《道德经》的注释，此时的全真道教早已辉煌不再。

问永宁、余绵纯两位根据宋元之际"佛道教争激烈，政府打压宋人"，杨琏真迦（时任江南释教总摄）"发掘宋陵"等历史事件，怀疑德异注此经有"一种文化上的反抗意向"⑦。但是，德异究竟是怎么想的？他是否对元王朝心存不满？这需要从他遗留下来的著作中考察。国家图书馆藏有《蒙山和尚普说》抄本一部，里面收录有德异的九篇文章，其中一篇有这样的语句：

---

① 这一点由山东大学杜泽逊老师指出，特表感谢。
② 早稻田大学图书馆编《早稻田大学图书馆所藏汉籍分类目录》，第281页。
③ 试举两例：魏隐儒、王金雨编著《古籍版本鉴定丛谈》，北京：印刷工业出版社，1984年，第64页；项楚、张子开主编《古典文献学》，重庆：重庆大学出版社，2010年，第299页。
④ [韩]许兴植《蒙山德异의 直注道德经과 그 思想》，第117—129页。
⑤ 韩焕忠《蒙山德异对〈老子〉的佛学解读》，第85—106页。
⑥ 魏道儒《中华佛教史 宋元明清佛教史卷》，太原：山西教育出版社，2013年，第201—203页。
⑦ 娄林主编《经典与解释·47·斯威夫特与启蒙》，第238页。

> 当今皇帝圣慈广大，敬佛重僧，又特免僧人田地苗税，意在僧家安心住坐，精进办道，续佛慧命，兴隆三宝。
>
> ……
>
> 发菩提心，行菩提行，兴隆三宝，上祝皇帝圣寿万安，保佑国祚绵远，贤明辅弼，禄算增崇，国泰民安，岁时丰稔，无诸灾难，共乐无为。①

此篇文章全名为《至元戊子仲夏平江府休休庵创建菩提会劝发菩提心普说》②，则其所指之皇帝为元世祖无疑。并且这些话也不像是违心之语，因为元世祖确实对佛教极为看重，其所说敬佛免税，并非空穴来风③。

而且德异作为一个禅僧，他看待问题的方式似乎也与我们不同。还是在这篇文章中，他说：

> 一切生灵苦恼甚多，深可怜悯。只如浙右累遭水涝，他方或有旱伤，百谷耗消，连年饥馑。今春以来，又兼疾疫流行。何况已经兵难，丧亡者有之，被驱虏者有之。察其所由，皆因昧道作诸恶业，积累众愆，共召三灾。④

他认为老百姓遭受的这些苦难，都是由于自身"昧道作业"，属于自作自受。从这些材料来说，很难看到德异有什么"反抗意向"，反而像是与统治者相处得颇为融洽。当然，仅据这一本书也不能断定德异注《老子》时的心态，但这至少是"文化反抗说"需要解释的一个客观事实。以上两家学者的推论均出现问题，原因就在于缺乏材料来支撑论点。因此，本文不欲过多发挥，只求根据现有文献，对德异的注经动机作一基本判定。此外，动机往往影响结果，注经动机与注本特点实际是一而二二而一的，因此笔者便放在一起加以论述。

有关德异的注经动机，在游立《序》及德异《自序》中都有所说明，许兴植在论文中已经加以利用，但仍有可以补充之处。《自序》说"宋咸淳间数载，留闽遇二朝士，力怪释老。余勉之曰：'详看《老子》，怒或息时；点检《华严》，却与本色衲僧说话。释老果有未善，明指其非，罪之可也。'二公遽取《老子》，阅数章，余问之曰：'有过否？'二公有省同声曰：'禅家善指人见道如此。当告诸友朋，释老大有过人处。'"⑤才阅数章便知前言之误，可见其对《老子》的了解多么不

---

① 〔元〕释吾靖等辑《蒙山和尚普说》，第83、84页。
② 《蒙山和尚普说》，第77页。
③ 《元史·本纪第九·世祖六》："十四年……二月……丁亥，……诏以僧亢吉祥、怜真加加瓦并为江南总摄，掌释教，除僧租赋，禁扰寺宇者。"见〔明〕宋濂等撰，中华书局编辑部点校《元史》第1册，第188页。
④ 〔元〕释吾靖等辑《蒙山和尚普说》，第83、84页。
⑤ 见德异《直注道德经序》。

足！南宋末年的学者欧阳守道曾在《送黄信叔序》一文中批评当时的士风,"今书肆之书易得,有铜钱数百,即可得《语录》若干家,取视之,编类整整。欲言性,性之言千万。欲言仁,仁之言千万。而又风气日薄,机警巧慧之子,所在不绝产,被以学子之服,而读《四书》数页之书,则相逢语太极矣。"①在这样一个浮躁的社会中,注解经书就需要明白易懂,让人读得进去。德异在《佛祖三经注序》中说,"宣和间又得遂禅师直注深义,初学易通,妙矣哉。自此有志于道者,省力甚多"②,可见"直注"二字就代表着"初学易通"。《直注道德经》中的"直注"二字也就意味着德异此书的特点是直截易懂,有导人向道之功。例如他对《老子》第五章的训解:

> 天地不仁,以万物为刍狗。圣人不仁,以百姓为刍狗。天地之间,其犹橐籥乎？虚而不屈,动而愈出。多言数穷,不如守中。刍,音初；数,音朔。
>
> 刍狗者,祭祀用草结龙,以朱匣盛之,绣巾覆之,祭毕,弃之。天地、圣人任无为之妙,生育万物不望报恩,亦不为主,任万物自化,如刍狗焉,是以似不仁。天地之间,空虚如鞴囊,一气运行,生育万物。人心虚明,亦如是也。灵机一动,妙用不竭。是谓虚而不屈,动而愈出。橐者,鞴囊也。籥者,管也,鼓风吹运之器。虽以是而喻造化之妙,然言多去道远矣。纵大辩才,数数举其喻,然譬喻之数有穷,此道实无可喻。不如无言,守中虚之妙,可以见彻造化。③

先是对经文中的字进行注音,随后又解释具体字词,然后逐句加以解释,由浅及深,娓娓道来。这表明德异注此一经的确是有考虑给中下层的读书人看的,目的就是让他们不要"未及释老之门,轻议释老之室"④。

普及世人对《道德经》的认识是一个方面,提高世人对于三教⑤同一的认识,则是德异的另一个目的。德异哀叹:"呜呼！去圣时遥,见见识识,各党宗教,夹截虚空,弃明投冥,以病为乐,垂真逐末,日益浇漓,伤哉！"认为当下世人各各执着于一端,执着于末节,而不知返本还源,实在令人痛惜。他以为"三教

---

① 〔宋〕欧阳守道撰《巽斋文集》卷七《送黄信叔序》,1934—35年影印本,上海：商务印书馆,第11页。

② 〔宋〕守遂注《沩山警策注》,第231页上。按：有关"直注"二字,还可参考北宋邵若愚《道德真经直解》,其在序中说:"教中最上缘为注者,辞博多文。世人为文所障,是故难知义趣。道德本无多事,若正注相挟,直截易解,令人一见开发,闻言悟德,即德见道。"可见,"直解"二字即是取"直截易解"之义。直解、直注并无多少区别,德异用此"直"字,可能也是受了邵氏的启发。〔宋〕邵若愚《道德真经直解》,《子藏·道家部·老子卷》第26册,北京：国家图书馆出版社,2018年,第178页。

③ 早稻田本《直注道德经》第10页,断俗寺本第12页。

④ 见游立《序》。

⑤ 笔者并不认为儒家是一种宗教,只是在文中为叙述方便,故用之。

一体也,万法一源也。……古之大达者,悯诸迷昧,或为直指单提,或为宛转开示,或以物格,或以事喻,方便多门,如大医王随病与药。"①即是说三教之道是一致的,不过通向道的方法有所不同罢了,并无优劣之分。当时的广东道宣慰副使游立也说,"儒也,释也,道也,皆强名尔"②。既然三教同源,那么当然可以用儒释的话语来解释《老子》,从而让不熟悉道家的人得以一窥堂奥。这样,以儒释解老就成了此书的另一个特点。③ 如其解释第五十七章的"以正治国,以奇用兵,以无事取天下":

> 释云:无心则正,有心则邪,以无心而治而无不治者。是以老子云"以正治国"是也。以奇用兵者,奇,一也,阳数也。用清明之道,以无为之兵,无不胜者,是谓以无事修身齐家治国平天下,极善也。④

就是用佛家话解"以正治国",以儒家语解"以奇用兵,以无事取天下"。当然,也正因为他过于执着三教的一致性,不少地方出现牵强附会甚至是理解错误的现象,不过这也正是处于三教会通开创期的学者所难以避免的一种缺憾。

由上所述,可知德异的注经动机有二,分别为普及世人对《道德经》的认识和提高世人对三教同源一体的认同。与此相应的注经特点则为直截易懂和以儒释解老。

以上,我们重新梳理考正了德异的生平,勾稽其著述,并分析了日韩两本的版本特点,推知两书的相同部分当为同一套刻板,最后又对德异的注经动机及特点加以补充说明,顺便廓清了以往研究中存在的诸多问题。熊铁基等人在《中国老学史》中说,元代注老子者有二十九家,而现存完整的只有吴澄等十三家。⑤ 德异的这本《直注道德经》作为一部完整的元代老学著作,自当为元代老学研究带来新的活力。

附记:本文属稿期间先后得到了导师单承彬先生、山东大学教授杜泽逊先生、刘心明先生和山东大学博士生孙峻旭、李冠一师兄的指点和帮助,在寻觅韩国方面材料时又得到热心网友"Bling 님~"以及两位在韩留学的博士生陆淑婷、王宗琪学姐的帮助,在此一并致以衷心的感谢! 只是学识浅薄,涉略未周,疏漏必所不免,一切错误均由作者负责。

---

① 见德异《直注道德经序》。
② 见游立《序》。
③ 这一点韩焕忠在其论文《蒙山德异对〈老子〉的佛学解读》中也有所说明。
④ 早稻田本《直注道德经》第40页,断俗寺本第42页。
⑤ 熊铁基、马良怀、刘韶军著《中国老学史》,第317页。

明代朝鲜半岛所贡火者、处女与婢从考
——兼论朝鲜籍太监出使对母国的侵扰与危害

漆永祥

【内容提要】 明朝向朝鲜半岛征索了大量的火者,以及处女与婢从等。这些被物化了的"贡品",在进入明宫后,绝大多数既无姓名存世,亦不能魂归故土,皆化为异域之鬼。而部分在明廷得宠的嫔妃与太监,又假借帝威,作威作福,藐视朝鲜,欺压百姓,贪残母国,贪索无已,不仅没有在两国之间架起沟通友好的桥梁,反而既败坏了明朝在属国的形象,又给母国带来了极大的骚扰与沉重的负担。

【关键词】 火者(太监) 处女 婢从 使臣 贪腐

明清时期,朝鲜半岛的高丽、朝鲜王朝,除每年圣诞、冬至、元旦以及谢恩、请封、问安等进贡岁币方物外,还经常被征责以人为贡物而呈献,这些被进贡的人员,主要有火者、处女与婢从等,本文试就此论题做一些梳理与考察的工作。

一 火者

火者,即阉人。若充入宫廷,则为内侍,亦称太监。明朝除了北京、南京内府诸衙门使用火者外,明朝诸帝还经常将火者赐给番王。如明成祖永乐九年(1411),赐谷王朱橞"火者百人"。十四年,赐周王朱橚"火者二十八人"。十五年,赐蜀王朱椿"火者百人"。[①] 宣宗宣德元年(1426),"韩王炜奏弟襄陵、乐平二王婚礼有期,而无给使令者,请选之民间。上虑扰民,不许。遣中使送妇女二十五人、内使火者二十人与之"。二年,宁王朱权"奏府中乏内使,上遣中官送火者二十人往赐之"。[②] 孝宗弘治八年(1495),"下兵部拨船八十一艘,送长随内

【作者简介】漆永祥,北京大学中国古文献研究中心、北京大学中文系教授。

① 《明太宗实录》卷一二一,永乐九年(1411)十一月戊辰条;卷一八二,永乐十四年十一月己酉条;卷一八四,永乐十五年正月丁未条。

② 《明宣宗实录》卷二二,宣德元年(1426)冬十月辛未条;又卷三〇,宣德二年八月壬午条。

使小火者五十四人,往南京各衙门应役"。① 武宗正德十二年(1517),"内府供用库奏,新添火者五千三十余人"。十四年,"惜薪司奏新添小火者千一百余人"。② 皇帝动辄赐予诸王火者数十人至上百人,而南京内府一次新添即达五千人以上,可见明朝对火者的需求量非常大,故不仅在国内广求火者,也向朝鲜、安南等国不断征索,令属国苦不堪言。

早在元朝,就向朝鲜半岛索求火者。如高丽忠肃王七年(元顺帝至元四年 1338)八月,"帝遣使来,求童女五十三、火者二十三"。③ 有趣的是,因为朝鲜使臣称"火者",还引起明使的不满。如世祖二年(景泰七年 1456)三月:

> 唐人押解官金许义启曰:"臣到辽东,诣都司投呈咨文。后谒明使,明使怒曰:'赴京火者,或太监、或监丞,各有职秩,况高黼以监丞,奉使汝国者也,何以书火者二字乎?'因骂之。"命政府议之,政府启曰:"高皇帝敕内,有'火者'二字。火者内官通称,彼虽有言,佯为不知。而咨文内仍旧称火者。"传曰:"待明使来,可说与此意。"④

明初,对朝鲜不断要求选送火者。洪武二十四年(恭让王三年,1391)十月,高丽"遣判军器寺事金久住如京师,献火者二十人"。⑤ 十二月,帝遣宦者前元承徽院使康完者笃等三人来诏曰:"比闻高丽阉寺鲜少,为朕割势遣之,如有之,使禁约。"⑥但实际对高丽火者的需索,并未停止。二十五年二月,高丽遣永福君李禑等如京师谢恩,常贡外"仍献火者五人"。⑦ 二十八年(太祖四年,1395)四月,辽东都司抄蒙礼部批文,"为差百户姚忠,伴送本国奄人张夫介等二十六名,到来义州,交付还国"。⑧ 三十一年,明朝遣使送朝鲜阉者申贵生复还本国,洪武帝圣旨曰:

> 洪武二十五年,曾于朝鲜国索取火者数十人,入于内庭,意在授之以职,使周旋内庭,管领诸事于内外,无所不知,此所以开诚心待朝鲜如此也。是后以此人,数为使者诣本国,不期王李成桂者,无诚心相合之意。朕将前数十人阉者,仍发还本国,只有申贵生一名,幼而无知,留养数年,使有知,然后发还。贵生聪敏,朕之所为,无所不知,其以贵生,日不离左

---

① 《明孝宗实录》卷九七,弘治八年(1495)三月乙未条。
② 《明武宗实录》卷一四六,正德十二年(1517)二月戊辰条;卷178,正德十四年九月己酉条。
③ 孙晓主编《高丽史》卷三五《世家第三十五·忠肃王三》,重庆:西南师范大学出版社2014年版,003/1102。
④ 《世祖实录》卷三,世祖二年(景泰七年,1456)三月二十二日辛卯条。
⑤ 孙晓主编《高丽史》卷四六《世家第四十六·恭让王二》,004/1397。
⑥ 同上书,004/1398。
⑦ 同上书,004/1400—1401。
⑧ 《太祖实录》卷八,太祖四年(洪武二十八年 1395)七月初八日己亥条。

右。今贵生归,谕之曰:'既达本国,在此间时,耳曾闻何事,目曾见何事,尽云之于尔王,毋过云,毋匿云。'尔办事若干年,赐大银一个、段一对、钞二十锭。钦此!"①

明太祖对朝鲜所送火者不满,故一次遣送回来张夫介等二十六名。永乐元年(太宗三年,1403)十一月,帝派内史韩帖木儿,与还乡宦官朱允端至朝鲜,宣谕"选年少无臭气火者六十名以遣"。及还,"率被选火者三十五人而赴京也。上饯于西郊,宦者等皆涕泣"。②翌年六月,韩帖木儿再来,"遣通事张有信,押洪武二十八年还乡火者崔臣桂等一十名及新选火者金得富等一十名,随帖木儿如京师"。③三年四月,明朝遣内使郑升、金角、金甫等,赍礼部咨来,郑氏等皆为朝鲜宦者。圣旨称"如今内史郑升、金角、金甫,回朝鲜国去,尔礼部便行文书,与国王知道。有精细中用的火者,多选几名来;患病的内史金甫,医药治得,好时还送他来;郑升,奉传宣谕,求松子与苗;金角,行母丧毕后入来"。④七月,郑升、金角"率新拣到火者尹可山等八人及松子苗二十盆而还"。⑤五年八月,韩帖木儿等复来,口宣圣旨曰:

"朕取安南火者三千,皆昏愚无用。惟朝鲜火者明敏,可备任使,是用求索。但咨文内不限其数者,若朕有定数,而国王不能充额,则恐伤国王至诚事朕之意。"上私谓韩帖木儿曰:"帝意如何?"帖木儿曰:"不下三四百。"上曰:"此物无种,岂可多得?"⑥

尽管"此物无种",但还得不停选送。当年十月,朝鲜"遣吏曹参议金天锡,管押刷出火者金安等二十九人,随帖木儿如京师"。⑦永乐帝对朝鲜火者的需求,至其晚年而仍旧。如永乐十七年(世宗元年,1419)正月,太监黄俨奉宣谕,"求火者四十人、印佛经纸二万张"。朝鲜随即遣"元闵生进献纯白厚纸一万八千张、纯白次厚纸七千张,火者二十名"。⑧二十一年九月,朝鲜差金知司译院事裴蕴,管领小火者赴京。明朝命"选拣三五十个小火者进将来",朝鲜奏称:

选办到小火者赵枝等二十四名,钦依送进。其姓名年甲:赵枝、金守命年二十一,林贵奉年十九,金宥、林得生、安敬、金众等年十八,朴义、河

---

① 《太祖实录》卷一四,太祖七年(洪武三十一年,1398)六月二十四日戊辰条。
② 《太宗实录》卷六,太宗三年(永乐元年,1403)十一月初一日乙亥条;同卷,十一月十七日庚申条。
③ 《太宗实录》卷七,太宗四年(永乐二年,1404)六月初二日辛未条。
④ 《太宗实录》卷九,太宗五年(永乐三年,1405)四月初六日辛未条。
⑤ 《太宗实录》卷十,太宗五年(永乐三年,1405)七月二十五日戊午条。
⑥ 《太宗实录》卷一四,太宗七年(永乐五年,1407)八月初六日丁亥条。
⑦ 同上。
⑧ 《世宗实录》卷三,世宗元年(永乐十七年,1419)正月十九日甲子条;同卷,二月十一日丙戌条。

吾大、李群松等年十七,李善、郑隆、郑立等年十六,崔义山、李忠进、金高城等年十五,朴秀民、朴田命等年十四,金禄、崔存者、姜众、李田今、申得名等年十三,李追年十一。赐枝等各衣一袭,笠靴、毛冠,命蠋枝等本家一应杂徭。①

永乐二十一年(世宗五年,1423)八月,内史海寿等复至朝鲜,传谕圣旨:"老王时使唤宦者三五十人来进。"世宗命赵瑞老、元闵生等告海寿曰:"父王时宦者年皆老矣。其中少者,亦皆愚惑,不可使也。"寿曰:"予已传宣谕圣旨矣,是事专在殿下也。"于是,"采火者三十人于各道"。九月初三日,赵瑞老、元闵生以火者十七名见于两使,海寿以为"此辈迷少不用,远路带行,徒劳而已,皆率还家",闵生对以此为各道求来,王宫宦者不多。"殿下向上至诚,若有年少颖悟可使者,安敢不尽见耶!"②九年七月,"入朝火者崔海等十人辞,赐衣服"。③ 十年十月,"火者金城人金儒、广州人廉龙、信川人郑同、保宁人朴根先发行赴京,使臣所选也"。④ 宣德之后,明廷对朝鲜火者的征索数量大减,直至不再索求,给朝鲜减轻了不少负担,但这些入明宫的朝鲜籍太监,却给母国带去了无尽的侵扰与灾难。

二　处女、从婢及执馔婢等的择取与入贡

蒙古及元时期,高丽忠烈王十六年(至元二十七年,1290)九月,"遣上将军车信,押处女十七人献于元"。⑤ 又二十四年(大德二年,1298)正月,"命巡马所选良家女,将以进帝所及使臣"。⑥

入明以后,明朝帝王对朝鲜处女的索求,并未消歇,而是更为频繁。太宗八年(永乐六年,1408)四月,明朝所遣内史黄俨等至朝鲜,宣谕圣旨:"恁去朝鲜国和国王说,有生得好的女子,选拣几名将来。"太宗叩头曰:"敢不尽心承命!"⑦自此至十一月间,黄俨一行选女无数次,搞得朝鲜半岛人心惶惶,鸡犬不宁。七月初二日,黄俨等与议政府同选京外处女于景福宫。《太宗实录》记曰:

俨怒其无美色,执庆尚道敬差内官朴輶,缚而数之曰:"庆尚一道,为

---

① 《世宗实录》卷二一,世宗五年(永乐二十一年,1423)九月初九日丁亥条。
② 《世宗实录》卷二一,世宗五年(永乐二十一年,1423)八月十八日丙寅条;同卷,八月十九日丁卯条;又九月初三日辛巳条。
③ 《世宗实录》卷三七,世宗九年(宣德二年,1427)七月十八日甲辰条。
④ 《世宗实录》卷四二,世宗十年(宣德三年,1428)十月初三日辛巳条。
⑤ 孙晓主编《高丽史》卷三〇《世家第三十·忠烈王三》,003/971。
⑥ 孙晓主编《高丽史》卷三一《世家第三十一·忠烈王四》,003/1004。
⑦ 《太宗实录》卷一五,太宗八年(永乐六年,1408)四月十六日甲午条。

国之半,上国已曾知之,岂无美色? 汝敢以私意选进如此之女乎?"欲杖之而止。踞交倚,立政丞于前,挫辱之,遂还太平馆。上遣知申事黄喜,谓俨曰:"此儿女辈,以终远父母为忧,食不知味,日至瘦瘠,不足怪也。请更饰以中国之妆见之。"俨曰:"然。"是日,平城君赵狷女,若中风而口不正;吏曹参议金天锡女,若中风而颤头;前军资监李云老之女,若病脚而蹇步。俨等大怒,宪司劾狷等教女不谨之罪,遣吏守直,狷开宁付处,云老阴竹付处,天锡停职。①

黄俨等缚绑侮辱属国官员,可知其跋扈至极。赵狷之女等不惜以装病与假扮残疾,来换取自己不得入选,致使其父或流配或罢职。此后所见处女,皆衣华制,黄俨以为"间有仅可者三四人而已",留权执中、任添年等女子三十一人,余皆放遣。俨等以被选处女数小,欲分至外方亲择。太宗以为"使臣虽亲至外方,皆农家女儿,美色何从而得之"! 黄俨知后怒曰:"我等阳欲分往外方,以观国王之诚不诚,非实欲往也,当还京师耳。"太宗遣黄喜逊辞固请,俨乃止。② 其后,黄俨等在景福宫,多次选择处女。如八月初八日,"各道处女至京者八十余人,俨择留七人"。九月十三日,"会前后所进处女二百余人,择留五十人"。十月初六日,"京外处女总三百人,择留四十四人,余悉遣还"。③ 最后选中五人,分别为"故典书权执中之女为首,前典书任添年、前知永州事李文命、司直吕贵真、水原记官崔得霏之女次之。赐酒果,各赐中朝体制女服,皆用彩段。上还宫,谓代言等曰:'俨之选定高下等第误矣,任氏直如观音像而无情态,吕氏唇阔额狭,是何物耶?'"④是太宗不以黄氏等人所选为美,亦是一无聊之人。十一月,黄俨携所贡处女还京师,朝鲜以艺文馆大提学李文和为进献使,赍纯白厚纸六千张赴京。附奏详情曰:

> 今将各女子生年月日并父职名籍贯,一一开坐,谨具奏闻。一名,嘉善大夫工曹典书权执中女,年一十八岁,辛未十月二十六日巳时生,籍贯庆尚道安东府,见住汉城府;一名,通训大夫仁宁府左司尹任添年女,年一十七岁,壬申十月二十六日戌时生,籍贯忠清道怀德县,见住汉城府;一名,通德郎恭安府判官李文命女,年一十七岁,壬申十月十八日戌时生,籍贯畿内左道仁州;一名,宣略将军忠佐侍卫司中领护军吕贵真女,年十六岁,癸酉十一月初二日巳时生,籍贯丰海道谷城郡,见住汉城府;一名,中

---

① 《太宗实录》卷一六,太宗八年(永乐六年,1408)七月初二日戊申条。
② 《太宗实录》卷一六,太宗八年(永乐六年,1408)七月初五日辛亥条。
③ 《太宗实录》卷一六,太宗八年(永乐六年,1408)八月初八日甲午条;九月十三日戊午条;又十月初六日庚辰条。
④ 《太宗实录》卷一六,太宗八年(永乐六年,1408)十月十一日乙酉条。

军副司正崔得霏女,年一十肆岁,乙亥十月初八日午时生,籍贯畿内左道水原府。从者女使一十六名,火者一十二名。①

时朝鲜不欲明言奏进处女,故使李文和以赍进纸札,遮人耳目。所选处女父母亲戚,哭声载路。太宗九年(永乐七年,1409)四月,朝鲜谢恩使李良佑等回自京师。启言:

> 二月初九日,帝幸北京。本国所进处女权氏,被召先入,封显仁妃,其兄永均,除光禄寺卿,秩三品,……余皆封爵有差。以任添年为鸿胪卿,李文命、吕贵真光禄少卿,秩皆四品;崔得霏鸿胪少卿,秩五品。②

此权氏即永乐帝权贤妃,史称其"姿质秾粹,善吹玉箫。帝爱怜之,七年封贤妃。……明年十月侍帝北征。凯还,薨于临城,葬峄县",谥恭献。③ 同时,崔氏女封美人(后为惠妃),任氏女封顺妃,李氏女封昭仪,吕氏女封婕妤。此后,权永均、任添年、李文命、吕贵真、崔得霏诸人,遂频繁出使明朝。

太宗十七年(永乐十五年,1417),奏闻使闵元生回自北京启奏,"皇帝问采女颜色之美,赏赐甚厚,乃使宦者黄俨、海寿等来逆女"。朝鲜采选"以黄氏、韩氏为上等。黄氏容貌美丽,故副令河信之女;韩氏婵娟,故知淳昌郡事永矴之女也"。及还,"韩氏兄副司正韩确、黄氏兄夫录事金德章、跟随侍女各六人、火者各二人从之。路旁观者,莫不垂涕"。④ 此韩氏,即韩桂兰(1410—1483),明廷封为丽妃。历事四朝,始终敬慎如一日,忽遭疾卒。⑤ 然其龄至七十四岁,在自元以来入宫的朝鲜半岛女性,韩氏为最高寿者,此亦可谓不幸中之幸矣!

为了满足明廷的征索,朝鲜动辄"置进献色,采童女,禁中外婚嫁"。⑥ 太宗九年(永乐七年 1409)五月,太监黄俨等人复至朝鲜,口宣圣旨曰:

> 去年尔这里进将去的女子每,胖的胖,麻的麻,矮的矮,都不甚好。只看尔国王敬心重的,上头封妃的封妃,封美人的封美人,封昭容的封昭容,都封了也。王如今有寻下的女子,多便两个,小只一个,更将来。⑦

七月初五日,朝鲜进献色提调李贵龄等,启择处女事宜曰:

---

① 《太宗实录》卷一六,太宗八年(永乐六年,1408)十一月十二日丙辰条。
② 《太宗实录》卷一七,太宗九年(永乐七年,1409)四月十二日甲申条。
③ 《明史》卷一一三《后妃一》,第12册第3511页。
④ 《太宗实录》卷三三,太宗十七年(永乐十五年,1417)六月二十二日丙午条;又同卷,五月初九日甲午条。又卷三四,八月初六日己丑条。
⑤ 《成宗实录》卷一六二,成宗十五年(成化二十年,1484)正月初四日壬辰条。
⑥ 《太宗实录》卷一五,太宗八年(永乐六年,1408)四月十六日甲午条;卷一七,九年五月初三日甲戌条;《世宗实录》卷二五,世宗六年(永乐二十二年,1424)七月初八日辛巳条等。
⑦ 《太宗实录》卷一七,太宗九年(永乐七年,1409)五月初三日甲戌条。

"京中处女,今已遍阅,无可入格者。命议政府随宜施行。"于是议政府启:"留后司、丰海、江原、全罗道各二人,庆尚道四人,京畿左右道三人。将已见未见处女中,年十七以下、十三以上择善,并前年入格处女二十七人上送。"上可之,分遣知印于各道。传旨政府曰:"中外处女,因禁令婚嫁失时,天道可畏。然大国之求,小国亦不敢不从,遣使入朝之时,当行附奏。"①

朝鲜君臣不得已,遂向各道分配处女名额以征,并希望上奏天廷,陈本国禁令婚嫁带来的弊端。八月,朝鲜托以上王之疾,求买药材事,遣户曹参议吴真如京师,奏曰:

> 臣某钦依,于本国在城及各道州府郡县宗戚文武两班并军民之家,尽情寻觅,选拣到女子二名,待候进献。今先将女子生年月日及父职事姓名籍贯,遂一开坐,谨具奏闻。一名,前朝奉大夫知宣州事郑允厚女子,年十八岁,壬申十月十七日亥时生,本贯东莱县。一名,修义校尉忠佐侍卫司后领副司直宋琼女子,年十三岁,丁丑五月十四日卯时生,本贯砺山县。②

此奏只进处女,不敢再议他事。太宗十七年(永乐十五年,1417)五月,朝鲜遣左军金总制元闵生如京师,又因黄俨等要求"选一个的当的女儿,奏本上填他姓年纪来"。朝鲜于在城及各道府州郡县文武两班并军民之家,尽情选拣到"奉善大夫宗簿副令黄河信女子,年十七岁,辛巳五月初三日亥时生,本贯尚州"。③ 送往京师。

明朝宣德皇帝即位,好色甚于乃祖。宣德二年(世宗九年,1427),遣太监昌盛、尹凤等至朝鲜求索处女。七月,朝鲜选得七人。"中宫御庆会楼,引见处女七人,设饯宴,处女之母及族亲亦与宴。馈执馔婢十人、从婢十六人于楼下。成氏、车氏从婢各三人,其余各二人。夜,天气清寂,悲泣之声闻于外,闻者莫不伤悲"。④ 遂派安寿山等护送所选七名处女及随侍若干人京师。其《女儿奏本》曰:

> 今将各女儿生年月日并父职姓名籍贯,一一开坐:一名正宪大夫、工曹判书成达生女子,年一十七岁,辛卯八月十七日申时生,籍贯庆尚道昌宁县,见住汉城府;一名嘉善大夫、右军同知总制车指南女子,年一十七

---

① 《太宗实录》卷一八,太宗九年(永乐七年,1409)七月初五日乙亥条。
② 《太宗实录》卷一八,太宗九年(永乐七年,1409)八月十五日甲寅条。
③ 《太宗实录》卷三三,太宗十七年(永乐十五年,1417)五月十七日壬寅条。
④ 《世宗实录》卷三七,世宗九年(宣德二年,1427)七月十八日甲辰条。

岁,辛卯十月二十一日亥时生,籍贯黄海道延安府,见住汉城府;一名进勇副尉、右军司正安复志女子,年一十一岁,丁酉闰五月十二日寅时生,籍贯忠清道竹山县,见住汉城府;一名进勇副尉、右军司正吴偁女子,年一十二岁,丙申十月二十六日寅时生,籍贯全罗道宝城郡,见住忠清道镇川县;一名宣略将军、虎勇侍卫司右领护军郑孝忠女子,年一十四岁,甲午十二月二十九日卯时生,籍贯忠清道清州,见住汉城府;一名修义副尉、中军副司正崔泳女子,年一十三岁,乙未二月十六日亥时生,籍贯全罗道和顺县,见住京畿道金浦县;一名彰信校尉、左军司直卢从得女子,年一十二岁,丙申九月二十八日子时生,籍贯京畿道交河县,见住汉城府。

又《做会茶饭妇女奏本》曰:

选拣到会做茶饭的妇女一十名,令跟随进去女儿等赴京外,今将妇女开坐花名:一,计妇女子一十名,小玉、重今、朝云、宝台、真珠、娟娟、季花、善庄、守贞、燕儿。

又《女使火者奏本》曰:

今将进去女儿等跟随女使火者数目花名开坐:一,女使一十六名,顿一、四季、长命、芍药、八月、李儿、古芷、衍伊、正月、蔷薇、黄富、七宝、权得、燕脂、崔庄、小狗。一,火者一十名,崔海、崔原、朴顺、金忠、金敬、金雨、姜玉、韩禄、高佑、池满。[1]

世宗十一年(宣德四年,1429)四月,被明朝封为光禄寺少卿的韩丽妃之兄韩确,赍在明朝的朝鲜"火者白彦赠母段绢,及成、车、郑、卢、安、吴、崔等七女所赠书信以来,皆以书及剪发,藏之重囊,书中之辞,皆叙其艰辛过活之意,亲及兄弟见之涕泣曰:'平生相见者,惟此发耳!'左右掩泣太息"[2]。对于这些远离故国而身困深宫的女子来说,虽然衣食无忧,但思亲难眠、苦痛煎熬的日子,可以想见。

世宗十一年(宣德四年,1429)七月,世宗又"命馈进献唱歌女八人、执馔女十一人、小火者六人。女皆悲咤不食,及退,掩面涕泣,父母亲戚提携而出,哭声满庭,观者洒泣。初,上御勤政殿,召唱歌女等听歌,有一女歌以不复来之意,词甚凄惋,上恻然"[3]。

随同这些处女入明宫的,还有一些随从火者。如世宗六年(永乐二十二年,1424)七月,礼曹启"处女随从火者,庆尚、全罗、忠清、江原道各二名,京畿、

---

[1] 《世宗实录》卷三七,世宗九年(宣德二年,1427)七月二十日丙午条。
[2] 《世宗实录》卷四四,世宗十一年(宣德四年,1429)四月十二日丁亥条。
[3] 《世宗实录》卷四五,世宗十一年(宣德四年,1429)七月十八日壬戌条。

黄海道各一名,令其道监司,择年十五岁以上二十岁以下可使者治妆,及时给驿上送"。八年三月,进献色启"处女随从火者,忠清、庆尚、全罗、黄海、平安道各五,京畿、咸吉、江原道各三,择年少可当者,治妆给驿上送"。九年三月,礼曹又启:"今选火者,其父母以私爱,隐匿不现者,以处女隐匿之法论罪。"世宗都接受了这些建议。①

入清以后,只发生过一件清廷向朝鲜求女事件。孝宗元年(顺治七年,1650)春,朝鲜中使罗崟偕谢恩使赴北京,归后密告孝宗清廷之意,"九王新丧夫之,夫之即古国氏之称。故欲与国王结婚。国王之女子几人?年岁几何?俺等皆已知之矣。若婚媾既成,则群臣不敢欺侮,而大国亦当专信。但国王必不能独断,将问于群臣,群臣必曰岂可与此辈结婚云尔,故不欲使之先知耳"。②九王,即当时的摄政王多尔衮。孝宗君臣经过秘议,以宗室锦林君恺胤女,封以义顺公主,遣护行使元斗杓送往北京,尚有"侍女十六人、女医、乳媪等数人从之。都民观者,无不惨然"。③ 八月,元斗杓等还自北京,元氏奏曰:

> 九王初见公主,颇有喜色,待臣等亦厚。及至北京,以公主之不美,侍女之丑陋,诘责万端,此甚可虑矣。九王云:"自先汗施恩本国甚厚,我亦有私恩于国王,而每以倭衅,请筑城炼卒,必尔国上下,皆有异志也。且侍女之选进,自明朝已有旧例。今日之举,欲观尔国之所为,而尔国不肯精择,公主既不满意,侍女亦多丑陋。尔国之不诚,于此益可见矣。"④

就在此年十二月,多尔衮在围猎时坠马身亡。孝宗七年(顺治十三年,1656),锦林君出使清朝,奏请欲见其女,顺治帝命赐还归国。诏称"王妃之苦楚,吾甚矜恻焉,君其率去"。咨文曰:"初次结婚,不幸如此。自令以往,永绝婚路,若犯此律,置于极刑。"其废永塞。⑤ 朝鲜孝宗命户曹给义顺公主月廪,以终其生。显宗三年(康熙元年,1662)八月,病死,"上怜之,命官庀其丧"。⑥ 虽孀居一生,然终落叶归根,卒于父母之邦,亦可谓万幸矣!

元明两朝不断地来索处女,给高丽、朝鲜君臣与民间百姓,带来了极大的干扰甚至是恐慌。如高丽忠烈王二十四年(元大德二年,1298)正月,命巡马所选良家女"令百僚密疏有女家投主司。于是,有睚眦之怨者,虽无女亦指之,以

---

① 《世宗实录》卷二五,世宗六年(永乐二十二年,1424)七月二十二日乙未条;卷三一,世宗八年(宣德元年,1426)三月十四日戊申条;卷三五,世宗九年三月二十五日癸丑条。
② 《孝宗实录》卷三,孝宗元年(顺治七年,1650)三月初五日戊午条。
③ 《孝宗实录》卷三,孝宗元年(顺治七年,1650)四月二十二日乙巳条。
④ 《孝宗实录》卷五,孝宗元年(顺治七年,1650)八月二十七日戊申条。
⑤ 徐有闻《戊午燕行录》,《燕行录全集》,062/143。
⑥ 《孝宗实录》卷一六,孝宗七年(顺治十三年,1656)四月二十六日甲戌条;五月九日丁亥条;显宗三年(康熙元年,1662)八月十八日戊午条。

至骚扰,鸡犬不得宁焉,举纳婿者颇多"。① 时左副承宣洪奎女亦在选中,赂权贵,未得免。史载曰:

> 【洪奎】谓韩谢奇曰:"吾欲剪女发,如何?"谢奇曰:"恐祸及公。"奎不听,遂剪。公主闻之大怒,囚奎酷刑,籍其家,又囚其女讯之,女曰:"我自剪,父实不知。"公主令捽地以铁鞭乱笞,终不伏。宰相言:"奎有大功于国,不可以微罪置重典。"中赞金方兴亦扶病请之,不听,流海岛。未几,洪子藩力请命还家产,然怒未解,以其女赐元使阿古大。②

朝鲜太宗八年(永乐六年,1408)十一月,令京外处女二十岁以上许婚。议政府启:

> "京外处女,考都目状,其年十九岁以下,依旧禁婚。使臣亲点留置处女,及推刷时未现者,不限年数禁止。"从之。初黄俨之还也,俨谓上曰:"二等入格处女二十七人,宜禁婚。"上对曰:"女子不可过时,若大人定其年数,则吾当禁婚。"俨曰:"李文和之还,吾当一定转达。"③

朝鲜民间,为免于被采择,有令女儿为尼者。故太宗十三年(1413)六月,司宪府启:"良家处女为尼者,皆令还俗成婚,以正人伦。"从之。④

除明朝采选处女外,朝鲜王室为世子纳妃,也经常下禁婚令。如世祖四年(天顺二年,1458)十一月,"命礼曹禁处女十四岁以下婚嫁,将选王世子嫔也"。⑤ 又成宗十七年(成化二十二年,1486)正月,传旨礼曹曰:"世子讳年已十一,当行纳嫔。京外处女年八岁至十五岁者,并禁婚。"⑥至燕山君时,为供其淫乐,还专设"采红骏体察使",在全国搜求美女,如燕山十一年(弘治十八年,1505)八月,采红骏体察使李季仝,"进美女六十三人,良马一百五十匹。王大悦"。⑦ 又称"今观采红骏使所采人,皆不解音律,又无姿色,举止生疏,先自羞涩。如此者虽多,徒贻弊驿路而已。然可别置公廨供馈,待过二三朔,则庶几稍变旧习矣"。⑧ 就祸害百姓而言,明朝皇帝与朝鲜国王,真是难分伯仲矣。

---

① 孙晓主编《高丽史》卷三一《世家第三十一·忠烈王四》,003/1004。
② 孙晓主编《高丽史》卷一〇六《洪奎传》,008/3276。
③ 《太宗实录》卷一六,太宗八年(永乐六年,1408)十一月二十五日己巳条。
④ 《太宗实录》卷二五,太宗十三年(永乐十一年,1413)六月二十九日丙子条。
⑤ 《世祖实录》卷一四,世祖四年(天顺二年,1458)十一月二十八日壬子条。
⑥ 《成宗实录》卷一八七,成宗十七年(成化二十二年,1486)正月二十三日庚午条。
⑦ 《燕山君日记》卷五九,燕山十一年(弘治十八年,1505)八月初十日壬戌条。
⑧ 《燕山君日记》卷五九,燕山十一年(弘治十八年,1505)八月十五日丁卯条。

三 朝鲜籍太监对母国的骚扰与侵害——以太监金兴为例

前已述之,元、明两朝向朝鲜半岛征索的火者,数量不小,都在宫廷服务。这些来自朝鲜的太监,经常被明朝派往母国出使。从明朝皇帝的意愿出发,就是希望这些朝鲜太监"入于内庭,意在授之以职,使周旋内庭,管领诸事于内外,无所不知,此所以开诚心待朝鲜如此也"。遣他们出使,"既达本国,在此间时,耳曾闻何事,目曾见何事,尽云之于尔王,毋过云,毋匿云"。① 实际上,这些太监就是皇帝的耳目,来打探侦缉朝鲜君臣的行为与态度。他们的长处是谙习朝鲜语音,便于和朝鲜君臣沟通。但也正因为如此,他们对朝鲜的一切了如指掌,依仗皇威,假托圣旨,在朝鲜颐指气使,贪婪谋利,需索不已,侵害母国,无恶不作,令朝鲜君臣痛恨不已。

我们以在明廷充当内侍的朝鲜阉人金兴为例,来说明这些太监对本国造成的滋扰与侵害。金兴本名金安命,入明宫为太监,至少四度出使朝鲜。景泰三年(文宗二年,1452),明朝遣"常膳监左监丞金宥、右丞监金兴,赐祭赐谥",并册封朝鲜国王。② 七年二月,帝遣内官尹凤、金兴,来赐诰命,仍赐王及王妃冕服、冠服、彩段等;成化六年(成宗元年,1470)春夏间,明朝遣正使太监金兴、副使行人姜浩赍诏诰敕书,致祭朝鲜睿宗国王,并册封成宗与王妃韩氏;成化十九年(成宗十四年,1483),遣太监郑同、金兴往朝鲜册封王世子。

金兴初次出使,朝鲜得到消息后,端宗即谕忠清道观察使赵遂良,金兴"今奉使来,其父母存殁及同产族亲名数,开具以闻。若其父母死,则访坟墓在处,看审以启,其同产内如无颖悟者,侄子金淡,给驿上送,速令修葺家舍,若无则择族亲之家修治"。又谕京畿观察使洪深曰:"道内积城入朝内史金宥,今奉使来,其同产族亲名数,及母家与父坟,看审启闻,择族亲中颖悟者,给驿上送。且修葺家舍,给其母米豆并十五石、酱一瓮。"③金兴一行抵汉城后,请"勿造清州家舍,买家于京,令侄子金淡居之"。同时,端宗"赐金宥、金兴,家各一区"。又谕忠清道观察使"金兴为其侄金淡请田,其给无主田,具数以启"④。

十一月十五日,端宗遣右副承旨权蹲、工曹参判李师纯,问安于明使,赠狐皮各四十张。金兴变色曰:"前此屡请一百张,至于口燥,只赠四十领乎?"略无

---

① 《太祖实录》卷一四,太祖七年(洪武三十一年,1398)六月二十四日戊辰条。
② 《端宗实录》卷三,端宗即位年(景泰三年,1452)八月二十五日乙酉条;《文宗实录》卷一三,文宗二年(景泰三年 1452)九月初一日庚寅条。
③ 《端宗实录》卷三,端宗即位年(景泰三年,1452)八月二十五日乙酉条。
④ 《端宗实录》卷三,端宗即位年(景泰三年,1452)九月十九日戊寅条;十月初六日甲午条;卷四,十一月初八日丙寅条。

喜色，金宥欲向北拜谢，兴据床不起，故宥亦未果。① 金兴呼喝勒索，其情可恶，寡廉鲜耻，即此可见。

金兴第二次出使期间，世祖二年（景泰七年，1456）四月二十八日，端宗传旨刑曹："钦差太监尹凤、右监丞金兴，今奉恩命而来，特给奴婢各六口。"②七年（天顺五年，1461）八月，朝鲜谢恩使金处礼，先遣通事赍《闻见事目》，称"太监金兴请其侄金澄娶妻"。③

成宗元年（成化六年，1470）春夏间，明朝遣金兴、姜浩出使朝鲜。朝鲜探知金氏等于二月底发自北京，随即开始了迎接天使的各项准备工作。为了让金兴开心，三月初四日，承政院启："天使金兴京家，令缮工监修葺；清州家舍，亦令本官修葺。天使切族男女，依前例，备给衣服。"仁祖又传旨户曹，"给太监金兴侄金淡、金孝文、金澄等米豆并十硕，姜玉侄子姜继叔京畿近处田一结，又复姜继叔公州农庄，金辅长湍本家"。④

四月初四日，因押解官崔有江所奏事目，侦得金兴、姜浩等"率头目三十人，赍樻子一百四十七，本月初七日发辽东"，成宗下书京畿、黄海、平安道观察使与开城府留，高度注意，小心侍候。十五日，又下书忠清道观察使金瑾："上天使欲于六月间，往祭先茔，次往公州，姜玉父母坟致奠。姜玉本家及父母坟，无弊修治。"时天旱不雨，成宗传曰："今祈雨，靡神不举，只祷于佛，尚未有应。闻广州检丹山逐兽则雨，欲遣司仆打围获獐、鹿，以备天使宴享所用，如此则意或得雨。"院相等启："圣上闵雨至此，当依上教，遣军士打围。"⑤

五月初一日，成宗初幸太平馆，具冕服，拜祭物、赙物如仪。金兴、姜浩擎有祭文一道、祭物一坛、阔生绡五百匹、麻布五百匹、戈香五斤、檀香二炷。宴罢，命留都承旨李克增，赠天使之物有：

> 各鸦青绵布单圆领一、草绿绸夹塔胡一、大红绸腰线夹帖里一、白绡衫儿一、白绡单袴二、黑草笠一、白鹿皮靴毡精套鞋具一，头目各白绵布单帖里一、黑草笠一。上使叩头谢。副使不受曰："敬在诚不在物，虽不受，如受也。多谢殿下厚意。"⑥

五月初二日，成宗遣"高灵府院君申叔舟、都承旨李克增问安于天使，同晨羞。自是每早朝，遣宰相及承旨问安，例也"。同日，成宗再幸太平馆，设翼日

---

① 《端宗实录》卷四，端宗即位年（景泰三年，1452）十一月十五日癸酉条。
② 《世祖实录》卷三，世祖二年（景泰七年，1456）四月二十八日丁卯条。
③ 《世祖实录》卷二五，世祖七年（天顺五年，1461）八月初七日甲戌条。
④ 《成宗实录》卷四，成宗元年（成化六年，1470）三月初四日癸未条；四月初一日己酉条。
⑤ 《成宗实录》卷四，成宗元年（成化六年，1470）四月十五日癸亥条；四月二十三日辛未条。
⑥ 《成宗实录》卷四，成宗元年（成化六年，1470）五月初一日戊寅条。

宴。赠天使之物有：

> 各鞍具马一匹、海獭皮鞍笼一毛、马妆一部、毛鞭一事、扇子五十把、六帐连幅油苫一、紫石砚一面、黄毛笔二十五柄、兔毛笔二十五柄、油烟墨十丁、赤玉墨二丁、笠帽十事、上品表纸二卷、中品表纸二卷、三并刀子一部，头目各刀子一部、笠帽二事、扇子二把。上使叩头谢，副使只受扇子四、笠帽四、油苫一、毛鞭一、紫石砚一、黄毛笔、兔毛笔、油烟墨。①

初七日，命左副承旨郑孝常，赍进献物膳见样，诣太平馆，示上天使金兴。兴见之曰："易备之物，备三柜；难备之物，随所备以进。"②九日，成宗下书京畿观察使成允文、江原道观察使芮承锡，"今五月二十五日，天使遣头目二人于金刚山挂幡。支待诸事，曲尽措置，所经各官各驿，凡可讳文书悉令撤去"。下书忠清道观察使金瑾曰："上天使率头目十一人，本月二十五日，往本家。浇奠及宴享支待诸事，其备待之。"至二十五日，金兴"令头目汤勇、郑全，往金刚山，为悬幡也。都监郎厅庆由淳伴行"。③

五月十六日，因翌日将赐祭。成宗命都承旨李克增，赍鸦青绵布圆领二领、白绵布圆领二领、白苎布帖里四领、乌带二腰，赠两天使曰："明日将赐祭，故殿下奉此耳。"上使曰："我则当服白衣，何用此为？"克增更请，上使受之。副使不受曰："我皆有之。"克增曰："赐祭时，大人当变服，故殿下奉此耳。请大人勿辞。"副使固辞不受。克增曰："请赠头目等薄物。"副使许之。克增赠两使、头目白苎布单帖里各一领。④

五月十七日，成宗三幸太平馆，行谢礼，仍行茶礼。命都承旨李克增，赠两天使礼物有：

> 各白苎布二十五匹、黑麻布二十五匹、貂皮五十张、石灯盏一事；掌设头目三人，各黑麻布五匹；花匠、熟手九，各黑麻布四匹。⑤

金兴受之，副使固辞不受。五月十八日，成宗四幸太平馆，行慰宴。宴罢，令都承旨李克增，赠天使之物有：

> 环刀一柄、三并刀子一部、大鹿皮二张、结弓皮二十张、狐皮四十张、土豹皮一张、六张连幅油苫一事、二张连幅油席一事、人参三十斤。上使皆受之，副使不受。克增更请曰："'其交也以道，其接也以礼'，斯孔子受

---

① 《成宗实录》卷四，成宗元年（成化六年，1470）五月初二日己卯条。
② 《成宗实录》卷四，成宗元年（成化六年，1470）五月初七日甲申条。
③ 《成宗实录》卷四，成宗元年（成化六年，1470）五月初九日丙戌条；二十五日壬寅条。
④ 《成宗实录》卷四，成宗元年（成化六年，1470）五月十六日癸巳条。
⑤ 《成宗实录》卷四，成宗元年（成化六年，1470）五月十七日甲午条。

之。殿下将此薄物,聊备大人路上之资耳。何固辞?"副使答曰:"殿下再三赠物,诚意深重,不可胶柱。"乃受油芚、油席、人参、环刀、刀子,余皆却之曰:"多谢!"赠头目各扇子二把、笠帽二事。①

五月二十日,成宗请两天使,宴于仁政殿。天使还馆,所赠礼物有:

> 各马一匹、豹皮坐子一坐、弓矢鞴服具一部、蜜韦一事、弓箭帽一部、扇子三十把、笠帽二十事;两使头目,各油席一事、笠帽二事。上使叩头受之,副使只受弓箭、诸缘具、蜜韦,余皆不受。②

同日,金兴谓李克增曰:"请启殿下加金淡金带、金孝文钑银带、金澄银带。"皆从之。又因姜浩之请,成宗以卢思慎为议政府右赞成,郑自洋吏曹参议,金克忸行成均馆司艺。③ 五月二十四日,成宗五幸太平馆,设副天使上马宴。宴罢,赠两天使之物有:

> 各彩花席五张、九张连幅油芚一事、法帖四帙、山水簇一双、花草簇一双。上使扣头受之,副使不受。克增曰:"法帖,文房之物,不必辞也。"乃受。又开见山水、花草两簇,曰:"此则未敢受也。"克增曰:"此本国恶画也,特资路上开笑耳。"天使曰:"是皆善画也。"只受山水簇一双。克增曰:"孟子亦受赆金,大人何为却之?天门远矣,未易达诚,殿下所以敬大人,乃所以敬皇帝也。"天使书于手掌曰:"香心一派达天庭。"两使头目,各赠笠帽二事、扇子二把。④

五月二十五日,副使姜浩出都返大明,成宗命都承旨李克增,赍宣醖,往饯于碧蹄。所呈礼物有:

> 黑麻布十五匹,白苎布一十匹,鸦青匹段、貂皮虚胸一领,毛马妆一部,蓑衣一部,油席一事,油鞍笼一事,毛鞭一事,环刀一柄,弓二张,矢一部及鞴服、弓帽、箭帽二部,紫草笠一顶,花儿鹿皮护膝一部,铜砚炉一事,黄毛笔五十柄,兔毛笔五十柄,油烟墨二十笏,书镇二事,中朴头一百,大朴头二十枚,人参三十斤,上品表纸二卷,中品表纸二卷,雀舌茶三斗。天使历数指之曰:"毛衣,热时无用;弓箭,前日已受;砚、炉、书镇,吾家亦有之。"皆不受。克增曰:"昔齐王馈孟子兼金百镒,孟子受而不辞,以其赆行也。今此薄物,亦殿下赆行,大人何辞焉?"天使曰:"殿下敬我,所以敬朝

---

① 《成宗实录》卷四,成宗元年(成化六年,1470)五月十八日乙未条。
② 《成宗实录》卷四,成宗元年(成化六年,1470)五月二十日丁酉条。
③ 《成宗实录》卷四,成宗元年(成化六年,1470)五月二十日丁酉条;二十三日庚子条;二十四日辛丑条。
④ 《成宗实录》卷五,成宗元年(成化六年,1470)五月二十四日辛丑条。

廷；我虽不受，已悉敬朝廷之意。"固拒不受。赠头目各鼠皮耳掩一、鼠皮冠一、柳青紬夹帖里一领、白苎布二匹、黑麻布二匹。浩，为人无拘检，能饮酒，国人无对。寻常言不及文字，盖短于文者也。然弓、矢、笔、墨之外赠遗，皆不受。①

同日，金兴"率头目十一人，向清州，上党府院君韩明浍伴行。上命仁山府院君洪允成、右副承旨李崇元，赍宣酝，饯于济川亭，仍赠紫草笠一顶、黑麻布直身一领、黑麻布帖里一领、白苎布帖里一领、白苎布汗帖里一领、油马皮靴一部、套鞋具。旧例，馆伴随行，今因天使请，以明浍伴行"。②六月初十日，金兴返汉城，成宗宴请之，亲赠人情物有：

> 雀舌茶三斗、六张连幅油苔一事、笠帽二十事、毛马妆一部、弓一张、大箭一部、鞬服具弓箭帽一部、狐皮四十张、交床一事、上品表纸二卷、中品表纸二卷；头目，各笠帽三事、扇子三把。③

自六月十二日起，至七月三日，金兴在汉城开始频繁的巡游式活动。往金孝文、金淡等家；往金纯福家，遂往兴天寺点香，又历入郑善、郑举等家；往训链院，观武士射艺；往圆觉寺点香；又往车孝辋、金澄、尹吉生、崔继宗、姜继叔等家；往奇裕家；游观于蚕头岭等处；往韩致仁家；往训链院，观武士射，历入金淡家。这些或为金氏亲族家，或为入明朝处女、太监族亲，每到一处，朝鲜皆派官员或赍宣酝往慰，或设宴接待。至七夕日，派李克增"赠天使奴婢赐牌及石灯盏二事、彩花席五张、连二幅油席二张、油鞍笼二事、理马器二部、蓑衣一领"。④

六月二十九日，因金兴欲追赠父母爵，又欲得奴婢。院相申叔舟等议启曰："天使父，从崔安、郑同等例，追赠嘉善；金淡、金孝文、金澄等父，各于子职降一等追赠；其母亦从父职追赠，何如？"传曰："可。"⑤七月十六日，成宗六幸太平馆，为金兴行饯宴。宴罢，所赠之物有：

> 黑麻布十五匹、白苎布十五匹、黑麻布圆领一领、白苎布帖里一领、鸦青匹段貂裘一领、鸦青匹段貂皮耳掩一、貂皮冠一、大红匹段内貂皮护膝一、白鹿皮内貂皮靴凉精黑斜皮套鞋具一；头目，各鸦青绡鼠皮冠一、鸦青绡鼠皮耳掩一、柳青紬夹帖里一领、白苎布二匹、黑麻布二匹。⑥

---

① 《成宗实录》卷五，成宗元年（成化六年，1470）五月二十五日壬寅条。
② 同上。
③ 《成宗实录》卷六，成宗元年（成化六年，1470）六月初十日丁巳条。
④ 《成宗实录》卷六，成宗元年（成化六年，1470）七月初七日癸未条；并参六月十二日至七月三日诸条。
⑤ 《成宗实录》卷六，成宗元年（成化六年，1470）六月二十九日丙子条。
⑥ 《成宗实录》卷六，成宗元年（成化六年，1470）七月十六日壬辰条。

七月十八日,金兴发向京师,成宗幸慕华馆,行饯宴。又赠礼物有:

> 毛马妆一部、蓑衣一领、油席一张、油鞍笼一事、毛鞭一柄、环刀一柄、弓矢鞭服具一部、弓箭帽二部。酒半,上亲执玉杯,赐头目等酒。宴罢。天使出,上送至馆门外。天使饮泣曰:"我以本国之奴,厚蒙殿下恩礼,恐减福而死。愿殿下好在。"降级叩头而去。①

成宗十四年(成化十九年,1483)五月,金兴第四次出使朝鲜。人尚未到,奏闻使先来通事金渚还自京师,即"进郑同小简,求请之物甚多"②。一行抵汉城后,七月初六日,"副使金兴求请七事刀子三十部、五事刀子一百部、三事刀子一百部、单刀子一百五十部、摺三刀子一百部"。十二日,又"求请大红绵布二十匹、绿绵布二十匹、大红绵䌷二十匹、绿绵䌷二十五匹、紫绵䌷八十匹、纱绿绵布三十匹"。③ 七月十六日,成宗行茶礼,命李世佐给郑同、金兴赠人情礼物,其目有:

> 各豹皮阿多介一、弓箭鞭服具一部、弓箭帽一部、豹皮八张、狐皮一百二十张、细竹扇四百把、白苎布帖里二、白苎布汗帖里一、白绵布单帖里一、黑麻布帖里二、白绵布直领一、大红细绦一、紫草笠一、马皮靴分套具一、三并刀子二。④

八月二十七日,成宗幸景福宫,飨天使于庆会楼下。上使郑同生病,副使金兴独至,行茶礼。成宗命承旨赠人情,凡"胡椒十五斗、细竹扇一百五十把、三合水铁炉口一部、表纸三卷、白苎布十五匹、黑麻布十五匹、蓑衣一事、弓矢鞭服具一部、连六张油席二事"。⑤

在大量赠赐珍物的同时,自成宗二年起,成宗就不断地给金兴亲族升官加资,或赐米赐物。成宗二年(成化七年,1471)六月,传旨兵曹曰:"太监金兴侄金效文升职,金澄加资;太监姜玉侄姜继叔加资升职。"十年正月,又传兵曹曰:"太监郑同族亲前司勇郑智、郑群生,张检松,太监金兴族亲学生金顺温、金士衡叙用。"十二年四月,"赐郑同三寸侄郑智、郑孝恭、郑孝智,各鸦青绵布圆领一、绵布单帖里一、马皮靴一、纱帽一、米太并五硕。同生兄郑举妻,苎布衫一、柳青绵布单裙一、马皮鞋一、米太并十硕。同生妹尹双妻,苎布衫一、绵布单裙一、马皮鞋一。金兴三寸侄金淡妻、金澄妻、金孝文妻,各赐米太并五硕"。

---

① 《成宗实录》卷六,成宗元年(成化六年,1470)七月十八日甲午条。
② 《成宗实录》卷一五四,成宗十四年(成化十九年,1483)五月十一日壬寅条。
③ 《成宗实录》卷一五六,成宗十四年(成化十九年,1483)七月初六日丙申条;七月十二日壬寅条。
④ 《成宗实录》卷一五六,成宗十四年(成化十九年,1483)七月十六日丙午条。
⑤ 《成宗实录》卷一五七,成宗十四年(成化十九年,1483)八月二十七日丁亥条。

又下书忠清道观察使李慎孝曰:"清州接金兴三寸侄金淳、金孝山、金孝忠,三寸侄女夫郑信、燕歧接张同,各米太并五硕题给。""金兴四寸孙清州居金积处,给米太各二硕。"①

成宗十四年(成化十九年 1483)七月初九日,时金兴正在王城,都承旨李世佐见金兴,"告金寿长升职,金士衡为司仆。兴拜谢,且请曰:'金顺湿、金顺温,虽无才能可用,然俺欲见此辈,着起花带也。'世佐以启"。二十二日,金兴请金士衡、金顺温、顺湿等,俱授御侮将军。上命都承旨李世佐,语金兴曰:"本国但执爵禄之柄,以御臣下,不可猥滥也。右人等才授从四品,职秩太卑,不可躐等也。大人以最所亲切者一人言之,则当依命。"金氏曰:"俱是骨肉至亲,岂有轻重乎?俺年既老耄,再来无期。今若蒙允,更无所启。"九月二十一日,成宗设宴于庆会楼下。命赠副使人情礼物,"满花方席十张、杂彩花席十张、人参二十斤、雀舌茶十斗、大鹿皮二张、连四幅油苫三三、合炉锅家具一部、细竹扇五十把"。金兴叩头谢,又请曰:"愿殿下矜怜金寿长,授实职。"上曰:"当如大人之言。"②

成宗如此照顾体恤金兴亲族,但金兴仍不满意,到了厚颜无耻的地步。时司谏院大司谏朴继姓等上疏曰:

> 郑同、金兴溪壑之欲,不必尽从,而殿下略无违忤,一如其情。非但族亲,其本贯守令、都监郎员,以至通事、录事、医员、监工之官,欲为堂上,则请为堂上,欲升职,则请升职,欲增秩,则请增秩。卑者超之,散者叙之,数月之间,升为堂上者,不知其几何,增秩高官者,不知其几何。爵赏之滥,一至于此,臣等窃恐狗尾续貂之讥,复起于今日也。且同也、兴也,其奸无状,必不以得遂所愿为感,而反以谓殿下陷于吾等术中,凡所愿欲,无不如意,则亦非盛朝之美事也。况别献请减之由,具辞奏达,则皇帝处之如何耳,何至因缘郑同,愚弄皇帝,然后得免别献乎?此臣等所谓殿下之爵人,颇或失中者,此也。③

的确如此,尽管金兴屡称自己"清州百姓","小民叩头谢恩"。表面看起来恭顺谨饬,但实际假重天子,要挟国王,为其亲族谋利。分田起屋,赐官赐婢,赐爵父母,荫及三代,爵赏之滥,岂止狗尾续貂之讥。成宗曾曰:"予非畏郑同

---

① 《成宗实录》卷一〇,成宗二年(成化七年,1471)六月二十四日乙丑条;卷一〇〇,成宗十年正月二十五日壬午条;卷一二八,成宗十二年四月十七日辛酉条;卷一二九,成宗十二年五月十五日己丑条。

② 《成宗实录》卷一五六,成宗十四年(成化十九年,1483)七月初九日己亥条;二十二日壬子条;卷一五八,九月二十一日辛亥条。

③ 《成宗实录》卷一五八,成宗十四年(成化十九年,1483)九月初十日庚子条。

等也。其来也,曲从其请,而及其还也,归罪于族亲,可乎?郑同等闻族亲被罪,则必含愤,诬毁我国于皇帝矣。"①这也是郑同、金兴等在朝鲜枉法乱纪,胡作非为,而朝鲜君臣曲为回护,不敢申诉的原因。

金兴与姜浩出使的当年夏天,朝鲜大旱。五月二十七日,领事洪允成、金硕启曰:"今方旱荒,天使支待事多,诸道进献之物亦不少。今遣行台,则郡县骚动,进献之物,救荒之备,恐不能办也。"翌年九月,司谏院献纳崔汉祯来启曰:"近旱荒连年,国恤相仍,加以迁陵之役、天使之行,京畿民力甚困。"②而金兴等则不顾本国百姓之死活,尽管勒索取需,为其亲族谋利。

但就当时被明朝遣往朝鲜的太监而言,金兴还不算最贪婪无度、骄横霸道的。好在随同金氏出使的姜浩,虽然给卢思慎、郑自洋等求升职,稍涉不妥,但他不事贪黩,清廉有礼,与金立形成鲜明对比。朝鲜君臣对姜氏也印象颇佳,时申叔舟启曰:

> 姜浩之来,赠以人情杂物,皆不受,其言曰:"殿下聪明莹澈,可谓圣君。吾若还归,则朝廷亦知其贤矣。"姜浩非凡人,中朝择遣,或有意焉。浩与卢思慎欲言而止者三,意者近国家多事,故遣浩来观耳。中国朝官与之交无妨,今圣节使之行,人情物件备送。何如?"③

朝鲜使臣是否给姜浩送人情物件,史不具载。但成宗六年(1475)正月,奏闻使书状官郑孝终上《闻见事件》曰:

> 姜浩语通事张自孝曰:"闻殿下好学不倦,我奉使南京,所得《文章类选》一部,呈于殿下。又以《兰亭法帖》五本,分送于韩明浍、申叔舟、尹子云、洪允成、卢思慎。"④

然则姜浩自始至终,与朝鲜成宗与申叔舟诸人,皆为君子之好,所送亦为书籍法帖。考姜浩出使事,《明史》不载,《明宪宗实录》惟记"乃命内官金兴、行人姜浩吊祭",不记姜浩他事。今幸中国国家数字图书馆之中华古籍资源库"碑帖菁华"中,收有明成化时毕瑜所撰《姜浩墓志》,记其事綦详。

据此志载,姜浩(1443—1477),字希孟,松江上海人。居京师。自幼警悟,读书过目成诵。精于《礼》《易》。天顺八年(1464),登彭教榜进士。"试政夏官,拜行人司行人,尝持节往朝鲜,及使秦晋周蜀","亲藩赐赆,一无所受。襄邸重之,特绘《冰霜节操图》,以励其志。九载贤劳于外,无毫发辱君命"。考

---

① 《成宗实录》卷一二二,成宗十一年(成化十六年,1480)十月二十六日壬申条。
② 《成宗实录》卷五,成宗元年(成化六年,1470)五月二十七日甲辰条;卷一一,成宗二年九月初三日壬申条。
③ 《成宗实录》卷七,成宗元年(成化六年,1470)八月十二日丁巳条。
④ 《成宗实录》卷五一,成宗六年(成化十一年,1475)正月二十九日己卯条。

满,升工部营缮清吏司员外郎,德王朱见潾展修府第,姜氏负责经营筹画,动中程度,工将就绪,忽以积热内攻,疮发于面而卒。"为人和易谅直,与四方贤士大夫交,所得奥论尤多。与人谈古今事,亹亹不厌"。然则前述朝鲜《成宗实录》所载姜浩"为人无拘检,能饮酒,国人无对。寻常言不及文字,盖短于文者",乃皮附之论。① 盖姜氏出使藩邦,不以文字夸示于异乡,并非短于文者。与贪得无厌的金兴相比,姜浩不仅给腐败的明代官员挣足了面子,也让我们于六百余年以后,在沉重背负之余,能够稍微喘口气儿。

总前所论,我们对明代朝鲜半岛所贡火者、处女与婢从作了较为详细的梳理与考察,这些人员成为物化了的"贡品",泪别父母,背井离乡,被送往明朝。其中绝大部分的火者与婢从,连姓名也未曾留在世上,皆化为异域之鬼,成为明朝帝王滋扰属国与朝鲜君臣臣服事大的牺牲品。而部分在明廷得宠的太监与嫔妃,如永乐帝时入宫的韩丽妃,宪宗成化年间仍在宫中,她与同样来自朝鲜的太监郑同相勾结,不断向朝鲜需索珍玩海物,使朝鲜在正贡之外,又进呈"别献"物目,加重了朝鲜的负担。而黄俨、郑同、海寿、金兴、姜玉等,在出使朝鲜期间,侵害滋扰,无恶不作,朝鲜君臣屡欲诉达天子,但最后都顾忌万端,不了了之。这些太监不仅没有在两国之间架起沟通友好的桥梁,反而假托圣旨,作威作福,藐视朝鲜,欺压百姓,贪残无已。他们竟然被称为"天使",这个在东西方都有美好含义的词汇,被这些特殊时代造就的特殊败类,糟蹋成了令人厌弃的恶词,既败坏了明朝在属国的形象,又给母国朝鲜带来了极大的骚扰与沉重的负担。

---

① 明毕瑜撰《姜浩墓志铭》,参中国国家数字图书馆之中华古籍资源库"碑帖菁华",http://read.nlc.cn/allSearch/searchDetail? searchType=1002&showType=1&indexName=data_418&fid=%E5%A2%93%E8%AA%8C6477。2024 年 12 月 1 日。

文史新探

于省吾旧藏甲骨拓本四种探研

马 尚

【内容提要】 北京大学图书馆藏有于省吾旧藏甲骨拓本,既有于氏自藏甲骨的拓本,也有别家藏品的拓本,其中不乏精拓和未刊的甲骨拓片,具有较高的文献学、甲骨学价值。本文是对四种于氏旧藏甲骨拓本的研究,既探究了拓本的来源、甲骨实物的流转、甲骨的真伪等问题,又从甲骨学角度揭示了这批资料的价值,指出了于省吾先生在甲骨拓本整理方面的贡献。《思泊藏契》一书是于氏自编、自用的甲骨拓本集,该书的编次、批注,骨、拓的源流,对于省吾学术史研究有重要意义。

【关键词】 于省吾 甲骨拓本 容庚 北平

甲骨文是研究中国古代历史、语言必不可少的文献。目前海内外公私所藏甲骨不少于 16 万片,但公开刊布者不足其半。无论是甲骨拓本、照片还是摹本,都是弥足珍贵的材料。甲骨流传过程中常有碎裂或表面剥落的情况,导致信息流失,早期旧拓往往能提供现已不存的信息,在复原甲骨原貌、考释甲骨文字方面有独特贡献。因此,对于公私收藏的甲骨旧拓,应充分注意其学术价值。

于省吾先生是我国著名的古文字学家。林沄先生曾言:"于老研究甲骨文成就尤其突出,这和他在全面收集整理甲骨资料上下的功夫是分不开的。"[①] 充分占有材料,是于先生在古文字考释方面颇多确论的重要原因。于省吾先生在甲骨文献的整理与保护方面有很大贡献,其旧藏甲骨约有 710 版[②](已公布者有 285 版[③]),现藏于清华大学、故宫博物院、国家博物馆等单位。

【作者简介】马尚,南开大学文学院讲师。
【基金项目】国家八部委"古文字与中华文明传承发展工程"资助项目(G3929)、天津市哲学社会科学规划 2022 年度项目"台湾历史博物馆所藏甲骨的整理与研究"(TJYYQN22－002)阶段性研究成果。
① 林沄《泽螺居中夙兴叟——忆于省吾先生二三事》,《林沄学术文集(二)》,北京:科学出版社,2009 年,第 292 页。
② 参胡厚宣《大陆现藏之甲骨文字》,《中研院历史语言研究所集刊》第 67 本 4 分,1996 年,第 827—828 页。
③ 据王雪晴统计,于省吾先生所藏甲骨已公布者仅有 285 版,由商承祚、胡厚宣等先生著录于《殷契佚存》《甲骨续存》《甲骨续存补编》《甲骨六录》等书,其中只有 6 版为于氏自拓并公布,见于《双剑誃古器物图录》《双剑誃殷契骈枝三编》。参王雪晴《于省吾甲骨藏品整理与研究》,《出土文献》2024 年第 3 期。

在收藏甲骨实物之外,于省吾先生在甲骨拓本的收集、整理方面亦有贡献。于先生收藏的甲骨拓本,大多让与燕京大学,后归北京大学图书馆收藏①。这批甲骨旧拓,胡厚宣先生曾借读一过②,并在《大陆现藏之甲骨文字》(下文简称《大陆现藏》)中撰写了提要。根据《大陆现藏》,北大图书馆收藏的于氏藏拓共有10种:明义士《殷虚卜辞后编》《安阳谢午生元嘉造像室甲骨墨本》、关寸草《殷虚文字》、辅仁大学《甲骨拓片》、于省吾《思泊藏契》、陈淮生《猗文阁藏龟》、谢白殳《殷虚遗文》、《殷虚文字甲编》拓本《殷契拓存》、《北京大学所藏甲骨墨本》、马衡《凡将斋所藏甲骨文字》。胡先生提纲挈领地介绍了每种拓本的甲骨来源和内容,但受限于篇幅,对拓本价值的揭示远远不够,也有很多问题没有说清。

于氏藏拓中有不少甲骨精拓,相较于其他版本的拓本而言,字口更为清晰、甲骨形态更为完整,对于文字考释、甲骨缀合而言均有重要意义。本文以四种较为重要的于氏藏拓为主要材料,先讨论这四种拓本本身的问题,包括拓本的来源、甲骨实物的流转、甲骨的真伪以及相关的学术问题,再集中谈谈于氏藏拓的甲骨学价值和于先生在甲骨拓本整理方面的贡献。

一 于省吾旧藏甲骨拓本的文献学考察

本节是对于省吾先生旧藏四种甲骨拓本的调查考辨。这四种拓本是:(一)《思泊藏契》,(二)《猗文阁藏龟》,(三)《殷虚卜辞后编》,(四)《凡将斋藏甲骨文字》。

(一)《思泊藏契》

《思泊藏契》为于省吾先生收藏的甲骨拓本集,分甲、乙两编,共125纸拓本,甲编101纸,乙编24纸③。著录甲骨123版(含7版疑伪甲骨),骨、拓皆为于先生1931年来京后所得。据于先生批注,该书倒数第二批拓片的粘贴日期为1940年5月10日。

胡厚宣先生在《大陆现藏》一文中对该拓本集曾有介绍:

---

① 有一部分甲骨拓本被于省吾先生留在身边,后归吉林大学。容庚先生1943年7月28日日记中提到,"以甲骨晒蓝拓本《殷契书契补释》易于(省吾)吴荣光联一对"。吴振武先生曾回忆:"我曾见先生藏有一小册容先生用蓝纸晒印的甲骨文拓片,上记:'卅二年七月以吴荣光书楹联易此册。'"看来这本"甲骨晒蓝拓本"后来被于老带至长春。参容庚著,夏和顺整理《容庚北平日记》,北京:中华书局,2019年,696页;吴振武《于省吾先生二三事》,《文物天地》1988年第4期。

② 参胡厚宣《五十年甲骨文发现的总结》,宋镇豪、段志宏主编《甲骨文献集成》34册,成都:四川大学出版社,2001年,第14页。

③ 《思泊藏契·甲编》未注页码,不计扉页共99页,前98页每页粘贴1纸甲骨拓片,末页则有3纸拓本;《思泊藏契·乙编》无扉页,前25页注明页码,除第11页空缺外,每页贴一纸拓片。

其中有善斋四方风大骨,有容庚藏祭出入日骨,有尊古斋藏骨,有安阳队藏骨,有清华藏骨的拓本,有骈三拓本,有邺三拓本,有辽宁大学原骨拓片,有敚䲨伪片等等,于省吾氏旧藏,后归北京大学图书馆。曾毅公曾用以胶卷选照一部分。①

胡先生的介绍中,该书所录甲骨的来源有善斋、容庚、尊古斋等数种,至于书中是否录有于先生本人所藏甲骨实物,则未有明言。

据笔者校重及于省吾先生批注,可知《思泊》②甲编 1—8 和乙编 4—25 这 29 纸拓片乃拓自于先生的自藏甲骨。《思泊》甲编 1—8 著录于《殷契佚存》"海城于氏藏",且钤"于省吾印",为于氏藏品无疑。《思泊》乙编 4—25 也应为于氏藏品,据于先生批注,这 21 版为通古斋所赠或索自通古斋,其量词用"片"或"版"。"片""版"与下文提到的"纸"所指应有不同,王雪晴指出,"称'版'当是有实物在手"③。《思泊》乙编 4—25 中还包含了《合》3187(《国博》28.1、《续存补》3.120.1、《思泊》乙 4)、《合》34763(《续存》下 835、《续存补》3.180.2、《思泊》乙 24)等确定的于氏藏品,故我们推断,《思泊》乙编 4—25 的骨、拓皆曾藏于于氏。据《甲骨文合集材料来源表》,以上这 29 版于氏所藏甲骨,后归国家博物馆、清华大学、辽宁大学、庆云堂等处④(详细信息见文末附表)。

除以上 29 纸于氏自藏甲骨的拓片外,《思泊》著录的甲骨拓片还有两个来源:

其一,焦振青所赠的拓本,编为《思泊》甲编 9—99.3⑤。于先生批注,"此

---

① 胡厚宣《大陆现藏之甲骨文字》,《中研院历史语言研究所集刊》第 67 本 4 分,第 861 页。
② 本文所引著录书繁简称对照表参文末附录二。
③ 王雪晴已注意到这种区别,参王雪晴《于省吾甲骨藏品整理与研究》,《出土文献》2024 年第 3 期。
④ 胡厚宣主编,肖良琼等编《甲骨文合集材料来源表》,北京:中国社会科学出版社,1999 年。
⑤ 共著录 91 版甲骨。为使学者了解这些拓片的所指,共同探索这批甲骨的递藏源流,我们将《思泊》9—99.3 与《合集》的校重结果列出:《思泊》甲 9<合 14294,10<合 23241 正,11=合 16937,12=合 23002,13=合 27019,14<合 26569,15=合 367 反,16=合 34547,17=合 19956,18 未著录,19=合 24803,20=合 347 正,21=合 27397,22<合 20098,23=合 26643,24=合 729,25=合 34163,26=合 37439,27 未著录,28 伪,29=合 33019,30=合 63 正,31=合 22987,32 未著录,33=合 36678,34=合 26582,35=合 27019,36=合 17382,37=合 1876,38 疑伪,39=合 25092,40=合 35646 正,41=合 39400,42=合 37497,43=合 4722,44=合 1592,45=合 21174,46=合 16134,47 伪,48=合 13492,49=合 5390,50<合 7289,51=合 19957 正反,52=合 16827,53=合 16610,54=合 1682,55=合 34123,56=合 14438 正,57=合 25282,58=合 22744,59=合 26569,60=合 27221,61=合 26673,62 伪,63=合 5749,64=合 24411,65=合 2895,66=合 7084,67 伪,68 伪,69=合 21043,70=合 20470,71=合 25685,72<合 25486,73=合 23008,74=合 3884,75=合 38172,76=合 20952,77=合 28050,78 未著录,79=合 15526,80 未著录,81=合 15160,82=合 10098,83=合 35243,84=合 85=合 480,86 未著录,87=合 10257,88=合 8634,89 未著录,90=合 7808,91=合 1466,92=合 2816,93 未著录,94=合 18545,95=合 21681,96=合 20995,97=合 21696,98=合 38308,99.1=合 37782,99.2 未著录,99.3未著录。

下共九十四纸,系焦君振青所赠"。焦振青为北平古董商,与于省吾、容庚等先生往还密切。我们认为这些甲骨拓本大多并非于氏藏品的自拓本,理由有:①于先生在上引批注中,用量词"纸",当指拓片而非实物。②《思泊》甲编 43 钤黄濬"尊古斋"印,如为于先生自拓,不该钤他人之印。③其中部分甲骨来源较为明确,如《思泊》甲 25(《合》34163、《佚》407、《续存》上 1830、《续存补》5.371.2、《中历》1553)现藏中国社会科学研究院历史所,为容庚先生旧藏,来自关寸草①;《思泊》甲 9(《合》14294、《掇二》158、《善》7388、《京》520)是著名的四方风名胛骨,现藏国家图书馆,为善斋刘体智旧藏②,其拓本在北平古玩市场多有流传③。此外,焦振青亦曾赠金石拓本与容庚先生④。甲骨原物售价远高于甲骨拓本⑤,九十余版甲骨并非小数,所赠为拓本,当是更为合理的推断。

虽然《思泊》甲编 9—99.3 中有明确并非于氏藏品的甲骨,但我们还挖掘出一些信息,暗示这批甲骨中的一少部分可能后来被于先生收藏:①据《甲骨文合集材料来源表》,《思泊》甲编 9—99.3 这些甲骨多著录于《邺初》《邺二》,且有 29 版现藏地为清华大学,与于氏大宗甲骨藏品的来源及流向一致。而清华大学所藏甲骨,除购自胡厚宣先生的一坑 900 版甲骨及购自厂肆的 38 版外,只有于先生旧藏的 697 版⑥。②《思泊》甲 57(《合》25282、《邺初》下 37.5、《京》3365、《续存补》3.208)现藏清华大学,同时见于《续存补》"平津双剑誃拓本"部分。

综合以上两方面信息,我们推断,《思泊》甲 9—99.3 这 94 纸拓本,于先生

---

① 宋镇豪《记历史所收藏的殷墟甲骨文》,《中国史研究》2011 年第 4 期。
② 胡厚宣《甲骨文四方风名考证》,《责善半月刊》第 2 卷第 19 期,1942 年;又改订为《甲骨文四方风名考证》,收入《甲骨学商史论丛》初集,成都齐鲁大学国学研究所专刊,1944 年,第 369 页。
③ 胡厚宣《战后京津新获甲骨集》520 号即此版甲骨之拓本,购自北京粹雅堂。值得指出的是,最早收录四方风大骨的拓本集并非刘体智的《书契丛编》,而当是孙壮的《殷契文墨本》。刘体智在 30 年代将自己所藏甲骨拓录为《书契丛编》,1936 年将《书契丛编》借与郭沫若时,其中并无四方风大骨,故郭沫若未收入《殷契粹编》(参贾双喜《刘体智和他的甲骨旧藏》,《文献》2005 年第 4 期)。而封面提要落款时间在 1930 年的《殷契文墨本》,则收了四方风大骨(《殷契文墨本》封面提要参宋镇豪《记历史所收藏的殷墟甲骨文》,其收四方风大骨的信息,则见于胡厚宣《大陆现藏之甲骨文字》)。《殷契文墨本》封面提要中有"徐梧生所藏福山王文敏公物"之语,《大陆现藏》则言其书"有富晋藏多片,又有善斋四方风骨",大概所拓甲骨来源不一,其书名为"墨本",亦可知该书很可能仅为孙氏所搜集的甲骨拓本汇为一集。孙氏收藏甲骨的同时,兼作拓本,《佚存》"北平孙氏藏本"中即有他人藏品(参雷焕章《从堂野前种松旧藏谈到孙壮藏本》,《董作宾先生逝世十四周年纪念刊》,台北:艺文印书馆,1978 年,第 85—86 页)。赵爱学据《殷契文墨本》封面提要,怀疑四方风大骨可能为王懿荣旧藏,理由似不够充分(参赵爱学《善斋甲骨来源考》,《文津学志》第十一辑,北京:国家图书馆出版社,2018 年)。
④ 参容庚著,夏和顺整理《容庚北平日记》,第 688 页。
⑤ 据《容庚北平日记》,容庚在 1929 年从德宝斋与燕京大学购徐枋旧藏甲骨 1169 片,价格为 1000 元(连函在内),以此核算,每版甲骨价格约 0.86 元。而容庚让给徐中舒的施密士甲骨拓本(共 81 片)价值 10 元,每纸拓本价格约 0.12 元。
⑥ 参陈梦家《殷虚卜辞综述》,北京:中华书局,1988 年,第 655 页。

在编《思泊》时采用了获赠的拓本,但他很有可能在获赠拓片后,购买(或索要)了其中部分甲骨。

其二,商承祚先生所赠的拓本,见《思泊》乙编1—3。于先生批注"右墨本系锡永兄所赠",这三版甲骨藏于商老,于老仅有拓本。其中包括一版著名的真伪存疑的尾甲①[《思泊》乙编1、《续存补》5.394.2、《外》451(参图1)]。该版甲骨乃由商承祚先生"以高价购归,墨拓数纸,分贻同好"②,看来《思泊》乙1即为商氏赠人的数纸墨拓之一。

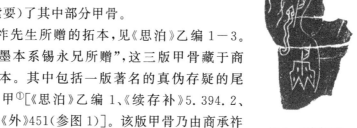

图1 《续存补》5.394.2

图2 《合》63

除《思泊》乙1这版尾甲外,还有一版甲骨的真伪值得讨论,即《思泊》甲30[《合》63(参图2)、《佚》519]。该版甲骨以《思泊》拓本的字口最为清晰。于氏批注"疑",即疑伪甲骨③,但《佚存》《合集》等书皆有收录。《思泊》甲30字体虽特殊,但在甲骨卜辞中也有12版同类型者④,笔者将这一小类甲骨命名为出一"酉"类⑤。《思泊》甲30与《合》22537+24145为同文卜辞,卜"㞢䧅舌方"等事,可以同文互足。要之,《思泊》甲30当非伪片。

在《思泊藏契》一书中,于省吾先生还对一些重要的甲骨、难认的字形或行款加以批注,如《思泊》甲9、乙3,详见本文第三部分。

---

① 该版甲骨的真伪众说纷纭。商承祚、张政烺、陈炜湛、蔡哲茂等先生以为真,参商承祚《一块甲片的风波》,《随笔》1980年10月;陈炜湛《甲骨文简论》,上海:上海古籍出版社,1987年,207—208页;陈炜湛《"契斋藏甲之一"真伪问题的再讨论》,《甲骨文论集》,上海:上海古籍出版社,2003年,169—171页;蔡哲茂《甲骨文辨伪两则》,《蔡哲茂学术文集 甲骨文卷(三)》,新北:花木兰出版社,2021年,819—821页。胡厚宣、孟世凯等先生以为伪,参胡厚宣《契斋所藏一块甲片风波的平息》,《出土文献研究》第3辑,北京:中华书局,1998年,第1—5页;
② 参胡厚宣《契斋所藏一块甲片风波的平息》,《出土文献研究》第3辑,第2页。
③ 《思泊》一书中批"疑"之版,除《思泊》甲编30外,还有《思泊》甲28、38,后者皆为伪刻。
④ 即《合》15168(《录》653、台历博2515)、《合》22537+24145(《录》637、台历博2646)、《合》23665(《上博》54803.6)、《合》24156、《合》26569(《思泊藏契》甲60)、《合》26612(《珠》486)、《合》26613(《录》86、台历博2622)、《合》26614(《旅博》1613)、《英藏》2228、台历博119、《合》26611+《合补》8235+《山博》1836。
⑤ 马尚《从字体角度论出一类甲骨刻辞的新分类》,《第八届中国文字发展论坛论文集》,郑州:中州古籍出版社,2022年,第343—345页。

(二)《猗文阁藏龟》

《猗文阁藏龟》为陈承修①所藏甲骨墨本,后递藏于周希丁②和于省吾先生。分上下两册,上册书封有于先生所撰题记:

> 此系陈淮生所藏墨本,分上下两册,每册四十一版,共八十二版,周希丁以三十金售于余。卅二年九月十九日海城于省吾识。

胡厚宣先生在《大陆现藏》中亦有提要:

> 此乃陈淮生所藏甲骨墨本,有甲编及施密士甲骨拓本。原藏周希丁,后归于省吾,又归北京大学。

《猗文阁》分上下两册,线装,蓝色封皮,首页钤"于省吾印",上册29页反面钤"万石斋"印。著录拓片82纸③,共77版甲骨。

其中60版甲骨见于《殷契佚存》"美国施氏藏"或《美国所藏甲骨录》414—480号④。这些甲骨是河南省政府派遣何日章所发掘,在旅店不慎被盗,流入北京琉璃厂古玩店,被美人施密士买走⑤,现藏于美国哥伦比亚大学图书馆。施密士所购甲骨的拓本,除北大图书馆所藏《猗文阁》拓本外,国家图书馆、台北中研院史语所亦各有一份⑥,《猗文阁》收施氏甲骨60版以上,国图本则收81版。

《猗文阁》所录其余17版甲骨中,有13版见于《战后南北所见甲骨录·南北师友所见甲骨录》卷二⑦,《南师》卷二多选自叶玉森《甲骨文选》甲乙编⑧,《猗文阁》中可能有叶玉森先生旧藏。

---

① 陈承修,字淮生,号猗文阁主,福建闽侯人。藏金石碑版书帖甚富,曾任民国政府工商司司长、交通部科长等职。参程章灿《结古欢:晚清彩笺与石刻文献》,《中华文史论丛》,2017年,379页;《民国丛书续编第二编 民国人物资料专辑一》第7册,上海:上海书店,2018年,第296页。
② 周希丁,名家瑞,又名康元,古光阁古玩店店主,著有《石言馆印存》。参《容庚北平日记》,第17页脚注②。
③ 其中有3纸重片;下24与下38可自相缀合,下39、下40为同版之正反两面。
④ 近来有浙江大学与哥伦比亚大学联合拍摄的甲骨照片,见http://183.136.237.198/special/oraclebones/。2024年12月1日。
⑤ 参董作宾《殷契佚存·序》,《金陵大学中国文化研究所丛刊甲种》影印本,1933年;又参曾毅公《论甲骨缀合》,《华学》第4辑,2000年,第32页。
⑥ 国图藏《施密士藏甲骨文字》,参胡厚宣《大陆现藏之甲骨文字》,《中研院历史语言研究所集刊》第67本4分,860页;台北中研院史语所藏《施美士藏甲骨文》,参蔡依静《出组卜王卜辞的整理与研究》,台湾政治大学硕士学位论文(指导教师:蔡哲茂),2012年,第29页。
⑦ 这些甲骨是:《猗文阁》上7=南师2.215,上12=南师2.231,上19=南师2.34,上20=南师2.224,上26=南师2.246,上38=南师2.217,上39=南师2.214,下1=南师2.225,下3=南师2.186,下6=南师2.218,下8=南师2.220,下10=南师2.71,下12=南师2.126。
⑧ 胡厚宣《战后南北所见甲骨录·序例》,上海:来薰阁书店,1951年,第3页。

(三)《殷虚卜辞后编》(又称《明后》)及相关问题

《殷虚卜辞后编》是明义士1923—1926年在济南所购甲骨的拓本集①,拓印于1927、1928年②。这是明氏继1917年刊布《殷虚卜辞》后,第二次将自己所收藏的甲骨刊布出来。北大本《明后》为明氏赠容庚先生之物,容先生在1941年将此拓本换给于省吾先生③。

《明后》分简本、全本两种④,《明后》北大本为简本,形制为"大册两册","小册廿五册"⑤,共计1038纸拓本。北大图书馆古籍部现分三函贮藏,第一函收第1—15小册,第二函收第16—21小册和甲、乙、丙、丁四小册,第三函收上、下两大册。

明义士根据称谓,判定了《明后》所录的部分甲骨的时代,如据"父乙"称谓,将4版历类卜辞的时代定为武丁时期(甲册第27—30版⑥)。这也是明义士最先提出历类卜辞属武丁时期的又一文献证据。此外,北大本《明后》一书,叶玉森、郭沫若、唐兰、陈梦家等多位学者都曾向容庚先生借阅⑦,留下了多位学者手泽,其中包括不少考释意见。如"子妘"二字,叶玉森先生释为"俘卬",于省吾先生纠正其误,改释为人名。将不同版本的《明后》对读,可以挖掘出更多有补于学术史的材料。

(四)《凡将斋藏甲骨文字》介绍

《凡将斋藏甲骨文字》为马衡先生所藏甲骨的自拓本。《凡将斋》拓本至少现存五种,北大图书馆藏两种,故宫博物院、上海图书馆、南京图书馆各藏一种⑧。北大藏有《凡将斋》单行本及收入《凡将斋》的《甲骨刻辞拓本》。北大《凡将斋》单行本收甲骨117版,为马衡先生赠容庚先生,1941年容庚先生连同《明

---

① 胡厚宣《战后南北所见甲骨录·序例》,第2页。
② [加拿大]明义士《甲骨研究》,山东济南:齐鲁书社,1996年,第20页。
③ 《容庚北平日记》1941年1月30日记录"八时进城。至于思泊家,以明义士、马叔平所赠甲骨拓本一千二三百纸、方若《山水》轴,易得许伯彪错金字戈(按:《集成》11134)及曡父盘(按:《集成》10075)。十二时携以归家。"参《容庚北平日记》,第642页。
④ 许进雄《殷虚卜辞后编·编者的话》。
⑤ 容庚著,夏和顺整理《容庚北平日记》,第172页。
⑥ 北大本《明后》甲27=《合》32722,甲28=《合》32420,甲29=《合》32721,甲30=《合补》275。
⑦ 如曾毅公向明义士转述容庚之言:"这批拓本,在此十余年来很受了若干的麻烦。曾寄往上海借给已故的叶玉森看过,又曾寄到日本给郭沫若,其他在北京的唐兰、陈梦家等。东借西借,实无法应付,所以把它换了那个'戈头'。"方辉《明义士和他的藏品》附录二《曾毅公致明义士书信五则》之五,山东济南:山东大学出版社,第236页。
⑧ 参胡厚宣《大陆现藏之甲骨文字》,《中研院历史语言研究所集刊》第67本4分,861—863页;《凡将斋》拓本种数肯定不止于此,参韩宇娇《马衡先生所藏甲骨早期拓本的流传》,《故宫学刊》,2020年。

后》拓本一起换给于省吾先生①。

北大本《凡将斋》线装四钉，黄色封皮，封面有容庚题"凡将斋藏甲骨文字"，落款"十七年九月十日"。首页钤"凡将斋藏甲骨文字"，附记"乙酉季秋思泊手校"。于省吾先生在1945年，以《殷虚书契续编》《铁云藏龟》《铁云藏龟之余》等书校《凡将斋》，凡见于前三书者已校出大半。《凡将斋》版本虽多，唯独这一种经由于省吾先生亲自校对重片。北大本《凡将斋》及《甲骨刻辞拓本》近来有重印，见《故宫博物馆藏殷墟甲骨文·马衡卷》（贰）（叁），但重印经过重新排版，仅录拓本，旧拓上的学者手泽未能体现。

上文基于甲骨校重和拓本信息，考辨了四种于氏藏拓的来源及所录甲骨的源流，澄清了一些错误或模糊的信息——如《思泊藏契》中既著录有容庚、商承祚等先生的藏品，也有于先生自藏的甲骨，此前胡厚宣先生所作提要未能阐明；对拓本所录甲骨的真伪作了甄别，证明前人疑伪的《思泊》甲30（《合》63）等甲骨不伪。

二 于氏藏拓的甲骨学价值

于先生所藏甲骨拓本不乏精拓，整体质量较高，其甲骨学价值主要在于：

其一，提供了未经著录的甲骨新资料。《思泊藏契》中保存了12版未著录甲骨，包括典宾类、宾三类、历二类、黄类等类别。

其二，保存了版面更完整的甲骨拓本。甲骨旧拓的突出价值在于保存了甲骨受损前的原貌，譬如北大本《明后》下·23②，这版牛骨中间虽已断裂，但未残缺，裂隙上的"甲戌卜，尹贞：王宾（宾）大乙肜夕，亡囚（忧）"一辞仍非常完整，但在安大略本《明后》和《合集》中，该版中间已失落了一小块，"王宾"二字已残（参图3）。北大本《明后》比《合集》或安大略本《明后》更完整者，还有北大本《明后》3·21、11·14、11·15、11·16、11·34、12·18、上·7、下·16、下·35等版。此外，《思泊》乙18（《合》32698、《京》4066）、《猗文阁》41（《佚》255、《美》416）这两纸拓本相对于其他版本而言，也更加完整。

图3
《合》22721

---

① 前引《容庚北平日记》1941年1月30日记录"以明义士、马叔平所赠甲骨拓本一千二三百纸、方若《山水》轴，易得许伯彪错金字戈及邵父盘。"参《容庚北平日记》，第642页。《明后》拓本共1038纸，《凡将斋》收117版甲骨，可足"一千二三百纸"之数。

② 北大本《明后》的编号格式为"册名·页数"，"册名"参前文对《明后》体例的揭示。北大本《明后》下·23与安大略本《明后》2039、《合》22721所拓为同一版甲骨。

其三,于氏藏拓提供了更清晰、更明确的字形。如北大本《明后》11·13(安大略本《明后》2098)的上缘残字、12·17(安大略本《明后》2076)的"二"字、甲·16(《合》34434)的"酒"字,还有《猗文阁》6(《佚》315、《合》30850、《美》465)、11(《佚》302、《合》16643、《美》446)等。

此外,还有一些拓本的墨色更均匀,更具审美价值,如北大本《明后》9·3(安大略本《明后》1793)、19·37(安大略本《明后》2761)。

三 于省吾先生在甲骨拓本整理方面的贡献

如上所述,于省吾先生所藏的甲骨文拓本,为我们提供了未著录的甲骨资料、更完整的甲骨面貌和更清晰的甲骨字形。这些资料的保存,与于先生的整理工作是分不开的。于先生收藏文物,非以赏奇嗜古为目的,而是"意在鉴别真伪、从事著述"①,为研究服务。于先生在甲骨拓本的整理方面做了以下工作:

其一,将自藏甲骨拓为墨本,并分赠同好。如《思泊藏契》甲1—8版为于氏自拓,并赠商承祚先生,收入商氏《殷契佚存》"海城于氏藏"部分。

其二,搜求拓本,将所获零散甲骨拓本编纂成册。《思泊藏契》编册尤为精美,每册100页,用于先生定制稿纸为衬纸,纸背影印叔孙戈。《谢墨》亦当为于先生所编。

其三,撰写提要,记录拓本的来源和递藏信息。凡整本购入之甲骨拓本,于先生皆在书封或扉页上撰写提要,详细记录了购买时间、拓本数量和收购来源,如北大本《猗文阁》《明后》和《谢墨》。在《思泊藏契》中,于先生也对各批拓本的来源作了交代。值得注意的是,于省吾先生对甲骨的出土地也很关注,这可由他对一版历类甲骨拓本[《思泊》乙3(《合》32616)]的批注得到证明:于先生对《思泊》乙3的出土地作了记录,并指出"其例辞亦与小屯所出者不同"。同时,这可能说明于先生较早地关注到了历类卜辞的特殊性,并将这种特殊性与甲骨出土地联系在一起。

其四,对拓本所录甲骨作辨伪、校重、释文等整理工作。为方便研究,于先生对自藏拓本作了基础整理。于先生对真伪存疑的甲骨,标注"疑""疑伪",如《思泊》甲28、30、38、61、67等。对已经著录的甲骨,校对出既有著录的版号,附注于拓片之侧,如以《殷虚书契续编》《铁云藏龟》《铁云藏龟之余》等书校《凡将斋藏甲骨文字》。对一些难认的字形或行款,于先生作释文或笔记,如《思泊》甲9(<《合》14294)一页,征引商金文 (《集成》4839)、 (《集成》8159)字

---

① 于省吾《于省吾自传》,《晋阳学刊》1982年第2期。

形,可能是为考释北方名󰀀字(今释"伏"或"丸"①)提供参考。

从于省吾先生所藏甲骨拓本的来源,也可窥见于氏北平时期文化交游的冰山一角:于省吾与容庚、商承祚等学者有拓本往还,如《思泊藏契》著有商承祚所赠拓本3纸,包括一版著名的真伪存疑的尾甲;《明后》《凡将斋》及方若《山水图轴》,则是于氏以一戈、一盘与容庚交换得来。于省吾与焦振青、黄濬、周希丁等北平古董商有程度不同的交往,如《思泊藏契》中有94纸拓本为焦振青所赠,所录甲骨有21版来自通古斋。

本文考察于省吾先生所藏的甲骨拓本,考辨了四种甲骨拓本的版本与编次、甲骨的递藏与真伪,揭示了于氏藏拓的甲骨学价值,总结了于省吾先生在甲骨资料整理方面的贡献。这些探索与研究,有裨于甲骨学研究和古文字学学术史。于氏藏拓具备较高的文献学、甲骨学价值,期待北京大学图书馆能早日将这批资料整理刊布。

附录一 《思泊藏契》著录的于省吾自藏甲骨

《思泊》	《合集》	重片	重片	重片	重片	现藏地	缀合及其他
甲1	33694	佚374	双图下 34.1,34.2	国博139	续存补 5.131.1	国博	合33694+34324
甲2	10080	佚375	邺初下 35.2	尊古斋 95.1		清华	
甲3	33275	佚376	邺初下 35.3	京3891	续存补 3.237.1	清华	合33275+合补10634
甲4	34977	佚377	邺初下 35.4			清华	合34977+34757=合补10810
甲5	7350正	佚378正	邺初下 28.1(正)	历拓 3028	续存补 3.226.1(正)	清华	合7350+7313

---

① 󰀀为北方名,曹锦炎释"伏",参《释甲骨文北方名》,《中华文史论丛》,1982年第3辑;陈汉平释"丸",参《屠龙绝绪》,哈尔滨:黑龙江教育出版社,1989年,第107页。

续表

《思泊》	《合集》	重片	重片	重片	重片	现藏地	缀合及其他
甲6	<6156正臼	佚379正,臼	邺初下28.3(正)	历拓2971正,臼	续存补3.231.1(臼),231.2(正)	清华	佚379+珠707(通496,通别二7.4)
甲7	8501正	佚380正	邺初下25.1	历拓3027正	续存补3.223.1(正)	清华	合8501+合18925+英552
甲8	8501反	佚380反	邺初下25.2	历拓3027反	续存补3.224.1(反)	清华	合8501+合18925+英552
乙4	3187	续存下224	历拓1166	国博28.1	续存补3.120.1	国博	正:合3187+合补4592;反:国博28反+合14081
乙5	<26898	邺三下46.7	历拓1320	<京4265		辽大	邺三下43.6+46.7=合26898
乙6	<33241	邺三下45.7	京4378			北师大	邺三下39.5+42.8+45.7=合33241
乙7	<30112、28513	邺三下41.2	<京4534			北师大	合集28513(合集30112重片)+28632
乙8	27435	邺三下42.3	历拓6351			庆云堂	
乙9	34870	邺三下37.1	历拓6331			庆云堂	
乙10	31137	邺三下41.7	历拓6334	京4170		北师大	

续表

《思泊》	《合集》	重片	重片	重片	重片	现藏地	缀合及其他
乙 12①	22210	历拓 10665				辽大	合 22210＋22208＋20366＋乙 8724＋乙 8957
乙 13	18769	历拓 6372	北图 1875			国图	
乙 14	27914	京 4310	北图 1886			国图	
乙 15	＜22137	历拓 10664				辽大	思泊乙 15＋乙 8710＝合 22137
乙 16	21418						合 21418＋22300＝合补 6922
乙 17	未著录						
乙 18	＞32698	＜京 4066	历拓 6348			庆云堂	
乙 19	32932						
乙 20	29712	历拓 6345				庆云堂	
乙 21	27658	京 4104					合 27658＋27658
乙 22	＜32592	＜京 4025	历拓 6352 补合				
乙 23	27377	京 4115	北图 5175			国图	

① 《思泊》乙编 11 未粘贴甲骨拓片。

续表

《思泊》	《合集》	重片	重片	重片	重片	现藏地	缀合及其他
乙24	34763	续存下835	历拓6346	历拓31893	续存补3.180.2	庆云堂	
乙25	6185	南师1.63	历拓3015	外107		清华	合6185+合补2873

附录二：甲骨著录书繁简称对照表
（依简称首字音序排列）

安大略本《明后》——明义士著，许进雄编《殷虚卜辞后编》，艺文印书馆，1972年

北大本《明后》——明义士《殷虚卜辞》，北京大学图书馆藏拓本

《北图》——国家图书馆藏甲骨

《掇二》——郭若愚编集《殷契拾掇》，上海古籍出版社，2005年

《凡将斋》——马衡《凡将斋所藏甲骨文字》，北京大学图书馆藏拓本

《国博》——中国国家博物馆编《中国国家博物馆馆藏文物研究丛书·甲骨卷》，上海古籍出版社，2008年

《合》/《合集》——郭沫若主编，胡厚宣总编辑《甲骨文合集》，中华书局，1979—1982年

《合补》——彭邦炯，谢济，马季凡《甲骨文合集补编》，语文出版社，1999年

《京》——胡厚宣《战后京津新获甲骨集》，群联出版社，1954年

《历拓》——中国社会科学院历史研究所藏拓本

《美》——周鸿翔《美国所藏甲骨录》，加利福尼亚大学出版，1976年

《南师》——胡厚宣《战后南北所见甲骨录》，来熏阁，1951年

《双图》——于省吾《双剑誃古器物图录》，函雅堂影印本，1940年

《善》——刘体智善斋甲骨拓本

《思泊》——于省吾《思泊藏契》，北京大学图书馆藏拓本

《通》——郭沫若《卜辞通纂》，文求堂，1933年

《外》——董作宾《殷虚文字外编》，艺文印书馆，1956年

《谢墨》——《安阳谢午生元嘉造像室甲骨墨本》，北京大学图书馆藏拓本

《续存》——胡厚宣《甲骨续存》，群联出版社，1955年

《续存补》——胡厚宣辑，王宏、胡振宇整理《甲骨续存补编》，天津古籍出

版社,1996年

《邺初》——黄浚《邺中片羽初集》,尊古斋,1935年

《邺二》——黄浚《邺中片羽二集》,尊古斋,1937年

《邺三》——黄浚《邺中片羽三集》,尊古斋,1942年

《猗文阁》——陈淮生《猗文阁藏龟》,北京大学图书馆藏拓本

《英》——李学勤,齐文心,[美]艾兰《英国所藏甲骨集》,中华书局,1985年、1992年

《佚》——商承祚《殷契佚存》,金陵大学中国文化研究所丛刊甲种影印本,1933年

《中历》——宋镇豪,赵鹏,马季凡编著《中国社会科学院历史研究所藏甲骨集》,上海古籍出版社,2011年

《珠》——金祖同《殷契遗珠》,中国书店,1939年

《尊古斋》——黄浚《尊古斋金石集拓·尊古斋金石集》,上海古籍出版社,1990年

附记:感谢北京大学图书馆古籍部各位老师提供的帮助。感谢蒋玉斌师、王雪晴女士与本刊评审专家提出的宝贵意见。

羑里考原

周 博

【内容提要】 羑里本系地名,具体应为里名。根据早期文献知,文王是被囚禁于羑里之库,"库"才是囚禁之所。由于大多数文献的省略,加之文王形象的影响,羑里的词义可能发生演变,遂有了监狱之义。关于羑里的得名之由,有可能因羑水而得名,不过从出土文献来看,也存在另一种可能性,即羑里本或作"条里"、"柚里",殆因种植(或盛产)柚子抑或山楸而得名,与先秦时期的林狐里、桃林之塞、枸里、槐里等地名相仿。

【关键词】 商代 羑里 库 条里

"羑里"乃是商王纣囚禁西伯昌(即周文王)之处,习见于典籍,为学界所熟悉①。如《史记·殷本纪》载:"崇侯虎知之,以告纣,纣囚西伯羑里。"②关于羑里的本义及其得名之由,聚讼纷纭,莫衷一是。今笔者试图结合出土文献对之予以梳理与辨析,不当之处,敬请各方家指正。

一 羑里之本义

关于羑里之名,其本义存在不同说法:

一说为地名。如《汉书·地理志》荡阴县下云:"荡水东至内黄泽。西山,羑水所出,亦至内黄入荡。有羑里城,西伯所拘也。"③《续汉书·郡国志》:"荡阴有羑里城。"④《水经·荡水注》载:"羑水出荡阴西北韩大牛泉。《地理志》曰:县之西山,羑水所出也。羑水又东径韩附壁北,又东流径羑城北,故羑里也。《史

【作者简介】周博,南昌大学国学研究院副教授。
【基金项目】国家社会科学基金青年项目"金文所见西周军事防御体系研究"(21CZS007)阶段性成果。
① 按:上博楚简《容成氏》载:"受(纣)闻之,乃出文王于夏台之下而问焉。"李零先生认为:"《史记》说桀囚汤于夏台(《夏本纪》),纣囚文王于羑里(《周本纪》),其他古书同。简文说纣囚文王于夏台,恐误。"参见马承源主编《上海博物馆藏战国楚竹书》(二),上海:上海古籍出版社,2002年,第286—288页。
② 〔汉〕司马迁《史记》卷三,北京:中华书局,1982年,第106页。
③ 〔汉〕班固《汉书》卷二十八上,北京:中华书局,1962年,第1554页。
④ 〔晋〕司马彪《续汉书志》卷第十九,《后汉书》,北京:中华书局,1965年,第3395页。

记音义》曰:牖里在荡阴县。"熊会贞按:"牖、羑古通用。"①唐张守节《史记正义》云:"牖,一作'羑',音酉。羑城在相州汤阴县北九里,纣囚西伯城也。"②

一说为监狱名。如《风俗通义》载:"《周礼》:'三王始作狱。'夏曰夏台,言不害人,若游观之台,桀拘汤是也。殷曰羑里,言不害人,若于闾里,纣拘文王是也。周曰囹圄,囹、令,圄、举也,言令人幽闭思愆,改恶为善,因原之也。"③《广雅·释宫》曰:"狱,犴也。夏曰夏台,殷曰羑里,周曰囹圄。"王念孙疏证引蔡邕《独断》云:"夏曰均台,殷曰牖里,周曰囹圄,汉曰狱。"④《庄子·杂篇·盗跖》:"武王伐纣,文王拘羑里。"唐成玄英疏:"羑里,殷狱名。文王遭纣之难,厄于囹圄,凡经七年,方得免脱。"⑤

近代以来,监狱说似成为主流看法,主张"羑里"本应作"牖里"。如闻一多先生认为:"古狱凿地为窖,故牖在室上,如今之天窗然。以地窖为狱,则狱全不可见,惟见其牖,《书传》称殷狱曰牖里,或以此欤?"⑥闻氏之解释影响颇大,如蒲坚先生主编的《中国法制通史》(夏商周卷)承续其说,是云:"商朝的监狱有羑里,因为有些土牢是在地下挖窖穴,上面盖上棚,并开有牖,类似今天的天窗,因此叫'牖里'或'羑里'。"⑦臧守虎先生亦认为:"'羑里'即'牖里'也即指'土牢之内'。至于以'羑里'为地名、城名是后来的事,盖由名人名事之效应而起。"⑧宋镇豪先生也提出羑里"应是商末囚禁罪人的监狱"⑨。不过,有的学者则认为羑里应是地名⑩。

面对上述歧说,我们如何取舍呢?从古音来看,羑为余母之部字,牖为余母幽部字,声纽系双声,韵部可以旁转。二字在文献中亦有通用之例,上引张守节《史记正义》已指出,另如《说文》段玉裁注云:"文王拘羑里,《尚书大传》、《史记》作牖里。"⑪亦可为证⑫。因此,如熊会贞先生所言,羑、牖古确可通。那

---

① 〔北魏〕郦道元注,杨守敬、熊会贞疏,段熙仲点校,陈桥驿复校《水经注疏》卷九,南京:江苏古籍出版社,1989年,第890页。
② 〔汉〕司马迁《史记》卷三,第107页。
③ 〔汉〕应劭撰,王利器校注《风俗通义校注》,北京:中华书局,1981年,第585页。
④ 〔清〕王念孙著,张其昀点校《广雅疏证》卷第七上,北京:中华书局,2019年,第518—519页。
⑤ 〔晋〕郭象注,〔唐〕成玄英疏,曹础基、黄兰发点校《庄子注疏》,北京:中华书局,2011年,第519页。
⑥ 闻一多《周易义证类纂》,《古典新义》,北京:商务印书馆,2011年,第30—31页。
⑦ 蒲坚主编《中国法制通史》第一卷(夏商周),北京:法律出版社,1999年,第172页。
⑧ 臧守虎《"羑里"正诂》,《文献》1999年第4期,第244—246页。
⑨ 宋镇豪《夏商法律制度研究》,中国先秦史学会、洛阳市第二文物工作队编《夏文化研究论集》,北京:中华书局,1996年,第157页。
⑩ 澹台晓雨《狱名发微》,《北京政法学院学报》1981年第2期,第56—61页。
⑪ 〔清〕段玉裁《说文解字注》,上海:上海古籍出版社,1988年,第147页。
⑫ 更多通用之例,可以参见高亨纂著,董治安整理《古字通假会典》,济南:齐鲁书社,1989年,第387页。

么,羑里原来到底指什么呢？通过梳理传世、出土文献材料,笔者认为地名说较为可信,理由如下：

第一,关于商纣囚文王,先秦典籍并不乏见。除了上引《庄子》外,《韩非子·难二》云:"纣以其(笔者按:指文王)大得人心而恶之,已又轻地以收人心,是重见疑也,固其所以桎梏囚于羑里也。"①值得注意的是,《战国策·赵策三·秦围赵之邯郸》载：

> 鲁仲连曰:"固也,待吾言之。昔者,鬼侯、(之)鄂侯、文王,纣之三公也。鬼侯有子而好,故入之于纣,纣以为恶,醢鬼侯。鄂侯争之急,辨之疾,故脯鄂侯。文王闻之,喟然而叹,故拘之于牖里之车(鲍本:"车"作"库")百日,而欲舍之死。……"②

《史记·鲁仲连邹阳列传》引作:"故拘之牖里之库百日,欲令之死。"③"牖里"即羑里。"库"从"车"声,此处当作"库",诸家无异议。从文王被囚于羑里之库的记载来看,"库"才是具体的囚禁之所。库作此用途,尚有其他例证,如《韩诗外传》卷三第二十四章云:"夫奚不若子产之治郑？一年而负罚之过省,二年而刑杀之罪亡,三年而库无拘人。"④庾信《周上柱国齐王宪神道碑》:"囚箕子于塞库。"⑤虞世南《北堂书钞·殷忧八》:"执王季于塞库。"⑥

裘锡圭先生业已指出:"库的主要任务是管理车和兵甲等作战物资","从出土的兵器和其他器物的铭文看,战国秦汉时代的库都是从事生产的。并且除了制造兵器、车器以外,也制造鼎、锺等其他器物"⑦。据此推想商周的情形可能亦如此。与"库"性质相近的尚有"军府",如《左传》成公七年:"郑共仲、侯羽军楚师,囚郧公钟仪,献诸晋。……晋人以钟仪归,囚诸军府。"⑧郧公钟仪乃楚国大夫,在与郑人的战事中被俘,献给了晋国,晋人将之囚禁于军府。杨伯峻先生指出:"军府,据杜注,即军用储藏库,亦用以囚禁战俘。"⑨

裘先生认为,"库既然从事生产,就要控制劳动力",结合上述文献来看,"把俘虏罪犯等人拘囚在库里,大概主要是为了役使他们。这跟司空、左右校、

---

① 〔清〕王先慎撰,钟哲点校《韩非子集解》卷十五,北京:中华书局,1998年,第361—362页。
② 〔汉〕刘向集录《战国策》卷二十,上海:上海古籍出版社,1985年,第707—708页。
③ 〔汉〕司马迁《史记》卷八十三,第2463页。
④ 〔汉〕韩婴撰,许维遹校释《韩诗外传集释》卷三,北京:中华书局,1980年,第109页。
⑤ 〔北周〕庾信撰,〔清〕倪璠注,许逸民校点《庾子山集注》卷十三,北京:中华书局,1980年,第742页。
⑥ 〔隋〕虞世南《北堂书钞》卷三,天津:天津古籍出版社,1988年,第35页。
⑦ 裘锡圭《啬夫初探》,《裘锡圭学术文集》(古代历史、思想、民俗卷),上海:复旦大学出版社,2012年,第70页。
⑧ 〔清〕阮元校刻《春秋左传正义》卷二十六,《十三经注疏》,北京:中华书局,1980年,第1903页。
⑨ 杨伯峻《春秋左传注》(修订本),北京:中华书局,1990年,第833页。

织室、暴室等机构拘系罪犯刑徒,役使他们劳动,是同类的现象"①。其说颇为可信。也就是说,库主要是器物的生产、管理部门,但兼具囚禁功能或者监狱性质。

另外,与《战国策·秦围赵之邯郸》《史记·鲁仲连邹阳列传》对比可知,《史记·殷本纪》"纣囚西伯羑里",《庄子·杂篇·盗跖》"文王拘羑里",《韩非子·难二》"固其所以桎梏囚于羑里也"等记载,皆是将具体的囚禁场所"库"省略了。这种"囚于/诸某某"的语法结构颇为常见,"某某"不乏指地名,以《左传》为例,如《左传》桓公十三年"群帅囚于冶父以听刑",《左传》宣公四年"圉(杜注:圉,囚也)伯嬴于轑阳而杀之",《左传》昭公二十五年"请囚于费",《左传》定公十三年"囚诸晋阳",《左传》哀公六年"囚王豹于句窦之丘"等②。据此来看,结合上文对"库"的分析,"牖里之库"的"牖(羑)里"很可能为地名。

第二,殷商西周时期的"里"一般认为是基层社会组织,其长官或首领称作"里君""里人"等③,如《尚书·酒诰》记载了商代的内外服制,是云:

> 越在外服,侯、甸、男、卫、邦伯;越在内服,百僚、庶尹、惟亚、惟服、宗工,越百姓、里居〈君〉,罔敢湎于酒。④

"里居"为"里君"之误⑤,此乃学界共识。据《酒诰》所载,商代的里君属于内服职官。西周金文中亦有"里君""里人",如:

> 1. 唯十月月吉癸未,明公朝至于成周,诞命舍三事令:眔卿事(士)寮、眔诸尹、眔里君、眔百工;眔诸侯:侯、田(甸)、男,舍四方令。(令方彝,《集成》9901⑥,西周早期)

> 2. 唯三年五月丁巳,王在宗周,命史颂省苏𤔲友、里君、百生,帅偶盩于成周,休有成事。(史颂簋,《集成》4229—4236,西周晚期)

> 3. 唯王正月,辰在甲午,王曰:"𧽤,命汝司成周里人眔诸侯大亚,讯讼罚,取𨭧五锊,锡汝夷臣十家,用事。"𧽤拜稽首,对扬王休命,用作宝簋,其子子孙孙宝用。(𧽤簋,《集成》4215,西周晚期)

𧽤簋铭文的"成周里人"意即成周地区的里君。具体的里名,亦见于两周金

---

① 裘锡圭《啬夫初探》,《裘锡圭学术文集》(古代历史、思想、民俗卷),第71—72页。
② 〔清〕阮元校刻《春秋左传正义》卷七、二十一、五十一、五十六、五十八,《十三经注疏》,第1757、1869、2109、2150、2162页。
③ 参见陈絜、田秋棉《商周宗亲组织的结构与形态》,《中国社会科学》2022年第4期,第184页。
④ 〔清〕阮元校刻《尚书正义》卷十四,《十三经注疏》,北京:中华书局,1980年,第206—207页。
⑤ 参见顾颉刚、刘起釪《尚书校释译论》,北京:中华书局,2005年,第1407页。
⑥ 中国社会科学院考古研究所编《殷周金文集成》,北京:中华书局,1984—1994年。本文简称《集成》。

文,如:

1. 舍矩姜帛三两,乃舍裘卫林䤴(狐)里,叔厥唯颜林……付裘卫林䤴(狐)里,则乃成封四封。(九年卫鼎,《集成》2831,西周中期)
2. 唯十又二年三月既生霸丁亥,王在鹽侲宫。王呼吴师召大,锡趣巽里。(大簋盖,《集成》4298—4299,西周晚期)
3. 成阳辛城里鈛(戈)。(戈,《集成》11154—11155,春秋晚期)
4. 平阳高马里鈛(戈)。(戈,《集成》11156,春秋晚期)

林狐里、趣巽里、辛城里、高马里皆为里名,其中辛城里、高马里分属成阳、平阳地区。据此,羑里亦当为里名,从地望来看,一般认为在今河南汤阴县北、安阳之南,在晚商时期可能属于商王朝都城的南鄙之地。汉代隶属荡阴县,而汉简中亦记载有该地区的不少里名,如轩里、焦里、阳里等①,可以佐证我们的判断。

第三,《水经·荡水注》云:"《广雅》称:'狱,犴也。夏曰夏台,殷曰羑里,周曰囹圄。'皆圜土。"杨守敬疏:"全氏(笔者按:即全祖望)校改'称'作'牗',赵(笔者按:即赵一清)、戴(笔者按:即戴震)从之。守敬按:《广雅》'狱,犴也',是以犴释狱,非有牗字而以狱犴释之也,臆改,谬甚。"②故可知,"牗"并无监狱之义。

综上分析,笔者认为羑里本来应指地名,准确来说乃是里名,大致处于商王朝都城之南鄙。根据早期文献,文王是被囚禁于羑里之库,"库"才是具体的囚禁之所。羑里之所以被认为是监狱名,其原因可能有二:第一,传世文献关于文王被囚的记载,几乎都省略了"库",仅有"羑里",如《史记·殷本纪》作"纣囚西伯羑里",由此造成了后世诸家的误解。第二,羑里作为地名,本身默默无闻,因文王被囚于此而名声大噪,渐渐可能演变成了监狱的代名词。总之,羑里的本义当为地名,后来有了监狱之义,实际上是发生了词义的演变或扩大。

二 羑里之得名

下面,我们对羑里的得名之由作一探讨。根据前引《汉书·地理志》与《水经·荡水注》来看,羑里可能因羑水而得名,水出荡阴县西,东流过羑里之北,至内黄县入荡水。这种因水得名的例子较多,为学界所习知。如西周晚期敔簋铭文(《集成》4323)载"王命敔追袭于上洛","上洛"一地亦见于古本《竹书纪年》,是云:"晋烈公三年,楚人伐我南鄙,至于上洛。"③上洛殆因处于洛水上游

---

① 参见周振鹤、张莉《汉书地理志汇释》(增订本),南京:凤凰出版社,2021年,第203页。
② 〔北魏〕郦道元注,杨守敬、熊会贞疏,段熙仲点校,陈桥驿复校《水经注疏》卷九,第890页。
③ 方诗铭、王修龄《古本竹书纪年辑证》(修订本),上海:上海古籍出版社,2005年,第96—97页。

而得名。《诗经·小雅·六月》:"狎狁匪茹,整居焦获。侵镐及方,至于泾阳。"①"泾阳"因处泾河北岸而得名。春秋时代的地名中多见"某汭",比如"汉汭"(《左传》庄公四年)、"渭汭"(《左传》闵公二年)、"夏汭"(《左传》昭公四年)、"沙汭"(《左传》昭公二十七年)、"淮汭"(《左传》定公四年)、"桐汭"(《左传》哀公十五年)等,皆因水而得名。后世的河内、河东、洛阳等亦是如此,不烦赘举。

不过,羑水也有可能因羑里而得名。陈絜先生分析了殷墟卜辞中常见的滴水与商(鄣)地的关系,指出:"'滴'殆即汶水流经商(鄣)邑段的古称,即如春秋时期济水流经鲁境那一段称'鲁济'一般。"②也就是说,滴水因商(鄣)邑而得名,鲁济因鲁国而得名。那么,羑里又因何而得名呢?

魏宜辉先生曾指出:"在已出土的先秦两汉文献中尚未见到'羑'字。马王堆帛书《缪和》篇中,'羑里'之'羑'是用'条'字来表示的。"③马王堆帛书《缪和》云:"文王拘于条里。""条里"之"条"通"羑、牖",整理者陈剑先生已在释文中予以括注④。条古音为定母幽部字,与羑、牖读音相近,故可通。另外,殷墟甲骨文中有"柚"字,其原始字形作"![]"(《合集》8066⑤)、"![]"(《合集》10912),亦简省作"![]"(《合集》6477 正),王子杨先生认为乃是柚树之"柚"的表意初文,其上部正像柚子果实⑥,其说可信。王先生亦指出,柚与条古音相近,分析如下:

> 柚,《说文》:"条也。似橙而酢。从木,由声。《夏书》曰:'厥包橘柚。'"《玉篇·木部》:"柚,似橘而大。"柚又作"櫾",见《尔雅·释木》陆德明释文、郝懿行义疏、王念孙疏证等。柚,喻母幽部;条,定母幽部。喻母、定母关系密切,"由"属"喻母",而以"由"的"胄"、"宙"等在定母。"条"属于定母,而所谐之"攸"在喻母,皆其证。可见,《说文》、《尔雅》以"条"训"柚"乃声训。⑦

综合上述出土文献情况,考虑到用字的早晚关系,"羑里"或本作"条里""柚里"。在先秦秦汉时期,取当地物产以之作为地名的情况颇为常见。《左传》襄公十年孔疏引《尚书大传》云:"汤伐桀之后,大旱七年,史卜曰:'当以人为祷。'汤乃翦发断爪,自以为牲,而祷于桑林之社,而雨大至,方数千里。"⑧桑林一地

---

① 〔清〕阮元校刻《毛诗正义》卷十之二,《十三经注疏》,北京:中华书局,1980年,第424页。
② 陈絜《卜辞滴水与晚商东土地理》,《中国史研究》2017年第4期,第36页。
③ 魏宜辉《"羑"字来源补说》,原载《中国文字》2019年冬季号(总第2期),收入《文字文献探论》,上海:中西书局,2024年,第47页。
④ 裘锡圭主编《长沙马王堆汉墓简帛集成》(叁),北京:中华书局,2014年,第123页。
⑤ 郭沫若主编、胡厚宣总编辑《甲骨文合集》,北京:中华书局,1978—1983年。本文简称《合集》。
⑥ 王子杨《甲骨文字形类组差异现象研究》,上海:中西书局,2013年,第302—304页。
⑦ 王子杨《甲骨文字形类组差异现象研究》,第302页。
⑧ 〔清〕阮元校刻《春秋左传正义》卷三十一,《十三经注疏》,第1947页。

可能因成片桑树林而得名。山西翼城县大河口墓地 M2002 出土有西周中期早段的格仲鼎(1件)、格仲簋(2件),铭文相同,是云:"唯正月甲午,戎捷于丧(桑)原。"①"桑原"之得名当与"桑林"同,相似地名见于春秋时代的尚有"桑田"(《左传》僖公二年)、"桑隧"(《左传》成公六年)、"桑山"(《左传》昭公十六年)等。

西周中期的九年卫鼎铭文载:"舍矩姜帛三两,乃舍裘卫林䚄(狐)里,叙厥唯颜林。""䚄"读为"狐",从李学勤先生之说②。"厥唯颜林"即"厥林唯颜",意为林狐里的树林或林木归颜氏所有③。铭文大意为:裘卫给予矩姜(即矩伯夫人)三两帛,矩伯乃将林狐里赠予裘卫,而林狐里的树林或林木属于颜氏所有。据此推知,里名中的"林"可能即指树林、林木,而"狐"殆为狐狸,皆系本地物产。

除了上述诸例外,春秋地名有"桃丘"(《春秋经》桓公十年)、"桃林之塞"(《左传》文公十三年)、"蒲隧"(《左传》昭公十六年)。战国时期楚地有"坪(平)易(阳)之枸里"(《包山楚简》97)④,秦地有"槐里"(《古陶文汇编》5.332)⑤,北大秦简《道里书》载江陵附近有"橘津",辛德勇先生指出:"固应与江陵盛产橘子有关,即司马迁所说'江陵千树橘'是也。"⑥而汉简中的地名又有"竹里""蒲里""桃里"⑦等,皆可为证。据此来看,"条里"或"柚里"可能也类似。"柚里"顾名思义,殆以种植柚树或盛产柚子而得名。柚树属于亚热带果树,于今北方地区并不适宜种植,但商代属于气候上的温暖期,邹逸麟先生曾指出:

> 近数十年来,在河南安阳殷墟出土大量动物遗骸,其中有如今生活在亚热带地区的獐、竹鼠,生活在热带的大型动物犀牛、亚洲象,以及仅生活在东南亚低地森林的圣水牛。甲骨文中还记载猎获 100 头以上的动物中就有兕(即犀牛),此外,还有狩猎大象的记载。以上说明,夏商时期黄河流域的气候较今温暖,当时的亚热带北界约在今河南北部的安阳一带。⑧

---

① 山西省考古研究所、临汾市文物局、翼城县文物旅游局联合考古队等《山西翼城大河口西周墓地 2002 号墓发掘》,《考古学报》2018 年第 2 期,第 227—235 页。

② 参见李学勤《试论董家村青铜器群》,原载《文物》1976 年第 6 期,收入《新出青铜器研究》(增订版),北京:人民美术出版社,2016 年,第 87 页。

③ 参见马承源主编《商周青铜器铭文选》(三),北京:文物出版社,1988 年,第 138 页。

④ 湖北省荆沙铁路考古队《包山楚简》,北京:文物出版社,1991 年,第 23 页、图版 42;陈伟《包山楚简初探》,武汉:武汉大学出版社,1996 年,第 77—78 页。

⑤ 高明《古陶文汇编》,北京:中华书局,1990 年,图版第 486 页;吴良宝《战国文字资料中的"同地异名"与"同名异地"现象考察》,《出土文献史地论集》,上海:中西书局,2020 年,第 197 页。

⑥ 辛德勇《北京大学藏秦水路里程简册初步研究》,《出土文献》(第 4 辑),上海:中西书局,2013 年,第 199—200、208 页。

⑦ 参见何双全《〈汉简·乡里志〉及其研究》,甘肃省文物考古研究所编《秦汉简牍论文集》,兰州:甘肃人民出版社,1989 年,第 162、164、166 页。

⑧ 邹逸麟《中国历史地理概述(第 3 版)》,上海:上海教育出版社,2013 年,第 13 页。

据此来看,商代中原地区种植柚树是有可能的。战国以降,气候转寒,柚树种植南移。如《吕氏春秋·孝行览·本味篇》:"江浦之橘,云梦之柚。"高诱注:"云梦,楚泽,出柚。"①

与"柚里"类似,"条里"之"条"可能亦为木名,存在不同说法:

一说指柚,如《说文》:"柚,条也。"②《尔雅·释木》:"柚,条。"郭璞注:"似橙实酢,生江南。"③邵晋涵《正义》:"柚一名条。《禹贡》'扬州'云:'厥包橘柚。'《玉篇》云'柚似橘而大',是也。"④那么,"条里"意即"柚里"。

一说指山櫄,或作山榎,即山楸。《诗经·秦风·终南》云:"终南何有?有条有梅。"毛传:"条,槄。"《释文》:"槄,吐刀反,山榎也。"⑤《尔雅·释木》:"槄,山榎。"郭璞注:"今之山楸。"邢昺引陆机《疏》云:"槄,今山楸也,亦如下田楸耳。皮叶白,色亦白。材理好,宜为车板。能湿,又可为棺木。"⑥先秦时期北方地区种植山櫄并不乏见,如《左传》襄公四年:"季孙为己树六檟于蒲圃东门之外。"⑦山櫄用途较广,可以制作棺材与颂琴。如《左传》襄公二年:"夏,齐姜薨。初,穆姜使择美櫄,以自为榇与颂琴,季文子取以葬。"杜预注:"榇,棺也。"⑧

三 小结

综上分析,本文认为"羑里"本系地名,准确来说当为里名,大致位于商王朝都城的南鄙地区。通过文献梳理可知,商纣王囚禁文王于羑里之库,"库"才是具体的囚禁之所。库主营器物生产与管理,但兼具囚禁功能或者监狱性质,为的是役使苦力。由于传世文献记载文王被囚时多省略了"库",加上文王自身形象的加持,羑里的词义也随之发生演变或扩大,逐渐有了监狱之义。

关于羑里的得名之由,存在两种可能:一种可能是因羑水而得名,见于《汉书·地理志》《水经·荡水注》等;一种可能是羑里本作"条里"或"柚里",殆因种植(或盛产)柚子或者山楸而得名,与先秦时期的林狐里、桃林之塞、枸里、槐里等地名相仿。

---

① 〔战国〕吕不韦著,陈奇猷校释《吕氏春秋新校释》卷十四,上海:上海古籍出版社,2002年,第746、770页。
② 〔汉〕许慎《说文解字》第六上,北京:中华书局,1963年,第114页。
③ 〔清〕阮元校刻《尔雅注疏》卷九,《十三经注疏》,北京:中华书局,1980年,第2636页。
④ 〔清〕邵晋涵撰,李嘉翼、祝鸿杰点校《尔雅正义》卷十五,北京:中华书局,2017年,第818页。
⑤ 〔清〕阮元校刻《毛诗正义》卷六之四,《十三经注疏》,第372页。
⑥ 〔清〕阮元校刻《尔雅注疏》卷九,《十三经注疏》,第2636页。
⑦ 〔清〕阮元校刻《春秋左传正义》卷二十九,《十三经注疏》,第1932页。
⑧ 同上书,第1929页。

宋本《玉篇》引《诗》考论

黄冬萍

【内容提要】 宋本《玉篇》由梁顾野王编、唐孙强增字减注、宋陈彭年刊定,文本层次复杂。该书引《诗》共267条,与今本《毛诗》文本有异,涉及诗派复杂。宋本《玉篇》删改了原本《玉篇》引《诗》经注标识,致使引文无法辨识《毛诗》《韩诗》,引文前后训释的性质不易辨别,影响后人利用宋本《玉篇》辑佚的准确性和科学性。宋本《玉篇》引《诗》条目中"今作某"等内容或为原本《玉篇》本有,或为编者所加,或有删改不当之处,与今本《毛诗》用字有同有异,揭示了引文与今本《毛诗》的差异。对比敦煌写卷、《经典释文》等所载异文,可知宋本《玉篇》引《诗》与今本《毛诗》不一致者或为《毛诗》异文,或暗引《韩诗》,或承《说文》引《诗》用字。宋本《玉篇》引《诗》体例的改变削弱了其为《诗经》提供早期文本的价值,辑佚和校勘时当尽量避免利用宋本《玉篇》引文。

【关键词】 宋本《玉篇》 《毛诗》 引文 派别

梁顾野王所撰《玉篇》是我国现存第一部楷书字典。是书由吴郡顾野王奉太子萧纲之命总会群经,于梁大同九年(543)撰成。成书之初,太子萧纲即命萧恺删改,其后唐代孙强增字减注,宋陈彭年又在孙强本的基础上删定成"宋本《玉篇》"。从顾野王到孙强,再到陈彭年,今见宋本《玉篇》(元以后习称"大广益会玉篇")文本层次复杂。原本《玉篇》考察六经,其书证部分对《诗》的引用颇为丰富;彼时《韩诗》未亡,引《诗》兼采毛、韩,遂成为宋以来辑佚三家《诗》的重要材料。原本《玉篇》亡佚已久,至清光绪年间黎庶昌、杨守敬出使日本才发现《玉篇》残卷。原本《玉篇》尚未传回国内之前,清人辑佚所用为具有多重文本层次的宋本《玉篇》流传的版本。[①] 宋本《玉篇》引文性质复杂,用以校勘、辑

【作者简介】黄冬萍,北京大学中文系中国古典文献学专业博士生。
① 米臻提到,王先谦辑佚三家《诗》时使用了原本《玉篇》,但仍混淆了两种《玉篇》,以至辑佚失误。参米臻《〈原本玉篇〉与〈大广益会玉篇〉引〈诗〉体例考——兼论王先谦三家〈诗〉辑佚之失》,《临沂大学学报》2023年第3期,第71、73页。

佚时容易出错。如陈乔枞、王先谦以宋本《玉篇》"衍"引"《诗》曰:'嘉宾式宴以衎'""作"宴"为《韩诗》,但《文选·吴都赋》李善注即云"《毛诗》曰……又曰:嘉宾式宴以衎",可见作"宴"未必是《韩诗》。又如,宋本《玉篇》"趣"字引"《诗》曰:'来朝趣马。'言早且疾也",今本《毛诗》作"来朝走马"①,陈乔枞以"来朝趣马"为《玉篇》引《韩诗》;马瑞辰以为《毛诗》古文;《说文》训"趣"为"疾",此文或又与《说文》有关,总之未必是《韩诗》②。宋本《玉篇》有"《诗》曰"标识的引文究竟是《韩诗》《毛诗》,抑或《齐诗》《鲁诗》,引文体例如何,皆未知。

目前,学界对原本《玉篇》引《诗》已有专门研究③;对宋本《玉篇》的研究则侧重从文字、音韵的角度探讨宋本《玉篇》性质、删改,以及孙强本、原本《玉篇》、《篆隶万象名义》等之间的关系,间或涉及引《诗》部分④。宋本《玉篇》文本层次复杂,引《诗》内容无法作为一手材料使用。将宋本《玉篇》与原本《玉篇》以及相关材料对比,辨别其引《诗》性质和来源,可对其成书过程中的删改有更具体的认识,且有助于更好地利用宋本《玉篇》的引文。

本文参照原本《玉篇》引《诗》内容,探讨宋本《玉篇》引《诗》与今本《毛诗》的差异,从体例的改变和异体字两方面分析差异成因。其次分析宋本《玉篇》体例改变带来的问题。最后穷尽性搜集宋本《玉篇》引《诗》条目,将引《诗》部分逐一与敦煌本《毛诗》写卷、宋巾箱本《毛诗诂训传》、宋十行本《附释音毛诗

---

① 本文所用《毛诗》经注文本底本为国家图书馆藏宋巾箱本《毛诗诂训传》(北京:国家图书馆出版社,2017 年),简称"今本《毛诗》""今本《毛传》""今本《郑笺》",若无异文,不再出注。同时参考日本足利学校所藏南宋中后期建阳书商刘叔刚坊刻《附释音毛诗注疏》(东京:汲古书院,昭和四十九年〈1974〉,简称"宋十行本"),以及敦煌写卷,有异文时标出。《经典释文》则采用上海古籍出版社 1984 年据北京图书馆藏宋刻本影印本,为免繁琐,后不再出注。
② 〔清〕陈寿祺撰,陈乔枞述《三家诗遗说考》,《续修四库全书》第 76 册影印《左海续集》本,上海:上海古籍出版社,2002 年,第 671 页;〔清〕马瑞辰撰,陈金生点校《毛诗传笺通释》,北京:中华书局,1989年,第 815 页。
③ 陈锦春考察了原本《玉篇》引《诗》部分,认为引《诗》内容可据以考证汉至唐前的《诗经》著述体制,作为较早引用《诗经》的文本,具有重要的校勘价值,也可为考察清代辑佚三家诗的方法提出新的思考,陈氏也指出原本《玉篇》所引《诗》之经、传笺文字与今本《毛诗》的差异及原因。李林芳认为原本《玉篇》所引《毛诗》既有某本《毛诗》文本用字,又有《说文》引《诗》用字,还有改易后的词之本字、字之正体。参陈锦春、盖翠杰《原本〈玉篇〉引〈诗〉考论》,《图书馆杂志》2014 年第 3 期;李林芳《原本〈玉篇〉残卷征引〈毛诗〉用字的复杂性——兼及小学文献的引书问题》,《文史》2023 年第 2 辑。
④ 如朱会会对比了《篆隶万象名义》和《玉篇》残卷的训释差异并分析原因;李超对比了《说文》和宋本《玉篇》,探讨了《玉篇》新增字的内容;赵青考察原本《玉篇》和宋本《玉篇》均收字对应义训之差异,重修《玉篇》时对义项的删改;杨素姿对比了宋本《玉篇》音切和《切韵》,认为宋本《玉篇》注音可以反映唐代语音面貌;何瑞论述了宋本《玉篇》与上元本《玉篇》的关系,等等。参朱会会《〈篆隶万象名义〉与〈玉篇〉残卷释义对比研究》,河北大学硕士学位论文,2016 年;赵青《〈玉篇〉义训删改情况考察》,《常州工学院学报》2009 年第 2 期;李超《宋本〈玉篇〉与〈说文解字〉的比较研究》,山西师范大学硕士学位论文,2012 年;杨素姿《泽存堂本〈大广益会玉篇〉与孙强本〈玉篇〉之关系考辨》,《声韵论丛》第十二辑,台北:台湾学生书局,2002 年;何瑞《宋本〈玉篇〉研究》,北京:中国社会科学出版社,2016 年。

注疏》对比,并参考《经典释文》《文选》李善注等所载《毛诗》《韩诗》异文,探讨宋本《玉篇》引《诗》派别①。

一 宋本《玉篇》引《诗》体例的改变

宋本《玉篇》引《诗》共267条,引文与今本《毛诗》相异者不少。从引文构成来看,可分为三类。第一,仅引《诗》经文,如竹部:"籦,他的切。《诗》云:'籦籦竹竿。'"引文前后或有其他训释,如口部:"嚏,丁计切。喷鼻也。《诗》曰:'愿言则嚏。'"第二,同时引《毛诗》和《毛传》/郑《笺》。如玉部"珈,古遐切。《诗》云:'副笄六珈。'《传》曰'珈,笄饰之最盛者,所以别尊卑'";示部"祜,胡古切。《诗》云:'受天之祜。'笺云'祜,福也'"。第三,仅引《毛传》。如木部"樕,桑屋切。《诗传》云:'朴樕,小木也'"。将此267条内容与国家图书馆藏宋巾箱本《毛诗故训传》(以下简称"今本《毛诗》""今本《毛传》""今本郑《笺》")对比,其中有253例引文皆有《毛诗》经文,84例引文与今本《毛诗》经文相异;引《毛传》共115例,39例与今本《毛传》相异;引郑《笺》共12例,4例与今本郑《笺》相异。可见,无论是《毛诗》经文还是《毛传》、郑《笺》,宋本《玉篇》引文皆有与今本相异之处,相异之处占比不小。

考察宋本《玉篇》引《诗》与今本《毛诗》的差异,需要参照原本《玉篇》引《诗》的体例。原本《玉篇》引《诗》主要为《毛诗》《韩诗》,未有及于齐、鲁二家《诗》者,与《隋书·经籍志》《经典释文序录》所述相合②。因此,原本《玉篇》引《诗》区分《毛诗》《韩诗》,引《毛诗》云"《毛诗》……",引《韩诗》云"《韩诗》……",引《毛传》、郑《笺》亦多有标识。如言部"设"字:"《毛诗》:'肆筵设席。'《传》曰:'设席,重席也。'《韩诗》:'钟鼓既设。'设,陈也。"

相较于原本《玉篇》,宋本《玉篇》引《诗》经文、《毛传》、郑《笺》时,引文标识词、引文位置皆有改动。第一,宋本《玉篇》引《诗》经文时,引文标识词从区分

---

① 本文所谓"原本《玉篇》",即19世纪末20世纪初黎庶昌等人在日本发现的一系列《玉篇》写本残卷,苏芃认为残卷"释义完备,引证丰富,且保留了大量顾野王的案语,其底本应当是孙强增订删注前的《玉篇》原本"。郑妞则认为《慧琳音义》所引《玉篇》也是一种详本《玉篇》,但与《玉篇》残卷存在一定差异,故而推断《玉篇》残卷也并非顾氏原本。虽然《慧琳音义》所引《玉篇》与《玉篇》残卷的差异表明顾野王《玉篇》在撰定后至唐代有删改,但删改程度并非如孙强本《玉篇》大刀阔斧。《玉篇》残卷具有系统性,且是目前能见到的与顾野王时代最接近的《玉篇》文本,能代表顾野王《玉篇》的基本原貌。故本文用"原本《玉篇》"指称《续修四库全书》第228册影印中国科学院图书馆藏日本昭和八年京都东方文化学院印《东方文化丛书》本(上海:上海古籍出版社,2002年)。宋本《玉篇》则采用日本宫内厅书陵部藏宋版《大广益会玉篇》。二者版本情况可参:苏芃《原本〈玉篇〉残卷国内影印本述评》,《中国典籍与文化》2008年第4期;吕浩《〈玉篇〉版本源流考》,《经学文献研究集刊》第二十三辑,上海:上海书店出版社,2020年。

② 陈锦春、盖翠杰《原本〈玉篇〉引〈诗〉考论》,第98页。

毛、韩派别变为不分派别的"《诗》云"的条目占所引经文条目的98.4%。宋本《玉篇》引《诗》经文251条。标识词为"《诗》云"者139条,如扩部"瘽,胡罪切。病也。《诗》云:'譬彼瘽木'";"《诗》曰"104条,如见部"觏,公候切。《诗》曰:'我觏之子。'觏,见也";《诗序》1条①;"《诗》"2条;"《诗》所谓"1条。仅有4条(杕、茢、醶、元)明标"《韩诗》"。宋本《玉篇》多作"《诗》云/曰",或是受《说文》引《诗》影响所致②。第二,宋本《玉篇》引《毛传》、郑《笺》时,删去"《传》曰""《笺》云"等标识词。原本《玉篇》引《毛诗》经文和《毛传》、郑《笺》时会有标识词以示区分,如言部"雠,视周反。《毛诗》:'无言不雠。'传曰'雠,用也'",宋本《玉篇》删"《传》曰",作"匹也,对也。《诗》曰:'无言不雠。'雠,用也"。宋本《玉篇》引用《毛传》115条,删去"《传》曰"标识者93条,占80.8%。其中,既引《诗》经文也引《毛传》者102条,有标识者9条,"《传》曰"4条(即莹、珈、琇、僮);"《传》云"1条(朦);《注》云1条(盷);"传"1条(顾),"笺云"1条(佽);"郑玄云"1条(頍)③;无标识者93条④。仅引《毛传》者13条,皆有标识,"《诗传》曰"2条,"《诗传》云"11条。宋本《玉篇》同时引《毛诗》、郑《笺》共12条,2条(下、祜)有标识词"《笺》云",10条无标识词,删去"郑《笺》"标识者占83.3%。据上可知,宋本《玉篇》的引文包括《毛诗》经注时,《毛传》、郑《笺》的标识大多被删去。第三,宋本《玉篇》在引用《毛诗》及经注时,会将《毛传》、郑《笺》置于经文之前,形成"训释+《诗经》引文"的格式。例如:"寠,子感切。速也。《诗》云:'寠不故也。'"今本《毛诗·郑风·遵大路》:"无我恶兮,不寠故也。"《毛传》:"寠,速也。"⑤

据以上体例,可归纳宋本《玉篇》引文与今本《毛诗》相异之因。第一,宋本《玉篇》删改了引《诗》标识,不再区分《毛诗》《韩诗》,致使宋本《玉篇》承袭原本

---

① 即言部"诗"字:"诗,舒之切。《诗序》云:'诗者,志之所之也。在心为志,发言为诗。'"此外,"彷"字云"《诗》曰'彷徨不忍去'"实引《黍离》序,宋本《玉篇》误作"《诗》曰"。

② 宋本《玉篇》对引文标识词的删改,也见于元以后的宋本《玉篇》删节本。吕浩提到:"(元版《玉篇》)为了缩减字数,引证的书名有的采用简称,如《虞书》简称《书》、《东观汉记》简称《汉记》,……等等。当然,更多的是直接删去书名。"参吕浩《〈玉篇〉版本源流考》,《经学文献研究集刊》第二十三辑,第81—82页。

③ 此二条属宋本《玉篇》标识讹误。

④ 此处宋本《玉篇》引《毛传》而无标识93条、下引郑《笺》而无标识10条,皆为穷尽核对引文所涉及今本《毛诗》经文、《毛传》、郑《笺》之后统计所得。引文与今本《毛诗》经注文本不同但当视为《毛传》、郑《笺》之例亦包含于此数据中。例如"芃"引"《诗》云:'至于芃野。'远荒之野曰芃",今本《毛传》原文为"芃野,远荒之地";"伫"引"《诗》云:'伫立以泣。'伫,久也",今本《毛传》原文为"伫立,久立也"。详见第二节化用《毛传》、郑《笺》之分析。

⑤ 米臻已关注宋本《玉篇》对原本《玉篇》的改动。他认为宋本《玉篇》删除了原本《玉篇》中《毛诗》《韩诗》等多种引文(即本文所谓"书证"),但多保留引文训释,且训释的先后顺序变化不大(此指各典籍训释顺序)。米氏所言以原本《玉篇》为出发点。本文则关注宋本《玉篇》所有引"诗""诗传"之处,认为宋本《玉篇》存在整体性改动引《毛诗》《韩诗》标识为"诗"的现象;将《说文》纳入比较范围,可知宋本《玉篇》会调整引《诗》经文与注文位置。参米臻《〈原本玉篇〉与〈大广益会玉篇〉引〈诗〉体例考——兼论王先谦三家〈诗〉辑佚之失》,第69—70页。

《玉篇》引《韩诗》之处无法辨识;因此宋本《玉篇》引文与今本《毛诗》相异之处有可能原本《玉篇》本引《韩诗》。第二,宋本《玉篇》删去"《传》曰""《笺》云"等标识,引《诗》经文之后的训释性质不明,训释内容未必是《毛传》、郑《笺》,故与今本《毛传》、郑《笺》相异。第三,宋本《玉篇》引文承《说文》引《诗》用字、顾野王勘定《诗》之本字,从而与今本《毛诗》相异①。

宋本《玉篇》引《诗》文本与今本《毛诗》的差异以及毛、韩之别,也可从引《诗》条目中的异体字的来源、删削过程来考察。

宋本《玉篇》引《诗》条目中,41条训释末有"本亦作某""或作某""今作某"等指明异体字、异文的内容②。马瑞辰对此已有关注,以为"后人增益之字"③。宋本《玉篇》所载"本亦作某"等内容或承原本《玉篇》而来④,二者的来源、标识词有同有异。原本《玉篇》载有大量异体字,来源明确,主要包括《说文》《声类》《字书》所载以及顾野王自己勘定⑤;宋本《玉篇》所载异体字除承袭原本《玉篇》,还可能是宋本《玉篇》编撰者所勘定⑥。原本《玉篇》异体字部分的格式通常为"某书或某字""某书或作某",顾野王勘定时则言"亦与某字同"等,前或有"野王案";宋本《玉篇》在编撰过程中或删改原本《玉篇》典籍名称、调整书证位置等⑦,导致异体字、异文的标识并无规律,且或直接增删该类内容⑧。

---

① 有关宋本《玉篇》引《诗》对《说文》的承袭,笔者另有《宋本〈玉篇〉删改原本〈玉篇〉考论》(未刊稿)探讨。顾野王勘定引《诗》正字、原本《玉篇》引文的复杂性,可参李林芳《原本〈玉篇〉残卷征引〈毛诗〉用字的复杂性——兼及小学文献的引书问题》。

② 本文对异体字的定义,采用朱葆华研究《玉篇》时的定义,即"在同一共时平面上音义相同用法相同而形体不同的一组字"。参见朱葆华《原本玉篇文字研究》,济南:齐鲁书社,2004年,第106页。

③ 马瑞辰云:"《玉篇》引《诗》'戴弁俅俅',云'或作䫜䫜',则后人增益之字。"〔清〕马瑞辰撰,陈金生点校《毛诗传笺通释》,第1113页。

④ 宋本《玉篇》"本亦作某""或作某""今作某"等内容既可能是说明异体字,也可能是说明《诗》之异文,为免歧义,本文概称作"'本亦作某'等内容"。

⑤ 朱葆华《原本玉篇文字研究》,第112—115页。

⑥ 宋雨涵提到:"作为一部几经改动的字书,《宋本玉篇》所收的异体字的来源是相当复杂的:有的是不同时代为表达语言中的同一语词而创造的不同形体的文字;有的是同一时代不同地域的人为同一语词而创造的形体不同的文字;还有人们在书写过程中为求便利改写正体字而形成的形体不同的文字等等。"宋雨涵《〈宋本玉篇〉异体字例释》,四川师范大学硕士学位论文,2007年,第37页。

⑦ 有关宋本《玉篇》对原本《玉篇》的删改,笔者另有《宋本〈玉篇〉删改原本〈玉篇〉考论》(未刊稿)探讨。

⑧ 宋雨涵提到:(《宋本玉篇》)标识异体字的术语多样,同一类型的异体字可能有"或作""今作""亦作""又作""本作""与某同"等术语。宋雨涵《〈宋本玉篇〉异体字例释》,第36页。笔者通过对比原本《玉篇》和宋本《玉篇》相同字头的内容,发现宋本《玉篇》的改造主要为:第一,原本《玉篇》并无异体字而宋本《玉篇》增加异体字;第二,原本《玉篇》本有异体字而宋本《玉篇》删去;第三,原本《玉篇》与宋本《玉篇》同一字头各载不同异体字;第四,原本《玉篇》异体字本为顾野王定,宋本《玉篇》删去部分引文,导致异体字看似指涉特定文献异文;第五,原本《玉篇》征引大量书证之后有顾野王定异体字,宋本《玉篇》则删书证标识或并删内容标识,仅留训释和异体字;第六,宋本《玉篇》异体字还可能来源于原本《玉篇》异部异体字。

与宋本《玉篇》引《诗》字头一致且有异体字者,原本《玉篇》本尚有黼、龠两条:

  原本《玉篇》黹部:"黼,初旅反。《毛诗》:'蜉蝣之羽,衣裳黼黼。'《传》曰:'鲜貌也。'《说文》:'合会五采鲜色也。'今亦为楚字,在林部。"
  宋本《玉篇》黹部:"黼,初吕切。《诗》云:'衣裳黼黼。'今作楚。"

按:今本《毛诗·曹风·蜉蝣》"黼"作"楚"。《说文》:"黼,合五采鲜色。从黹虐声。《诗》曰:'衣裳黼黼。'"原本《玉篇》将《说文》引《诗》部分提前,并补充《毛传》内容,再引《说文》训释。顾野王既标"《毛诗》",则其所见《毛诗》或有作"黼"之本,"今亦为楚字"是注明《毛诗》异文。但也可能是顾野王承《说文》用字而改易来源,标为"《毛诗》"①,以"黼"为《蜉蝣》经文本字,"今亦为楚字"是说明"黼"与"楚"的异体字关系。宋本《玉篇》删去《说文》训释与标识,引文用字一仍《说文》,将异体字部分"今亦为楚字"删省为"今作楚"。

  原本《玉篇》龠部:"龠,馀均反。《周礼》:'笙师掌教歗龠。'郑玄曰:'如籈三孔也。'又曰:'龠师掌教国子舞羽龠。'郑玄曰:'文舞有持羽吹龠者,所谓龠舞也。《文王世子》:"秋冬学羽龠。"'《毛诗》'左手执龠,右手秉翟'是也。"
  宋本《玉篇》龠部:"龠,余酌切。乐之所管三孔,以和众声也。《诗》云:'左手执龠。'今作籥。"

按:今本《毛诗·邶风·简兮》:"左手执籥,右手秉翟。"原本《玉篇》引《毛诗》即作"龠",说明"龠"是《毛诗》异文。宋本《玉篇》"今作籥"非顾野王原文,而是后人增加以说明今本《毛诗》异文的内容。

  以上两例说明,当宋本《玉篇》字头和引文用字承《说文》引《诗》用字,"本亦作某"等内容与今本《毛诗》一致时,"本亦作某"等内容或源于原本《玉篇》;当字头和引文用字与今本《毛诗》不一致时,"本亦作某"等内容可能是孙强或陈彭年增加。无论"本亦作某"等内容是否源于原本《玉篇》,都揭示了宋本《玉篇》引《诗》文本与今本《毛诗》的差异。

  宋本《玉篇》"本亦作某"等内容间或与总体例矛盾,此或为孙强、陈彭年等删改不当所致。其一是宋本《玉篇》两处"本亦作某"等内容与字头一致,文气

---

① 李林芳在考察玉篇《残卷》所引"《毛诗》"文本的真实性质时,说道:"相对于存在某一个或数个词用本字、字用正体的《毛诗》文本,更有可能的情况为:《残卷》在引《诗》时参考了前代字书,同时注重使用本字和正体。在具体操作上,一者改易来源,将'《诗》'改标为'《毛诗》';二者改易引文,将其中(涉字头)的假借和异体大都改换为本字和正体。这也符合字书的定位,即正定字形本身和形音义关系,使之符合一定的'规范'。"参李林芳《原本〈玉篇〉残卷征引〈毛诗〉用字的复杂性——兼及小学文献的引书问题》,第15—16页。

不通：

　　宋本《玉篇》人部："优，徒感切。《诗》云：'髧彼两髦。'或作优。"
　　宋本《玉篇》页部："頯，柔流切。《诗》：'戴弁俅俅。'郑玄云：'恭顺貌。'或作頯。"

按：今本《毛诗·鄘风·柏舟》："髧彼两髦。"《释文》："髧，本又作优，徒坎反，两髦貌。"《周颂·丝衣》："丝衣其紑，载弁俅俅。"《毛传》："俅俅，恭顺貌。"可知髧、俅皆为今本《毛诗》用字。以上两例引文与字头不同，或为顾野王旧例①，但"或作"后所接异体字不当与字头一致。

其二是涉及《毛诗》《韩诗》差别之处，宋本《玉篇》删改不当。

　　宋本《玉篇》女部："嬿，於典、於见一切②。《说文》云：'女字也。'《诗》曰：'嬿婉之求。'本或作燕。"
　　宋本《玉篇》面部："䩎，於远切。眉目之间美貌。《韩诗》云：'清扬䩎兮。'今作婉。"
　　宋本《玉篇》宀部："寠，古候切。夜。《诗》曰：'中寠之言。'中夜之言也。本亦作冓。"

以上三例，宋本《玉篇》不察字头和引文皆为《韩诗》，又附今本《毛诗》用字，不妥。

宋本《玉篇》引《诗》条目中的"本亦作某"等内容既可视为说明字头和引文的异体字，也可能说明《毛诗》异文。"本亦作某"等内容与字头、引文用字的异同提示了宋本《玉篇》引《诗》与今本《毛诗》的差异。字头、引文和"本亦作某"等内容的关系如下。

其一，字头和引文承《说文》引《诗》用字，"本亦作某"等内容与今本《毛诗》用字一致。如宋本《玉篇》人部"佌，息紫切。《说文》云：'小貌。《诗》曰：佌佌彼有屋。'本亦作玼，音此"，《说文》引《诗》作"佌"，今本《小雅·正月》"佌"作"玼"，"本亦作玼"是揭示今本《毛诗》用字③。此时，"本亦作某"等内容当视为说明《诗》之异文。

其二，字头、引文与今本《毛诗》用字不同，"本亦作某"等内容与今本《毛

---

① 如原本《玉篇》誩部字头为䚻，引《尚书》"作善降之百祥"、《说文》"善，吉也"、《毛诗》"覆背善詈"等皆作"善"，并言"篆文为善字""《声类》或为善字"。宋本《玉篇》誩部："䚻，是阐切。大也。《说文》曰：'吉也。'善，同上。今作善。"
② 吕浩整理本"一"作"二"，校记云"据棟亭本改"。参见吕浩校点《大广益会玉篇》，北京：中华书局，2019年，第96页。
③ 此类还有圪、嗔、睨、覆、疼、瘴、趆、摡。其中，宋本《玉篇》"摡"字引《诗》"倾筐摡之"，言"本亦作墍"，《说文》所引为"摡之釜鬵"。

诗》用字一致①。例如，宋本《玉篇》龠部"龠，余酌切。乐之所管三孔，以和众声也。《诗》云：左手执龠。今作籥"，原本《玉篇》无"今作籥"等相关内容，"今作籥"显然是孙强或陈彭年等在修订时所加，以便说明通行《毛诗》之异文。又如，宋本《玉篇》田部"畷，猪卫切。《诗》云：'下国畷流。'畷，表也。本亦作缀。《礼记》云：'邮表畷。'《说文》云：'两陌间道也，广六尺。又陟劣切。'"该例引文经传皆作"畷"，很可能是顾野王所认定《商颂》经文的正字。"本亦作缀"又紧跟《毛传》之后，宜视为揭示今本《毛诗》用字。

其三，字头和引文是《韩诗》用字，"本亦作某"等内容与《毛诗》用字一致，宜视为《毛诗》文本异文。包括嫌、疏、寡三条。

其四，字头和引文与今本《毛诗》用字一致，"本亦作某"等内容则不一致。此时，"本亦作某"等内容可能是说明异体字，也可能是《毛诗》文本异文。如宋本《玉篇》口部"噳，牛府切。《诗》曰：'麀鹿噳噳。'亦作麌"。今本《大雅·韩奕》作"鲂鱮甫甫，麀鹿噳噳"。《释文》："噳噳，本亦作麌，同。"据《释文》，"亦作麌"可视为说明《韩奕》异文。《韩奕》之《毛传》曰："噳噳然众也。"《小雅·吉日》"麀鹿麌麌"，《毛传》曰"麌麌，众多也"。《说文》无"麌"有"噳"："噳，麋鹿群口相聚貌。从口虞声。《诗》曰：'麀鹿噳噳。'"段玉裁以为："毛意麌麌即噳噳之假借也。"则表示"众多"之意，噳为正字，麌为假借字。"本亦作麌"亦可视为指涉异体字。

41条附有"本亦作某"等内容的引文中，28条"本亦作某"等内容与今本《毛诗》一致②，可见宋本《玉篇》有意注明引文与今本《毛诗》的差异。剩下13条可能承袭了原本《玉篇》异体字部分，如宋本《玉篇》口部："呦，音幽。《诗》云：'呦呦鹿鸣。'亦作欸。""欸"即原本《玉篇》口部"欸"字③。值得注意的是，"本亦作某"17条皆与今本《毛诗》用字一致，显然是点明《毛诗》异文，④有学者认为宋本《玉篇》的"本亦作"全部用于解释字际关系而非注明版本来源⑤，不妥。

通过分析41条附有"本亦作某"等内容的引文，对比原本《玉篇》，可知宋

---

① 包括龠、胄、爻、畷、健、頯、敿、挑、楼、闶、蔽、捊。
② 其中"本亦作"全部，17条；"亦作"2条；"亦为"1条；"本或作"1条；"或作"1条；"今作"全部，6条。
③ 又如，原本《玉篇》："诉，苏故反。《论语》：'公伯辽诉子路于季孙。'马融曰：'诉，谮也。'野王案，《左氏传》'诉公于晋侯'是也。《说文》："诉，告也。'野王案，诉者，所以告冤枉也。故《楚辞》'诉灵怀之鬼神'是也。《广雅》：'诉，毁也。''诉，恶也。'或为愬字，在心部。"宋本《玉篇》："诉，苏故切。讼也，告诉冤枉也。《论语》曰：'公伯寮诉子路。'亦作愬。"其中"亦作愬"即源于原本《玉篇》"或为愬字，在心部"。
④ 米臻已提及"今作""本亦作某"之类的表述，认为该类表述提供了孙、陈等诸人重修《玉篇》时遇到的关于版本的细节，但未提及该类内容具有指涉异体字之性质。参米臻〈〈原本玉篇〉与〈大广益会玉篇〉引〈诗〉体例考——兼论王先谦三家〈诗〉辑佚之失〉，第73页。
⑤ 李海燕〈〈宋本玉篇〉"本亦作"字类考〉，《中国文字研究》2007年第1辑，第133页。

本《玉篇》既可能承袭原本《玉篇》本的异体字而改动格式,也可能新增异体字、异文。无论"本亦作某"等部分是否与今本《毛诗》用字一致,皆可能来源于原本《玉篇》所载字书、典籍以及顾野王刊定字形的异体字。"本亦作某"等内容与总体例矛盾之处反映了宋本《玉篇》的改动痕迹。

宋本《玉篇》引《诗》体例的改变模糊了毛、韩之别,使宋本《玉篇》引《诗》文本与今本《毛诗》差异较大。宋本《玉篇》"本亦作某"等内容揭示了引《诗》内容与今本《毛诗》的差异。

二　宋本《玉篇》引《诗》体例改变带来的问题

相较于原本《玉篇》,宋本《玉篇》引《诗》不以"《毛诗》""《韩诗》"为标识,大量删除"《传》曰""《笺》云"标识,将《毛传》、郑《笺》等内容置于经文之前,这些调整模糊了宋本《玉篇》的引文性质,后世利用宋本《玉篇》时容易产生错误。

首先,宋本《玉篇》引文模糊了毛、韩之别,影响三家《诗》辑佚的科学性和准确性。原本《玉篇》引《毛诗》《韩诗》标识词判然分明,宋本《玉篇》却非如此。267条引文中仅4条明言"《韩诗》"①;若以今本《毛诗》为参照,宋本《玉篇》标"《诗》云/曰"、"《诗传》云/曰"而与今本《毛诗》经传笺一致者仅116条,不及半数。不标"《韩诗》"而仅标"《诗》云/曰"之例,除116条与今本《毛诗》一致的以外,引文可能是《韩诗》,也可能是《毛诗》异文,也可能是《说文》引《诗》用字,以及顾野王所认定的《毛诗》本字。前人在辑佚三家《诗》时,或以"顾野王《玉篇》撰于梁大同九年,是时齐、鲁《诗》已亡,惟《韩诗》存,故《玉篇》所载《诗经》文字、训义兼采韩、毛二家"②,以为《玉篇》所引《诗》经注"非毛即韩",即但凡与辑佚者所见《毛诗》文本不一致,皆归为《韩诗》。例如:

宋本《玉篇》艸部:"藚,鱼激切。小草,有杂色,似绶。《诗》曰:'邛有旨藚。'"

按:陈乔枞据《玉篇》引文以为:"《毛诗》作'鹝'字,不从艹,此古文之假借。《韩诗》用今文,故作'藚'字。"③今本《毛诗》之《陈风·防有鹊巢》经文、《毛传》

---

① 分别是:1."朸,旅得切。《韩诗》云:'如矢斯朸。'木理也。平原有朸县。"按:宋十行本附《释文》:"棘,居力反。《韩诗》作朸。朸,隅也,旅即反。"2."菿,都角切。《韩诗》:'菿彼甫田。'《毛》作倬。又音到。"3."元,五袁切。《说文》曰:'元,始也。'《易》曰:'元者,善之长也。'《春秋传》曰:'狄人归其元。'元,首也。《韩诗》曰:'元,长也。'"4."䩉,於远切。眉目之间美貌。《韩诗》云:'清扬䩉兮。'今作婉。"
② 〔清〕陈寿祺撰,〔清〕陈乔枞述《三家诗遗说考》,第514页。
③ 同上书,第592页。

即作"藕",与宋本《玉篇》引文一致,作"藕"未必是《韩诗》之本,陈说不妥。①

这种"非毛即韩"的排除法并不妥当。首先,宋本《玉篇》有大量袭用《说文》引《诗》文本之处,《说文》引《诗》与今本《毛诗》并不全然一致。其次,宋本《玉篇》是宋代陈彭年在孙强修订本的基础上再删定的,其中既有因袭原本《玉篇》的内容,也有受六朝以来《毛诗》不同版本影响导致的异文。辑佚者利用《玉篇》时不加斟酌,或将与《毛诗》相异之文当作《韩诗》,或将本为《韩诗》之文看作《毛诗》异文,皆不妥。

其次,宋本《玉篇》删改《毛传》、郑《笺》标识,调整《毛传》、郑《笺》与经文的位置,不利于判断引《诗》经文前后的训释性质。依原本《玉篇》体例,引《毛诗》之后紧接《毛传》或郑《笺》,因此,只要原本《玉篇》引《诗》经文之后的训释内容与《毛传》或郑《笺》有关,即为《毛传》或郑《笺》。原本《玉篇》引《韩诗》时,或《韩诗》经文加《韩诗》说,或径引《韩诗》说。原本《玉篇》引《诗》经文之前的训释则非《毛传》、郑《笺》或《韩诗》说。宋本《玉篇》删改了引《诗》标识,部分调整了所引《诗》经文与训释的位置,判断引《诗》经文前后的训释是否为《毛传》或郑《笺》就需考虑原本《玉篇》引文体例以及核查《毛传》、郑《笺》原文。又可分为以下三种情况:

第一,《毛诗》经文之后的训释与今本《毛传》、郑《笺》可能小异。这类差异或为顾野王化用《毛传》所致,孙强、陈彭年等未加修改②。原本《玉篇》即有化用典籍之例,如:

> 原本《玉篇》云部:"云,胡勋反。《毛诗》:'婚姻孔云。'《传》曰:'云,抱也。'《笺》云:'云,犹友也,谓相亲友也。'"

按:《毛诗·小雅·正月》郑《笺》原文为"云,犹友也,言尹氏富③,独与兄弟相亲友为朋党也"。此为原本《玉篇》化用郑《笺》。

> 原本《玉篇》用部:"甫,弗禹反。……《毛诗》:'卓彼甫田。'《传》曰:'甫田,天下之田也。'《笺》云:'甫之言大夫也。太古以夫田税,九夫为井,税一夫,其田百亩。'"

按:《毛诗·小雅·甫田》之《毛传》:"甫田,天下田也。"郑《笺》:"甫之言丈

---

① 米臻已注意到此例与今本《毛诗》相同,并指出王先谦定为《玉篇》引文为《韩诗》、定《说文》引文为齐、鲁二家皆不妥。参米臻《〈原本玉篇〉与〈大广益会玉篇〉引〈诗〉体例考——兼论王先谦三家〈诗〉辑佚之失》,第71页。

② 陈锦春指出:"原本《玉篇》所引《诗》之经、传、笺文字与今传《毛诗》不同,除了有钞胥手误外,也存在顾野王为《玉篇》体例而故意改易传、笺文字的情况。"参陈锦春、盖翠杰《原本〈玉篇〉引〈诗〉考论》,第95、99页。

③ 宋巾箱本《毛诗》"犹友也"之"友"误"及","尹氏"之"氏"误"我",今据宋十行本正。

夫也。明乎彼大古之时，以丈夫税田也。岁取十千，于井田之法，则一成之数也。九夫为井，井税一夫，其田百亩。"原本《玉篇》此处亦化用《毛传》、郑《笺》。又如：

原本《玉篇》水部："泱，於党、於杨二反。《毛诗》：'惟水泱泱。'《传》曰：'深广之貌也。'又曰：'泱泱白云。'《传》曰：'白云之貌也。'《左氏传》：'泱泱乎大风。'杜预曰：'泱泱，弘大之声也。'《说文》：'瀚也。'《广雅》：'泱泱，流也。'《声类》：'瀚泱，云起貌也。'《广苍》以泱泱白云为霙字，在雨部。"

宋本《玉篇》水部："泱，於党、於良二切。水深广貌。又弘大声。"

按：宋本《玉篇》"水深广貌"系化用《毛传》，"弘大声"系化用《左传》杜注。

以此例之，宋本《玉篇》以下几例或与原本《玉篇》化用《毛传》、郑《笺》有关：

宋本《玉篇》艸部："芜，勤牛切。《诗》云：'至于芜野。'远荒之野曰芜。"

按：《小雅·小明》"至于芜野"，《毛传》："芜野，远荒之地。"

宋本《玉篇》人部："伫，除吕切。《诗》云：'伫立以泣。'伫，久也。"

按：《邶风·燕燕》"伫立以泣"，《毛传》："伫立，久立也。"

宋本《玉篇》口部："嘌，匹遥切。《诗》云：'匪车嘌兮。'谓嘌嘌无节度也。"

按：《桧风·匪风》："匪车嘌兮。"《毛传》："嘌嘌，无节度也。"

宋本《玉篇》口部："噎，於结切。《说文》云：'饭窒也。'《诗》曰：'中心如噎。'谓噎忧不能息也。"

按：《王风·黍离》"中心如噎"，《毛传》："噎，忧不能息也。"

宋本《玉篇》女部："嬛，巨营切。《诗》云：'嬛嬛在疚。'家道未成，嬛嬛然，亦孤特也。'"

按：《周颂·闵予小子》："闵予小子，遭家不造，嬛嬛在疚。"《毛传》："闵，病。造，为。疚，病也。"郑《笺》："我小子耳遭武王崩，家道未成，嬛嬛然孤特在忧病之中。"

宋本《玉篇》口部："售，视祐切。《诗》曰：'贾用不售。'卖物不售也。"

按：《邶风·谷风》"贾用不售"，郑《笺》："我修妇道而事之，觊其察已，犹见疏外,如卖物之不售。"

第二,宋本《玉篇》引《毛诗》经文之后的训释与今本《毛传》、郑《笺》皆不一致。此时,训释内容当为原本《玉篇》在引述《诗》经文之后再引用的其他文献训诂材料。宋本《玉篇》或删去来源标识。例如:

> 原本《玉篇》石部:"碏,七惜、七宙二反。《毛诗》:'执爨碏碏。'《传》曰:'碏碏言爨灶有容也。'韩①:'碏碏,敬也。'《左氏传》:'卫大夫石碏也。'"

> 宋本《玉篇》石部:"碏,七昔、七略二切。敬也。《左氏传》:'卫大夫名碏。'"

按:宋本《玉篇》"敬也"来源不明。对比原本《玉篇》,方知是删去《毛诗》《毛传》引文、《韩诗》标识而仅保留《韩诗》说所致。

> 原本《玉篇》言部:"誖,补溃反。《尚书》:'实誖天道。'孔安国曰:'誖,乱也。'《周易》:'雷风不相誖。'韩康伯曰:'誖,逆也。'或为悖字,在心部。"

> 宋本《玉篇》言部:"誖,补溃、步没二切。乱也,逆也。"

按:对比原本《玉篇》,方知"乱也"出自孔安国《尚书》注,"逆也"出自韩康伯《周易》注。

以上两例说明宋本《玉篇》删省标识确实导致引文性质不明。

以此例之,引《毛诗》经文之后的训释也可能并非《毛传》、郑《笺》,而是引用其他典籍而删去标识:

> 宋本《玉篇》手部:"拾,时立切。掇也。《诗》曰:'决拾既佽。'拾,所以引弦也。"

按:今本《毛诗·小雅·车攻》:"决拾既佽。"《毛传》:"拾,遂也。"《说文》:"拾,掇也。"《篆隶万象名义》手部:"拾,禭也,敛也,掇也。"②"掇也"与《说文》一致且《名义》已有训释,则此或承《说文》,孙强删去"《说文》"标识。《周礼》:"缮人掌王之用弓、弩、矢、箙、矰、弋、抉、拾。郑司农云:'抉者,所以纵弦也。拾者,所以引弦也。《诗》云:抉拾既次。'"此"拾,所以引弦也"或原本《玉篇》引《周礼》注而孙强删去文献来源标识。陈乔枞以"非韩即毛"推断"拾,所以引弦也"是用韩说③,似不妥。

---

① 按:原本《玉篇》作"朝",不通,当为"韩"之误,指《韩诗》。胡吉宣据东方文化学院影印的卷子本(《玉篇校释》前言),录原本《玉篇》此条即作"韩诗"。参顾野王撰,胡吉宣校释《玉篇校释》,上海:上海古籍出版社,1989年,第4329页。
② 吕浩《篆隶万象名义校释》,上海:学林出版社,2007年,第84页。
③ 〔清〕陈寿祺撰,〔清〕陈乔枞述《三家诗遗说考》。

宋本《玉篇》人部："仲,直众切。《诗》曰:'仲氏任只。'仲,中也。"

按:《邶风·燕燕》:"仲氏任只。"《毛传》:"仲,戴妫字也。"陈乔枞以为:"不云《韩诗》,然与毛、郑义异,而'仲,中也'三字又与《众经音义》引合,则皆《韩诗》无疑也。"① 陈说未必妥当。其一,"仲,中也"属常训。《说文》:"仲,中也。"《礼记·月令》"仲春之月"郑注"仲,中也"②。慧琳《音义》卷第四十六:"伯仲。《韩诗》:'仲,中也。'"③ 又慧琳《音义》卷第五十八:"议仲。谓伯仲兄弟也。伯,长。仲,中也。"④ "仲,中也"或是孙强删去《说文》、《礼记》注等文献来源所致,而非《韩诗》说。其二,原本《玉篇》无"《毛诗》经文+《韩诗》训释"之例,若同时引用《毛诗》《韩诗》经传,则分别标识,粲然分明⑤。若"仲,中也"确为原本《玉篇》引《韩诗》训释,则原本《玉篇》前当有《毛传》、郑《笺》,且毛、韩经文一致。总之,此处"仲,中也"是原本《玉篇》引《韩诗》说还是引《说文》等其他文献训释,无法确证。这是宋本《玉篇》删除《毛诗》《韩诗》《毛传》标识带来的问题。

此外,删除《毛传》、郑《笺》标识还可能导致讹误:

> 宋本《玉篇》人部:"俅,渠鸠切。《诗》云:'载弁俅俅。'《笺》云:'恭慎也。'"

> 宋本《玉篇》页部:"頯,柔流切。《诗》:'戴弁俅俅。'郑玄云:'恭顺貌。'或作頍。"

按:《周颂·丝衣》:"载弁俅俅。"《毛传》:"俅俅,恭慎貌。"马瑞辰云:"《玉篇》引《诗》'戴弁俅俅',……又引《毛传》'俅俅,恭顺貌'作'恭慎',而以为郑《笺》,误矣。"⑥ 胡吉宣则据此引文以为"今《周颂·丝衣》篇以郑《笺》为《毛传》"⑦。

第三,宋本《玉篇》引《毛诗》经文之前的训释与《毛传》、郑《笺》一致或相似时,若《毛传》与《说文》训释不一致,或《说文》本不引《诗》,则训释或本为《毛传》、郑《笺》内容,增字减注之时将传笺提前所致。如:

---

① 〔清〕陈寿祺撰,〔清〕陈乔枞述《三家诗遗说考》,第530页。
② 郜同麟整理《礼记正义》,杭州:浙江大学出版社,2019年,第408页。
③ 徐时仪校注《一切经音义三种校本合刊》,上海:上海古籍出版社,2008年,第1303页。
④ 徐时仪校注《一切经音义三种校本合刊》,第1542页。
⑤ 如原本《玉篇》水部:"涔,字廉反。《毛诗》:'涔有多鱼。'《传》曰:'涔,椮也。'《尔雅》亦云'椮谓之涔',郭璞曰:'今作槮,藂柴木于水中,鱼得寒,入其里,因以薄捕取之也。'《韩诗》:'涔,鱼池也。'《说文》:'涔,渍也。涔汤浦在郢。'野王案:今亦以为潜字。"又如"訧,子反反。《毛诗》:'翕翕訧訧。'《传》曰:'訧訧然不思称其上也。'又曰:'罦罦訧訧。'《传》曰:'訧訧,窳不供职也。'……《韩诗》:'翕翕訧訧,不善之貌也。'"
⑥ 〔清〕马瑞辰撰,陈金生点校《毛诗传笺通释》,第1113页。
⑦ 胡吉宣《〈玉篇〉引书考异》,载《中华文史论丛》增刊《语言文字研究专辑》,上海:上海古籍出版社,1982年,第97页。

  宋本《玉篇》彳部："倓，子红切。数也。《诗》曰：'越以倓迈。'"

  按：今本《毛诗·陈风·东门之枌》"越以鬷迈"，《毛传》："鬷，数。"可见"数也"是《毛传》训释，陈乔枞以为《玉篇》作"倓"是据《韩诗》①，未必。

  宋本《玉篇》宀部："寁，子感切。速也。《诗》云：'寁不故也。'"②

  按：今本《毛诗·郑风·遵大路》："无我恶兮，不寁故也。"《毛传》："寁，速也。"《说文》："寁，居之速也。"《说文》未引《诗》，此"速也"与《说文》训释小异，可推测原本《玉篇》引《毛传》，宋本《玉篇》将《毛传》提前并删去标识。

  总之，宋本《玉篇》删除了引《诗》经文前后训释的标识词，调整经文、《毛传》、郑《笺》相对位置，不仅模糊了《玉篇》引《毛诗》《韩诗》的区别，也使训释来源不明，影响了后世利用《玉篇》文本辑佚的准确性和科学性。

三　宋本《玉篇》引《诗》派别试探

  宋本《玉篇》引《诗》与今本《毛诗》多有相异之处，体例的改变致使其引《诗》经注性质不明。若考察清楚引《诗》派别，则可明确引文利用价值。除去与《说文》引《诗》一致之例，将宋本《玉篇》引文与敦煌写卷《毛诗》经注、《经典释文》所载异文、《文选》相关引文对比，可推测与今本《毛诗》不一致的引文的诗学派别③，并还原原本《玉篇》到宋本《玉篇》的改造细节。

  首先，宋本《玉篇》引《诗》经注若与今本《毛诗》经注不同，但与敦煌写卷《毛诗》经注、《释文》所载《毛诗》异文、《毛诗正义》所引"定本""俗本"一致时，不宜定为三家《诗》。

  与敦煌本《毛诗》相合者有：

  宋本《玉篇》口部："哓，许幺切。《诗》云：'予堆音之哓哓。'④哓哓，惧也。"

---

① 〔清〕陈寿祺撰，〔清〕陈乔枞述《三家诗遗说考》，第591页。
② 张氏泽存堂本《玉篇》同。楝亭本、文渊阁四库本作"不寁故也"，与《毛诗》经文正同。
③ 米臻认为，宋本《玉篇》仅有可与原本《玉篇》对应的3处经文虽标为"诗"，但仍可确定是《毛诗》，故推断全文标"诗"之处皆为《毛诗》，此或可商榷。一是原本《玉篇》或使用《说文》用字之例，宋本《玉篇》承之，此未必《毛诗》异文。二是宋本《玉篇》改"毛诗""韩诗"为"诗"，是整体行为。标"诗"之例若与《释文》《文选》等所引《韩诗》一致，当为《韩诗》，此即本节所论。宋本《玉篇》引文中，米氏已论证为《毛诗》异文之例，本文不再赘述。参米臻《〈原本玉篇〉与〈大广益会玉篇〉引〈诗〉体例考——兼论王先谦三家〈诗〉辑佚之失》，第70、72—73页。
④ 堆，吕浩整理本作"维"，校记云："维、惧，原讹作'堆''擢'，据楝亭本改。"参见吕浩校点《大广益会玉篇》，第160页。

按：今本《毛诗·豳风·鸱鸮》："予维音哓哓。"《毛传》："哓哓，惧也。"敦煌斯2049《毛诗郑笺》写卷作"予维音之哓哓"。可见《毛诗》本有作"予维音之哓哓"者，此条引文或为《毛诗》。又《说文》："哓，惧也。从口尧声。《诗》曰：'唯予音之哓哓。'"段注："《玉篇》《广韵》作'予维音之哓哓'，本《说文》也。今本《说文》作'唯予音之哓哓。'"陈乔枞以为："《毛诗》无'之'字，《说文》及《玉篇》《广韵》引《诗》并有之字，其为三家《诗》文可知。"①敦煌本与宋本《玉篇》一致，陈氏所言恐不妥。

宋本《玉篇》肉部："朧，渠略切。口上阿也。《诗》曰：'嘉肴脾朧。'"

按：今本《毛诗·大雅·行苇》："嘉殽脾臄，或歌或咢。"敦煌斯6436《毛诗》写卷作"如肴脾□"。《说文》："谷，口上阿也。从口，上象其理。凡谷之属皆从谷。嗝，谷或如此。朧，或从肉从豦。""口上阿"当为引《说文》，只是字头未用《说文》正篆而用重文。陈乔枞以为："《毛诗》'肴'作'殽'，《毛传》云'朧，函也'，文字训义皆与此异，知此所引为据《韩诗》也。"②然有敦煌本《毛诗》即作"肴"，陈说恐不妥。

宋本《玉篇》辵部："追，株佳切。及也，送也，救也。又都雷切，治玉名也。《诗》曰：'追琢其璋。'"

按：今本《毛诗·大雅·棫朴》："追琢其章，金玉其相。"《毛传》："追，雕也。"敦煌北敦14636《毛诗郑笺》写卷"章"作"璋"。故此"追逐其璋"虽与今本《毛诗》有异，亦当为《毛诗》。

宋本《玉篇》竹部："第，甫勿切。舆后第。《诗》曰：'簟第朱鞟。'"

按：今本《毛诗·齐风·载驱》："载驱薄薄，簟茀朱鞹。"敦煌伯2669B《毛诗郑笺》写卷"鞹"作"鞟"。《毛诗正义》："簟字从竹，用竹为席，其文必方，故云方文席也。车之蔽曰茀，谓车之后户也。《说文》云：'鞟，革也。'兽皮治去毛曰革，鞟是革之别名。"此引文当为《毛诗》异文，敦煌本、《毛诗正义》可证。

与《经典释文》所载《毛诗》异文相合者有：

宋本《玉篇》疒部："㾖，力子切。病也。《诗》云：'悠悠我㾖。'"

按：今本《毛诗·小雅·十月之交》："悠悠我里，亦孔之痗。"《毛传》："里，病也。痗，病也。"郑《笺》："里，居也。"③《经典释文》："里如字，毛病也，郑居也，

---

① 〔清〕陈寿祺撰，〔清〕陈乔枞述：《三家诗遗说考》，第161页。
② 同上书，第683页。
③ 宋巾箱本底本作"里，车也"，宋十行本作"里，病也"，正义云："郑以为厉王时，言悠悠乎我居今之世，亦甚困病为异，余同。"据正义、《释文》，郑《笺》当作"里，居也"，宋巾箱本误，改。

本或作痯,后人改也。"据《释文》,则《毛诗》本有作"痯"者。日本龙谷大学所藏室町时期《毛诗郑笺》写本此处经文、《毛传》即作"痯"①,与《释文》所载同。此条引文当为《毛诗》。

与敦煌本《毛传》一致者有:

> 宋本《玉篇》页部:"颉,红结切。苍颉,古造书者。《诗传》云:'飞而上曰颉。'《说文》曰:'直项也。'"

按:今本《毛诗·邶风·燕燕》"燕燕于飞,颉之颃之",《毛传》:"飞在上曰颉,飞而下曰颃。"敦煌伯2538《毛诗郑笺》写卷、宋十行本"飞在上"作"飞而上",与宋本《玉篇》引文一致。

与《文选》注所引《毛诗》相合者,除米臻提及"嘉宾式宴以衎"1条②,还有:

> 宋本《玉篇》文部:"斐,孚尾切。《诗》曰:'有斐君子。'斐,文章貌。"

按:今本《毛诗·卫风·淇奥》:"有匪君子,如切如磋,如琢如磨。"《毛传》:"匪,文章貌。"《文选》卷五十九《头陁寺碑文》"宗法师行絜珪璧"李善注云《毛诗》曰:'有斐君子,如珪如璧。'"③则"有斐君子"亦当引《毛诗》。

> 宋本《玉篇》手部:"挑,他尧切。拨也。《诗》曰:'蚕月挑桑。'枝落之,采其叶。本亦作条。又徒了切,挑战也。"

按:今本《毛诗·豳风·七月》"蚕月条桑",郑《笺》:"枝落之,采其叶也。"《文选》马融《长笛赋》"挑截本末,规摹彠矩",李善注:"郑玄《毛诗笺》曰:'挑,支落之。'佗尧切。"④至少说明唐代存在郑《笺》作"挑"之本。马瑞辰即以古本有作"挑桑"者:"《玉篇》'挑,拨也'引作'挑桑',云'本亦作条',是古本有作'挑桑'

---

① 日本龙谷大学所藏《毛诗郑笺》二十卷,《东北大学所藏和汉书古典分类目录·汉籍·经部》载此本为室町时代初期写本。日藏《毛诗》钞本文本多有与中国古写本如敦煌写本、《经典释文》所载异文相同之处,来源可靠。龙谷大学所藏此《毛诗》经注古抄本虽时代较晚,但据笔者比对,该本与刻本不同之处多与敦煌写本一致,有较早文本来源。《小雅·十月之交》此处经文与《经典释文》所载异文一致不足为怪。

② 米臻《〈原本玉篇〉与〈大广益会玉篇〉引〈诗〉体例考——兼论王先谦三家〈诗〉辑佚之失》,第71页。

③ 按:《文选》李注本作"斐",六臣注本与今本《毛诗》同作"匪"。〔梁〕萧统编,〔唐〕李善注《文选》卷五十九,北京:中华书局,1977年(据胡刻本)影印,第813页;〔梁〕萧统编,〔唐〕李善、吕延济、刘良、张铣、吕向、李周翰注《六臣注文选》卷五十九,《四部丛刊》影宋建州本,北京:中华书局,1987年,第1090页。

④ 按:《文选》李注本作"挑,支落之",六臣注本作"挑,之落之"。六臣注本支讹之。〔梁〕萧统编,〔唐〕李善注《文选》卷十八,第251页;〔梁〕萧统编,〔唐〕李善、吕延济、刘良、张铣、吕向、李周翰注《六臣注文选》卷十八,第327页。

者,条乃挑之假借。"①陈乔枞径以"挑"为《韩诗》异文②,不妥。

其次,若宋本《玉篇》引《诗》用字释义和《文选》注引《韩诗》、《经典释文》引《韩诗》一致,则无论标志词是"《诗》曰"还是"《韩诗》曰",皆可能是《韩诗》。

> 宋本《玉篇》女部:"嬿,於典、於见一切③。《说文》云:'女字也。'《诗》曰:'嬿婉之求。'本或作燕。"

按:今本《毛诗·邶风·新台》"嬿"作"燕",敦煌本伯2529、斯789《毛诗》写卷同。敦煌写卷伯2528《文选·西京赋》"捐衰色从嬿婉",李善注:"嬿婉,美好之貌也。善曰:《毛诗序》曰:'华落色衰。'《韩诗》曰:'嬿婉之求。'嬿婉,好貌也。"则作"嬿"或为《韩诗》。

> 宋本《玉篇》宀部:"寉,古候切。夜。《诗》曰:'中寉之言。'中夜之言也。本亦作冓。"

按:今本《毛诗·鄘风·墙有茨》:"中冓之言,不可道也。"《毛传》:"中冓,内冓也。"郑《笺》:"内冓之言,谓宫中所冓成顽与夫人淫昏之语。"《释文》:"冓,本又作遘,古候反。《韩诗》云:'中冓,中夜,谓淫僻之言也。'"本条引文为《韩诗》经传的理由有二:首先,"寉"字字形与今本《毛诗》不同,"中夜之言"训释与《毛传》、郑《笺》不同,而与《释文》所载《韩诗》用字和训释相同。其次,原本《玉篇》引《韩诗》说解格式为"《韩诗》云/曰"加经文,紧跟传文,并无"《传》曰"等标识词,此条引文符合无"《传》曰"体例。原本《玉篇》或作"《韩诗》曰"而非"《诗》曰",宋本《玉篇》删削了引《韩诗》的标识词。此外,上文已提,原本《玉篇》一般不会有"《毛诗》经文+《韩诗》训释"的体例。"本亦作冓"既与今本《毛诗》用字一致,更可能是孙强或陈彭年所加,而非原本《玉篇》所有。

最后,当宋本《玉篇》引《诗》用字在《文选》李善注、《经典释文》中诗派不一时,需参照训释差异而非经文用字差异来判定诗派属性。

> 宋本《玉篇》门部:"閌,恪浪切。閌閬,高门貌。《诗》云:'高门有閌。'本亦作伉。"

按:今本《毛诗·大雅·緜》:"乃立皋门,皋门有伉。"《毛传》:"伉,高貌。"《释文》:"伉,本又作亢,苦浪反,高也。《韩诗》作閌,云:'盛貌。'"敦煌北敦14636《毛诗郑笺》写卷"伉"作"亢"。虽然《释文》载"《韩诗》作閌,云'盛貌'",但宋本《玉篇》此处引文"高门有閌"仍当视为《毛诗》异文。其一,《文选》李善注中有《毛诗》

---

① 〔清〕马瑞辰撰,陈金生点校《毛诗传笺通释》,第456页。
② 〔清〕陈寿祺撰,〔清〕陈乔枞述《三家诗遗说考》,第597页。
③ 吕浩整理本"一"作"二",校记云"据棟亭本改"。参见吕浩校点《大广益会玉篇》,第96页。

作"高门有闶"之本。《文选》卷二张衡《西京赋》："高门有闶,列坐金狄。"李善注："善曰:《毛诗》曰'皋门有伉',与闶同。郑玄《礼记注》曰:'皋之言高也。'"①《文选》卷五左思《吴都赋》"高闱有闶,洞门方轨"②。《文选》左思《魏都赋》"古公草创而高门有闶",李善注:"《毛诗》美古公亶父曰:'高门有闶。'"③李善多次引用同一经文时,往往会有用字不同的情况。马昕认为李善在注《文选》时采用了不同的《毛诗》写本④。结合《西京赋》《魏都赋》李善注,可推测李善所据《毛诗》写本或作"高门有闶",或作"皋门有伉"。其二,判断诗派属性,训释比用字更可靠⑤。《释文》载《韩诗》训"闶"为"盛貌",与《毛诗》训为"高貌"不同。《文选》李注所引《毛诗》或作"高门有闶",敦煌北敦 14636《毛诗》写卷作"皋门有亢",弱化了作"闶"是《韩诗》的属性,但《释文》所云"盛貌"与《毛诗》"高貌"并不相同,是《韩诗》训释无疑。陈乔枞仅据宋本《玉篇》此条,以为李善注《吴都赋》《西京赋》所引为误⑥,不妥。

　　借助敦煌本《毛诗》写卷、《经典释文》所引《毛诗》《韩诗》异文、《文选》及李善注所引《诗》之异文,可以发现宋本《玉篇》部分"《诗》曰"引文或与《韩诗》一致,或与《毛诗》异文一致。宋本《玉篇》所引《诗》之文本与今本《毛诗》不一致之处未必为三家《诗》。

小　结

　　通过穷尽性考察宋本《玉篇》引《诗》内容,参考原本《玉篇》引《诗》体例,对比与《玉篇》关系密切的《说文》,借助敦煌写卷、《经典释文》等所载《毛诗》《韩诗》异文,可得出以下结论:

---

　　① 〔梁〕萧统编,〔唐〕李善注《文选》卷二,第 39 页;〔梁〕萧统编,〔唐〕李善、吕延济、刘良、张铣、吕向、李周翰注《六臣注文选》卷二,第 47 页。
　　② 〔梁〕萧统编,〔唐〕李善注《文选》卷五,第 88 页;〔梁〕萧统编,〔唐〕李善、吕延济、刘良、张铣、吕向、李周翰注《六臣注文选》卷五,第 108 页。
　　③ 〔梁〕萧统编,〔唐〕李善注《文选》卷六,第 98 页;〔梁〕萧统编,〔唐〕李善、吕延济、刘良、张铣、吕向、李周翰注《六臣注文选》卷六,123 页。
　　④ 马昕《〈文选〉李善注引〈毛诗〉异文研究》,《文献》2013 年第 2 期,第 117 页。
　　⑤ 马昕在解释南北朝时期的《毛诗》用字有与三家《诗》相符的情况时,提到东汉末年今古文合流的过程中,不少《毛诗》写本都窜入了今文用字,此后便沿用下来,《毛诗》内部的异文与三家《诗》脱不开干系。王翊在探讨陆机陆云所引诗派属性时提到,古书中所载引用经书之文容易在流传中被后人依据习见之本更改,因此在判定《诗》学家派属性所能使用的材料中,经文用字是最可信的。笔者赞同二位学者对南北朝以来《毛诗》用字现状和原因的判断,但仍认为在经文用字差异时,当尽力辨析诗派。参:马昕《〈文选〉李善注引〈毛诗〉异文研究》,《文献》2013 年第 2 期,第 115 页;王翊《陆机陆云〈诗〉学家派属性考述》,《儒家典籍与思想研究》第十五辑,北京:北京大学出版社,2023 年,第 8 页。
　　⑥ 〔清〕陈寿祺撰,〔清〕陈乔枞述《三家诗遗说考》,第 672 页。

第一，宋本《玉篇》引《诗》体例的改变。包括将引《诗》标识词多统一为"《诗》曰"，删去《毛传》、郑《笺》标识词，调整经文、传笺相对位置，化用《毛传》、郑《笺》，删去原本《玉篇》引用其他训诂材料的标识。

第二，宋本《玉篇》引《诗》条目所包含的"本亦作某"等内容来源多样，且反映了引《诗》与今本《毛诗》的差异。宋本《玉篇》既可能承袭原本《玉篇》本有异体字而改动格式，也可能新增"本亦作某"等以说明今本《毛诗》用字。宋本《玉篇》"本亦作某"等内容与旧例龃龉之处当为删改不当所致。

第三，不宜以"非毛即韩"的态度看待宋本《玉篇》引《诗》异文。宋本《玉篇》引《诗》若与今本《毛诗》经、传不合而与敦煌写本、《经典释文》等所载《毛诗》文本一致，不宜径以为《韩诗》或齐、鲁《诗》。此外，宋本《玉篇》引《诗》用字也可能承自《说文》。

第四，宋本《玉篇》引《诗》的文本价值和学术史地位需要重新评估。与原本《玉篇》相比，宋本《玉篇》引《诗》数量大量减少[①]；某些异文可经由其他材料得到验证，某些异文亦无法确认学派归属。宋本《玉篇》引文数量的减少以及引书体例的改变，导致其所引《诗经》学派属性不明，这严重削弱了其为《诗经》提供早期文本的价值。

总之，宋本《玉篇》文本层次复杂，相较于原本《玉篇》，引《诗》经注标识多有删改，诗派属性、注文属性不明，不可以"非毛即韩"的原则进行辑佚。在目前有原本《玉篇》残卷的情况下，当尽量避免用宋本《玉篇》辑佚、校勘《诗》经文本。

[①] 从《玉篇》字头来看，现存《玉篇》残卷数量是顾野王原本的八分之一；仅这八分之一的残卷，据李林芳统计，明确标示的《毛诗》引文为352例，还不包括引《韩诗》部分。可见顾野王《玉篇》引《毛诗》数量之丰富。参：何瑞《宋本〈玉篇〉研究》，第30页；李林芳《原本〈玉篇〉残卷征引〈毛诗〉用字的复杂性——兼及小学文献的引书问题》，第6页。

徐广《史记音义》所见《史记》异文新证举例

华 营

【内容提要】 徐广《史记音义》提供了丰富的《史记》异文,这些异文来源复杂,有些可以追溯到汉代。本文主要利用秦汉时期的出土文献,对这些异文进行新的考证,辨析了"䣊"与"斿"、"酅"与"廓"、"九"与"鬼"、"监"与"盐"、"续"与"赎"、"禹"与"鯀"、"更"与"受"、"楚"与"走"等八组异文的关系,涉及字形讹变轨迹、通假用字习惯、文字古今分化等情况。以此为例,探讨《史记》异文产生的原因、时代,以及《史记》文本在传抄中的演变等问题,并由此探讨出土文献在古籍异文研究方面的意义。

【关键词】 徐广《音义》 《史记》异文 出土文献 新证举例

徐广,东晋末、刘宋初年人,《晋书》卷八二、《宋书》卷五五、《南史》卷三三皆有传。徐广的职任多与管理皇家图书有关,掌握着丰富的图书资源,有机会查阅皇室所收藏的各种《史记》文本,从而进行校雠,最终完成《史记音义》(下称《音义》)一书。此书久已散佚,其大量条目为裴骃《史记集解》所采用而得以保存。《音义》"研核众本,具列异同",记录《史记》异文多达上千条[①],这些异文来源复杂,有些可以追溯到汉代。因此,利用秦汉时期的出土文献对这些异文进行考释,具有可行性,前人在这方面已做了一些启发性工作。[②] 本文即尝试利用秦汉时期的古文字材料,对徐广《音义》所涉及的《史记》异文进行新的考证,略举数例,考察其字形讹变轨迹、通假用字习惯、文字古今分化等情况,探讨《史记》异文产生的原因、时代,以及《史记》文本在传抄中的演变等问题。

【作者简介】华营,山东大学文学院博士。
① 此从张玉春说,见张玉春《魏晋六朝〈史记〉异本研究》,《古籍研究》1999 年第 4 期,第 27 页。
② 陈直《史记新证·自序》云:"多以出土之古器物,证实太史公之纪载,与逐字作训诂音义者,尚微有区别。"(陈直《史记新证》,北京:中华书局,2006 年,第 1 页。)但是,他也利用秦汉时期的权量、石刻、竹简、陶器诸铭文对《史记》异文实行了一些探讨,如《宋微子世家》"子辟公辟兵立",徐广注"一云辟公兵",陈氏根据出土的"辟兵龙蛇"玉印证明原文当作"子辟兵立"。(《史记新证》,第 87、88 页。)

一

《秦始皇本纪》:"蒙骜、王齮、麃公等为将军。王年少,初即位,委国事大臣。"

裴骃《集解》:"徐广曰'(齮)一作齕。'"

司马贞《索隐》:"王齮即王齕,昭王四十九年代大夫陵伐赵者。"

《六国年表》:"王齮击上党。"

裴骃《集解》:"徐广曰:'(齮)一作齕。'。"

《六国年表》"王齮击上党",《秦本纪》作"王齕击上党",则知如《索隐》所言"王齮即王齕"。《史记》篇目中,作"王齮"者有《秦始皇本纪》《六国年表》《吕不韦列传》,作"王齕"者有《秦本纪》《六国年表》《白起王翦列传》。

对于"齮""齕"这对异文的关系,前人已有论述,梁玉绳云:

徐云"一作齕",是也。《秦纪》《白起传》并作"齕",此两书皆作"齮",误。《年表》既作"齕"又作"齮",亦误。①

按,梁氏说非,马王堆帛书《战国纵横家书》277行:"胡不解君之玺以佩蒙骜、王齮也?"②是"齮"不误之力证。

蒋文认为,"齮""齕"很可能是一名一字的关系,《左传·昭公二十六年》有齐臣"高齮",《史记·鲁周公世家》引作"高齕",前人已指出"齕""齮"乃一名一字。此外还有一种可能性,即"齮""齕"二字属于同义换读。③ 按,蒋氏提供了两种意见,一名一字之说仅为一种推测,典籍中的运用看不出"名"与"字"的差异。"同义换读"的说法则颇有启发意义,不过作为一个人名,写作两个意义相近而读音不同的两个字,亦不合乎常理。④

王叔岷谓"'齮''齕'古通",⑤当是,"齮""齕"音近义通。上古音中,"齮"属疑母歌部,"齕"属匣母物部,疑母、匣母同为喉音,歌部、物部旁对转,亦可相

---

① 〔清〕梁玉绳《史记志疑》卷五,北京:中华书局,1981年,第168页。
② 裘锡圭主编《长沙马王堆汉墓简帛集成(叁)》,北京:中华书局,2014年,第259页。胡家草场汉简(60/46):"三年,秦上皇死,王齮将军归。"亦作"王齮"。见罗小华《湖北新出汉简杂识》,简帛网,2023年5月25日。
③ 蒋文《二年上郡守锜戈的铭文年代及相关问题》,《中国文字研究》第十八辑,第93页。
④ 从典籍与出土文献中都可以看到,一个人的名字可以有不同的写法,而前提是读音相同或相近,若是读音迥异而意义相近,则相当于是两个名字。
⑤ 王叔岷《史记斠证》,北京:中华书局,2007年,第188、192页。

通。《诗经·角弓》:"莫肯下遗,式居娄骄。"郑笺:"'遗'读曰'随'。"《荀子·非相》引作"莫肯下隧",杨倞注:"'隧'读为'随'。""遗""隧"属物部,"随"属歌部。《易·系辞下》:"夫坤,隤然示人简矣。""隤",陆德明《释文》云:"孟作'退',陆、董、姚作'妥'。""隤"属微部,"退"属物部,"妥"属歌部,由此可见三部关系密切。典籍中"谓"又常写作"为","谓"属物部,"为"属歌部。① 则"齮""龁"音近相通,音理上是可以成立的。

"齮""龁"皆从齿,有咬啮之义。《说文·齿部》:"龁,啮也。"《庄子·马蹄》"龁草饮水",成玄英疏:"龁,啮也。"《说文·齿部》:"齮,啮也。"《史记·高祖本纪》:"与南阳守齮战犨东。"《索隐》:"音檥,许慎以为侧啮也。"②"齮""龁"词义微有不同,而连用则无别,《史记·田儋列传》:"且秦复得志于天下,则齮龁用事者坟墓矣。"《集解》引如淳注:"齮龁犹齚啮也。"《索隐》:"齮龁,侧齿咬也。"即是其例。

综上,"龁""齮"不仅义通,音亦相近,则"王龁"之与"王齮",虽用字不同,而在当时人看来区别并不大。

在秦汉时期的出土文献中,我们发现此人之名尚有别的写法。《殷周金文集成》11362号著录了一件秦二年上郡守戈,内正面有铭文三行十六字;2008年网上曾披露过一件私人收藏的二年上郡守矛,有铭文二行十六字,其正面文字内容与《集成》所录二年上郡守戈完全相同。两件器物的铭文如下:

> 二年上郡守锜造,漆工衍、丞圂、工隶臣周。

据蒋文考证,"上郡守锜"即活跃于秦昭襄王晚期至秦王政初期的王齮:

> 自昭襄王四十七年任左庶长至秦政三年死,十多年间王齮身为将领,不断有攻取上党等显赫军功,最后加职做上郡守是合情合理的,这也符合上引陈平先生所指出的任郡守者身份的通例。庄襄王在位时间仅有三年,第四年便病死由嬴政即位。秦政初即位,大力褒奖重臣,王齮和蒙骜、麃公一起被封为将军,并至少在始皇二年时担任军事要地——上郡郡守之职,三年时死于任上。我们见到的三年上郡守锜矛应该就是在秦政三年到王齮死前那段时间监造的。③

---

① 详见高亨纂著、董治安整理《古字通假会典》,济南:齐鲁书社,1989年,第488页。
② 慧琳《一切经音义》卷五七引作"齮,侧啮也"。可知,《说文》原本当作"齮,侧啮也",今脱一"侧"字,当据《索隐》《一切经音义》补。从奇得声之字多有侧斜不正之义,如"猗"字,《荀子·宥坐篇》"虚则欹,中则正","猗"与"正"相反,倾斜之义;"踦"字,《韩非子·八经》"大臣两重,提衡而不踦",即偏斜之义;"掎"字,《说文·手部》:"掎,偏引也。"指从旁或从后拉住,《左传·襄公十四年》:"譬如捕鹿,晋人角之,诸戎掎之。""齮"从奇得声,正合"侧啮"之义。
③ 蒋文《二年上郡守锜戈的铭文年代及相关问题》,第95页。

其说当为可信。吴镇烽《商周青铜器铭文暨图像集成》17293号收录了一件以前"未著录"的战国晚期秦"上郡守犄戈",据文字说明可知,系陕西历史博物馆2001年7月征集入藏,戈内一面刻铭文三行十五字,释文为"五十年上郡守犄造,□□□之众、工阑",王伟认为:

> 关于郡守"犄",文献或写作"齮",苏辉认为"可能是见于史书的秦将桓齮",恐误。战国末至秦代,秦将名"齮"者有将军王齮,"王齮死"时在秦王政三年;又有桓齮,秦王政十年"桓齮为将军"。以上二人相关事迹均见于《史记·秦始皇本纪》。秦二世时期另有一"南阳守齮",见于《史记·高祖本纪》。以上三人中,"王齮"处于昭襄王五十年到秦政三年之间,故"五十年上郡守犄戈"的郡守应是王齮。①

其说当可从。那么,王齮之名还可以写作"王锜"或"王犄",皆从"奇"得声,而"犄"与"齮"两字的意符,一从"牙",一从"齿",意义相近,二字可看作异体字关系。

从秦汉时期的出土材料看,"齮""锜""犄"皆从"奇",《史记》的底本很可能写作"王齮",与《战国纵横家书》一致。后世因"齮""龁"音近义通,又"齮龁"连用,故《史记》在传抄过程中,受此影响,将部分"齮"写作"龁",于是形成了"王齮""王龁"交错出现的文本。

二

《吕后本纪》:"长兄周吕侯死事,封其子吕台为郦侯。"
裴骃《集解》:"徐广曰:'郦,一作鄌。'"

《齐悼惠王世家》:"二年,高后立其兄子郦侯吕台为吕王。"
裴骃《集解》:"徐广曰:'郦,一作鄌。'"
司马贞《索隐》:"二字并音孚。鄌,县名,在冯翊。郦县在南阳。"
张守节《正义》:"按:郦音呈益反。《括地志》云'故郦城在邓州新城县西北四十里',盖此县是也。"

《高祖功臣侯者年表》:"九年,子台封郦侯元年。"
司马贞《索隐》:"郦音历。一作'鄌',音敷。"

---

① 王伟《秦五十年上郡戈铭文校释及相关问题》,《古文字研究》第三十三辑,2020年,第312页。

酈、鄜是汉代常见的两个地名，一般而言，酈汉代属左冯翊，①鄜汉代属南阳，②这种情况下，二字的用法截然分明，然而从徐广《音义》提供的异文看，两个字的关系并没有那么简单，值得我们详加讨论。

《史记》吕台封为鄜侯，《汉书》之《外戚恩泽侯表》《高五王传》并作"酈侯"，则《高祖功臣侯者年表》之《索隐》所见本与《汉书》同。对于两个字的读音，《索隐》所注前后矛盾，《齐悼惠王世家》云"二字并音孚"，似谓二字是异体字，故音同，而《高祖功臣侯者年表》则云"鄜音历。一作'酈'，音敷"，则二字各有其音，是不同的两个字。《齐悼惠王世家》之《正义》谓"鄜音呈益反"，认为是南阳酈县。梁玉绳云：

> 徐广云"鄜，一作酈"，是，《汉书》作"酈"也。酈县在左冯翊，若南阳之鄜，则非所封矣，此与《功臣表》《齐悼惠世家》并误。但考《建元侯表》有下鄜侯，《汉表》作"下酈"，岂古字通用乎？③

按，梁氏谓"此与《功臣表》《齐悼惠世家》并误"，恐难以服人，而梁氏疑"岂古字通用乎"，则是很有道理的，出土文献可以帮助我们理解两个字的关系。

"丽""鹿"当是一字分化，二字不仅字形相似，音义本亦相近，何琳仪云："'鹿'、'丽'双声，均属来纽；'丽'从'鹿'，是'鹿'的孳乳字。"④郭永秉云：

> 从稍晚的古文字中"鹿"可用为"丽"的情况看，"鹿""丽"语音相近，似有可能是一字分化，"丽"所象的乃是一种特殊的"鹿"，或表示具有这种繁复大角的鹿的属性——"丽"（美丽）。这也就是说，"丽"字本来跟"旅行"可能并无关联。从古文字资料看，大概在春秋时代以后，"丽"字象特殊大角的部分，就逐渐被改造为"丽"声了。⑤

在战国的出土文献中，二字有时会混用，"鹿"用为"丽"字。包山二号墓简179 有人名"酓鹿耗"，简 181、190 有人名"酓鹿钜"，简 246 云："举祷荆王，自酓鹿以就武王。"⑥刘信芳认为，"酓鹿"是复姓，是由楚先王熊鹿而得氏，"酓鹿"应指楚先王熊丽。⑦清华简《楚居》简 3 称之为"丽季""丽"。2007 年安徽凤阳县

---

① 如《史记·封禅书》："文公梦黄蛇自天下属地，其口止于鄜衍。"司马贞《索隐》："鄜，地名，后为县，属冯翊。"其后有鄜畤。

② 如《史记·楚世家》："楚之故地汉中、析、酈可得而复有也。"

③〔清〕梁玉绳《史记志疑》卷七，第 238 页。

④ 何琳仪《说丽》，《殷都学刊》2006 年第 1 期，第 83 页。

⑤ 郭永秉《古文字与古文献论集续编》，上海：上海古籍出版社，2019 年，第 20 页。

⑥ 简 246 的"鹿"原作"鹿"，原释文作"绎"，何琳仪、李零释为"鹿"，读为丽，其说已得到学术界认可。"酓鹿"即《史记·楚世家》中的"熊丽"。参见陈伟等《楚地出土战国简册［十四种］》，北京：经济科学出版社，2009 年，第 86 页。

⑦ 陈伟等《楚地出土战国简册［十四种］》，第 86 页。

卞庄一号墓出土镈钟铭文"童丽公",刘信芳撰文指出,即安徽舒城九里墩出土鼓座铭文"童鹿公",皆应读作"钟丽公",亦即"钟离公"。① 此则"丽""鹿"混用的直接例证。②

可见,"郦""鄌"两个字在先秦时期,是可以作为一对异体字出现的,这种现象在秦汉时期尚有遗留。《史记·建元以来侯者年表》"下郦侯",《汉书·景武昭宣元成表》《西南夷两粤朝鲜传》作"下鄌侯",王念孙云:

> "下鄌侯左将黄同"。师古曰:"鄌音孚。"念孙案:师古音非也。"鄌"当为"郦",南阳郡之属县也。如淳曰:"'郦'音'躏躏'之'躏'。"《史表》作"下郦",《水经·湍水注》曰:"湍水东南流径南阳郦县故城东,汉武帝元封元年封左将黄同为侯国。"字皆作"郦"。且表在南阳,则是"郦"字明矣。若鄌县则在左冯翊,不在南阳也。③

按,王念孙谓"'鄌'当为'郦'"者,以误字视之,其说当非,"鄌""郦"当属混用,借助秦汉时期的出土文献,可以推知两个字的演变过程。

张家山汉墓竹简(247号墓)《二年律令》简457"析、郦、邓",整理者注:"郦、邓属南阳。"④简459"<字>、美阳、怀德",<字>从鹿从邑,可隶为"鄌",《说文·邑部》:"鄌,左冯翊县,从邑,麃声。"段玉裁注:"隶省作'鄌'。"则可知,此"鄌"即左冯翊"鄌"县,汉初与美阳、怀德俱属内史。

由上可推知,在汉代,南阳之"郦"或省写作"鄌","鄌"可谓是"郦"之异体字。表左冯翊县名之"鄌",可隶省作"鄌",则"郦""鄌"遂同形,两个地名由此产生了混淆,至唐代司马贞亦不能辨之。

吕台封邑在左冯翊,自当以"鄌"字为是,隶写为"鄌"字,而传抄者不知,以为是表"郦"异体之"鄌"字,而误转写为"郦",遂有《史记》中"郦""鄌"之混用情况,至唐代张守节遂将其与南阳之"郦"混为一谈了。

《汉书》中,"郦""鄌"二字尚存在混用的情况,不过二字已出现了明确的分工,如《索隐》所言"鄌在冯翊,郦县在南阳"。《史记》中以"郦"作"鄌"者,《汉书》中以"鄌"作"郦"者,当是后世改之未尽的情况,遂出现了徐广记录的异文。

徐广所录的"㳂一作灑"的异文,当与上面讨论的情况相似。

---

① 刘信芳、阚绪杭、周群《安徽凤阳县卞庄一号墓出土镈钟铭文初探》,《考古与文物》2009年第3期,第107页。安徽舒城九里墩出土鼓座铭文之"童鹿"二字,由何琳仪释出,见其论文《九里墩鼓座铭文新释》,《出土文献研究》第3辑,1998年,第67—68页。
② 上博简《天子建州(甲本)》简10"男女不语鹿",陈伟谓"鹿"恐读"丽",范常喜疑"鹿"读为"离"。
③ 〔清〕王念孙撰,徐炜君、樊波成、虞思徵等校点《读书杂志》(第2册),上海:上海古籍出版社,2014年,第523页。
④ 张家山二四七号墓竹简整理小组《张家山汉墓竹简〔二四七号墓〕(释文修订本)》,北京:文物出版社,2006年,第76页。

《司马相如列传》:"夏后氏戚之,乃堙鸿水,决江疏河,漉沈赡灾,东归之于海,而天下永宁。"裴骃《集解》:"徐广曰:'漉,一作灑。'"司马贞《索隐》:"《汉书》作'渐沈澹灾',解者云:'渐作灑,灑,分也,音所绮反。'"

"漉沈赡菑",《汉书》作"灑沈澹灾",师古曰:"灑,分也。沈,深也。澹,安也。言分散其深水,以安定其灾也。灑音所宜反。"《文选》同《汉书》,李善注引苏林曰:"澹音淡,言分其沈溺摇动之灾也。'灑'或作'渐'。"

《汉书·沟洫志》:"乃酾二渠以引其河。"注引孟康曰:"酾,分也,分其流泄其怒也。"王念孙云:

"酾"本作"灑",注内"酾"字并同,此后人不识古字,而以意改之也。《河渠书》作"厮",《索隐》曰:"'厮',《汉书》作'灑'。《史记》旧本亦作'灑'字,从水。韦昭云:'疏决为灑'。"据此,则《汉书》本作"灑"明矣。《司马相如传》"决江疏河,灑沈澹灾",《杨雄传》"灑沈灾于豁渎",师古并云:"灑,分也,所宜反。"则此注亦作"灑"明矣。《墨子·兼爱》篇"灑为九浍",字亦作"灑"。《文选·南都赋》"开窦灑流",李善曰:"《汉书音义》曰:'灑,分也。'"所引即孟康注。①

按,"灑"训"分也",与"渐""厮""酾"皆音近相通,而与"漉"音义相去甚远。《说文·水部》:"漉,浚也,从水鹿声。渌,漉或从录。一曰水下貌也。""渗,下漉也。"《广雅·释言》:"漉,渗也。"字又作"盝""淥",《尔雅》:"盝,竭也。"《方言》:"淥,涸也。""漉,极也。"郭璞注云:"渗漉极尽也。"司马相如《封禅文》云:"滋液渗漉。"《考工记·慌氏》云:"清其灰而盝之。"《月令》云:"毋竭川泽,毋漉陂池。""淥""盝""漉"并通,皆与下渗义相关,放在"漉沈"一词中是说不通的。

"漉""灑"关系当与"郦""酈"同,也是"鹿""丽"混用的一个例子,此处的"漉"本是"灑"字的一个异体字,《说文》中的"漉"与此处的"漉"当是同形字关系。《司马相如列传》或亦如《河渠书》原作"灑"字,而传抄过程中,或省写为"漉"字,后世抄者不知,遂延续下来,而不复知是"灑"字之省。

据《汉书》所用之"灑""酾""渐"诸字习惯可知,至少东汉早期,"漉""灑"二字也已完成了分化。

三

《殷本纪》:"以西伯昌、九侯、鄂侯为三公。九侯有好女,入之纣。"

裴骃《集解》:"徐广曰:'(九侯)一作鬼侯,邺县有九侯城。'"

---

① 〔清〕王念孙撰,徐炜君、樊波成、虞思徵等校点《读书杂志》(第2册),第693、694页。

张守节《正义》:"《括地志》云:'相州滏阳县西南五十里有九侯城,亦名鬼侯城,盖殷时九侯城也。'"

《鲁仲连邹阳列传》:"昔者九侯、鄂侯、文王,纣之三公也。"
裴骃《集解》:"徐广曰:'邺县有九侯城。九,一作鬼。'"
张守节《正义》:"九侯城在相州滏阳县西南五十里。"

"鬼侯""九侯"当指一人无疑,而典籍中写法不一,《史记》作"九侯",《竹书纪年》曰:"帝辛元年,命九侯、周侯、邘侯。"罗泌《路史·国名纪》曰:"九侯、鄂侯,纣三公。"与《史记》同。《礼记·明堂位》:"昔殷纣乱天下,脯鬼侯以飨诸侯。"作"鬼侯",《战国策·赵策》《韩非子·难言》《汉书·古今人表》同。

"九""鬼"两字的关系,古人已有论及。《明堂位》"脯鬼侯",孔颖达《正义》:

> 脯鬼侯者,《周本纪》作"九侯",故庾氏云:"《史记》本纪云:'九侯有女入于纣,侯女不好淫,纣怒杀之。''九'与'鬼'声相近,故有不同也。"

按,庾氏说可从。"九""鬼"音近可通,而上古音中,"九"属见母幽部,"鬼"属见母微部,声母相同,而韵部似相隔较远,二字何得以相通,前人则语焉不详,无所论证。

从古书与出土文献的用字情况看,幽、微两部关系密切。龙宇纯《上古音刍议》专门讨论了幽部与微部、文部的音转,① 其中属于幽部转读微部者约有二十组字例,在此基础上,李家浩先生《楚简所记楚人祖先"妣(鬻)熊"与"穴熊"为一人说——兼说上古音幽部与微、文二部音转》一文又对之加以补充,举出了十四条例证,其中三例如下:

(1)《礼记·曲礼下》"苞屦、扱衽、厌冠,不入公门",郑玄注:"苞,或为'菲'。""苞"属幽部,"菲"属微部。

(2)古代吴国有地名"檇李",见《左传》定公十四年《经》、《史记·吴太伯世家》,《公羊传》作"醉李",《越绝书》的《记吴地传》《吴内传》和《汉书·地理志》会稽郡属县"由拳"下班固自注作"就李"。"檇""醉"属微部,② "就"属幽部。

(3)郭店楚简《缁衣》12号"子曰:禹立三年,百姓以仁道",《礼记·缁

---

① 龙宇纯《上古音刍议》,《"中研院"历史语言研究所集刊》第六十九本第二分,1998年,第380—389页。
② "檇",郭锡良归入支部,郑张尚方、潘悟云归入微部。

衣》与此相当的文字"以仁道"作"以仁遂"。《礼记·乐记》"气衰则生物不遂",《史记·乐书》与此相当的文字"不遂"作"不育"。《淮南子·兵略》"天化育而无形象,地生长而无计量",《文子·自然》与此相当的文字"化育"作"化遂"。"道""育"属幽部,"遂"属物部。①

其他如,出土的战国文字资料中,"艸茅"一词,郭店简《六德》简12作"中茆",上博简《子羔》作"卉茅"等,"艸"属幽部,"卉"属微部。

通过以上诸例可知,上古音中幽部、微部相通当是可信的,然而传世文献中,却未发现"九""鬼"或以"九""鬼"为声符的字相通之例,是为一疑。《玺汇》中有如下两方玺文:

胥鬼月(2767)
胥鬼月(2934)

徐在国疑"鬼"读为"九",与《玺汇》462"王五月"、1613"曹五月"相类,乃以出生月份为名。② 此外,《程训义》"肖鬼月",《古玺汇考》"长鬼月",徐俊刚亦读"鬼"为"九",③与上类似。战国金文中还有一个"魋"字(以下用△表示):

冶△　　　十七年相邦春平侯铍(《集成》11690)
冶△　　　三年相邦建信君铍(《集成》11687)
冶胥△　　八年相邦建信君铍(《集成》11679)

徐俊刚认为,△当是"鬼月"的合文,亦读为"九月"。④ 又,《玺汇》1095"九侯獴",3446"九侯陞",徐俊刚读"九侯"为"鬼侯",⑤若此说可信,不失为"九""鬼"直接相通的例子。

四

《秦本纪》:"十一年,齐、韩、魏、赵、宋、中山五国共攻秦,至盐氏而还。"
裴骃《集解》:"徐广曰:'盐,一作监。'"
张守节《正义》:"《括地志》云:'盐故城一名司盐城,在蒲州安邑县。'按:掌

---

① 李家浩《安徽大学汉语言文字研究丛书·李家浩卷》,合肥:安徽大学出版社,2013年,第212—217页。按:此文中说的幽部包括其入声觉部,微部包括其入声物部。
② 徐在国《古玺文释读九则》,《考古与文物》2002年第5期,收入《安徽大学汉语言文字研究丛书·徐在国卷》,合肥:安徽大学出版社,2013年,52—59页。
③ 徐俊刚《非简帛类战国文字通假材料的整理与研究》,吉林大学博士学位论文,2018年,第265页。
④ 徐俊刚《非简帛类战国文字通假材料的整理与研究》,第265页。
⑤ 徐俊刚《非简帛类战国文字通假材料的整理与研究》,第68页。

盐池之官,因称氏。"

"盐"从监得声,《说文·盐部》:"盐,咸也,从卤监声。"故二字可相通,典籍与出土文献中皆有其证。《战国策·楚策四》:"夫骥之齿至矣,服盐车而上太行。"《文选·七发》"齿至之车",李善注引《战国策》"盐车"作"槛车"。① 《灵台沟门西汉镜》有"鑑",②裘锡圭认为,此字即"盐"字,借为"监",即"鉴"字。③ 此说是。

张家山汉墓竹简(247号墓)《二年律令》简461"御府盐、和〈私〉府盐","御府盐"即御府监,为少府令属官;"私府盐"即私府监,为詹事属官。④ 以上是"盐"用作"监"之例。同时,《二年律令》简466又有"宦者监仆射""光〈永〉巷监""长信宦者中监",皆用"监"字,则可见在当时的文献中"监""盐"二字并用。武威汉简《仪礼》:

  甲本《特牲》简24:取肝擩于监,振祭,哜之,加于俎,卒角,拜。
  《特牲》简28:左执爵,取肝擩监,坐振爵,哜之。
  甲本《有司》简65:次宾羞牢燔,用俎,监左〈在〉右。
  《有司》简65:【尸】兼取燔擩于监,振祭,斋之。

以上"监"字,传世本《仪礼》皆作"盐",是"监"用作"盐"之例。由上可知,西汉时期,"监""盐"互作,当是时人书写中的一种习惯。

由此,我们也可以纠正王念孙的一个错误说法。《汉书·地理志下》:"临羌,莽曰盐羌。"《水经注·河水注》作"监羌"。王念孙云:

  "盐羌"当依《水经注》作"监羌",凡县名上一字称"临"者,王莽多改为"监"。⑤

按,王说非,作"盐羌"亦符合王莽时期的用字习惯,《水经注》作"监羌"者,盖以后世用字习惯改之。

《正义》谓"掌盐池之官,因称氏",作为姓氏,"盐"当为正字,《史记》原本当作"盐"字,文本传抄过程中,或抄为"监",从而形成了徐广注"盐一作监"的异文,此异文在西汉时期应该就已形成。

---

① 〔南朝梁〕萧统编,〔唐〕李善注《文选》,上海:上海古籍出版社,2019年,第1592页。
② 徐无闻主编《秦汉魏晋篆隶字形表》,北京:中华书局,2019年,第590页。
③ 裘锡圭《〈秦汉魏晋篆隶字形表〉读后记》,收入《裘锡圭学术文集》第三册,上海:复旦大学出版社,2012年,第367页。
④ 张家山二四七号墓竹简整理小组《张家山汉墓竹简〔二四七号墓〕(释文修订本)》,第78页。
⑤ 〔清〕王念孙撰,徐炜君、樊波成、虞思徵等校点《读书杂志》(第2册),第674页。

五

《扁鹊仓公列传》:"妾切痛死者不可复生而刑者不可复续,虽欲改过自新,其道莫由,终不可得。"

裴骃《集解》:"徐广曰:'(续)一作赎。'"

"续",《史记·文帝本纪》《汉书·刑法志》《列女传·辩通传》"齐太仓女"条皆作"属"。《汉纪》、《白氏六帖》卷十三引《文帝纪》则皆作"赎",与徐广注所称一本合。

续者,接合;赎者,赎救,置于文中,似皆可通。按,此"赎"不当理解为赎救,而是与"续"音近相通。"死者不可复生,刑者不可复属",在汉代当是熟语,类似的句子,其他典籍亦有之,如《尚书大传》:"死者不可复生,断者不可复续也。"《汉书·路温舒传》:"夫狱者,天下之大命也,死者不可复生,断者不可复属。"颜师古曰:"属,连也。"或作"刑者",或作"断者","刑""断"义亦相成,"刑"有割断之义。① "续""属"相对成文,皆是接合的意思,"赎"亦当是此义。

"续""赎"古字相通。《后汉书·文苑传下》:"昔原大夫赎桑下绝气,传称其仁。"李贤注:"'赎'即'续'也。"出土文献中亦有以"续"假借为"赎"者,《岳麓书院藏秦简(肆)》:

《第二组简·金布律》125:有贩殹,旬以上必于市,不者令续迁,没入其所贩及贾钱于县官。

《第二组简·戍律》简190:岁上春城旦、居赀续、隶臣妾繕治城塞数、用徒数及黔首所繕、用徒数于属所尉,与计偕。

《第三组简》简361:为徒隶员,黔首居赀续责者,勿以为员。

按,整理者认为此三处"续"皆是"赎"之误字,不可从,"续"当读作"赎"。《第三组简》简284"黔首居赀赎责","赎"用其正字。此是"续""赎"相通之确证。

六

《扁鹊仓公列传》:"济北王遣太医高期、王禹学,臣意教以经脉高下及奇络结。"

---

① 《说文·刀部》:"刑,剄也。"《说文系传》:"以刀有所割,如人谓自刺为自刑也。"段玉裁注:"刑者,剄颈也,横绝之也。"《汉书·淮南厉王传》:"辟阳侯出见之,即自袖金椎椎之,命从者刑之。"颜师古曰:"直断其首。"《新序·杂事五》:"共王闻之,使人问之曰:'天下刑之者众矣,子独何哭之悲也?'""刑",《韩非子·和氏》作"刖",即砍断脚。《说文》"刑"为割颈自杀的专有名词,也是从割的意义引申来的。

裴骃《集解》:"徐广曰:'禹,一作龋。'"

"禹""龋"音近相通,张家山汉墓竹简(247号墓)《脉书》简3:"在齿,痛,为虫禹。其痏,为血禹。""禹"读为"龋"。本简亦有"龋"字,《引书》简98:"觉以啄齿,令人不龋。其龋也,益啄之。"用其本字。

疑"王禹"之名,或缘其患有龋齿的特征,类似于《左传》名"子鉏"者,①《史记》底本或本用"禹"字而表"龋",或本用"龋"而省写为"禹",今亦莫能明。而据张家山汉简中,二字交错出现,则可知西汉时"禹""龋"二字并行,而后世未见此用法者,徐广《音义》所列异文,当亦出现于汉代的传抄过程中。

七

《夏本纪》:"孔甲赐之姓曰御龙氏,受豕韦之后。"

裴骃《集解》:"徐广曰:'受,一作更。'骃案:贾逵曰:'刘累之后至商不绝,以代豕韦之后。祝融之后封于豕韦,殷武丁灭之,以刘累之后代之。'"

《左传·昭公二十九年》作"更豕韦之后",对于"受""更"两字的关系,前人主要有两种看法。其一,古字通用,梁玉绳云:

> 徐广谓"受,一作更",与《左传》合,盖古字通用。《周纪》"膺更大命",一本作"受",惠氏栋《左传补注》曰:"《周礼·巾车》'岁时受读'……《仪礼·燕礼》及《大射仪》注皆云古文'更'为'受',是古今字也。"②

按,梁氏从惠栋之说,认为"受"与"更"是古今字关系,此说不妥帖。无论是"杜子春云'受'当为'更'",还是"注皆云古文'更'为受'",都只能表明其两个文本的存在,并不能推出二者古今字的关系。③ 并且,上古音中"受""更"相去悬远,亦无由古字通用。

其二,形近互讹。王叔岷云:

---

① 《左传·昭公十六年》:"子鉏赋《野有蔓草》。"以其牙齿参差不齐,故谓之"鉏"。
② 〔清〕梁玉绳《史记志疑》卷二,第42页。
③ 关于《周礼·巾车》"岁时更续,共其敝车"一句,郑玄注:"故书'更续'为'受读'。杜子春云:'受当为更,读当为续。更续,更受新。共其弊车,归其故弊车也。'玄谓俱受新耳。更,易其旧;续,续其不任用。共其弊车,巾车既更续之,取其弊车,共于车人,材或有中用之。"孙诒让《正义》:"杜子春'受当为更,读当为续'者,段玉裁云:'一为字误,一为声误也。'"(〔清〕孙诒让《周礼正义》,北京:中华书局,2013年,第2190页)。则段氏认为"'受'当为'更'"是字误,亦即"受"乃"更"之误字。又,王充《论衡·祸虚》:"白起知己前罪,服更后罚也。"黄晖《校释》:"'更''受'古通。《史记·夏本纪》:'受豕韦之后。'徐广曰:'受,一作更。'《仪礼·燕礼》注:'古文更为受。'"亦认为是古字通用。

案《左》昭二十九年传"受"作"更"。《集解》引贾逵注"以代豕韦之后"。正以"代"释"更"。此文作"受",乃"更"之误。"更"正作"叓",与"受"形近,故致误耳。《周本纪》之"膺更大命","更"又"受"之误也。①

按,从出土文献来看,"受""更"字形讹误的可能性很大,王说近之。范常喜认为汉代简帛中"更""受"二字字形比较接近,分别作:

更:叓(马·战307)、叓(银417)、叓(银950)、叓(居100·39)
受:叓(马·阴乙021)、叓(银630)、叓(居173·31)、叓(居178·20)

二字相混的时代为汉代中晚期,因为从马王堆帛书和银雀山汉简文字材料来看,二者区别尚明显,只是随着汉代草书的发展,居延汉简中二字的字形已相当接近,从而使二字相混的可能性增加。② 其说是。武威汉简《仪礼》:

甲本《特牲》简30:宗妇荐豆、俎,从献皆如主人,主人受爵,诈(酢)。
《特牲》简31:受爵,诈(酢)于主人,卒复位。

"受爵",今本皆作"更爵"。郑玄注:"古文'更'为'受'。"可见,武威汉简本与郑玄所谓的"古文"同,简本"受"实为"更"之讹误。

"受""更"互讹,还有一种可能,即"受"与"叜"互讹,"叜"与"更"互讹,致"受""更"相乱。《孝武本纪》"而使黄锤史宽舒受其方",王叔岷云:

案《封禅书》《汉志》"受"字并同。《封禅书考证》引徐孚远曰:"少君已死何所从受? 当是修其遗方。"窃疑"受"乃"叜"(俗作叟)之误。……"叜"字隶变亦作"更",蔡邕《独断》上:"'五更'或为'叜'。"即其证。故"更""受"相乱,"叜""受"亦相乱也。③

按,王氏疑"'受'乃'叜'之误",出土文献亦可佐证其说,如银雀山汉简《迎四时》简1886:"秋养九老于西堂,冬养六受于北堂。"④"老"与"叜"对言,"受"当即"叜"字之讹。⑤ 隶书"叜""更"形近易混,《武威汉简医简》简73有"老廋者",

---

① 王叔岷《史记斠证》,第74页。
② 范常喜《郑玄注〈仪礼〉形讹古文新证九则》,《孔子研究》2014年第4期,第83页。
③ 王叔岷《史记斠证》,第431页。
④ 银雀山汉墓竹简整理小组《银雀山汉墓竹简(贰)·释文注释》,北京:文物出版社,2010年,第223页。
⑤ "受""叜"也有可能是音近相通,受,禅母幽部;叜,心母幽部,禅母属舌音,心母属齿音,而舌音与齿音也有相通的现象,如"束",书母字;而从束得声的"速""涑""悚""𣗥"则为心母,章组字与精组字相通。孟蓬生即认为"受""叜"本由一字分化,详参其论文《〈楚辞·天问〉"悟过改更"新证——兼论受、叜同源》,收入清华大学出土文献研究与保护中心编《半部学术史,一位李先生:李学勤先生学术成就与学术思想国际研讨会论文集》,北京:清华大学出版社,2021年,第681—686页。

庚即"瘦"字;居延新简爱书简8、24"黄牛微庚",即"黄牛微瘦"。武威汉简《仪礼》甲本《服传》简42"是𠰢亦可谓母也",𠰢即"嫂"字,其所从之"叟"与"更"字几无分别。《长沙走马楼三国吴简(壹下)》简2512:"船十一梗所用前已列言。"整理者注:"'梗'为'艘'之别体。"①

综上,我们认为"受""更"二字互讹,《夏本纪》"受豕韦之后",当从《左传》作"更",裴骃引贾逵曰:"刘累之后,至商不绝,以代豕韦之后。"正如王叔岷所言,"代"当是解释"更"字的,是承袭前人的注释。《左传·昭二十九年》"以更豕韦之后",杜预注:"更,代也。以刘累代彭姓之豕韦。"孔颖达《正义》:"传言以更豕韦之后,则豕韦是旧国,废其君,以刘累代之。"俱以"代"释"更"字,则裴骃所见《史记》本当作"更"字。疑《史记》本亦作"更",传抄过程中,或因形近直接讹而为"受",或先因形近讹为"叟",又因音近讹为"受",从而形成了徐广注"受一作更"的异文。

八

《秦本纪》:"攻晋军,斩首六千,晋楚流死河二万人。"

裴骃《集解》:"徐广曰:'楚,一作走。'"

张守节《正义》:"按:此时无楚军,'走'字是也。"

"楚""走"形近而讹。汉隶中,同形偏旁,部件可以简省,如"艸"可以省写作"屮","雔"可以省写作"隹"等,马王堆竹简《天下至道谈》简33"四曰𭁇实","𭁇"即"勞"字省写。②"楚"字也有类似省写的独特写法,马王堆帛书《战国纵横家书》中大量写作𦊆,③银雀山汉简作𦊆(《孙膑兵法》简189),上作木,下作疋,与形作𧺆的"走"字接近。④梁玉绳云:

> 徐广云"楚,一作'走'",《正义》云"此时无楚军,'走'字是也"。因有斯注,古史遂从之作"晋军走",而不知其谬耳。改"楚"作"走",则"流死"之文不可接。谓"时无楚军"尤为呓语。盖即楚救邯郸之兵,始缘秦伐赵邯郸而救赵,继缘秦伐魏宁新中而救魏。《楚世家》称"救赵至新中"可证已。

---

① 走马楼简牍整理组主编《长沙走马楼三国吴简·竹简[壹]》下册,北京:文物出版社,2003年,第946页。

② 详参黄文杰《秦汉文字的整理与研究》,北京:社会科学文献出版社,2015年,第225页。

③ 刘钊主编《长沙马王堆汉墓简帛文字全编》,北京:中华书局,2020年,第667页。

④ "走"字,《龙龛手镜·足部》形作"𧺆",疑亦是汉代字形的遗留,与汉代的"歨"字形相近。

按,梁氏是。疑《史记》本作"楚"字,形或有作"歨"者,后世鲜见,抄者不识,遂误写为"走"字。

以上,我们结合出土文献,辨析了"齮"与"齕"、"郿"与"廊"、"九"与"鬼"、"监"与"盐"、"续"与"赎"、"禹"与"蠇"、"更"与"受"、"楚"与"走"等八组《史记》异文的关系,由此可以看出出土文献在古籍异文研究方面的意义。其一,关于异文的产生,从出土文字资料,我们可以清楚看到"更"与"受"、"楚"与"走"字形间讹误的变化轨迹,从而理解异文产生的原因。其二,关于文字古今的变化,通过分析出土古文字资料中"鹿"与"丽"混用现象,我们才能更好理解地"郿"与"廊"的字形演变,推知古籍文本在传抄中的变化。其三,关于用字习惯,从"监"与"盐"、"续"与"赎"、"禹"与"蠇"在汉简帛中的运用,可以明白当时的用字习惯,从而有助于我们理解异文的形成,判断异文的关系及其产生的大致年代。其四,关于通假字,如"九"与"鬼"在出土材料中的运用,为我们提供了文字间新的通假证据。其五,关于丰富异文材料,从上郡守戈、矛的铭文,我们得知,秦将名除"齮""齕"外,还可以写作"锜""骑",从而使我们对异文关系做出新的判断。因此,充分利用出土文献,可谓是现今古籍异文研究的一条重要途径。

粹言不粹：《二程粹言》编纂考

祁博贤

【内容提要】《二程粹言》之编者相传为杨时，但杨时生前并未完成对二程语录的删削改写工作。另有众多学者认为《粹言》出自胡寅，但胡寅编纂的二程语录与《粹言》有明显不同，《粹言》前序亦非张栻所作。《粹言》书中所载条目并非皆出自二程，有一部分来自张载及二程弟子，可见其编选取材之混乱。《粹言》中有数则文本可见于吕祖谦语录，《粹言》前序中提到的底本可能是吕祖谦曾经提及的高闶本《二程语录》，《粹言》编者可能是与吕祖谦有关的学者。《粹言》对所载二程材料多有改写，其中有一些偏离了文本的原意，但反映了《粹言》编者的思想倾向。通行的二卷本《粹言》文字错讹颇多，应依据现存唯一的另一系统版本即朝鲜刻本《二程先生传道粹言》予以校订。《粹言》不应被视为研究二程思想的一手材料，但为分析二程思想在南宋的接受情况提供了独特的参照。

【关键词】《二程粹言》 程颐 杨时 张栻 吕祖谦 李退溪

《二程粹言》（或称《河南程氏粹言》《伊川粹言》等，以下简称《粹言》）一书以文言改写的形式收录了885条二程语录，且其中多有不见于《遗书》《外书》《文集》等处者，历来被视为研究二程思想的一手材料而受到学者重视。当代学者在研究二程思想时，亦不乏直接援引《粹言》以立论者。但事实上此书的编者、成书时间以及材料来源等一系列问题，却是疑点重重、争议不断。本文尝试梳理相关资料，结合已有研究，对上述问题试作说明，以求更加清楚地认识《粹言》一书的局限性，为正确看待《粹言》的价值提供思路。

【作者简介】祁博贤，中国人民大学哲学院博士研究生。
【基金项目】教育部人文社科基金青年项目"谢良佐著作整理与研究"（20YJC720002）、岳麓书院《周易》经学研究博士学位论文资助项目（第1期）（YLZYBS2024012）阶段性成果。

一 来历不明：《粹言》编者及前序考

(一)《粹言》非杨时所编

《粹言》一书，据前序所述，为二程弟子杨时所编。① 历代学者对《粹言》文本的信任很大程度上是来自杨时的编者身份，如徐必达曰："龟山程门高第，当有深契两先生之心，而先得乎南轩之同然者。然则读语录又安可不读《粹言》也？"②《四库提要》亦言："惟时师事二程，亲承指授，所记录终较剽窃贩鬻者为真。程氏一家之学，观于此书，亦可云思过半矣。"③然而该书是否真出杨时之手，古今中外学者如杨廉、李退溪、葛瑞汉、土田健次郎、赵振等多持怀疑态度。怀疑的理由可总结为三点：④

(1) 包括杨时、朱熹文集在内的宋代文献均无关于《粹言》的记载。

(2) 署名张栻的《粹言》前序不见于张栻文集，可能是伪作，其中叙述不足采信。

(3)《粹言》前序中提到的底本《河南夫子书》，可能是《朱子语类》中曾提到、《程氏外书》曾部分引录的胡寅所编《二程语录》。

不过近年来，也有学者认为上述理由还不足以彻底否定《粹言》为杨时所编。如庞万里直接否定《朱子语类》记载的严谨性，主张《粹言》一书"出自杨时是较可靠的"⑤。胡鸣、佟欣妍则在吸纳质疑观点、认可《粹言》编成有湖湘学派参与的同时，仍然主张《粹言》的底本是杨时整理二程资料的遗稿。⑥

为了澄清《粹言》与杨时的关系，有必要对杨时生前整理二程语录的情况作一考察。杨时晚年在四封与胡安国的书信中提到自己编辑程氏语录的情况，即《答胡康侯》第九、十一、十二、十四书。⑦ 按信中所说，杨时不过是初步作

---

① 前序谓"是书成于龟山先生"。见《河南程氏粹言序》，〔宋〕程颢、程颐《二程集》，北京：中华书局，2004年，第1167页。
② 〔明〕徐必达《刻二程全书序》，〔宋〕程颢、程颐撰，徐必达校正《二程全书》卷首，明万历三十四年(1606)刻本，第10叶a—第11叶a。
③ 〔清〕永瑢等《四库全书总目》卷九十二，北京：中华书局，1965年，第778页。
④ 土田健次郎曾将怀疑《粹言》为杨时所作的理由归结为六点，本文在其基础上作了进一步概括。参见[日]土田健次郎《道学之形成》，朱刚译，上海：上海古籍出版社，2010年，第454—455页。
⑤ 庞万里《与二程相关的几点哲学思想及史料问题之辨析——兼评葛瑞汉书中的一些观点》，《北京航空航天大学学报(社会科学版)》2004年第4期，第10页。
⑥ 胡鸣《〈二程粹言〉编者考辨》，《石河子大学学报(哲学社会科学版)》2018年第4期，第119—124页。佟欣妍《『二程粹言』のテキスト研究》，东京大学中国哲学研究会编《中国哲学研究》第32号，2022年，第37—45页。
⑦ 〔宋〕杨时《杨时集》卷二十，北京：中华书局，2018年，第552—557页。四封书信写于绍兴三年(1133)、四年(1134)，距杨时绍兴四年去世时间甚近，故足以反映杨时生前整理二程语录的最后情况。系年见〔宋〕黄去疾《龟山先生文靖杨公年谱》，吴洪泽、尹波主编《宋人年谱丛刊》第5册，成都：四川大学出版社，2003年，第3410页。

了"编集诸公所录,以类相从"的工作,虽有"渐次删润"之计划,但因忙于《三经义辨》而未能付诸实践,这与《粹言》中所有材料都经过文言改写的面貌大为不同。且《粹言》前序称"《河南夫子书》,变语录而文之者也……余始见之,卷次不分,编类不别"①,则《粹言》底本是只作了文言改写而尚未分类,这也与杨时生前的整理情况不符,申绪璐即据此指出《粹言》"有别于杨时所编之'以类相从,编录成帙'的《语录》"②。

杨时去世后,杨时的弟子、女婿陈渊提到杨时生前未及修成二程语录:"唯明道、伊川《语录》,意欲修之未暇……此重可痛也。"③而胡安国之后的湖湘学者,也都持此观点,如张栻曾说:"二先生《遗书》……向来龟山欲删正,而迄未下笔。"④曾从学于胡寅的刘荀亦言:"胡文定公屡请龟山是正《程氏语录》,终不闻下笔,文定公亦卒莫敢措一辞。"⑤这进一步表明《粹言》不可能出于杨时之手。

至于佟欣妍等主张的杨时遗稿为《粹言》底本这一观点,其主要依据是《粹言》对《遗书》卷十八《刘元承手编》中材料的频繁使用。此卷语录是陈渊于建炎元年(1127)得自刘安节之子,陈渊必曾将其交予有意整理二程语录的杨时。而《粹言》引用改写自《刘元承手编》的材料达164条之多,在《遗书》各卷之中遥遥居首,由此可推测杨时手中的二程语录资料与《粹言》之间有直接的承袭关系。⑥但自杨时、陈渊以降,尤其是朱熹编《遗书》之后,《刘元承手编》流传甚广,对当时学者而言并不难见,而此卷篇幅在《遗书》中又属最长,故《粹言》引用频繁本在情理之中,仅凭此点无法断定《粹言》与杨时有关。且依循此种思路,还可给出两个反证:其一,《遗书》卷十八最后8条为陈渊本所无,⑦似不应

---

① 《河南程氏粹言序》,《二程集》,第1167页。
② 申绪璐《两宋之际道学思想研究——以杨龟山为中心》,复旦大学博士学位论文,2011年,第35页。
③ 〔宋〕陈渊《与胡康侯侍读书》二,曾枣庄、刘琳主编《全宋文》第153册,上海:上海辞书出版社、合肥:安徽教育出版社,2006年,第240页。
④ 《新刊南轩先生文集》卷二十五《答胡季随》四,〔宋〕张栻《张栻集》,北京:中华书局,2015年,第1147页。
⑤ 〔宋〕刘荀《〈明本释〉校注》,陈广胜校注,郑州:郑州大学出版社,2021年,第237页。
⑥ 见《「二程粹言」のテキスト研究》,第28—38页。此说最早由市来津由彦提出,参见市来津由彦《朱熹门人集团形成の研究》,东京:创文社,2002年,第121页。
⑦ 《遗书》卷十八"问人子"条下小字注云:"陈本止此,以下八段,别本所增。"见《二程集》,第245页。若以《诸儒鸣道》为据,属于陈渊本的材料还要更少。《诸儒鸣道》卷三十五至卷三十六为《刘元承手编》,陈渊题记在卷三十六末。而卷三十七至卷四十前半题为《附手编后》,共载115条语录(卷三十七首叶错印为卷三十五首叶,略去不计),似皆不应为陈渊本所有,然而其中有107条见于《遗书》卷十八后8条之前。

在杨时遗稿的范围中,但其中有数条也被《粹言》引用。① 其二,据佟欣妍统计,《粹言》没有一条材料来自《遗书》卷二十四《邹德久本》。② 邹柄(字德久)为杨时弟子,其所传程氏语录很可能得自杨时,或为协助杨时而搜集得来。若《粹言》底本果为杨时遗稿,不应对此卷毫无涉及。综上,《粹言》出自杨时的观点应予推翻。

(二)《粹言》不出于湖湘学派

除了《粹言》为杨时所编这一传统观点外,明代杨廉等认为《粹言》可能是湖湘学者胡寅所编的二程语录《河南夫子书》,③英国汉学家葛瑞汉则从文体和内容方面补充了证据。④ 对于胡寅所编二程语录,《朱子语类》曾有提及:"胡明仲文伊川之语而成书,凡五日而毕。世传《河南夫子书》,乃其略也。"⑤韩元吉《书师说后》一文也有记述:"二程先生讲论答问之言,门弟子记之……其号《伊川杂说》,自通言明大本而下,名以为十三篇者,胡明仲兄弟所辑也。"⑥由于胡寅本语录已佚,要考察其与《粹言》的关系只能借助上述记载。《粹言》的文本特征主要有二,一是文言改写,二是全书分为十篇。胡寅所《伊川杂说》是对程氏语录作文言润色,这与《粹言》一致;但其书分为十三篇,首篇是"通言明大本",则与《粹言》不同,由此可知二者并非一书。而《杂说》的节略本《河南夫子书》虽与《粹言》前序中提到的底本书名一致,但在分篇形式上应当延续《杂说》,不应像《粹言》那样厘为十篇或如《粹言》前序中提到的底本那样"卷次不分,编类不别"⑦。此外,朱熹所编《程氏外书》卷七《胡氏本拾遗》中的"别本拾遗"部分(葛瑞汉认为"别本"即胡寅本)摘录 4 条文本,其中 2 条见于《粹言》,葛瑞汉曾据此论证《粹言》与胡寅本的关系。⑧ 但庞万里、金洪水、赵振都已指出,《粹言》中还有不少不见于其他二程著作的条目未被"别本拾遗"部分所补

---

① 如《论道篇》"或问学者何习"条本于《遗书》卷十八"学者后来多耽"条,《论书篇》"刘绚问"条本于《遗书》卷十八"上古之时"条。见《二程集》,第 1196、1200、245、246 页。
② 《「二程粹言」のテキスト研究》,第 29 页。
③ 杨廉《程子粹言重刊序》:"朱子尝谓:'胡明仲文伊川之语而成书,凡五日而毕,世传《河南夫子书》是也。'则又似指此书为言矣。"见〔明〕杨廉《杨文恪公文集》卷二十一,《续修四库全书》第 1332 册,上海:上海古籍出版社,2002 年,第 553 页。
④ 参见〔英〕葛瑞汉《中国的两位哲学家:二程兄弟的新儒学》,程德祥译,郑州:大象出版社,2000 年,第 218—219 页。
⑤ 〔宋〕黎靖德编《朱子语类》卷九十七,北京:中华书局,1986 年,第 2481 页。
⑥ 〔宋〕韩元吉《书师说后》,《全宋文》第 216 册,第 117 页。
⑦ 《河南程氏粹言序》,《二程集》,第 1167 页。
⑧ 《中国的两位哲学家:二程兄弟的新儒学》,第 218—219 页。

充,这表明《粹言》较之胡寅本另有不少多出的内容。①

此外尚有一处文本证据表明《粹言》与胡寅及胡氏家族无关:《论学篇》有"万物之体即我之体"②一句,而胡大原在与张栻的书信中曾批评与之基本一致的"万物之体即己之体"之说"似未识仁"。③ 胡大原是胡寅之子,若胡寅本语录中已有此语,胡大原不应不知,似不应如此直言驳斥此语。综上所述,《粹言》与胡寅所编的《伊川杂说》以及《河南夫子书》均有明显不同,不能将《粹言》归于胡寅名下。

另外,赵振认为《粹言》可能是胡大原"在其父胡寅所改写的语录本子的基础上分类整理而成"④。但据张栻书信可知,胡大原所编语录只是"类《遗书》中语"⑤,而《粹言》中却有大量不见于《遗书》的材料。而"万物之体即我之体"既为胡大原所反对,也不应存在于胡大原所编的二程语录中,由此可知《粹言》亦非胡大原所编,《粹言》之成书与胡氏家族并无可以证实的关联。

(三)《粹言》前序非张栻所作

《粹言》与湖湘学派的另一关联,在于张栻可能参与了《粹言》的整理并为之作序,根据是《粹言》前序末有张栻署名。不过在明初流传的版本中,这篇序文似乎并无署名。宋濂《诸子辨》论及《粹言》时提道:"前有序,不著氏名。东阳厉鹗翁云,相传为广汉张栻作。"⑥可见宋濂所见《粹言》前序本无署名,只是当时流传着此序为张栻所作的说法。四库馆臣据此推测"明初此书尚不著栻之名……当为后人据濂语补题也"。⑦《粹言》序的行文体例可以佐证这一观点。《粹言》序署名"南轩张栻"⑧,但《南轩集》中序跋文字署名皆为"广汉张栻",《粹言》序的署名不符合张栻的习惯,应当的确不是本人所题。

自杨廉以来,学者多据张栻文集未载此序而断其为伪托。⑨ 不过确如胡鸣所言,《南轩集》为朱熹所编,对于张栻早年的许多文字都未予收入,⑩仅以此论

---

① 参见《与二程相关的几点哲学思想及史料问题之辨析——兼评葛瑞汉书中的一些观点》,第9页;金洪水《二程语录考证及思想异同研究》,南开大学博士学位论文,2005年,第78—79页;赵振《二程语录研究》,北京:人民出版社,2015年,第68页。
② 《河南程氏粹言》卷一,《二程集》,第1184页。
③ 《新刊南轩先生文集》卷二十九,《张栻集》,第1213页。
④ 《二程语录研究》,第67页。
⑤ 《新刊南轩先生文集》卷二十八《答吴晦叔》七,《张栻集》,第1198页。
⑥ 〔明〕宋濂《诸子辨》,顾颉刚校点,北京:朴社,1927年,第46页。
⑦ 《四库全书总目》卷九十五,第803页。
⑧ 《二程集》,第1167页。
⑨ 杨廉《程子粹言重刊序》:"篇首旧有南轩一序……今考之《南轩集》不见此序。"《杨文恪公文集》卷二十一,《续修四库全书》第1332册,第553页。
⑩ 《〈二程粹言〉编者考辨》,第120页。

证此序不出张栻之手尚不充分,需另作考辨。前引《南轩集》卷二十五《答胡季随》四:"所谕二先生《遗书》……向来龟山欲删正,而迄未下笔,要须究极精微,无所憾者,乃可任此,未容轻议也。"①可见根据张栻的了解,杨时并没有删订过程氏语录,这与《粹言》前序所称"是书成于龟山先生"②显然冲突。此信在乾道八年(1172),③而《粹言》前序所署时间为乾道二年(1166)。若张栻于乾道二年曾为他认为源出杨时的《粹言》作序,又如何会在数年之后转而认为杨时未曾下笔删正?可知此序绝非张栻手笔。将《粹言》归于杨时或湖湘学派名下的种种观点,均无法成立。《粹言》一书来历不明,较之朱熹所编《遗书》《外书》等更显其权威性不足,难以信据。

二 编选不精:《粹言》文本混入考

作为二程语录的重编本,原则上《粹言》所载文本当皆出于二程,凡涉及他人语者均应另行注明。然而事实上,《粹言》一书所选取的材料真伪相杂,书中冠以"子曰"的语录有一部分实为他人言论,这使得《粹言》的史料价值蒙上了疑云。但考察这一现象,亦可增进对南宋时期二程语录编纂活动中某些细节的认识,为全面了解《粹言》一书的性质提供帮助。

(一)张载及二程弟子语的混入

关于《粹言》中混入的非二程文献,毕梦曦已指出《心性篇》的1条实为张载《正蒙·诚明》中语,④佟欣妍在此基础上又考证出《人物篇》最后1条为杨时语。⑤ 此外尚有谢良佐语3条、游酢语1条:

《论道篇》:"或问:'诚者,专意之谓乎?'子曰:'诚者实理也,专意何足以尽之?'"⑥见谢良佐《上蔡语录》:"或以诚为专意。先生曰:诚是实理,不是专。"⑦

---

① 《张栻集》,第1147页。
② 《河南程氏粹言序》,《二程集》,第1167页。
③ 任仁仁、顾宏义《张栻师友门人往还书札汇编》,北京:中华书局,2018年,第19页。
④ 毕梦曦《张载与二程语录混入问题辨析》《船山学刊》2021年第4期,第86页。对应语录见《河南程氏粹言》卷二,《二程集》,第1261页。"子曰不诚不庄"条。〔宋〕张载《张子全书》,林乐昌编校,西安:西北大学出版社,2015年,第17页。
⑤ 《「二程粹言」のテキスト研究》,第28页、第143页。对应语录见《河南程氏粹言》卷二,《二程集》,第1272页。"子曰五行"条。杨时语见《杨时集》卷十《语·荆州所闻》,第279页。佟欣妍认为此条混入是因为《粹言》底本出自杨时遗稿,后人在整理时误置,但这无法解释谢良佐、游酢的文本混入。
⑥ 《河南程氏粹言》卷一,《二程集》,第1169—1170页。
⑦ 〔宋〕谢良佐《上蔡语录》卷中,朱杰人等主编《朱子全书外编》第3册,上海:华东师范大学出版社,2010年,第29页。

《论道篇》:"子曰:中无定体,惟达权然后能执之。"①见《上蔡语录》:"中无定体,须是权以取中。"②

《论学篇》:"或问入道之功。子曰:'立志。志立则有本。譬之艺木,由毫末拱把,至于合抱而干云者,有本故也。'"③见《上蔡语录》:"先生曰:人须先立志,志立则有根本。譬如树木,须先有个根本,然后培养,能成合抱之木。若无根本,又培养个甚。"④

《论道篇》:"子曰:自性言之为诚,自理言之为道,其实一也。"⑤见游酢《中庸义》:"以性言之为诚,以理言之为道,其实一也。"⑥

虽然上述6条混入语在《粹言》885条材料中只占极少的比重,但若不慎使用了这些材料,仍会对相关的研究造成障碍。如金洪水曾将混入的张载语判为程颢语,将上列第一条谢良佐语判为程颐语,⑦这无疑有损于他关于二程语录归属及思想异同的研究的准确性。与此同时,鉴于《粹言》中还有部分材料未能在二程著作中找到明确的对应文本,混入现象的存在也提示研究者们不可轻信这些材料的真实性。

为何会出现这种混入现象?张载与二程之间交流密切,双方文献互混颇为频繁,对此赵振、毕梦曦、魏涛已有细致研究。⑧ 而二程弟子言论的混入,则与南宋时期各版本二程语录的编纂形式有关。韩元吉曾提到,当时存在附载弟子语录的二程语录版本:"其号《河南雅言》而分大小程子者,程氏诸孙所修也……《雅言》则润色以文,间遗其意,复以章奏书记交置其中,杨、谢诸公之语缀于后。"⑨若《粹言》编者在编纂过程中曾参考此类版本,那么便很有可能受其误导而将杨时、谢良佐等人的文本一并编入。此外,当时流行的二程语录诸家并出,质量参差不齐,其中也不乏杂有他人言论的版本,如《遗书》卷二十五便被认为"其间多非先生语"⑩。《粹言》编选之不精,正是当时二程文献编纂乱象

---

① 《河南程氏粹言》卷一,《二程集》,第1182页。
② 《上蔡语录》卷中,《朱子全书外编》第3册,第21页。
③ 《河南程氏粹言》卷一,《二程集》,第1186页。
④ 《上蔡语录》卷中,《朱子全书外编》第3册,第26页。
⑤ 《河南程氏粹言》卷一,《二程集》,第1182页。
⑥ 〔宋〕石墪编,朱熹删订《中庸辑略》卷下,《朱子全书外编》第1册,第93页。
⑦ 《二程语录考证及思想异同研究》,第91、98页。
⑧ 《二程语录研究》,第102—112页;《张载与二程语录混入问题辨析》,第85—101页;魏涛《关洛之辩:宋代关洛学派思想关系研究》,北京:中国社会科学出版社,2022年,第170—192页。由于张载文献佚缺较为严重,当代研究或许已无法穷尽历史上张载与二程文献互混的全貌。如朱熹曾指出《遗书》卷六"百官万务"一条"或本张说而误入程语",但现存张载著作中不见此语。见《论语或问》,〔宋〕朱熹《朱子全书》第6册,第746—747页;《二程集》,第83页。
⑨ 《书师说后》,《全宋文》第216册,第117页。
⑩ 《二程集》,目录,第5页。

留下的痕迹。

(二) 吕祖谦语录的重出

除了上述张载及二程弟子文本混入《粹言》的情况之外，佟欣妍还指出，《粹言》中有4则语录可见于吕祖谦《丽泽论说集录》①：

表1 《二程粹言》与《丽泽论说集录》重出文本对照

《粹言》	《丽泽论说集录》
子曰：百工治器，必贵于有用。器而不可用，工不为也。学而无所用，学将何为也？	百工治器，必贵于有用。器而不可用，工弗为也。学而无所用，学将何为也邪？
子曰：人之于学，避其所难，而姑为其易者，斯自弃也已。夫学者必志于大道，以圣人自期，而犹有不至者焉。	人之于学，避其所难，姑为其易者，斯自弃矣。夫学者必至于大道，以圣人自期，而犹有不至者焉。
或问："有因苦学失心者，何也？"子曰："未之闻也。善学者之于其心，治其乱，收其放，明其蔽，安其危，曾谓为心害乎？"	善学者之于心，治其乱，收其放，明其蔽，安其危。守之必严，执之必定。少息而纵之，则存者亡矣。③
子曰：守之必严，执之必定，少息而纵之，则存者亡矣。②	

这几条文本究竟该归于二程还是吕祖谦名下，似难断言。《丽泽论说集录》是吕祖谦弟子所记吕祖谦讲学语，后由吕祖谦弟吕祖俭编订、吕祖俭之子吕乔年增补并刊印。④ 此书来历清楚，内容可靠，则此数条似当为吕祖谦之语。然而值得注意的是，《集录》与《粹言》重合的三条语录，在《集录》中恰好前后连续，而这三条之前的数条又都是转述二程事迹或讨论二程文本中的义理。⑤ 上述重出文本，可能与《集录》中的前几条一样本于二程著作，也可能是《粹言》编者受前几条影响而将其误认为二程语。考虑到"治其乱，收其放"的表述也见于其他文献，⑥未必是吕祖谦的独特说法，前者的可能性似乎更大。无论是哪

---

① 《「二程粹言」のテキスト研究》，第138—143页。
② 以上见《河南程氏粹言》，《二程集》，第1189、1190、1191、1255页。
③ 以上见《丽泽论说集录》卷十，〔宋〕吕祖谦《吕祖谦全集》第2册，杭州：浙江古籍出版社，2008年，第263页。
④ 《丽泽论说集录》附录，《吕祖谦全集》第2册，第269页。
⑤ 见《丽泽论说集录》卷十，《吕祖谦全集》第2册，第262—263页。"谢师直为监司"条、"前辈谓公近仁"条、"过在失而不在复"条。
⑥ 《新刊南轩先生文集》卷九《桂阳军学记》，《张栻集》，第889页。参见《「二程粹言」のテキスト研究》，第140页。

种可能,这一现象都暗示了《粹言》的取材来源与吕祖谦存在关联。若其果为吕祖谦转述的二程语,那么考虑到这些材料不见于《粹言》以外任何文献所载二程语,可以推测,同样载有这几条材料的《粹言》底本可能为吕祖谦所藏某个特殊版本的二程语录。

双方的关联还存在进一步的佐证。《粹言》序称此书底本"得诸子高子"①,"子高子"一般认为与杨时弟子高闶(1097—1153)有关。② 而除此序外,现存文献中提及高闶与二程语录关系的仅有吕祖谦的书信。吕祖谦于淳熙元年(1174)两度向汪应辰致书求借高闶所藏程氏语录:

> 向蒙尊谕,欲作德清高丞书,取高侍郎所藏《伊川语》,倘得之,望赐示及。
>
> 高丈手抄《伊川录》,更祈留念,但期于获见,迟速则不敢计也。③

同时吕祖谦亦向朱熹提及此事:"汪丈说高抑崇有伊、洛文字颇多,皆其手泽,故子弟不肯借人。已许为宛转假借。"④据此,高闶的确藏有一本亲笔抄录的程氏语录,高氏子弟不愿示人,故知之者当甚少。《粹言》前序关于高闶本语录的信息,很可能得自吕祖谦一方。在此基础上加以推测,吕祖谦在汪应辰帮助下,或得借阅高闶本并保存。此本从吕祖谦处进一步流传至《粹言》编者手中,便成为《粹言》的主要底本。由此看来,《粹言》编者或许是与吕祖谦有关的学者。除此之外,吕祖谦《周易系辞精义》⑤与《粹言》之间存在两处文字基本一致的材料重合,这也表明《精义》与《粹言》有共同的材料来源。总之,依据前序信息以及其与吕祖谦文献的文本重合来看,《粹言》一书在资料来源上可能是

---

① 《河南程氏粹言序》,《二程集》,第1167页。
② 参见《「二程粹言」のテキスト研究》,第58—59页。佟欣妍并未特别考察高闶在《粹言》文本形成过程中的意义,而是试图将其纳入《粹言》出自湖湘学派的观点中:"高闶……与胡氏家族关系密切,由此,高闶或其子孙获得《粹言》的可能性也应考虑。"此一可能性固然不能完全否认,但高闶是否真"与胡氏家族关系密切",实不无可商。绍兴十四年(1144)高闶在太学为高宗"讲《易》泰卦",胡宏(或作胡寅)曾致书高闶,斥其"阿谀柄臣,希合风旨",此外再无湖湘学者与高闶直接交往的记录。据此看来,高闶与胡氏家族虽有往来,但并不密切。见〔宋〕胡宏《胡宏集》,北京:中华书局,1987年,第112页;〔宋〕李心传《建炎以来朝野杂记》甲集卷三,北京:中华书局,2000年,第94—95页。《「二程粹言」のテキスト研究》,第138—143页。
③ 《东莱吕太史别集》卷七《与汪端明》十四、十五,《吕祖谦全集》第1册,第392页。
④ 《东莱吕太史别集》卷八《与朱侍讲》五十二,《吕祖谦全集》第1册,第430页。
⑤ 陈振孙、杨守敬曾怀疑《系辞精义》是托名吕祖谦之作,当代学者徐儒宗、谷继明根据《朱子语类》中《吕伯恭》类目下两条关于《系辞精义》的讨论证明并非伪托。近来郭畑认为《语类》原文未提及吕祖谦姓名,被列于《吕伯恭》类目之下可能只是弟子误排,不代表朱熹认定《精义》出自吕祖谦。见郭畑《辨〈周易系辞精义〉非吕祖谦所纂》,姜锡东主编《宋史研究论丛》第33辑,北京:科学出版社,2023年,第315—316页。然查朝鲜古写徽州本《朱子语类》,对应条目中实已明言"东莱所编《系辞精义》",可见朱熹与弟子的确将此书视为吕祖谦之作,故本文仍将其系于吕氏名下。见〔宋〕黄士毅编,徐时仪、杨艳汇校《朱子语类汇校》,上海:上海古籍出版社,2016年,第2968页。

与吕祖谦有关的,其书及前序不无成于吕祖谦弟子门人之手的可能。当然,上述证据既不足以证实《粹言》与吕祖谦的关系,也不影响本文对《粹言》"来历不明"的判断。此处只是给出一个值得考虑的可能性,为进一步的考证提供参照。

三 存录不真:《粹言》改动原意考

《粹言》对所载二程语录作了"变语录而文之"的加工。将其与加工前的文本相对照,可以看到,《粹言》的改写并不仅仅是将原本口语化的表述修改成书面文言,而是涉及许多信息的增删,甚至不乏改动文本原意之处。对于这一问题,当代学者已有所留意,如冯友兰曾指出:"《粹言》……从史料的角度看,杨时的工作用处不大。他把他老师的话,加以翻译,不如直接记录原来的话,较为亲切。译文跟口语的意思,总不免有所出入。"①但学界对于《粹言》的"出入"究竟到何种程度似尚无一清晰判断,故仍有结合实例予以辨析之必要。

在分析《粹言》对二程文本的改写前,须澄清一个问题:《粹言》的文言化改写,有相当一部分未必出自《粹言》编者之手,而是早已见于南宋流传的二程语录不同版本中。如《心性篇》:"子曰:莫大于性。小人云者,非其性然也,自溺于小而已,是故圣人闵之。"②此条据佟欣妍考证改写自《遗书》卷二十五,③但与之高度相似的文本已见于《诸儒鸣道》卷四十三:"莫大于性,人自小之,非性然也,故圣人闵之。(时本)"④可见此处只是在时紫芝《程子微言》的基础上略作改动。又如《论道篇》"子曰至公无私"条,⑤本于《遗书》卷二上,⑥文字差异较大,但基本一致的文本已见于《论语精义》所引程颐语。⑦可见《粹言》中的很多地方并非直接改写自原始记录,而是从已经被文言润色过的版本中转录。这些材料与《遗书》《外书》中对应条目之间的关系,并非直接的原本与改本的关系,前者可能是后者某个改本的衍生版本。在分析《粹言》的对二程文本的处理时,应注意这一现象的存在,不可将《粹言》中所有文言表述一概视为《粹言》编者改写的结果。

《粹言》对二程文本的改写方式,最为常见者有二,一是将口语化的语录修饰成简洁的文言,二是剪裁二程论著中的某些段落使之符合语录格言的体裁。

---

① 冯友兰《中国哲学史史料学》,北京:中华书局,2017年,第149页。
② 《河南程氏粹言》卷二,《二程集》,第1260页。
③ 《「二程粹言」のテキスト研究》,第111页。对应语录见《二程集》,第318页,"道孰为大"条。
④ 《诸儒鸣道》卷四十三,北京:北京图书馆出版社,2004年,第11叶a,《中华再造善本》影印宋刻本。另见田智忠《〈诸儒鸣道集〉研究》,北京:中国社会科学出版社,2012年,第182页。
⑤ 《河南程氏粹言》卷一,《二程集》,第1172页。
⑥ 《二程集》,第30页。"人能放这一个身"条。
⑦ 《论孟精义》,《朱子全书》第7册,第317页。"至公无私"条。

这两种改写较少涉及语意的改变,本文姑置之不论。需要格外注意的是那些使原始材料意涵发生显著变化的改写,就其形式而言可分为三类,以下逐项举例分析。

(一)合并二程语录

《粹言》在改写二程语录时,有时会将原本出现在不同场合的言论合为一条。经过组合后的语录与原始材料相比,尽管基本的观点未必有显著差异,但具体运思方式却发生了变化。若被合并的语录全部属于程颢或程颐中的一人,这样的改编或许还不失为一种合理的推演或诠释,但《粹言》中还存在多处将程颢语和程颐语合并在一起的情况,如:

> 子曰:所守不约,则泛然而无功。约莫如敬。(《心性篇》)①

此条前半部分见于《遗书》卷二上明道语:"所守不约,泛滥无功。(明)"②后半部分见于《遗书》卷十五伊川语:"约。(敬是。)"③二程对"敬"都极为重视,但程颢原语录并未直接将"守约"与"敬"相关联,这里《粹言》编者是用程颐语补充了程颢之说。

> 子曰:《订顽》言纯而意备,仁之体也;充而尽之,圣人之事也。子厚之识,孟子之后,一人而已耳。(《论书篇》)④

此条前半部分见于《遗书》卷二上明道语,⑤后半部分"充而尽之"以下则提炼自《遗书》卷十八伊川语。⑥ 经过这样的合并,程颐所言"充而尽之"的工夫便与程颢指示的"仁之体"相联系,被落实为扩充仁体。然而二程语录中关于"仁之体"的表述都出自程颢,程颐从未使用过类似的概念,这一现象的背后可能蕴含着二程仁学思想的结构性差异。⑦ 因此,《粹言》此处的改编实际上越出了程颐的思路。

> 子曰:学必先知仁,知之矣,敬以存之而已。存而不失者,心本无懈,何事于防闲也?理义益明,何事于思索也?斯道也,与物无对,大不足以明之。天地之用,即我之用也;万物之体,即我之体也。(《论学篇》)⑧

---

① 《河南程氏粹言》卷二,《二程集》,第 1255 页。
② 《二程集》,第 20 页。
③ 《二程集》,第 171 页。
④ 《河南程氏粹言》卷二,《二程集》,第 1203 页。
⑤ 《二程集》,第 15 页。"订顽一篇"条。
⑥ 《二程集》,第 196 页。"问西铭"条。
⑦ 参见刘蒙露《杨时仁体论对于二程仁学的取舍与融汇》,《船山学刊》2022 年第 5 期,第 89 页。
⑧ 《河南程氏粹言》卷一,《二程集》,第 1184 页。

此条本于程颢《识仁篇》①，但最后一句"万物之体即我之体也"是原文所无，可能是对"仁者浑然与物同体"一句的改写，也可能是来自程颐"一人之体即天地之体"②之语。通过补入末句，《粹言》编者将程颐仁学中区分性情体用的思维方式接入程颢的语脉，但将体用之分置于"仁体"或"万物一体"层面的用法又是程颐从未言及的。③《粹言》编者对二程兄弟不同论述的拼接，包含着整合二程思想而调和其差异的意义。但如此一来，《粹言》所呈现出的思想往往与二程兄弟中的任何一方都存在距离，若直接根据这样的材料来论述二程思想，不免会陷入混淆。

(二) 增补义理成分

《粹言》在改写语录时，有时会直接补入一段原文所无的文字，从而在材料中增添原本并不存在的思想因素，而这类处理中又似乎有着某些一贯的思路。举例而言，《粹言》在许多段落中都加入了关于"致知"的成分，如：

> 子曰：识道以智为先，入道以敬为本。夫人测其心者，茫茫然也，将治心而不知其方者，寇贼然也。天下无一物非吾度内者，故敬为学之大要。(《论学篇》)④

此条本于《遗书》卷三程颐语，⑤但"识道以智为先"六字不见于原文。原本的语录只是强调"敬"的重要性，编者却补入关于"智"的论述，并将其工夫次序安置于"敬"之前，同时原语录中"未有能致知而不在敬者"这一主张主敬重于致知的表述也被隐去。虽然落脚点仍在于敬，但"致知"却得以格外凸显。

> 潘康仲问："学者于圣人之门，非愿其有异也，惟不能知之，是以流于不同。敢问持正之道？"子曰："知之而后可守，无所知，则何所守也？故学莫先乎致知。穷理格物，则知无不尽，知之既尽，则守无不固。"(《论学篇》)⑥

此条本于《遗书》卷十五程颐语，⑦但"知之既尽则守无不固"一语是编者后加。原文强调若不先致知则不明持守的对象为何，但并无偏废持守之意。《粹

---

① 《河南程氏遗书》卷二上，《二程集》，第16—17页。
② 《河南程氏遗书》卷二上，《二程集》，第13页。原文作"一人之心即天地之心"，下注："心一作体。"
③ 刘蒙露认为："二程仁说的一个主要不同在于思维方式。体用结构几乎撑起程颐多数仁学主张，却罕见于程颢对仁的指点中。"见《杨时仁体论对于二程仁学的取舍与融汇》，第90页。
④ 《河南程氏粹言》卷一，《二程集》，第1183—1184页。
⑤ 《二程集》，第66页，"入道莫如敬"条。
⑥ 《河南程氏粹言》卷一，《二程集》，第1195页。
⑦ 《二程集》，第171页，"康仲问"条。

言》编者则进一步主张若充分致知便自然能持守坚固,大有以"致知"吞没"主敬"之持守工夫的风险。

  子曰:苏、吕二子皆以知思闻见为学之患。吾喜其近道,必欲坚扣明辨,方可与终其说矣。夫人之学,非自愿其有差也。知之不至,则流别于殊涂,陷溺于异端,亦不得免焉耳。(《论学篇》)①

  此条是截取《遗书》卷十五中的两段语录并改写。② 虽然两段语录都出自程颐,③但经过这样的组合,"致知"被塑造成了苏昞、吕大临"知思闻见"之患的解决之道。这与程颐以"主敬"对治"思虑纷扰"的思路相较,④已有明显的距离。对"致知"的关注是程颐思想中的应有之义,但《粹言》编者在改写中对"致知"的高度强调,有时已背离了程颐致知主敬并行、晚年教人甚至"专以'敬以直内'为本"⑤的立场。这类经过改写的语录所呈现的二程义理图景,潜藏着颇具误导性的扭曲与错位,而其中显示的则是《粹言》编者的理解偏向。

(三)虚构对话语境

  二程语录中记载了很多二程与弟子或其他人的问答,但《粹言》中的对话除了据原问答改写而来之外,还有一部分是编者据其他类型的材料整理而成的。这类情况具体又可以分为两种,一是将二程与他人的书信改写为对话的形式,二是将散见各处的材料汇集一处从而制造出本不存在的对话。前者还可以说是忠实于原文的缩编,后者则包含虚构的成分。这种"虚构"最为频繁地出现在与张载相关的段落之中,如:

  子厚曰:"必有事焉而勿正心,勿忘勿助长者,其入神之奥乎!学者欲以思虑求之,既以自累其心于不神矣,乌得而求之哉?"子曰:"有所事,乃有思也,无思则无事矣。孟子于是论养气之道,而未遽及夫神也。"子厚曰:"勿忘者,亦不舍其灵明,善应之耳。"子曰:"存不舍之心,安得谓之灵明?""然则其能善乎?"子曰:"意必固我既亡之后,必有事焉,此学者所宜

---

① "知思"原作"知见","坚扣明辨"原作"坚叩明其辨","方"字原无,均据朝鲜本《二程先生传道粹言》改。对朝鲜本的说明见本文第四节。
② 《二程集》,第171页,"与叔季明"条、"康仲问"条。此条与前引"潘康仲问"条,在《粹言》中前后仅相隔一条,但重复化用了《遗书》卷十五中的同一段语录。《粹言》中语录重出的现象不止于此,由此亦可见《粹言》编选之不精。
③ 严格来说,"夫人之学"以下的内容是整合了潘拯(康仲)与程颐的问答,其中的语句多来自潘拯。
④ 参见《河南程氏遗书》卷十五,《二程集》,第169页。
⑤ 《河南程氏外书》卷十二,《二程集》,第444页。

尽心也。"(《心性篇》)①

此条自起首"子厚曰"至"安得谓之灵明",取自程颐《答横渠先生书》,是对张载、程颐往来书信的概述。②然而最后一句"子曰"以下则是取自《遗书》卷二十五,③与二人往复书信本无关联,只是都提到了《孟子》"必有事焉"而已。编者将《遗书》之语与书信原本内容合为一处,并为张载加上"然则其能善乎"六字问语,使之构成一段完整的对话,程颐以"必有事焉"之涵养工夫取代张载刻意存心的用意也得以明确。

> 张子曰:"洪钟未尝有声,由扣乃有声。圣人未尝有知,由问乃有知。"子曰:"谓圣人无知,则当不问之时,其犹木石乎?"张子曰:"有不知则有知,无不知则无知,故曰圣人未尝有知,由问乃有知也。"(《人物篇》)④

此条中两处张载语均取自张载著作,⑤程颐语则见于《遗书》卷十九。⑥程颐语本是为弟子问张载"圣人无知"之说而发,的确可以看作是对张载的回应。但《遗书》卷十九为杨迪所录,时值程颐自涪州归来居洛讲学期间,张载早已去世二十余年,不可能再回应程颐的质疑。《粹言》编者在程颐语后加入张载语以解释"圣人无知"之说,通过拼合材料的方式建构起一场对话,使程颐质疑的针对性以及张载一方本身的思路得以展现。

> 子曰:公者仁之理,恕者仁之施,爱者仁之用。子厚曰:"仁、诚,一物也。"(《论道篇》)⑦

此条前半部分程颐语见于《遗书》卷十五,⑧涉及仁与公、恕、爱三个概念的关系。《粹言》在后面加上一句张载语,从"诚"之本体的高度对"仁"作一定位,从而扩展了原本的论述。"虚构对话"式的材料整合使得原本不够明晰、完整的论述语境得以补足,但若将其视为真实发生过的论辩,忽视其中的虚构成分,也无疑会妨碍对二程生平经历及思想的准确把握。

从以上诸例可以看出,《粹言》对文本的改写存在模糊二程差异、偏移理论

---

① 《河南程氏粹言》卷二,《二程集》,第1259—1260页。
② 《河南程氏文集》卷九《答横渠先生书·再答》,《二程集》,第596—597页。
③ 《二程集》,第321页,"意必固我"条。
④ 《河南程氏粹言》卷二,《二程集》,第1266页。
⑤ "洪钟"句,见卫湜《礼记集说》所引张载语;"有不知"句,见《正蒙·中正》。见《张子全书》,第363、23页。另外,徐必达据《性理大全书》辑出的《性理拾遗》中包含一段与《粹言》此条相似的语录,似亦为后人改写,或许正是源出《粹言》。见《张子全书》,第300页。
⑥ 《二程集》,第265页。
⑦ 《河南程氏粹言》卷一,《二程集》,第1172页。"仁诚一物也",原作"诚一物也",语意不通,据朝鲜本补。
⑧ 《二程集》,第153页,"仁之道"条。

重心等诸多问题,以此种文本为据不利于求得二程思想之真相。然而若能于此转换视角,便会发现这些改动体现着《粹言》编者自身的理解倾向,为探讨二程思想的后世接受情况提供了例证,故而也不无自身的意义。在对其成书背景所知有限的情况下,对文本改写的辨析也是了解《粹言》的主要途径,值得进一步探索。

四　传本不善:《粹言》版本异同考

除前节所论编者有意改编之外,通行本《粹言》对文本原意的偏离,还应部分归因于以往研究始终忽略的版本问题。《粹言》一书现存记载无早于明代者,目前可见最早的著录来自宋濂《诸子辨》:"《子程子》十卷,一名《程子粹言》。"①可见此书在明初本系单行,分为十卷。《文渊阁书目》著录"《程子粹言》一部三册"②,然未记卷数。成化八年(1472),张瓒刻《程氏遗书》并作序,序中提到:"近岁闽中书肆,始有《传道粹言》刻本。"③可知《粹言》在成化年间又曾刊行。正德八年(1513),杨廉刻《粹言》并作序。④杨廉本原貌不可见,但嘉靖四十一年(1562)朝鲜大儒李退溪据杨廉本重新校刻的《二程先生传道粹言》十卷本尚存于世,藏韩国延世大学图书馆(全本)、韩国国立中央图书馆(存卷五至卷十)、日本蓬左文库(存卷一至卷八,东洋文库有影印本)。此本卷端题"南轩张栻编",卷首有署名张栻的《粹言》前序、杨廉《二程粹言重刊序》。此外卷首还有《二程先生传道纲领》与《二程传授》两篇,不知何人所编,前者列"周子太极图""张子东西铭""语孟"等目,每目下引朱熹、二程等人语,以明二程学问渊源;后者历数二程学问之流传,首列张载,次及二程门人,末结以张栻、朱熹。卷尾载李退溪跋文。朝鲜本是现存最早的《粹言》版本,也是唯一能反映明代较为流行的《粹言》单行本面貌的版本,对于认识《粹言》的版本流变有不容忽视的价值。

《粹言》收入《二程全书》,自徐必达始。徐必达《刻二程全书序》叙述其编纂情况时提道:"又从秣陵焦弱侯(焦竑)得《粹言》。"⑤而焦竑所藏《粹言》,据其自述系"旧藏宋本"⑥,但此言是否属实难以确考。徐本《粹言》分为二卷,各卷

---

① 《诸子辨》,第46页。
② 〔明〕杨士奇《文渊阁书目》卷四,《读画斋丛书》本,第10叶a。
③ 〔明〕张瓒《重刊河南程氏遗书序》,〔宋〕程颢、程颐《河南程氏遗书》卷首,日本国立公文书馆内阁文库藏明成化十三年(1477)刻本,第2叶a。此本是宁良在张瓒成化八年刻本的基础上重刻。
④ 《杨文恪公文集》卷二十一《程子粹言重刊序》,《续修四库全书》第1332册,第553页。
⑤ 《刻二程全书序》,《二程全书》卷首,第10叶a。
⑥ 〔明〕焦竑《澹园集》续集卷一《程子序》,北京:中华书局,1999年,第758页。

题"杨时订定、张栻编次"。此后清代吕留良刻本《二程全书》中的《粹言》部分亦作二卷,文字除偶有脱误外与徐本基本一致,当是以徐本为据。而涂宗瀛本《二程全书》的《粹言》部分又是以吕本为底本,① 故也可视为承自徐本。除《二程全书》所载之外,二卷本《粹言》还有正谊堂全书本。此本卷首不载《粹言》前序,而载张伯行序,卷端也删去张栻姓名,改题"将乐杨时中立编辑,仪封后学张伯行孝先重订"。然而此本正文与徐本文字基本一致,可知与上述诸本同一源流。

当代学者在利用《粹言》时,多依据中华书局《二程集》所收二卷本《河南程氏粹言》。《二程集》于《粹言》部分以涂宗瀛本为底本,以徐本、吕本参校,三本均属同一系统,故罕有出校。然而二卷本虽号称出自宋本,却存在大量文字讹误,由此导致的文意倒错比比皆是。而十卷本系统的朝鲜本《粹言》与二卷本文字差异较大,② 若能据以校订文本便可避免部分问题。遗憾的是,海内外学者似乎始终未能留意这一版本,导致以往对《粹言》文本的阅读与研究每每陷入误区。以下试举二卷本错讹较甚、可能会对理解二程思想造成显著误导的数例:

> 子曰:由孟子可以观物。(《论书篇》,朝鲜本"物"作"易")③

此语本于《外书》卷三:"由孟子可以观《易》。"④ 一字之差,文义迥异。虽有马一浮指出"物"当为"易"之讹,⑤ 但仍有学者直接援引此语探讨二程的"观物"思想。⑥ 查朝鲜本此句与《外书》所载全同,可见二卷本之"观物"确系版本讹误。

> 子曰:观物理,于察己之理明,则无往而不识矣。(《人物篇》,朝鲜本"于察"作"以察己")⑦

此语本于《遗书》卷十八:"观物理以察己,既能烛理,则无往而不识。"⑧ 此句依《遗书》是说通过穷究外物之理以察己身之理,依《粹言》二卷本则是说观

---

① 《重校二程全书凡例》,《二程集》,第1页。
② 据初步统计,朝鲜本与二卷本(包括徐本、吕本、正谊堂本、涂本)之间的异文多达133处。
③ 《河南程氏粹言》卷一,《二程集》,第1204页;题〔宋〕张栻编《二程先生传道粹言》卷三,韩国延世大学图书馆藏明嘉靖四十一年(1562)朝鲜刻本,第6叶a。
④ 《二程集》,第366页。
⑤ 马一浮《尔雅台答问》,南京:江苏教育出版社,2005年,第122页。
⑥ 参见朱雪芳《从杨时订定〈粹言〉看其思想倾向》,张新民主编《阳明学衡》第2辑,贵阳:贵州人民出版社,2006年,第107页;周密《〈二程粹言〉:道南话语的初始体系》,《大连大学学报》2021年第3期,第23—24页。
⑦ 《河南程氏粹言》卷二,《二程集》,第1263页;《二程先生传道粹言》卷十,第1叶a。
⑧ 《二程集》,第193页。

物理当从己身入手,两义乖违殊甚。朝鲜本此句与《遗书》文义相近,可见《粹言》二卷本只是因讹误而失其原意。

> 子谓子厚曰:"议法既备,必有可行之道。"子厚曰:"非敢言也。顾欲载之空言,庶有取之者耳。"子曰:"不行于今,而后世有行之者,亡也。"(《论政篇》,朝鲜本"亡"作"一")①

此语本于《遗书》卷十所载张载与二程的对话,其中《粹言》末句对应语句为:"正叔言:'不行于当时,行于后世,一也。'"②《粹言》二卷本与《遗书》语意相反,而朝鲜本则符合《遗书》原义。还有因文字讹误导致文句不通的情况,如:

> 子曰:今之世,称曰善人者,岂如无恶可欲也哉?殆亦昏弃无立之异名。(《人物篇》,朝鲜本"恶"作"得"、"弃"作"柔")③

此语本于《论语精义》所引程颐《论语解》:"若规旧迹,虽有不善而不能改也,则昏柔无立之人,安能为善人乎?乃今所谓善人也。"④二卷本"昏弃"不通,当据朝鲜本及《精义》改作"昏柔"。从上述例证看,朝鲜本多有优于二卷本之处。此外朝鲜本在部分条目下还有小字校记,可能为李退溪所加,对文本校勘亦有重要价值。如《天地篇》:"徇以私意即颠错卦象而问焉,未有能应者,盖无其理也。"⑤"徇"字文意不通。朝鲜本正文同,但下有小字注:"徇字他本或作苟。"⑥从语意及对应《遗书》原文⑦判断,当以小字所引"他本"为是。

当然,朝鲜本也并非无误。二卷本《粹言》中频频出现的人名错误,如"刘安节"误为"刘安世"⑧、"苏昞"误为"苏洵"⑨等,朝鲜本多亦不免。又有二卷本不误而朝鲜本误者,如《心性篇》:"有能全体此心者,学虽未尽,但随分以应事物,虽不中不远矣。"⑩"但随"二字朝鲜本作"其力"⑪,不如二卷本通顺。此外,从朝鲜本卷首载有后人所增的《二程先生传道纲领》《二程传授》两篇这一情况

---

① 《河南程氏粹言》卷一,《二程集》,第1212页;《二程先生传道粹言》卷四,第4叶a。
② 《二程集》,第111页。
③ 《河南程氏粹言》卷二,《二程集》,第1267页;《二程先生传道粹言》卷十,第5叶b。
④ 《论语精义》卷六上,《朱子全书》第7册,第399页,"伊川《解》曰"条。此条不见于今本《河南程氏经说》卷六《论语解》,系该书佚文。对《二程全书》所收《经说》佚缺情况的说明,见《宋刊河南程氏经说跋》,傅增湘《藏园群书题记》,上海:上海古籍出版社,1989年,第38页。
⑤ 《河南程氏粹言》卷二,《二程集》,第1225页。
⑥ 《二程先生传道粹言》卷六,第3页a。
⑦ 《河南程氏遗书》卷二下,《二程集》,第52页。"若以私心"以下。
⑧ 《河南程氏粹言》卷一,《二程集》,第1212页;《二程先生传道粹言》卷四,第4叶b。
⑨ 《河南程氏粹言》卷一,《二程集》,第1185页;《二程先生传道粹言》卷二,第2叶a。
⑩ 《河南程氏粹言》卷二,《二程集》,第1258页。对应原文有"随分限应之"之语,可证二卷本不误。见《河南程氏遗书》卷二上,《二程集》,第14页。
⑪ 《二程先生传道粹言》卷九,第8叶b。

来看,朝鲜本以及杨廉本的祖本当是一重编本,未必能充分反映《粹言》原貌。①由此看来,朝鲜本也难以径称善本。但将朝鲜本与二卷本互校,仍可得到一相对完善、可靠的《粹言》版本。现有研究过度依赖二卷本而忽视朝鲜本,这无疑削弱了《粹言》的文献价值。今后涉及《粹言》的研究有必要格外重视版本问题,加强对以往乏人问津的朝鲜本的利用。

结　语

关于《粹言》之成书情况,现有材料虽不足以支撑某种定论,但可以证伪已有的种种观点,为明晰《粹言》的历史定位提供参照。《粹言》一书与杨时生前对二程语录的初步整理无明确关联,湖湘学者对二程语录的编纂在形式上也都与《粹言》有较大的差异,《粹言》前序也不可能出自张栻手笔。曾有学者尝试从《粹言》探讨杨时以及道南学派对二程学术的继承与发展,②目前看来,这样的研究是缺乏事实依据的。现有材料亦可提供与已有研究结论不同的思考方向,即《粹言》编者可能与吕祖谦有关。但在尚无进一步证据的情况下,《粹言》编者的身份疑云仍是无法解决的问题,而《粹言》的权威性也就难以确立。

过往学者惯于直接援引《粹言》以论证二程思想,但《粹言》所载二程语不但多经改写而失其原貌,还混入了他人的文本,对二程思想研究而言并不是可靠的一手资料。不过与此同时,《粹言》的存在折射出南宋二程语录编纂活动中的某些曲折,展现了对于二程思想的一种理解方式,因而亦不失其自身的价值。至于这些价值的发挥,又要以对其版本异同的详细梳理以及改写、混入现象的全面考察为基础,《粹言》研究的用力方向当在于此。

---

① 李退溪曾据此二篇怀疑《粹言》来历之真实性:"而今其书首,又有所谓《传道纲领》与《传授》,而不著其姓名,是又不能无疑者。"其言似以二篇为《粹言》本有。若依此思路,《二程传授》末引及黄榦《朱子行状》,则《粹言》成书当晚至黄榦之后。由于二卷本无此二篇,本文将其视为后人所加,不据以探讨《粹言》成书情况。见《传道粹言跋》,[朝鲜]李滉《定本退溪全书》第13册,首尔:退溪学研究院,2008年,第148页。

② 参见《〈二程粹言〉:道南话语的初始体系》,第21—26页。

《金瓶梅词话》版本新探

杨 琳

【内容提要】 1933年古佚小说刊行会影印的介休本《金瓶梅词话》，因受当时技术条件的限制，存在字形模糊、笔画缺失的情况，还存在描改印版文字、删削书上批校等问题。此后中国大陆、香港、台湾地区及日本等地都曾多次翻印或盗印古佚本，而不少翻印本又做过自以为是的修改。所以，古佚本系列的影印本在可靠性上不如大安本。最近有三种据介休本胶卷拍摄印制的《词话》本出版。2020年12月，台北故宫博物院将介休本彩图PDF发布于其网站。2021年，台北里仁书局将介休本用红黄蓝黑四色彩印出版，这是目前最接近介休本原貌的影印本，有此印本，其他介休本系统的影印本其现实应用价值就不大了。彩图版的公开及彩印本的发行使我们容易发现古佚本系列存在的失真问题，从而相关的学术误判得以纠正。

目前看到的介休本，其序跋顺序是：《欣欣子序》《廿公跋》《东吴弄珠客序》，然而有证据表明介休本本来的顺序是《欣欣子序》《东吴弄珠客序》《廿公跋》，现存本在历史上修整重装时发生了错置。不少人认为毛利本中《廿公跋》置于《四贪词》之后，本文辨明毛利本与介休本的序跋顺序并无差异。一些学者认为日光本没有《廿公跋》，本文指出日光本也有《廿公跋》，但位置在《四贪词》之后，与介休本和毛利本不同。

关于3部《词话》的印刷先后问题，学者们见仁见智。本文认为其印制先后次序是：介休本——日光本——毛利本。

【关键词】 金瓶梅词话 序跋顺序 印刷先后 版本

一 现存明版《词话》及重要影印本评介

传世的《金瓶梅》明清刻本一般分为三个系统，即词话本系统、崇祯本系统

【作者简介】杨琳，南开大学文学院教授。
【基金项目】国家社科基金重点项目"《金瓶梅》语言考释词典"（23FYYA003）的阶段性成果。

和张评本系统。词话本系统存世4部,崇祯本系统存世10部左右,张评本系统存世20多部①。张评本就《金瓶梅》文本而言与崇祯本是同一个系统,区别主要在评点内容不同。

词话本全称《新刻金瓶梅词话》(下文简称《词话》),现存基本完整的有3部,另有残本1部。经学者们比对,4部《词话》版式相同,都据同一刻版印刷。

4部《词话》目前的主要文献信息是:

台北故宫博物院收藏1部,分装为20册。该本第五十二回缺第七、八两页(相当于今天图书的4页)。该本称谓颇多,我们采用介休本的称谓。介休本上有阅读者作的批校,总数达1600余条,批校颜色大多数是红色,少数是黑色,色泽浓淡不一,说明批校是由不同时期的不同阅读者所作。② 这些批校在一些学者的论著中称作"馆朱(硃)""馆墨",馆指最初收藏介休本的北平图书馆。由于称引批校的学者并没有见过原书,他们所说的"馆朱""馆墨"实际并无区别,都是统指介休本上的批校。称"馆墨"者,依据的是常见的墨色影印本。称"馆朱"者,依据的应该是联经出版事业公司1978年出版的朱墨两色影印本,该本将所有批校想当然地一律改为红色,但在《出版说明》中却谎称"据故宫博物院珍藏原刻本——还原",致使一些学者误以为批校都是红色的。

2020年12月,台北故宫博物院将介休本的PDF彩图版(下文简称彩图本)发布于其网站,这是自1932年发现介休本以来原件图版首次公之于众,来之不易,难能可贵。虽然每页都加了"国立故宫博物院"及其图标的水印,但对正确辨识原貌没有影响。图1是彩图本第十四回第六页,可以看出上面有两种新旧不同的红色批校,眉批的顶部文字残缺不全,说明此书后来做过切边,顶部文字被切掉了。从被切字残存部分推断,切去的是一个字的高度,约为1厘米。现存书的尺寸为高28.3厘米、宽18.4厘米。

从彩图本可以看出,绝大多数的批校用的

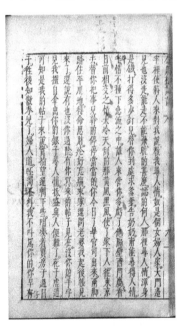

图1　第十四回第六页③

---

① 王军明、吴敢《第一奇书的一个重要版本——苹华堂藏版〈彭城张竹坡批评金瓶梅第一奇书〉评议》,《明清小说研究》2016年第4期。
② 参董玉振《介休本金瓶梅形态及批注时序细考》,微信公众号"南洋智库",2019年2月10日。
③ 彩图见书前插页。下同。

是红笔，墨笔批校很少。使用墨笔的原则大致是：凡能直接将原本错字描补修正而基本不影响字形笔画时用墨笔，否则用红笔。如图 2 中将原文的“六”直接用墨笔改成了“五”，看不出原来的字形了，又不影响“五”的笔画。但同页的“月”字因无法直接修改为“大”，所以用红笔。因此，墨笔批校和红笔批校很可能是同一人所为。由于有可能直接描补修正的字毕竟不多，这也就解释了为何全书中墨笔批校很少。

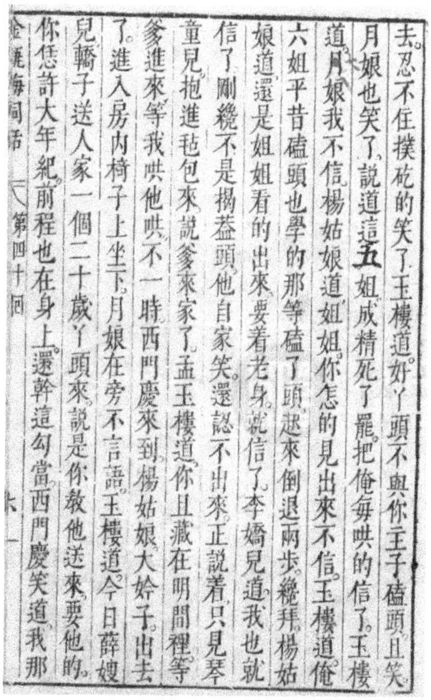
去忍不住撲矻的笑了。玉樓道：好丫頭，不與你主子磕頭，且笑
月娘也笑了，說道：這五姐成精死了罷，把俺每哄的信了。玉樓
道：月娘，我不信。楊姑娘道：姐姐，你怎的見出來不信？玉樓道：俺
六姐平昔磕頭也學的那等，磕了頭起來，倒退兩步纔拜。楊姑
娘道：還是姐姐看的出來，要着老身就信了。李嬌兒道：我也就
信了，剛纔不是揭蓋頭，他自家笑，還認不出來。正說着，只見琴
童兒抱進毡包來，說：爹來家了。孟玉樓道：你且藏在明間裡，等
爹進來等我哄他哄。不一時，西門慶來到，楊姑娘、大妗子出去
了。進入房內椅子上坐下，月娘在旁不言語。玉樓道：今日薛嫂
兒轎子送人家一個二十歲丫頭來，說是你教他送來要他的。
你恁許大年紀，前程也在身上，還幹這勾當。西門慶笑道：我那
金瓶梅詞話　第四十回　六

图 2　第四十回第六页

从彩图本不难看出，红笔校点往往会在左右两页对应的位置留下印痕。图 3 是第五十二回的五、六两页，我们用方框标记的位置都是对应的校勘与印痕。这一现象有助于判断第五十二回七、八两页缺失的时间。该回第九页(图 4)有两处色泽深重的红点，但在对应的第六页上没有留下任何印痕，这表明在红笔校点之时七、八两页应该是存在的，也就是说，七、八两页很可能是红笔校点之后重新修整时丢失的。

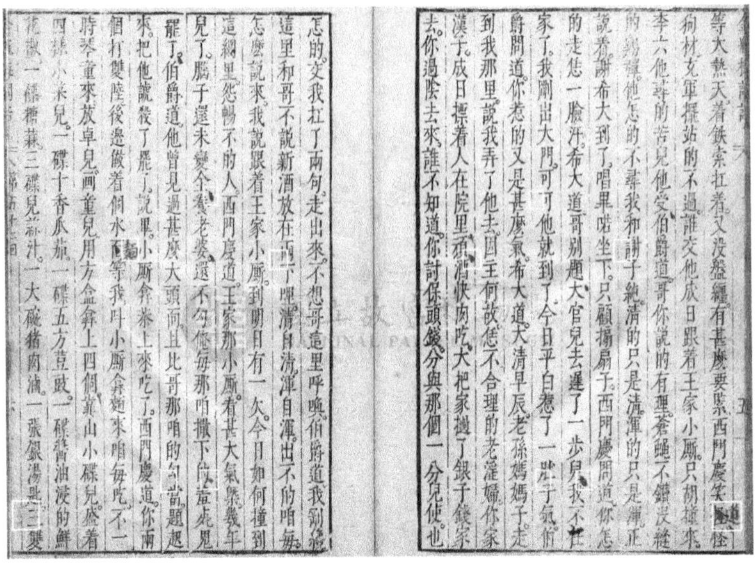

等大熱天着鉄索扛着。又没盤纏。有甚麽要緊。西門慶笑罵道怪
狗材。充軍擺站的不過。誰交他成日跟着王家小厮。只胡撞來。
李六。他尋的苦兒他受。伯爵道。哥你説的有理。蒼蠅不鑽没縫
的鷄蛋。他怎的不尋我和謝子純。清的只是清。渾的只是渾。正
説着。謝希大到了。唱畢喏坐下。只顧揺扇子。西門慶問道。你怎
的走恁一臉汗。希大道。哥别題。大官兒去遲了一步兒。我不在
家了。我剛出大門。可可他就到了。今日平白惹了一肚子氣。伯
爵問道。你惹的又是甚麽氣。希大道。大清早辰老孫媽媽子走
到我那里。説我弄了他去。因王何故恁不合理的老淫婦。你家
漢子成日摽着人在院里頑。潤快肉吃。大把家撾了銀子錢家
去。你過除去來。誰不知道。你討保頭錢。分與那個一分兒使也

怎的。交我扛了兩句。走出來。不想哥這里呼喚。伯爵道。我到猜
這里和哥不説。新酒放在兩下里。清自清。渾自渾。出不的咱每。
怎麽説來。我説跟着王家小厮。到明日有一欠。今日如何撞到
這網里。怨暢不的人。西門慶道。王家那小厮。有甚大氣槩。幾年
兒了。腦子還未變全。養老婆還不勾。他每那咱撒下的羞死兒
罷了。伯爵道。他曾見過甚麽大頭面。且比哥那咱的勾當題起
來。把他諕殺了罷了。説畢。小厮拿卓上來吃了。西門慶道。你兩
個打雙陸。後邊做着個水麵。等我叫小厮拿麵來咱每吃。不一
時。琴童來放卓兒。畫童兒用方盒拿上四個纂山小碟兒。盛着
四様小菜兒。一碟十香瓜茄。一碟五方荳豉。一碟醬油浸的鮮
花椒。一碟糖蒜。三碟兒蒜汁。一大碗猪肉滷。一張銀湯匙。三雙

图 3 第五十二回第五、六页

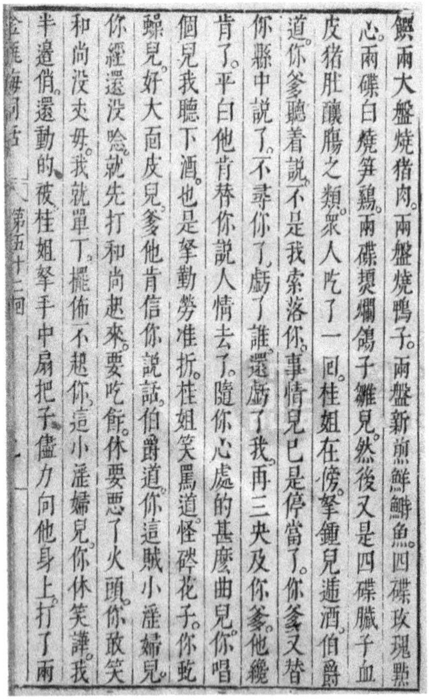

饌兩大盤燒猪肉。兩盤燒鴨子。兩盤新煎鮮鰣魚。四碟玫瑰點
心。兩碟白燒笋鷄。兩碟㸆爛鴿子雛兒。然後又是四碟臟子血
皮猪肚釀腸之類。衆人吃了一回。桂姐在傍拏鍾兒遞酒。伯爵
道。你爹聽着說。不是我索落你。事情兒已是停當了。你爹又替
你縣中說了。不尋你了。虧了誰。還虧了我再三央及你爹。他纔
肯了。平白他肯替你說人情去了。隨你心處的甚麼曲兒你唱
個兒我聽下酒。也是拏勤勞准折。桂姐笑罵道怪硶花子。你乾
顙兒好大面皮兒。爹他肯信你說話。伯爵道。你這賊小淫婦兒
你經還沒唸。就先打和尚起來。要吃飯。休要惡了火頭。你敢笑
和尚沒丈母。我就單丁擺佈不起你這小淫婦兒。你休笑話我
半邊俏。還動的。被桂姐拏手中扇把子盡力向他身上打了兩
金瓶梅詞話 卷六 第五十二回

图 4 第五十二回第九页

日本栃木县日光市日光山轮王寺宝物殿的收藏库收藏《词话》1部,分装为16册。该本原藏轮王寺慈眼堂的经藏(又称天海藏)①,1983年转移到收藏库②。日本学者长泽规矩也介绍说"慈眼堂所藏本缺五页"③,因该本一般秘不示人,具体缺哪五页,至今不明。该本有日光本、慈眼堂本等称谓,我们采用日光本的称谓。

日本山口县原德山市④毛利氏家栖息堂收藏《词话》1部,分装为18册,现已捐赠给周南市美术博物馆。全套缺失三页:第二十六回缺第九页、第八十六回缺第十五页、第九十四回缺第五页。该本第五回第九页与前两种本子不是同一刻版。该本有毛利本、栖息堂本等称谓,我们采用毛利本的称谓。

日本京都大学附属图书馆收藏《词话》残本1部,残存23回,分装为上中下3册,其中只有7回完整,其余各回都残缺不全。该本世称京大本。京都大学附属图书馆馆藏目录对该书的著录如下⑤:

タイトル/編著者等	新刻金瓶梅詞話(存3冊)/(明)笑笑生撰 シンコク キンペイバイ シワ xin ke jin ping mei ci hua
出版情報	[出版地不明]:[出版者不明],[明代]
形態情報	3冊;25.0×16.6cm
別タイトル	その他のタイトル:金瓶梅詞話 キンペイバイ シワ jin ping mei ci hua
注記	和漢古書につき記述対象資料毎に書誌レコード作成
注記	版心の書名:金瓶梅詞話
注記	四周単辺有界11行24字,内匡郭:22.4×13.4cm
注記	上白魚尾
注記	存回:上:第11-13,15,40,42-44回.中:第45-47,84-87回.下:第88-94回
注記	和装,帙入
注記	残欠部分を合綴,改装したもの
注記	裏打補修あり

所列回数加起来只有22回,另有第四十一回仅存半页,馆目或不慎遗漏,

---

① 慈眼堂是日光山天台宗僧人慈眼大师天海(1536—1643)的墓地及其周边建筑的总称,由庙塔、拜殿、经藏等建筑构成,并不是某个独立的厅堂。
② [日]菅原信海《天海蔵について——日光天海蔵を中心に》,神田寺记念公开讲座"书物と日本佛教"第四回,2003年4月25日。
③ [日]长泽规矩也《〈金瓶梅词话〉影印的经过》,黄霖、王国安编译《日本研究〈金瓶梅〉论文集》,济南:齐鲁书社,1989年,第86页。
④ 德山市已于2003年4月21日与新南阳市、熊毛郡熊毛町、都浓郡鹿野町合并为周南市。
⑤ https://m.kulib.kyoto-u.ac.jp/webopac/BB04917310,2024年11月21日。

或因太少而未计,应该如实列出。

京大本是1917年(日本大正六年)在该馆所藏《普陀洛山志》一书中发现的,《词话》被作为废纸褙衬在《普陀洛山志》每张印页的背面,图书馆工作人员将衬纸一一取出,装订成册。下册末页另附一纸题跋,对该书由来做了交代。图5是题跋的照片①,供研究者参用(首次公开):

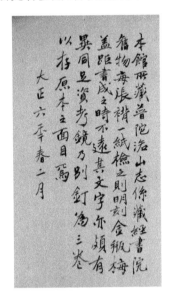

图 5

1933年,在徐森玉、马廉等人的主导下,以古佚小说刊行会(临时虚拟的机构)的名义将《词话》介休本影印出版,世称古佚本。长期以来,古佚本及其翻印本是中国学者研究利用《词话》最常用的版本,甚至是唯一的版本,然而该版本存在很多问题。

(1)受当时技术条件的限制,古佚本在拍照制版过程中存在字形模糊、笔画缺失及失真走样等问题。如第十四回:"等当官问你家则下落,只说都花费无存。"彩图本"则"作"财",这是笔画缺失造成的。第三十五回的"斜汙世界"之"汙",彩图本虽然笔画残缺,但仍然残存横画的一部分,到古佚本则残存部分消失,故一些学者认作"汀"字。具体见下面的对照图(图6)。每组图左为古佚本,右为彩图本(以下图例同此)。

---

① 京大本可以公开查阅。该照片是委托山西大学白云教授2020年在日本访学时拍摄的,谨致谢忱!

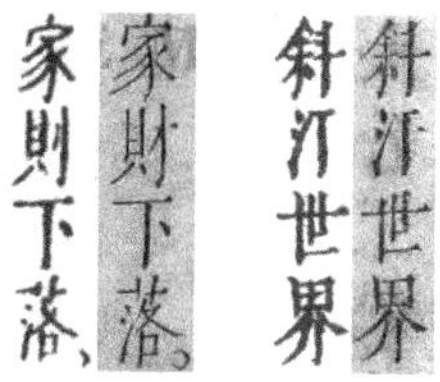

图 6

（2）印制者发现字形模糊、笔画缺失的问题后对印版文字做过描补，然而做得极其轻率。描补时并未对照原书，而只是凭借个人的主观判断，造成不少失误（见图7）。如第十四回："尺官人只顾收去。""尺"彩图本作"大"。第十六回："倒只怕人心不似奴心，你还间声大姐姐去。""间"彩图本作"问"。第五十七回："又手面言。""又""面"彩图本作"义""而"。第七十二回："这春梅便把借榛槌、如意儿不与来一节说了。"榛彩图本作"棒"。尺、问、又、面、榛都是因印版笔画缺失模糊，修版者随意描改而造成的失真。有些字彩图本也不清晰，更难发现修版者的描改之误。如第八十八回"所有两座尸首"之"座"，看上去像原刻，彩图本上此字笔画缺损（大安本也缺损），上文有"两瘗尸首"的说法，可知应为"瘗"字。

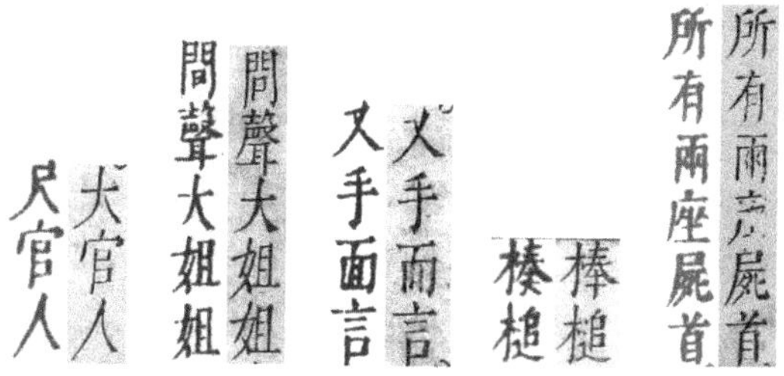

图 7

（3）修版者可能是一些文化水平很低的店铺伙计①，他们对文字正误缺乏应有的判断。如第四十六回："便是我的切隣。""隣"彩图本作憐，印刷不清，根据文意应为隣字（鄰的异体），古佚本作憐，现代排印本据古佚本录作"憐"。第七十四回："他却跪着你。"跪彩图本作"跪"。憐跪都是修版者描补出来的错字。有些字笔画并不残缺，修版者却增补笔画，改成了另外一个字（见图8）。第十四回："奴取笑斗二娘要子。""要"彩图本作"耍"。第五十回："铺眉苦眼，

---

① 承印古佚本的可能是北京琉璃厂的来薰阁书店，参看杨琳《〈金瓶梅词话〉发现始末考辨》，《中国典籍与文化》2019 年第 1 期。

挈班做势。""苦"彩图本作"苦"。第六十二回:"西门庆使琴童儿骑头日往门外请花大舅。""日"彩图本作"口"。第九十六回:"捉身上風虮。""風"彩图本作"虱"。这都是修版者误以为耍、苦、口、虱笔画缺失而修补成了要、苦、日、風。将修版交给这种近乎文盲的人去做,简直是把一件需要很深功底的严谨工作视同儿戏。

图 8

(4)古佚本是单色印刷,导致不少直接在刻本文字上所作的校改看不出曾有改动的痕迹,让人误以为原版如此。如第六十八回"更一时分"之"一",第九十三回"小人是卖松槁陈洪儿子"之"槁",介休本分别直接用朱笔改为"天"和"橘",彩图本清晰可辨(图9-1、图9-3),古佚本则看不出曾有改动(图9-2、图9-4)。介休本的有些校改变为单色后字形难辨,修版者直接做了替换。如第三十三回的"细网金圈"之金,校改者用朱笔在原字上改金为巾,彩图本(图9-5)原金字清晰可辨,胶卷本(图9-6)难以辨认,古佚本(图9-7)则换金为巾,只有大安本(图9-8)保持原样。介休本的有些描改用的是墨笔。如第五十五回"冷服瞧破"之"服",用墨笔描改作眼(眼),彩图本细察还能看出修改的痕迹,古佚本作眼,已很难发现曾有改动。大安本作服,我们才能确定原本是"服"字。

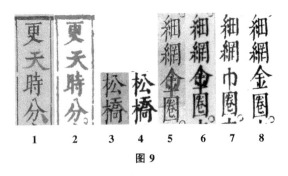

图 9

古佚本的印制者及古佚小说刊行会对修版一事没有任何交代,很多研究者误以为原书如此,由此得出一些错误的判断。比如有些学者提出毛利本的印制晚于介休本,依据是介休本上的这些错字在毛利本(大安本)中都是正确的,改正的印本自然后出,而不可能是相反。这是上了古佚本的当。

　　古佚本问世后,大陆和港台地区及日本等地都曾多次翻印或盗印,不少翻印本又做过自以为是的修改。如北京的文学古籍刊行社1957年翻印的古佚本在《出版前言》中说:"我们只对有些显著错误之处,和版面上的墨点等,做了一些修版的工作。"鲁歌指出:"其实'修版'相当厉害,对原书中印的圈点用白笔涂抹后另用黑笔改换位置者数以千计,极大地破坏了原书的本来面貌。"①如第八回:"出门交獭象绊了一交。""獭"大安本作獭,彩图本描改作獭,古佚本单色影印成獭,文学古籍刊行社本在古佚本基础上修改为獭,看不出描改的痕迹了。1982年香港太平书局又翻印文学古籍刊行社印本,此本后来多次印刷②,成为海内外流行最广的《词话》影印本。太平本并非只是原样翻印,而是做了不少改动,正如梅节所说的,"此本移改(挖去原字、补入另字,看不到原字及改动的痕迹)近四十处。有些原文不误却被误改,贻害甚大"。③ 实际改动的恐怕不止四十处。一些学者将此本与大安本加以比对,发现两种印本文字旁的句读圈点不尽相同,便认为介休本与大安本(毛利本)刻版不同,这是受了后世印本修版的误导。所以,古佚本系列的影印本在可靠性上不如大安本。

　　我们上面指出的古佚本存在的种种问题,正是有了彩图本的对照才发现的,要是没有彩图本,我们可能至今还对古佚本的真实性深信不疑。

　　1963年,日本东京的大安株式会社影印出版了一种用三部本子补配的《词话》,世称大安本。该本以毛利本为主,采用日光本507个单页及古佚本第九十四回2个单页替换或补配毛利本不清晰或残缺的单页,精装32开本5册。该本"一概据原刊本而不妄加臆改"(《例言》),这是社会上流通的忠实呈现明版《词话》原貌的影印本,但流通稀少。

　　1941年,北平图书馆为了善本书的安全,从甲库善本中精选2954种寄存美国国会图书馆,其中就有介休本《词话》。美国国会图书馆用了四年时间(1942—1946)将所有寄存的善本拍摄了一套缩微胶卷,后来大量复制售卖于世界各图书馆,如英国剑桥大学图书馆、新加坡中央图书馆等均有购藏。目前有三种据此胶卷拍摄影印的《词话》本行世。

　　一是淘金子个人2017年印制本,共印100部,供内部交流使用。该本将原书两册合为一册,分装32开本10册,另有一册附录。全书采用铜版纸四色灰度印刷,最大程度保留了原书细节。第五十二回缺少的七、八两页及一些回

---

① 鲁歌《〈红楼梦〉〈金瓶梅〉新探》,呼和浩特:远方出版社,1997年,第329页。
② 笔者看到的一个印本版权页上写的是"一九八二年八月第一版,一九九三年四月第二十三次印刷"。
③ 梅节《金瓶梅词话校读记》,北京:北京图书馆出版社,2004年,代序第5页。

末半页空栏缺页以大安本补配齐全(共计采用15页),并在附录册中做了列表说明。附录册还收录了原书的所有眉批、夹批(共计148条)以及朱墨删改处(共计1483条)的辨识列表和污损文字辨识列表。

二是新加坡南洋出版社2018年出版的线装本。南洋出版社从美国国会图书馆借到《词话》的缩微胶卷,用相机翻拍制版,采用高档宣纸,灰度印刷而成。全套共21册,最后一册是有关资料,如全书批点附注、缺损叶面补配、有关样图、本书出版信息等。

三是南洋出版社2019年出版的精装本,共32开本5册。精装本采用现代工业纸印刷,因放大比例小,并且是在总结线装本经验的基础上制作的,故显示效果略优于线装本。

三种介休胶卷本制作中未做任何修改。但该本存在先天不足,那就是缩微胶卷是黑白的,据此印制,原书上的朱墨两色批校混淆莫辨,尤其是那些直接在原字上做的涂改,与刻本文字相混杂,看不清原本为何字了,如下图"叫冤屈麻"(第八回)、"钻入瓜哇"(第十二回)、"周之玁狁"(第十七回)各句的下一字。此外,胶卷本在摄制过程中将胶卷中的污影加重,致使笔画模糊。如第八十三回"拏大板子尽力砍与他二三十板"的"尽",胶卷本(图10-4)模糊,古佚本清晰(图10-5)。因此,将原书全彩仿真影印出版是完美呈现介休本原貌的终极手段。

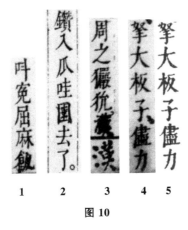

图 10

2021年,台北里仁书局经台北故宫博物院授权将介休本用红黄蓝黑四色彩印出版。影印采用故宫专业扫描的高清图像,未作其他加工处理,只是将版面略加缩小,并编印了统一的页码,装帧为精装大32开(23厘米×17厘米)本6册,第五十二回原缺的七、八两页用大安本补配。这是目前最接近介休本原貌的影印本,有此印本,其他介休本系统的影印本大约只在《词话》传播史上有一定意义,现实应用价值就不大了。

二 《词话》序跋的顺序及有无问题

《词话》卷前有两序一跋,序跋的具体位置及有无情况学者们说法不一。这个问题貌似简单,但因很难看到原书,要澄清其中是非并非易事。

先说介休本的序跋顺序问题。我们现在看到的介休本,其书前的序跋顺序是:《欣欣子序》《廿公跋》《东吴弄珠客序》。不过,每评今发现介休本的《廿公跋》原本在《东吴弄珠客序》之后,他的证据来自介休本胶卷照片的比对。我们替换为更为真切的彩图本照片如下(见图11):

图 11

第一幅图是介休本现在的页面排序,《东吴弄珠客序》的末尾空白处有沾染的墨迹,但这墨迹不可能是次页留下的。经过比对(第二幅图),可以确定这墨迹是《廿公跋》留下的,这说明《廿公跋》原本在《东吴弄珠客序》之后。每评今怀疑当年古佚小说刊行会拆书铺开照相,重装时发生了错位。① 这固然是一种可能,不过可能性不大。该书从明末印成至 1933 年,已过去 300 多年,300 多年后书中的墨色仍然发生沾染的可能性是很小的。

南洋出版社社长董玉振获准于 2018 年 7 月 30 日至 8 月 3 日在台北故宫博物院翻阅介休本,对该书做了细致的考察。他介绍说:

> 内文全部书叶中缝经过托裱,托纸条宽十四毫米或略大。书中有些叶经过整叶托裱,包括首册内文第一叶至第一回的大部分叶。
>
> 每册前面有两空白副叶,封底内一空白副叶,与第十册的第五十二回的第七和八叶用纸不同,前者看不出明显的纹理,而后者的纹理则清晰可辨。这三叶空白副叶明显较新,可以判断为该书最后一次修复时所加。该书书面用纸明显为现代机器纸,说明该书在近现代做过添加或更换书面的维护,所用装订丝线也较新。
>
> 第十册的第五十二回的第七、八两叶用纸比内文其它页面新,但比前后副叶显陈旧。可以判断,第五十二回这两叶并非原书印制时刻板遗失而添加,而是后来修复时因这两页缺失而补配,但肯定不是最后一次更换书面维护时添加。②

他还指出该书在经过整体修复后进行了三边裁切,切边时有些棕红色的眉批开头的字被切掉,而全书所有大红色眉批没有一条被裁切到,由此可以判断,棕红色眉批在全书修复之前完成,大红色批点应该出现在全书纸叶修复之后。这就是说,此书至少曾做过两次修整。因此,《廿公跋》的错位很可能在印制古佚本时就已如此,古佚本的印制者并没有出错。

毛利本的序跋顺序学界有不同的说法。日本上村幸次说:"毛利本《金瓶梅词话》全书十八册,在各册的封面上大字写着'金瓶梅词'(没有'话'这一字),其下,稍稍小些的毛笔字写着那一册所收的回数的数字。卷首序跋等的顺序是:欣欣子的序、东吴弄珠客的序、廿公的跋、四贪词。这一点,与北京图书馆本的跋和词的顺序正相反。"③鲁歌、马征的说法是:"(毛利本)将廿公的《跋》安置在'四贪词'之后,不像慈眼堂藏本与北图藏本那样廿公《跋》在前,

---

① 每评今《关于金瓶梅词话的"金瓶梅序"和"廿公跋"的先后排序问题》,http://www.mqxs.com/thread-10071-2-1.html,2018-06-05。
② 董玉振《介休本金瓶梅形态及批注时序细考》,微信公众号"南洋智库",2019 年 2 月 10 日。
③ [日]上村幸次《关于毛利本〈金瓶梅词话〉》,黄霖、王国安编译《日本研究〈金瓶梅〉论文集》,第 89 页。

'四贪词'在后。"①黄霖也认为"这部词话本,粗看起来与北平图书馆及慈眼堂藏本是相同的,但仔细一校,至少有两个异点:一是卷首的廿公跋语与'四贪词'的次序颠倒,即此本的'四贪词'置于廿公跋语之前了;二是第五回的末页为异版。"②我们知道大安本的底本是毛利本,大安本的顺序是《欣欣子序》《东吴弄珠客序》《廿公跋》,《四贪词》在《廿公跋》之后,可见上村幸次的说法是正确的。这就是说毛利本与介休本的序跋顺序是相同的,并无差异。

关于日光本,日本学者鸟居久靖介绍说:

> 最早看到慈眼堂本的丰田穰氏在《某山法库观书录》(《书志学》第16卷第6号)中作了如下记录:
>
> 《金瓶梅词话》,一百回,十六册,孙目著录,大型。每半页十一行。行二十六字。第一册的纸面多少有残破。在开头附有欣欣子序、万历丁巳(四十五年)东吴珠客序。京都帝大支那研究室存有残本。(孙先生认为是隆庆、万历年间的刊本)。③

丰田穰没有提到《廿公跋》,因此一些学者认为日光本没有《廿公跋》。如许建平说:"今见到的发现于山西介休县的本子有三篇序言:欣欣子序、廿公跋、东吴弄珠客序。而慈眼堂本无廿公跋。"④严绍璗《日藏汉籍善本书录》:"前有欣欣子《金瓶梅词话序》,次有明万历四十五年(1617年)东吴弄珠客《金瓶梅序》等。卷中有句读。卷叶被老鼠咬啮处甚多。"⑤也没说有《廿公跋》。日本菅原信海在《天海藏について——日光天海藏を中心に》一文中附有日光本的如下书影:

图 12

---

① 鲁歌、马征《〈金瓶梅〉及其作者探秘》,西安:华岳文艺出版社,1989年,第110页。
② 黄霖《金瓶梅讲演录》,桂林:广西师范大学出版社,2008年,第33页。
③ [日]鸟居久靖《〈金瓶梅〉版本考再补》,黄霖、王国安编译《日本研究〈金瓶梅〉论文集》,第68页。"东吴"下脱弄字。
④ 许建平《金学考论》,石家庄:河北教育出版社,1999年,第54页。
⑤ 严绍璗《日藏汉籍善本书录》,北京:中华书局,2007年,第1999页。

《廿公跋》前面一页是《四贪词》的末页，由此可知日光本也有《廿公跋》，但位置在《四贪词》的后面，与介休本和毛利本不同，致使没有仔细翻看的丰田穰未能发现《廿公跋》的存在。日光本将《廿公跋》放在《四贪词》之后，或许是印制者觉得序跋同在一起不合常规，因为跋通常都在全书最后，故做了调整；也有可能跟介休本一样，修整重装时发生了错置。

三　现存明版《词话》的印刷先后问题

残缺太多的京大本姑置勿论，3部基本完整的《词话》可以确认印刷时间各不相同。何以见得？

（一）分装册数不同。介休本分装20册，毛利本分装18册，日光本分装16册。

（二）序跋位置不同。如上所述，日光本的序跋位次与介休本和毛利本不同。

（三）印刷品质不同。介休本纸张好，印刷页面大都清晰。毛利本纸张低劣，有不少破损纸张经粘补后用于印刷，粘补的地方"纸面不平，印刷后的字迹往往出现斑驳、模糊的状况"。有些破损纸张未经修补，结果印成的书中留有破洞，文字残缺。[①] 日光本亲手翻阅过的人极少，外界对其信息所知不多。据翻阅并比较过日光本和毛利本的长泽规矩也介绍，"细加观看其他各页，能看到匡郭、界线、文字的破损，栖息堂所藏本也多一些"[②]。这就是说，日光本印刷品质比毛利本略好一些，但总体都不如介休本。

这些差异表明，现存3部《词话》的印刷时间各不相同，若是同一次印制的书，不可能产生这些差异。

那么，3部《词话》具体印刷时间谁先谁后呢？对此学者们见仁见智。

长泽规矩也就日光本和毛利本的先后发表过如下意见：

> 慈眼（堂）所藏本第九页匡郭切去一角，而栖息堂所藏本完全没有。这是补刻的第一个证据。第二，如果考虑到回末的形式，因为其他回都整齐划一，修改得这样不整齐是不自然的。第三，在部分的不同方面，从详到略可以认为是自然的。或者，可以认为关于"何九"有一些考虑。就一个字的不同而言，考虑到容易懂，改成了"号"；因为是死人的身体，改成了"尸"，这也是自然的。如这样考虑的话，慈眼堂所藏本大概是稍稍早印的版本吧。[③]

[①] 详见黄霖《关于〈金瓶梅〉词话本的几个问题》，《文学遗产》2015年第3期。

[②] ［日］长泽规矩也《〈金瓶梅词话〉影印的经过》，黄霖、王国安编译《日本研究〈金瓶梅〉论文集》，第87页。

[③] 同上。

日本学者饭田吉郎也认为日光本早于毛利本,理由是:"将毛利本与《金瓶梅》的原型《水浒传》第二十五回相对照,就发现两者的本文全部一致。这就是说,毛利本异文所在之处,就是因为毛利本的原版至少在这里是欠缺的,所以据《水浒传》补刻印刷而成。"①

黄霖则认为"毛利本可能最先刷印",依据主要有三。(一)《金瓶梅》本来就是从《水浒传》而来,所以它与《水浒传》的文字相同是顺理成章的事,只有不同才是奇怪的,才当怀疑它是否是后来修改补刻的。(二)第五回结尾的形式毛利本与全书其他各回一致,即先说回末诗,然后说"且听下回分解"结束本回,日光本(介休本同)则是说完"且听下回分解"后,又写了"雪隐鹭鸶飞始见,柳藏鹦鹉语方知"两句诗。"毫无疑问的是与全书一致的毛利本在先,这一回单独与全书不一致的日光本、台藏本当在后。"(三)"最重要的一点是,从这一叶的个别文字来看,日光本与同回所刻的同一字是不同的,而毛利本与同回所刻的是相合的。"如此页中的说字,日光本作"說",毛利本作"説",本回前面各页均作"説","说明毛利本第5回的末叶与前面所印是同板,而恰恰是日光本存在着'补刻'的嫌疑"。②

我们认为3部《词话》其印制先后依次是:介休本＞日光本＞毛利本。这一判断主要是基于以下两个理由得出来的:

其一,如所周知,雕版印刷有一个规律,那就是印刷的清晰度随印刷次数的增加而不断降低,随刻版存放时间的增加而不断降低。李紫鸥说:"初刻本的初刷始终被历代藏书家所推重,原因在于初刷是在新雕的版子上印刷而成的,具有字迹清晰、栏围直线细而不断的优点,页面效果精神,而几次印刷后的版子字迹模糊,直线间断,质量会大大下降。"③薛冰指出:"后印本的面貌,与初印本可能相差相当大,这主要是木质版片发生了变化。首先是木质书版刷印次数过多,表面自然磨损,刷印出的书页上会有不同程度的模糊,文字笔画也会漫漶残缺,严重时就成了'邋遢本'。其次,书版在保存中,如不能维持相应的温度和湿度,很容易产生裂纹,甚至完全断裂,反映到书页上,就是通常所说的'断版'现象,版框以至页面文字间可以看出明显的断空痕迹。再就是木质老化后吸水性增强,印上书页的墨汁相应减少,以致色彩黯淡,漫无光泽。"④正因如此,印刷的清晰度是鉴定图书印刷版次的一个重要指标。《词话》的三个印本大家公认介休本最为清晰,日光本次之,毛利本最差,这是它们印制先后

---

① [日]饭田吉郎《关于大安本〈金瓶梅词话〉的价值》,黄霖、王国安编译《日本研究〈金瓶梅〉论文集》,第97页。
② 黄霖《关于〈金瓶梅〉词话本的几个问题》,《文学遗产》2015年第3期。
③ 李紫鸥《古籍版本收藏入门不可不知的金律》,济南:山东美术出版社,2011年,第70页。
④ 薛冰《版本杂谈》,济南:山东画报出版社,2009年,第87页。

不同的反映。当然,介休本的清晰是相较于其他两个版本而言的,它本身也存在一些字形模糊、界栏虚断的问题,说明它也不是初印本。

其二,介休本和日光本第五回的结尾是这样的:"正是三光有影遗谁概,万事无根只自生。毕竟西门庆怎的对何九说,要知后项如何,且听下回分解。雪隐鹭鹚飞始见,柳藏鹦鹉语方知。"毛利本没有"雪隐"两句。按照明清章回小说的通例,说完"且听下回分解"都是结束本回,不再有别的话语。如果毛利本是先印本而介休本和日光本是后印本,那么后印者为什么要在原版上画蛇添足地补刻两句纯属多余的话?不可思议。如果将介休本和日光本看成是先印本而将毛利本看成后印本,这种现象就不难理解。《词话》抄本的阅读者难免要做一些自以为是的修改,正如介休本的阅读者做了很多校改一样。"雪隐"两句当是抄本的阅读者在阅读到此处时补写的,大约认为这两句比原有的"三光有影遗谁概,万事无根只自生"更好。书商将抄本买来后直接让抄手照本写样,于是"雪隐"两句就出现在刻本中,这就形成"且听下回分解"后又出现回末联语的反常现象。后来毛利本的重印者发现了这一反常现象,就将"雪隐"两句从刻版上铲除了。如此解析,恰然理顺。

无独有偶,《词话》第三十五回的回末也有与第五回类似的情况,原文作:"正是恨小非君子,无毒不丈夫。毕竟未知后来何如,且听下回分解。正是祇恨闲愁成懊恼,如(始)知伶俐不如痴。"①最后两句也是抄本阅读者补写的自认为更好的回末结联,毛利本的印制者没有发现,因而没有铲除。

总之,设想"且听下回分解"后的联语最先出现在抄本中比设想在现成的刻版上后来补刻要合理得多。

那么,我们如何看待毛利本最先印刷说的其他证据呢?

《词话》第一至第六回的情节虽然基本上移用了《水浒传》百回本第二十三回至二十七回的内容,但文字语句或多或少都有一些改变,完全一致的段落可以说是没有的。正如日本学者大内田三郎所说的,"《金瓶梅》的作者一面借用《水浒传》的文章,一面按其需要简略、增补,进而改写情节,并不是承袭其原样。其次,有关情节重复的地方,一旦详细地比较对勘其文章之后,就可以看到局部性的字句的改写"②。由此来看,毛利本第五回第九页是因刻版缺失而据《水浒传》补刻的推断要比其为原刻的推断更为合理。负责补刻的一般应该是书商,补刻在于速成,书商是没有必要也没有能力仿照《词话》作者的语气据《水浒传》加以改写的,照抄现成的文字是他最简便省钱的选择。这一推断与

---

① 最后两句出自宋朱淑真诗。宋郑元佐《新注朱淑真断肠诗集前集》卷十《自责》之二(国家图书馆藏明初刻递修本):"闷无消遣只看诗,又见诗中话别离。添得情怀转萧索,始知伶俐不如痴。"
② [日]大内田三郎《〈水浒传〉与〈金瓶梅〉》,黄霖、王国安编译《日本研究〈金瓶梅〉论文集》,第216—217页。

《金瓶梅词话》版本新探　361

毛利本清晰度最差的现象可以互相印证。

至于同一回中"说"字的异同，仅有参考价值，并不能确定同一回是否出自一人之手，因为一个人会不会把一个字写成不同的样子具有随意性，这种情况在写本中很常见。甲骨文中就有所谓"同版异体字"，指的就是同一版甲骨甚至同一条刻辞中同一个字有不同写法的现象。《词话》中同版异形屡见不鲜。如第四十五回："伯爵就唤李锦：'你把礼擡进来。'不一时，两个抬进仪门里放下。""擡""抬"不同。第五十二回："后边做着个水面，等我叫小厮拿麵来咱每吃。""面""麵"不同。又："冷清清独自个闷恹恹。""凊""清"不同。又："金莲见官哥儿脖子里围着条白挑线汗巾子，手裡把着个李子往口裏吮。"同一个{裏}一句话中写成"里""裡""裏"三种形式。第五十八回："你如何恁推聋粧哑装憨儿。""粧""装"不同。第八十九回："做姊妹一场，并无面红面赤。""面""靣"不同。同一回甚至同一段话中"說""説"两种写法同现的例子如图13所示：

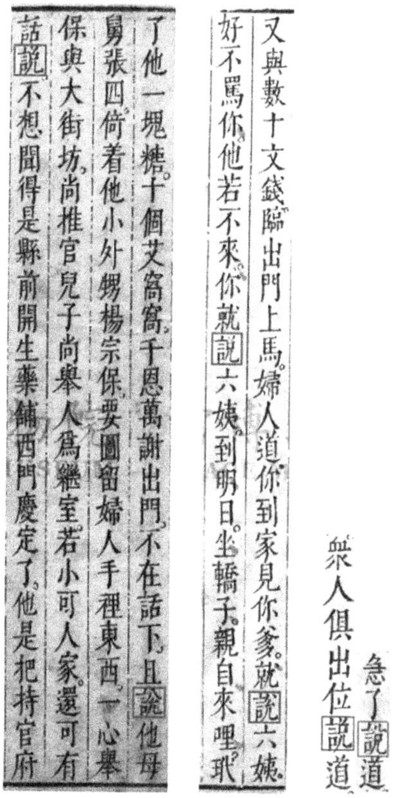

第七回　　第八回　第三十一回

图 13

我们显然不能据此认为这些文字是由不同的人抄写的。

综上所述,3部基本完整的《词话》明代同版印本,其印制先后顺序应该是:介休本——日光本——毛利本,其中介休本也不是初印本。

刘荣嗣理治泇河及相关文献记载考辨

李南南

【内容提要】 明崇祯时期刘荣嗣以工部尚书总理河道,现存史料对其理泇之记载疏漏、相抵牾处颇多,主要有以下四点:其一,骆马湖淤阻,刘荣嗣开河时间或记为崇祯七年或为八年;其二,刘荣嗣开河引黄地段或记为宿迁至徐州、或至德州、或至邳州;其三,刘荣嗣开河预估费用与实际费用记载含混不清;其四,刘荣嗣总理河道时所任官职或记为工部尚书或记为侍郎。笔者通过今存康熙年间所刻刘荣嗣《简斋先生文选》及其他相关历史文献资料对刘荣嗣"挽黄治泇"之起因、规划、实施过程、所需费用及其总理河道时所任官职做出详细考辨,并对文献记载致误之因进行考析,以期可以厘清刘荣嗣"挽黄治泇"的整个过程,纠正历史文献中的不当记载。

【关键词】 刘荣嗣 理泇河 考辨

刘荣嗣,字敬仲,号半舫,又号简斋,明北直隶曲周人,万历四十四年(1616)进士,历户部主事、山东左布政、顺天府尹,崇祯六年(1633)以工部尚书总理河道,崇祯八年(1635)因治河无功下狱。刘荣嗣生前其奏疏、书信未被整理刊刻,康熙年间刘佑将其存世之文汇刻为《简斋先生文选》四卷,书中所收理河奏疏、与友人书信详细记载了其理治泇河的过程。乾隆四十七年(1782)刘荣嗣诗文集[①]被列入四库全毁书目,该集的重刻、流传受到影响,此在一定程度上也造成文献史料对刘荣嗣理河记载疏漏、相抵牾处颇多,主要有四点:其一,骆马湖淤阻,刘荣嗣受命开河时间或记为崇祯七年(1634)或记为崇祯八年;其二,刘荣嗣开河引黄地段或记为宿迁至徐州,或记为宿迁至德州,或记为宿迁至邳州;其三,刘荣嗣开河预估费用与实际费用记载含混不清;其四,刘荣嗣总理河道时所任官职或记为工部尚书,或记为工部侍郎。笔者通过《简斋先生文选》及其他相关历史文献资料对刘荣嗣"挽黄治泇"之起因、规划、实施过程、所需费用及治河时所任官职做出详细考辨,并对文献记载致误之因进行分

【作者简介】李南南,新疆大学中国语言文学学院古代文学专业在读博士研究生。

① 〔清〕英廉等编《清代禁毁书目四种·全毁书目》,长沙:商务印书馆,1941年,第9页。

析,以期可以厘清刘荣嗣"挽黄治泇"的整个过程,纠正历史文献的不当记载。

一 相关文献记载与"挽黄治泇"过程之考辨

(一)骆马湖淤阻,刘荣嗣受命开河治理运道时间考

《明史》卷八五《河渠志》三载:"(崇祯)八年,骆马湖淤阻,荣嗣开河徐、宿,引注黄水,被劾,得重罪。"①《明史》卷三〇六《霍维华传》谓:"(崇祯)七年,骆马湖淤,维华言于治河尚书刘荣嗣,请自宿迁抵徐州,穿渠二百余里,引黄河水通漕。"②清王颂蔚在《明史考证捃逸》卷三六"霍维华传"中指出两处记载不同,"七年骆马湖淤,按骆马湖淤,《河渠志》做八年,此作七年,互异。"③谈迁《国榷》卷九四、清初成书之《崇祯实录》卷八、李逊之《三朝野纪》卷五等皆记载骆马湖淤阻时间在崇祯八年。《明史》卷八四《河渠志》二与谷应泰《明史纪事本末》卷三四《河决之患》称刘荣嗣被捕下狱时间在崇祯八年,对于骆马湖淤阻、刘荣嗣挑河引黄时间未明确指出,以"初"字代替。顾炎武《天下郡国利病书》及孙承泽《山书》对骆马湖淤阻、刘荣嗣治河时间之记载与《明史》《明史纪事本末》较为相似,以"先是"来指代。杨士聪《玉堂荟记》卷四、钱谦益《列朝诗集》丁集第十六《刘尚书荣嗣传》亦载刘荣嗣挑河引黄之事,未明确指出时间。

刘荣嗣《简斋先生文选》卷一收有《再报水发疏》《覆勘黄河疏》《请协济大挑钱粮疏》《挽黄治泇耽延重运实陈疏》等奏疏,详细记录了刘荣嗣挽黄治泇、疏浚运道的全过程,包括黄河水发,泇河运阻,河臣一行人勘察运道水势、共商治水策略,预估治水用时、用工、费用、挑河地段及具体的实施过程。

崇祯七年九月刘荣嗣作《再报水发疏》,称七月十七日其"据淮徐兵河道臣徐标等各呈报"得知水发之状:

> 山水暴涨异常,冲溃田庐、堤岸……臣即自济宁登舟南下。遍历河道,诹咨发水之源,皆缘蒙阴诸山,水发自北,而南又兼黄水暴涨,与山水会,一望汪洋,舟浮树杪……今河从徐州长山决口,全河东注灌入连汪、蛤蟆、周柳、黄墩诸湖四散弥漫,出骆马湖口归黄正道……山水骤发易落,为害犹轻,黄水到处多沙,为害最重,而王市、泇河运道一段淤梗。④

崇祯七年七月山水、黄河水齐发,徐州长山坝决口,水东注漫延波及到骆马湖,

---

① 〔清〕张廷玉等纂修:《明史》卷八五《河渠志》三,北京:中华书局,1974年,第2099页。
② 〔清〕张廷玉等纂修:《明史》卷三〇六《霍维华传》,第7864页。
③ 〔清〕王颂蔚《明史考证捃逸》卷三六,《续修四库全书》史部第294册,上海:上海古籍出版社,1996年,第395页。
④ 〔明〕刘荣嗣《简斋先生文选》卷一《再报水发疏》,清康熙年间刻本,第12页。

泇河运道有一段淤阻。关于泇河与骆马湖之关系,《明史》卷八七《河渠志》五记载更为清晰,泇河"东南达宿迁之黄墩湖、骆马湖,从董、陈二沟入黄河,引泗合沂济运道,以避黄河之险"①。即骆马湖在泇河运道上,具有连接泇河与黄河运道的作用,骆马湖之通阻关系到泇河运道之通阻,黄河水发已危及骆马湖运道。

刘荣嗣在之后的《覆勘黄河疏》中记录"河势"大变的情形,指出此时治理河道刻不容缓,并给出治河策略:

> 伏水大发,黄河尽归长山决口。今复率厅印河官追随三院,自宿(宿迁)至徐(徐州)逐一沿勘,则河势视前勘又大变矣。前正河平分,黄河尚可通行,今仅深四五尺不等,或流或停,前泇河止有五分黄水与清水相荡,而行未曾淤垫。今全河北下漫至南北山根,梁城闸等处清水壅遏十二里,牵路湮迷,王市以下运道淤塞三十余里,虽幸祖陵莫安,而河患全在运道矣。若再不挽黄归正,无论上决之祸无已,目前泇河之淤塞难浚,正河且渐涸难行,两路具梗,为忧方大。从头磨算,则原估钱粮未可议减,但挽黄原限六个月完工,恃有泇河行运耳。而今以黄河为运道,何能久待,不得不就中择其捷者、急者并力攒做为新运救急之图……泇河已属梗阻,则急挑黄河以行新运,诚不待再计并难刻缓者也。但遽欲挑河、筑防、塞决三工并举……今合谋金同议先挑河,暂挽黄流……挑河完日接筑堤岸尽塞决口,以竣大役,计甚便矣。②

此时水势大变,黄河于徐州长山决口,不仅使泇河运道阻塞更加严重,且随着大量黄河水挟沙漫延向东灌入连汪、蛤鳗、周、柳、黄墩诸湖,势必也会注入骆马湖,造成骆马湖淤阻。刘荣嗣认为当下之急在于将黄河水挽入正道,解除其对泗州祖陵的威胁,同时借助黄河运道进行漕运,以救新运之急,具体做法为挑浚黄河故道,引黄河水通运。刘荣嗣诗集《秋水谣》卷二收有《下邳杂咏》十首,诗序称:"岁在甲戌,黄河夏涨,决于长山,东掩泇河,扼其吭而夺之,泇复东徙,漫衍盛阳山麓,泇口以下淀淤四十余里,运道以塞,奉旨开复黄河故道。"③此言明示甲戌(崇祯七年)秋水大发,长山口决,泇河运道阻塞,刘荣嗣受命开黄河故道。

今存张镜心为刘荣嗣所作之《明工部尚书兼都察院右副都御使总理河道提督军务刘公墓志铭》(下简称《墓志铭》)记载刘荣嗣"挽黄理泇"的相关情况。张镜心,字孝仲,号湛虚,明天启二年(1622)进士,磁州人,与刘荣嗣同朝为官

---

① 〔清〕张廷玉等纂修:《明史》卷八七《河渠志》五,第2122页。
② 〔明〕刘荣嗣《简斋先生文选》卷一《覆勘黄河疏》,第15—17页。
③ 〔明〕刘荣嗣《秋水谣》卷二,《明别集丛刊》第五辑第六册,合肥:黄山书社,2015年,第504页。

且为姻亲①,其熟知刘荣嗣治河情况。《墓志铭》谓:"甲戌秋,河北决长山口,灌 泇河,泇且就淤……公议先浚河,使水还其故,水还土现而泇可开,且借邳河以 转输,勿误来岁漕事。"②此处称崇祯七年黄河水发阻运,刘荣嗣请挑黄河故道, 引黄河水通运,与上文刘荣嗣之言相对应。

杨士聪《玉堂荟记》、顾炎武《天下郡国利病书》、孙承泽《山书》虽未直接言 明骆马湖淤阻、刘荣嗣受命治河之时间,但从行文记述中亦可推断出骆马湖淤 溃事在崇祯七年,不再一一举例。《国榷》《崇祯实录》《三朝野纪》等皆载骆马 湖淤阻在崇祯八年,其致误之由,下文将具体分析。

(二)刘荣嗣开河引黄地段考

《明史纪事本末》卷三四《河决之患》谓:"八年秋九月,逮总理河道尚书刘 荣嗣。初,荣嗣以骆马湖阻运,自宿迁至德州开河注之。"③《国榷》卷九四载刘 荣嗣崇祯八年"请挽黄河自宿迁至德州,开河注之,计二百余里"④。又言:"初, 荣嗣以黄水济宿迁、德州之运,既凿,俱黄河故道,朝河暮淤,不可以舟。"⑤《崇 祯实录》卷八载崇祯八年"八月戊寅朔,总督漕运刘荣嗣以骆马湖阻运,请挽黄 河自宿迁至邳州,开河注之"⑥。《明史》卷八四《河渠志》二、卷八五《河渠志》 三、卷三〇六《霍维华传》皆载刘荣嗣所开河段为宿迁至徐州。

钱谦益《列朝诗集》丁集第十六《刘尚书荣嗣传》谓刘荣嗣"以工部尚书总 理河道。运道溃淤,起宿迁至徐,别凿新河,分黄水注其中以通漕"⑦。钱谦益 因张汉儒等人构陷,于崇祯十年(1637)四月下刑部狱⑧,在狱中与刘荣嗣常往 来唱和,熟知刘荣嗣治河之事,其言有较高可信度。明人杨士聪曾亲睹刘荣嗣 治河情状,与刘荣嗣有过交谈,其《玉堂荟记》亦称刘荣嗣"起宿迁至徐州,别凿 新河"⑨。

刘荣嗣在《覆勘黄河疏》中详陈"挽黄理泇"工程中开通运道之计划:

> 自宿迁至徐州大浮桥以抵吕坝,原系昔年运道,自开泇河,久未浚治。

---

① 〔明〕张镜心《墓志铭》载刘荣嗣元配袁夫人所生之女"适镜心第五子潜",出自国家图书馆藏清康熙刻本刘荣嗣诗文集(索书号 23623:10),第 8 页。
② 〔明〕张镜心《墓志铭》,第 4 页。
③ 〔清〕谷应泰《明史纪事本末》卷三四《河决之患》,北京:中华书局,2015 年,第 522 页。
④ 〔清〕谈迁《国榷》卷九四,北京:中华书局,1958 年,第 5710 页。
⑤ 〔清〕谈迁《国榷》卷九四,第 5712 页。
⑥ 台湾历史语言研究所印《崇祯实录》卷八,台北:台湾历史语言研究所,1962 年,第 259 页。
⑦ 〔清〕钱谦益《列朝诗集》丁集第十六《刘尚书荣嗣传》,北京:中华书局,2007 年,第 6008 页。
⑧ 〔清〕钱谦益《牧斋初学集》卷十二《霖雨诗集》,崇祯十六年刻本,第 1 页。
⑨ 〔明〕杨士聪《玉堂荟记》卷四,《续修四库全书》子部第 1175 册,上海:上海古籍出版社,1996 年,第 215 页。

今议经始(徐州)自大浮桥起至夏镇吕坝止,疏浚深通。在黄河自苏伯接挑天地玄三铺,引水会樊店旋河之流,并力吕梁东下,又自鲤鱼山挑至邳州直河口,南塞吕家决,北筑匙头湾、马路口洼堤,束水顺下直河。更于(徐州)长山口筑基下埽,逼水一半回东,则黄河上下流贯。再闭彭坝,使水尽南出大浮桥,则两河内外通彻,是黄河与漕运合并,归复故道也。明春粮艘可自此而达通湾矣。①

在开河计划中刘荣嗣对不同河段采取不同处理方式,以徐州为分界点,自徐州大浮桥北上至夏镇吕坝重在浚河。而从徐州苏伯湖经樊店、吕梁达邳州直河口这一段黄河故道已经淤积废弃,则需清除淤泥,重在挑河,所浚河道与所挑河道即为运道,然后塞决筑堤,迫使黄河水归正道。此举不仅可解除黄河水对祖陵的威胁,也使所浚徐州段黄河与所挑邳州、宿迁段黄河上下贯通。再关闭彭水坝,使水不能流向东南,转入旧运河道,旧运河道水出徐州大浮桥与黄河运道贯通,则宿迁、徐州、夏镇这条黄河运粮之道实现通运,南来粮船便可由宿迁、徐州黄河故道经旧运河道北上,此即谓"挽黄行运"。

实际开河路段与计划略有不同,刘荣嗣崇祯八年三月二十日所上《微臣治河无能疏》称:

正月十三日臣督各官躬亲祭神犒赏官夫,开坝放水……而犹虑黄流带沙,通塞不时,处处需人、刻刻需防,臣又严檄司道印河各官率夫修治。二十二日忽报流贼披猖突至……臣驰还(济宁),调率道将整兵备御。二月十四日寇氛稍远,臣即统御寇之兵兼程赴工护运,则吕字云字露字等堡岌岌欲溃,而半戈山之拦水坝、新河口之匙头湾以及青墩张林铺等处横冲四溢,势且夺河,臣亲督募夫,拮据十余日开通直河。②

之后《挽黄已成堤工应筑等疏》载:"续因磨庄生溜,旋开直河,漕臣又开王市故道,两路并行重运。"③可知崇祯八年刘荣嗣开坝放水后又因水坝欲溃、磨儿庄浅溜等原因率河工开通直河。结合刘荣嗣《与钱抑之(钱士升)揆辅》书中所言:"竭三冬之力,开三百余里,暂借行运。自宿迁而上,由刘口、直河,达邳州、吕梁、樊店,抵徐州入闸转夏镇,是虽黄河故道,以其新挑也,谓之新河。"④可知其实开河段长三百余里,开通直河后,邳州直河口由直河经刘口与宿迁河段贯通,整条新河实开河段在宿迁至徐州之间。

因此《明史纪事本末》《国榷》所载刘荣嗣开通河段为宿迁至德州有误,《崇

---

① 〔明〕刘荣嗣《简斋先生文选》卷一《覆勘黄河疏》,第17—18页。
② 〔明〕刘荣嗣《简斋先生文选》卷一《微臣治河无能疏》,第41—42页。
③ 〔明〕刘荣嗣《简斋先生文选》卷一《挽黄已成堤工应筑等疏》,第48页。
④ 〔明〕刘荣嗣《简斋先生文选》卷二《与钱抑之揆辅》,第50页。

祯实录》所载挑河自"宿迁至邳州",乃计划开通河段,而实际所开河段在宿迁至徐州之间,挑浚徐州至邳州之间河段时间主要在崇祯七年,而开坝引水、挑通邳州直河口与宿迁间直河在崇祯八年,整个挑河时间自崇祯七年秋开始,至崇祯八年春结束。

(三)挑河引黄所耗费用

《明史》卷八四《河渠志》二载:"八年九月,荣嗣得罪。初,荣嗣以骆马湖运道溃淤,创挽河之议……计工二百余里,金钱五十万"。①《崇祯实录》卷八谓刘荣嗣请开河段"计二百十里,估费五十万"。②谈迁《国榷》卷九四载刘荣嗣开河"计二百余里,估费五十万,上切责之"③。《明史》卷三〇六《霍维华传》称刘荣嗣开河"费金钱五十余万,工不成,下狱论死"④。杨士聪《玉堂荟记》卷下谓刘荣嗣治理洳河"原估五十万金,止费十四万金"⑤。张镜心《墓志铭》"部议浚河当用水衡金五十三万,而公以二十万八千有奇毕此役,节甚矣"⑥。成克巩《总河大司空刘公荣嗣传》"总河抚按会勘,挽黄工费共估银五十三万两。计筑南北岸堤工若干丈,挑引水河一道,长若干丈,并埽料等项仅费银二十万八千有奇"⑦。以上各文献记载刘荣嗣"挽黄济运"之"估费"为五十余万或者五十三万,数目相差不大。实际耗费从"五十万"至"二十万八千有奇"再到"十四万"大不相同,要厘清其中缘由,仍需从整个挽黄工程入手。

关于"挽黄治洳"的全过程及各阶段之利害关系,刘荣嗣在《覆勘黄河疏》《挽黄治洳耽延重运实陈疏》《与刘心盘大司空》都曾言及,《与刘心盘大司空》比较简明地呈现了"挽黄治洳"的整个规划与实施情况:

> 治河之法先挑故道,次筑堤,又次塞决,又次复修洳河。盖不塞决,则洳河修而复淤,无益也。不挑故道则水无所归,即挑而无堤,则伏秋一涨必冲归仁堤,逼近祖陵可虑也。故今年之计决意挑河、分水、行运,并一春之力于堤工,秋后水落便可塞决。又以今冬明春之力修洳河复故道。不意今春有流寇之警,弟南护泗陵,耽搁五十日又分力于洳河,钱粮不得请,不敢鸠集众夫,而堤工缺焉未举。⑧

---

① 〔清〕张廷玉等纂修:《明史》卷八四《河渠志》二,第 2072 页。
② 《崇祯实录》卷八,第 259 页。
③ 〔清〕谈迁《国榷》卷九四,第 5710 页。
④ 〔清〕张廷玉等纂修:《明史》卷三〇六《霍维华传》,第 7864 页。
⑤ 〔明〕杨士聪《玉堂荟记》卷四,第 216 页。
⑥ 〔明〕张镜心《墓志铭》,第 4 页。
⑦ 〔清〕李时茂修、赵永吉纂:顺治《曲周县志》卷三《总河大司空刘公荣嗣传》,清顺治十三年刻本,第 15 页。
⑧ 〔明〕刘荣嗣《简斋先生文选》卷二《与刘心盘大司空》,第 75—76 页。

由上知刘荣嗣治理泇河计划分为挑河、筑堤、塞决、复修泇河四个阶段,而实际只完整实施了第一个阶段,即挑浚黄河故道。刘荣嗣在《挽黄已成堤工应筑等疏》中指出"挑河挽黄"工程:"去年(七年)九月开土,十二月内告完"①。崇祯八年正月十三日刘荣嗣等河臣开坝引水,试河行运,后又因宿迁、直河、磨庄等处浅溜、水坝欲溃,其率河夫开通直河,此时挽黄治泇工程第一个阶段的挑河工程已经全部完成。刘荣嗣本欲在崇祯八年春实施第二个阶段,崇祯八年冬与崇祯九年(1636)春进行塞决、复泇河故道两项工程,但因紧急调任及被弹劾下狱之故,后三个工程并未真正实施。

崇祯帝因治河工程浩大、耗资较多,曾下旨督促刘荣嗣等人亲自覆勘黄河水发状况,《覆勘黄河疏》记载此谕:

> 这挽河事宜据奏估费至五十余万,用夫至六万余名,如此浩大工程,总河、抚按、道司未见亲行详勘会议,但据两厅州县各官册报,是否确实,可必成功永赖无患,著该部会同该科博谘核议具奏,钦此。②

今各文献载挽黄估费"五十余万"很可能与崇祯帝督促刘荣嗣覆勘黄河之谕示相关。刘荣嗣在详陈挑河、筑堤、塞决过程后仍提出"覆估钱粮仍计五十三万余两"③,于《挽黄已成堤工应筑等疏》中又重申:"臣奉旨会同抚按司道等官集议勘确会,估挑河、筑堤、塞决三工共银五十三万。"④刘荣嗣之估银"五十三"万两包括治理泇河工程的挑河、筑堤、塞决三个阶段,但其只完成"挑河引水"工程与"筑堤""塞决"的部分工程。因此《明史》《崇祯实录》《国榷》等撰者认为刘荣嗣开河引水费用为五十余万有不确切处,他们对刘荣嗣治理泇河全过程不甚明了,加上皇帝"旨意"传递之模糊信息,所以有此误识。崇祯八年刘荣嗣上《挽黄治泇耽延重运实陈疏》言明挑河费用,"挑工以十二月告竣,约费河银一十五万余两,现今请官覆核截销"⑤。《挽黄已成堤工应筑等疏》称:"自去年九月开土,十二月内告完,约费银一十五万。"⑥因此杨士聪在《玉堂荟记》中所言挑河引黄耗资"十四万"有一定合理处,但此仅指九月至十二月挑河所耗费用。实际上崇祯八年正月十三日开坝放水后,因磨庄等地浅溜,刘荣嗣与漕臣又开通直河与王市故道,而此时产生的费用并未算入开坝放水前的挑河引水工程中,由此可推知刘荣嗣理治泇河第一阶段费用当多于十五万。张镜心《墓志

---

① 〔明〕刘荣嗣《简斋先生文选》卷一《挽黄已成堤工应筑等疏》,第48页。
② 〔明〕刘荣嗣《简斋先生文选》卷一《覆勘黄河疏》,第14页。
③ 〔明〕刘荣嗣《简斋先生文选》卷一《覆勘黄河疏》,第19页。
④ 〔明〕刘荣嗣《简斋先生文选》卷一《挽黄已成堤工应筑等疏》,第48页。
⑤ 〔明〕刘荣嗣《简斋先生文选》卷一《挽黄治泇耽延重运实陈疏》,第45页。
⑥ 〔明〕刘荣嗣《简斋先生文选》卷一《挽黄已成堤工应筑等疏》,第48页。

铭》、成克巩《总河大司空刘公荣嗣传》皆言刘荣嗣治河估费五十三万,与奏疏所言无异,而后又言刘荣嗣挽黄花费为"二十万八千有奇"与奏疏中"十五万金"不同,则此"二十万八千有奇"当包括又"开直河"与"开王市故道"的费用。

(四)刘荣嗣理河时官职考

谈迁《国榷》卷九四"乙亥崇祯八年九月"载"逮总理河道工部尚书刘荣嗣。"①谷应泰《明史纪事本末》卷三四《河决之患》"逮总理河道尚书刘荣嗣。"②《崇祯实录》卷八"逮总理河道工部尚书刘荣嗣"③,此三种文献皆谓刘荣嗣总理河道时官职为工部尚书,而顾炎武《天下郡国利病书》"山东·治河议下"条称"崇祯八年逮总河侍郎刘荣嗣究问"④。孙承泽《山书》卷九"崇祯八年,逮总河侍郎刘荣嗣究问。"⑤清晚期夏燮《明通鉴》卷八四谓崇祯八年"逮总理河道侍郎刘荣嗣下狱。"⑥这三种文献记载刘荣嗣理河时官职为总河侍郎,与前三种文献记载之工部尚书不同。

钱谦益与刘荣嗣关系密切,《列朝诗集》丁集第十六《刘尚书荣嗣传》谓刘荣嗣"以工部尚书总理河道"⑦,与此相似之记载亦见于张镜心《墓志铭》⑧、成克巩《总河大司空刘公荣嗣传》⑨。成克巩为刘荣嗣房师成基命之子,因"通家世谊"⑩之故,其对刘荣嗣生平事知之甚详。对比《墓志铭》《总河大司空刘公荣嗣传》,两者对刘荣嗣生平主要事迹记载基本一致,此二人所言不当有假,刘荣嗣总理河道时为工部尚书而非工部侍郎。

二 文献记载致误原因考析

(一)开通河段记载致误原因考析

《国榷》《明史纪事本末》皆载刘荣嗣开河宿迁至德州,由上文考证知二书记载有误。《国榷》经初稿被盗后,二稿成书于顺治十年(1653),后又经修订、

---

① 〔清〕谈迁《国榷》卷九四,第5712页。
② 〔清〕谷应泰《明史纪事本末》卷三四《河决之患》,第522页。
③ 《崇祯实录》卷八,第261页。
④ 〔清〕顾炎武撰,黄珅等校点:《天下郡国利病书》第3册,上海:上海古籍出版社,2022年,第1600页。
⑤ 〔清〕孙承泽辑《山书》卷九,《四库禁毁书丛刊》史部第71册,北京:北京出版社,1997年,第534页。
⑥ 〔清〕夏燮《明通鉴》卷八四,北京:中华书局,2009年,第2942页。
⑦ 〔清〕钱谦益《列朝诗集》丁集第十六《刘尚书荣嗣传》,第6008页。
⑧ 〔明〕张镜心《墓志铭》,第4页。
⑨ 〔清〕李时茂修、赵永吉纂:顺治《曲周县志》卷三《总河大司空刘公荣嗣传》,第14页。
⑩ 〔清〕李时茂修、赵永吉纂:顺治《曲周县志》卷三《总河大司空刘公荣嗣传》,第17页。

补充。《明史纪事本末》始纂于顺治十三年(1656),于顺治十五年(1658)成书,现已有证据表明《明史纪事本末》部分史料来自《国榷》①,则《明史纪事本末》所载很可能沿袭《国榷》之误。

通过上文考辨知,《崇祯实录》载刘荣嗣所开河"宿迁至邳州"实为计划开河,经比对发现《国榷》与《崇祯实录》有关刘荣嗣治河的记载非常相似,《国榷》卷九四:

> 1.(乙亥崇祯八年)总督漕运刘荣嗣以骆马湖**淤**阻运,请挽黄河自宿迁至**德州**,开河注之。计二百**余**里,估费五十万。上切责之,**以修工未半,辄请勘销,溃决日久,何虚靡十余万金也。**②
>
> 2.逮总理河道工部尚书刘荣嗣。初,荣嗣以黄水济宿迁、**德州**之运,既凿,俱黄河故道,**朝河暮淤**,不可以舟。**今岁,骆马湖适平,漕者入泇不可入新河。荣嗣自往视之,入而甚艰**。于是南京刑科给事中曹景参劾之,被逮。中河工部郎中胡琏坐赃多论死。**首事不由琏,侵费不由琏**,人颇惜之。③

《崇祯实录》卷八:

> 3.(崇祯八年八月戊寅朔)总督漕运刘荣嗣以骆马湖阻运,请挽黄河自宿迁至**邳州**,开河注之。计二百**十**里,估费五十万。上切责之。④
>
> 4.(九月戊申朔)逮总理河道工部尚书刘荣嗣。初,荣嗣以黄水济宿迁之运。既凿,**而**黄河故道,**朝暮迁徙**,不可以舟。于是南京刑科给事中曹景参劾之,被逮。中河工部郎中胡琏坐赃多论死。**始首事侵费俱不由琏**,人颇惜之。⑤
>
> 注:黑体字为两书记载不同处

上引第1条与第3条、第2条与第4条在文字及叙述事件行文方式上有很大相似性。从行文内容的完整度来看,《国榷》较为丰实,关于事件叙述更为详细。《崇祯实录》记事内容有所简化,文字有删减处,也有经过整合的地方,因此《崇祯实录》的这两条记载很可能来源于《国榷》。而《崇祯实录》编纂者当注意到《国榷》中记述有逻辑不通或不实之处,所以将第1条"上切责之"之后内容删去,使"上切责之"的内容变为刘荣嗣上请勘销之"背景",而将第1条中刘

---

① 参见徐泓《〈明史纪事本末〉的史源、作者及其编纂水平》,《史学史研究》2004年第1期,第62—71页。
② 〔清〕谈迁《国榷》卷九四,第5710页。
③ 〔清〕谈迁《国榷》卷九四,第5712页。
④ 《崇祯实录》卷八,第259页。
⑤ 《崇祯实录》卷八,第261页。

荣嗣挽河"宿迁至德州"改为"宿迁至邳州",即为计划挑河路段。在第4条记载中删去"德州",仅记为"荣嗣以黄水济宿迁之运",显然是《崇祯实录》编纂者意识到《国榷》之误载后有意改之。

《国榷》有关刘荣嗣所开河段的两处记载皆有误。谈迁亲身经历天启、崇祯两朝,有意为史,在搜集天启、崇祯朝史料时,曾访问明朝遗老。谈迁修《国榷》得到了钱士升的支持,钱士升与刘荣嗣为同年进士,关系密切,二人就治河相关事宜有书信往来。刘荣嗣《与钱抑之(钱士升)揆辅》详言其开河事宜,钱士升《与总河刘半舫》言及开支河事①,可知钱士升熟知刘荣嗣理河事。又,谈迁《枣林杂俎》是由《国榷》未用史料缀辑而成②,此书曾引杨士聪《玉堂荟记》中材料,据张荣进统计,至少有七处。③ 则谈迁编纂《国榷》时很可能参考过《玉堂荟记》,此书载刘荣嗣所开河段为宿迁至徐州。通过上述前朝故老及时人文献资料,谈迁很容易就可以考辨清楚刘荣嗣开河引黄路段为宿迁至徐州而非宿迁至德州,因此不太可能出现认知上的误识。《国榷》就刘荣嗣所开河段出现两次误载,具体原因尚需进一步考探。

(二)骆马湖淤阻时间误载原因探析

上引《国榷》第1条"上切责之,以修工未半,辄请勘销,溃决日久,何虚糜十余万金也",为此则材料的背景出处提供了线索。"以修工未半"意味着此时治理迦河工程已开始,"辄请勘销"指刘荣嗣在工程进行一部分后请崇祯帝派人核实费用,崇祯帝因刘荣嗣理河所用十万余金的费用有所不满而出此语。

刘荣嗣《挽黄已成堤工应筑等疏》疏首称:"题为挽黄挑河已成,应筑堤工未半,工大费繁,经手之官渐去,循例恭请遣官勘核截销以清钱粮"④,疏中又言:

> 黄河之性变迁不定,溃决无时,恐日久渐非其故,则数万挑筑之力、十余万金钱之费无从按工查核……臣简往牍,凡兴大工,例遣部堂或科臣勘核。及今挽黄所挑之河长阔口底俱明,所筑之堤高厚根顶俱在,乞皇上俯念陵运重务,特遣一官诣工勘核施行。⑤

---

① 〔明〕钱士升《赐余堂集》卷七《与总河刘半舫》,《四库禁毁书丛刊》集部第10册,北京:北京出版社,1997年,第504页。
② 〔清〕朱彝尊《曝书亭集》卷四四《南京太常寺志跋》,谓谈迁"馆于胶州高阁老弘图邸舍,阁老导之借故府书纵观,因成《国榷》一部,掇其遗为《枣林杂俎》",景印文渊阁《四库全书》集部第1318册,台北:台湾商务印书馆,1986年,第160页。
③ 张荣进硕士论文《〈谈迁枣林杂俎〉研究》,福建师范大学,2014年,第48页。
④ 〔明〕刘荣嗣《简斋先生文选》卷一《挽黄已成堤工应筑等疏》,第48页。
⑤ 〔明〕刘荣嗣《简斋先生文选》卷一《挽黄已成堤工应筑等疏》,第48—49页。

则《国榷》此条之背景很可能是在刘荣嗣上此疏后,疏中言及"八年正月十三日开坝放水"事,可知此疏作于崇祯八年,《国榷》中"崇祯八年八月"的时间记载当为刘荣嗣上疏后崇祯帝批复之时间,所以此条有"上切责之"这样的内容。由此再来观此条事件记载,当侧重于"上切责之"之后内容,而其前"骆马湖淤阻、刘荣嗣请开河徐宿"为"上责"事件之背景交代。据上文考述可知骆马湖淤事在崇祯七年,此则材料忽略背景时间之交代,将背景与事件杂糅在同一时间下,所以容易让人产生刘荣嗣"请挽黄行运"事在崇祯八年之误解。若无刘荣嗣上疏请勘销之背景,则《国榷》所载"上切责之"内容可为前,也可为后,行文逻辑不清晰,《崇祯实录》的编纂者注意到这一点,所以其将"上切责之"之后内容删去,突出其认为的重要事件,以保证上下行文逻辑连贯,但恰恰因对刘荣嗣治河一事缺乏考究,而将本应强调的纪年时间下之事件删去,仅保留事件发生的背景,所以导致"骆马湖淤阻"背景记载于崇祯八年下。

《明史》《三朝野纪》与上举《国榷》记事有相似性,即将事件结果与背景原因杂糅于纪年之下,忽略背景原因与事件结果的时间错位,因此传递出"背景"发生时间在崇祯八年的错误信息。

(三) 官职记载致误原因探析

比对杨士聪《玉堂荟记》与孙承泽《山书》、顾炎武《天下郡国利病书》之记载,《玉堂荟记》在行文记事上与后二书有重合之处,如《玉堂荟记》自"以骆马湖运道溃淤,乃创挽黄之议"至"计工二百余里,费金钱五十万"亦见于《山书》与《天下郡国利病书》当中。《玉堂荟记》成书于崇祯年间①,后二者成书较晚,《山书》(又名《崇祯事迹》②)康熙四年(1665)至康熙七年(1668)间成书③,《天下郡国利病书》约成书于康熙元年(1662),但在其后仍有增补④,因此后二书有关刘荣嗣理河之记载当参考过《玉堂荟记》。与《玉堂荟记》相比,后二书存在

---

① 〔明〕杨士聪《玉堂荟记》叙言"(崇祯)壬午再入春明,感兴时事,甚惧此道之沦丧。乃取旧所编辑,更加撰次,不拘年月,惟有慨于中则记之,汇为一帙",崇祯壬午为崇祯十五年。(第167页)
② 〔清〕孙承泽辑,裴剑平点校《山书》前言,其引上海涵芬楼所录上谕谓"《崇祯事迹》十八卷,装成七本"与《山书》叙言"因检旧日抄存,辑成十八卷,装成七本"所载一致,由此知《山书》又名《崇祯事迹》,据上引谈迁《北游录》可知《崇祯事迹》至晚于顺治崇祯十一年已经成书,则《山书》很可能为《崇祯事迹》修订本。(杭州:浙江古籍出版社,1989年)
③ 〔清〕孙承泽辑,裴剑平点校《山书》叙言谓因纂修《明史》,康熙下谕搜罗天启、崇祯事迹之书,孙承泽"捧读康熙四年八月二十三日上谕……时职养病山中,因检旧日抄存,辑成十八卷,装成七本……为此合用手本前去内院典籍厅烦为查收,转送施行。"叙尾落款时间"康熙七年九月",可知《山书》成于康熙四年到七年之间。(杭州:浙江古籍出版社,1989年)
④ 黄珅《〈天下郡国利病书〉考》据书序指出书成于康熙元年,并举书中《云贵交讧》记康熙四年、六年、十年事证康熙元年后顾炎武仍在增补《天下郡国利病书》,出自《顾炎武研究文集——纪念顾炎武诞辰四百周年》,上海:上海人民出版社,2014年,第258—259页。

多处重合,如《玉堂荟记》载:

> 计工二百余里,费金钱五十万。**皆用门下客议也**,其凿河处,邳州上下悉黄河故道,**淤土尺余**,其下皆沙。①

《天下郡国利病书》记为:

> 计工二百余里,费金钱五十万。其凿河处,邳州上下,悉黄河故道,**浚之尺许**,其下皆沙。②

《山书》与《天下郡国利病书》此处文字记载相同,不再单独列出。上引《玉堂荟记》黑体字"皆用门下客议"不见于后二书载,后二书记"淤土尺余"为"浚之尺许"。又如"先是,荣嗣首事治河"、"后骆马湖复溃,舟行新河,人无不思其工者"等句见于后二书,不见于《玉堂荟记》中,且后二书在文字、行文方式、事件记述上有很大的一致性,由此知后二书之记事并非分别参考《玉堂荟记》,而是存在因袭关系。

《天下郡国利病书》记事止于"后骆马湖复溃,舟行新河,人无不思其功者"③,《山书》此句后又多出对曹景参疏持两议被革职之交代,其记事内容比《天下郡国利病书》要更丰实。谢正光在《清初的遗民与贰臣——顾炎武、孙承泽、朱彝尊交游考论》中经过考证认为孙承泽、顾炎武开始交往的时间不晚于康熙三年④(1664),而顾炎武之《钞书自序》谓:"今年(康熙六年,即 1667 年)至都下,从孙思仁(承泽)先生得《春秋纂例》《春秋权衡》《汉上易传》等书"⑤,可知顾炎武曾向孙承泽借书,《山书》或者其未修订前之《崇祯事迹》很可能也在所借书之列,此条记载当为康熙元年成书后增补内容之一,因此《天下郡国利病书》有关刘荣嗣理河时官职的误载当来源于孙承泽所著《山书》等书。

孙承泽与刘荣嗣曾同朝为官且有交往,孙承泽《庚子销夏记》谓其所收《李息斋墨竹》《石田松鹤高士图》两幅画曾经为刘荣嗣所藏,"石田松鹤高士图"条下谓:

> 此帧乃广平刘半舫珍爱者。半舫清正,为当事大臣不喜,借河工事系狱。部拟遣戍,上未允,传闻事在不测,乃自狱以所用小砚及此画作一诗别余,余以半舫之故,更珍爱之。贼变,画已失去,重于市贾买之。每一展

---

① 〔明〕杨士聪《玉堂荟记》卷四,第 215 页。
② 〔清〕顾炎武撰,黄珅等校点:《天下郡国利病书》第 3 册,第 1600 页。
③ 〔清〕顾炎武撰,黄珅等校点:《天下郡国利病书》第 3 册,第 1600 页。
④ 谢正光《清初的遗民与贰臣——顾炎武、孙承泽、朱彝尊交游考论》,出自《清初诗文与士人交游考》,南京:南京大学出版社,2001 年,第 348—352 页。
⑤ 〔清〕顾炎武《钞书自序》,顾炎武著,华忱之校注《顾亭林文选》,成都:四川人民出版社,1998 年,第 47 页。

阅,真觉车过腹痛也。①

孙承泽对刘荣嗣人品、下狱的原因较为清楚,刘荣嗣于狱中担心遭遇不测,曾特意写诗向孙承泽告别,所以孙承泽当知刘荣嗣理河时官职为工部尚书,此在其所作《河纪》中可以确认。《河纪》卷二谓:"八年秋九月,骆马湖淤阻舟,总河尚书刘荣嗣开新河罔绩被劾逮治。"②因此《山书》中记刘荣嗣理河时官职"总河侍郎"当为笔误,而非孙承泽认知之误。为何会有这种笔误?笔者推测可能与明代总河设置相关。

《大明会典》卷二〇九"都察院·督抚建置"称"总理河道等项皆因事特设,今具列焉。其边境以尚书、侍郎。任总督军务者,皆兼都御史,以便行事。"③《明史》卷八三《河渠志》一谓:"成化七年(1471),命王恕为工部侍郎,奉敕总理河道。总河侍郎之设,自恕始也。"④明朱国盛《南河全考》卷下《河官考》"正德十一年(1516),始专设总理,以工部侍郎兼都御史,或左右副都御史兼侍郎兼军务。"⑤通过上述文献记载可知总河在明初并无定制,依河事状况,临时派遣,多为尚书、侍郎、都御史。成化年间始设总河侍郎,正德年间专设总理河道,多以侍郎或兼侍郎职衔官员总理河道事务,张艳芳在《明代总理河道考》中指出:

> 明代的总理河道一职,自正德年间成为定设官职……总理河道一职成为常设后,一般从工部侍郎或各级都御史中推选。⑥

顾炎武《天下郡国利病书》"江宁府·职官"条谓"总理河道一人","治济宁,以工部侍郎兼都御史总理漕河,自仪真直抵卫河,近或无工部衔者。"⑦孙承泽之笔误很可能来源于其对总理河道官员多为侍郎的思维定式,《天下郡国利病书》《明通鉴》当为沿袭致误。

三　综论

通过上文考辨可知,刘荣嗣以工部尚书总理河道,崇祯七年骆马湖淤阻,

---

① 〔清〕孙承泽《庚子销夏记》卷三,景印文渊阁《四库全书》子部第826册,台北:台湾商务印书馆,1986年,第36页。
② 〔清〕孙承泽《河纪》卷二,《续修四库全书》史部第728册,上海:上海古籍出版社,1996年,第469页。
③ 〔明〕申时行等修、赵用贤等纂:《大明会典》卷二〇九,《续修四库全书》史部第792册,上海:上海古籍出版社,1996年,第470页。
④ 〔清〕张廷玉等纂修:《明史》卷八三《河渠志》一,第2020页。
⑤ 〔明〕朱国盛纂,徐标续纂:《南河全考》卷下《河官考》,《续修四库全书》史部第729册,上海:上海古籍出版社,1996年,第61页。
⑥ 张艳芳《明代总理河道考》,齐鲁学刊,2008年第3期,第65—66页。
⑦ 〔清〕顾炎武撰,黄珅等校点:《天下郡国利病书》第2册,第830页。

刘荣嗣上疏陈"挽黄治泇"之策。"挽黄治泇"工程分为挑河、筑堤、塞决、复修泇河四个阶段，其中前三个阶段刘荣嗣预估花费五十三万余两银钱。"挽黄治泇"工程实际只实施了第一阶段，分别在崇祯七年与八年进行。崇祯七年挑徐州、邳州段黄河，基本依计划而行，耗银十五万余两。崇祯八年放水试行运后因部分路段浅溜又开通邳州与宿迁间直河，实际开河路段为宿迁至徐州，河臣又开泇河王市段，此时与七年共耗费银两二十万八千有奇余两。而造成各文献记载舛误或含糊不清的原因不一，包括忽略背景与事件之间的时间错差而导致的误载，因定式思维而出现的误记，亦有沿袭致误，但最主要的原因当为撰史者对于刘荣嗣治理泇河的过程未能进行详细考究。刘荣嗣生前未整理、刊刻其治河奏疏，因此时人不能知其理河详细计划。康熙元年刘佑搜集整理刘荣嗣所存之文汇刻成《简斋先生文选》，该集中收有刘荣嗣理治泇河之奏疏。但乾隆四十七年刘荣嗣诗文集被列为四库全毁书目，严重影响该集的流布，因此其理河详细情况不能广泛地为人所知，后人撰史只能依靠前人的非一手资料辗转因袭，从而导致各历史文献对刘荣嗣理泇河的相关史实记载有误或不一。虽然刘荣嗣并未真正完成整个"挽黄治泇"工程，但是鉴于泇河之开治对于明清漕运史的重要意义及其与世界文化遗产京杭大运河之关系，此段历史不应当被忽略。《简斋先生文选》比较完整地保留了刘荣嗣治河奏疏，是刘荣嗣治理泇河的第一手材料，可信度远比后人修史要高，具有正史之误、补史之阙的价值。

再议《郭氏传家易说》提要卷数差异

黄 汉

【内容提要】 四库诸提要所载《郭氏传家易说》卷数有"十一卷""十一卷《总论》一卷""十二卷"之别,然据《翁方纲纂四库提要稿》所记四库底本澹生堂钞本面貌,并结合对《大易粹言》卷次变化的分析,知是书应为十一卷,书首并无《总论》。《总论》原分见各卷之首,因四库底本经后人钞补,四库馆臣又加雠校,致全书体例发生变乱,亦使卢文弨产生误解。《郭氏传家易说》提要卷数差异,提醒今人:书籍卷数差异并非是卷数多寡之简单变化,更与其体例编纂、内容增减、流传亡佚、校雠著录等密切相关。

【关键词】 四库提要 《郭氏传家易说》 卷数 翁方纲 《大易粹言》

《四库全书》经部易类收《郭氏传家易说》一书,然诸提要所载卷数却有所差异:翁方纲《四库全书分纂稿》,与文渊阁、文溯阁、文津阁《四库全书》书前提要,以及摛藻堂《四库全书荟要》、武英殿聚珍版丛书书前提要俱作"十一卷",摛藻堂《四库全书荟要总目》作"《郭氏传家易说》十一卷《总论》一卷",《四库全书简明目录》作"十二卷"。杨新勋先生曾指出这一问题,认为"《荟要总目》《简目》所标卷名、卷数并不合宜"。[①]杨先生所言甚是,然而四库本《郭氏传家易说》卷数与内容的矛盾,实与其体例编纂、流传亡佚、校雠办理不无关系。

乾隆三十八年闰三月二十六日浙江巡抚三宝上折云:慈谿郑大节家"藏书颇富,亦已飞饬宁波府知府徐崑亲往访购"[②]。其后,郑大节家陆续献书,中有

【作者简介】黄汉,北京大学中国古文献研究中心、北京大学中文系中国古典文献专业博士研究生。

① "此书历来著录为十一卷,未见有十二卷者。武英殿本、荟要本和文渊阁库本同出浙江郑大节家藏澹生堂抄本,属于同源,卷首列《传家易说自序》和《总论》,之后为十一卷。可见,《自序》和《总论》不单独收卷,亦不与后十一卷合卷数,则《荟要总目》《简目》所标卷名、卷数并不合宜。"详见杨新勋《四库提要经部宋人易类辨正五则》,《扬州大学学报(人文社会科学版)》2020年第1期,第118—128页。

② 中国第一历史档案馆编:《纂修四库全书档案》,上海:上海古籍出版社,1997年,第90页。

《郭氏传家易说》十一卷、八本。① 据乾隆三十九年十一月《翁方纲纂四库提要稿》，②知四库本所据底本为浙江郑大节家所藏山阴祁氏澹生堂钞本，"抄本卷末有'考异'二叶，题云'前夷陵谢主簿本'，凡与卷内多出字句者数处。"③八册之首册已亡，乃后人以《大易粹言》补之。翁方纲分纂稿中又有签条三枚，其一涉及《总论》校雠，其文云：

> 以下《系辞》《说卦》《序卦》《杂卦》四条，已分见于本书各卷之首。盖《文言》以上所论皆上下经，故须列于卷首，而卷内则无之；《系辞》以下所论皆传，故分列于卷内，而卷首则无之，郭氏原书必如此也。惟此抄本则下七册是其原抄藏之本，而兹首册则是另抄补入之本，盖原书首册已失，收藏家即从《大易粹言》抄补之，以足此首册也。而《大易粹言》则系提□于卷首，乃是《大易粹言》辑书之体例，非郭氏原书样矣。今□□存此四条，是与本书卷内相复，似以删去为是。谨签候酌。

澹生堂钞本书首有《总论》八条，分别为《易》《卦》《爻》《彖》《象》《文言》《系辞》《说卦》《序卦》《杂卦》。翁方纲认为郭氏原书体例：《文言》以上列于卷首，卷内则无；《系辞》以下四条分列各卷内，卷首则无。钞本卷首、卷内俱有《系辞》等四条，是因钞本首册已失，今人据《大易粹言》抄补所致。"□□"残阙不可知，据下句，知翁氏以删去卷首四条为是。然至实际办理阁书时，四库馆臣删去卷内《系辞》等四条，完整保留卷首《总论》八条，并于《杂卦》文末注云："案原本自《论系辞》至《论杂卦》复载《系辞》《说卦》《序卦》《杂卦》各卷篇首，殆因曾穜《大易粹言》分载之，不察已见卷首，误据以增入，今已校删。"④

澹生堂钞本首册据《大易粹言》钞补，书首《总论》之面貌受其影响。《大易粹言》初刊于淳熙三年，其卷目分别为：总序、上经卷第一、上经卷第二、上经卷第三、下经卷第四、下经卷第五、下经卷第六、系辞上卷第七、系辞下卷第八、说卦第九、序卦第十、杂卦第十一、卷第十二。卷十二下又有篇名，分别为：《姓氏》《文集》《学易》《论易》《明卦》《明爻》《明十翼》。《明十翼》之下分七节，依次

---

① 《四库馆进呈书籍底簿》，傅斯年图书馆藏清钞本，登录号：176193，叶十一。
② 本文所引翁方纲分纂稿及签条，均自《翁方纲纂四库提要稿》，上海：上海科学技术文献出版社，2000年，第238—240页，不一一注明。
③ 荟要本《郭氏传家易说·总论》有小注云："案：是书旧有夷陵谢主簿本，未详主簿名。"参见《景印摛藻堂四库全书荟要》第7册，台北：世界书局，1985年，第545页。今按：谢主簿应为谢谔。《宋史》卷三百八十九《谢谔传》载绍兴二十七年，谢谔中进士第，调峡州夷陵县主簿。且谢氏与郭雍游，《宋元学案》卷二十八以谢谔为"郭氏世嫡"。
④ 《郭氏传家易说》，《景印摛藻堂四库全书荟要》第7册，第547页。

是:《彖》《象》《文言》《系辞》《说卦》《序卦》《杂卦》。① 此外,又存宋淳熙间建安刘叔刚所刻《大易粹言》残本两部。中国国家图书馆所藏(善本书号:A0001),存卷六十至六十七;台湾"国家图书馆"所藏(书号:00050),存卷一至卷三十一、卷四十四至卷六十六。② 此本书首有《总论》上、中、下凡三卷,分别为:《学易》《论易》《明卦》《明爻》《明十翼》。澹生堂钞本首册显系后人据刘叔刚刻本抄录而成,故于书首立《总论》之卷目,又各立《易》《卦》《爻》《彖》《象》《文言》《系辞》《说卦》《序卦》《杂卦》等篇目。

要之,《郭氏传家易说》原书应为十一卷,书首并无《总论》一卷。《总论》之《易》《卦》《爻》《彖》《象》《文言》原在卷一之首,《系辞》《说卦》《序卦》《杂卦》分见各卷之首。另有两点证据可加以证明:其一,《直斋书录解题》著录书籍时,详载是书各部分内容,如《易传解说》一卷《微旨》三卷、《太极传》六卷《外传》一卷《因说》一卷、《梁谿易传》九卷《外篇》十卷、《皇极经世》十二卷《叙篇系述》二卷、《书古经》四卷《序》一卷,而其著录《郭氏传家易说》为十一卷,说明是书并无《总论》。其二,现存宋人《易》学著作存在类似的体例,《大易粹言·总论·序卦》所收张载"序卦相受"云云,《横渠易说》正载之于《序卦》篇题之下,③《童溪王先生易传》卷一之下又有"发题"云云,④述其宗旨。

后人据《大易粹言》钞补,致使《郭氏传家易说》体例发生变乱。而馆臣在办理《四库全书》时,又未能真正领会翁方纲签条之义,导致其体例全然改变,致使书首多《总论》一卷,而卷内尽删去。由此,产生了诸提要记载"十一卷""十一卷《总论》一卷""十二卷"差异,亦使后人对全书体例产生了误解。卢文

---

① 曾穜《大易粹言》,《中华再造善本》影印宋淳熙三年舒州公使库刻本,北京:北京图书馆出版社,2006年。关于此书情况,可参看李致忠著:《宋版书叙录》,北京:书目文献出版社,第33—41页;杨新勋《四库提要宋人易类辨正四则》,收入陈晓华主编《四库学》第7辑,北京:社会科学文献出版社,2020年,第133—143页。

② 是本少有关注,今稍作介绍。全书12行,行23字,细黑口,左右双栏,双黑鱼尾,中记书名卷第,下记叶次,避太祖至孝宗讳,不避光宗以下讳。书首有韩应陛跋文两则,其一为咸丰元年(1851)所识。据题跋与藏书印,知此书原为韩应陛所藏("读有用书斋"印),韩氏后人韩德均、钱润文也曾于浙江军阀战争中保护此书,故钤有"德均审定""松江读有用书斋金山守山阁两后人韩德均钱润文夫妇之印""甲子丙韩德均钱润文夫妇两度携书避难记"印。后此书先后流入王文进("任邱王文进字晋卿藏""宝绛阁藏书记"印)、蒋祖诒("蒋祖诒""谷孙"印)之手,最终为台北"国家图书馆"("国立中央图书馆收藏"印)收藏。值得注意的是,民国三十年(1941)傅增湘曾自文禄堂取阅此书,其《藏园群书经眼录》著录此书为"《大易粹言》十卷《总论》三卷",不知所记有误,抑或当时所见非完本。今人若据此以为存宋版"《大易粹言》十卷《总论》三卷",或据以比附《直斋书录解题》所载"《大易粹言》十卷",则误矣。

③ 〔宋〕张载著,章锡琛点校《张载集·横渠易说·序卦》,北京:中华书局,1978年,第238页。按:《横渠易说》文字有所亡佚,整理者已注意到《横渠易说》卷题下有论说这一体例,故移四条佚文置于《系辞上》卷题之下。

④ 〔宋〕王宗传《童溪王先生易传》,《中华再造善本》影印宋开禧元年建安刘日新宅三桂堂刻本,北京:北京图书馆出版社,2002年。

弨认为"《系辞传》《说卦传》郭氏亦本分章段,故有前章此章之语,且有与朱子微异者,而今本缺之漏也"①。其实,若恢复《郭氏传家易说》原来面貌,现《总论·系辞》应在《系辞》卷题之下,其文有云:"诸儒分章不一,孔颖达定以上篇十二章、下篇九章,然章有甚大甚小,有可分、不可分者,似不止此二十一章,故有文意未断而章分,有才一二句而文意断不相续者,岂能拘以二十一章也,说见于后。"②知郭氏并未拘以二十一章,或有言"此章""别为一章"云云者,或无标注分章,实皆为郭书原貌,也便不会有卢文弨之误解。

素来校雠、目录之学,尤重对于古书篇卷的校理著录。两汉刘向校理秘文,"每一书已,向辄条其篇目,撮其指意,录而奏之"③。有清一代,办理《四库全书》,于诸书各撰提要,详考其"文字增删、篇帙分合"。④《郭氏传家易说》提要著录卷数差异,再一次提醒今人书籍卷数差异并非只是卷数多寡之简单变化,更与其体例编纂、内容增减、流传亡佚、校雠著录等密切相关。杨新勋先生曾分析四库本《大易粹言》卷数变化,指出馆臣据赵希弁《读书附志》言论将其所据底本析为七十三卷本,分卷并未参考宋重刊本。足见《大易粹言》卷数变化,亦涉及馆臣校雠著录。仍需指出的是,《读书附志》所载为"《大易粹言》七十卷《总论》三卷",⑤而经馆臣重加厘定后,是书变为卷首《总论》一卷,正文七十三卷,卷数差异再次反映了书籍内容体例发生变乱。

---

① 〔清〕卢文弨撰,王文锦点校《抱经堂文集》卷八《郭氏传家易说跋》,北京:中华书局,1990年,第107—108页。卢文弨又言"此书从永乐大典中钞出,分为十一卷,厘然为完书。"其作跋文之时,在乾隆四十五年(1780)。其所校之本,现藏南京图书馆,有丁丙跋,跋云:"聚珍版既刊是书,又命浙江广为刊行,即三单本也。"《善本书室藏书志》卷一著录曰:"《郭氏传家易说》十一卷,卢校三单本。"《郭氏传家易说》并无从《永乐大典》辑出之本,卢文弨所校乃清乾隆四十二年杭州府刻聚珍版丛书本,而聚珍本多系从《永乐大典》所辑之书,卢氏方有此误解。
② 《郭氏传家易说》,《景印摛藻堂四库全书荟要》第7册,第545页。
③ 《汉书》卷三十《艺文志》,北京:中华书局,1962年,第1701页。
④ 〔清〕纪昀等《武英殿本四库全书总目》第1册,北京:国家图书馆出版社,2019年,第144页。
⑤ 〔宋〕赵希弁《读书附志》,收入孙猛校证《郡斋读书志校证》,上海:上海古籍出版社,2011年,第1089页。

四卷本《爱日精庐藏书志》的文献学价值

赵 嘉 梁健康

【内容提要】《爱日精庐藏书志》是清代藏书家张金吾所编的一部藏书目,该书的最早版本为张金吾在嘉庆二十五年(1820)排印的《爱日精庐藏书志》四卷本(以下称"四卷本");常见版本为道光七年(1827)行世的《爱日精庐藏书志》三十六卷、《续志》四卷本(因《续志》与四卷本在著录内容上无重合,故以下称"三十六卷本")。四卷本较之三十六卷本在收书数量、体例形制上属于早期形态,但后者同时也删去了前者所保留的信息,改变了目录在体例上的特征。对四卷本所保留的信息加以分析,有助于我们对张金吾的藏书来源及其编写《爱日精庐藏书志》的最初设想有所了解。

【关键词】《爱日精庐藏书志》 藏书来源 目录体制 张金吾 私家藏书

四卷本《爱日精庐藏书志》较为罕见,前辈学人对此关注不多,柳向春先生在整理本《爱日精庐藏书志》的《整理前言》谈及四卷本,"现今海内公藏,仅存国家图书馆及南京图书馆两部而已"[①]。本文所据四卷本即为国家图书馆藏本[②]。

一 著录藏书来源

《爱日精庐藏书志》四卷本经、史、子、集每部各一卷,共著录古籍383部;《爱日精庐藏书志》三十六卷、《续志》四卷本同样采用了四部分类法,共著录古

【作者简介】赵嘉,河北大学文学院副教授。梁健康,自由学者。
【基金项目】河北省教育厅2024年省级研究生示范课程"古籍版本目录学研究"(KCJSX2024007)阶段性成果。

① 〔清〕张金吾撰,柳向春整理,《爱日精庐藏书志》,上海:上海古籍出版社,2020年,第3页。
② 按,此本见于"中华古籍资源库",著录为清嘉庆二十五年(1820)张氏爱日精庐活字印本(善本书号15069),此本中有张乃熊"菦圃收藏"藏书印。

籍 801 部。① 除个别书籍仅见于四卷本外,三十六卷本中包含了四卷本所著录的书籍,但是同时也将大部分四卷本所著录的书籍来源信息删去。

(一) 四卷本《爱日精庐藏书志》藏书来源梳理

张金吾在四卷本《爱日精庐藏书志》中,于每部书籍下,以小字注明藏书来源,笔者依据不同的来源,将其分为得自书坊、书贾,得自藏书家(含亲友),其先已有藏书以及其他四类。同时,又结合张金吾《言旧录》及同一时期友人黄丕烈的题跋,将诸来源整理如下:

1. 得自书坊、书贾,共 168 部

四卷本所见书坊、书贾	数量	获取形式	相关考证	三十六卷本著录情况
遵古堂书坊	41	全部为购得	四卷本首次著录时称店主为"同里李松门"。	有 2 部未被三十六卷本收录,其余来源信息在三十六卷本中均被删去。
四美堂书坊	98	全部为购得	四卷本首次著录时称店主为"同里顾怡园"。	有 5 部未被三十六卷本收录,其余来源信息在三十六卷本中均被删去。
酉山堂书坊	14	全部为购得	四卷本首次著录时称店主为"郡城邵松岩"。黄丕烈有题跋"七月二十五日,五柳主人招饮白堤,晤邵松岩。松岩即近日为小读书堆携书出售者也"②。惟黄跋未记年代。又,黄丕烈在题跋中亦提到在酉山堂书坊购书多部,还提及"书友邵钟琳"称酉山堂主人为"吾兄",可知邵氏兄弟二人皆为书贾。③	有 1 部未被三十六卷本收录,其余来源信息在三十六卷本中均被删去。

---

① 按,四卷本著录古籍数量为笔者统计,四十卷(续志四卷)本数量统计来自石祥《著录行款:版本学典范的学术史考察》,《国学研究·第四十七卷》,北京:中华书局,2022 年,第 313—338 页。
② 〔清〕黄丕烈撰,屠友祥校注《荛圃藏书题识》,《须溪先生评点简斋诗集》跋,上海:上海远东出版社,1999 年,第 630 页。
③ 《新雕孙真人千金方》跋,《荛圃藏书题识》,第 266 页。

续表

四卷本所见书坊、书贾	数量	获取形式	相关考证	三十六卷本著录情况
学余堂书坊	5	全部为购得	四卷本首次著录时称店主为"郡城施绷斋"。又，黄丕烈在题跋中亦提到在学余堂书坊购书多部。	来源信息在三十六卷本中均被删去。
经义斋书坊	2	全部为购得	四卷本首次著录时称店主为"郡城胡苇洲"。又，黄丕烈在题跋中亦提到在经义斋书坊购书多部，并称店主名为胡鹤，字立群，并评价其"在书估中为能识古书之一人，惜知观书而所见未广，闻见尚不能扩耳"①。黄氏在题跋中多记录其与胡鹤探讨古书版本之事，为黄跋所记众多书贾中罕见者。	来源信息在三十六卷本中均被删去。
森桂堂书坊	1	购得	四卷本著录时称店主为"同里范氏"	来源信息在三十六卷本中被删去。
五柳居书坊	1	购得	四卷本著录时称店主为"郡城陶蕴辉"，陶珠琳字蕴辉，其父陶正祥即已开设五柳居书坊，黄丕烈在题跋中亦提到在五柳居购书多部，并称"吾吴中之鬻书者，皆由湖州而业于苏州，后遂占籍为苏人，其间最著者两家，曰钱，曰陶"②。可见陶氏五柳居在当时苏州地区的影响之大。	来源信息在三十六卷本中被删去。
青选堂书坊	1	购得	四卷本著录时称"同里青选堂"。	来源信息在三十六卷本中被删去。
书友卢斐园	3	购得	按旧日藏书家习惯，往往称书贾为"书友"，不知此二人是否即是书贾，姑置于此类之末。	有2部未被三十六卷本收录，其余来源信息在三十六卷本中被删去。
书友陈芑东	2	购得		来源信息在三十六卷本中被删去。

① 《玄珠密语》跋，《荛圃藏书题识》，第268页。
② 《韩山人诗集》跋，《荛圃藏书题识》，第762页。

2. 得自藏书家(含亲友),共 135 部

四卷本所见亲友	数量	获取形式	相关考证	三十六卷本著录情况
郡城顾氏	25	全部为购得	顾之逵。四卷本著录得自顾氏诸书中有残宋本《经典释文》,三十六卷本抄录有臧镛堂题跋,有"借自明经长洲顾安道家"①。顾安道即顾之逵②,由此可知"郡城顾氏"即顾之逵。	其中有 1 部未被三十六卷本收录,来源信息在三十六卷本中均被删去。
同里严氏	3	全部为购得	疑为严虞惇后人。四卷本注《吕氏家塾读诗记》得自同里严氏,三十六卷本在解题中进一步言为"同里严氏思庵虞惇校阅",知此书曾经严虞惇校阅。又,据《铁琴铜剑楼藏书目录》,其所藏《增广注释音辨唐柳先生集》卷末有严虞惇题记"康熙岁次壬戌秋八月二十有三日戊戌严虞惇阅记"③。当与《爱日精庐藏书志》所记"严氏思庵虞惇"为同一人,则同里严氏当为虞惇后人。	在三十六本中来源信息均被删去。
郡城周氏	15	全部为购得	四卷本著录得自周氏藏书中,旧钞本《徐文公集》在三十六卷本中抄录了周氏题跋一则,文末落款署名周锡瓒④。	有 1 部未被三十六卷本收录,来源信息在三十六卷本中被删去。
蔼亭兄	1	传录	张试锟。张金吾从兄,据《言旧录》得知⑤。	来源信息在三十六卷本中被删去。

---

① 《爱日精庐藏书志》,上海:上海古籍出版社,第 88 页。
② 按,顾之逵字安道,来自刘鹏先生《清代藏书史论稿》中《顾之逵生平及书事述略》一文,作者指出钱大昕、段玉裁在文中称顾之逵为顾安道。刘鹏《清代藏书史论稿》,北京:知识产权出版社,2018 年,第 108 页。
③ 〔清〕瞿镛编纂《铁琴铜剑楼藏书目录》,上海:上海古籍出版社,2000 年,第 506 页。
④ 《爱日精庐藏书志》,第 490 页。
⑤ 〔清〕张金吾《言旧录》,二十八岁条下,南林刘氏嘉业堂刊本,1913 年。

续表

四卷本所见亲友	数量	获取形式	相关考证	三十六卷本著录情况
钱塘何氏	18	购得16部，传录2部	何元锡，字梦华。四卷本在一些书名下直接写明"何梦华先生"。	有3部来源信息在三十六卷中本有所保留，有4部未被三十六卷本收录，其余来源信息在三十六卷本中被删去。
照旷阁	5	全部为传录	张金吾叔父张海鹏藏书处，照旷阁始建于张海鹏之父张仁济。	有2部来源信息在三十六卷本中有所保留，其余来源信息在三十六卷本中被删去。
郭小若姐夫	5	全部为获赠	郭梓材，据《言旧录》得知①。	来源信息在三十六卷本中被删去。
同里叶氏	1	购得	待考	来源信息在三十六卷本中被删去。
陈君子准	14	全部为传录	陈揆，字子准，稽瑞楼主人。	有8部来源信息在三十六卷本中有所保留，1部未被三十六卷本收录，其余来源信息在三十六卷本中被删去。
郡城黄氏	18	购得12部，传录6部	黄丕烈，四卷本在一些得自黄氏之书下注明"黄荛圃先生"，对应三十六卷本中的"郡城黄氏"。	其中有3部信息来源在三十六卷本中有所保留，其余来源信息在三十六卷本中被删去。
同里苏氏	1	购得	待考	来源信息在三十六卷本中被删去。

---

① 《言旧录》"六岁"条下。

续表

四卷本所见亲友	数量	获取形式	相关考证	三十六卷本著录情况
同里黄氏	4	全部为购得	待考	来源信息在三十六卷本中被删去。
同里李氏	2	全部为购得	待考	来源信息在三十六卷本中被删去。
季丈逋仙	1	赠送	疑为季崧。据《言旧录》,张金吾第二任妻子为季逸仙的孙女,季逸仙名季崧①。此处"季丈逋仙"或即"季丈逸仙"。	来源信息在三十六卷本中被删去。
外舅言耐偲先生	1	传录	言朝楫,为张金吾第一任妻子的父亲,据《言旧录》,名朝楫②。	三十六卷本保留来源信息。
黄琴六夫子	3	获赠	黄廷鉴,字琴六,是张金吾的老师,给四卷本《爱日精庐藏书志》写过序。	其中有1部未被三十六卷本收录,其余均被保留。
韵溪兄	2	传录	张定球,字伯温,号韵溪,藏书处为倚青阁,张蓉镜之父。	来源信息在三十六卷本中被删去。
吴心葵先生	1	传录	吴景恩。据《言旧录》,其与黄丕烈、陈揆等人均有交往③。	来源信息在三十六卷本中被删去。
子谦侄	8	获赠1部,传录7部	张承渷,字子谦。据《言旧录》,张金吾藏书后来即被其拿去偿债④。张承渷本人也是藏书家,其藏书后不知所终。	有5部信息来源在三十六卷本中有所保留。
同里屈氏	1	购得	待考	来源信息在三十六卷本中被删去。
同里柏氏	1	购得	待考	来源信息在三十六卷本中被删去。

① 《言旧录》,十五岁条下。
② 《言旧录》,六岁条下。
③ 《言旧录》,三十七岁条下。
④ 《言旧录》,四十岁条下。

续表

四卷本所见亲友	数量	获取形式	相关考证	三十六卷本著录情况
同里吴氏	4	购得	待考	来源信息在三十六卷本中被删去。
同里蒋氏	1	购得	待考	来源信息在三十六卷本中被删去。

"同里"指张金吾所居住的琴川,即常熟;"同郡"指江苏地区。由上表可知,张金吾与藏书家好友(含亲友)的书籍交流十分密切,彼此间传录、赠送以及买卖是当时藏书家之间扩充藏书的方式,特别是建立在交谊基础上的传录,是对书坊购书的重要补充。

3. 其先已有藏书,共 31 部

此类为张金吾在编写《爱日精庐藏书志》时,选自其先已有藏书的部分。

旧藏,共有 23 部,其中 2 部信息来源在三十六卷本中有所保留,其余均被删去。

先君子手抄本,张光基,字南有,一字心萱。张金吾祖父张仁济的长子。共有 7 部,来源信息在三十六卷本中均被保存;

八世祖端岩公刊本,共 1 部,亦于三十六卷本保存("刊本"非来源信息,属于其先已有藏书)。

4. 其他,共 49 部

以下三类更接近于版本形态,并未直接说明来自何人。

从道藏本传录,共有 1 部,三十六卷本保留。

文澜阁传抄本,共有 46 部,其中 2 部未被三十六卷本收录,其余被三十六卷本保留。

天一阁传抄本,共有 2 部,三十六卷本保留。

以上四类,合计 383 部。

总之,通过以上对张金吾四卷本《爱日精庐藏书志》所著录藏书来源的数据分析,我们可以对一位生活在清代中期江苏地区藏书名家的聚书途径有一定的了解,即购买和传录是当时藏书家收藏图书的主要方式,书商所从事的古籍交易在当时起到了十分重要的作用;同时,传录的方式在藏书家扩充藏书规模时也是一个有效的手段,而这种传录主要出现在同是藏书家的亲友之间。

江苏地区又是当时经济和文化非常繁盛的地区,所以张金吾的聚书特点是具有一定代表性的。

二 著录藏书来源的价值

四卷本《爱日精庐藏书志》著录了藏书的来源,对于研究书籍的递藏提供了重要的线索,具有重要的参考价值,可为以下研究提供帮助:

(一)对顾之逵藏书流散的补充

顾之逵和黄丕烈、周锡瓒、袁廷梼四位藏书家都生活在苏州地区,被称为"藏书四友",但顾氏是四位藏书家里事迹最为稀缺的。刘鹏《顾之逵生平及书事述略》一文中对顾氏事迹和藏书有一定的研究,依据顾氏题跋,黄丕烈、顾千里、钮玉树诸家题识日记及部分藏书目录,已考得顾氏藏书百余种,在文中列举国家图书馆所藏顾氏藏书十余种。另撰有《重辑小读书堆善本书志(经部)》一文,收录顾氏藏经部书21种[1]。

四卷本《爱日精庐藏书志》中著录源自顾之逵藏书25部,与刘鹏已公布的顾氏藏书相较,相同的有3部,其余22部未提及,今将未提及者条列于下,或为顾氏藏书研究提供参考:

(1)周易注十卷　毛氏影写宋相台岳氏本;(2)经典释文残本一卷　宋刊本[2];(3)叙古千文一卷　旧抄本;(4)补后汉书年表十卷　影宋抄本;(5)吴越春秋十卷　影宋抄本;(6)直斋书录解题残本四卷　旧抄本;(7)旧闻证误残本二卷　宋刊本;(8)宝祐四年会天历一卷　影宋抄本;(9)近事会元五卷　旧抄本;(10)玉堂嘉话八卷　旧抄本;(11)东皋子集三卷　旧抄本、脉望馆藏书[3];(12)杼山集十卷　旧抄本;(13)欧阳行周集十卷　旧抄本;(14)李元宾文集五卷　旧抄本;(15)元(玄)英先生诗集十卷　丛书堂抄本、汲古阁藏书;(16)禅月集二十五卷　旧抄本、雁里草堂藏书[4];(17)祖龙学文集十六卷　旧抄本;(18)谢幼槃文集十卷　旧抄本;(19)增广笺注简斋诗集三十卷附无住词一卷　宋刊本[5];(20)翠微南征录十一卷　旧抄本、汲古阁藏书;(21)闻过斋集八卷　旧抄、澹(澹)生堂藏书;(22)

---

[1] 《清代藏书史论稿》,第173页。
[2] 此本今藏国家图书馆(索书号06710),曾经铁琴铜剑楼收藏。
[3] 此本今藏国家图书馆(索书号03541),曾经铁琴铜剑楼收藏。
[4] 此本今藏国家图书馆(索书号03568),曾经铁琴铜剑楼收藏。
[5] 此本今藏国家图书馆(索书号06651),著录为元刊本,被收入《中华再造善本》。

东山词一卷　宋刊本、汲古阁藏书①。

因顾之逵、张金吾二位藏书家都有不常在藏书上钤印、题跋的习惯,所以通过书籍上的钤印、题跋来判断递藏源流较为困难。如以上所列书目中的残宋本《经典释文》,此本今藏国家图书馆(索书号6710),该书无顾之逵、张金吾钤印或题跋,但是《爱日精庐藏书志》著录了这部宋刻本,可知此书曾经张金吾收藏②;而四卷本《爱日精庐藏书志》又进一步著录了此本是购自顾之逵,因此在递藏线索上补充了顾、张二人③。

《重辑小读书堆善本书志(经部)》一文中著录了顾之逵所藏清通志堂刻本《经典释文》三十卷(索书号2135),书中有顾之逵校语,并录惠栋、段玉裁、臧镛堂校,是顾氏所藏另一本。

另外值得注意的是,顾之逵去世的时间是嘉庆二年(1797)。据黄跋,知顾氏小读书堆藏书的散出在嘉庆二十四年(1819)④,而张金吾四卷本的问世是嘉庆二十五年(1820),说明张氏购得顾氏藏书很早,数量也很多⑤。

(二)对黄丕烈旧藏的补充

黄丕烈通常会在其藏书上钤盖印记、撰写题跋,但亦有例外,因此增加了黄丕烈旧藏古籍研究的难度。前辈学者中如丁延峰《求古居藏宋刻本存佚考录》,依据黄氏所编《百宋一廛书录》《百宋一廛赋注》《求古居宋本书目》及其他资料,统计出黄丕烈旧藏宋本至少在二百四十种以上,现存黄藏宋本实有一百六十七种。⑥

我们在四卷本《爱日精庐藏书志》中,根据张金吾对来源于黄丕烈藏书的著录,发现了宋刻一部、元刻一部、明刻一部,均为黄氏旧藏,前人对此留意不多。

1. 宋本《史记》残本三十卷

《爱日精庐藏书志》四卷本、三十六卷本均收录此本,版本著录为宋蜀大字本,每页十八行,行十六字,注二十字。四卷本著录来源信息"得之郡城黄氏"。

---

① 此本今藏国家图书馆(索书号07178),存卷上一卷,被收入《中华再造善本》。
② 《爱日精庐藏书志》,第88页。
③ 按,《国家图书馆宋元善本图录》著录此本,在介绍递藏源流时未提及顾之逵、张金吾,又将书中撰写题跋的臧镛堂当作此书的递藏者之一,其实臧镛堂所作题跋已言是书借自顾之逵,可知臧氏并非递藏者。杭州:浙江古籍出版社,2019年,第3册,第1045页。
④ 《清代藏书史论稿》,第58页。
⑤ 《洛阳伽蓝记》跋"(嘉庆二十四年)钱唐何君梦华邀余陪琴川陈、张二君。陈字子准,张字月霄,皆今日好购古书之友,谈及顾氏小读书堆事,渠两家所收颇夥。"《荛圃藏书题跋》,第184页。
⑥ 丁延峰《古籍文献丛考》,合肥:黄山书社,2012年,第97页。

勾稽黄丕烈所编的三部宋板书目,可知其先后收藏有三部"蜀大字本"《史记》,分别是列传五卷残本①,一百三十卷全本(有抄配)②和廿四册残本③。售予张金吾者当为廿四册残本。

此本自黄丕烈、张金吾之后,递藏线索并不明显,较早记录此书由张氏爱日精庐散出的是钱泰吉,其在《曝书杂记》中抄录了钱天树在张金吾《爱日精庐藏书志》眉间所作的批注,名曰《家梦庐翁所见旧本书》,其中著录了这部《史记》:

> 《史记》。残本,蜀大字本,此不全本三十卷,今藏小重山馆胡氏。④

钱天树所批的《爱日精庐藏书志》应该不是四卷本,否则当知晓此书为黄丕烈旧藏。

此书后归郁松年,莫友芝《宋元旧本书经眼录》卷一著录此本为"史记集解宋蜀刻大字本。上海郁氏藏"⑤。其后解题文字中称此书"共二十九卷",复核其所列存卷数目,实际上是漏了卷三十四(《世家》四)。

再后归丁日昌,《持静斋书目》卷二著录《史记》一百三十卷:

> 宋刻蜀大字本。曾藏黄氏士礼居,即顾广圻《百宋一廛赋》所云字大悦目者。惜卷数仅及半而弱。历藏吴宽、文徵明、钱维城、韩世能、当湖胡氏、泰峰郁氏诸家。⑥

《持静斋书目》所记录之本今藏上海图书馆,著录为宋绍兴淮南路转运司刻本,存三十卷,清单学传、徐渭仁跋,清莫友芝题识,杨守敬、康有为跋(索书号758030—46)⑦。

---

① 〔清〕黄丕烈《百宋一廛书录·史记》,余鸣鸿、占旭东点校《黄丕烈藏书题跋集》,上海:上海古籍出版社,2013,第982页。
② 〔清〕顾广圻撰、黄丕烈注《百宋一廛赋注》,清嘉庆十年(1805)黄氏士礼居刊本,第五叶,顾广圻赋文"良史实录,藉用识蜀。乃本古以悇心,复字大以悦目"。下有黄丕烈注:"蜀大字本《史记集解》一百三十卷,每半叶九行,每行大十六字,小廿字。所缺旧钞补足。"
③ 〔清〕黄丕烈《求古居宋本书目》,清嘉庆十七年(1812)黄氏求古居抄本,国家图书馆藏(索书号05493),第二叶,"蜀本大字史记集解 残本 廿四册"。
④ 〔清〕钱泰吉撰,冯先思整理《曝书杂记》,北京:中华书局,2020年,第130页。
⑤ 〔清〕莫友芝撰,邱丽玫、李淑燕点校,杜泽逊审定《宋元旧本书经眼录》,上海:上海古籍出版社,2019年,第27页。
⑥ 〔清〕丁日昌撰,路子强、王雅新整理,《持静斋书目》,上海:上海古籍出版社,2008年,第112页。
⑦ 按,《上海图书馆善本题跋真迹》第四册,第3—16页,提供了书中的钤印及题跋;《上海图书馆善本题跋辑录》,第109页,提供了题跋的释文。《上海图书馆善本题跋真迹》,上海:上海辞书出版社,2014年。陈先行、郭立暄撰《上海图书馆善本题跋辑录》,上海:上海辞书出版社,2017年。

据书中诸家题跋及钤印,知此本曾经张蓉镜、当湖胡惠孚①、泰峰郁氏等人收藏,当与钱天树所记《史记》为同一本,存三十卷。

尾崎康《正史宋元版之研究》一书中也提到此本,同时也注意到了张金吾《爱日精庐藏书志》著录了此本,但在梳理此书递藏源流时,未提及黄丕烈、张金吾、丁日昌②。四卷本《爱日精庐藏书志》对此本来源的著录,将黄丕烈旧藏与此书后来的递藏线索加以连接,起到了至关重要的作用。

2. 元本《白虎通德论》十卷

《爱日精庐藏书志》四卷本、三十六卷本均收录此本,为元大德刊本,区别在于四卷本作"天籁阁藏书",三十六卷本作"项氏万卷堂藏书",究竟为项氏兄弟项元汴、项笃寿谁人藏书,原书未见,不得而知。

四卷本著录来源信息"得之郡城黄氏",同时还写有"后附黄荛圃先生跋",但无论是四卷本还是三十六卷本,都没有抄录黄氏题跋,三十六卷本将与黄丕烈有关的信息全部删去。

张金吾所藏的这部黄丕烈旧藏元大德十卷本《白虎通德论》今不知所终,但在黄丕烈的题跋以及他人著述中,确实能够找到关于这部书的线索:

今藏国家图书馆的元小字本《白虎通》二卷(索书号 06889,收入《中华再造善本》),黄丕烈在题跋中提到了与小字本不同的另一部元大德刻本:

> 余思《白虎通》宋本流传绝少,最古以大德刻本为先。余得两本凑合,尚有缺叶,然已矜为罕觏。今又得此小字本,可称双璧。③

这说明黄丕烈所藏元大德本是由两本拼凑而来,且尚不完整。

又,徐乃昌在《积学斋藏书记》中的《缩写元大德本风俗通十卷》一条下抄录了黄廷鉴的一篇跋,该跋也提到了黄丕烈所藏的元大德本《白虎通》:

> 余向知《白虎》《风俗》二通有元人合刊大字本,嗣于嘉庆初元得见吴

---

① 按,关于小重山馆主人胡氏的姓名及生卒,学界尚未明确。自叶昌炽《藏书纪事诗》将小重山馆主人记录为胡惠埔后,许多相关资料皆承此说。但一些学者则认为胡惠埔误,当为胡惠孚,如林申清在《书影研究》一文(《图书馆理论与实践》,1989.4)依据《静嘉堂宋本书影》找到了小重山馆主人胡惠孚的名字印章。我们检阅《静嘉堂宋本书影》中的《纂图互注礼记》,确如林氏所言(《日藏珍稀中文古籍书影丛刊》第四册,第 261 页)。
又,关于胡氏的生卒,尾崎康《正史宋元版之研究》提到胡氏(胡惠埔)生卒为 1821—1851。《宋元旧本书经眼录》收录有宋本《毛诗要义》一部,其中有钱天树题识"壬辰仲春,篯江婿不惜重值,购得宋椠《毛诗要义》"。(上海古籍出版社,2009 年,第 19 页)胡氏字篯江,壬辰年是 1832 年,按尾崎康所记胡氏生年,当时胡氏只有 11 岁,似与常理不符,恐生年有误。
② [日]尾崎康《正史宋元版之研究》,北京:中华书局,2018 年,第 240 页。
③ 《荛圃藏书题跋》,第 340 页。

门士礼居所藏,而《风俗》已失,心耿耿者四十余年。①

又,铁琴铜剑楼旧藏有元大德本《白虎通德论》一部,《铁琴铜剑楼宋金元本书影》收录有此本首卷卷端书影,丁祖荫所撰《识语》书中有项氏子长、项氏万卷堂藏书印,并称此本曾经张金吾爱日精庐收藏,但书影图片模糊,印章无法辨认②。此本今藏国家图书馆,《国家图书馆宋元善本图录》收录有此书首卷卷端,藏印为"项氏子长""万卷堂印",为项笃寿藏书(索书号6890)③。但此本没有黄丕烈题跋,不知是否即张氏《爱日精庐藏书志》所著录之本。

3. 明刊本《石门先生文集》七卷

《爱日精庐藏书志》四卷本、三十六卷本均收录此本,为明刊本,四卷本著录来源信息"得之郡城黄氏",同时还写有"后附黄荛圃先生跋"。但无论是四卷本还是三十六卷本,都没有抄录黄氏题跋,三十六卷本将与黄丕烈有关的信息全部删去。

黄丕烈所藏七卷本明刊《石门先生文集》今不知所终,但是我们在《荛圃藏书题识续录》中找到了黄丕烈题在旧钞本《石门集》的题跋,谈到了其所藏的七卷本:

> 于案头见有旧钞本《梁石门集》,阅之,有序无目,不分卷,因忆余家向有旧刻本,无序有目,却分卷为七,似不及余本。④

黄丕烈所跋旧钞本《石门集》,不分卷,今藏湖南图书馆(△435/2),曾为叶启勋、叶启发收藏,见于《拾经楼紬书录》《华鄂堂读书小识》⑤。

由旧钞本《石门集》中黄氏跋文可知,其另藏有七卷旧刻本一部,与四卷本《爱日精庐藏书志》所著录者当即一本,惜张金吾未抄录黄丕烈题跋。

三 四卷本到三十六卷本的目录体制变化

前辈学者对于《爱日精庐藏书志》在目录体制上的特点已有论述⑥,但当时

---

① 徐乃昌撰,柳向春、南江涛整理《积学斋藏书记》,上海:上海古籍出版社,2020年,150页。
② 瞿启甲编《铁琴铜剑楼宋金元本书影》,上海:商务印书馆,1922年。
③ 《国家图书馆宋元善本图录》,第9册,第3716页。
④ 王欣夫《荛圃藏书题识续录·卷四》,第326页。《宋元明清书目题跋丛刊》,北京:中华书局,2006年。
⑤ 按,黄丕烈以及叶氏兄弟著录此本时均作"不分卷",此本被收入《第五批国家珍贵古籍名录》,名录号11917。则作"七卷",不知何据。
⑥ 按,前辈研究成果如昌彼得、潘美月《中国目录学》(台湾文史哲出版社,1986年,第56—63页)、黄永年《古籍整理概论》(陕西人民出版社,1985年,第19—22页)、严佐之《"开聚书之门径","标读书之脉络":论"藏书志"目录体制结构——以张金吾〈爱日精庐藏书志〉为中心》(《中华文史论丛》,2002年第78辑,第255—282页),均有独到深刻的见解。

论者未见四卷本,而该书目由四卷本到三十六卷本在目录体制上发生了一些变化,对于理解张金吾编写思想的变化至关重要。

(一)由自撰解题到附入原书序跋

四卷本《爱日精庐藏书志》有黄廷鉴所作序,提到了张金吾编写该书目的背景和参考体例:

> 今夏曝书之暇,取凡宋元旧刻暨新旧抄秩罕见之本凡三百八十种,计一万二千卷……写为《藏书志》四卷,其传本久绝佚而复出者,<u>仿公武、直斋之例,略为解题</u>,意在存佚继绝,初不欲示人也。

黄廷鉴在序文中提到的"公武""直斋"指晁公武《郡斋读书志》和陈振孙《直斋书录解题》。可以看出,在黄氏眼中,四卷本的《爱日精庐藏书志》与《郡斋读书志》《直斋书录解题》在体例上是相同的。

同样,张金吾在四卷本的序中(三十六卷本称之为"旧序"),也有类似的说明:

> 然自《郡斋读书志》《直斋书录解题》外,惟《读书敏求记》略述源流,故储藏家每艳称之。……若有明及时贤著述,时代既近、搜罗较易,故亦从略,其前此逸在名山、未登柱史,为世所不经见者,则<u>间附数言以识流别</u>,名之曰"爱日精庐藏书志"。

此处"间附数言以识流别"与上文黄氏序提到的"略为解题",具有相似之处,即内容由编者所作,而不是抄录书籍的序跋,这也是四卷本和三十六卷本在体制上非常明显的区别,四卷本没有抄录书籍的序跋。

关于这一点,我们在黄丕烈《续颜氏家训》(宋残本)的题跋中也找到了类似的观点:

> 书之源流,具详主人所著《藏书志》中。

黄丕烈卒于1825年,在其生前所见只有四卷本《爱日精庐藏书志》(三十六卷本问世在1827年)。这篇解题文字在四卷本和三十六卷本中几乎没有差别,后者主要是改动了四卷本解题文句的顺序,删去一处征引书目,并未抄录序跋。可见黄氏所谓"书之源流"与张金吾"间附数言以识流别"是呼应的,都是作者撰写的解题文字。

由以上可知,解题内容是否为编者所作是四卷本与三十六卷本的主要区别之一,《郡斋读书志》《直斋书录解题》《读书敏求记》也都具有这一特点。之后的三十六卷本加入了大量对书籍序跋的引用。张金吾在三十六卷本的《新序》和《例言》中特别强调了这一点。

新序:

　　六七年来,增益颇多,乃重加编次,附入原书序跋,厘为三十六卷,仍其名曰"爱日精庐藏书志"。

例言:

　　自来书目无载序跋者,有之,自马氏《经籍考》始,是编略仿其体。……余则备载全文,俾一书原委,灿然可考。

与此形成对比的是,张金吾在三十六卷本的《新序》和《例言》提到附录原书序跋,但已不再提及《读书敏求记》,也说明其认识发生了变化。

(二)对《四库全书总目》体制上的改变

张金吾将《四库全书总目》奉为经典,高度崇敬,在其《爱日精庐藏书志》中再三致意,具体在实践中便是在体例上的借鉴。这种借鉴,在四卷本和三十六卷本中也有所变化。

1. 由著录书籍来源到删去

著录藏书来源是张金吾借鉴《四库全书总目》最为明显的一个体现。《总目》在著录书籍时,会在书名下著录书籍来源,如"兵部侍郎纪昀家藏本""浙江巡抚采进本"等。《爱日精庐藏书志》四卷本也在书名之下著录书籍的来源信息,当是借鉴了《总目》的这一做法。

著录藏书来源的做法在传统目录中较为少见。此前,这一信息往往多是出现见在目录的解题或者题跋中,但将其作为著录项贯彻在目录中,在清代私家藏书目录中,四卷本《爱日精庐藏书志》可谓罕有其匹①,也正是因为四卷本中著录了书籍的来源信息,才为我们今日研究张金吾爱日精庐藏书的递藏源流提供了重要的依据。

三十六卷本虽仍然部分保留了四卷本中的书籍来源信息,共 83 部,较之四卷本 383 部少了 300 部,在数量比例上已经不能被看作是整体特征,因此可以看成是一种在目录体制上的前后变化,变化的结果是原来作为著录项之一的书籍来源信息变为了非必要项。

这种变化的原因尚无明确依据,但是可以从三十六卷对书籍来源信息的取舍加以推测。三十六卷本将四卷本中购自书坊书贾的来源信息全部删去,是删除最为彻底的,说明张金吾对于著录反映与古籍交易相关信息的取舍发

---

① 按,清代藏书家的目录中,如《善本书室藏书志》也在个别书名下注明该书为未某家旧藏,但是首先在数量上不似四卷本《爱日精庐藏书志》之多;其次是某家旧藏未必是书籍的直接来源。

生了变化,最终决定不予保留。而其余来源信息则多呈现出一种部分删去部分保留的状态,取舍标准也并不明晰,或许与张金吾所编书稿即未统一,前后不一致有关系。

2. 解题形式由概括变为引用

概括一书内容或者构成一直是传统目录中较为常见的形式,《郡斋读书志》《直斋书录解题》以及《四库全书总目》都是这种形式,张金吾四卷本《爱日精庐藏书志》在采用这种形式的同时,还会将《总目》中的解题概括后使用,此时的《爱日精庐藏书志》与以《总目》为代表的目录在体制上是相同的。

三十六卷《爱日精庐藏书志》在解题形式上发生了变化,我们归纳总结出以下三种类型,加以比较说明。

①填充型

此类在四卷本中由概括一书序跋构成情况,变为将原书序跋直接依次抄录,区别在于变整体概括为直观抄录,后者详于序跋文字而无整体概括。四卷本的特征符合藏书家最初编写书目时简洁明了的特点,此类变化在三十六卷本中较为常见。

四卷本:

> 《易变体义》十二卷　文澜阁抄本
> 宋都洁撰,前有赣川曾几、范阳张九成两序及自序、进书札子。

三十六卷本:

> 《易变体义》十二卷　文澜阁抄本
> 宋都洁撰。
> 夫《易》如天地,……赣川曾几序。(内容略)
> 张九成序。(内容略)
> 又《登封进书札子》(内容略)

②改概括书中序跋为直接抄录型

四卷本:

> 《周易经义》三卷　得之同里李松门遵古堂书坊
> 元涂溍生撰,溍生字自昭,宜黄人,《江西通志》称其邃于《易》,著有《易义矜世》。……未审即此书否?后附郡城吴枚庵翌凤先生跋。

以上引文即概括自吴枚庵跋,三十六卷本删去了这些概括之语,改为直接抄录吴氏题跋全文。

③改近《四库总目》体为简略型

四卷本：

《读四书丛说》六卷　元刊本　得之四美堂书坊

元许谦撰。按，《元史》本传载谦《四书丛说》二十卷，《经义考》云未见。伏读《四库全书总目》云，《四书丛说》凡《大学》一卷、《中庸》一卷、《孟子》二卷、《中庸》缺其半，《论语》则已全佚，盖世已久不见全书矣。是编系元椠初印本，凡《论语》上下两卷，《中庸》《孟子》各二卷，缺《大学》一卷、《论语》中一卷。

三十六卷本：

《读四书丛说》残本　六卷　元刊本

元东阳许谦撰。

是本系元椠初印本。凡《论语》上下两卷，《中庸》《孟子》各二卷，缺《大学》一卷、《论语》中一卷。

《读四书丛说》是《四库》未收之书，见于《四库总目》，理应按照张氏在三十六卷本《例言》所言"未经采入《四库》者，仿晁、陈两家例，略附解题，以识流别"。而三十六卷本却删去了起到"以识流别"作用的部分解题。与之类似的情况是，三十六卷本多将四卷本解题中的作者生平爵里删去，与《四库总目》对作者的介绍也明显不同。

这些修改变化，使得四卷本由原来较为接近《郡斋读书志》《直斋书录解题》《四库总目》的目录体制变为以抄录书中序跋为主，近《文献通考·经籍考》《经义考》一类的体制了。

由以上《爱日精庐藏书志》从四卷本到三十六卷本的目录体制变化，说明作为一部产生于《四库全书总目》《天禄琳琅书目》之后的私家藏书目录，在编纂时张金吾由最初四卷本选择近《四库总目》式的体例，变为三十六卷本的加大抄录题跋，减少主观概括，近《文献通考·经籍考》《经义考》的体例。解题由主观概括向抄录客观序跋转变，而书中的序跋往往又和一书之版本联系紧密。《爱日精庐藏书志》虽然并没有像之后一些私家藏书目录带有更多更明显的版本特征（如记录行款、钤印等），但这种变化是张金吾编写私家藏书实践时，对已有传统目录在体制上的一种选择和尝试，是一种介于书籍内容和版本之间的过渡状态，并不纯粹。后来陆心源在《皕宋楼藏书志》的《例言》中明确其书目在体制上仿照的是《爱日精庐藏书志》，也说明《爱日精庐藏书志》在当时一些藏书家眼中，与此前目录是不同的。

总之，四卷本《爱日精庐藏书志》作为该书的一个最初行世版本，体现出了张金吾在编写私家藏书目的一些设想，诸如著录藏书来源，目录体制的选择，这些设想在后来的三十六卷本中多未保存。通过四卷本与三十六卷本的比较,有助于我们通过二者间的差异变化对张金吾《爱日精庐藏书志》有更全面、深刻的认识,同时也丰富了对清代中期藏书家藏书活动的了解。

征稿启事

一、《北京大学中国古文献研究中心集刊》由教育部人文社会科学重点研究基地北京大学中国古文献研究中心主办,创刊于1999年。举凡古典文献学理论研究、传世文献整理与研究、古文字与出土文献研究、海外汉籍与汉学研究等中国古文献研究相关领域的学术论文,均所欢迎。

二、本刊2008年入选"中文社会科学引文索引"(CSSCI)来源集刊,2022年入选"中国人文社会科学学术集刊AMI综合评价"核心集刊。

三、本刊现为半年刊,分别在6月、12月出版。

四、来稿内容必须原创,不存在版权问题,并按本刊"来稿格式"要求撰写。请勿一稿多投。本刊有权对来稿进行删改加工,如不愿删改,请事先声明。

五、本刊实行编辑部三审及专家双向匿名审稿制度,编委会根据评审意见,决定是否采用。本刊审稿周期约为四个月,来稿无论是否被采用,编辑部都将在审稿后通知作者。

六、来稿刊出后,即向作者寄赠样刊一册,并致薄酬。

七、本刊享有已刊文稿的著作财产权和数据加工、电子发行、网络传播权,本刊一次性给付的稿酬中已包含上述授权的使用费。所有署名作者向本刊提交文章发表之行为视为同意上述声明,如有异议,请在来稿中特别注明。

八、本刊目前仅接受电子邮箱投稿,投稿邮箱:gcca@pku.edu.cn。

《北京大学中国古文献研究中心集刊》编辑部地址:

北京市海淀区颐和园路5号　北京大学哲学楼三层,邮编:100871

来稿格式要求如下:

一、文章请用Microsoft Word文档格式。

二、文章一律横排、用通行规范简化字书写和打印。

三、作者姓名置于论文题目下,居中书写。作者工作单位、职称等用"＊"号注释在文章首页下端。

四、每篇文章皆需500字以内"内容提要"以及关键词3—5个。

五、文章各章节或内容层次的序号,一般依一、(一)、1、(1)等顺序表示。

六、文章一律使用新式标点符号。凡书籍、报刊、文章篇名等,均用书名号《》;书名与篇名连用时,中间加间隔号,如《论语·学而》;书名或篇名中又含书名或篇名的,后者加单角括号〈〉,如《〈论语〉新考》。西文书刊名均用斜体,文章名加引号。日文、韩文参考中文样式。

七、正文每段首行缩进 2 字符;文中独立段落的引文,整段左侧缩进 2 字符,引文首尾不加引号,字体变为仿宋体。

八、注释一律采用当页脚注,每页单独编号,注释号码用阿拉伯数字①、②、③……等表示。

九、注释格式与顺序为著者(含整理者、点校者)、书名(章节数)、卷数(章节名)、版本(出版社与出版年月)及页码等。如:〔清〕钱大昕撰、吕友仁校点《潜研堂文集》卷三八《惠先生士奇传》,上海:上海古籍出版社,1989 年,第 687 页。

十、为避免重复,再次征引同一文献时可略去出版社与出版年月,只列著者、书名、卷数、页码即可,但不使用"同上"表述。

十一、每篇稿件字数原则上不超过 3 万字。